Goldmann Sachbuch

Von Bernt Engelmann sind bei Goldmann außerdem folgende Titel erschienen:

Eingang nur für Herrschaften.
Karrieren über die Hintertreppe (3699)

Krupp. Die Geschichte eines Hauses
– Legenden und Wirklichkeit (11924)

Deutschland ohne Juden.
Eine Bilanz (11240)

Die vergoldeten Bräute.
Wie Herrscherhäuser und Finanzimperien entstanden (6363)

(Hrsg.) VS vertraulich – Band II (3747)

(Hrsg.) VS vertraulich – Band III (3885)

(Hrsg.) VS vertraulich – Band IV (3997)

(Hrsg.) Literatur des Exils.
Eine P.E.N.-Dokumentation.
Mit einem Verzeichnis der Mitglieder
des P.E.N.-Zentrums Bundesrepublik
Deutschland (6362)

(Hrsg.) Bestandsaufnahme (3955)

Bernt Engelmann

Preußen

Land der unbegrenzten Möglichkeiten

G
Wilhelm Goldmann Verlag

1. Auflage Juli 1980 · 1.–30. Tsd.

Made in Germany
Genehmigte Taschenbuchausgabe

Umschlaggestaltung: Atelier Adolf & Angelika Bachmann, München
Druck: Presse-Druck Augsburg
Verlagsnummer 11300
Lektorat: Renate Richter · Herstellung: Sebastian Strohmaier
ISBN 3-442-11300-8

Inhalt

Ich stamme irgendwo aus der Mark. Ich bin ein Preuße.
Und meine Farben, die ihr kennt, sind Schwarz und Weiß.
Schwarz, das ist die Nacht. Und Weiß, das ist der Tag.
Ich bin Tag und Nacht.

Alfred Henschke genannt Klabund,
geboren 1890 in Crossen i. d. Mark

Ja, wir lieben dieses Land . . .
Und in allen Gegensätzen steht – unerschütterlich, ohne Fahne,
ohne Leierkasten, ohne Sentimentalität und ohne gezücktes Schwert –
die stille Liebe zu unserer Heimat.

Kurt Tucholsky,
geboren 1890 in Berlin

Was ist preußisch?

Preußen ist untergegangen. Durch das Gesetz Nr. 46 des Alliierten Kontrollrats, der von den Siegermächten des Zweiten Weltkriegs in Deutschland eingesetzten »obersten Gewalt«, wurde am 25. Februar 1947 beschlossen und bald darauf in englischer, französischer und russischer sowie für die Besiegten auch in deutscher Sprache verkündet: »Der Staat Preußen, seine Zentralregierung und alle nachgeordneten Behörden werden hiermit aufgelöst.«

Das war, so mochte es denen scheinen, die diesen Beschluß faßten, eine Maßnahme von weltgeschichtlicher Bedeutung. Doch einerseits war das auf alliierten Befehl aufzulösende Preußen schon lange vor dem Frühjahr 1947 »klanglos zum Orkus hinab« aus der europäischen Politik, ja selbst aus dem Bewußtsein seiner Bürger verschwunden; man kann allenfalls darüber streiten, *wann* es zu existieren aufgehört hatte. Anderseits bestand und besteht hierzulande und auch außerhalb der Bundesrepublik Deutschland noch heute so manches Preußische fort. Es geistert in vielerlei Gestalt und Verkleidung umher oder wird, mal abschätzig, mal lobpreisend, als »preußischer Geist« beschworen, im positiven Sinn oft gerade dort, wo die Menschen früher ihr Preußentum vornehmlich als Last, zumindest als lästig empfunden hatten.

Der preußische Adler, von den Einwohnern der königlich preußischen Haupt- und Residenzstadt Berlin bereits im Katastrophenwinter 1806/07 als »Pleitegeier« verspottet, hat im Verlauf der letzten drei Jahrhunderte viele Städte und Provinzen Europas für kürzere oder längere Zeit in seinen Fängen gehalten (wobei in manchen erbeuteten Metropolen, etwa in Bialystok, das von 1795 bis 1807 zu Preußen gehörte, dank der dort ansässigen Judenschaft erheblich mehr und sogar etwas besseres Deutsch gesprochen wurde als in einigen Gegenden der preußischen Stammlande).

Das wirft die heikle Frage auf, was denn nun eigentlich unter »Preußen« zu verstehen war (oder möglicherweise noch ist): Ein europäisches Gemeinwesen wie manches andere? Eine als Staat organisierte Kaserne? Ein als Kaserne organisierter Staat? Eine Ordnungsmacht im wahren Sinne des Wortes? Ein Anachronismus? Ein Alptraum? Ein Lebensstil? Vielleicht auch nur eine Fiktion?

Wenn es ein den Überlieferungen entsprechendes Preußen überhaupt je gegeben hat, was keineswegs sicher ist, dann war es jedenfalls ein Land der unbegrenzten Möglichkeiten. Denn, um nur ein Beispiel anzuführen, zur selben Zeit, wo die einen aus unerträglicher preußischer Sklaverei flüchteten, fanden andere dort Asyl und priesen Preußen als Europas Hort der Freiheit und der Toleranz.

Schwarz-Weiß – das sind die Farben Preußens, und in Schwarzweißmanier pflegt man auch zu beurteilen, was einstmals preußisch war oder als preußisch galt. Dabei sahen und sehen die einen nur oder vornehmlich das Weiße, die anderen das Schwarze. Die Wahrheit liegt indessen keineswegs, wie es sonst oft der Fall ist, irgendwo in der Mitte. Nein, Preußen muß vielmehr, wie seine Fahne, als ein *Nebeneinander* von Schwarz und Weiß begriffen werden. In ständigem Widerspruch mit sich und aus dieser Dialektik heraus ist Preußen entstanden und allein zu begreifen, ein Umstand, der häufig – und nicht selten absichtlich – übersehen wurde und wird.

»Wir im Westen lehnen vieles, was gemeinhin ›preußischer Geist‹ genannt wird, ab. Ich glaube, daß die deutsche Hauptstadt eher im Südwesten liegen soll als im weit östlich gelegenen Berlin . . . Sobald aber Berlin wieder Hauptstadt wird, wird das Mißtrauen im Ausland unauslöschlich werden. Wer Berlin zur neuen Hauptstadt macht, schafft geistig ein neues Preußen.«

So stand es in der *Welt*, der damals noch liberalen und sehr angesehenen überregionalen Tageszeitung, auf Seite 3 der Ausgabe vom 30. November 1946. Der Verfasser dieser in so kargem Deutsch gehaltenen, für alle Preußen und besonders für die Berliner – die dennoch später einen Platz nebst U-Bahn-Station an ihrer Prachtstraße, dem Kurfürstendamm, nach ihm benannten – wenig schmeichelhaften Erklärung war selbst Mitglied des Herrenhauses, der einstigen königlich preußischen Ersten Kammer, gewesen, danach zwölf Jahre lang, von 1920 bis 1932, sogar Präsident des Preußischen Staatsrats. Ein Kenner Preußens also, sollte man meinen, dazu offenbar ein Preuße wider Willen, ein »Muß-Preuße«, wie man in seiner rheinischen Heimat sagte (wobei angemerkt sei, daß es sehr viele preußische Staatsbürger seines Jahrgangs gegeben hat, die sich als »Muß-Preußen« fühlten).

Dieser Preußen- und Berlin-Verächter, der aber dennoch in jenem von ihm so wenig geschätzten, eher abgelehnten Staat zu höchsten Ämtern und Ehren gekommen war, der einunddreißig Jahre lang als Beamter in preußischen Diensten gestanden hatte, war Dr. Konrad Adenauer, königlich preußischer Assessor seit 1901. Im Jahre 1946, als er sich so entschieden dagegen aussprach, Berlin wieder zur deutschen Hauptstadt zu machen, war er bereits Vorsitzender der Christlich-Demokratischen Union in der britischen Besatzungszone und damit ein Spitzenpolitiker im Deutschland der ersten Nachkriegszeit.

Aber auch sein erstes politisches Mandat, das eines Stadtverordneten der preußischen Festung und Regierungsbezirkshauptstadt Köln, und damit den Beginn einer steilen politischen Karriere, hatte Konrad Adenauer einer »typisch preußischen« Einrichtung zu verdanken gehabt, nämlich dem zugunsten der ostelbischen Junker geschaffenen, allen Regeln der Demokratie hohnsprechenden preußischen Dreiklassenwahlrecht, dem reaktionärsten im Deutschen Reich. Es hielt die breite Masse der Bevölkerung politisch einflußlos und kam dafür den Begüterten, erst recht den Reichsten und ohnehin Mächtigsten, doppelt und dreifach zugute. Denn *suum cuique*, jedem das Seine, so lautete ja die königlich preußische Devise (woraus der Berliner Volksmund mit bitterer Ironie »Nehmt jedem das Seine« gemacht hat).

Am 15. September 1949, drei Jahre nach seiner schroffen Absage an Berlin und den »preußischen Geist«, wurde Konrad Adenauer erster Bundeskanzler der aus den drei westlichen Besatzungszonen des untergegangenen Deutschen Reichs neugeschaffenen, von ihm dann maßgeblich geprägten Bundesrepublik Deutschland (von deren zehn Bundesländern einige ganz oder größtenteils, die übrigen zu kleineren Teilen aus ehemals preußischem Gebiet gebildet waren und zu der die westliche Hälfte der geteilten preußischen Hauptstadt Berlin in einem von Parteipolitikern, Diplomaten und Juristen unterschiedlich definierten »besonderen Verhältnis« stand und noch heute steht).

Auch Adenauer hatte ein »besonderes Verhältnis« zu Berlin, wenngleich kein besonders herzliches, wie sein Beitrag in der *Welt* vom November 1946 deutlich erkennen läßt, und umgekehrt waren auch die Berliner dem Politiker Adenauer nicht sehr zugetan, obwohl – oder vielleicht auch weil – er einige »typisch preußische« Züge aufzuweisen hatte.

Fast anderthalb Jahrzehnte lang – länger als die erste deutsche Republik, die zwanzigmal den Kanzler wechselte, länger auch, als Hitlers großsprecherisch auf tausend Jahre angelegtes »Drittes Reich« Bestand hatte – regierte er dann die Bundesrepublik nach seinem Willen. Vom Palais Schaumburg aus, der Villa einer Hohenzollernprinzessin und jüngeren Schwester des letzten preußischen Herrschers in der seit 1814 preußischen Kreisstadt Bonn, lenkte Konrad Adenauer die Geschicke der Bundesrepublik, autokratischer als mancher der einst über Preußen gebietenden Hohenzollern und mit ähnlich souveräner Menschenverachtung wie ehedem der »Alte Fritz«. Als Kanzler hinsichtlich Machtfülle und oft rücksichtslosem Umgang damit nur dem preußischen Junker Otto v. Bismarck vergleichbar, hatte Adenauer in seiner langen Amtszeit zweifellos die Möglichkeit, es zu verhindern, daß »geistig ein neues Preußen« wiedererstand oder daß sich in der Bundesrepublik erneut etwas ausbreitete, das »gemeinhin ›preußischer Geist‹ genannt wird«. Er hätte beides ganz gewiß verhindern können, aber tat er das auch?

Und was ist überhaupt unter »Preußen« und unter »preußischem Geist« zu verstehen oder zu verstehen gewesen? Ist damit etwa das gemeint, woran Georg Lukács dachte, als er 1968 erklärte, er habe »einen universellen Haß gegen alles, was preußisch ist«? Ging es also um jenes Preußen, an das der britische Premierminister Winston Churchill gedacht haben mag, als er 1943 auf der Konferenz von Teheran erklärte: »Ich möchte hervorheben, daß Preußen die Wurzel des Übels ist«? Wobei Churchill doch vermutlich den Zweiten Weltkrieg und die Greueltaten der Nazis im Auge hatte. Aber war daran wirklich Preußen schuld oder gar dessen Geist?

Ist nicht unter »preußisch« vielmehr die Haltung jenes Oberstleutnants Johann Friedrich Adolph von der Marwitz zu verstehen, der sich den von Friedrich II., dem »Alten Fritz« der preußischen Legende, befohlenen Kriegsverbrechen widersetzte und Ungnade wählte, »wo Gehorsam nicht Ehre einbrachte«? Ist »preußischer Geist« nicht eher der jenes noblen, schlichten Junkers Dubslav v. Stechlin, den uns der preußische Dichter Theodor Fontane in seinem letzten großen Roman geschildert hat?

Inmitten der alten preußischen Hauptstadt, links und rechts vom mächtigen Hauptportal des einstigen Berliner Schlosses, das im Zweiten Weltkrieg schwer beschädigt, später gesprengt und abgetragen worden ist und wo heute der gläserne Palast der Republik die Besucher von Ost-Berlin beeindruckt, standen früher zwei monumentale Gruppen von Rossebändigern, aus Erz gegossen, Geschenke des Zaren Nikolaus I. von Rußland an den König Friedrich Wilhelm IV. von Preußen. Von den respektlosen Berlinern wurden diese dem Geschmack um die Mitte des 19. Jahrhunderts entsprechenden Rossebändiger, die man vom Lustgarten aus bewundern konnte, als »links der verhinderte Fortschritt, rechts der beförderte Rückschritt« verspottet. Manche behaupteten gar, hier wäre, wenn man weit genug zurückträte, ganz Preußen mit einem Blick zu erfassen.

Auf dem alten Wilhelmplatz, mitten im einstigen Zentrum Berlins, zwischen Wilhelm- und Mohrenstraße gelegen, ließ sich Preußen für diejeni-

James Keith, 1696–1758 (Stich aus dem 19. Jahrhundert).

gen entdecken, die diesen Begriff mit Waffengeklirr und Gloria verbanden. Denn auf diesem stillen Platz, beschattet von alten Bäumen und unberührt vom Verkehrslärm der Weltstadt, standen wohlverteilt fünf lebensgroße Bronzestatuen preußischer Feldherren des 18. Jahrhunderts: Zieten, Keith, Winterfeldt, Seydlitz und der »Alte Dessauer«, die großen Heerführer Friedrichs II.

Abgesehen davon, daß die Mehrzahl dieser Schlachtenlenker des Alten Fritz keine – zumindest keine gebürtigen – Preußen gewesen sind, Feldmarschall James Keith gar ein Schotte, der erst in spanischen, dann in russischen Diensten gestanden hatte, stellten diese vom Laub der Bäume halb verborgenen Gestalten doch ziemlich genau das dar, was viele gebildete Europäer, teils mit Bewunderung, teils mit Schaudern, für »typisch preußisch« hielten und noch heute halten.

Sie verkörperten den friderizianischen Angriffsgeist, dazu Kargheit und Strenge, Tapferkeit bis zur Selbstaufopferung, strikteste Disziplin und Korrektheit sowie eine gewisse Sturheit. Man konnte sich nicht vorstellen, daß diese Herren jemals mit einem geistreichen Witz andere zum Lachen gebracht oder selbst über den eines anderen auch nur gelächelt hätten. Sie schienen ohne rechten Sinn für die Freuden des Lebens zu sein und ständig »im Dienst«.

Besonders der preußische Generalfeldmarschall Fürst Leopold I. von Anhalt-Dessau (1676–1747), ein gebürtiger Nichtpreuße, dessen Mutter eine Prinzessin von Oranien war, galt und gilt noch heute als der Prototyp des militaristischen Preußen. Er führte unter dem »Soldatenkönig« Fried-

Leopold von Dessau, 1676–1747 (Holzschnitt nach dem Gemälde von Antoine Pesne).

rich Wilhelm I. den Gleichschritt, den eisernen Ladestock und vor allem den fürchterlichen, zur Abtötung des Selbstbewußtseins und aller anderen Gefühle führenden Drill bei der preußischen Armee ein, deren Soldaten nach dem Exerzierreglement des Alten Dessauers beigebracht wurde, ihre Ausbilder und Offiziere mehr als jeden Feind zu fürchten.

Schließlich gibt es im heutigen Westberliner Bezirk Kreuzberg, Linden/Ecke Hollmannstraße, noch etwas, das für »typisch preußisch«, diesmal in einem sehr positiven Sinne, gehalten wird: das Alte Kammergericht.

Zwar ließen die Bomben des Zweiten Weltkriegs von dem ursprünglichen Gebäude wie von der ganzen einstigen Friedrichstadt so gut wie nichts übrig. Doch das Haus ist mit originalgetreuer Fassade wieder aufgebaut worden und beherbergt heute das Berlin-Museum. Im Giebelfeld des okkergelben Putzbaues ist das »große« preußische Staatswappen zu sehen, das dort aber nicht – wie es preußisch-korrekt der Fall sein müßte – »von zwei wilden, fahnentragenden Männern gehalten« wird.

Dieses einstige preußische Kammergericht weckt die Erinnerung an pedantisch gesetzestreue, seegrün-unbestechliche, auch dem Ärmsten gegenüber dem Mächtigsten Gerechtigkeit verschaffende Richter. Man denke nur an jene sehr eindrucksvolle, übrigens jeder historischen Grundlage entbehrende Geschichte vom Müller von Sanssouci, der sich den Forderungen des »Alten Fritz« nach Stillegung der den König störenden, weil ewig klappernden Mühle nicht fügte und den Drohungen des wütenden Monarchen sein felsenfestes Vertrauen in die Richter des Berliner Kammergerichts entgegensetzte, die ihn, den sonst hilflosen Untertanen, gegen jede Willkür, selbst die des großen Königs, schützen würden.

Trotz dieses einen, allerdings frei erfundenen Gegenbeispiels, das der französische Dichter François Andrieux (1759–1833) in Verse gesetzt hat, galt und gilt das alte Preußen als der von herrischen Militärs, peinlich korrekten Beamten, allgegenwärtiger Polizei, aufgeblasenen Junkern und säbelrasselnden Monarchen beherrschte Obrigkeitsstaat schlechthin; als ein bis an die Zähne bewaffnetes, dabei sehr armes, und deshalb stets auf Eroberungen und Beute erpichtes, seine Nachbarn bedrohendes Land; als ein politisch weit rückständiges, seine rechtlosen Bürger von der Wiege bis zum Grabe streng bürokratisch verwaltendes, anachronistisches Gemeinwesen, worin Gelehrte und Künstler sehr wenig, Kaufleute kaum, adlige Offiziere hingegen höchsten Respekt genossen; wo dem »beschränkten Untertanenverstand« keinerlei Kritik an behördlichen oder gar militärischen Maßnahmen zugestanden wurde und wo strammer Dienst an Gott, König und dem »Vaterland« genannten Staat die lebenslängliche Pflicht eines jeden Bürgers war, der er alle privaten Interessen unterzuordnen hatte.

»In den Preußen ist eine starke Mischung von slawischem und germanischem Element. Das ist die Hauptursache ihrer staatlichen Brauchbarkeit«, schrieb am 30. April 1868 der damalige preußische Ministerpräsident Otto Graf v. Bismarck-Schönhausen an den konservativen, aus Zürich stammenden Rechtsgelehrten Johann Kaspar Bluntschli.

Vermutlich dachte Otto v. Bismarck dabei nur an einen weniger als die Hälfte ausmachenden Teil der vierundzwanzig Millionen Einwohner des Königreichs Preußen von 1868. Denn die Menschen in den erst zwei Jahre zuvor von den siegreichen Preußen als Kriegsbeute in Besitz genommenen deutschen Staaten – dem Königreich Hannover, dem Kurfürstentum Hessen, den Herzogtümern Nassau, Schleswig und Holstein, der ehemaligen Freien Reichsstadt Frankfurt am Main sowie den von Bayern und Hessen-Homburg abgetrennten Gebieten – fühlten sich nämlich mehrheitlich weder als richtige Preußen, noch wurden sie als solche angesehen.

Dies galt, zum Teil in noch weit stärkerem Maße als für die später Hinzugekommenen, auch für die durch die Beschlüsse des Wiener Kongresses 1815 erstmals oder – nach einigen Jahren der von vielen als Befreiung empfundenen Franzosenherrschaft – erneut zu preußischen Untertanen gemachten Rhein-, Mosel- und Saarländer, Westfalen, Hessen und Sachsen sowie für die Bewohner der übrigen damals zu Preußen geschlagenen deutschen Kleinstaaten.

Wahrscheinlich hatte Bismarck, als er in seinem Brief an den Schweizer Juristen Bluntschli von der starken slawisch-germanischen Mischung und der sich daraus seiner Ansicht nach ergebenden »staatlichen Brauchbarkeit« der Preußen schwärmte, allein die Bewohner der preußischen Kernprovinzen im Auge gehabt. Er dachte wohl zunächst an die Märker, denn in der Mark Brandenburg war den zuvor erfolglosen deutschen Eroberern erst im 12. und 13. Jahrhundert die allmähliche Unterwerfung der seit der Völkerwanderung zwischen Elbe und Oder siedelnden slawischen Sorben gelungen, die von den Eroberern dann »Wenden« genannt wurden, was sie selbst stets als schimpflich empfunden hatten. Er dachte auch an die Bewohner Pommerns, wobei auch dieses seit dem 6. nachchristlichen Jahrhundert von Slawen bewohnte *Pomorje* (Küstenland) erst spät und in drei Etappen zu Preußen gekommen war: Hinterpommern mit Kammin durch den Westfälischen Frieden von 1648, das östliche Vorpommern mit Stettin, Usedom und Wollin 1720 im Frieden von Stockholm und das westliche Neuvorpommern mit Stralsund und Rügen sogar erst nach dem Wiener Kongreß von 1815. Bismarck rechnete sicherlich auch die Schlesier hinzu, bei denen das slawische Element besonders stark vertreten war und deren Land der Preußenkönig Friedrich II. den Österreichern 1740–1742 entrissen hatte, und natürlich zählte er die Bewohner West- und Ostpreußens, deren Land dem ganzen Königreich den Namen gegeben hatte, zu den Untertanen von »hervorragender staatlicher Brauchbarkeit«.

Das Königreich Preußen reichte 1868, als Bismarck dem Professor Bluntschli darüber berichtete, im Nordwesten bis zum heutigen dänischen

Hvidding an der nordfriesischen Küste; im Westen bis Isenbruch, vier Kilometer östlich der Maas, sowie bis dicht an die heute belgischen Städtchen Moresnet und Malmédy; im Südwesten bis zur lothringischen Grenze bei Hanweiler und l'Hôpital; im Südosten tief ins heutige Polen hinein, bis Hoschialkowitz am Annaberg und bis zur Przemsza-Mündung in die Weichsel bei Auschwitz; im Nordosten bis Nimmersatt nördlich von Memel, das seit 1945 zur Sowjetunion gehört, wie heute auch der östlichste Punkt des Königreichs Preußen von 1868: Schilleningken unweit Schirwindt an der Scheschuppe im Kreis Pillkallen. Doch dieser ausgedehnte, damals den Norddeutschen Bund und wenig später auch das 1871 gegründete Deutsche Reich beherrschende Staat war etwas gänzlich anderes als das, was man bis in die Zeit des »Großen Kurfürsten« Friedrich Wilhelm von Brandenburg (1620–1688) unter »Preußen« verstanden hatte.

Will man den Aufstieg des Staats, der sich »Preußen« nannte, von den Anfängen ausgehend schildern, muß man notgedrungen außerhalb des eigentlichen Preußenlandes beginnen, nämlich in der Mark Brandenburg. Denn aus diesem sehr armen, dünnbesiedelten Ländchen an der Nordostgrenze des Heiligen Römischen Reiches Deutscher Nation entwickelte sich jene europäische Großmacht, die unter dem Namen »Preußen« die Welt in Atem hielt.

Des Heiligen Römischen Reiches Erzstreusandbüchse

Jedes Land, auch wenn es noch so klein und unbedeutend ist, braucht eine Hauptstadt, ein Verwaltungszentrum, einen politischen und kulturellen Mittelpunkt. Die winzige Mark Brandenburg hatte deren gleich mehrere, aber spätestens von der Mitte des 15. Jahrhunderts an spielten für die Staatwerdung Brandenburgs und seinen Aufstieg zur Großmacht »Preußen« nur noch zwei davon eine Rolle: die im hohen Mittelalter entstandenen Schwesterstädte Berlin und Kölln, beide einander gegenüber an der Spree gelegen. Sie sind übrigens keineswegs, wie es die Sage will, ursprünglich »wendische« Fischerdörfer gewesen. Auch die ersten festen Plätze der europäischen Händler, Siedler und Eroberer auf dem amerikanischen Kontinent sind ja nicht aus Indianerdörfern entstanden, sondern allenfalls in deren Nähe und als neue, palisaden- und grabenbewehrte Handelsniederlassungen.

Ganz ähnlich wie die ersten Siedlungen der Europäer auf dem amerikanischen Kontinent oder an den Küsten Afrikas, entstanden auch Berlin und Kölln an einem Fluß. Es waren zunächst bloße Stationen, Lager- und Umschlagplätze, die am günstigen Spreeübergang der Route Leipzig–Stettin und an deren Kreuzung mit der alten Straße, die vom Rheinland her über Dortmund, Hamm, Hannover, Braunschweig, Magdeburg und Spandau weiter nach Frankfurt an der Oder, Polen und Rußland führte, von kölnischen und anderen rheinischen Kaufleuten zu Anfang des 13. Jahrhunderts, vielleicht auch schon etwas früher, angelegt worden waren.

Die zahlreichen Dörfer der unterworfenen oder in unwegsame Sumpfgegenden abgedrängten Eingeborenen, die sich selbst als Serbsky, Serben oder Sorben bezeichneten und von den Händlern und Kolonialherren aus dem Westen geringschätzig »Wenden« genannt wurden, führten damals ihr Eigenleben und wurden von den in Berlin und Kölln ansässig gewordenen Deutschen kaum beachtet. Auch die in der näheren Umgebung der Schwesterstädte lebenden Sorben waren in den Augen der Männer und Frauen aus dem Westen nur »Wilde«, doch da sie sich – im Gegensatz zu den Indianern Nordamerikas – »zähmen« und ausbeuten ließen, wurden sie nicht ausgerottet. Man ließ sie in ihren Hütten vor den Toren ein ähnlich elendes und verachtetes Eigenleben führen, wie später in Afrika die Schwarzen am Rande der großen Städte, die sich die weißen Kolonialherren dort errichtet hatten.

So wie diese für die farbigen Bewohner der Slums an der Peripherie ihrer Metropolen allerlei Schimpfnamen erfanden, so hatten die sich für zivilisiert haltenden Berliner und Köllner für die unterworfenen und zwangsweise getauften »Wenden«, die insgeheim noch ihre heidnischen Gebräuche pflegten, die höchst abfällig gemeinte Bezeichnung »Hunde«. Die »wendischen« Dörfler durften ihre Fische, Beeren, Pilze und Kräuter nicht auf dem regulären Markt, sondern nur auf dem »Hundemarkt«, der neben der Petrikirche lag, an bestimmten Tagen feilbieten. Sonst waren sie in der Stadt allenfalls als Dienstboten, die die niedrigsten Arbeiten zu verrichten hatten, geduldet. Erst in späterer Zeit hielten sich Damen von Stand nach der Geburt eines Kindes eine »wendische« Amme aus dem Spreewald, das Gegenstück zur »schwarzen Mummy« der amerikanischen Südstaaten-Aristokratie.

Kölln, nach der Heimat der ersten Siedler, Köln am Rhein, benannt, wird als Stadt erstmals 1237 urkundlich erwähnt, Berlin 1244, wobei anzumerken ist, daß der erste aus dieser Zeit bekannte Berliner Schultheiß, Marsilius, ebenfalls aus dem rheinischen Köln stammte, ein Umstand, der dem Berlin-Verächter Konrad Adenauer vielleicht nicht bekannt war.

Die beiden rivalisierenden, 1307 unter der Regierung eines gemeinsamen Rats vereinten, dennoch miteinander meist verfeindeten und nur in der energischen Wahrung ihrer Rechte und Freiheiten einigen Städtchen an der Spree waren im 13. und 14. Jahrhundert die bedeutendsten und wohlhabendsten in der Mark Brandenburg. Aber im Vergleich zu den Metropolen des Reiches, zu Augsburg etwa oder zu Ulm, Köln, Wien, Nürnberg oder auch zu Magdeburg, Danzig oder Königsberg, war die Doppelstadt an der Spree nur ein trauriges Provinznest, das zudem in einer kargen, teils sandigen, teils sumpfigen Gegend lag. Die Mark Brandenburg wurde im übrigen Deutschland verspottet als des Heiligen Römischen Reiches Erzstreusandbüchse und war zudem verrufen als der Tummelplatz der übelsten Räuber- und Mörderbanden des damaligen Mitteleuropas.

Die Raubritter, die im 14. und frühen 15. Jahrhundert die Mark Brandenburg terrorisierten, blieben jahrzehntelang eine die Einwohner der Mark ruinierende Landplage. Die schlimmsten waren die Nachfahren eines Ritters Johannes Gans, die sich (ganz so wie heute die Anführer von Verbrecherbanden auf respektgebietende Bezeichnungen, etwa »Lord von St. Pauli«, Wert legen) nun »Edle Herren zu Putlitz« nannten, ferner die Brüder Dietrich v. Quitzow auf Friesack, Hans v. Quitzow auf Plaue sowie die v. Rochow auf Burg Goltzow.

Sie überfielen die Dörfer und Städtchen, machten die Straßen unsicher, raubten das Vieh von den Weiden, mordeten, schändeten und brandschatzten, wobei es ihnen einerlei war, ob ihre Opfer nun »wendische Hunde« waren oder deutsche Siedler, jüdische Kaufleute, gen Osten ziehende adlige Ritter oder Mitglieder der Bande eines benachbarten Burgherren.

Das Treiben der Raubritter trug in starkem Maße dazu bei, daß aus den freien, nur zu geringen Abgaben und gelegentlichen Leistungen verpflich-

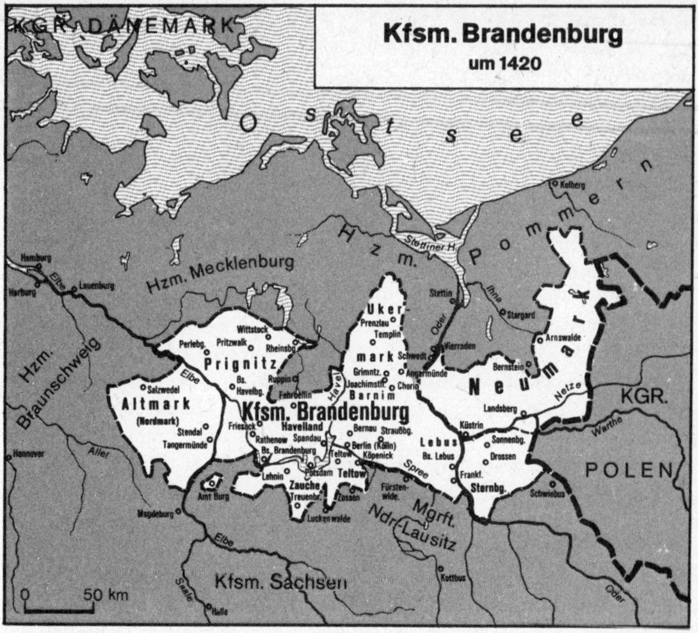

teten Bauern der Mark Brandenburg, deren Vorfahren einst als Kolonisten das Land urbar gemacht hatten, völlig verarmte, gleich den »Wenden« unterdrückte »Untertanen« der adligen Räuber wurden. Aus dem gewaltsam den Bauern abgenommenen Grundbesitz bildete die märkische Ritterschaft ihre großen Güter. Ihre unglücklichen Opfer aber mußten nun für ihre Unterjocher auch noch die Felder bestellen. Sie waren damit zum rechtlosen Arbeitsvieh degradiert, ähnlich den Negersklaven auf den Plantagen des amerikanischen Südens, nur daß man sie nicht in eine ihnen völlig fremde Umwelt entführte; sie blieben an die Scholle gebunden, die einst ihr freies Eigentum gewesen war. In der Uckermark gingen die Raubritter allerdings noch einen Schritt weiter: Sie machten die Bauern zu Leibeigenen und verkauften viele davon an den Meistbietenden.

Da es den adligen Räubern immer an Geld fehlte, weil sie auch die reichste Beute im Handumdrehen verjubelten oder verspielten, unternahmen sie immer neue, ausgedehntere Raubzüge, überfielen bald auch die größeren Städte – wie 1402 Strausberg, das die Quitzows so verwüsteten, daß der Ort ein Jahrhundert lang unbewohnt blieb und sich nie wieder völlig erholte –, doch umgekehrt mußten sie auf der Hut sein vor Vergeltungsschlägen der Bürgerschaft, zumal wenn sich mehrere Städte zur Bekämpfung der den Handel fast zum Erliegen bringenden Plage verbündeten.

Besonders in Berlin und Kölln waren die Bürger nicht geneigt, ängstlich die Tore zu schließen, wenn der Wächter auf dem Wartturm sein Horn blies und mit Fahne oder Laterne die Richtung wies, aus der sich die adligen Räuber anschlichen, um den Städtern das Vieh von den Weiden zu stehlen. Vielmehr stürzten dann alle Waffenfähigen mit Spießen, Schwertern und Armbrüsten aus ihren Häusern, vertrieben das Raubgesindel und setzten ihm zu Fuß und zu Pferd nach. Mitunter belagerten und erstürmten sie auch die eine oder andere Raubritterburg, befreiten die Gefangenen und zerstörten die Befestigungen. Und wenn der Ritter nicht hatte flüchten können, so kostete es ihn den Kopf.

Dagegen nahmen die Berliner und Köllner jeden rechtschaffenen dörflichen Handwerker, der sich vor den Raubrittern in ihre Mauern flüchtete, ohne große Umstände bei sich auf. Platz war in den Städten noch genug, und das Bürgerrecht war für Tüchtige gegen eine bescheidene Gebühr leicht zu erwerben. Auch die Klagen der Ritter auf Herausgabe eines nach Berlin oder Kölln geflüchteten, ihnen angeblich erbuntertänigen oder leibeigenen Landbewohners hatten wenig Aussicht auf Erfolg. »Stadtluft macht frei«, lautete der Grundsatz, nach dem solche Fälle zumeist entschieden wurden. Gehörte der Asylsuchende allerdings einem damals verachteten Stand an, war er oder sein Vater ein Schäfer, Müller, Bader, Barbier, Zöllner, Büttel, Pfeifer oder gar ein »Wende«, so nahm ihn keine »ehrbare« Zunft auf. Er und die Seinen gehörten dann zur städtischen Unterschicht der bloßen Handlanger und Gelegenheitsarbeiter, zur »Stadtarmut«, zum »Pöbel«. Nur selten glückte es einem Angehörigen dieser untersten städtischen Schicht, wenigstens als Hausbursche oder -mädchen in Gesindedienst genommen zu werden, dadurch einer Schlafstelle und einer täglichen Mahlzeit sicher zu sein und sich so als nunmehriger »Haus-Kuli« über die bloßen Lastträger, Straßenfeger, Lumpensammler und Bettler zu erheben.

Im frühen 15. Jahrhundert trat in der von den Raubrittern gepeinigten Mark Brandenburg insofern ein Umschwung zum Besseren ein, als das Land einen neuen Herrn bekam, der dem Unwesen Einhalt zu gebieten versprach.

Der neue Markgraf und bald auch Kurfürst war der Nürnberger Burggraf Friedrich von Hohenzollern, ein in Franken und Schwaben sehr begüterter Feudalherr, dem Kaiser Sigismund die Mark Brandenburg im Jahre 1411 zunächst in Verwaltung, vier Jahre später, unter Verleihung der Kurwürde, zum erblichen Lehen gegeben hatte.

Kurfürst Friedrich I., wie er dann genannt wurde, ist von den hohenzollernschen Hofhistoriographen und auch von der bürgerlichen Geschichtsschreibung des 19. Jahrhunderts als der Friedensstifter gepriesen worden, der zum Wohle aller Bewohner der Mark Brandenburg die Ordnung im Land wiederhergestellt und damit die Grundlage für die rund ein halbes

Belehnung Burggraf Friedrichs von Nürnberg mit der Mark Brandenburg, 1415.

Jahrtausend währende, höchst segensreiche Herrschaft des Hauses Hohenzollern geschaffen hätte.

In Wirklichkeit hatte Friedrich I. etwas ganz anderes im Auge als das Wohl der märkischen Bevölkerung. »Das Verdienst des ersten Hohenzollern«, heißt es dazu bei Franz Mehring, ». . . bestand nur darin, den brutalen Straßenraub als eine hinfällige Form der Junkerherrschaft zu beseitigen, aber diese Herrschaft selbst zu sichern durch die gesetzliche Form eines raffinierten Ausbeutungs- und Unterdrückungssystems, das über die bäuerliche Masse der Bevölkerung verhängt wurde.«

Er hatte dem Kaiser dessen Wahl finanziert – denn die Kurfürsten gaben ihre Stimme stets dem Meistbietenden –, außerdem Sigismunds hohe Zech- und Logisschulden beglichen, war damit zum Hauptgläubiger des Kaisers avanciert und hatte sich seine Ansprüche durch die Übertragung der brandenburgischen Verwaltung auf ihn dinglich absichern lassen. Nun mußte er zusehen, wie er wieder zu seinem Geld kam, was nur gelingen konnte, wenn er das Raubrittertum in der Mark Brandenburg besiegte. Er beauftragte deshalb den Ritter Wend v. Ileburg, von den märkischen Adligen die Herausgabe aller Besitzungen und Gerechtsame zu verlangen, die diese sich widerrechtlich angeeignet hatten. Doch der Abgesandte des Nürnberger Burggrafen erntete bei den märkischen Junkern nur Hohn und Spott; einer der Brüder Quitzow erklärte: »Und wenn es ein Jahr lang Nürnberger regnete, so wollen wir ihre Schlösser doch wohl behalten!« Nachdem dieser Versuch einer gütlichen Einigung gescheitert war, sicherte sich Friedrich die militärische Unterstützung der braunschweigischen, pommerschen und mecklenburgischen Herzöge, des Kurfürsten von Sachsen und des Erzbischofs von Magdeburg, ehe er mit seinen fränkischen Rittern und Knechten nach Brandenburg aufbrach, um dort Ordnung zu schaffen.

Als erste, so hatte er sich vorgenommen, sollten die Quitzows seine eiserne Faust zu spüren bekommen, und dazu war eine neue, in der Mark bis dahin noch unbekannte Waffentechnik erforderlich, die er zur völligen Überraschung seines ersten Opfers dann auch anwandte.

»Zur entscheidenden Waffe«, heißt es dazu in dem Werk von Günter Vogler und Klaus Vetter, *Preußen. Von den Anfängen bis zur Reichsgründung,* »wurden die damals gerade aufgekommenen Belagerungsgeschütze, deren Steinkugeln auf die Dauer auch die mächtigsten Mauern der Raubritterburgen nicht standhalten konnten. Zuerst fiel die Burg Friesack des Dietrich v. Quitzow, der fliehen konnte; es folgte Goltzow, dessen Besitzer, Hans v. Rochow, im Büßergewand mit einem Strick um den Hals um Gnade bitten mußte. Den größten Eindruck hinterließ der Fall von Plaue, das mit seinen 14 Fuß – mindestens 3,50 Meter – dicken Mauern für unüberwindlich gehalten worden war. Sein Verteidiger, Johann v. Quitzow, wurde beim Fluchtversuch in den Havelsümpfen gefangen. Der Widerstand des Adels war gebrochen, die Einnahme der Quitzowschen Burg

Beuthen und des Alvenslebenschen Rittersitzes Gardelegen nur mehr eine Formsache.«

Aber Friedrich, der neue Herr in der Mark Brandenburg, dachte nicht im Traum daran, nun ein großes Strafgericht zu halten und die Raubritter samt und sonders aufhängen oder einsperren zu lassen. Sie hatten ihm nur die geraubten markgräflichen Burgen und die dazugehörigen Ländereien wieder herauszugeben und mußten ihm Gehorsam geloben. Ihre angemaßte Herrschaft über die Landbevölkerung sowie über eine Reihe kleinerer Städte, deren Bewohner dadurch ebenfalls in junkerliche Erbuntertänigkeit geraten waren, durften sie weiter ausüben.

In dieser Hinsicht begründete Friedrich I. eine Tradition der brandenburgischen Hohenzollern, die auch später häufig gegen Auswüchse der Adelsherrschaft energisch vorgingen, um so die Adelsherrschaft insgesamt zu erhalten.

Deshalb wurde dem märkischen Adel die Gerichtsbarkeit über seine »Untertanen«, die er sich erst während des Verfalls der markgräflichen Herrschaft unter Friedrichs Vorgängern angemaßt hatte, gnädig belassen. Friedrich I. bestätigte auch den Junkern deren juristisch sehr zweifelhafte Steuer- und sonstige Privilegien, denn sie sollten die eigentlichen Stützen

Kurfürst Friedrich I. von Brandenburg-Hohenzollern zieht 1414 in die Mark Brandenburg ein (Holzschnitt um 1500).

seiner Herrschaft werden und ihm dabei helfen, die Bürger der aufstrebenden Städte davon abzuhalten, sich seiner Oberhoheit und Aufsicht zu entziehen, womöglich gar die Steuern zu verweigern.

Vorerst begnügte sich Friedrich I. damit, daß alle Städte der Mark Brandenburg seine Herrschaft anerkannten und ihm huldigten. Treue und Gehorsam gelobten ihm auch die Bürger von Berlin und Kölln, im Austausch gegen die Bestätigung ihrer alten Freiheiten und Rechte durch den neuen Markgrafen. So kehrte vorübergehend in Brandenburg wieder Frieden ein, bis 1432 die Heerhaufen der böhmischen Hussiten in die Mark einfielen, an die hundert Dörfer und einige kleine Städte verwüsteten und die Bewohner erschlugen.

Wer sich vor den Hussiten noch retten konnte, flüchtete nach Berlin und Kölln. Erst als sich die böhmischen Krieger anschickten, Bernau zu erobern, nachdem sie zuvor Frankfurt an der Oder vergeblich belagert hatten, konnte ein brandenburgisches Heer sie zum Rückzug nach Böhmen zwingen.

Zu dieser Zeit hatte Friedrich I. sein Kurfürstentum aber schon längst wieder verlassen und sich in seine entschieden zivilisiertere süddeutsche Heimat zurückgezogen. Von Nürnberg her an Komfort und Luxus gewöhnt, war er des Lebens in der brandenburgischen Wildnis überdrüssig geworden. Die Verwaltung der Mark Brandenburg hatte er einem seiner Söhne, Friedrich II., übertragen, der sie dann auch erbte.

Dieser zweite Hohenzoller unterwarf sich, wie zuvor sein Vater die unbotmäßige Ritterschaft, nach und nach die märkischen Städte. Eine nach der anderen verlor ihre alten Rechte und Freiheiten, und 1442 waren auch Berlin und Kölln an der Reihe.

Als Schlichter in einem Streit zwischen den Schwesterstädten an die Spree gerufen, rückte der Kurfürst überraschend mit 600 bewaffneten Reitern in Berlin ein. Da nützten den Bürgern die feierlich beschworenen Verträge wenig, wonach auch der Landesherr nur mit unbewaffnetem Gefolge die Stadt betreten und sich nicht in die innerstädtische Regierung einmischen durfte. Der Kurfürst konnte mit Hilfe seiner Streitmacht erzwingen, daß die Bürgerschaft auf ihre alten Privilegien verzichtete. Künftig sollten auch die gewählten Bürgermeister und Räte der landesherrlichen Bestätigung bedürfen und nur nach den Befehlen der kurfürstlichen Regierung handeln.

Doch kaum war Friedrich II. mit der Mehrzahl seiner Reiter wieder abgezogen, brach in Berlin und Kölln eine allgemeine Empörung aus. Die kurfürstliche Besatzung wurde verjagt, die erzwungene neue Verfassung für ungültig erklärt. Und als im Jahr darauf Friedrich II. gar den Plan faßte, an der Spree zwischen Berlin und Kölln eine Zwingburg zu errichten, kam es zu dem, was die Historiker vorsichtig mit der Bezeichnung »Berliner Unwille« umschrieben haben. Es war ein fünf Jahre, bis 1448, anhaltender, mitunter sehr heftiger Kampf zwischen den kurfürstlichen Soldaten und der Bürgerschaft von Berlin und Kölln, die um ihre Freiheit und Unabhängigkeit stritt.

Mehrmals verhinderten die Berliner mit Waffengewalt den Beginn der Bauarbeiten für das feste Schloß an der Spree, verjagten die Wachen und Arbeiter, zerstörten die Baugerüste und rissen gerade errichtete Mauern wieder ein. Doch da die Bürger von Berlin und Kölln weder die erhoffte Unterstützung durch die anderen Städte der Mark Brandenburg erhielten noch Hilfe vom hansischen Städtebund, dem Berlin schon früh beigetreten war, mußten sie sich schließlich zähneknirschend fügen. 1448 unterwarfen sie sich und verloren ihre alten Rechte. Drei Jahre später war der Bau des kurfürstlichen Schlosses beendet, und damit hatten Berlin und Kölln ihre städtische Freiheit endgültig verloren.

Das Verhältnis zwischen den Bürgern der Residenz und den Hohenzollern aber blieb gespannt und – von einigen Ausnahmen abgesehen – bar jeder Herzlichkeit. Respektlos und bei jeder sich bietenden Gelegenheit aufsässig blieben die einen, von tiefem Mißtrauen erfüllt die anderen. Noch Wilhelm II., der letzte Hohenzoller auf dem Thron von Preußen, erklärte am 28. März 1901 – nach dem Bericht des *Berliner Tageblatts* – bei der Einweihung einer neuen Kaserne für das Kaiser-Alexander-Garde-Grenadier-Regiment, daß der Neubau in der Nähe des königlichen Schlosses stehe und daß das Regiment dazu berufen sei, seinem Könige als Leibwache zu dienen. Die burg- und festungsartig gebaute Kaserne stehe inmitten der Stadt auch zu ihrem Schutz. »Wenn es aber der Stadt Berlin einfallen sollte«, fuhr der Kaiser mit erhobener Stimme fort, »sich jemals wieder gegen ihren Herrscher in frecher Unbotmäßigkeit zu erheben, dann seid ihr, meine Grenadiere, dazu berufen, mit der Spitze eurer Bajonette die Frechen und Unbotmäßigen zu Paaren zu treiben!«

In den zwei Jahrhunderten, die auf den »Berliner Unwillen«, das Scheitern des bürgerlichen Widerstands gegen den Landesherrn und das Ende der städtischen Unabhängigkeit von Berlin und Kölln, folgten, ging es mit dem Wohlstand und der politischen Macht dieser und der anderen märkischen Städte immer weiter bergab. Soweit sie Mitglieder der Hanse gewesen waren, mußten sie aus diesem Städtebund ausscheiden. Dies sowie der Verlust des Stapelrechts, der Zollfreiheit und anderer Privilegien führte zu einem raschen Niedergang des Handels. Er wurde noch verstärkt durch die blutigen Verfolgungen und vorübergehenden Vertreibungen der seit den frühesten Tagen der Kolonisierung in der Mark ansässigen Juden sowie durch das Wiederaufleben des Raubritterunwesens unter den auf Friedrich II. folgenden Hohenzollern-Kurfürsten Albrecht Achilles und Johann Cicero. »Vor Köckeritz und Lüderitz, vor Krachten und vor Itzenplitz behüt' uns, lieber Herre Gott!« beteten damals die Märker, mit deren Gottesfurcht und Frömmigkeit es ansonsten nicht weit her war.

Die spärliche Bevölkerung der Mark Brandenburg galt im übrigen Deutschland als derb und rückständig, ja geradezu primitiv. Als der prachtliebende Albrecht Achilles 1471 die Herrschaft über die Mark Brandenburg antrat und sich in Salzwedel, einer für brandenburgische Verhältnisse sehr wohlhabenden Stadt, huldigen ließ, brachte ihm der Magistrat die nach Meinung der Bürger eindrucksvollsten und kostbarsten Gastgeschenke dar: Krüge mit schäumendem Bier, einige Fische, ein paar gebratene Hammelkeulen, zwei Mulden voll Eingemachtem, zwei noch größere Mulden voll Bohnenkuchen, dazu Äpfel und Birnen sowie Hafer für des Kurfürsten edles Roß. Albrecht Achilles, an andere Kostbarkeiten gewöhnt, rümpfte darob nur die Nase und fand, daß seine Märker von fränkischer Kultur noch weit entfernt seien.

Nicht nur von den städtischen Bürgern, sondern auch vom märkischen Adel hielten die Hohenzollern wenig. Diese Junker waren ihnen allzu brutal, überheblich und rauflustig, dazu ohne Manieren, völlig ungebildet und außerstande, vernünftig zu wirtschaften. Als um 1500 das Raubritterunwesen wieder überhandnahm, ließ Kurfürst Joachim Nestor auf einen Schlag siebzig der schlimmsten Verbrecher hängen, darunter vierzig »Edle Herren« und Ritter. Das war ein nach damaligen Anschauungen unerhörtes Vorgehen, das dem Kurfürsten große Popularität eintrug. Auch sorgte diese Maßnahme, zusammen mit der Einrichtung eines alle Straßen und Handelswege sichernden Landreiter-Dienstes und des Kammergerichts zu Kölln, das auch über den Adel und die Vorsteher der Städte zu richten und die Aufsicht über die Hof- und Landgerichte zu führen hatte, für eine erhebliche Verbesserung der rechtlichen Verhältnisse. Aber die große Mehrheit der märkischen Bevölkerung war davon nicht betroffen, denn sie lebte in Armut und Schmutz, völliger Unwissenheit und praktisch rechtlos unter der Herrschaft der adligen Gutsbesitzer. Die großen Bauernaufstände im Reich, vor allem in Schwaben, Franken, Hessen und im Elsaß, aber auch in Thüringen und anderswo, wirkten sich auf die Mark Brandenburg überhaupt nicht aus. Die Sklaverei, in der die Junker die einst freien Bauern hielten, die Brutalität, mit der jeder Ungehorsam bestraft wurde, und die fehlende Verbindung zwischen den einzelnen Gutsbezirken des dünnbesiedelten Landes ließen keinen Gedanken an Rebellion aufkommen.

Etwas anders war es in den brandenburgischen Städten, wo das Bürgertum der einstigen Unabhängigkeit nachtrauerte. Jede Bedrängnis der Kurfürsten, die in den häufigen Kämpfen mit ihren Nachbarn manchmal besiegt wurden, zudem unter chronischem Geldmangel litten, wurde von den Angehörigen der städtischen Oberschicht zur stückchenweisen Rückgewinnung alter Rechte und Freiheiten benutzt. Allerdings machten die Hohenzollern, sobald sie wieder die Oberhand gewonnen hatten, solche Zugeständnisse häufig mit einem Federstrich zunichte, was hie und da zu Empörungen und Gewaltakten gegen kurfürstliche Beamte führte.

Einen Ausnahmefall stellt jener Ausbruch von Terrorismus dar, der mit dem Namen »Michael Kohlhaas«, dem Titelhelden der Kleistschen Novelle, verbunden ist. In Wahrheit hieß der junge Mann aus gutbürgerlicher Familie, der in Kölln an der Spree aufgewachsen war, Johann Kohlhase. Auf einer Reise zur Leipziger Messe geriet er im Herbst 1532 mit einem Junker in Streit, mußte ihm seine Pferde zurücklassen, fühlte sich schikaniert und empörte sich über die Ungerechtigkeiten, die ihm dann widerfuhren.

Schließlich sagte er dem Staat – heute hieße es: der Gesellschaft – den Kampf an, zunächst nur mit Worten, die aber im Land bereits große Beunruhigung hervorriefen, dann mit »Gewalt gegen Sachen«, wobei ungewiß ist, ob einige Feuersbrünste und Einbrüche tatsächlich auf sein und seiner Spießgesellen Konto gingen. Flugschriften schrieben sie ihm jedenfalls zu, später auch jeden Mord, der entdeckt wurde. Versuche, Kohlhase durch Vermittlung Martin Luthers und anderer angesehener Gelehrter zur Vernunft zu bringen, scheiterten. Vergeblich forderten Besonnene freies Geleit für Johann Kohlhase, damit er einen ordentlichen Prozeß bekäme und sich nicht noch weiter in Verbrechen verstricke. Statt dessen begann die Obrigkeit eine Großfahndung, die zunächst erfolglos blieb. Kohlhase, der inzwischen eine stattliche Anzahl verwegener Burschen um sich gesammelt hatte, verwilderte und verrohte immer mehr. Für jeden seiner Spießgesellen, den die Behörden fingen und hängten, nahm er blutige Rache. Fünf Jahre lang hielt die Kohlhase-Nagelschmidt-Bande, wie sie genannt wurde, denn ein gewisser Georg Nagelschmidt teilte sich jetzt mit Kohlhase in das Kommando, ganz Brandenburg und Sachsen in Atem. Die Angst vor den Terroristen stieg ins Maßlose, auch und gerade bei den kleinen Leuten, obwohl sich alle tatsächlich von der Bande verübten Verbrechen nur gegen die Herrschenden und ihre Vertreter richteten. Nach einem Überfall auf einen kurfürstlichen Silbertransport, bei dem nach Kohlhase so benannten Kohlhasenbrück in der Nähe von Potsdam, gelang es den brandenburgischen Behörden endlich, der Bande auf die Spur zu kommen, Kohlhase und Nagelschmidt gefangenzunehmen und damit den harten Kern zu zerschlagen. Einige Bandenmitglieder, die man ebenfalls fing, wurden gehängt, Johann Kohlhase und Georg Nagelschmidt 1540 vor dem Georgstor zu Berlin öffentlich aufs Rad geflochten, womit dieser Ausbruch von individuellem Terror und ihn begleitender Massenhysterie sein Ende fand. Die zur Bekämpfung der Bande erheblich verschärften Gesetze und Polizeivorschriften wurden aber nicht wieder gelockert; sie waren der Beginn der Entwicklung Brandenburg-Preußens zum perfekten Obrigkeits- und Polizeistaat.

Auch begann damals eine militärische Aufrüstung, die bald über das übliche Maß hinausging. Das feste Schloß Spandau, westlich von Berlin am Zusammenfluß von Havel und Spree gelegen, wurde in fast fünfunddreißigjähriger Bauzeit zu einer starken Festung erweitert. Der venezianische Festungsbaumeister Chiaramella di Gandino legte mit zweihundert aus Italien mitgebrachten Facharbeitern die Fundamente für die Zitadelle und die vier Bastionen; der aus florentinischem Geschlecht stammende, in der

Toskana geborene Rochus Graf Lynar, der nach Beginn der ersten Hugenottenverfolgung als Protestant aus Frankreich hatte flüchten müssen, leitete dann den Bau bis zu seiner Vollendung. Die Festung Spandau, die zur Zeit ihrer Fertigstellung als unüberwindlich gelten konnte, bestand später ihre militärischen Bewährungsproben jedoch nicht. Im Dreißigjährigen Krieg mußte sie den Schweden überlassen werden, 1806 den anrückenden Franzosen. Dagegen wurde die Festung Spandau zum Symbol der absolutistischen Unterdrückung, die gefürchtete Bastille der Hohenzollern-Herrscher, und blieb bis in die Neuzeit hinein Zentralfestungsgefängnis. Und wenn es in Heinrich v. Kleists Drama *Prinz von Homburg* am Schluß heißt: »In Staub mit allen Feinden Brandenburgs!«, so lautete die gefürchtete Formel, mit der vierzehn Generationen hohenzollernscher Kurfürsten und Könige ihre wirklichen oder vermeintlichen Gegner, Kritiker, Befehlsverweigerer und Rebellen, aber auch gewöhnliche Spitzbuben sowie viele gänzlich Unschuldige aus dem Wege schaffen ließen, weit prosaischer: »Ab nach Spandau!«

Im Dreißigjährigen Krieg, der von 1618 bis 1648 tobte, blieb Berlin und Kölln das Schicksal Magdeburgs zwar erspart. Aber die Doppelstadt hatte dennoch unter Durchzügen und Besetzungen viel zu leiden, sowohl von den Kaiserlichen als auch von den Schweden. Wie die Kaiserlichen in der Umgebung von Berlin hausten, ist einem Bericht vom Neujahrstag 1639 zu entnehmen, als sie durch Plaue im Havelland zogen: Sie haben dort »viele alte Leuthe zu Tode gepeinigt, Todt geschoßen, unterschiedliche Frawen und Mägde zue Tode geschendet, theils Kinder aufgehencket, theils auch gebrathen, viele außgezogen, daß sie bei ausgestandener Kälte verrecket . . .« Und als auf die Kaiserlichen die Schweden folgten, klagten Prälaten, Ritterschaft und Räte des Havellandes und der Zauche, »so sei noch niemahlen solch vorsetzlich Rauben, Stehlen und Plündern als itzo vorgegangen«.

Der damalige Kurfürst Georg Wilhelm (1619–1640), selbst militärisch völlig hilflos, schloß sich – so Franz Mehring – »bald der kaiserlichen, bald der schwedischen, bald überhaupt keiner Politik an«, und so war die Mark Brandenburg von 1626 fast ununterbrochen Kriegsschauplatz und zählte bei Kriegsende, neben Pommern, dem Magdeburgischen und Schlesien, zu den am meisten verwüsteten Gebieten Deutschlands.

»Zu Mord und Hunger«, berichten Günter Vogler und Klaus Vetter, »traten verheerende Seuchen, denen mehr Menschen zum Opfer fielen als den direkten Kriegseinwirkungen. 1625, 1628, 1643 und 1648 wurde das Land von den Pocken heimgesucht, denen besonders die Kinder erlagen. Die Ruhr wütete 1625, 1628 und 1636. Die schlimmste aller Seuchen aber war die Pest, die sich zuerst 1621 und 1625 zeigte, dann 1626 mit verheerender Kraft losbrach und besonders in den Städten große Lücken riß.« Berlin und Kölln hatten unter diesen und unter vier weiteren Pestepidemien schwer zu leiden, am meisten aber unter der großen Pestwelle, die ihren Höhepunkt in dem ungewöhnlich heißen Sommer 1631 erreichte.

Nach endlichem Friedensschluß im Jahre 1648 war die Einwohnerzahl der Doppelstadt Berlin-Kölln, trotz des Zustroms von Flüchtlingen aus der näheren und ferneren Umgebung, auf knapp viertausend, etwa ein Viertel des Vorkriegsstands, zurückgegangen. Zahlreiche Häuser standen leer und verfielen; die Vorstädte waren niedergebrannt, die Gärten verwüstet. Die ungepflasterten Straßen lagen voller Unrat. Die Bürger waren von tiefer Resignation ergriffen, und keiner hatte mehr den Mut, mit frischer Kraft einen Neubeginn zu wagen. Jeder tat nur gerade das, was unvermeidlich nötig war, und oftmals auch dieses nicht.

Die letzten Jahre des Dreißigjährigen Kriegs und die erste Nachkriegszeit waren die Periode, in der die Reste des alten Berliner und Köllner Bürgertums, die Nachkommen der Kolonisten und Handelsleute vom Rhein, aus Flandern und Holland, von der Niederelbe und vom Harz, die letzte Stufe ihres sozialen Abstiegs erlebten und, von wenigen Ausnahmen abgesehen, verarmten. Doch binnen einer Generation waren andere zur Stelle, die an der Spree das gelobte Land zu finden hofften, herbeigelockt von den großzügigen Angeboten eines Staats, der wegen Entvölkerung und Kapitalmangels vor dem Zusammenbruch stand.

Doch ehe wir uns mit diesem höchst bemerkenswerten, weil tiefgreifende Veränderungen herbeiführenden Zuzug von Neubürgern eingehend befassen, sei zunächst geschildert, wie das ausgepowerte Brandenburg just um diese Zeit einen sehr beträchtlichen Gebietszuwachs erhielt. Es erlangte nämlich 1660, zwölf Jahre nach dem Westfälischen Frieden, der den Dreißigjährigen Krieg in Deutschland beendete, die Souveränität über das ferne, mehrere hundert Kilometer nordöstlich gelegene Preußen. Es war dies ein für die brandenburgischen Hohenzollern höchst erfreuliches Ergebnis des zu Oliva bei Danzig geschlossenen Friedens zwischen Polen und Schweden, mit dem ein Krieg beendet wurde, an dem sich Brandenburg erst auf schwedischer, dann auf polnischer Seite beteiligt hatte.

Ein halbes Jahrhundert später sollte dieses brandenburgisch gewordene Land Preußen dem ganzen Herrschaftsbereich der Hohenzollern seinen Namen geben. Aber daran dachte zunächst noch niemand; das acht Posttage von Berlin entfernte, durch polnisches Gebiet von Brandenburg getrennte Herzogtum zwischen Weichsel und Memel war für den Kurfürsten und seine Räte im Schloß an der Spree eine abgelegene Kolonie, über die sie wenig wußten. Nun, wo man dieses vom Krieg schwer heimgesuchte Land durch glückliche Umstände erworben hatte, schien es an der Zeit, sich darüber gründlich zu informieren.

Wie Brandenburg zu Preußen wurde

Bis zum Frieden von Oliva des Jahres 1660, als die brandenburgischen Hohenzollern die volle Souveränität über das von Schweden, Russen, Polen und Tartaren verwüstete Ostpreußen erlangten, hatte dieses Herzogtum zum Königreich Polen gehört. Ursprünglich war es das Land der Pruzzen, Prussen oder Preußen (was »die Klugen, die Wissenden« bedeutete), eines den Litauern verwandten indogermanischen Volksstammes, der das Samland und die Küste des Kurischen Haffs bis tief ins Binnenland hinein besiedelt hatte. Das Gebiet der Preußen umfaßte im 4. und 5. nachchristlichen Jahrhundert die Bezirke Kulm und Pomesanien an der Weichsel, Pogesanien, Warmien (das spätere Ermland), Natangen am Frischen Haff, Samland, Schalauen und Nadrauen am Kurischen Haff sowie Barten, Sudauen und Galinden im Binnenland.

Die Preußen galten als sehr tapfere und tüchtige Krieger, die grausam gegen ihre Feinde, hingegen überaus gastfreundlich gegen friedliche Fremde waren. Bis 1215 scheiterten alle Versuche, die Preußen zum Christentum zu bekehren, und auch in den folgenden Jahrzehnten, als der Hochmeister des Deutschen Ordens, Hermann von Salza, das Land zu erobern und zu christianisieren begann, leisteten die Preußen erbitterten Widerstand. Erst als die Kirche im ganzen christlichen Europa zum Kreuzzug gegen diese »trotzigen Heiden« aufrief und den Kreuzfahrern gen Preußenland die gleichen himmlischen Gnaden (und irdischen Schätze) versprach wie denen, die zur »Befreiung« Jerusalems und des Heiligen Landes auszogen, als Tausende von Rittern, Abenteurern, Kolonisten und Händlern nach Preußen strömten, um dort auf die eine oder andere Weise ihr Glück zu machen, konnten die preußischen Stämme nach und nach unterworfen und zwangsweise getauft oder in unzugängliche Gebiete abgedrängt werden. Zunächst hatten die Stämme meist einzeln um ihre bedrohte Freiheit gekämpft. Doch als sie die völlige Unterjochung ihres ganzen Volkes vor Augen sahen, erhoben sie sich 1242 noch einmal gemeinsam gegen die fremden Unterdrücker, die bei dem Versuch, auch noch das ganze nordwestliche Rußland zu erobern, mitten im Winter auf dem Eis des zugefrorenen Peipussees von einem russischen Heer unter Führung des Fürsten Alexander Newski vernichtend geschlagen worden waren. Diese Niederlage der deutschen Ordensritter war für die Preußen das Signal für einen allgemeinen Aufstand gegen die fremden Kolonialherren aus dem Reich, wobei ihnen die Pommern unter Führung Swantopolks von Westen her zu Hilfe kamen.

Ein sächsischer Kolonist mit einem gefangenen Slawen aus dem Ordensgebiet (mittelalterliche Darstellung).

Elf Jahre lang tobte dieser Aufstand der Preußen, bis es dem Deutschen Orden und dessen Verbündeten 1253 gelang, sie wieder zu unterwerfen. Wenig später traf abermals ein 60000 Mann starkes Heer von Kreuzfahrern aus Böhmen und Süddeutschland in Preußen ein und unterwarf das Samland, zwang die Bewohner zur Taufe und errichtete im Wald Twangste eine Burg, daneben später eine Stadt, die sie Königsberg benannten (übrigens zum Kummer aller späteren deutschnationalen Historiker keineswegs zu Ehren eines Deutschen, schon gar nicht eines Hohenzollern, sondern zum Ruhme König Ottokars II. von Böhmen, Letzten des Hauses Přzemysl und eigentlichen Schöpfers eines freien Bürgertums, der 1255 eine pruzzische Fliehburg am Pregel zu einer befestigten Stadt ausbauen ließ). Doch als 1260 die Deutschordensritter samt den Kreuzfahrern in Livland von den Litauern in eine Falle gelockt wurden und eine schwere Niederlage erlitten, kam es zu einem neuen allgemeinen Aufstand der Preußen.

Unter Führung von Glappo aus Warmien, Herkus Monte aus Natangen, Glande aus Samland, Diwan aus Barten und Auktumo aus Pogesanien errangen die Aufständischen zunächst die Oberhand, zerstörten die Zwingburgen, Kirchen und Städte ihrer Unterdrücker, konnten sich aber auf Dauer gegenüber den immer neuen Heeren von Kreuzfahrern aus dem Reich nicht behaupten. Die preußischen Stämme erlitten schreckliche Verluste; ein Führer nach dem anderen fiel im Kampf, zuletzt, 1271, nach elfjährigem Ringen mit dem übermächtigen Feind, auch der tapferste der preußischen Hauptleute, Herkus Monte.

In den folgenden Jahren wurden die Nadrauer und Schalauer, schließlich im Jahre 1283, nach sechsjähriger erbitterter Verteidigung, der letzte noch freie Preußenstamm, die Sudauer, unterworfen. Nur wenige der überlebenden Preußen ließen sich taufen. Viele flüchteten nach Litauen oder verbargen sich in den Wäldern und Sümpfen.

Auch diejenigen, die sich unterwarfen und getauft wurden, hielten zäh an ihrem Volkstum fest. Die preußische Sprache, die – bis auf die gemeinsamen indogermanischen Wurzeln – weder mit dem Deutschen noch mit dem Polnischen oder Russischen verwandt war, ist erst ein halbes Jahrtausend nach der völligen Eroberung Preußens, im späten 17. Jahrhundert, ausgestorben.

In den auf die endgültige Unterwerfung der preußischen Stämme folgenden anderthalb Jahrhunderten bis zum zweiten Frieden von Thorn im Jahre 1466 stand Preußen unter der Herrschaft des Deutschen Ordens. Die geistlichen Ritter gewährten anfangs den von deutschen, holländischen und anderen Kolonisten angelegten Städten fast völlige Selbständigkeit, zahlreiche Handelserleichterungen sowie weitgehende Befreiung von Steuern und Zöllen, wodurch das Land einen kräftigen Aufschwung nahm.

Doch als dann Litauen von Polen aus christianisiert und dem polnischen Königreich einverleibt worden war, konnte der Orden zum Schutz gegen den übermächtigen Nachbarn keine Kreuzfahrer mehr herbeirufen, sondern mußte ein Söldnerheer mieten. Das kostete sehr viel Geld; die Steuerlast, die der Orden nun dem Land aufbürdete, war gewaltig, und die Herrschaft der Ritter wurde rücksichtslos und hart. Die Städter und Kolonisten stöhnten unter diesem Joch und ermutigten heimlich die Polen und Litauer zur Eroberung des Ordenslandes. 1410 fielen die Polen unter Führung von Wladislaw Jagello tatsächlich in Preußen ein und schlugen das große Heer der Deutschordensritter bei Grunwald. In dieser ersten Schlacht bei Tannenberg, wie die Deutschen ihre Niederlage später nannten, machten die Polen viele tausend Gefangene und eroberten in wenigen Wochen das ganze Land, ohne noch Widerstand zu finden.

Zwar wurde der Ordensstaat noch einmal von dem Komtur Heinrich von Plauen gerettet, der mit 4000 Mann aus Pommerellen die Marienburg besetzte und sie gegen alle polnischen Angriffe verteidigte, so daß die Eroberer sich schließlich bereit fanden, gegen Bezahlung einer gewaltigen Summe den größten Teil Preußens wieder zu räumen. Aber in den folgenden Jahrzehnten bröckelte die einstige Macht der Deutschordensritter immer mehr ab: Der Landadel und die Städte, des wachsenden Steuerdrucks überdrüssig, schlossen sich zum Preußischen Bund gegen den Orden zusammen, kündigten dem Hochmeister den Gehorsam und trugen dem König Kasimir von Polen die Herrschaft über Preußen an.

Besitznahme der Marienburg durch die Söldner-Hauptleute des Deutschen Ordens, 1457 (Holzschnitt aus dem Jahre 1859).

Nach dreizehnjährigem Krieg, in dem der Orden bald gezwungen war, mangels Geld seine sämtlichen Burgen, Schlösser, Städte und Ländereien den für ihn kämpfenden Söldnerscharen zum Pfand für rückständigen Lohn zu geben, trugen die Polen den endgültigen Sieg davon. Die Ordenssöldner hatten schon 1456 alle ihnen verpfändeten Immobilien an den König von Polen verkauft und so den Hochmeister zum Auszug aus der Marienburg gezwungen. Durch den Friedensvertrag von 1466 ging die westliche Hälfte Preußens, nämlich Kulm, Michelau und Pommerellen mit den Städten Danzig, Thorn, Elbing und Marienburg sowie den Bistümern Kulm und Ermland, in Polen auf. Die östliche Hälfte, die spätere Provinz Ostpreußen ohne das Ermland und die Gebiete um Danzig und Elbing, blieb bis 1525 Ordensland unter polnischer Oberhoheit.

Dieser Reststaat des Deutschritterordens war zum Untergang verurteilt. Es nützte auch nichts, daß sich die Ritter zuletzt Fürsten aus dem Reich zu Hochmeistern wählten, in der Hoffnung, so Unterstützung gegen die polnische Umklammerung zu finden. Der letzte dieser Hochmeister, Markgraf Albrecht von Ansbach aus dem Hause Hohenzollern, folgte dem Rat des Reformators Martin Luther, den Ordensstaat aufzulösen und in ein weltliches Herzogtum umzuwandeln. Anschließend schloß er Frieden mit dem Polenkönig und ließ sich von diesem 1525 in Krakau mit dem Herzogtum Preußen belehnen. Papst, Kaiser und die letzten Deutschordensritter protestierten zwar, aber den Ansbacher scherte das nicht. Als Anhänger der Reformation ging ihn Rom nichts mehr an, und der große Aufstand der Bauern Südwestdeutschlands hielt die kaiserliche Partei viel zu sehr in Atem, als daß sie etwas gegen ihn vermocht hätte. Zudem hatte Preußen nie zum Heiligen Römischen Reich Deutscher Nation gehört, und daran konnte auch das mit einer Prüfung der Rechtslage beauftragte Reichskammergericht nichts ändern.

Nichtsdestoweniger hatte Albrecht in seinem neuen Herzogtum einen schweren Stand. Ständig gab es Unruhen, konfessionelle Streitigkeiten und Zwist mit den auf ihre Privilegien pochenden Städten. Der Adel war bemüht, die herzogliche Gewalt zu schwächen, und die Landstände wandten sich bei jedem Konflikt an den Polenkönig als ihren Oberlehensherrn, der sich dann auch einmischte. So ging es unter Albrechts Nachfolgern weiter, wobei anzumerken ist, daß die Kurfürsten von Brandenburg ihre Ansbacher Verwandten bald verdrängten.

1618 wurde der brandenburgische Kurfürst Johann Sigismund Herzog von Preußen, und von da an durften die Hohenzollern das einstige Deutschordensland, soweit es nicht ein Teil Polens geworden war, von Berlin aus regieren, nur erwies sich dies in der Praxis als nahezu unmöglich. Die kurfürstliche Gewalt stand in Preußen lediglich auf dem Papier, und bei jeder sich bietenden Gelegenheit forderten die preußischen Stände weitere Beschränkungen der ihrem fernen und ungeliebten Landesherrn ohnehin nur formal zustehenden Rechte. Die Polenkönige kamen ihnen dabei

»Die Huldigung Preußens« von Jan Matejko. Dargestellt wird die Belehnung des Markgrafen Albrecht durch König Siegmund von Polen in Krakau am 10. April 1525 mit dem Herzogtum (Ost-)Preußen.

gern zu Hilfe, stellten die Belehnung der Brandenburger immer wieder in Frage und ließen sich erst nach endlosen Verhandlungen ihre Einwilligung mit großen Summen abkaufen.

Dem »Großen Kurfürsten« Friedrich Wilhelm gelang es schließlich mit schwedischer Hilfe, die polnische Oberlehenshoheit abzuschütteln und, wie schon kurz erwähnt, 1660 im Frieden von Oliva souveräner Herzog von Preußen zu werden. Doch auch ihm verweigerten die ostpreußischen Städte und Landstände zunächst die Anerkennung und verlangten die Bestätigung ihrer sehr umfangreichen Privilegien, die ihnen weitestgehende Selbstverwaltung und Abgabenfreiheit garantierten. Unter Führung des Königsberger Schöppenmeisters Hieronymus Roth und des Generalleutnants Albrecht v. Kalckstein, Gutsherrn auf Knauten, widersetzten sie sich den kurfürstlichen Anordnungen und ließen es bei nun fehlender Rükkendeckung durch Polen auf einen bewaffneten Kampf ankommen.

Erst nach zweijähriger »Befriedung« des Landes durch brandenburgische Truppen unterwarfen sich die Aufständischen der militärischen Übermacht und huldigten zähneknirschend dem neuen Souverän aus dem Hause Hohenzollern. Fortan gehörte das östliche Herzogtum Preußen mit der damals alle brandenburgischen Städte an Bedeutung überragenden Hauptstadt Königsberg zu Brandenburg, wenngleich – wie auch das polnische Westpreußen – nicht zum Deutschen Reich.

Wenn wir nun bei diesem einschneidenden, nur wenig mehr als drei Jahrhunderte oder zehn Generationen zurückliegenden Ereignis innehalten und uns die Frage stellen, was denn an diesen Preußen – den freiheitsdurstigen Pruzzen, den Kolonisten des Deutschordensstaates oder den auf ihre ertrotzten Rechte pochenden Bewohnern des polnischen Herzogtums – eigentlich so »typisch preußisch« gewesen sein soll, so finden wir nichts von alledem, was Bismarck als »staatliche Brauchbarkeit« rühmte und was Konrad Adenauer als »preußischen Geist« verachtete: weder Unterwürfigkeit noch gar Kadavergehorsam, weder Militarismus noch allzuviel Disziplin, weder Pedanterie noch übertriebene Härte.

Wie aber steht es mit der slawisch-germanischen Blutmischung, aus der das Preußentum erst entstanden sein soll?

Zwar waren die eigentlichen Preußen, die alten pruzzischen Stämme, wie wir bereits wissen, weder Slawen noch Germanen; doch dehnt man den Begriff »Preußen«, wie es im 18. Jahrhundert üblich wurde, auf das ganze Herrschaftsgebiet der brandenburgischen Hohenzollern aus, so erhält die Bismarcksche These, zumindest auf den ersten Blick, ihre Berechtigung. In den östlich der Elbe gelegenen Landesteilen des Königreichs Preußen von 1868 gab es tatsächlich eine zwar weitgehend germanisierte oder eingedeutschte, ihrer Herkunft nach aber überwiegend slawische Bevölkerung.

In den preußisch gewordenen, ehemals polnischen Landesteilen, zumal in Westpreußen und Posen sowie in Oberschlesien, hielten die eingesessenen Polen zäh an ihrer Nationalität, Muttersprache und Kultur fest. Trotz aller – zum Teil recht brutalen – Germanisierungsversuche gaben in diesen drei Provinzen noch bei der Volkszählung vom 1. Dezember 1900 mehr als drei von insgesamt 8,5 Millionen preußischen Staatsangehörigen das Polnische als ihre Mutter- und alleinige Umgangssprache an.

Im Süden Ostpreußens war die Landbevölkerung ebenfalls in starkem Maße slawischer Herkunft; die Volkszählung von 1900 ergab, daß dort 142000 Personen ausschließlich Masurisch sprachen; im Nordosten dieser Provinz gab es 1900 noch 106000 nur Litauisch sprechende Preußen.

In der Mark Brandenburg, und zwar im Gebiet des Spreewaldes, sowie in Niederschlesien hatten sich starke Reste der Sorben erhalten. Bei der Volkszählung von 1900 gaben 64000 Personen an, keine andere Sprache als »Wendisch« zu sprechen; in Schlesien waren, neben den auch dort zahlreichen Polen, rund 25000 preußische Staatsbürger nur des Tschechischen, rund 65000 nur des Slowakischen mächtig. Daneben lebten in ganz Preußen nach der Statistik von 1900 weitere 211000 Personen nichtdeutscher, meist slawischer Muttersprache, die daneben auch das Deutsche beherrschten, sowie 286000 in Preußen ansässige Ausländer österreichischer oder russischer Staatsangehörigkeit, die zumeist aus Böhmen, Mähren oder Polen stammten. Und bedenkt man, daß viele Angehörige slawischer Volksgruppen nur den preußischen Behörden gegenüber Deutsch als ihre Muttersprache bezeichnet haben dürften, ohne daß dies der Wahrheit entsprach, so läßt sich insgesamt feststellen, daß das slawische Element im Königreich Preußen in der Tat sehr stark war, auch nach rund siebenhundert Jahren intensiven Bemühens, es zu unterdrücken, zu assimilieren oder wegzudrängen.

Indessen sind wir der Antwort auf die eingangs gestellten Fragen, was denn nun eigentlich unter »Preußen« und unter dem von Adenauer für schädlich gehaltenen »preußischen Geist« zu verstehen sei, erst ein kleines Stück nähergekommen. Wir konnten ausschließen, daß damit das Land der Pruzzen oder das des Deutschen Ritterordens oder gar das alte Herzogtum gemeint sein oder daß dort ein Geist geherrscht haben könnte, den man entschieden ablehnen müßte. Das einstige, weitgehend selbständige und unter polnischer Oberhoheit stehende Herzogtum Preußen war eher von einem freiheitlicheren Geist erfüllt als die meisten anderen Staaten Europas jener Epoche.

Tatsächlich ist der von Adenauer gemeinte »preußische Geist«, wenn überhaupt, frühestens nach dem Ende der preußischen Unabhängigkeit aufgekommen, nach – und möglicherweise sogar infolge – der administrativen Vereinigung (Ost-)Preußens mit dem Kurfürstentum der brandenburgischen Hohenzollern. Dabei wollen wir es vorerst dahingestellt sein lassen, wie dieser »preußische Geist« entstanden ist, wer ihn wo entstehen ließ und welche Kreise davon erfaßt wurden, welche nicht.

Denn wahrlich nicht alle preußischen Staatsbürger, auch nicht die in Ostelbien, waren von jenem Geist erfüllt, der im Adenauerschen Sinn »gemeinhin ›preußisch‹ genannt wird«. Wir werden ein ganz anderes Preußen kennenlernen, wenn wir die brandenburgisch-preußische und preußisch-deutsche Geschichte einmal ganz vorurteilsfrei an uns Revue passieren lassen und dabei nicht allein die Herrscher und Junker betrachten, sondern auch die wachsende Schar ihrer Untertanen, die sich, wenngleich nicht immer aus eigener Kraft, zu Staatsbürgern und schließlich als freies Volk zum Souverän machten.

Denn die Masse der Bewohner Preußens war zu keiner Zeit militaristisch und aggressiv, pedantisch, borniert und eingebildet. Sie war allenfalls etwas härter, zäher und, was die bürgerliche Schicht betraf, toleranter und auch selbstbewußter als die Menschen in anderen Gegenden. Die Formel, nach der sie lebten, war in den Worten eines alten Berliner Droschkenkutschers: »Ick jeh' jedem aus'm Weje, aber ick verlange, det mir ooch jeder aus'm Weje jeht!«

Das Familienunternehmen

Die preußischen Herrscher aus dem Hause Hohenzollern sind von den meisten deutschen Historikern, zumal von denen des 19. und frühen 20. Jahrhunderts, zu selbstlosen Dienern des Staates und der gesamtdeutschen Interessen sowie zu Wegbereitern des vom Volk ersehnten deutschen Nationalstaats verklärt worden, ganz so, als hätten sie stets kein anderes Ziel vor Augen gehabt als das Glück der deutschen Nation und das Wohl des Reiches.

Erst sollen die brandenburgischen Hohenzollern als Markgrafen die östlichen Grenzen des Heiligen Römischen Reiches Deutscher Nation tapfer und zäh gegen die Slawen verteidigt und – natürlich nur im Interesse des Deutschtums! – allmählich weit über die Oder hinaus ausgedehnt haben.

Später, so wurde es etlichen Generationen deutscher Schulkinder und Studenten beigebracht und bisweilen heute noch gelehrt, hätten die brandenburgisch-preußischen Kurfürsten – wie Heinrich v. Treitschke es formulierte – »die Schwäche des heiligen Reichs verdammt« und ihrerseits die Initiative ergriffen, um »Preußens deutsche Sendung« zu erfüllen, was 1871 ja dann auch tatsächlich gelungen sei.

Deshalb, so lautete die Schlußfolgerung von Patriotismus durchglühter Geschichtslehrer, müßten alle deutschen Herzen höher schlagen bei der Erinnerung an die kraftvollen und zielstrebigen Wegbereiter der deutschen Einheit aus dem Hause Hohenzollern. Dies sollen vor allem gewesen sein: der »Große Kurfürst« Friedrich Wilhelm (1620–1688), König Friedrich II., genannt der Große (1712–1786) und Wilhelm I., König von Preußen und deutscher Kaiser (1797–1888), den sein Enkel Wilhelm II. ebenfalls den Großen zu nennen pflegte, sowie dessen Eiserner Kanzler Otto v. Bismarck.

Die historischen Fakten beweisen indessen, daß diese und die übrigen preußischen Herrscher völlig andere Interessen und Ziele verfolgten als die Erfüllung der nationalen Sehnsüchte des deutschen Volkes. Deshalb haben sich ganze Historikerschulen damit gequält, die nicht wegzuleugnenden Tatsachen durch immer neue, immer gewagtere Interpretationen umzufälschen und so mit ihrem Wunschbild notdürftig in Einklang zu bringen.

Ähnlich werden sich vielleicht spätere Historikerschulen damit herumplagen, aus dem Bundeskanzler Konrad Adenauer einen Staatsmann zu machen, dem während seiner Regierungszeit (1949–1963) nichts mehr am Herzen gelegen hätte als die Wiedervereinigung Deutschlands – ein hohes

Ziel, das zu erreichen ihm leider nicht vergönnt war. Sie werden es dann ebenfalls sehr schwer haben, Adenauers Äußerungen, Entscheidungen, Handlungen und Unterlassungen mit dem behaupteten Ziel seiner Politik einigermaßen in Einklang zu bringen; erst ein Verzicht auf jegliches Wunschdenken wird Adenauers wirkliche Motive und tatsächliche Ziele erforschbar und jedermann begreiflich machen.

Was die Beweggründe und politischen Zielvorstellungen der brandenburgischen Hohenzollern betrifft, so muß man von der nicht wegzuleugnenden Tatsache ausgehen, daß sie – wie auch die anderen Kleinstaaten-Potentaten des deutschen Barocks – die von ihnen beherrschten Gebiete als ihr persönliches Eigentum, als ererbten und weiterzuvererbenden Familienbesitz ansahen, wobei die Bewohner, ihre Untertanen, zum lebenden Inventar zählten. Unbekümmert um Kaiser und Reich, erst recht

Preußen 1648 (nach dem Westfälischen Frieden)

um die Wünsche und Hoffnungen der Menschen in ihrem Lande, war ihr ganzes Interesse darauf gerichtet, ihren Besitzstand zu mehren und so gewinnbringend wie möglich zu gestalten, was unvermeidlich zu Lasten anderer vor sich ging.

So gesehen war der brandenburgische Staat im frühen 17. Jahrhundert ein wenig attraktiver, kapitalschwacher Familienbesitz der Hohenzollern ohne mehr als regionale Bedeutung. Als Kurfürst Johann Sigismund im Jahre 1608 die Herrschaft über Brandenburg antrat, umfaßte sein Gebiet nur knapp vierzigtausend Quadratkilometer und war damit etwa so groß wie drei der insgesamt sieben Regierungsbezirke des heutigen Freistaats Bayern, nämlich Schwaben, Ober- und Niederbayern zusammengenommen, allerdings mit weit geringerer Bevölkerung. Denn der ganze brandenburgische Staat hatte damals ungefähr 750000 Einwohner, nur etwa die

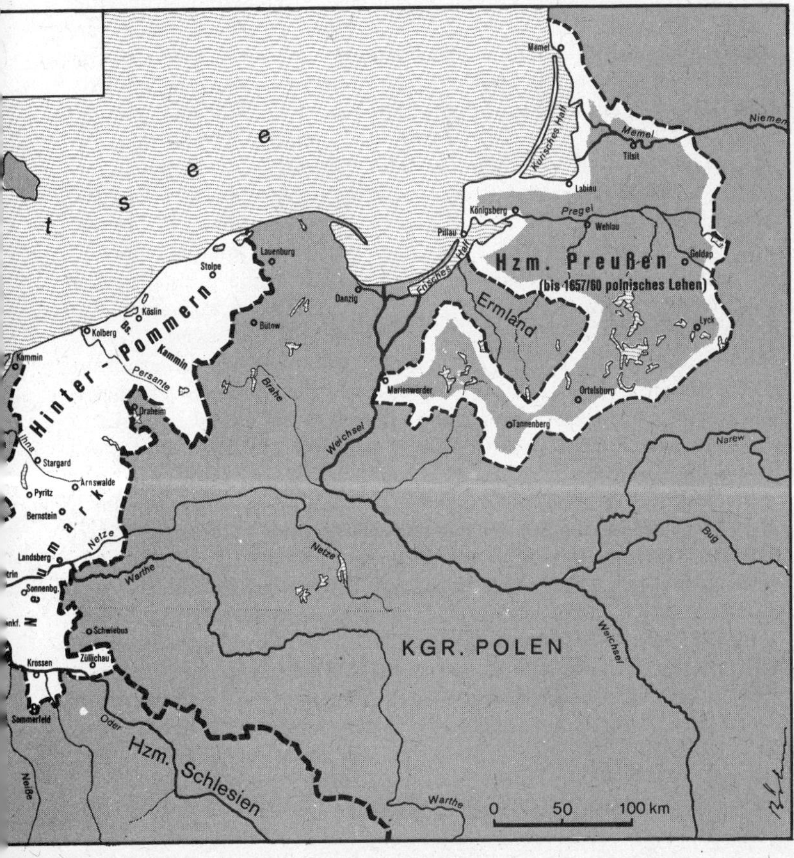

Hälfte dessen, was allein der heutige, relativ dünnbesiedelte bayerische Bezirk Schwaben an Bevölkerung aufzuweisen hat. Als Johann Sigismunds Enkel Friedrich Wilhelm, später der »Große Kurfürst« genannt, 1640 als Zwanzigjähriger den brandenburgischen Thron bestieg, fürchteten seine Geheimen Räte, daß der junge Herr allzu hochfliegende Expansionspläne hätte, und sie dachten seufzend an die leeren Kassen und an die durch Krieg und Seuchen zusammengeschmolzene, sich in erbärmlichem Zustand befindende Bevölkerung.

Die weitere Entwicklung schien ihren Befürchtungen recht zu geben. Denn auch als Friedrich Wilhelm nach Überwindung erheblicher Schwierigkeiten die schon von seinem Vater eingeleitete Übernahme Preußens durchgeführt hatte und nachdem es ihm gelungen war, durch den für ihn recht günstigen Vertrag von Münster und Osnabrück des Jahres 1648 aus der Konkursmasse einiger im Dreißigjährigen Krieg zusammengebrochener Mächte und deren Kleinstaaten-Vasallen allerlei zu übernehmen – das verwüstete Hinterpommern, das abgebrannte Magdeburg, die von fremden Truppen besetzten niederrheinischen Gebiete aus der klevischen Erbschaft seines Vaters, dazu das heruntergewirtschaftete Minden, das ausgeplünderte Halberstadt, das darniederliegende Mansfeldische Kupferrevier und einiges mehr –, da hatte sich sein Brandenburg-Preußen zwar ganz erheblich ausgeweitet, etwa auf den gemeinsamen Umfang der heutigen Bundesländer Bayern und Baden-Württemberg. Aber dieser Gebietszuwachs war nicht das Ergebnis eigener Anstrengungen, sondern wohlwollender französischer Patronage mit dem Ziel, Brandenburg-Preußen zum unbequemen Nachbarn der Habsburger wie der Schweden zu machen, was für den jungen Kurfürsten allerlei Verpflichtungen gegenüber Paris mit sich brachte. Auch war durch die vielen Neuerwerbungen die schon ursprünglich viel zu geringe Einwohnerzahl der alten und neuen brandenburgisch-preußischen Staaten nicht etwa, wie die Fläche, fast verdreifacht worden, vielmehr beinahe gleichgeblieben, also im Verhältnis sogar noch weiter abgesunken.

Zudem waren diese alten und neuen »Untertanen« des Kurfürsten durch die Leiden des langen Kriegs noch immer sehr geschwächt, halb verhungert und vielfach krank, auch in ihren Sitten verwildert und einer geregelten Arbeit entwöhnt. Die hauptsächlich land- und forstwirtschaftliche Produktion lag völlig darnieder; die Menschen lebten mehr schlecht als recht von der Hand in den Mund. Dazu kam, daß sich in ganz Deutschland im Verlaufe des Dreißigjährigen Krieges die staatliche Ordnung praktisch aufgelöst hatte; es gab keine regierungsfähige Zentralgewalt mehr. Außer einigen energischen Territorialherren besaß niemand mehr genügend Autorität und Mittel, die Ordnung wiederherzustellen.

Der junge Kurfürst von Brandenburg-Preußen legte sich deshalb zunächst einmal eine erheblich verstärkte und gutbewaffnete Schutz- und Polizeitruppe zu. Deren Organisation und Ausbildung vertraute er vorzugsweise Ausländern an, auf die ihm mehr Verlaß zu sein schien als auf seine eigenen Leute.

Als Rekruten für diese Armee wurden zwar auch beschäftigungslose Einheimische, Landstreicher, Bettler und ihren Gutsherren entbehrlich erscheinende Burschen vom Lande sowie Söhne von Flüchtlingen aus kriegszerstörten Dörfern zwangsverpflichtet oder angeworben. Aber schon für das Drillen dieser zusammengeprügelten, ohne strenge Aufsicht sofort wieder auseinanderlaufenden Schar zog Friedrich Wilhelm vorzugsweise ältere, fronterfahrene Wachtmeister der in ganz Deutschland gefürchteten schwedischen Armee heran (und daher kommt übrigens, wenn auch in seiner Bedeutung inzwischen abgewandelt, der Ausdruck »alter Schwede«). Sie hatten für Ordnung und Disziplin zu sorgen, und dies keineswegs, weil der Kurfürst oder sonstwer in Brandenburg-Preußen pedantisch auf strammes Exerzieren versessen oder militaristischer als die europäischen Nachbarn gewesen wäre. Es war vielmehr die noch frische Erinnerung an die Greuel des Dreißigjährigen Kriegs, die den Kurfürsten veranlaßte, für strengste Zucht zu sorgen, damit sich dergleichen nicht wiederhole. Unter den zum Dienst gepreßten Landeskindern, erst recht unter den angeworbenen Ausländern, gab es so viele üble Strolche; die allgemeine Neigung zur Fahnenflucht war zudem so groß, daß ohne strenge Aufsicht und ständige Beschäftigung, vornehmlich durch Exerzieren in militärischer Formation, aus der Schutztruppe im Handumdrehen eine Räuber- und Mörderbande geworden wäre, so wie umgekehrt in Schillers *Räubern* – ein Stück, das nicht zufällig gegen Ende des Dreißigjährigen Krieges spielt – am Schluß die Banditen Soldaten werden wollen.

Zu des Kurfürsten persönlichem Schutz sowie zum Wachdienst in und vor seinem Schloß wurde – da die bunt zusammengewürfelte Schar der gewöhnlichen Soldaten für solche Aufgaben ungeeignet und viel zu unzuverlässig war – eine Kompanie aus ausgewählten Schweizern, meist Angehörigen des Adels und der Bürgerschaft, gebildet. Dazu kamen drei Kompanien Leibgarde, *Garde du corps*, ebenfalls nur Schweizer, die die Residenz sicherten und den Kurfürsten eskortierten, wenn er Inspektions- oder sonstige Reisen unternahm.

Später kamen noch zahlreiche weitere Gardeeinheiten hinzu, von denen noch die Rede sein wird, wobei auch bei diesen noch für lange Zeit sowohl die Mannschaften als auch die Offiziere fast ausschließlich Nichtpreußen, zumeist auch keine Deutschen aus anderen Gegenden, sondern überwiegend Franzosen waren. (Noch im 20. Jahrhundert wurde die Schloßgarde-Kompanie von Oberstleutnant v. Marval, die Berliner 1. Garde-Division von Generalleutnant v. Hutier, die Garde-Kavallerie-Division, zu der auch die *Gardes du Corps* gehörten, von Generalleutnant v. Pelet-Narbonne befehligt, alle drei Nachkommen von Franzosen, die schon zweihundertdreißig Jahre zuvor mit ähnlichen Aufgaben betraut gewesen waren.)

Für heikle Unternehmen verwendete Friedrich Wilhelm ebenfalls vorzugsweise Ausländer, zum Beispiel den niederländischen Reeder Benjamin Raulé aus Middelburg, der für Brandenburg-Preußen fremde Schiffe kaperte und den Blick des Kurfürsten auf den lukrativen Handel mit afrikanischen Negersklaven lenkte.

Der aus dem polnischen Ermland stammende, später als General in polnische Dienste getretene Otto Friedrich von der Gröben legte für Brandenburg-Preußen an der afrikanischen Westküste sowie in Westindien einige Stützpunkte an. Von dort aus wurde dann tatsächlich fast vier Jahrzehnte lang Sklavenhandel nach Amerika betrieben, auch etwas Gold nach Berlin versandt. Das Unternehmen mußte jedoch unter dem Druck der übermächtigen Konkurrenz aller westeuropäischen Seemächte später wieder aufgegeben werden.

Mit einem Unternehmen ganz anderer Art betraute Friedrich Wilhelm 1670 den schottischen Hauptmann Montgomery. Diesem gelang es, den Sohn des ostpreußischen Rebellenführers Kalckstein, den Obristen Christian Ludwig v. Kalckstein, der in Warschau die polnische Regierung gegen Brandenburg-Preußen aufzuhetzen versuchte, dort heimlich gefangenzunehmen und, in einen Teppich gerollt, über die Grenze zu entführen. Trotz heftiger Proteste der Polen wurde Oberst v. Kalckstein dann zu Memel als Hochverräter zum Tode verurteilt und enthauptet.

Kurfürst Friedrich Wilhelm war auch sonst nicht eben zimperlich, konnte es wohl auch nicht sein, wenn er sein Ziel erreichen wollte, den zwar mächtig expandierenden, aber wirtschaftlich völlig darniederliegenden Staat wieder hochzubringen.

Nachdem er jedoch mit Hilfe seiner Streitkräfte die Sicherheit im Land einigermaßen wiederhergestellt hatte, ging er an eine gründliche Reorganisation seiner weitverstreuten Provinzen mit nunmehr meist friedlichen Mitteln. Da das alte Geld kaum noch Wert hatte und durch zahlreiche Notgeldausgaben, zu der sich fast jedes Städtchen berechtigt gefühlt hatte, ein Währungschaos entstanden war, übernahm der Kurfürst selbst in seinem gesamten Bereich das Münzmonopol und verbot die Benutzung jedes anderen Geldes, was sich als eine segensreiche Maßnahme erwies.

Überhaupt brachte Friedrich Wilhelm durch straffe Zentralisierung und einschneidende finanz- und wirtschaftspolitische Neuerungen allmählich etwas Sinn und Ordnung in die verwilderten Sitten und das oft seltsame Geschäftsgebaren der verschiedenen, zum Teil weit auseinanderliegenden Provinzen seines Landes. Nur mußte er sich von seinen Beratern immer wieder sagen lassen, daß ohne eine baldige und massenhafte Anwerbung qualifizierter Arbeitskräfte mit Brandenburg-Preußen auf die Dauer kein Staat zu machen sei. Die Reste der vom Dreißigjährigen Krieg und den ihn begleitenden Seuchen übriggebliebenen Bewohner der alten und neuen brandenburg-preußischen Gebiete waren nach Anzahl und Fähigkeiten völlig unzureichend; Städte und Dörfer verfielen, die Äcker lagen auf weite

Strecken hin brach, und es fehlte überall an Kapital, Initiative sowie an geeigneten Ausbildern zur Schulung des Nachwuchses auf allen Gebieten.

Besonders traurig sah es im Herzogtum Preußen aus. Im Schwedisch-Polnischen Krieg, der bis 1660 gedauert hatte, war das Land verwüstet worden, und am schlimmsten hatten die von den Polen zu Hilfe gerufenen Tataren gehaust. Mit 50000 Reitern waren sie im Herbst 1656 in das südliche Ostpreußen eingefallen. Dreizehn Städte, 249 Dörfer und Flecken, Einzelhöfe und Rittergüter hatten sie in Schutt und Asche gelegt, etwa 23000 Menschen waren erschlagen, weitere 34000 fortgeschleppt worden.

»Es ist nicht zu beschreiben, was vor Jammerklagen vorgegangen. Die Christenkinder sind von den Tartaren weggeführet, beschnitten, die Männer verkauft, auf die Galeeren geschmiedet, die Weiber undt Jungfrauen zur viehischen Unzucht behalten worden ... Sie nahmen gefenglich mit sich unzehlich viel Soldaten, auch Bürger, Bauern, Priester, Küster, Knechte, Mägdhe, Weiber, Kinder, ausß Preußen, die nicht mehr die ihrigen wiedergesehen, sondern in die harte, tartarische und türkische Dienstbarkeit geführet worden: daselbst nun sie als das Vieh, nackendt und bloß, begriffen und öffentlich verkaufft.« Auch viele adlige Gutsbesitzer kamen damals ums Leben, ihre Frauen und Töchter in tartarische Sklaverei. Das schreckliche Geschehen hatte im ganzen nur zwei bis drei Wochen gedauert, die katastrophalen Folgen des Tatareneinfalls aber waren – ähnlich wie im Magdeburgischen nach der Niederbrennung der Stadt durch die Kaiserlichen – noch viele Jahrzehnte lang deutlich zu spüren.

Angesichts dieser entsetzlichen Zustände war es für Friedrich Wilhelm und seinen an existenzbedrohendem Menschenmangel leidenden Staat geradezu ein Geschenk des Himmels, daß zu dieser Zeit in anderen, außerdeutschen Ländern eine zum Teil sehr grausame Verfolgung der religiösen Minderheiten einsetzte. Unter dem Druck der römischen Kirche, zumal der mit allen Mitteln die Gegenreformation betreibenden Jesuiten, zeigten sich die Regierungen der katholischen Herrscher, besonders in Frankreich, Italien, Spanien und in den von den Wiener Habsburgern beherrschten Ländern, gegenüber allen Nichtkatholiken äußerst unduldsam.

Friedrich Wilhelm von Brandenburg-Preußen hingegen, der einen Teil seiner Jugend in Holland verbracht hatte, zudem Kalvinist und mit einer Holländerin verheiratet war, hatte keine großen Vorurteile, weder religiöser Art noch gegenüber Ausländern, solange diese seine eigenen Interessen nicht störten. Für die Holländer, von denen viele schon früher vor den spanischen Unterdrückern aus den Niederlanden nach Brandenburg geflüchtet waren, hatte er sogar eine besondere Vorliebe. »Als der Kurprinz im Jünglingsalter in den Niederlanden sich aufhielt«, heißt es dazu in Max Beheim-Schwarzbachs Werk *Hohenzollernsche Colonisationen*, »hatte er mit aufmerksamen Blicken die Vorzüge der Cultur, des Handels und Gewerbes der Republik in sich aufgenommen. Die trostlose Lage der Marken forderte unwillkürlich zum Vergleich auf mit dem reichen, blühenden Holland ...«

So förderte der Kurfürst zunächst die Einwanderung aus den Niederlanden. »Es war natürlich, daß es ... Holländer waren«, hat Beheim-Schwarzbach dazu an anderer Stelle bemerkt, »die gerade in dem Zweige der Cultur in Preußen Bedeutendes und Neues leisteten, durch welchen ihr Land seit langen Zeiten glänzte, in der Bearbeitung des Bodens, Austrocknen von Sümpfen und Morästen und in der Milchwirtschaft. Und ebenso wie die Niederlande sich hierin auszeichneten, waren die Märker darin unerfahren und Neulinge. Die Verheiratung des Kurfürsten mit Louise von Oranien gab den hauptsächlichen Anstoß zu größeren Einwanderungen solcher Holländer, die die Begründer der sogenannten Holländereien sind ...«

Des Kurfürsten holländische Ehefrau war es auch, die in ihrem Garten – an der Stelle, an der später das Schloß Monbijou erbaut wurde – erstmals Kartoffeln anbauen ließ, die zuvor in Brandenburg völlig unbekannt gewesen waren. 1646, noch vor dem Ende des Dreißigjährigen Krieges, bewog sie ihren Gemahl, eine größere Anzahl holländischer und friesischer Kolonisten ins Land zu holen. Diese Einwanderer siedelten sich nördlich von Berlin längs der Havel an und nannten die Gegend Neuholland. Das im Zentrum dieser Kolonie liegende Dörfchen Bötzow wurde der Kurfürstin zu Ehren in Oranienburg umbenannt. Die Kolonisten, die vorwiegend aus Brabant kamen, brachten auch holländisches Vieh ins Land, und zu den weiteren von ihnen angelegten landwirtschaftlichen Kolonien in der Umgebung von Berlin gehört auch Zehlendorf.

Der bei weitem stärkste Zustrom aber kam bald darauf aus dem Königreich Frankreich. Im Gegensatz zu den Holländern, die zumeist ohne Zwang ihre Heimat verlassen hatten, handelte es sich bei den französischen Einwanderern um Glaubensflüchtlinge. Die ersten, einige hundert Familien, kamen in den sechziger und frühen siebziger Jahren des 17. Jahrhunderts nach Brandenburg. Von 1685 an, als sich die Hugenotten genannten Protestanten Frankreichs vor die Wahl gestellt sahen, entweder zum römisch-katholischen Glauben überzutreten oder vernichtet zu werden, begannen sie in immer größeren Scharen aus ihrer Heimat zu fliehen, wo sie auf Befehl Ludwigs XIV. den schrecklichsten Verfolgungen ausgesetzt waren. Besonders die sogenannten »Dragonaden«, bei denen in die Häuser der Hugenotten zahlreiche Soldaten, meist Dragoner, zwangseinquartiert und von ihren Offizieren zu Verbrechen gegen Leib, Leben und Eigentum ihrer unglücklichen Wirtsleute förmlich angetrieben wurden, bewirkten diese Massenflucht.

Obwohl es den Hugenotten bei schwerster Strafe verboten war, Frankreich zu verlassen, entwichen 1685, nach der Aufhebung des ihnen Gewissensfreiheit garantierenden Edikts von Nantes, und in den folgenden Jahren die meisten von ihnen, annähernd 300000, über die Grenzen. Und kaum war die Nachricht von den Ereignissen in Frankreich bis Berlin gedrungen, da schickte Kurfürst Friedrich Wilhelm auch schon die verlokkendsten Angebote an die Flüchtlinge und forderte sie auf, sich in Brandenburg-Preußen niederzulassen, wo sie mit jeder erdenklichen Unterstützung und besonderen Privilegien würden rechnen können. Da auch England und die Niederlande sowie einige protestantische deutsche Kleinstaaten die – im wesentlichen das bürgerliche Element Frankreichs bildenden – Hugenotten aufzunehmen sich bereit erklärten, mußte Friedrich Wilhelm große Anstrengungen machen, um wenigstens einen Teil des Flüchtlingsstroms nach Brandenburg-Preußen zu lenken.

Aber nicht nur in Frankreich, auch in den spanischen Niederlanden, im damals noch selbständigen Savoyen und in Piemont, in Böhmen, Polen und anderen Staaten ereigneten sich während der Regierungszeit Friedrich Wilhelms zum Teil sehr blutige Protestantenverfolgungen. Eine beträchtliche Anzahl der Flüchtlinge aus diesen Ländern suchte und fand ebenfalls Zuflucht in Brandenburg-Preußen. Dabei versteht es sich fast von selbst, daß von seiten der preußischen Regierung Wert darauf gelegt wurde, nur Arbeitsfähige, nach Möglichkeit hochqualifizierte Fachkräfte der einen oder anderen Art aufzunehmen. Es ließ sich indessen nicht vermeiden, daß die Flüchtlinge auch ihrerseits mancherlei Bedingungen stellten, zumal wenn es sich um auch anderswo begehrte Spezialisten handelte. Je tüchtiger oder reicher ein Flüchtling war, desto leichter fiel es ihm, der neuen Heimat Zugeständnisse abzuhandeln und auch seinen ganzen Anhang, darunter Alte und Kranke, Mittellose und Unausgebildete, mit nach Brandenburg-Preußen zu bringen.

Ehe wir uns mit diesen für die weitere Entwicklung des rückständigen und darniederliegenden preußischen Staats äußerst bedeutsamen protestantischen Flüchtlingsströmen sowie mit einer weiteren Kategorie von Einwanderern näher befassen, lohnt es sich, einen Augenblick lang innezuhalten und zu überlegen, wie die konservativen und nationalliberalen, noch heute von »Preußens deutscher Mission« schwärmenden Historiker diesen Zustrom von Holländern, Franzosen, Wallonen, Bretonen, Savoyarden, Piemontesen, Tschechen und Polen, die sich auf Einladung eines Hohenzollern, gar des »Großen Kurfürsten«, in Brandenburg-Preußen zu Zigtausenden niederließen, mit ihren kühnen Thesen vereinbaren konnten.

Nun, sie machten daraus zunächst einen lobenswerten Akt der Menschlichkeit – obwohl es angeblich nicht der preußischen Tradition entspricht, das Staatsinteresse der Humanität unterzuordnen –, und sie bagatellisierten alsdann das Ausmaß der Einwanderung und deren Bedeutung. Schließlich schwärmten sie von der angeblich in kürzester Frist gelungenen »Eindeutschung« der landfremden Neubürger und erteilten diesen dafür und für ihre auch sonst bewiesene Tüchtigkeit ein freundliches Lob. Sie vergaßen aber (oder machten die anderen vergessen), daß man es drehen und wenden kann, wie man will: Die Aufnahme fremdsprachiger, aus nichtdeutschen Kulturkreisen stammender Ausländer in solcher Menge, daß an einigen Orten Brandenburgs die Fremden doppelt so stark vertreten waren wie die Einheimischen und auch noch mit besonderen Vorrechten gegenüber den Deutschen ausgestattet wurden, läßt sich mit der behaupteten »deutschen Mission« Preußens nicht vereinbaren. Nicht einmal die Aufnahme der zahlreichen Rheinpfälzer, die damals vor den in ihr Land eingefallenen französischen Truppen geflüchtet waren, ist mit der These in Einklang zu bringen, die preußischen Herrscher hätten eine Politik zum Wohle des Reichs und der deutschen Einheit betrieben. Denn zum einen entsprach es gewiß nicht dem nationalen Interesse, deutsches Land im Westen zu räumen und die vertriebene Bevölkerung in weiter östlich gelegenen Städten, etwa in Magdeburg, heimisch zu machen; zum andern aber war es just die Politik Berlins, die es den Franzosen leichtmachte, 1681 das Elsaß samt Straßburg dem Reich zu entreißen, während der Kaiser seine Erblande gegen die drohende Türkengefahr verteidigen mußte. Später konnten die Truppen Ludwigs XIV. auch noch in die Rheinpfalz einfallen, und es war der »Große Kurfürst« Friedrich Wilhelm, der sich weigerte, den kaiserlichen Reichstruppen zu Hilfe zu kommen, weder gegen Frankreich noch gegen die Türken; denn der Brandenburger war darüber verärgert, daß ihm der Kaiser keinerlei Zugeständnisse in einem Erbstreit um das schlesische Jägerndorf machen wollte. Außerdem hatte Friedrich Wilhelm schon Oktober 1679 mit den ihren Einfall ins Elsaß vorbereitenden Franzosen einen geheimen Freundschaftsvertrag geschlossen.

»Es ist nicht der König von Frankreich«, hatte der brandenburgische Kurfürst wenige Monate zuvor, beim Abschluß des ihm von Ludwig XIV. aufgezwungenen Vertrags von St. Germain-en-Laye, der ihm die Herausgabe des eroberten Vorpommern an die Schweden auferlegte, zu seiner Umgebung geäußert, »es ist vielmehr der Kaiser, das Reich, alle meine Verwandten und Verbündeten sind es, die mich zu diesem Frieden genötigt haben. Ihre Eifersucht ist die Ursache, und sie wird ihnen, sei es auch spät, einst vom König von Frankreich heimbezahlt werden.« Dieser Ausspruch, der dann geschlossene geheime Pakt mit den Franzosen, die Verweigerung jeder Waffenhilfe, als der Kaiser brandenburgisch-preußische Unterstützung anforderte, weil ohne sie das Elsaß preisgegeben werden müßte, und schließlich der peinliche Umstand, daß sich der Berliner Hof sein stillschweigendes Einverständnis mit der französischen Eroberungspolitik von Paris kräftig vergolden ließ, ja, daß der Kurfürst dem französischen Gesandten gratulierte und ihm einen mit Diamanten besetzten Ehrendegen überreichte, als Ludwig XIV. im Jahre 1681 Straßburg kurzerhand annektiert hatte, lassen sich mit der von konservativen Historikern erträumten Rolle Preußens ebensowenig in Übereinstimmung bringen, wie die die Einwanderung Nichtdeutscher fördernde Bevölkerungspolitik der brandenburgisch-preußischen Herrscher.

Beides wird jedoch sofort verständlich, wenn man darauf verzichtet, die Hohenzollern als Vorkämpfer eines deutschen Nationalstaats zu betrachten, sie vielmehr schlicht als das ansieht, was sie tatsächlich waren: die Chefs eines ausgedehnten, aber wirtschaftlich darniederliegenden Familienbetriebs, die nur so handelten, wie es sozusagen im Interesse der eigenen Firma lag.

Die »rettende Tat«, wie Reinhold Koser, ein hohenzollernscher Hofhistoriograph des späten 19. Jahrhunderts, das Überlaufen des »Großen Kurfürsten« ins französische Lager genannt hat, mußte sich natürlich auch auf die innere Politik des brandenburgisch-preußischen Staats auswirken. Zunächst war eine kräftige Aufrüstung nötig gewesen, um der französischen Eroberungsstrategie die gewünschte Unterstützung bieten zu können; dazu hatte der Kurfürst die Steuerschraube anziehen müssen und war genötigt gewesen, seinen Junkern deren Privilegien, darunter die völlige Abgabenfreiheit, nochmals feierlich zu bestätigen, damit sie ihm dabei halfen, aus dem verarmten Land das Letzte herauszupressen.

Es zeigte sich indessen, daß sich diese Politik mit den vorhandenen Mitteln nicht durchführen ließ; Brandenburg-Preußen benötigte dringend eine größere und besser qualifizierte Bevölkerung sowie zusätzliches Kapital, ganz gleich, woher beides kommen mochte.

Eine rein quantitative Beurteilung des Zustroms von ausländischen Flüchtlingen nach Brandenburg-Preußen ist wenig sinnvoll, weil dabei die wichtigsten Folgen dieser Masseneinwanderung unberücksichtigt blieben. Immerhin gibt es einige eindrucksvolle Beispiele, die erkennen lassen, welche Rolle die Réfugiés, wie man sie nannte, für die Entwicklung mancher Städte Preußens auch schon der Anzahl nach spielten:

So waren in Magdeburg nach dem Brand der Stadt und der fürchterlichen Rache, die die Kaiserlichen 1631 an den dem Feuer entronnenen Bürgern genommen hatten, von vormals über 36000 Magdeburgern nur knapp 3000 übriggeblieben. In dem halben Jahrhundert, das dieser Katastrophe folgte, hatte sich Magdeburg davon noch nicht erholen können. Die Stadt zählte 1685 erst wieder etwa 5000 Einwohner. Erst nachdem der »Große Kurfürst« Friedrich Wilhelm, gegen den heftigen Widerstand des Stadtrats und der meisten Bürger, rund 7500 vor der französischen Armee geflüchteten Protestanten – Hugenotten, Wallonen und Pfälzern – die Erlaubnis erteilt hatte, sich in Magdeburg niederzulassen, blühte die einst so bedeutende Stadt wieder auf; die nach dem Zustrom zu mehr als der Hälfte französisch sprechende Bevölkerung hatte davon, insgesamt gesehen, nur Vorteile, und den größten Nutzen verbuchten die Eigentümer Brandenburg-Preußens, die Hohenzollern.

Ähnlich große Kolonien von Réfugiés entstanden auch in Halle und in Frankfurt an der Oder, kleinere in Minden, Oranienburg, Spandau, Bucholz, Bernau, Brandenburg an der Havel, Neustadt an der Dosse, Köpenick, Cottbus, Löcknitz, Grambzow, Chorin, Rheinsberg, Schwedt, Angermünde, Stargard, Halberstadt, Burg, Neuhaldensleben, Stendal, Münchberg, Prenzlau, Strasburg in der Uckermark, Emmerich, Wesel, Emden, Königsberg und Memel. Darüber hinaus siedelten sich fast in jeder preußischen Gemeinde zwischen Rhein und Memel Hugenottenfamilien an, einzeln oder in kleinen Gruppen.

Das bedeutendste Hugenottenzentrum aber wurde die brandenburgisch-preußische Haupt- und Residenzstadt Berlin. Die Flüchtlinge – und keineswegs nur die aus Frankreich! – nahmen dort in vieler Hinsicht eine Sonderstellung ein. Sie spielten eine wichtige, oft sogar entscheidende Rolle für die Entwicklung der Stadt und damit auch des ganzen brandenburgisch-preußischen Staats, denn sie machten aus dem entvölkerten und verarmten Städtchen an der Spree binnen weniger Generationen eine europäische Metropole.

Niemand wird Preuße denn durch Not

»Saure Jurken sind ooch Kompott«, besagt eine alte Berliner Redensart, die dem im vorigen Jahrhundert berühmten jüdischen Gastwirt Frank zugeschrieben wird. Doch wer sich Pfirsiche oder Erdbeeren erwartet hat, wird für eine ersatzweise servierte Salzgurke nicht viel Begeisterung aufbringen.

Ähnlich erging es in den Jahren 1670/71 den Vornehmsten und Wohlhabendsten der großen und reichen Judengemeinde von Wien, die, nachdem Kaiser Leopold I. beschlossen hatte, alle Juden aus Wien und Niederösterreich zu vertreiben, von der brandenburgisch-preußischen Regierung aufgefordert worden waren, sich in Berlin und anderen märkischen Städten niederzulassen.

Der kurfürstlich brandenburgische Resident in Wien, Andreas Neumann, hatte Instruktionen erhalten, mit den führenden Männern der dortigen jüdischen Gemeinde sofort in Verhandlungen zu treten und für etwa vierzig bis fünfzig angesehene und möglichst wohlhabende Familien eine Übersiedlung an die Spree anzubieten.

Fünfzig Familien – das waren damals mindestens fünfhundert, mit allen abhängigen Verwandten, Dienstboten und sonstigem zum Haushalt gehörenden Anhang vielleicht auch tausend und mehr Personen. Sie sollten, so lautete das Angebot, in Berlin frei und ungehindert Handel und Gewerbe treiben, Grundstücke und Häuser an beliebiger Stelle kaufen oder mieten, in einem geeigneten Haus ihren Gottesdienst halten dürfen, nicht höher besteuert werden als die christlichen Untertanen und – das war besonders wichtig angesichts der Erfahrungen, die die Wiener Juden hatten machen müssen – nicht dem Magistrat unterstellt sein, sondern unmittelbar der kurfürstlichen Regierung, jedoch mit eigener Gemeindeverwaltung und niederer Gerichtsbarkeit.

Das war ein für die damalige Zeit sehr großzügiges Anerbieten; doch die Ältesten der jüdischen Gemeinde von Wien zeigten sich nicht gerade begeistert davon. Gewiß, es war gut zu wissen, daß ein Fürst bereit war, eine so stattliche Anzahl der in Bälde zur Auswanderung gezwungenen Wiener Juden unter so günstigen Bedingungen bei sich aufzunehmen. Aber die Aussicht, aus der großen, blühenden Kaiserstadt in das kleine, seit dem Dreißigjährigen Krieg darniederliegende Städtchen an der Spree oder gar in die märkische Wildnis zu übersiedeln, erschien den Wienern wenig verlockend.

Als vorsichtige Leute nahmen sie das kurfürstliche Angebot erst einmal respektvoll zur Kenntnis, erbaten Bedenkzeit, verhandelten dann weiter, schickten schließlich drei Abgesandte nach Berlin, die sich dort umsehen und von der Regierung weitere Garantien erlangen sollten: Die Einwanderer wollten das Kurfürstentum jederzeit wieder verlassen dürfen, »im Fall, die Natur des Landes oder sonst was anderes ihnen beschwerlich fiele«; des weiteren sollten die von der Gemeinde geforderten Abgaben sich nach der jeweiligen Mitgliederzahl richten und nicht etwa erhöht werden, wenn weniger als fünfzig Familien kämen oder blieben. Schließlich verlangten sie, daß die Behörden Anweisung erhielten, die aus Wien kommenden Juden freundlich zu behandeln, gegen alle Belästigungen zu schützen und ihnen – wie es im kurfürstlichen Edikt vom 21. Mai 1671 dann formuliert worden ist – »gleich anderen Gastrecht widerfahren zu lassen«.

Am 19. Mai waren die Verhandlungen in Berlin zum Abschluß gekommen, und bereits zwei Tage später unterzeichnete der »Große Kurfürst« Friedrich Wilhelm das Dokument, das die Aufnahme der jüdischen Flüchtlinge aus Österreich regelte, wobei alle von diesen geforderten Garantien teils sofort, teils mit etwas späterem Reskript bewilligt wurden. Indessen blieb die Einwanderung zunächst weit hinter den Erwartungen zurück: Anstatt der erwarteten fünfzig, kamen anfangs nur zwölf Familien, davon sieben aus Wien, die übrigen aus anderen Teilen Österreichs. Doch nach und nach stellten sich weitere »Exulanten« aus der einstigen Wiener jüdischen Gemeinde in der brandenburgischen Hauptstadt ein, und schließlich wurde die Zahl von fünfzig Familien sogar kräftig überschritten. Außerdem war, wie auch bei den anderen Flüchtlingen, die damals in Brandenburg-Preußen Aufnahme fanden, die Quantität von geringerer Bedeutung als die Qualität.

»Die Wiener«, wie sie in Berlin genannt wurden, gehörten zur geistigen Elite der Juden im Deutschen Reich, waren durchweg gebildete, zumeist auch sehr begüterte Leute, deren Lebensart und kulturelles Niveau beträchtlich über dem der meisten damaligen Bürger von Berlin und Kölln lagen. Sie stammten, wie beispielsweise Lea, die (schon 1677 in Berlin verstorbene) Tochter des Löb Chalfan, Ehefrau von Hirsch Rieß und Schwiegertochter des alten, vom Großen Kurfürsten wegen seines Scharfsinns bewunderten Model Rieß, aus Familien, die bereits in römischer Zeit an Rhein und Mosel gelebt und im 11. Jahrhundert die Führer der jüdischen Gemeinden in Mainz und Speyer gestellt hatten.

Später, nach der fast restlosen Vernichtung des rheinischen Judentums durch die Kreuzfahrer, hatten die Vorfahren der Lea Chalfan in Prag eine neue Heimat gefunden, waren in sechs aufeinanderfolgenden Generationen als Ärzte berühmt gewesen, bis der Urgroßvater der Lea, Elia ben Abba Mari Chalfan, »der Arctenai Doctorn«, von Kaiser Rudolf II. durch besonderes, am 5. Juli 1598 ausgestelltes Privileg die Erlaubnis erhielt, sich, »wenn es ihme beliebt«, in Wien niederzulassen.

Es war begreiflich, daß es »den Wienern« schwergefallen war, so weit weg in den »wilden Norden« zu ziehen, und daß es Jahre dauerte, bis tatsächlich fünfzig Wiener Familien an der Spree wieder beisammen waren. Aber just das, worüber die »feinen Wiener« in Berlin die Nase rümpften, nämlich das Fehlen einer kultivierten bürgerlichen Oberschicht, erwies sich als ihr großer Vorteil. Hätte es nämlich in Berlin und Kölln noch ein Patriziat der alten Geschlechter gegeben, so wäre es den Wiener Juden nicht so leichtgefallen, an der Spree heimisch zu werden; die Patrizier hätten die Wiener Juden, die über weitreichende Handelsbeziehungen und erhebliches Kapital verfügten, als höchst lästige Konkurrenz empfunden. Sie hätten sie, wie ehedem und wie anderswo noch hundert Jahre später, beispielsweise in Frankfurt am Main, in eine von den übrigen Straßen streng abgesonderte, viel zu enge Judengasse gesperrt, ihnen jede erdenkliche Schwierigkeit bereitet und gegen sie bei Hof so lange intrigiert, bis sie sie wieder losgeworden wären.

So aber bestand, infolge der städtefeindlichen Politik der ersten Hohen-

»Jud und Jüdin« aus »Denkwürdigkeiten der Glückel von Hameln«.

zollern, des frühen Verlusts aller städtischen Rechte und Freiheiten und des Verfalls von Handel und Wandel, zuletzt im Dreißigjährigen Krieg, in der Doppelstadt an der Spree überhaupt kein nennenswertes Großbürgertum mehr, erst recht kein die Stadt selbstherrlich regierendes Patriziat wie in den großen und kleinen Reichsstädten. Es gab in Berlin und Kölln im wesentlichen nur ein sehr verarmtes, vornehmlich von Aufträgen des Hofs und der seit 1657 kasernierten, etwa 2000 Mann starken Garnison lebendes, aus einfachen Handwerkern, Krämern, niederen Beamten, Fuhrunternehmern und Gastwirten bestehendes Kleinbürgertum, das nebenbei Vieh hielt und vor den Stadttoren etwas Landwirtschaft betrieb.

Ein, zwei Dutzend »bessere Herren« – Gerichtsräte, Geistliche, Festungsingenieure, Ärzte nebst dem Apotheker – verkehrten mit den Magistrats- und mittleren Hofbeamten, vereinzelt auch mit Offizieren; sie bildeten zusammen die hauchdünne Oberschicht. Deren Dienerschaft, dazu die Familien der einfachen Soldaten und Korporäle sowie das Gesinde der Kleinbürger machten die Unterschicht und das Gros der Bevölkerung aus.

Die Vorstädte waren in den letzten Jahren des Dreißigjährigen Kriegs von den kurfürstlichen Truppen abgerissen worden, um die Doppelstadt besser verteidigen zu können. Als sie in den Jahren 1656–1660 zur Festung ausgebaut worden war, hatte man dieses Gelände mit einbezogen, wo immer es nötig schien, so die Gegend vor dem Köpenicker Tor und auch den ganzen späteren Friedrichswerder.

Den Bau der Festung leitete Johann Gregor Memhard, der in Linz an der Donau geboren, mit seiner protestantischen Familie aus Österreich vertrieben und in Holland aufgewachsen war. Mit vier Festungsbauingenieuren und dem Wasserbaumeister Smids, die er aus den Niederlanden mit nach Berlin gebracht hatte, sowie mit dem kurfürstlichen Geheimsekretär Martitius, der eine Holländerin, die Kammerfrau der Kurfürstin, geheiratet hatte, war Memhard auf dem Friedrichswerder ansässig geworden. Vornehmlich Hofbedienstete waren auch dorthin gezogen, und so war, neben Berlin und Kölln, ein drittes Städtchen entstanden.

Alles in allem gab es in Berlin, Kölln und der »Freiheit« Friedrichswerder, die gerade erst zur Stadt erhoben worden war, weil man nicht sämtliche Bewohner dauernd von allen bürgerlichen Pflichten befreien konnte, im Jahre 1671 rund 5800 Einwohner oder etwa 650 Haushalte, dazu die 2000 kasernierten Soldaten der Garnison. Der Zuzug von fünfzig jüdischen Familien aus Wien wäre also stark ins Gewicht gefallen, und auch die Ankunft der wenigen, die dann tatsächlich kamen, war für alle Bewohner der Spreestädte ein aufsehenerregendes Ereignis. Bis dahin hatte es – seit der letzten Vertreibung der Juden aus der Mark Brandenburg im Jahre 1573 – nur noch eine jüdische Familie in Berlin gegeben, nämlich die des steinreichen, auf hunderttausend Taler Vermögen geschätzten kurfürstlichen Münzmeisters Jost Liebmann. Der hatte sich übrigens heftig gegen die Zuwanderung der Wiener Juden gesträubt und hielt sich nach deren Niederlassung in Berlin noch viele Jahre lang von ihnen fern.

Auch sonst waren im damaligen Berlin, vom prunkvollen Hof des Kurfürsten abgesehen, Reichtum und Luxus etwas höchst Ungewöhnliches. An prächtigen Privathäusern gab es 1671 nur das Palais Danckelmann in der Kurstraße und das von Derfflinger am köllnischen Fischmarkt. Erst 1687 kam noch das Palais von Schomberg hinzu, aus dem im 19. Jahrhundert das Kronprinzenpalais wurde.

Bezeichnenderweise waren die Erbauer und ersten Bewohner dieser Prachtbauten ebenfalls keine Alteingesessenen. Danckelmann, von dem später noch die Rede sein wird, kam aus Lingen, hatte in Utrecht studiert und war 1663 nach Berlin gerufen worden, um die Erziehung des Kurfürstensohns Friedrich zu übernehmen. Georg Derfflinger, der Schöpfer der kurbrandenburgischen Reiterei, nach Meinung konservativer Historiker »ein Preuße par excellence«, war aus Oberösterreich gebürtig und in jungen Jahren als Protestant von dort vertrieben worden. Er hatte es dann in böhmischen, sächsischen und schwedischen Diensten bis zum Generalmajor gebracht. Seit 1654 mit dem Aufbau der brandenburgischen Kavallerie betraut, wurde er 1670 Generalfeldmarschall und Oberbefehlshaber der Reiterei wie auch der Artillerie und erhielt zugleich den erblichen Adel. Friedrich v. Schomberg schließlich, gebürtiger Heidelberger aus rheinischem Rittergeschlecht, war erst in niederländische, dann in schwedische Dienste getreten. 1651 wurde er General König Ludwigs XIV. von Frankreich und stieg, obwohl Protestant, zum Herzog und Marschall von Frankreich auf. Bei Beginn der Hugenottenverfolgung verließ Schomberg eilig das Königreich, trat 1687, nach einem Zwischenspiel in Portugal, in brandenburgi-

Georg Freiherr v. Derfflinger (nach einem zeitgen. Kupferstich).

sche Dienste und wurde Generalissimus der Armee, Gouverneur in Preußen sowie Staatsminister. Schon drei Jahre später fiel er in Irland als Oberbefehlshaber einer brandenburgisch-niederländischen Expedition zum Sturz der katholischen, über England herrschenden Stuarts in der Schlacht am Boyne.

Es war indessen nicht allein der Mangel an prächtigen Privathäusern, der in Berlin und Kölln den Fremden auffiel. Es fehlte der Doppelstadt noch an allem, was Kultur und Zivilisation ausmacht. Noch 1680 mußte Kurfürst Friedrich Wilhelm den Magistraten befehlen: »Wer den Unrat auf die Straße wirft, dem soll er wieder ins Haus geworfen werden. Wer unsittlicherweise die Straße verunreinigt, soll an den Pranger kommen, Kinder dafür mit der Rute bestraft werden, da man solch säuisches Wesen nicht dulden könne und zur Notdurft öffentliche Bedürfnisanstalten vorhanden seien.« Er erließ auch eine Verordnung, die das Anbringen von Laternen befahl und nötigte die Hausbesitzer, die Straße vor ihrem Grundstück von Ställen und Misthaufen zu befreien, zu pflastern und regelmäßig kehren zu lassen. Schließlich versuchte er, wenn auch vergeblich, die Bürger dazu zu bewegen, ihre Schweine nicht in den Straßen frei herumlaufen zu lassen, zumal diese in der Lindenallee, der breiten, von Friedrich Wilhelm zwischen Schloß und Tiergarten angelegten, später verlängerten Prachtstraße Unter den Linden, immer wieder den Boden aufwühlten.

In diese von der Zivilisation der Metropolen des Reichs noch weit entfernte Stadt Berlin, die trotz der großen Anstrengungen des Kurfürsten noch immer ein recht trauriges Nest war, kamen von 1671 an die wohlhabenden, an Großstadtleben gewöhnten »Wiener«. Es waren Großkaufleute, Gelehrte, Ärzte, Juweliere und Bankiers, und mit Staunen verfolgten die Nachbarn das Abladen der Wagen, die die Juden aus Wien vorausgeschickt hatten. Die Berlinerinnen befühlten heimlich die kostbaren Stoffe; ihre Männer bewunderten die Teppiche, Möbel und sogar Kronleuchter der Juden, Kostbarkeiten, wie es sie selbst im kurfürstlichen Schloß kaum schöner gab.

Als »die Wiener« dann einzukaufen, Häuser zu erwerben und sie zu renovieren und einzurichten begannen, nach allen Seiten hin Aufträge vergaben und alles bar bezahlten, ohne groß zu feilschen, da staunten die Bürger noch mehr, und es kam wieder Leben in die stagnierende Wirtschaft der kleinen Stadt an der Spree, deren Steueraufkommen dank der »Wiener« sprunghaft anstieg.

Auch die ursprünglichen Proteste der Berliner Bürgerschaft gegen die Aufnahme der Juden verstummten jetzt (wobei anzumerken ist, daß die Berliner ohnehin gegen beinahe jede Maßnahme des Kurfürsten heftig zu protestieren pflegten, am meisten gegen den Festungsbau, an dem sie als zwangsverpflichtete Hilfsarbeiter jahrelang hatten teilnehmen müssen). Neue Proteste, Reibereien und Beschwerden, die Juden in Berlin betreffend, gab es erst einige Jahre später wieder. Sie richteten sich aber nicht gegen »die Wiener«, vielmehr gegen andere, teils mit, teils ohne Erlaubnis in die Stadt eingewanderte Juden, die den einheimischen Handwerkern und Kleinhändlern Konkurrenz machten. Zumal ein jüdischer Metzger aus Schlesien war für die christlichen Fleischer ein Stein des Anstoßes, ferner mehrere Schneider, Schuster und Hausierer aus Polen sowie deren vielköpfige Familien.

Da der eigentliche Grund der Beschwerden, der Konkurrenzneid, beim Kurfürsten nicht verfangen hätte, brachten die Zünfte gegen die Juden vor, sie seien 1675, beim Schwedeneinfall in die Mark, aus Berlin geflüchtet, anstatt, wie es ihre Schuldigkeit gewesen wäre, zur Verteidigung der Festung beizutragen.

Dies richtete sich allerdings nicht gegen »die Wiener«, von denen die Schwiegersöhne des bei Kurfürst Friedrich Wilhelm in ungewöhnlichem Ansehen stehenden Model Rieß der brandenburgischen Regierung sogar als Kuriere gedient und kurfürstliche Botschaften durch die feindlichen Linien geschmuggelt hatten. Die »Wiener« waren in Berlin vielmehr schon so heimisch geworden, daß sie ebenfalls gegen die unerwünschte Vermehrung ihrer vornehmen Gemeinde durch fremde, weniger reiche und zivilisierte Juden protestierten, wenn auch etwas zurückhaltender als ihre christlichen Mitbürger.

Nur wenig später als »die Wiener« und von den Berlinern gleichfalls anfangs mit Mißtrauen beobachtet, später bewundert und schließlich, nach alles in allem relativ kurzer Zeit, als ganz normale Nachbarn empfunden, kamen auch die ersten protestantischen Flüchtlinge aus Frankreich.

Zunächst waren es rund hundert Familien, die 1672 die erste französische Kolonie in Berlin gründeten. Im Herbst und Winter 1685/86, nach der Aufhebung des Edikts von Nantes, ließen sich weitere fünf- bis sechstausend Hugenotten in Berlin nieder, zumeist aus der Dauphiné, der Languedoc und aus Lothringen.

Ein Jahr später kamen die Waldenser aus den Hochtälern von Piemont, und von da an riß der Flüchtlingsstrom nicht mehr ab: Wallonen aus den spanischen Niederlanden, Schweizer, Südfranzosen aus dem Fürstentum Orange im Rhonetal wie auch Elsässer suchten und fanden in Berlin Aufnahme, dazu zahlreiche vertriebene Pfälzer, weitere Holländer und Flüchtlinge aus allen Teilen Frankreichs.

Das *Lexicon von Berlin und der umliegenden Gegend*, im preußischen Schicksalsjahr 1806 herausgegeben von den Gebrüdern Gädicke, vermerkte über die Mitglieder der Französischen Kolonie zu Berlin: »Durch ihr Schicksal, durch ihren Erwerbefleiß, Arbeitsliebe und Einfachheit ihrer Sitten empfahlen sie sich hier sehr, und sie sind es, von welchen die Industrie sich auf die übrigen Einwohner auszubreiten anfing. Diese Colonie genießt besondere Rechte und Freyheiten. Sie haben ihre eigenen Gerichte, Kirchen, Armenanstalten etc., und die Oberaufsicht führt das Colonie-

Department. Es gehören aber zur Colonie nicht allein die der Religion wegen aus Frankreich vertriebenen Personen und ihre Nachkommen, sondern auch alle sich hier niederlassende Fremde und Ausländer, ohne Rücksicht auf Religion oder Nation, können sich dazu begeben. Letztere nehmen jedoch an den verschiedenen Beneficien nicht vollen Antheil.«

Es gab in Berlin, von 1690 an, ein Französisches Rathaus auf dem Friedrichswerder, ein erst kurfürstliches, dann königliches »wohllöbliches französisches Colonie-Gericht«, seit 1689 auch das Französische Gymnasium oder *Collège royal français*, anfangs in der Stralauer Straße, seit 1701 auf dem Friedrichswerder in der dortigen Wallstraße. Von diesem *Collège*, wie es bis ins 20. Jahrhundert hinein hieß und wo, bis auf die Fächer Deutsch und Religion, der gesamte Unterricht in französischer Sprache stattfand, wird später noch verschiedentlich die Rede sein.

Es gab von 1697 an ein Französisches Hospital in der Friedrichstraße, nicht weit vom Oranienburger Tor, eine ganze Reihe von französischen Kirchen, seit dem Anfang des 18. Jahrhunderts auch den Französischen Dom am Gendarmenmarkt, der 1785 mit der Fertigstellung der großen Kuppel vollendet wurde und in dessen zum Teil renovierter Ruine noch heute die rund tausend Angehörigen der Ostberliner Französischen Gemeinde Gottesdienste abhalten und auch ein Hugenottenmuseum eingerichtet haben. Die Kuppel – wie auch die des unweit gelegenen, sehr ähnlichen Deutschen Doms – wurde im Zweiten Weltkrieg zerstört.

Neben vielen weiteren Einrichtungen der Französischen Kolonie zu Berlin gab es in der Friedrichstadt auch eine Kolonie-Bäckerei, speziell für die Kolonie-Armen- und -Krankenhäuser, daneben noch 1806 die auf französische Backwaren spezialisierten Bäckereien von Blanvalet und Fasquel.

Aber das Warenangebot in Berlin wurde nicht nur um knusprige *baguettes* und *croissants* bereichert; es gab bald auch französische und italienische Zuckerbäcker, einen »Restaurateur« aus der Dauphiné mit exquisiter Küche, mehrere »Italiener-Läden«, wo ebenfalls »feine Speisen« erhältlich waren, sowie zahlreiche Modeateliers, Handlungen für modische Accessoires und Parfüms, dazu noch vieles andere, was die Damen und Herren des kurfürstlichen Hofes, die nach Berlin kommenden Fremden »von Stand«, aber auch die wohlhabenderen Einwohner der Stadt bislang entbehrt hatten.

Die zahlreichen Offiziere und Beamten unter den Réfugiés konnten im brandenburgisch-preußischen Staatsdienst unterkommen; die französischen, italienischen und holländischen Handelsleute, aber auch die Geistlichen, Ärzte, Architekten, Juweliere und Angehörigen vieler anderer Berufe waren imstande, in Berlin ihre gewohnte Tätigkeit fortzusetzen. Schwierigkeiten bereitete indessen die Unterbringung der vielen hundert handwerklichen Facharbeiter, die vor ihrer Flucht in jenen Manufakturen gearbeitet hatten, die in Frankreich und Holland schon hoch entwickelt waren, die es aber in Brandenburg-Preußen noch nicht gab.

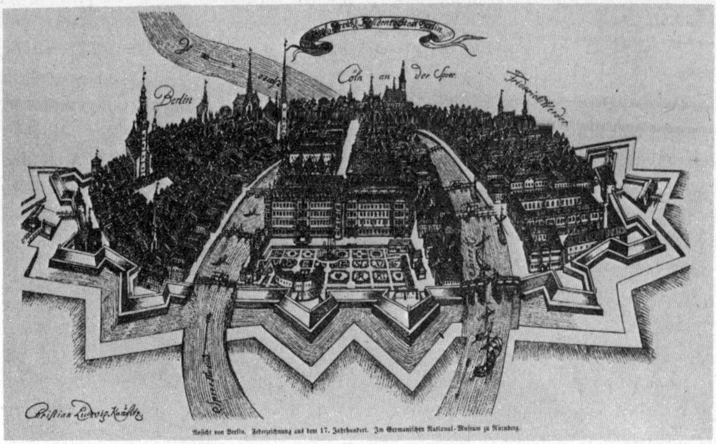

Ansicht von Berlin (Federzeichnung aus dem 17. Jahrhundert).

Um auch diese Menschen in Arbeit und Brot zu bringen, ging die kurfürstliche Regierung so weit, in Westeuropa Industrielle anzuwerben, ihnen die Reise- und Aufenthaltskosten zu erstatten und sie mit allen benötigten Geräten und Werkzeugen zu versorgen, wenn sie nach Berlin zu reisen und dort Manufakturen zu errichten bereit waren.

So entstand zunächst eine kleine Seidenfabrik auf dem Packhof; unter unendlichen Mühen wurden in der Umgebung von Berlin Maulbeerpflanzungen angelegt und Seidenraupen gezüchtet, wobei die besten Erfolge in Britz erzielt wurden. Der erste Strumpfwirkerstuhl wurde durch Pierre Babry eingeführt, die erste Berliner Gobelin-Manufaktur von Jacques Mercier errichtet. Es folgten eine Gold- und Silberbortenfabrik, 1689 die erste Ölmühle, gegründet von Philippe Petit und Jacques le Quoy, die die Märker in der Bereitung des Öls aus Lein- und Rübsamen unterwiesen, dann auch die erste Papierfabrik. François Fleureton führte, zuerst in Burg bei Magdeburg, dann in Prenzlau, die Papierfabrikation ein, die es bis dahin in Preußen nicht gegeben hatte, und bald war an Papier, das aus Lumpen hergestellt wurde, kein Mangel mehr.

Ebensowenig hatte man es in Brandenburg-Preußen bislang verstanden, gegossene Lichte herzustellen. Bei Hof und im wohlhabenden Bürgertum benutzte man Wachskerzen; die Masse der Bevölkerung mußte sich mit übelriechenden und stark rußenden Tranlampen, »Funzeln« genannt, begnügen. Erst die Réfugiés schafften Abhilfe, und bald hatte die preußische Hauptstadt an die vierzig Lichtgießereien.

In Berlin gab es, ehe die französischen Einwanderer kamen, nur noch eine veraltete Lohgerberei. Binnen kurzer Zeit entstanden Dutzende von modernen Gerbereien, darunter auch solche, die Saffianleder herzustellen vermochten. Die Folge davon war, daß nun auch Handschuhfabriken errichtet wurden, die Leder verarbeiteten, während man zuvor nur Tuch- oder Pelzhandschuhe hatte herstellen können.

1696 wurde in Berlin eine französische Seifenfabrik gegründet, und es kamen Spitzen-, Band-, Tapeten- und Hutfabriken hinzu, auch die Eisen verarbeitende Manufaktur von Jacques Ravené, ein Unternehmen, das mehr als zweihundert Jahre lang in Familienbesitz blieb und Weltgeltung errang, bis es später im Flick-Konzern aufging.

Eine andere Gründung, die ebenfalls bis ins 20. Jahrhundert hinein Bestand hatte, war das Goldschmiedeatelier von Godet. Überhaupt wurden besonders die Herstellung von und der Handel mit Luxusgegenständen von den Flüchtlingen aus Frankreich – wie schon zuvor von denen aus Wien – wieder belebt, zum Teil erst eingeführt. Es wurden, wie es in der späteren, 1751 erschienenen *Historischen Beschreibung der Chur und Mark Brandenburg* von Johann Christoph Bekmann heißt, »allerhand ... Bequemlichkeiten mit in's Land gebracht, so man zuvor nicht gehabt, wie theils aus folgendem ... zu ersehen, darin diejenigen Künstler und Professionen aufgezeichnet, welche damals in's Land gekommen. Und sind gewesen: 1. Tuchmacher von feinen Tüchern und dazu gehörige Spinner, Walker, Tuchscheerer, Tuchbereiter, Wollkämmer und -krätzer. 2. Estamin-, Serge- und leicht façonierte Zeugmacher und dazu gehörige Ausleser und Spinner. 3. Feine Hutmacher von Kastor, Kaninchen- und Hasenhaar. 4. Mützen-, Handschuh- und Strumpfweber auf stählernen Stühlen. 5. Droguet-, Moquet-, Griset- und Flanellmacher. 6. Tuch- und Zeugfärber mit ächter Farbe. 7. Bandmacher. 8. Buchbinder im französischen Bande. 9. Kaffetiers. 10. Confituriers. 11. Cordmacher. 12. Krämer von allerhand Quincaillerie. 13. Seidenstoffmacher. 14. Färber mit ächten Farben, auch seidne Kamelhaare und Zwirn. 15. Formenschneider. 16. Flohrmacher. 17. Gärtner von allerhand hier unbekannten Hülsenfrüchten, Suppenkräutern, Hecken- und Alleenpflanzen. 18. Gold- und Silberarbeiter von allerhand Galanterien. 19. Gold- und Silberdrahtzieher. 20. Steinschneider. 21 Grottiers. 22. Handschuhmacher von englischem, französischem und dänischem Leder für Frauenzimmer. 23. Juvelirer. 24. Lackirer. 25. Lohgerber. 26. Nähterinnen von Marseille. 27. Beuteltuchweber zu den Mühlen. 28. Mustermacher. 29. Feine Messer- und Scheerenschmiede. 30. Pastetenbäcker. 31. Stahlarbeiter. 32. Seidenbau-Verständige. 33. Seidenmützen-, Handschuh- und Strumpffabrikanten. 34. Kupferstecher. 35. Bildhauer. 37. Tapetenmacher. Portechaisen. 38. Tapezerei-Nähterinnen im Kreuzstich und petit point. 39. Tanzmeister. 40. Tapezirer. 41. Tobackpflanzer und Tobackspinner. 42. Kleine Uhrenmacher. 43. Wachsleinwandweber. 44. Wachsbleicher. 45. Weinhändler. 46. Englische Zinngießer.«

Der Tabakanbau, den die Réfugiés in anderen deutschen Staaten einführten und erfolgreich betrieben, bereitete in der Mark Brandenburg große Schwierigkeiten. Als die beiden Juden David Nathan und Hartwig Daniel von Kurfürst Friedrich Wilhelm das Privileg erhielten, in der Mark »allein und sonst niemand« Tabak anzupflanzen, zu verarbeiten und zu verkaufen, da dies weder den Franzosen noch den Pfälzern bislang geglückt wäre, ließ sich schon voraussehen, daß auch dies Unternehmen scheitern würde. Tatsächlich mußten jene Berliner Juden schon nach fünf Jahren die Konzession wieder zurückgeben, weil es »in der Mark noch an allen Vorbedingungen zur Einbürgerung einer so hohen gewerblichen Technik wie der mittelamerikanischen Tabakbereitung fehlte«.

Sehr erfolgreich war hingegen der Gemüse- und Obstanbau der Franzosen, Holländer, Pfälzer und Piemontesen in der Umgebung von Berlin. Zuvor hatte der kurfürstliche Hof – die übrige Bevölkerung von Berlin und der Mark kannte die meisten Gemüse gar nicht – seinen Bedarf aus Hamburg oder Leipzig besorgen müssen. Jetzt belieferten Réfugiés, die sich in Vororten wie Moabit oder Zehlendorf niedergelassen hatten, die ganze, zunächst gegenüber den »Bohnenessern« – wie man die Franzosen nannte – sehr mißtrauische Bürgerschaft der Landeshauptstadt. Sie hatten sich Gemüse- und Blumensamen, edle Pflanzen, Sträucher und Obstbäume, Blumenzwiebeln und manches andere aus Frankreich und Holland kommen lassen, den märkischen Sandboden aufbereitet, auch zahlreiche Treibhäuser angelegt und züchteten nun Gemüse, Früchte und Blumen.

Kein Wunder, daß viele Berliner an überirdische Künste und Zaubereien der Fremden glaubten, als sie die Produkte dann auf dem Markt sahen: Beelitzer Spargel, Teltower Rübchen, neue Apfel- und Kirschsorten sowie Erdbeeren, aber auch Bohnen, Erbsen, Blumenkohl, Artischocken, allerlei Salatpflanzen und Kräuter, ja selbst Orangen und Zitronen!

Zunächst verhielt sich die alte Einwohnerschaft von Berlin und Kölln sehr mißtrauisch gegenüber diesen meist unbekannten, angeblich eßbaren Produkten. Doch nachdem die Berliner die erste Scheu überwunden hatten, probierten sie mal dies, mal jenes. Schon nach kurzer Zeit war das Eis gebrochen, und die Erzeugnisse der Moabiter, Zehlendorfer und Teltower Neubürger erfreuten sich bald großer Beliebtheit.

»Die Gärtner haben den meist sandigen Boden so zu nutzen und zu verbessern gewußt«, rühmte das *Lexicon von Berlin und der umliegenden Gegend* von 1806, »daß nicht allein fremde Blumen und fremde rare Gewächse sehr sorgfältig gezogen, sondern auch besonders Obst und alle Arten von Küchengewächsen in sehr großer Menge und Vollkommenheit hervorgebracht werden. Es sind viele Gegenden in und um Berlin, die vor 50 bis 70 Jahren noch bloßer todter Flugsand waren, und die jetzt in schönster Cultur stehen. Der sandige Boden scheint den Küchengewächsen und vielen Obstarten im Sommer mehr Hitze und einen feinern Saft zu geben, so daß sie einen treflichen Geschmack haben. Die Gartengewächse werden auch in und um Berlin in so großer Menge gezogen und sind so wohlfeil, als in keiner großen Stadt Deutschlands; auch ist man fast in keiner Stadt

Deutschlands so früh und so spät im Jahre mit frischen Gartengewächsen versehen ...«

Von der Gartenbaukunst der aufgenommenen Flüchtlinge profitierte auch das Stadtbild, vor allem im Schloßbezirk, wo der Lustgarten angelegt wurde. Zusammen mit den vielen Neubauten, zumal in den Vorstädten, mit dem Abriß der alten hölzernen Verkaufsbuden und ihrem Ersatz durch steinerne Laubengänge, in denen die Läden untergebracht wurden, trugen die Parkanlagen am meisten dazu bei, aus Berlin eine anmutige Stadt zu machen.

Die vielen Holländer, die daran als Bau-, Garten- oder Brückenarchitekten beteiligt waren, siedelten sich vornehmlich am Spreeufer an, wo damals die Friedrichsgracht entstand, die an holländische Stadtbilder erinnerte, und wo einige prächtige Häuser vom wachsenden bürgerlichen Wohlstand Berlins zeugten.

Auch mehrere der als verarmte Flüchtlinge in die Stadt gekommenen Hugenotten konnten sich bald große, das Straßenbild verschönernde Häuser bauen, wogegen das erste, auch äußerlich den vorhandenen Reichtum zu erkennen gebende Haus eines Berliner Juden erst im Rokoko entstanden ist: das prachtvolle Palais Ephraim, das sich der Münzmeister Friedrichs II., Veitel Heine Ephraim, ein Nachkomme der ersten Einwanderer aus Wien, 1765 errichten ließ. Es zählte zu den schönsten Bauwerken Berlins, bis es im »Dritten Reich« der Gigantomanie Hitlers und der »Neugestaltung der Hauptstadt des Großdeutschen Reiches« zum Opfer fiel. Glücklicherweise wurde das Palais Ephraim nicht zerstört, sondern so zerlegt und abgetragen, daß es, da die in West-Berlin lagernden Teile erhalten geblieben sind, jetzt wieder aufgebaut werden kann, wenn auch wohl an anderer Stelle, gegenüber dem Alten Kammergericht.

Von 1678 an war der Architekt und spätere kurfürstliche Oberbaudirektor Johann Arnold Nering, ein gebürtiger Holländer, der fast zwei Jahrzehnte lang das Stadtbild prägende Baumeister. Von ihm stammt die Lange Brücke, das sogenannte Fürstenhaus, der Entwurf der Parochialkirche und, zu einem wichtigen Teil, auch der des Zeughauses Unter den Linden.

Ebenfalls Niederländer waren die Gründer der ersten Fayencefabrik, der sogenannten »Porcellan-Bäckerei«, die 1678 in Potsdam errichtet und schon im folgenden Jahr nach Berlin verlegt wurde. Zwei Jahrzehnte später gründeten wiederum zwei Holländer neue »Delfter« Steingutbrennereien, die sich gut behaupten konnten, bis 1760 der aus Polen stammende Johann Ernst Gotskowski die – später königliche – Porzellanmanufaktur ins Leben rief, die als Staatliche Porzellanmanufaktur Berlin noch heute besteht.

Der aus Holstein gebürtige Johann Kunckel von Löwenstjern schließlich, seit 1679 im Dienste des brandenburgischen Kurfürsten, stellte auf der Pfaueninsel bei Berlin das Rubinglas als erster im großen her und legte damit den Grundstein für die Berliner Kristallglasindustrie.

Alles in allem machte Berlin dank der Politik des »Großen Kurfürsten« Friedrich Wilhelm und der vielen von ihm aufgenommenen oder herbeigeholten Réfugiés, vornehmlich der Holländer, Franzosen, Österreicher, Schweizer und Italiener sowie »der Wiener« jüdischen Glaubens, in jeder Hinsicht ganz außerordentliche Fortschritte. Dazu kam der glückliche Umstand, daß in den letzten Jahrzehnten des 17. Jahrhunderts die Stadt von allen Kriegswirren verschont geblieben war. Der Einfall der Schweden hatte durch die für den Kurfürsten siegreiche Entscheidungsschlacht bei Fehrbellin aufgehalten werden können, und der Krieg war bald darauf zu Ende gewesen.

1688, im Todesjahr Friedrich Wilhelms, hatte die brandenburgisch-preußische Hauptstadt schon fast 20000 Einwohner; zwölf Jahre später, um die Jahrhundertwende, waren es bereits nahezu 30000, zum allergrößten Teil Neubürger aus Frankreich, Belgien, Holland, der Schweiz, Österreich und Italien, Böhmen und Polen.

Aus der einstigen Doppelstadt Berlin-Kölln, einem traurigen Provinznest mit schmutzigen, ungepflasterten, nachts stockfinsteren Straßen, in die die Haustierställe ragten und die Nachtgeschirre geleert wurden, war eine gepflegte, ansehnliche, aus fünf selbständigen Stadtgemeinden bestehende märkische Metropole geworden, aus ihrer sumpfigen und sandigen Umgebung ein großer Obst- und Gemüsegarten.

Die damaligen fünf »Sektoren« der Hauptstadt waren: Berlin, Kölln, der Friedrichswerder, die 1676 gegründete Dorotheenstadt und die 1688 in Bebauung genommene Friedrichstadt; erst 1709 wurden sie vereint und einem gemeinsamen Magistrat unterstellt. Dabei behielten die Französische Kolonie, die vor allem die Dorotheenstadt und die von den Holländern übriggelassenen Grundstücke auf dem Friedrichswerder bebaut hatte, ebenso wie die jüdische Kolonie in Berlin ihren Sonderstatus.

Aber nicht nur die Landeshauptstadt, vielmehr ganz Brandenburg-Preußen hatte unter dem »Großen Kurfürsten« Friedrich Wilhelm einen beträchtlichen Aufschwung genommen, vor allem dank des großen Zustroms von Réfugiés, die neue Gewerbe, moderne Produktionsmethoden, beträchtliches Kapital und vieles andere mehr ins Land gebracht hatten.

Die jährlichen Staatseinnahmen waren von einer knappen halben Million auf zweieinhalb Millionen Taler gestiegen und hatten sich damit verfünffacht. Der ganze brandenburgisch-preußische Staat war zwar flächenmäßig nur wenig gewachsen, hatte aber 1688 bereits eine Einwohnerzahl von 1,5 Millionen und diese damit seit dem Ende des Dreißigjährigen Krieges, also binnen vierzig Jahren, ungefähr verdoppelt.

Auch konnte Kurfürst Friedrich Wilhelm seinem Nachfolger, dem späteren ersten König von Preußen, Friedrich I., ein gutausgerüstetes stehendes Heer von 28000 Mann hinterlassen, dazu stark ausgebaute, moderne Festungen, eine 1685 gegründete Gewehrfabrik, die sich auf ein

»Stahlwerk«, das 1674 in Betrieb genommen worden war, stützen konnte, einen Staatsschatz von 650000 Talern sowie die Gewißheit, daß Brandenburg-Preußen nunmehr ein europäischer Machtfaktor geworden war, mit dem die anderen Großmächte fortan zu rechnen hatten.

Diese in wenigen Jahrzehnten bewirkte Wandlung einer wegen ihrer Armut und Rückständigkeit verspotteten und gemiedenen »Wildnis« in ein aufblühendes, dem technischen Fortschritt weit geöffnetes Land, wie auch der Aufstieg eines Duodez-Fürstentums, das der Spielball der Mächte gewesen war, in den Rang einer Beinahe-Großmacht war im wesentlichen durch die Not erzwungen worden.

Kein Staat hätte so viele Flüchtlinge aufgenommen und sie so großzügig gefördert, wenn er nicht durch enorme Bevölkerungsverluste und den dadurch drohenden wirtschaftlichen Zusammenbruch dazu genötigt gewesen wäre. Umgekehrt wäre auch niemand aus seiner schönen und zivilisierten Heimat, etwa aus Südfrankreich oder aus Wien, freiwillig in die »weit östlich gelegene«, noch halb im Mittelalter steckende und verrufene Mark Brandenburg gezogen, wenn man ihn und die Seinen nicht aus religiöser Engstirnigkeit heraus brutal verfolgt und zur Flucht gezwungen hätte.

»Niemand wird Preuße denn durch Not«, lautete daher auch ein unter den Réfugiés, Christen wie Juden, damals beliebter, die eigenen Erfahrungen treffend wiedergebender Spruch, dessen zweite Zeile verblüffenderweise lautete: ». . . ist er's geworden, dankt er Gott!«

Das dreifache Weh

»Der Große Kurfürst hatte von seiner ersten Gemahlin, Luise von Oranien, drei Söhne, Karl Emil, Friedrich und Ludwig; nur der mittlere, obwohl an Körper und Geist schwächer als die Brüder, überlebte ihn; es schien, als wenn die Natur, wie sie pflegt, die Größe des Vaters durch die Kleinheit seines Nachfolgers ausgleichen wolle«, lehrte die *Preußische Geschichte* von Professor Dr. W. Pierson, in erster Auflage 1864 zu Berlin erschienen, ein ansonsten sehr patriotisches, nicht eben kritisches, die Fehler und Schwächen der Hohenzollern meist beschönigendes Werk. Über den Nachfolger des 1688 verstorbenen »Großen Kurfürsten« Friedrich Wilhelm heißt es aber darin weiter:

»Die Natur hatte Friedrich III. stiefmütterlich bedacht, ihm einen schwächlichen Körper, der noch durch ein verkrümmtes Rückgrat entstellt wurde, und mittelmäßige geistige Anlagen, als herrschenden Charakterzug aber die Eitelkeit mitgegeben . . . Daß gleichwohl aus diesem unbedeutenden Wesen etwas Besseres wurde als ein hohler Geck, verdankte man seinem Erzieher, dem wackeren und klugen Danckelmann . . .«

In Wirklichkeit konnte der aus Lingen im damals noch zu Holland gehörenden Emsland gebürtige Eberhard v. Danckelmann nach der Thronbesteigung seines inzwischen einunddreißigjährigen einstigen Zöglings zunächst nur dadurch Schlimmeres verhüten, daß er *de facto* selbst die gesamten Regierungsgeschäfte übernahm, die erprobten Ratgeber des verstorbenen Kurfürsten beibehielt und dessen Nachfolger mit lauter Dingen beschäftigte, bei denen er, wie Danckelmann meinte, keinen Schaden anrichten konnte: die Organisation von feierlichen Aufzügen, Ordensverleihungen und pompösen Festen, eine neue Hofrangordnung, neue Regeln der Etikette und dergleichen mehr. Friedrich III., von den Berlinern respektlos »der schiefe Fritz« genannt und herzlos verspottet – »Doof is besser wie pucklich, det sieht man nich so, un' denkma, det Fritzchen is beedes!« –, widmete sich mit Inbrunst diesen Aufgaben. Kein Hofmarschall, kein Zeremonienmeister konnte ihn übertreffen in der Erfindung und strengen Beobachtung verschnörkelter Regeln, kein Diplomat mehr Pathos in leere Formeln legen.

Eberhard v. Danckelmann, der in Utrecht die Universität besucht hatte und dann auf ausgedehnten Studienreisen in Frankreich, England und Italien gewesen war, holte sich, kaum daß er die Regierungsgeschäfte übernommen hatte, seine sechs Brüder nach Berlin und besetzte mit ihnen alle Schlüsselstellungen der preußisch-brandenburgischen Verwaltung.

Das »Danckelmannsche Siebengestirn«, wie man es neidvoll bei Hofe nannte, leitete das Familienunternehmen Brandenburg-Preußen neun Jahre lang, bis 1697.

Anfangs gelang es Danckelmann, den Kurfürsten mit Aufgaben zu beschäftigen, die nicht nur dessen Eitelkeit befriedigten, sondern auch einen praktischen Nutzen hatten: So ließ er ihn die Fünf-Städte-Residenz nach Herzenslust erweitern und verschönern, jede Einweihung eines Bauwerks zum Staatsakt erheben und mit großem Pomp feiern.

Die wichtigsten Architekten, die damals – neben und nach dem schon erwähnten Holländer Nering – in Berlin wirkten, waren Andreas Schlüter, Johann Friedrich Eosander v. Göthe und Jean de Bodt.

Schlüter, gebürtiger Hamburger, war in Danzig und Warschau aufgewachsen und trat später in die Dienste des Zaren Peter von Rußland. Von Schlüter, der zugleich Bildhauer war, stammt auch das berühmte Reiterstandbild des »Großen Kurfürsten«, das vormals auf der Langen Brücke, der späteren Kurfürstenbrücke, stand und heute im Ehrenhof des Charlottenburger Schlosses einen Platz gefunden hat.

Schlüters Nachfolger Eosander entstammte einer in Riga ansässigen schwedischen Familie und ging später nach Stockholm; de Bodt schließlich war ein aus Paris geflüchteter Hugenotte. Auch der Gartenbaudirektor Siméon Godeau, Schöpfer der Schloßgärten und des Charlottenburger Schloßparks, war ein Réfugié.

Die rund hundertfünfzig Fachleute, die unter der Oberleitung dieser Architekten den Neubau des Schlosses, die Fertigstellung der Friedrichstadt, die Errichtung des Zeughauses, der beiden Dome am Gendarmenmarkt, des Akademiegebäudes, der Sternwarte und zahlreicher weiterer Bauten überwachten, kamen aus Graubünden, Dänemark, Frankreich und den Niederlanden sowie aus den Hansestädten Hamburg und Lübeck.

Dem Geschick Danckelmanns, die Eitelkeit und Geltungssucht Friedrichs III. in vernünftige Bahnen zu lenken, verdankt Berlin auch seine Akademien, die der Schönen Künste, die 1696 ins Leben gerufen wurde, und die der Wissenschaften, die Friedrich III. allerdings erst 1700, als Danckelmann bereits in Ungnade gefallen war, als »Sozietät der Wissenschaften« stiftete, wobei die Kurfürstin diese Projekte, im Gegensatz zu vielen sonstigen Betätigungen ihres Gemahls, kräftig förderte.

Diese Kurfürstin, Sophie Charlotte, eine Tochter des späteren Kurfürsten von Hannover, hatte ihre frühe Jugend bei ihrer Tante, der hochgebildeten Pfalzgräfin Elisabeth Charlotte, der Freundin von Descartes und Leibniz, in Paris verbracht. Als Sechzehnjährige war sie dann mit dem »schiefen Fritz« verheiratet worden.

Die lebenslustige, ganz unkonventionelle, für Philosophie und Kunst sehr empfängliche junge Frau führte in Berlin schon bald ihr eigenes Leben, ließ sich von Nering in dem westlich der Hauptstadt gelegenen Dörfchen Lietzow ein schönes Landhaus bauen und richtete sich dort ihren eigenen

Haushalt ein. Das kleine Palais wurde dann von Eosander nach dem Vorbild von Versailles zu einem prächtigen Schloß, Lietzenburg genannt, erweitert. Nach dem Tode von Sophie Charlotte im Jahre 1705 wurden Dorf und Schloß in »Charlottenburg« umbenannt; zu ihren Lebzeiten aber hieß Lietzenburg bei den Berlinern nur »Lottchens Lustenburg«.

»Ich befinde mich anjezo in der Königin von Preußen Lusthaus«, schrieb 1704 auch der große Leibniz, der mit Elisabeth Charlotte gern lange, ihn sehr anregende Gespräche führte, an ihren reichlich ausgelassenen Festen aber wenig Gefallen fand, denn »da passiret man die Zeit nur allzuwohl. Sie fleugt gar schnell dahin, also daß es scheinet, die allzu große Bequemlichkeit sei nicht gut, indem sie machet, daß die Menschen ihr Leben mit ihrer Zeit gleichsam ohnvermerkt verlieren und es nicht genugsam brauchen noch empfinden.«

Neben dem aus Leipzig gebürtigen Sachsen Gottfried Wilhelm Leibniz, dem ersten Präsidenten der Preußischen Akademie der Wissenschaften, gab es nun schon eine ganze Reihe von Gelehrten in Berlin, zumeist Theologen aus Frankreich und Holland. Die Gelehrten unter den Wiener Juden führten um diese Zeit in Berlin ihr Eigenleben; von der Akademie waren sie damals noch ausgeschlossen.

Die bedeutendsten Köpfe unter den Christen waren der Hofprediger Beausobre, der von sich schrieb: »Ich kenne kein größeres Gut als die Freiheit im Denken, keine angenehmere Beschäftigung als das Suchen nach Wahrheit, kein größeres Vergnügen als sie zu finden und auszusprechen«; sodann La Croze, einst Benediktinermönch in Paris, von dort entflohen und zum reformierten Bekenntnis übergetreten, nun Bibliothekar in Berlin; der Elsässer Philipp Jakob Spener, Propst an St. Nikolai, aber seltsamerweise nicht Mitglied der Akademie; schließlich der polnische, in Oxford ausgebildete protestantische Theologe Daniel Ernst Jablonski, der die Akademie der Wissenschaften später durch die schwierige Zeit unter dem »Soldatenkönig« Friedrich Wilhelm I. gebracht hat.

Das beherrschende Element Berlins um 1700 war indessen nicht die kleine Schar von Gelehrten, auch nicht das größtenteils abwesende Militär, vielmehr die große Anzahl von Leuten, die in die brandenburgisch-preußische Hauptstadt gekommen waren, um dort ihr Glück zu machen.

Seit dem Tode des »Großen Kurfürsten« im Jahre 1688 hatte es sich in Europa herumgesprochen, daß dessen Nachfolger Friedrich III. ein ungemein eitler und törichter Wicht sei, dem man nahezu alles aufschwatzen konnte, wenn es nur pompös zu werden versprach. Ganze Scharen von Abenteurern gaben sich darum an der Spree ein Stelldichein, und mit ihnen kamen Schauspieler und Tänzer, Gaukler und Goldmacher, leichte Mädchen und deren Begleiter. Nach dem Vorbild des kurfürstlichen Hofs breiteten sich auch im Berliner Bürgertum erstmals Luxus und Vergnügungssucht aus. Die Anzahl der Gasthäuser, Tanzsäle und Bordelle stieg kräftig an, und damals entstanden auch die ersten Berliner Kaffeehäuser.

Unter den vielen Fremden, die am Hof Friedrichs III. ihr Glück zu machen versuchten, sind zwei von besonderem Interesse: der Pfälzer Johann v. Kolbe und die Tochter Katharina des Emmericher Schankwirts und Weinhändlers Rickers.

Johann Kasimir v. Kolbe, Sohn eines kurpfälzischen Beamten, der in jungen Jahren der Favorit und Stallmeister der wegen ihrer zahlreichen Liebschaften bekannten Pfalzgräfin Marie v. Simmern gewesen war, hatte sich 1688 als fünfundvierzigjähriger Flüchtling in Berlin eingefunden und war Stallmeister am Hof des neuen Kurfürsten geworden. Es gelang ihm jedoch schon bald ein steiler Aufstieg, vornehmlich mit Hilfe eines hübschen Mädchens, besagter Katharina Rickers aus Emmerich.

Diese war knapp sechzehnjährig mit einem kurfürstlichen Lakaien, der eine Weinlieferung für den Berliner Hof zu begleiten hatte, aus der väterlichen Schenke ausgerissen und, auf dem Wagen zwischen Fässern gut versteckt, in die Hauptstadt gekommen. Der Lakai, ein Mann namens Bidekap, starb bald darauf; zuvor aber hatte er sich auf Katharinas Drängen hin mit ihr trauen lassen.

Die blutjunge und hübsche Witwe des kurfürstlichen Dieners machte nun rasch die Bekanntschaft unterer und mittlerer Hofbeamter, dabei von der Hoffnung beseelt, so vielleicht eines Tages die ausgehaltene Geliebte eines Barons oder gar Grafen zu werden. Doch erst als sich der stattliche Stallmeister v. Kolbe ihrer annahm und sie, wie man es damals nannte, zu protegieren begann, kam sie ihrem Ziel allmählich näher.

Kolbe vermittelte die gefällige Katharina zunächst an alle einflußreichen Herren des Berliner Hofs und mit deren Hilfe schließlich an den Kurfürsten selbst, dem eine dekorative junge Mätresse, wie sie damals für einen großen Herrn unerläßlich war, ohne große Mühe aufgeschwatzt werden konnte. Indessen waren die – wie ein zeitgenössischer Chronist es ausgedrückt hat – »sonderbaren Merkmale der Gewogenheit«, die Friedrich III. der schönen und stattlichen, ihn um mehr als Haupteslänge überragenden Katharina bezeigte, strikt auf Salon und Park beschränkt. Es genügte dem nur auf Prachtentfaltung bedachten Kurfürsten, sich täglich eine Stunde lang vor versammeltem Hof mit dem attraktiven Mädchen zu zeigen und sie mit Schmuck, Kleidern, Geld und anderen Geschenken zu überhäufen. Und es störte Friedrich III. nicht, erhöhte eher noch für ihn Katharinas rein dekorativen Wert, daß sie von den anderen hohen Herrn des Hofs heftig – und meist erfolgreich – begehrt wurde.

Dem in den Augen des Kurfürsten einzigen Mangel Katharinas, ihrem geringen Stand, war dadurch leicht abzuhelfen, daß Kolbe sich erbot, die junge Lakaienwitwe zu heiraten. Der dankbare Friedrich verschaffte dem 1696 vermählten Paar vom immer geldbedürftigen Kaiser den Freiherrentitel, ernannte außerdem den nunmehrigen Reichsfreiherrn Kolbe v. Wartenberg zu seinem Kammerherrn, die Freifrau Katharina zu seiner offiziellen Mätresse.

Aus so gefestigter Position heraus und mit Unterstützung zweier Höflinge, bei denen Katharina in hoher Gunst stand, gelang es Kolbe nun, im Bund mit dem Junkertum, an dessen Vorrechten Danckelmann zu rütteln gewagt hatte, ein Netz von Intrigen gegen den Günstling und Minister zu spinnen und ihn 1697 zu stürzen. Zwar gab es, wie sich dann zeigte, keinerlei Beweise für Danckelmanns angebliche Verfehlungen; es erging daher auch kein Gerichtsurteil gegen ihn. Aber Friedrich III. folgte dennoch Kolbes Rat, Danckelmann in lebenslängliche strenge Haft nehmen zu lassen und sein gesamtes Vermögen einzuziehen. Erst des Kurfürsten Nachfolger, der »Soldatenkönig« Friedrich Wilhelm I., ließ Danckelmann schließlich frei, verbannte ihn aber nach Cottbus und gab ihm sein Vermögen nicht wieder zurück.

Weil nach Danckelmanns Verhaftung niemand mehr da war, der es wagte, den Kurfürsten von der Ausführung törichter Pläne abzuhalten, anderseits ein Nachfolger für den Gestürzten gefunden werden mußte, wurde der Baron v. Kolbe leitender Minister, und von da an wurde die gesamte Politik Brandenburg-Preußens nur noch von dem Ehepaar Kolbe bestimmt und auf ein Ziel ausgerichtet: den Kurfürsten weiterhin mit reinen Prestigeangelegenheiten vollauf zu beschäftigen und derweilen das Land systematisch auszuplündern.

Weil der Kurfürst von Sachsen König von Polen geworden war und weil Friedrich III. nun unbedingt auch ein König werden wollte, wurde nahezu die gesamte brandenburg-preußische Armee den Habsburgern überlassen, die damit über ein Jahrzehnt lang allerlei ferne Kriege um die spanische Erbfolge führten. Ungeheure Summen flossen als Bestechungsgelder an Herren des Wiener Hofes (und daneben auch in die Taschen der Vermittler aus der Kolbe-Clique). Im Bund mit einigen einflußreichen Jesuiten, die sich von einer weiteren Schwächung und Ablenkung Brandenburgs auf reine Prestigeangelegenheiten Vorteile für ihre gegenreformatorische Politik versprachen, wurden der Kaiser und seine Minister dazu bewogen, dem eitlen Kurfürsten Hoffnungen auf eine Königskrone zu machen und ihm dafür immer neue Truppenkontingente gegen Frankreich sowie Berlins bedingungslose Unterstützung der Habsburger Interessen abzuhandeln. Schließlich gab der Kaiser dem schon sehr ungeduldigen Kurfürsten nicht mehr als die Zusage, keinen Widerspruch zu erheben, wenn sich Friedrich in seinem souveränen Herzogtum Preußen, das gar nicht zum Reich gehörte, selbst zum König krönte.

Dies geschah mit ungeheurem Prunk am 18. Januar 1701 zu Königsberg, und Friedrich schwamm im Glück. Fortan durfte er sich, aber nur *in* Preußen (und soweit es nicht zu Polen gehörte), König Friedrich und als solcher der Erste nennen – ein reines Produkt seiner törichten Eitelkeit, auch wenn es sich schon bald als ein Politikum ersten Ranges erweisen sollte.

Die Kolbes hatten übrigens schon vor ihrem hohen Gönner eine relativ nicht minder imposante Rangerhöhung erhalten, ebenfalls vom Kaiser und für sehr viel Geld, das natürlich auch von den brandenburgisch-preußischen Steuerzahlern hatte aufgebracht werden müssen: Ende 1699 waren sie in den Reichsgrafenstand erhoben worden.

Graf Kolbe v. Wartenberg hatte zudem bald darauf von Friedrich die hohe und hochdotierte, außerdem zur Einbehaltung von drei Prozent aller Einnahmen berechtigende Stelle des Generalerbpostmeisters in Preußen bekommen. Und anläßlich der Krönung ernannte ihn der neue König auch noch zum Marschall von Preußen, Kanzler des von ihm gestifteten Hohen Ordens vom Schwarzen Adler (mit der Devise *suum cuique*) sowie zum Premierminister mit einem Jahresgehalt von 100000 Talern, was eine für damalige Verhältnisse unerhörte, geradezu märchenhaft hohe Besoldung war.

Mag sein, daß sich König Friedrich einiges davon versprach, daß er die Kolbes mit einer solchen Fülle von Gnadenerweisen bedachte; vielleicht wollte er seinen Premier so davon abhalten, sich weiterhin selbst die Taschen zu füllen. Wahrscheinlicher ist jedoch, daß der »schiefe Fritz« über seine neue Königskrone und die ungeheure Prachtentfaltung bei der Krönung in eine solche Euphorie geraten war, daß er dabei alle Maßstäbe verloren hatte.

Kolbe jedenfalls ließ sich davon nicht so beeindrucken, daß er nun aufgehört hätte, die brandenburgisch-preußischen Kassen zu plündern. Im Gegenteil – jetzt war er erst auf den rechten Appetit gekommen! Gemeinsam mit dem Generalfeldmarschall Graf Wartensleben und dem Oberhofmarschall Graf Wittgenstein, zwei Herren, die sich ihm und besonders der Gräfin Katharina aufs engste verbunden fühlten, raubte er in den folgenden zehn Jahren das Land mit einer Gründlichkeit aus, wie nur noch einmal, hundert Jahre später, Napoléon I. und seine Marschälle.

Wartenberg, Wartensleben und Wittgenstein – das war »das dreifache Weh«, wie der Berliner Volksmund das Räubertrio mit bitterer Ironie nannte. Und dazu kam als Vierte im Bunde die allmählich recht selbstbewußt gewordene Gräfin Katharina Wartenberg, nunmehrige königlich preußische Marschallin und Mätresse *en titre*. Sie hatte im Krönungsjahr 1701 ihren 25. Geburtstag feiern können und begann infolgedessen an ihre Altersversorgung zu denken. Sie erbat sich und erhielt vom König, der jedesmal glücklich war, sich als großer und unendlich reicher Potentat beweisen zu können, Unmengen von Schmuck, vor allem Diamanten, aber auch Häuser, Gemälde und Teppiche sowie immer neue Schatzanweisungen, die sie und ihr Gemahl dann eilig zu Bargeld machten.

Anno 1707 gewährte ein neuer Kaiser in Wien, Joseph I., dem Grafen Kolbe v. Wartenberg und dessen Gemahlin eine weitere, ganz besondere Gnade: Er erhob die zu stattlichem Umfang angeschwollenen Kolbeschen Domänen in der Rheinpfalz – Asbach, Diemerstein, Ellerstadt, Fischbach, Imbsbach, Marienthal, Ober- und Nieder-Mehlingen, Mettenheim, Oranienhof, Rohrbach, Sembach, Wachenheim, alle mit in Brandenburg-

Preußen zusammengerafftem Geld gekauft, sowie das Kolbesche Familiengut Wartenberg – in den Rang einer reichsunmittelbaren Grafschaft. Damit wurden die Grafen von Wartenberg allen anderen regierenden Häusern im Deutschen Reich ebenbürtig.

Natürlich gaben die Kolbes ihre reichen Pfründe in Berlin deshalb nicht auf. Doch nun hatten sie nebenbei ihr eigenes Ländchen zum Regieren und eigene Untertanen zum Auspressen, zudem eine jederzeit offene Rückzugsmöglichkeit; denn das muntere Leben in Berlin konnte nicht ewig so weitergehen. Die Kassen, Arsenale und Kasernen waren schon so gut wie leer; alles, was sich zu Geld machen ließ, hatten sie schon verjubelt oder beiseite geschafft. Wie schlimm die Zustände geworden waren, zeigte sich gegen Ende des Jahres 1710, als Brandenburg-Preußen in den Nordischen Krieg verwickelt zu werden drohte. Russische, polnische und sächsische Truppen zogen ungehindert durch die Mark und nahmen sich, was ihnen gefiel. Der König in Berlin mußte es hinnehmen, denn es gab im Staat, wie sein Kronprinz, der spätere »Soldatenkönig«, damals wütend notierte, »keine Regimenter, kein Pulver als 1200 Zentner und kein Geld« mehr.

Angesichts dieser katastrophalen Lage konnte sich der König, der auch schon sehr krank war und seinen Tod nahen fühlte, dem Drängen seines Kronprinzen und einiger vom »dreifachen Weh« wegen Mangels an Truppen abgehalfterter Generale nicht länger verschließen. Er enthob Wittgenstein, Wartensleben und sogar seinen lieben Kolbe v. Wartenberg aller ihrer Ämter und ließ eine Untersuchung gegen sie einleiten. Diese führte – anders als bei dem unglücklichen Danckelmann – sehr rasch zur Aufdekkung einer Fülle von Missetaten des Trios. Doch deshalb wurde Graf Kolbe v. Wartenberg – schließlich war er inzwischen ein reichsunmittelbarer Landesherr! – keineswegs, wie sein Amtsvorgänger, in Haft genommen. Man ließ ihm und seiner Frau sogar all ihr zusammengeraubtes Vermögen. Sie erhielten lediglich Anweisung, sich baldigst aus Preußen zu entfernen.

Natürlich nahmen sie von ihrem üppigen Besitz alles mit, was sich transportieren ließ; den Rest verkauften sie. Übrig blieb, weil immobil und unverkäuflich, das Schloß Monbijou. König Friedrich I. hatte es »seiner« schönen Katharina an der Oranienburger Straße erbauen lassen; nun schenkte sie es ihm zurück, und der einfältige Monarch war so beeindruckt von dieser Geste, daß er seiner Ex-Mätresse nun seinerseits eine sehr stattliche Pension aussetzte: jährlich 24000 Taler.

Johann Kasimir v. Kolbe, regierender Graf von Wartenberg, begab sich dann mit seiner Gemahlin und deren Kinderschar, für die eine Vielzahl von Herren und Dienern als Väter in Frage kam, nach Frankfurt am Main. Dort starb er schon im folgenden Jahr, noch vor König Friedrich I., jedoch im Gegensatz zu diesem als steinreicher Mann. Die nun zum zweitenmal verwitwete, gerade sechsunddreißigjährige Gräfin Katharina zog bald darauf nach Paris. Dort und in Holland verlebte sie noch mehr als zwei Jahrzehnte in der gewohnten Weise. Sie starb im sechzigsten Lebensjahr in der Nähe von Den Haag. »Eher kann man die Muscheln am Strand von Scheveningen zählen«, sollen ihre, auf ihre vielen Liebesabenteuer bezogenen letzten Worte gewesen sein. Vielleicht hat sie aber damit auch nur die vielen, vielen Dukaten gemeint, die sie sich dabei auf die hohe Kante hatte legen können (und von denen ein paar sehr reiche Leute in der Bundesrepublik heute noch zehren*).

Es war indessen nicht nur die Korruption des »dreifachen Weh«, unter der das Königreich Preußen im frühen 18. Jahrhundert zu leiden hatte. In den Jahren 1709–1711 griff eine Pestepidemie von Polen her auf die östlichen Landesteile, das eigentliche Königreich Preußen sowie Hinterpommern und die östlichen Bezirke der Mark Brandenburg über. Allein Ostpreußen verlor durch die Pest mehr als ein Drittel seiner Bevölkerung, rund 240000 Menschen.

Berlin und Umgebung blieben von der Seuche verschont. Der gewaltige Aufschwung, den die Landeshauptstadt durch die starke Zuwanderung, die rege Bautätigkeit und, so seltsam es klingen mag, auch und gerade durch den üppigen Luxus des Hofes genommen hatte, hielt weiter an. 1710, als die fünf bis dahin selbständigen Gemeinden der Residenz unter dem Namen »Berlin« vereinigt wurden, zählte man bereits rund fünfzigtausend Einwohner. Im Stadtkern waren die Häuser schon damals durchweg mehrstöckig, »so hoch wie in den Reichsstädten«, wie es sechsundvierzig Jahre später der in Berlin bei der Garde dienende Schweizer Ulrich Bräker dann beschrieben hat. Die neuen Stadtteile waren weiträumiger und niedriger bebaut, Dorotheen- und Friedrichstadt nach einem genauen Plan, die übrigen Vorstädte ohne erkennbare Gliederung. Den Anbau der Königstadt um das Georgenhospital hatte die Regierung besonders gefördert, damit die nun aus den inneren Stadtbezirken verbannten Viehwirtschaften Platz fanden.

Doch nicht nur das äußere Bild der Stadt hatte sich sehr gewandelt, vielmehr gab es jetzt auch zahlreiche Einrichtungen und Geschäfte, die eine Generation zuvor noch völlig gefehlt hatten: mehrere Kaufhäuser, wo die neuen Manufakturprodukte angeboten wurden, auch Quincaillerien, wo es Knöpfe, Messer, Scheren und ähnliches zu kaufen gab, Delikatessenläden und Traiteurs genannte Stadtküchen, Restaurants und Imbißstuben, Kaffeehäuser und Konditoreien, Zucker- und sogenannte »Feinbäcker«, wo es nun, anstatt wie früher nur Roggenbrot, auch Weizengebäck gab – die berühmten Berliner Knüppel und Schrippen hatten die Réfugiés eingeführt, den Barches oder Zopf die jüdischen »Wiener« –, schließlich auch etliche Hotels nach französischem Muster, wie das »Herrenhaus« und das Gasthaus »Zur Stadt Paris« in der Brüderstraße.

Die Ärzte, Chirurgen, Apotheker und Hebammen der Französischen

* Näheres darüber in: Bernt Engelmann, »Das Reich zerfiel, die Reichen blieben«, dtv-Taschenbuch Nr. 1061.

Heilig-Geist-Hospital und Spandauer Tor um 1700.

Kolonie genossen europäischen Ruf und wurden auch von Fremden aufgesucht, die deshalb eigens nach Berlin reisten, etwa um sich von de Gaultier oder von Samuel Duclos, dem Erfinder des Duclosschen Pulvers zur Linderung hohen Fiebers, behandeln zu lassen.

Am stärksten aber wurde die Stadt durch den königlichen Hof, der um mindestens hundertfünfzig französische Edelleute in hochdotierten Stellungen vermehrt worden war, geprägt und – im wahren Sinne des Wortes – bereichert. Wie sehr gerade die üppige Hofhaltung des ersten preußischen Königs und die Verschwendungssucht der Damen und Herren seiner Umgebung zur Entwicklung Berlins beigetragen hatten, geht aus einem Bericht des Ministers und Generals v. Grumbkow an Friedrichs Nachfolger hervor.

Offensichtlich bemüht, den nach dem Tode seines Vaters 1713 gerade auf den Thron gelangten Friedrich Wilhelm I. von Sparmaßnahmen abzuhalten, schilderte Grumbkow dem neuen und als knauserig bekannten Landesherrn die Vorzüge der bisherigen Verschwendung: »Das vielfältige Bauen hat viel tausend Künstler, Handwerker und Arbeiter, welche doch ihren Verdienst durch consumtion [Verzehr und Verbrauch] wiederum der Accise [indirekte Steuer auf Verbrauch und Umsatz] zugetragen, hergezogen; viele Fremde haben sich, um den Hof und verschiedene allhier vorhandene Curiositäten zu sehen, eingefunden und viele tausend Thaler in die Stadt gebracht. Unter den königl. Hofbedienten haben die Cammer-Herren und Cammer-Junker, welche 800 oder 1000 Reichsthaler Besoldung gehabt, von ihren eigenen Mitteln gar considerable [beträchtliche] Summen zugeschossen und verzehret, dergleichen auch von verschiedenen Fremden, so sie sich . . . allhier häußlich niedergelassen, geschehen. Die Kunst- und Maler-Academie hat den Effect gehabt, daß, da vorher die

Märker und Berliner anderwärts, zur Erlernung guter Künste ... ihr Geld in die Fremde haben schicken müssen, nachhero diese Academie die Künstler und Handwerker aus der Fremde hergelocket ..., welche sich allhier in ihrer Kunst qualificieret und das Geld, so sie anderwärts vor sich gebracht, mit Freuden in Berlin verzehret haben.

Dies alles nun hat die Anzahl der Consumenten, folglich auch die Einkünfte der Accise vermehrt, die seit anno 1688 von Jahre zu Jahre zugenommen hat. Es ist aber nicht zu leugnen, daß hierzu der Hof-Staat und die Anzahl der Bedienten das Größte beigetragen, dergestalt daß, was der Hof an die Bediente gegeben, aus der Hand der Bedienten in die Hand des Handwerkers«, Gastwirts oder Händlers gegangen sei und, da jedesmal die Steuer ihr Teil bekommen habe, zurückgeflossen sei in die königlichen Kassen.

Die beschwörenden Worte des Generals v. Grumbkow fruchteten indessen nichts. Friedrich Wilhelm I. strich sofort nach seinem Regierungsantritt die lange Liste der »Planstellen« bei Hofe rücksichtslos zusammen, ließ die Bauarbeiten am Schloß einstellen und stoppte alle ihm überflüssig erscheinenden Ausgaben.

Doch ehe wir uns dieser neuen Ära der preußischen Geschichte zuwenden, erscheint eine Zwischenbilanz angebracht, die uns zugleich Antwort geben soll auf die Frage, wie »preußisch« das neue Königreich Preußen inzwischen geworden war und ob sich darin der »preußische Geist« schon ausgebreitet hatte.

Das Königreich Preußen von 1713, dem Jahr des Thronwechsels, war nur geringfügig größer als das vom »Großen Kurfürsten« 1688 seinem Sohn, dem späteren ersten König, hinterlassene Gebiet.

Zunächst hatte man Schwiebus 1686 den Habsburgern überlassen müssen, doch dafür waren aus der oranischen Erbschaft 1707 die Grafschaft Lingen und das Fürstentum Mörs hinzugekommen. Dadurch war der weit im Westen Deutschlands gelegene, von der Mark Brandenburg durch die Ländermasse des Kurfürstentums Hannover und etliche Kleinstaaten getrennte Teil Preußens etwas größer geworden. Sodann hatte Friedrich I. einiges hinzugekauft: Zwei Güter nebst je einem Dorf und riesigen Wäldern an der litauisch-preußischen Grenze, Tauroggen und Serej, deren Bewohner zwei Jahre später fast ausnahmslos der Pest zum Opfer fielen; die westfälische Grafschaft Tecklenburg, die ihm der hochverschuldete Graf Solms-Braunfels für 250000 Taler überließ, sowie die Oberhoheit über das Reichsstift Quedlinburg und die Reichsstadt Nordhausen, die Friedrich – durch Vermittlung eines jüdischen Bankiers – für zusammen 700000 Taler von Sachsen erwarb. Die Quedlinburger und Nordhäuser, die zum bewaffneten Widerstand entschlossen waren, wurden durch eine Kriegslist überrumpelt und ergaben sich kampflos.

Schließlich konnte Friedrich I. 1707 seinen weitverstreuten Besitz um ein noch entfernteres Ländchen vermehren: Neufchâtel und Valengin, die zusammen den heutigen Schweizer Kanton Neuchâtel (Neuenburg) bilden. Auf dieses schweizerische Fürstentum hatte es mehrere Anwärter gegeben; man war dann übereingekommen, den Preußenkönig als Oberherrn anzuerkennen, weil er, schon aus Gründen der räumlichen Entfernung, am wenigsten in die inneren Angelegenheiten des Ländchens eingreifen konnte.

Durch diese Käufe und Erbschaften, vor allem aber durch die starke Einwanderung aus Holland, Frankreich und der Pfalz (wobei angemerkt sei, daß zahlreiche »Pfälzer« in Wirklichkeit aus dem Hennegau zuvor in die Pfalz vertriebene Wallonen waren), ferner aus Oberitalien, der Schweiz, Böhmen und Polen, waren die starken Bevölkerungsverluste, die die Pest verursacht hatte, voll ausgeglichen worden. Die Einwohnerzahl hatte sich gegenüber 1688 kaum verändert und lag 1713 bei insgesamt rund 1,6 Millionen. Aber die Stammbevölkerung Brandenburgs und Preußens war noch weiter zurückgegangen, vor allem durch die Seuchen, die die Kernprovinzen am härtesten betroffen hatten, aber auch durch die hohen Verluste der brandenburgisch-preußischen Armee auf fernen Schlachtfeldern, meist im Dienst der Habsburger und anderer fremder Mächte. Man muß dabei bedenken, daß die Mannschaften dieser Armee großenteils aus der eingesessenen Landbevölkerung der Mark Brandenburg, Pommerns und Ostpreußens rekrutiert wurden; die Söhne der armen Bauern sowie die Söhne des Landadels, die die meisten Offiziersstellen besetzten, hatten den höchsten Blutzoll zu entrichten, wogegen die eingewanderten Kolonisten, wenn es sich nicht um Berufssoldaten handelte, vom Militärdienst ebenso befreit waren wie die Bürger der Haupt- und Residenzstadt Berlin.

Die preußische Armee, die im Interesse Habsburgs – weil Friedrich mit kaiserlicher Unterstützung König hatte werden wollen – bis 1709 unablässig vermehrt und im Spanischen Erbfolgekrieg als Kanonenfutter auf entlegene Kriegsschauplätze geschickt worden war, hatte zu diesem Zeitpunkt eine Gesamtstärke von 42000 Mann. Davon standen etwa 8000 in Italien, 23000 in Flandern. Nur noch etwa 11000 Mann reguläre Truppen, im wesentlichen die Gardebataillone in Berlin, die Festungsbesatzungen sowie kleine, weitverstreute Garnisonen zur Sicherung der Grenzen, waren noch im Land. Dazu kamen etwa 5000 »Wibranzen« genannte Milizsoldaten; aber diese mit ausrangierten Gewehren bewaffneten Bauern unter dem Befehl ihres Gutsherrn waren militärisch von zweifelhaftem Wert. Als letzte Reserve gab es dann noch 2000 »Invaliden« genannte Kriegskrüppel, die allenfalls für den Wachdienst taugten; und was die königliche Garde betraf, so verwandte sie der prachtliebende König Friedrich I. vornehmlich als imposante Dekoration seiner vielen Feste, Aufzüge und Feierlichkeiten.

Überraschenderweise war selbst diese Garde weit weniger »preußisch«, als gemeinhin angenommen wird. So bezog das Garde-Schützen-Bataillon seine Offiziere und Mannschaften aus Neufchâtel. Die *Garde du Corps* bestand ohnehin nur aus Schweizern, ebenso die Wachen im Schloß. Doch auch die übrigen Eliteeinheiten wurden überwiegend von Réfugiés gebildet.

Als nach der Aufhebung des Edikts von Nantes im Jahre 1685 die Hugenotten zu Tausenden in die Mark Brandenburg geflüchtet waren, hatten die zahlreichen Offiziere und Soldaten unter ihnen zwar anfangs sofort Aufnahme in der preußischen Armee gefunden, aber als der Zustrom Jahr für Jahr andauerte, waren nicht mehr genügend Offiziersstellen frei gewesen.

»Da schlug der Marschall v. Schomberg ein Mittel vor«, so berichtet Max Beheim-Schwarzbach in seinem 1874 erschienenen Werk *Hohenzollernsche Colonisationen*, »durch das Allen Gelegenheit gegeben werden könnte, sich dem Staate nützlich zu machen. Abgesehen davon, daß die meisten Regimenter stark mit Réfugiés untermischt waren, wie z. B. in fünf Regimentern Officiere und Gemeine größtenteils Franzosen waren, wurden jetzt eigene Corps gebildet, die nur aus Franzosen bestanden. So entstanden zwei Corps zu Pferde, das eine, sowohl Officiere als Gemeine, nur aus französischen Adligen bestehend, das andere aus Unterofficieren. Das erste Corps, errichtet im October 1687, bestand aus drei Compagnien, die ›grand mousquetaires‹ genannt, die beiden ersten Compagnien zählten lediglich Franzosen, die dritte war eine deutsche. Die Compagnie bestand aus 60 Mann, jeder hatte den Rang eines Leutnants und einen monatlichen Sold von 10 Thaler, außerdem erhielten sie noch Entschädigungsgelder für ihre Burschen. Die Uniform war von rothem Scharlachtuch, die Nähte reich mit Gold besetzt. Die erste Compagnie stand zu Prenzlau, die commandirenden Officiere waren Graf v. Dohna, als Chef, Major Souville, Mombrun, Rocoulle etc. Die zweite hat ihr Quartier zu Fürstenwalde unter dem Chef von S. Bonet. Das andere Corps hieß ›grenadiers zu Pferde‹, die Besoldung für den Mann bestand monatlich aus 5 Thlr. Alle, die in die beiden Corps eintreten wollten, mußten schon in Frankreich gedient haben; aus den jüngeren Edelleuten, die noch keine Kriegsdienste geleistet, bildete der Kurfürst vier Compagnien Cadetten unter französischen Officieren, die den Regimentern zugetheilt wurden. Hierdurch wurde der Grund zu den späteren Cadettenhäusern gelegt.«

Beheim-Schwarzbach erwähnt dann noch die Regimenter Varennes und Briquelmont sowie das Korps des Generalleutnants v. Cournuaud und fügt hinzu: »Diejenigen Edelleute, die keine Kriegsdienste nahmen, wurden besonders als Hofjunker, bei Gesandtschaften und als Gentilhomme passend verwerthet.« Und, abgesehen von den Réfugiés, dienten auch andere Ausländer – Iren, Schotten, Holländer, Schweizer und Schweden vor allem – sowie Söhne polnischer und litauischer Edelleute als Offiziere, viele Schweizer, Wallonen, Litauer und andere Nichtdeutsche als Soldaten und Unteroffiziere in der brandenburgisch-preußischen Armee.

Doch nicht nur hinsichtlich ihrer Zusammensetzung, auch was ihre

Stärke betrifft, war die Streitmacht Preußens von 1713 keineswegs »typisch preußisch«; von einer Bedrohung der anderen Mächte durch diese Armee konnte jedenfalls noch keine Rede sein. Denn nach der Rückkehr der überlebenden Expeditionstruppen bestand das gesamte preußische Militär aus weniger als 30000 Mann. Das war zwar, gemessen an der Einwohnerzahl Brandenburg-Preußens, ungewöhnlich viel, nämlich etwa zwei Prozent der Bevölkerung, wogegen Österreich damals nur etwa 0,5 Prozent seiner Untertanen unter Waffen hielt. Aber in absoluten Zahlen war es herzlich wenig, denn Österreich verfügte über 100000, Rußland über 130000, Frankreich sogar über annähernd 170000 Soldaten. Infolgedessen konnte

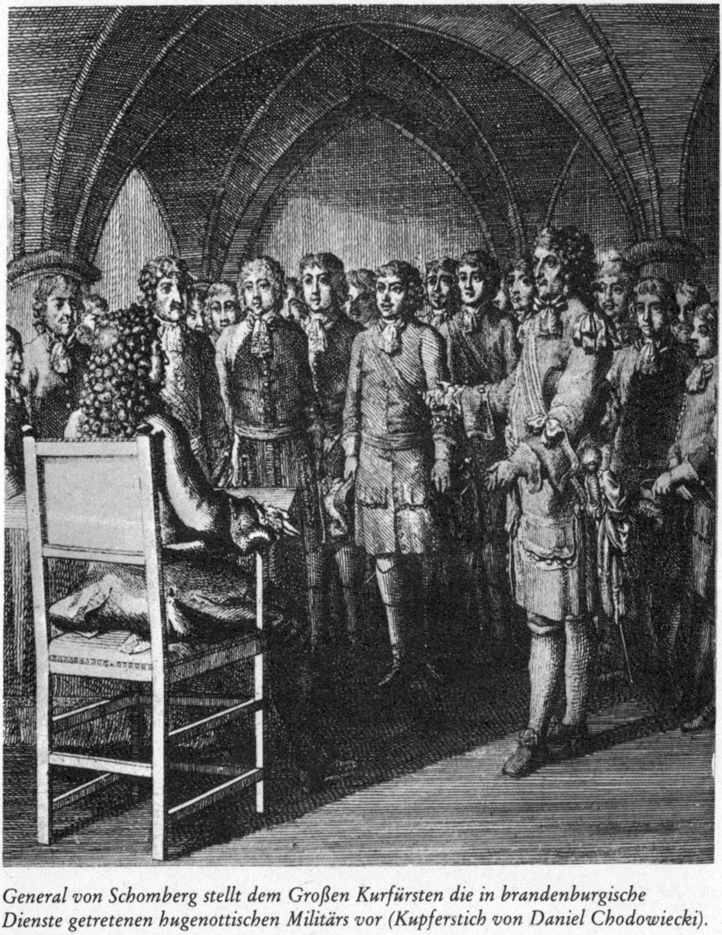

General von Schomberg stellt dem Großen Kurfürsten die in brandenburgische Dienste getretenen hugenottischen Militärs vor (Kupferstich von Daniel Chodowiecki).

Brandenburg-Preußen, trotz seines prozentual hohen Anteils an Bewaffneten, allenfalls als eine Militärmacht zweiten Ranges gelten.

Auch sonst war die Ära Friedrichs I. alles andere als »typisch preußisch« verlaufen: Es hatte keine Eroberungen gegeben, nur ein paar Erbschaften und Ankäufe neuer Gebiete; unter den leitenden Beamten war eine beispiellose Korruption eingerissen, die natürlich auch Auswirkungen auf das Verhalten der unteren Staatsbediensteten hatte, genauso wie die Verschwendungssucht und der luxuriöse Aufwand bei Hofe beispielgebend für das Berliner Bürgertum gewesen war; und von Kargheit und strenger Zucht konnte wahrlich nicht die Rede sein.

Auch herrschte damals in Preußen, im krassen Gegensatz zu den meisten anderen Staaten Europas und zu den üblichen Vorstellungen von preußischer Strenge, eine erstaunliche Toleranz gegenüber Andersgläubigen und politischen Nonkonformisten. Es sei nur erinnert an die Aufnahme der Wehrdienst und Treueid verweigernden Mennoniten und anderer Sekten. Auch weit mehr Juden als ursprünglich vereinbart, hatten in Preußen Zuflucht gefunden, und in Berlin fehlte nicht nur der Zwang des Gettos, der in den außerpreußischen Städten des Reichs die Juden bedrückte; es war 1712 den Israeliten Berlins sogar gestattet worden, in der Heidereitergasse eine öffentliche Synagoge zu bauen, das erste in der preußischen Hauptstadt zugelassene nichtchristliche Gotteshaus.

Daß die immer zahlreicher werdenden ausländischen Flüchtlinge, zumal die französischen Hugenotten, bevorzugt behandelt wurden, gutdotierte Offiziers- und Beamtenstellungen erhielten und, wenn sie neue Gewerbe einzuführen versprachen, mit Privilegien, Zuschüssen sowie Steuer- und Wehrdienstbefreiung bedacht wurden, geschah gewiß nicht nur aus humanitären Gründen; das hohenzollernsche Familienunternehmen war auf dieses »Fachpersonal« dringend angewiesen.

Daß man auch eine Anzahl Alter und Kranker aufgenommen, den nicht mehr dienstfähigen französischen Offizieren Pensionen ausgesetzt und eigens für das geschlossen nach Berlin emigrierte Parlament des südfranzösischen Fürstentums Orange ein »Oranisches Tribunal« geschaffen und so die vielen würdigen Herren in den roten Samtroben standesgemäß versorgt hatte, gehörte zu dem »Sozialklimbim«, der notwendig war, um das Personalbeschaffungsprogramm im ganzen attraktiv zu machen.

Aber Brandenburg-Preußen zeigte sich mitunter auch großzügig und tolerant, wo es nicht einmal indirekt um den wirtschaftlichen Nutzen ging, beispielsweise im Fall des Christian Thomasius. Dieser junge Doktor der Rechtswissenschaft an der Universität Leipzig hatte viel von sich reden gemacht, weil er nicht nur gegen das »heuchlerische Perückentum« seiner älteren Kollegen sehr streitbare Reden hielt und – was eine revolutionäre Neuerung war – sich im Hörsaal wie in seinen Veröffentlichungen der deutschen, anstatt der lateinischen Sprache bediente, sondern auch wegen der von ihm vertretenen politischen Thesen.

Thomasius erdreistete sich nämlich, das Gottesgnadentum der Fürsten in Zweifel zu ziehen. Er behauptete, es sei Anmaßung, wenn ein Fürst sich auf Gottes Gnade berufe, um über Leben, Freiheit und Eigentum seiner Untertanen nach eigenem Gutdünken zu verfügen. Zur Souveränität, so wagte Thomasius zu behaupten, gehöre auch die Zustimmung der Regierten; zwischen König und Volk gebe es wechselseitige Verpflichtungen, wobei ihm gewiß das englische Beispiel vor Augen stand, denn die britischen Bürger hatten sich ja bereits die *Bill of rights* ertrotzt.

In Sachsen hingegen wurden die von Thomasius vertretenen Ansichten für aufrührerisch und daher staatsgefährdend gehalten. Die Regierung erließ gegen den jungen Professor zunächst ein Schreib- und Redeverbot. Als Thomasius auch noch Verhaftung drohte, war er 1690 nach Berlin geflohen und dort vom Hof freundlich aufgenommen worden. Friedrich ernannte ihn sogar zum Geheimrat.

Thomasius ließ sich dann in Halle nieder, wohin ihm eine Schar von Studenten aus Leipzig folgte. Ebenfalls in Halle gab es damals bereits ein Stu-

Innenraum der »Priviligierten Juden-Synagoge« in der Königlichen Residenz Berlin.

dienkolleg, das der Réfugié La Fleur leitete und das *Institut Français* oder *Academie des Chevaliers* genannt wurde. Als 1694, noch auf Danckelmanns Betreiben hin und mit Unterstützung der Kurfürstin Sophie Charlotte und ihres gelehrten Freundeskreises, die Universität zu Halle gestiftet wurde, geschah dies nicht zuletzt des Professors Thomasius wegen, der nun einen Lehrstuhl erhielt. Aber auch die La Fleursche Anstalt wurde der neuen Hochschule angegliedert. Der aus Erfurt verjagte Theologe August Hermann Francke und andere bedeutende Gelehrte, die in Preußen damals Asyl gefunden hatten, wurden ebenfalls an die Universität Halle berufen, die bald einen mächtigen Aufschwung nahm und 1704 bereits mehr als zweitausend Studenten aufzuweisen hatte.

Übrigens war Thomasius auch seit 1688 Herausgeber der monatlich erscheinenden Zeitschrift *Scherz- und ernsthafte, vernünftige und einfältige Gedanken über allerhand lustige und nützliche Bücher und Fragen*. Seine Aufsätze und Kritiken, voll Geist und Lebendigkeit, fanden ein starkes Interesse, weit über die Gelehrtenkreise hinaus, denn sie waren in allgemeinverständlicher Form gehalten. Christian Thomasius ist damit zum Begründer des deutschen Journalismus und der gesellschaftskritischen Publizistik geworden. Darüber hinaus aber war er als rastloser und unerbittlicher Kämpfer gegen den Aberglauben und die Engstirnigkeit, gegen Folter, Hexenprozesse und Ketzerverfolgung, für Toleranz, Humanität und Geistesfreiheit der bedeutendste Wegbereiter der Aufklärung im deutschen Sprachgebiet.

Wenn es noch eines Beweises bedurft hätte, daß im Königreich Preußen – zumindest bis 1713, als Friedrich I. starb und sein einziger Sohn, Friedrich Wilhelm I., König wurde – mehr Freiheit zu finden war als anderswo und wenig von dem zu spüren, »was gemeinhin ›preußischer Geist‹ genannt wird«, so wäre er allein durch die Tatsache erbracht, daß Christian Thomasius Preußen zum Land seiner Zuflucht erwählte und dort auch die freiere Luft, die er suchte, erleichtert einatmen konnte.

Allerdings – Schwarz und Weiß, die preußischen Farben, lagen stets dicht beieinander. 1721, sieben Jahre vor Thomasius' Tod, wurde dessen aus Breslau gebürtiger Kollege Christian Wolff, der 1707 als Professor der Mathematik an die Universität Halle berufen worden war, von König Friedrich Wilhelm I. aus dem Land gejagt; Wolff, der auch theologische Vorlesungen gehalten, dabei nach Meinung seiner pietistischen Gegner die Religion lächerlich gemacht und sich damit den Zorn des Königs zugezogen hatte, durfte »bey Strafe des Stranges« preußischen Boden nicht mehr betreten – bis 1740, als er von Friedrich II., kaum daß dieser den Thron bestiegen hatte, zurückgerufen, rehabilitiert, mit einer Professur betraut und sogar in den Freiherrenstand erhoben, ansonsten allerdings nicht mehr beachtet und schon gar nicht gelesen wurde. Aber das ist, wenngleich es die ständige Nähe von Preußisch-Schwarz und -Weiß besonders deutlich macht, bereits ein anderes Kapitel.

Nischt wie weg, der König kommt!

Als sich der »schiefe Fritz«, der zur Verhüllung seines Buckels eine den halben Rücken bedeckende Allongeperücke trug, 1701 selbst zum ersten König *in* Preußen gekrönt hatte, waren von ihm für die ausgedehnten und sehr prunkvollen Feierlichkeiten rund sechs Millionen Taler verjubelt worden.

Sein Sohn und Nachfolger, Friedrich Wilhelm I., gab 1713 für seine Krönung genau 2547 Taler und 9 Pfennige aus und erklärte, dies sei die letzte Verschwendung, die er dulde. Schon am Tage seines Regierungsantritts entließ er den weitaus größten Teil des üppigen Hofstaats, den ihm sein eitler Vater hinterlassen hatte. Die Gehälter der wenigen, die bleiben durften, wurden drastisch gekürzt, die Ehrengarden und das Pagenkorps aufgelöst. Die königliche Hofhaltung bekam von nun an einen – vom silbernen Tafelgeschirr abgesehen – gutbürgerlichen Zuschnitt. Es gab keine Hofmusik mehr, die Kapelle wurde entlassen; mehr als hundert Luxuspferde, Karossen, Sänften und Schlitten sowie die meisten Weine, die im Schloßkeller lagerten, kamen zur Versteigerung. Möbel, Teppiche, Kandelaber und selbst alle dem König überflüssig erscheinende Garderobe wurden zu Geld gemacht, die meisten Gold- und Silbersachen der Münze zum Einschmelzen übergeben. Elegante Kleidung, Parfüm und Schminke waren fortan bei Hofe verpönt.

Diese rigorosen, den merkantilistischen Vorstellungen, Geld anzuhäufen, entsprechenden Sparmaßnahmen lösten nicht nur unter den direkt Betroffenen, sondern in ganz Berlin und bald auch in den übrigen Städten des Landes Bestürzung aus. Des neuen Königs Hang zur Schlichtheit drohte der Hauptstadt zum Verhängnis zu werden. Die abgehalfterten Hofchargen verließen die teure Residenz, die übriggebliebenen mußten sich einschränken. Hunderte von Handwerkern und Gewerbetreibenden verloren ihren Kundenstamm. Viele Wohnungen standen leer, an zahlreichen Häusern hingen Mitteilungen, daß das Objekt billig zu erwerben sei. Und als dann auch die Bauarbeiten am königlichen Schloß eingestellt wurden, befestigten die entlassenen Arbeiter am Hauptportal heimlich ein Plakat mit der Aufschrift: »DIESES SCHLOSS SAMT RESIDENZ BERLIN IST ZU VERKAUFEN!«

Das Überangebot von Luxuswaren, die der Hof versteigern ließ, und die stark verminderte Nachfrage führten zu Preisstürzen, und viele Händler machten Bankrott. Aber es drohte den Bürgern Berlins auch noch eine andere Gefahr.

Friedrich Wilhelm hatte sofort nach seinem Regierungsantritt mit der Vermehrung der Armee begonnen, und die Werber traten nun auch in der Residenz, wo sie bislang nicht geduldet waren, immer dreister und rücksichtsloser auf. Der Minister v. Grumbkow, der diese Entwicklung besorgt verfolgte, hatte als einziger den Mut, dem König Vorhaltungen zu machen. Er erläuterte ihm, daß die anderen europäischen Mächte, »welche längst Ew. Königl. Majestät Manufacturen in ihre Lande zu ziehen getrachtet«, jetzt alles tun würden, »die durch die starke Werbung bereits schüchtern gemachte Künstler, Manufacturiers und Handwerker durch dero hier anwesende Ministros [Gesandte] noch mehr zu decouragieren [entmutigen] und aus dem Lande zu locken«.

Grumbkow riet deshalb zur Einstellung der Rekrutierungen in Berlin und Umgebung, auch zur Mäßigung, was die drastischen Sparmaßnahmen bei Hofe betraf, sowie zur Wiederaufnahme der Bauarbeiten am Schloß, da »die Unterthanen sich nach der Herrschafft zu richten pflegen«. Am dringendsten aber empfahl er dem König, durch eine Verlautbarung die Rechte und Freiheiten der Berliner zu bestätigen und besonders die Réfugiés seines Schutzes zu versichern, ehe sie in Massen aus dem Lande flüchteten.

Was die Sparmaßnahmen bei Hofe anging, so gab Friedrich Wilhelm nicht nach. Aber zu ein paar versöhnlichen Gesten gegenüber den verängstigten Neubürgern der Landeshauptstadt raffte der König sich dann doch auf, zumal ihn diese nichts kosteten. Er verabscheute zwar die Franzosen, noch mehr die Juden, aber er brauchte sie schließlich alle als Steuerzahler und zur Hebung von Handel und Gewerbe.

So bestätigte er also der Französischen Kolonie alle ihr von seinem Großvater eingeräumten Privilegien und gab ihr ein neues Selbstverwaltungsgremium, das mit der Bezeichnung *Grand Directoire* oder *Conseil françois* und unter Vorsitz eines Staatsministers »für das allgemeine Beste aller Colonisten Sorge tragen sollte, auch Gnadengelder austheilen und Manufacturen unterstützen«.

Sodann erneuerte er – gegen hohe Gebühren – das Niederlassungsprivileg der Juden und gab ihrer Berliner Gemeinde in einem für sie sehr wichtigen Punkte nach: Er gestattete den Familien Rieß und Liepmann, weiterhin Privatsynagogen in ihren Häusern für sich und ihren Anhang zu unterhalten, obwohl inzwischen die öffentliche Synagoge in der Heidereitergasse 5, zwischen Spandauer und Rosenstraße, fertig geworden war, und er nahm dann selbst mit allen Prinzen, Ministern und Großwürdenträgern an der Einweihung dieser Synagoge teil, sehr zur Verwunderung der Christen und zur großen Genugtuung der Berliner Juden.

Damit trat bei diesen beiden wichtigen Gruppen von Neubürgern – den rund 20000 französischen Réfugiés, die es in Preußen, davon mehr als 6000 in Berlin, damals gab, und auch bei den inzwischen 111 jüdischen Familien der Landeshauptstadt – wieder eine gewisse Beruhigung ein, wobei auch des Königs Versprechen eine Rolle spielte, durch große Aufträge für die rasch zu vermehrende Armee einen Ausgleich für den Rückgang der Nachfrage nach Luxuswaren zu schaffen und einigen hochdotierten Generalen die Übersiedlung in die Residenz zu befehlen.

Friedrich Wilhelm ordnete ferner an, die gesamte Uniformierung, Ausrüstung und Bewaffnung der neu zu bildenden Regimenter nur inländischen Manufakturen zu übertragen, aber gleichzeitig streng darauf zu achten, daß die Qualität der Lieferungen der des Auslands mindestens gleichkomme. Das Heer, das bei des Königs Regierungsantritt nur noch 38 Bataillone Infanterie und 53 Eskadronen Kavallerie zählte, sollte schnellstens auf eine Friedensstärke von 50 Bataillone und 60 Eskadronen gebracht werden. Tatsächlich war diese Forderung bereits nach wenig mehr als einem Jahr nahezu erfüllt.

Es wäre indessen ein Irrtum, anzunehmen, daß diese Armee sich ganz oder auch nur überwiegend aus Preußen rekrutierte. Zahlreiche Offiziere und mehr als die Hälfte der Soldaten waren Ausländer, teils aus anderen deutschen, teils aus nichtdeutschen Staaten. Dabei stellten die Schweizer das Hauptkontingent.

Aber auch die preußische Minderheit der Soldaten bestand zu einem beträchtlichen Teil aus französischen, holländischen, wallonischen, schwedischen und österreichischen Réfugiés sowie aus Litauern, Polen und anderen Untertanen nichtdeutscher Volkszugehörigkeit. Und das Riesen-Spielzeug, das sich der »Soldatenkönig« dann noch schuf, die aus »langen Kerls« bestehende Leibgarde mit der neuen Garnison Potsdam, setzte sich aus Angehörigen fast aller Nationen Europas zusammen, wobei die gebürtigen Preußen weit in der Minderzahl waren.

Das Riesen-Regiment bestand aus 60 Offizieren, 165 Unteroffizieren, 53 Trommlern, 15 Pfeifern, 15 »Feldscher« genannten Sanitätern und 2160 Musketieren, von denen keiner weniger als sechs Fuß – das waren knapp 1,90 Meter, eine damals ganz außergewöhnliche Körperlänge – messen sollte.

Mehr als 550, also etwa ein Viertel dieser in preußische Uniformen gestecken »Riesen« waren Finnen, Karelier, Kosaken und Letten oder kamen aus Sibirien. Der russische Zar Peter I., den sich Friedrich Wilhelm I. durch besonders kostbare Geschenke zum Freund gemacht hatte, pflegte sich nämlich dafür durch alljährliche Lieferungen von »Riesen« zu revanchieren.

Wenn es um die Beschaffung von »langen Kerls« ging, vergaß dieser sonst so knauserige Preußenkönig alle Vernunft und Sparsamkeit. Rund sechsunddreißig Millionen Taler mußten die preußischen Steuerzahler für die Aufstellung und den Unterhalt des »Riesen«-Regiments aufbringen. Insgesamt wurden während der Regierungszeit Friedrich Wilhelms I. etwa siebzig Prozent der gesamten Staatseinnahmen für die Vergrößerung und bessere Ausrüstung der Armee aufgewandt. Angemerkt sei, daß nur sehr wenige der neuen Rekruten aus freien Stücken und in zumindest ungefährer Kenntnis ihres künftigen Verwendungszwecks den preußischen Werbern folgten. Viele, zumal »lange Kerls«, wurden gewaltsam entführt; eine noch größere Anzahl, meist entweder sehr einfältige, abenteuerlustige oder vor der Strafjustiz flüchtende junge Männer, wurde von den Werbern mit falschen Versprechungen, üblen Tricks und mit Hilfe eigens dafür organisierter Banden auf preußisches Gebiet gelockt und in die Armee gesteckt.

Die Summen, die dafür ausgegeben wurden, besonders große und kräftige Männer in die preußischen Streitkräfte einzureihen, erreichten mitunter eine Höhe, die am Verstand des Königs ernstlich zweifeln ließ. So trat Friedrich Wilhelm I. im Jahre 1720 den Holländern die unter seinem Großvater in Besitz genommenen und mit erheblichen Investitionen ausgebauten Kolonien und Stützpunkte in Westafrika ab – im Austausch gegen zwölf baumlange Afrikaner nebst einem Aufgeld von 7650 Talern, wobei er diesen Handel noch für ein glänzendes Geschäft hielt, mußte er doch für einen einzigen, allerdings besonders hochgewachsenen Iren einmal 7553 Taler bezahlen!

»Die Geldopfer waren hierbei aber längst nicht das Schlimmste«, heißt es dazu in Piersons sonst von unkritischem Hurrapatriotismus erfüllter *Preußischer Geschichte* von 1864. »Der König brach über seine Liebhaberei auch die einfachsten Gebote des Rechts und der Sitte. Er erlaubte seinen Werbern die größten Gewaltthaten gegen seine Unterthanen und gegen Auswärtige, band sich an kein Gesetz, verkaufte Ämter und Gnaden für ein Geschenk von langen Kerlen.

Es wurde auf diese in Preußen eine förmliche Hetzjagd gehalten. Niemand, wes Standes oder Berufs er war, konnte den Späherblicken und den Fäusten der Werber entgehen, wofern er das Unglück hatte, ungewöhnlich lang zu sein; er wurde ohne Barmherzigkeit ergriffen und als Soldat eingekleidet oder mußte sich durch Geschenke an die Officiere und durch Stellung eines langen Ersatzmannes auslösen.

Selbst die Studenten und andere sonst Befreite waren davor nicht sicher; kein Ausländer von besonderer Körpergröße mochte mehr in Preußen studiren oder reisen. Mit gleichem Eifer spürten die Werber in den fremden Ländern umher ... Friedrich Wilhelm kam dadurch mit allen Nachbarn in die übelsten Verwicklungen, oft ganz nahe einem Kriege. Sonst benutzten die fremden Mächte auch vielfach seine Schwäche, um ihn durch einige lange Kerle, die sie ihm schickten, zu diesem oder jenem Verhalten zu bewegen ... Es entwickelte sich aus solchen Bezeigungen ein förmlicher Menschenhandel ... Auf Bitte der Zarin Anna, die dagegen vier Flügelmänner geschickt hatte, ließ er 1731 eine Anzahl Waffenschmiede in Hagen aufgreifen und nach Rußland transportiren, damit sie dort ihre Kunst verbreiteten. Kein Gebot der Klugheit, keine Vorschrift der Religion hielt bei dem Könige wider diese Sucht stand ... Er glaubte, die Natur habe die langen Menschen nur für ihn geschaffen.«

Übrigens hatten es die »Riesen« vom Leibregiment, sofern sie sich in ihr Schicksal fügten und keinen Fluchtversuch machten, um vieles besser als die übrigen Soldaten. Sie erhielten doppelten und dreifachen Sold, Zulagen bis zu zwanzig Talern monatlich, durften nach dem den eigenen Willen brechenden Drill der »Grundausbildung« an wachfreien Tagen einer Arbeit nachgehen und auch heiraten. Der König gab ihnen gern ausgesucht große und kräftige, nach Möglichkeit auch begüterte Bauernmädchen zu Frauen, schenkte ihnen Grundstücke und Häuser, übernahm die Patenschaft für die Sprößlinge seiner »Riesen« und war von der – allerdings trügerischen – Hoffnung beseelt, allmählich ganz Potsdam von »langen Kerlen« bevölkert zu sehen.

Die Stadt Potsdam war geradezu eine Schöpfung Friedrich Wilhelms. Bei seinem Regierungsantritt 1713 noch ein Dorf mit kaum vierhundert Einwohnern, war sie binnen zwanzig Jahren zu einer bedeutenden Garnison und Residenz mit insgesamt 20000 Einwohnern angewachsen. Jeder dritte Potsdamer war ein – meist aus dem Ausland – stammender Soldat. Auch die Bürger und Bauern in und um Potsdam waren größtenteils keine gebürtigen Preußen, sondern ähnlich zusammengesetzt wie die Einwohnerschaft Berlins. Es gab in Potsdam ein eigenes Französisches Kolonie-Gericht, im Vorort Nowawes eine Ansiedlung von tschechischen Flüchtlingen, die zumeist Weber waren, auch bereits einige jüdische Familien, und später kam das nur von Russen bewohnte Dorf Alexandrowo hinzu.

Überhaupt war Friedrich Wilhelm I. außerordentlich darum bemüht, die Land- und Stadtbevölkerung seiner Provinzen durch Kolonisten zu vermehren, neue Industrien nach Preußen zu holen und mit alledem die Steuerkraft seiner Untertanen zu heben. Denn nur mit stark erhöhtem Steueraufkommen ließen sich seine Rüstungsanstrengungen und sein kostspieliges »Riesen«-Spielzeug finanzieren.

Also investierte der König etliche Millionen Taler in die Neubesiedlung der von der Pest entvölkerten ostpreußisch-litauischen Landesteile. Er ließ zahlreiche zerstörte Städtchen und verwüstete Dörfer im ganzen Land wieder aufbauen und sorgte für die Ansiedlung neuer Manufakturen, vor allem in Berlin, aber auch an anderen wichtigen Plätzen.

In der Regierungszeit Friedrich Wilhelms I. kamen allein etwa 4000 Schweizer in die Mark Brandenburg und nach Ostpreußen, sodann rund 7000 Pfälzer, Wallonen und französische Hugenotten. Aus Böhmen geflüchtete tschechische Reformierte strömten ins Land; 2000 davon wurden in der Umgebung von Berlin angesiedelt. Damals entstand Böhmisch-Rixdorf, das später in Neukölln aufging. Hinzu kamen Mennoniten aus der Schweiz, Waldenser aus Oberitalien, slowakische Reformierte aus Schlesien und Mähren, Gruppen von Holländern, Briten, Schweden und Kurländern sowie viele Tausend Süddeutsche, darunter zahlreiche Elsässer.

Der stärkste Zustrom in dieser Zeit kam jedoch aus dem Salzburgischen, wo die katholischen Erzbischöfe als Landesherren schon seit dem Ende des

Dreißigjährigen Krieges die sehr zahlreichen Protestanten grausam verfolgt hatten. So waren 1684/85 die Bewohner des Defereggentals, das an Tirol grenzte, als Ketzer aus ihrer Gebirgsheimat vertrieben worden. Wie etwa zur gleichen Zeit auch die Südtiroler Pustertaler, fanden einige hundert Defereggen in Brandenburg-Preußen Aufnahme.

In den folgenden Jahrzehnten entdeckten die salzburgischen Behörden immer mehr »Rebellen, Zauberjäkels, Leibeigene des Teufels, Hexenmeister, Satans Brut und Teufelsgeschmeiße« – so nannten die erzbischöflichen Inquisitoren die Anhänger der Reformation –, und es begann eine immer ärgere Verfolgung dieser allen Bekehrungsversuchen Widerstand leistenden Minderheit.

Nach fast vierzigjähriger harter Bedrückung bekannten sich im Salzburgischen noch immer mehr als 20 000 Menschen offen zum Protestantismus. Ihre Anführer, soweit man sie nicht zu Tode gefoltert hatte, wurden in den Verliesen der Salzburger Festung gefangengehalten. Vielen protestantischen Familien waren die Kinder entrissen und zu katholischer Erziehung in entfernte Klöster gegeben worden. Schließlich, nachdem schon viele dieser Salzburger Protestanten in die süddeutschen Reichsstädte geflüchtet waren, setzte 1727/28 eine Massenauswanderung ein.

Annähernd 30 000 protestantische Bürger, Bauern und Bergleute retteten sich vor der erzbischöflichen Inquisition zunächst ins angrenzende Bayern. Die große Mehrzahl von ihnen – darunter mindestens 15 500 bäuerliche Kolonisten, die dann in Ostpreußen angesiedelt wurden – fand schließlich Zuflucht in Preußen, dessen Regierung den Emigranten schon während ihres langen Marsches mit Verpflegungsgeldern und mancherlei weiteren Unterstützungen zu Hilfe kam. Die Bevölkerung, Christen wie

Die wegen ihres evangelischen Glaubens aus Salzburg vertriebenen Emigranten auf dem Marsch nach Berlin, wo sie 1732 Aufnahme finden.

Juden, nahm sich mit überwältigender Hilfsbereitschaft dieser aus ihrer Gebirgsheimat vertriebenen Menschen an. In Berlin, wo die Französische Kolonie mit der Synagogengemeinde darin wetteiferte, den Salzburgern Gastfreundschaft zu erweisen, fanden einige hundert Familien eine neue Heimat, während die große Mehrheit nach Stettin weiterzog und von dort mit Segelschiffen nach Ostpreußen transportiert wurde. Anzumerken ist, daß es großer Überredungskünste bedurfte, die einfachen, frommen Gebirgsbauern, die das Meer allenfalls vom Hörensagen kannten, auf die schwankenden Schiffe zu bringen.

Schließlich erhielt das Königreich Preußen um die gleiche Zeit noch weiteren Zuzug aus dem fernen Süden, nämlich aus der kleinen reichsunmittelbaren Fürstpropstei Berchtesgaden, die damals noch Berchtolsgaden genannt wurde. Auch dort hatten die kirchlichen Behörden ihre protestantischen Untertanen – Bauern, Holzknechte, Salzhauer und -sieder, Flößer, Fischer und Holzschnitzer zumeist – durch vielerlei Schikanen zur Rückkehr zum katholischen Glauben zu zwingen versucht und, als dies nichts fruchtete, Gewaltmaßnahmen ergriffen.

Daraufhin zogen etwa 1200 Einwohner des im äußersten Südosten Bayerns gelegenen Ländchens die Auswanderung und die damit verbundene Preisgabe des größten Teils ihrer Habe einer weiteren Unterdrückung vor. Viele von ihnen mußten sich erst freikaufen, weil ihr geistlicher Landesherr fälschlicherweise behauptete, sie seien ihm leibeigen.

Die meisten der Flüchtlinge aus dem Berchtesgadener Land fanden nach langer Wanderung in Hannover Aufnahme, die übrigen in Preußen. Im Mai 1732 ließen sich 126 Berchtesgadener, Bischofswieser, Seetaler und Hinterseetaler sowie einige Salzburger, die sich ihnen unterwegs angeschlossen hatten, in Berlin nieder, wo ihre an der Spree noch nie gesehene Tracht und ihr fast unverständlicher Dialekt großes Staunen erregten. Doch man zeigte sich den Flüchtlingen aus den fernen Alpentälern gegenüber auch sehr hilfsbereit, so daß sie sich bald in Berlin heimisch fühlten.

Einen noch weit größeren Bevölkerungszuwachs als durch die verschiedenen Flüchtlingsströme hatte das Königreich Preußen aber durch einige Gebietserwerbungen in den ersten Regierungsjahren Friedrich Wilhelms I. Durch den Frieden von Utrecht von 1713 kam Preußen in den Besitz des bislang zu den spanischen Niederlanden gehörenden Herzogtums Geldern an der Maas mit rund 50000 mehrheitlich katholischen, holländisch sprechenden Einwohnern; durch den Frieden von Stockholm von 1720 wurde das östliche, bislang schwedische Vorpommern mit Stettin, Usedom und Wollin preußisch, wodurch das Königreich nun auch die Mündung der Oder, der wichtigsten Verkehrsader Ostdeutschlands, beherrschte, was seiner Wirtschaft beträchtliche Vorteile brachte. Und schließlich hatte sich Friedrich Wilhelm I. auch noch die ihm aus der oranischen Erbschaft angeblich zustehende Baronie Héristal, die bis vor die Tore von Lüttich reichte, schon 1713 gewaltsam angeeignet und so einige Tausend neue

Untertanen bekommen, die zumeist Wallonen waren und von denen viele in der Lütticher Industrie gearbeitet hatten.

Von da an war Friedrich Wilhelm I. jedoch sehr zurückhaltend gewesen und hatte auf jede weitere Neuerwerbung verzichtet. Zwanzig Jahre lang hielt er Frieden, vergrößerte aber in dieser Zeit das preußische Heer mit solchem Eifer, daß es zuletzt, im Todesjahr des Königs, 1740, auf eine Stärke von 83000 Mann angewachsen war; davon bildeten 18000 Reiter und die knapp 3000 Mann starke »Riesen«-Leibgarde den Kern der Streitkräfte.

Preußen hatte damit zwar noch immer weniger Soldaten als die anderen europäischen Mächte, doch im Verhältnis zu seiner auf 2,5 Millionen ange-

Friedrich Wilhelm I. läßt die Salzburger Emigranten Unter den Linden bewirten (nach einer Zeichnung von Ludwig Burger).

stiegenen Einwohnerzahl stand das Königreich nun bereits – mit rund drei Prozent der Bevölkerung unter Waffen – weit an der Spitze der hochgerüsteten Staaten. Zudem hatte sich die preußische Armee unter dem »Soldatenkönig« den Ruf erworben, die diszipliniertste und schlagkräftigste Truppe Europas zu sein, schneller marschieren, auch rascher laden und feuern, vor allem aber besser treffen zu können als jede andere Armee. Mit Sorge betrachteten Preußens Nachbarn die gewaltige Kriegsmaschine, die mit unerhörter Exaktheit funktionierte und bei der jeder einzelne Soldat »wie am Schnürchen« jedwedes Kommando ausführte.

Daß die Soldaten der preußischen Armee nur zusammengeprügelte, höchst widerwillig dienende Zwangsrekrutierte waren und allein durch abschreckend grausame Strafen in Zucht gehalten werden konnten, tat ihrem Renommee kaum Abbruch. Das entsprach den zur damaligen Zeit in den Armeen aller europäischen Länder üblichen Methoden, und die Geprügelten waren ja, von einigen »langen Kerls« abgesehen, durchweg Angehörige der untersten Stände, vor allem Bauernjungen, die an schlechte Behandlung, an harten Zwang und an die Peitsche der Gutsbesitzer von Kindheit an gewöhnt waren.

Auf den ostelbischen Rittergütern wurden – obwohl Friedrich Wilhelm I. strenge Verordnungen gegen das Prügeln der Bauern erlassen hatte – die »Leute« genannten Gutsabhängigen ständig mit Stock und Reitpeitsche angetrieben und für »Faulenzerei« und ähnliche Delikte streng bestraft. Die meisten preußischen Offiziere kamen aus adligen Junkerfamilien. Da war es kein Wunder, daß sie ihre Soldaten genauso behandelten wie ihre »erbuntertänigen« Arbeitssklaven daheim.

Übrigens, es lag auf der Hand, daß sich die großen Güter nur durch strenge Aufsicht und ständiges Antreiben der »Leute« bewirtschaften ließen. Denn seit die einst freien, vom Adel brutal enteigneten und in die Erbuntertänigkeit gezwungenen Bauern nicht mehr für sich selbst und ihre Familien, sondern nur noch für einen mehr oder weniger »gnädigen Herrn« schuften mußten, fehlte es ihnen begreiflicherweise an Fleiß, Sorgfalt und Freude an der Arbeit.

Auch war der allgemeine Bildungsstand, besonders der die Masse der Bevölkerung ausmachenden Landbewohner, äußerst niedrig. In den westlichen Provinzen konnte kaum die Hälfte der Erwachsenen schreiben und lesen; nach Osten hin stieg der Anteil der absoluten Analphabeten bis nahe hundert Prozent und auch der märkische, pommersche und ostpreußische Landadel zeichnete sich, von wenigen Ausnahmen abgesehen, nicht eben durch hohe Bildung aus.

Zwar versuchte Friedrich Wilhelm I. dadurch Abhilfe zu schaffen, daß er mit dem Schulgesetz von 1717 allen Eltern befahl, ihre Kinder vom fünften bis zum zwölften Lebensjahr in die Schule zu schicken, auch die Geistlichen ermahnte, niemanden zu konfirmieren, der nicht wenigstens etwas lesen könne. Aber es fehlte überall an Schulen, vor allem an geeigneten

Lehrkräften, und die Pfarrer drückten häufig beide Augen zu, was dann ihre Beliebtheit erhöhte. Von dem als besonders großzügig bekannten Berliner Pastor Viedebandt hieß es in einem Volksstück: »Aujust, saare deine Mutta, se soll dir bei Viedebandten schicken, der sejent sauber in [segnet sauber ein] – ohne Fiesematenten ...«

Auch was den Eifer und die Fähigkeiten der Schullehrer betraf, so stellten die Behörden wahrlich keine hohen Ansprüche, wie das Protokoll einer dörflichen Kandidatenprüfung aus dem Jahre 1729 zeigt:

»Nachdem auf geschehenes tötliches Ableben des bisherigen Schulmeisters sich nur fünf Liebhaber gemeldet, wurde zunächst vom Pastor in einer Betstunde nach Matth. 18, 19–20, die Gemeinde zu herzlicher Erbittung göttlicher Gnade zu diesem wichtigen Geschäft erinnert, sodann in der Kirche vor Augen und Ohren der gantzen Gemeinde die Singprobe mit den Bewerbern fürgenommen und nach deren Endigung dieselben noch weiter tentiret [geprüft]:

1. Martin Ott, Schuster, 30 Jahre alt, hat in der Kirch gesungen: a) ›Christ lag in Todesbanden‹, b) ›Jesus meine Zuversicht‹, c) ›Sieh, hier bin ich, Ehrenkönig‹. Hat viel Melodie zu lernen; seine Stimme könnte besser sein. Gelesen hat er Genesis 10,26, buchstabirte Vers 26–29. Das Lesen war angehend, im Buchstabiren machte er mehrere Fehler. Dreierlei Handschriften hat er gelesen, mittelmäßig. Drei Fragen aus dem Verstant beantwortet. Drei Zeilen Dictando [nach Diktat] geschrieben, vier Fehler. Des Rechnens ist er gantz unerfahren.

2. Jakob Maehl, Weber, hat die Fünfzig hinter sich. Hat gesungen: a) ›O Mensch, bewein'‹, b) ›Zeuch ein zu Deinen Thoren‹, c) ›Wer nur den lieben Gott läß't walten‹. Melodie ging in viele andere Lieder, Stimme sollte stärker sein, quiekte mehrmalen, so nicht sein muß. Gelesen Josua 19, 1–7 mit zehn Lesefehlern, buchstabirte Jos. 18, 23–26 ohne Fehler. Dreierlei Handschriften gelesen, schwach und mit Stocken, drei Fragen aus dem Verstant, hierin gab er Satisfaction [Zufriedenstellung]. Dictando drei Zeilen geschrieben, fünf Fehler. Des Rechnens auch nicht kündig.«

Es folgte die Prüfung des Schneiders Philipp Hopp, »schon ein alt gebrechlich Männlein von fast 60«, der »wie ein blökend Kalb« sang, gar jämmerlich las und buchstabierte, auch die Fragen »aus dem Verstand« nicht beantworten, sein Diktat – »nur drei Wörter« – selbst nicht lesen konnte und vom Rechnen nicht mehr verstand, als an seinen Fingern langsam bis zehn zu zählen.

Der vierte war ein Kesselflicker von fünfzig Jahren, Johann Schütt, der für seinen Gesang Beifall erhielt, gut buchstabierte, nach Diktat drei Reihen schrieb, dabei zehn Fehler machte und immerhin addieren konnte.

Als fünfter und letzter kam Friedrich Loth an die Reihe, ehedem »Unterofficier im Hochedlen v. Grumbkow'schen Regimente«, fünfundvierzig Jahre alt und Invalide, da er im Feldzug gegen die Schweden ein Bein verloren hatte. Er sang mit starker Stimme, wenngleich falsch, konnte dreierlei Handschriften langsam lesen und hatte den Katechismus »wohl inne. Vier Fragen aus dem Verstand, ziemlich. Dictando drei Zeilen, acht Fehler. Rechnen: Addiren und Bisken Subtrahiren inne.«

Das Ergebnis war überraschend. Die Wahl fiel einstimmig auf den zweiten Kandidaten, den Weber Jakob Maehl, »wogegen den andern, nahmentlich dem Kesselflicker, nicht zu trauen, sintemalen er viel durch die Lande streiche«, wogegen der einbeinige Unteroffizier »die Fuchtel gegen die armen Kindlein zu stark zu gebrauchen in Verdacht zu nehmen sei, was denen mitleidigen Müttern derselben doch sehr ins Herze stehen und wehe thun könnte, auch sei zwischen rohen Soldaten und solchen armen Würmlein ein Unterschied zu machen . . .«

Bei solchem Bildungsstand im Lande war die preußische Wirtschaft, besonders die Industrie, dringend auf besser qualifizierte Arbeitskräfte aus dem Ausland angewiesen, denn die Anzahl der Réfugiés in Preußen reichte bei weitem noch nicht aus, den Bedarf an Facharbeitern zu decken. Auch unterhielten die Hugenotten meist entweder eigene Werkstätten und Fabriken oder waren im Staatsdienst, beim Militär und in freien Berufen untergekommen.

Deshalb betrieb die preußische Regierung während der ganzen Regierungszeit Friedrich Wilhelms I. die Anwerbung ausländischer Spezialisten mit ähnlich großem Nachdruck, wie die Werber des »Soldatenkönigs« die Suche nach »langen Kerls«, nur mit etwas sanfteren Mitteln. Was unter dem »Großen Kurfürsten« von Fall zu Fall geschehen war, etwa die Anwerbung von Büchsenschmieden der Lütticher Gewehrfabriken für Berlin, wurde nun ständig und im großen Stil durch preußische Agenturen an den wichtigsten Plätzen Westeuropas betrieben.

Da sich auch andere rückständige Staaten um geschulte Arbeitskräfte bemühten und die höher entwickelten Länder selbst unter einem Mangel an Spezialisten litten, daher nicht gewillt waren, den anderen Staaten bei der Werbung zu helfen, vielmehr Gegenmaßnahmen trafen und sogar Ausreiseverbote erließen, mußten sich die preußischen Agenten allerlei einfallen lassen. So lancierten sie durch Mittelsleute diskrete Hinweise in die holländischen, französischen und englischen Zeitungen, wobei meist von »sehr vermögenden ausländischen Unternehmern« die Rede war, die zu ungewöhnlich hohem Lohn den einen oder anderen Facharbeiter suchten. Die Interessenten, die sich daraufhin meldeten, wurden zunächst im unklaren darüber gelassen, wo sie künftig arbeiten sollten. Erst wenn die Verträge unterschrieben und die Handgelder ausgezahlt worden waren, nannte man ihnen das Ziel der Reise – zumeist Berlin – und legte ihnen strengstes Stillschweigen auf. Oft mußten den Angeworbenen falsche Pässe ausgestellt werden, damit die *Manufacturiers* und *Fabriquanten* – so nannte man die Facharbeiter, wogegen die Manufaktur- und Fabrikbesitzer als *Entrepreneurs*, Unternehmer, bezeichnet wurden – aus ihren Heimatländern unbehelligt ausreisen konnten.

Neben der staatlichen Werbung gab es natürlich auch viele private Initiativen. So reiste der Berliner Unternehmer Daum im Jahre 1722 selbst nach Lüttich, im Jahr darauf nach Solingen, um für seine Spandau-Potsdamer Gewehrfabriken dringend benötigte Facharbeiter anzuwerben. Eine andere Methode zur Beschaffung von Arbeitskräften bestand darin, daß die preußischen *Entrepreneurs* ihre ausländischen Spezialisten, sobald diese in Preußen waren, dazu anhielten, ihre früheren Kollegen und Vorgesetzten brieflich aufzufordern, ihrem Beispiel zu folgen und ihnen dafür goldene Berge zu versprechen. So meldete 1730 die preußische Gesandtschaft in London an die Regierung in Berlin, bei ihr habe ein Tuchmacher vorgesprochen und einen Brief seines kurz zuvor nach Berlin abgereisten Kollegen vorgezeigt, der ihm geschrieben hatte, daß es an seinem neuen Arbeitsplatz »an jemandem fehlete, der die Tücher dick machete«. Prompt kam aus Berlin die Weisung, dem Engländer sofort einen preußischen Paß auszustellen und ihm das Reisegeld vorzustrecken.

Ein anderer Berliner Unternehmer war »so glücklich«, auf der Leipziger Ostermesse »drey Battistmacher aus dem Dorfe Honnechy in der Picardie, allwo diese Art von Manufacturen ihren eigentlichen Sitz hat«, zu gewinnen.

Jede Werbung war ein teures Geschäft. Für illegale Aussiedler mußten Bestechungsgelder, für legale Werbungen »Abzugsgebühren« an den Heimatstaat gezahlt werden. Dazu kamen Reise- und Verpflegungsgelder für die Angeworbenen und ihre Familien sowie die Kosten für die mitgenommenen Werkzeuge und Spezialgeräte. Und nicht selten erwiesen sich die neuen Facharbeiter als Abenteurer und Schwindler. Doch von solchen unvermeidlichen Pannen abgesehen, lohnten sich die Investitionen dennoch. Dank dem Zustrom ausländischer Arbeitskräfte kam die preußische Industrie allmählich in Schwung.

Natürlich waren die so teuer gewonnenen Facharbeiter samt ihren männlichen Familienangehörigen vom Militärdienst befreit, und eigentlich hatten alle Bewohner der größeren Städte, insbesondere Berlins, keine Rekrutierung zu befürchten. Doch bis 1733 wurden die Bestimmungen, wonach die städtische Bevölkerung sowie alle Kolonisten und Manufakturarbeiter von der »Werbung« ausgenommen waren, so häufig verletzt, daß es wiederholt zu einer regelrechten Flucht ganzer Belegschaften kam. Dann lagen die gerade erst mit großem Kostenaufwand in Gang gebrachten Manufakturen still, bis es den gemeinsamen Bemühungen der Regierung und der Unternehmer gelang, dem König neue Garantien der Befreiung vom Militärdienst und Zuschüsse zu den gestiegenen Kosten einer Wiederbeschaffung von Arbeitskräften abzuringen. Es dauerte dreizehn Jahre, bis sich Friedrich Wilhelm I. davon überzeugen ließ, wie sehr jede »wilde«, gewaltsame Rekruten-»Werbung« im industriellen Bereich und in den städtischen Wohnbezirken dem so dringend gewünschten und nötigen Aufbau von Manufakturen und Fabriken aller Art schadete. Erst mit dem

Kanton-Reglement von 1733, das jedem Regiment einen bestimmten, Kanton genannten Rekrutierungsbezirk auf dem Lande zuwies und bestimmte Städte, an erster Stelle Berlin, zu strikt einzuhaltenden Freizonen erklärte, hörten die größten Mißstände auf. Die zwangsrekrutierten Bauernjungen aber blieben »unsichere Kantonisten«, ein Ausdruck, der sich länger erhalten hat als das System, aus dem er stammt.

Die starke Vermehrung der preußischen Armee durch den »Soldatenkönig« führte aber auch umgekehrt zu einer Linderung des Arbeitskräftemangels. Die eigentümliche Heeresverfassung brachte es nämlich mit sich, daß die ausgebildeten Soldaten häufig und mitunter den größten Teil des Jahres Urlaub hatten. Das eigentlich nur für die Landwirtschaft gedachte Verfahren, das ihr zur Erntezeit die fehlenden kräftigen Arme wieder zur Verfügung stellen sollte, kam bald auch der gewerblichen Wirtschaft zugute, wobei den Unternehmern die Habgier und Korruption der preußischen Offiziere zu Hilfe kam.

Der Potsdamer Hof- und Garnisonprediger und spätere Bischof Rulemann Friedrich Eylert (1770–1852) hat sich nur zwei Generationen später und im Zusammenhang mit der Untersuchung der möglichen Ursachen der preußischen Niederlagen von 1806 sehr eingehend mit den Machenschaften der durch und durch korrupten Kompaniechefs Friedrich Wilhelms I. beschäftigt, deren Tradition dann auch unter dessen Nachfolgern beibehalten wurde. In Eylerts Bericht heißt es darüber:

»Der niederträchtigste Eigennutz, der, wo er einmal eingetreten, alles vergiftet, verdarb auch hier alles. Er lag in diesem Falle nicht, wie gewöhnlich, im Hinterhalte, sondern als Grundsatz offen zutage obenauf, so daß es nicht mehr befremdete, sondern damit in Ordnung war. Das Ziel, das jeder Offizier stets im Auge hatte, war nämlich das Aufsteigen bis zur Befehlshaberschaft einer Kompanie. Wer als Hauptmann dieselbe endlich erlangt hatte, war geborgen. Von jedem eingereihten Landeskinde, das in dem Garnisonsorte anwesend sein und Dienst tun sollte, um die erforderliche Anzahl herauszubringen, aber nicht da war, zog der Kapitän, als wenn es da auf seinem Posten gewesen wäre, den täglichen Sold. Je mehr fehlten, desto größer war sein Vorteil; und dieser wuchs jährlich zu einer großen Summe, da gerade die Bürger- und Bauernsöhne daheim bei ihren Eltern lieber im Berufe blieben, um der Schinderei ledig zu sein.

Durch die Feldwebel, die auch ihren Vorteil davon hatten, wurde mit dieser Freimachung ein förmlicher Handel getrieben, und viele wohlhabende Landeskinder, die zu Hause notwendig und nützlich waren, gaben gern noch schweres Geld zu. Ohne sich etwas Unerlaubtes dabei zu denken, sagte man: ›Der und der Kapitän nutzt seine Kompanie gut‹; selbst der strenge General v. Wolfersdorff bemerkte nur, wenn zu viele fehlten, so daß es auffallend wurde: ›Herr Hauptmann, machen Sie es nicht zu arg!‹ Er sah dabei durch die Finger, da man höchsten und allerhöchsten Ortes eben nichts dawider hatte. So gingen die Landeskinder nach der kurzen

Übungszeit in größter Zahl auf Urlaub. Desto härter war nun der Dienst für die übrigen . . .« Doch auch sie wußten sich entweder selbst zu helfen oder wurden von den habgierigen Kompaniechefs auf Wege gewiesen, die ihnen etwas, den Hauptleuten sehr viel Geld einbrachten. Die im Garnisondienst Zurückbleibenden, die nur jede vierte Nacht Wache standen, konnten sich während der übrigen Zeit als »Freiwächter« ebenfalls eine Beschäftigung suchen.

Der Schweizer Ulrich Bräker, den preußische Werber gefangen und nach Berlin gebracht hatten, beschreibt in seinen Erinnerungen, wie überall in der Stadt Soldaten tätig waren, »in jedem Berufe, womit einer noch nebenzu ein Stücklein Brot gewinnen kann. Dann spaziert' ich etwa an der Spree und sah hundert Soldatenhände sich mit Ein- und Ausladen der Kaufmannswaren beschäftigen, oder auf die Zimmerplätze, da steckte wieder alles voll arbeitender Kriegsleute. Ein andermal in die Kasernen, da fand ich überall auch dergleichen, die hunderterlei Hantierungen trieben, von Kunstwerken an bis zum Spinnrocken.«

Von den in der Garnison zurückgebliebenen Mannschaften, größtenteils Ausländern, war etwa die Hälfte verheiratet. Die Soldatenfrauen und auch ihre Ehemänner, wenn sie wachfrei hatten, betrieben anfangs vor allem »Hökerei«. Sie kauften bei den Kolonisten der Umgebung Obst, Gemüse und andere Lebensmittel ein und brachten sie in Berlin auf den Markt. Manche Ehepaare betrieben auch eine »Garküche«, wo sie die übriggebliebene Ware verwerteten. Ihre Kundschaft bestand vornehmlich aus Soldaten, die sich danach sehnten, wenigstens hin und wieder »wie daheim«, also nach französischer, italienischer, holländischer oder Schweizer Art zu essen, denn es handelte sich ja – vom Produzenten der Lebensmittel über die Händler bis zu denen, die die Speisen zubereiteten – durchweg um Landsleute oder deren mit dem fremden Lebensstil vertraute Ehefrauen, ob diese nun Deutsche waren oder auch aus der Kolonie stammten. Und zur Abwechslung probierte man als Schweizer auch mal die böhmische, als Holländer die elsässische, als Pfälzer die italienische Küche.

Doch mit »Hökerei« und »Garküchen«-Betrieb konnte sich nur eine Minderheit auf die Dauer durchbringen, denn die Konkurrenz war groß, und der schmale Gewinn reichte, zumal bei wachsender Kinderschar, nicht aus. Allmählich zogen die Unternehmer den größten Teil der Garnison in ihren Dienst, wobei die Feldwebel und erst recht die Kompaniechefs hohe Vermittlungsprovisionen kassierten, die Unteroffiziere die Aufsicht in den Fabriken übernahmen und dort ihre »Leute« ebenso antrieben wie beim Exerzierdienst.

Ein besonderer Vorteil für die Unternehmer war dabei, daß die von ihnen gemieteten Soldaten, aber auch deren Frauen und Kinder, der Militärgerichtsbarkeit unterworfen waren. Sie konnten das von der Kompanie für sie arrangierte Zwangsarbeitsverhältnis nicht kündigen und wurden, wenn sie nicht pünktlich zur Arbeit in der Manufaktur erschienen oder gar ganz

»Über das menschliche Elend« (Kupferstich von Daniel Chodowiecki).

ausblieben, hart bestraft. Wer der Sklaverei zu entrinnen versuchte, galt als Deserteur, was für die Männer »Spießrutenlaufen«, für Frauen und Kinder Ausstellung am Pranger und Peitschenhiebe auf den entblößten Rücken, im Wiederholungsfall Einweisung ins »Spinnhaus« auf Lebenszeit bedeutete.

Alle Militärpersonen – und dazu gehörten auch die Familienangehörigen der Soldaten, die mit ihm in der Garnison lebten – unterstanden der Befehlsgewalt der Vorgesetzten, hatten den Korporälen und Sergeanten zu gehorchen oder bekamen deren Stock zu spüren. Auch wer das Arbeitspensum in der Manufaktur nicht erfüllte, wurde bestraft, meist mit Prügel, Essenentzug oder nächtlichem Anketten am Arbeitsplatz oder im Keller der Fabrik.

Das Anketten war auch üblich bei alleinstehenden Männern, zumal wenn man vermutete, daß sie der harten Fron zu entfliehen versuchen würden, und manche Unteroffiziere wandten dieses Mittel auch bei den Frauen und Mädchen an, die sie sich so gefügig machten.

Die Arbeitszeit in den Manufakturen und Fabriken betrug täglich, außer sonntags, vierzehn Stunden, auch für Frauen und Kinder. Die Familienangehörigen der Soldaten mußten eine Bescheinigung des Unternehmers, für den sie arbeiteten, allwöchentlich dem Zahlmeister der Kompanie vorlegen, sonst erhielten sie kein Brot- und Quartiergeld (und die Vorgesetzten des Familienoberhaupts, vom Kompaniechef abwärts, nicht die volle Prämie, die die Unternehmer ihnen zahlten).

In manchen Betrieben – zum Beispiel im Berliner Lagerhaus und in der später gegründeten Porzellan-Manufaktur – bestand die Belegschaft fast ausschließlich aus Militärpersonen. In anderen Bereichen, vor allem in der Textilindustrie, verwendete man vornehmlich Soldatenfrauen und -kinder als billige Arbeitskräfte. So war das Potsdamer Militärwaisenhaus in erster Linie eine Rekrutierungsstätte für die Manufakturunternehmer, wobei die Samtmanufaktur von David Hirsch 1731 den Anfang machte. Mehr als ein Jahrzehnt später hatte die Witwe du Vigneau den Einfall, Brabanter Spitzen in Preußen herzustellen; sie ließ mit königlicher Unterstützung den Mädchen im Potsdamer Militärwaisenhaus das Klöppeln beibringen. »Die zunächst von ihr geleitete Klöppelei florierte jedoch erst, als Veitel Ephraim und (sein Partner) Gomperz sie . . . zu einem kapitalistischen Unternehmen umorganisierten«, heißt es dazu in der ausgezeichneten, eine Fülle bislang weitgehend unbekannter Informationen bietenden Darstellung von Stefi Jersch-Wenzel, »Juden und ›Franzosen‹ in der Wirtschaft des Raumes Berlin/Brandenburg zur Zeit des Merkantilismus«. Wie die Verfasserin darin weiter berichtet, wurden »Knaben . . . vornehmlich zum Garnspinnen und -spulen, zum Seidenwickeln, beim Seidenbau und in der Drahtzieherei beschäftigt . . . Unternehmer und Staat waren sich über die Nützlichkeit dieses Vorgehens einig. Für den Staat sollte das Militärwaisenhaus die Funktion erfüllen, eine möglichst große Zahl ›zur Arbeitsamkeit und Subordination gewöhnter Rekruten für das Militär und für das Land zu liefern‹; zudem erzielte das Waisenhaus durch die von den Unternehmern zu entrichtenden Gebühren – zunächst pro Kind, später pro Saal – erheblichen Gewinn . . .«

Die Zivilbevölkerung Berlins und anderer großer Garnisonstädte empfand den zur Hauptbeschäftigung gewordenen »Nebenverdienst« der Angehörigen des Soldatenstandes, gleich ob es sich um Kinder oder um Erwachsene handelte, als eine Beeinträchtigung ihrer eigenen Erwerbsmöglichkeiten. Noch weniger vertrug sich die regelrechte Berufsarbeit der Soldaten mit den Privilegien der Handwerker-Innungen und Zünfte, die seit Beginn der Ausbreitung von Manufakturen und der starken Zuwanderung von Fremden, die durch königliches Patent vom Innungs- und Zunftzwang befreit waren, in einem ständigen Kampf mit den Behörden lagen. Als 1732 die »zünftigen« Gesellenverbände neu geordnet werden sollten, kam es in der Friedrichstadt zu Gewalttätigkeiten der Tischler- und Zimmergesellen, und alle Grobschmiedgesellen, siebzig an der Zahl, legten »ohne alle raison« – wie es im Polizeibericht hieß – die Arbeit nieder. Auch als Friedrich Wilhelm I. zur Beschleunigung des Wiederaufbaus der abgebrannten Petrikirche anordnete, dort den »blauen Montag« abzuschaffen, kam es zum Streik aller am Bau arbeitenden Gesellen. Daraufhin befahl der König, den Rädelsführer aufzuhängen. Da sich keiner fand, griff die Polizei einen, »der so aussah«, aus der Menge und übergab ihn dem Henker.

Doch trotz so drakonischer Strafen blieb die Berliner Zivilbevölkerung, vor allem die Handwerksgesellen- und Lehrlingsschaft, aufsässig und – wie der König fand – »malitiös wie der Deuffel«. Ansonsten flüchtete man in Berlin und Potsdam schon, wenn man ihn mit seinem dicken Bambusstock nur von fern kommen sah. »Nischt wie weg, der König kommt!« riefen die Schusterjungen, und dann waren die Straßen im Nu wie leergefegt. Wenn Friedrich Wilhelm aber dennoch einen Unglücklichen, der nicht rasch genug gewesen war, zu fassen bekam, so drosch er um so härter auf ihn ein, wobei er nicht selten schrie: »Ihr sollt mich nicht fürchten, sondern lieben!«

Aber sie liebten ihn nicht, seine Untertanen, und am wenigsten mochten ihn die so dringend dazu aufgeforderten Berliner. Überhaupt blieb vieles, was dieser König sich wünschte, unerfüllt. Die Historiker haben die Wirksamkeit seiner Maßnahmen gewaltig übertrieben: Die Korruption beim Militär und bei der Verwaltung blieb, trotz härtester Strafen, die in Fällen allzu dreister Bereicherung verhängt wurden, unausrottbar. Der Widerstand gegen die Rekrutierungsmethoden im Inland zwang den »Soldatenkönig« zum Einlenken, denn allzu oft wurden die »Werber« von den jungen Leuten, die sie hatten einfangen wollen, aus dem Hinterhalt überfallen und niedergemacht. Und auch das Kanton-Reglement war, bei Lichte besehen, nicht die von Friedrich Wilhelm eigentlich erstrebte Lösung, schon gar nicht die von den Hohenzollern-Verehrern im 19. Jahrhundert behauptete »Erfindung der allgemeinen Wehrpflicht«. Die Kompaniewirtschaft der adligen Offiziere, die nun ihre gutsuntertänige Jungmannschaft einzustellen begannen, sie jedoch nur für ein paar Wintermonate, danach nur noch einmal jährlich für ein paar Wochen Militärdienst leisten, die übrige Zeit aber daheim auf den Gütern arbeiten ließen, machte das »stehende« übergroße und äußerst kostspielige Heer zur bloßen Chimäre, daneben die Junker auf Kosten der Steuerzahler reich.

Auch ist es, wie schon Franz Mehring treffend bemerkt hat, »eine patriotische Legende, daß Friedrich Wilhelm dem Junkertum den Fuß in den Nacken gesetzt habe. So weit reichte wohl sein Wille, aber sicherlich nicht seine Macht«. An kräftigen Worten ließ es der König freilich nicht fehlen, wenn er gegen den preußischen Adel wetterte: »Die Leute wollen mir forciren, [aber] sie sollen nach meiner Pfeiffe tanzen oder der Deuffel hohle mir: ich lasse sie hangen und braten wie der Zahr und traktire sie wie Rebellen«; »ich stabilire die Souveränität und setze die Krone fest wie Rocher de Bronce [einen Felsen aus Bronze] und lasse den Herren Junkers den Wind vom Landtage«. »Doch das Maß seiner Erfolge stand im umgekehrten Verhältnis zu der Kraft seiner Rede«, stellte Mehring bereits dazu fest. »Nur einen ganz unbedeutenden Beitrag zu den Lasten des Landes hat er, mit Ach und Krach und unter mörderischem Zetergeschrei des Opfers, dem Adel aufzuerlegen vermocht, die sogenannten Lehnpferdegelder, die jährlich die erschütternd hohe Summe von sechzigtausend Talern eintrugen.«

Mehrings bitterer Spott war nur allzu berechtigt, wobei anzumerken ist, daß sich die altmärkischen Junker am hartnäckigsten dem König und der von ihm geforderten, lächerlich geringen Abgabe widersetzten. Friedrich Wilhelm grollte diesen »ungehorsamen Leuten«, unter denen er noch in seinem Testament die von der Schulenburg, von Alvensleben und von Bismarck als »die schlimmsten« bezeichnete.

Völlig besiegt hat der »Soldatenkönig« nur die brandenburgischen und pommerschen Städte. Seine von den preußischen Historikern vielgerühmte »städtische Reform« war eine Roßkur nach Art des Doktors Eisenbart, denn die kommunale Selbstverwaltung wurde einfach totgeschlagen, die städtischen Beamten durch invalide Sergeanten und Regimentspauker ersetzt. Die Chefs der Garnison wurden die eigentlichen Herren der jeweiligen Stadt, und die adligen Offiziere konnten sich gegenüber den Bürgern ungestraft aufführen wie auf ihren märkischen und pommerschen »Klitschen«: Wer ihr Mißfallen erregte, wurde beschimpft und geschlagen; kein würdiger Gelehrter war vor ihren rüden Scherzen sicher, keine junge Bürgersfrau vor ihren Nachstellungen. Aber der eigentliche Zweck der »städtischen Reform«, nämlich mehr Ordnung, bessere Übersicht und eine peinlich korrekte Verwaltung zu schaffen, wurde nur in Äußerlichkeiten erreicht, die die Nachteile bei weitem nicht aufwogen.

Gewiß, die zu Beginn der Regierungszeit Friedrich Wilhelms jäh eingestellte Bautätigkeit in Berlin nahm bald wieder einen regen Aufschwung, zumal in der Friedrichstadt; auch das Havelluch wurde trockengelegt, der gewonnene Boden zur Domäne Königshorst entwickelt, wo später sogar eine »ordentliche Akademie des Buttermachens« nebst Käserei entstand. Die Hauptstadt und ihre Vororte wurden sauberer, die Straßen besser gepflastert und beleuchtet, auch häufiger von nächtlichen Polizeipatrouillen kontrolliert, die alles »lichtscheue Gesindel« einsammelten und in die Arbeitshäuser steckten.

Aber die Stadt war keine wirkliche Gemeinde mehr, sondern nur noch ein Verwaltungsbezirk mit großer Garnison. Für das Bürgerrecht brauchten die zuziehenden Ausländer, Deutsche wie Nichtdeutsche, weniger zu zahlen als die Bürgersöhne; die angeworbenen Kolonisten waren gar von allen Abgaben befreit, und auch die ausgedienten Soldaten, selbst die aus fremden Ländern, hatten eine Sonderstellung. Die erbuntertänigen Bauern aus Preußen, die als Soldaten oder auf andere Weise in die Stadt gelangt waren und nicht mehr zu ihrer Gutsherrschaft zurückkehren wollten, durften nach den Gesetzen nicht aufgenommen werden. Doch obwohl ihre Anzahl ständig stieg, drückten die zuständigen Behörden – nicht ganz umsonst, versteht sich – gern beide Augen fest zu.

»Dergleichen desertiones [Davonlaufen] nach Berlin«, heißt es in einem Bericht aus damaliger Zeit, »nehmen um so mehr tagtäglich überhand, weil die austretenden Unterthanen schon versichert sind, daß sie daselbst so leichte nicht aufgefunden und ausgelieffert werden können.«

Wie überaus nachlässig der Zuzug beaufsichtigt wurde, geht aus der Angabe eines Zeugmachers hervor, der 1742, also zwei Jahre nach dem Tode Friedrich Wilhelms I., zur Erwerbung des Bürgerrechts vorgeladen wurde. Er lebte schon seit sechzehn Jahren ohne Erlaubnis in Berlin, und niemand hatte ihm gesagt, daß er Bürger werden und dafür eine Gebühr entrichten müsse.

Im Jahre 1740 war die Einwohnerzahl Berlins, einschließlich der starken Garnison, auf fast 100000 Köpfe angestiegen; seit der Zeit vor der ersten Niederlassung von Wiener Juden und französischen Hugenotten, also binnen siebzig Jahren, hatte sich die Bevölkerung etwa verzwanzigfacht. Wahrscheinlich war die wirkliche Einwohnerzahl noch größer, denn zahlreiche Nichtregistrierte, Juden und Christen aus Preußen, dem übrigen Deutschland und aus nichtdeutschen Ländern, lebten illegal irgendwo in oder dicht bei Berlin.

Auch die Französische Kolonie der Hauptstadt hatte noch einmal starken Zuzug erhalten, denn 1717 waren viele französische »Stoffe- und Zeugmacher«, also Textilfacharbeiter, an die Spree übergesiedelt, angelockt durch die Zusage völliger Steuerfreiheit, und bald waren weitere Franzosen, daneben auch zahlreiche Schweizer, Österreicher und Tschechen nachgefolgt. Das Völkergemisch, das zusammen die Einwohnerschaft der königlich preußischen Haupt- und Residenzstadt Berlin ausmachte, war der Herkunft nach nur zum geringsten Teil brandenburgisch-preußisch; seine Gemeinsamkeiten – von den sich damals noch streng für sich haltenden Hugenotten und Juden abgesehen – lagen vor allem auf dem Gebiet der Einstellung zum Leben, denn fast alle hatten sie Wagemut, Zähigkeit, Trotz und Eigensinn bewiesen, und nachdem sie in Berlin heimisch geworden waren, mußten sie lernen, miteinander auszukommen und sich gegenüber den schwerfälligen Militärs und Verwaltungsbeamten durch Witz, Geschicklichkeit und schnelles Reaktionsvermögen zu behaupten – dazu fleißig und einfallsreich sein, denn die Konkurrenz war äußerst hart.

Doch nicht allein in Berlin, auch in allen anderen größeren Städten des Königreichs ging es in der Regierungszeit Friedrich Wilhelms I. nicht gerade »typisch preußisch« zu, sieht man von den gewaltig vermehrten Garnisonen einmal ab.

Doch gerade dieses vom »Soldatenkönig« für das Allerwichtigste gehaltene Heer, das sechs Siebentel der Staatseinnahmen auffraß, war bei genauerer Betrachtung auch nicht »typisch preußisch«, und das nicht bloß wegen der großen Anzahl von Ausländern unter den Soldaten und zumal unter den »langen Kerls«.

Gewiß, an eiserner Zucht und grausamem Drill fehlte es wahrlich nicht, auch nicht an Pedanterie in allen Äußerlichkeiten. Aber, wie wir bereits wissen, war diese Armee durch und durch korrupt; die Präsenz der 66 Bataillone und 114 Schwadronen beschränkte sich auf die Soldlisten, während die große Mehrzahl der Soldaten entweder auf den Gütern schuftete oder in den Manufakturen Sklavenarbeit verrichtete.

Auch der eigentliche Zweck der Armee, nämlich der Politik des Königs Nachdruck zu verleihen, wurde nicht erfüllt. Erstens betrieb dieser nur auf mehr und immer mehr Soldaten versessene König gar keine ernsthafte Politik, und es fehlten ihm dazu auch alle erforderlichen geistigen Gaben; zweitens waren seine Soldaten viel zu teuer, als daß er es gewagt hätte, sie wirklich einzusetzen. Schließlich merkten es auch die anderen Mächte, daß die preußische Armee kein Faktor war, mit dem man ernsthaft rechnen mußte, und man begann über den Mann in Berlin zu spotten, der ohne vernünftigen Grund eine so beispiellose Verschwendung trieb, obwohl er doch so geizig war; der mit so barbarischen Mitteln gesunde und kräftige Männer zu beweglichen Maschinen machen ließ, ohne diese jemals ernsthaft in Betrieb zu nehmen. Damals kam das geflügelte Wort vom »preußischen Wind« auf, und ein anderes wurde zur sprichwörtlichen Redensart: »So schnell schießen die Preußen nicht!«

Das sklavischste Land Europas

»Dienstag am 31. Mai 1740 war es, daß die große Königssonne in Preußen aufging, die alle Gestirne des Jahrhunderts überstrahlen sollte ... Unter Friedrich Wilhelm I. ... geriet der junge preußische Staat in Gefahr zu erstarren; auch die letzte Hoffnung des deutschen Volkes schien zu verdorren. Da erweckte ihm Gott ... den Retter, den Genius, der auf den Thron dieses Kriegerstaates wieder das Panier der Geistesfreiheit pflanzte, ... den Helden, dessen Thaten dem deutschen Nationalleben wieder einen großen Inhalt gaben, den König, um dessenwillen allein es für die Nachkommen der freiheitsstolzen Germanen keine Erniedrigung war, unumschränkten Fürsten zu gehorchen. Dieser Einzige, Friedrich der Große, ... ward zum Vorkämpfer einer neuen besseren Zeit, nicht für Preußen allein, für ganz Deutschland, dessen größter Sohn er gewesen ist.« So berichtet Piersons *Preußische Geschichte* von 1864 über den Regierungsantritt Friedrichs II. im Mai 1740, der hier zur »Zeitenwende« hochstilisiert wird, weil der Verfasser den damals achtundzwanzigjährigen Thronfolger zum »Retter Deutschlands« erklärt.

Mit wechselndem Pathos, doch im Kern übereinstimmend, versicherten die konservativen und nationalliberalen Historiker des 19. und frühen 20. Jahrhunderts den Deutschen, daß dieser König Friedrich, eingerahmt von Martin Luther und Otto v. Bismarck, doch an Bedeutung beide überragend, der eigentliche Schöpfer der deutschen Nation, der erste Vollstrecker der »deutschen Mission« Preußens und die ideale Verkörperung preußischen Wesens schlechthin gewesen sei. Noch Gerhard Ritter, dessen großes Werk über Friedrich II. im Jahre 1954 neu aufgelegt worden ist, versicherte den angehenden Historikern der Bundesrepublik: »Wie heiß er wünschte, der deutsche Geist möge sich zu voller Ebenbürtigkeit, ja zur Führerschaft unter den großen Nationen des Abendlands erheben, haben wir schon früher aus seinem eigenen Munde gehört«, und er sah diesen König Friedrich »von brennendem Eifer erfüllt für die Größe des deutschen Namens«.

Der junge Erbe der brandenburgisch-preußischen Lande, der im Mai 1740 die Herrschaft antrat, hatte bis dahin seinem gerade verstorbenen Vater, dem »Soldatenkönig«, große Sorgen bereitet. Friedrich Wilhelm war der Überzeugung gewesen, daß sein Kronprinz »liederlich und gottlos« sei – womit er sicherlich recht hatte –, auch ein nichtsnutziger »Querpfeifer und Poet«, ein großer Verschwender – was ebenfalls stimmte –, vor allem aber ein »französischer Windbeutel«, der lieber im seidenen Schlafrock und in lockerer Gesellschaft allerlei Unfug treibe, als in korrekter

Uniform an der Spitze seiner Offiziere das Exerzieren des seinem Kommando unterstellten Regiments zu überwachen, wie es seine »verdammte Pflicht und Schuldigkeit« gewesen wäre.

Was des Kronprinzen Vorliebe für alles Französische betraf, so entsprach sie teils der höfischen Mode jener Zeit, teils war sie ein Produkt seiner Erziehung. Diese war anfangs der Madame de Rocoulle, später dem Monsieur Duhan de Janoun anvertraut worden, beides Hugenotten aus der Berliner Kolonie. Und auch später, als König, erwählte sich Friedrich vorzugsweise Franzosen oder doch Nachkommen von Réfugiés zu Freunden, Begleitern, Räten und Ministern.

Aber hatte die Bewunderung dieses von Franzosen umgebenen Königs für Frankreichs Kultur und Zivilisation auch Auswirkungen auf seine Politik?

Die deutschnationalen Historiker meinten und meinen noch heute, dies verneinen zu können. »Schon in seinen Jugendschriften«, heißt es zum Beispiel bei Heinrich v. Treitschke über Friedrich, »verdammt er in scharfen Worten die Schwäche des heiligen Reichs, das seine Thermopylen, das Elsaß, dem Fremdling geöffnet habe; er zürnt auf den Wiener Hof, der Lothringen an Frankreich preisgegeben«, was insofern zutrifft, als solche Sätze 1738 tatsächlich von dem damals sechsundzwanzigjährigen Kronprinzen geschrieben worden waren, doch keineswegs aus nationaler Empörung. Aber Treitschkes und anderer konservativer Historiker Darstellung erweckt solchen falschen Eindruck, suggeriert zudem, Friedrich hätte auch später deutsch gedacht oder gar gehandelt. Doch tatsächlich war es dann in erster Linie er selbst, der nur zwei Jahre später, als nunmehriger König, im Dezember 1740 in Österreichs blühende Provinz Schlesien einfiel und erst dadurch den mit Habsburg um die Vorherrschaft in Mitteleuropa rivalisierenden Franzosen die endgültige Annexion des Elsaß ermöglichte.

»Melden Sie Ihrem Herrn«, erklärte der junge König Friedrich dem Gesandten Frankreichs in Berlin, ehe er mit den preußischen Truppen zur Eroberung der – knapp zur Hälfte von Nichtdeutschen bewohnten – Provinz aufbrach, »daß ich sein Spiel spielen und, wenn ich gute Karten kriege, den Gewinn mit ihm teilen werde.«

Zwölf Jahre später, 1752, also mitten im Frieden, meinte der König sogar: »Zumal seit der Erwerbung Schlesiens verlangt unser gegenwärtiges Interesse, daß wir im Bund mit Frankreich und ebenso mit allen Feinden des Hauses Österreich bleiben. Schlesien und Lothringen sind zwei Schwestern, von denen die ältere Preußen, die jüngere Frankreich geheiratet hat. Dieser Bund zwingt sie zu gleicher Politik. Preußen darf nicht ruhig zusehen, daß Frankreich Elsaß oder Lothringen verliert, und die Diversionen [Ablenkungen], die Preußen zugunsten Frankreichs unternehmen kann, sind wirksam, denn sie tragen den Krieg sofort ins Herz der österreichischen Erblande«, womit er Böhmen meinte, das er ebenfalls gern seinem Königreich einverleibt hätte, notfalls unter Verzicht auf die preußischen Gebiete am Niederrhein, die er – wie auch andere deutsche Territorien – ohne Bedenken den Franzosen zu überlassen bereit war.

Tatsächlich bot er 1755 »dem Fremdling«, nämlich dem König von Frankreich, das – ihm gar nicht gehörende – Kurfürstentum Hannover an, so wie er schon 1745 das preußische Ostfriesland mit Emden den Engländern offeriert hatte. 1759, mitten im Siebenjährigen Krieg, entwarf er einen kühnen Friedensplan: Ostpreußen sollte russisch werden, das linke Rheinufer einschließlich der preußischen Gebiete am Niederrhein – Kleve, Geldern, Mörs – französisch. Zu letzterem ist zu bemerken, daß er bereits 1746 in seiner *Geschichte meiner Zeit* festgestellt hatte, daß die Rheinlande »eigentlich« zu Frankreich gehörten:

»Sie brauchen nur eine Landkarte zur Hand zu nehmen, um sich zu überzeugen, daß die natürlichen Grenzen Frankreichs bis zum Rhein reichen, dessen Lauf ausdrücklich gemacht zu sein scheint, um Frankreich von Deutschland zu trennen, um die Grenzen dieser Länder festzulegen und zu bestimmen, wo ihre Herrschaft aufhört.«

Und im Jahre 1762 hoffte er auf ein Bündnis Preußens mit Dänemark und der Türkei, wiederum auf Kosten des Reiches und Habsburgs, dann auf einen Pakt mit dem Zaren Peter III. von Rußland, seinem unkritischen Bewunderer, dem er dafür Dänemark samt Schleswig und Holstein anbot!

Noch in seinen fünf »geheimen Testamenten« von 1752, 1768, 1776, 1782 und 1784, die erst nach dem Ersten Weltkrieg der Forschung zugängig wurden, weil Bismarck angeordnet hatte, sie für alle Zeit unter Verschluß zu nehmen, erläuterte Friedrich, dieser angebliche »Vorkämpfer für die Einheit der deutschen Nation«, die Notwendigkeit von Bündnissen Preußens mit ausländischen Mächten, vor allem mit Frankreich, gegen Kaiser und Reich.

Diese langfristige Strategie läßt sich noch weniger mit der ihm nachgerühmten Rolle und mit Preußens »deutscher Mission« vereinbaren als die vielen einzelnen, von der Tagespolitik und dem Kriegsverlauf bestimmten Maßnahmen und Pläne des Königs, die gegen die Reichsinteressen verstießen.

Die gesamte Politik Friedrichs II., der immerhin sechsundvierzig Jahre lang die Geschicke Preußens bestimmte, wird erst und nur dann verständlich, wenn man auf alle patriotischen oder gar deutschnationalen Deutungen verzichtet und sie als das betrachtet, was schon des Königs Urgroßvater, der »Große Kurfürst« Friedrich Wilhelm, als sein wichtigstes Ziel erkannt und verfolgt hatte: die rücksichtslose Wahrung der Interessen der hohenzollernschen Familie.

Bei seinem Regierungsantritt erklärte Friedrich II. seinen Ministern: »Ich denke, daß das Interesse des Landes auch mein eigenes ist; daß ich kein Interesse haben kann, welches nicht zugleich das des Landes wäre. Sollten sich beide nicht miteinander vertragen, so soll allemal der Vorteil des Landes den Vorzug haben!«

Es ist dabei, wohlgemerkt, nicht vom Volk die Rede oder gar von der Nation. Die Menschen des Landes spielten als Untertanen nur insofern eine Rolle, als man sie für den »Geschäftsgang« benötigte: als Arbeitskräfte, Steuerzahler, Bevölkerungsvermehrer und Soldaten. Aber das war nicht nur in Preußen so, sondern ein in jener Zeit des Absolutismus allgemein anerkanntes und praktiziertes Prinzip.

Land und Leute waren Eigentum des Alleinherrschers, und er konnte darüber nach Belieben verfügen. Ersetzt man in des jungen Königs erster Ansprache an seine Minister das Wort »Land« jedesmal durch die Worte »mein Eigentum«, so wird der Sinn sofort verständlich.

Weder die erste Versicherung, wonach den Interessen des Landes »allemal der Vorzug« zu geben sei, noch die Erklärung der Absicht, der »erste Diener« dieser Interessen zu sein, enthält eine Erwähnung der – im Jahre 1740, bei Friedrichs Regierungsantritt, rund 2,5 Millionen Köpfe zählenden – Bevölkerung, also der preußischen Untertanen. Es verstand sich von selbst, daß deren Interessen überhaupt nicht zählten.

Wie diese lebten, hat Christian Wilhelm v. Dohm aus Lemgo, der zwölf Jahre am Berliner Hof verbracht hatte, in seinen *Denkwürdigkeiten* nur angedeutet: »Der Zwang und Druck, unter welchem ein großer Teil der Untertanen in beständiger Furcht leben mußte, machte die preußischen Lande zum Schrecken und Abscheu aller anderen Lande; der Fremde vermied den Aufenthalt in denselben, sogar die Durchreise.«

Der Schuhmachersohn Johann Joachim Winckelmann aus Stendal in der Altmarkt, einer der bedeutendsten Gelehrten seiner Zeit, der aus Preußen, wo man für seine Talente keine Verwendung hatte, nach Italien geflohen war, meinte rückblickend: »Besser ist es, ein beschnittener Türke zu sein, als ein Preuße«, und er fügte hinzu: »Es schaudert mich die Haut vom Haupte bis zu den Zehen, wenn ich an den preußischen Despotismus und an den Schinder der Völker denke«, womit er Friedrich II. meinte.

Der große deutsche Dichter Gotthold Ephraim Lessing aus Kamenz in der Lausitz, Pastorensohn und Bewerber um eine Bibliothekarstelle in Berlin, die ihm Friedrich II. trotz mancher Fürsprache nicht bewilligte, nannte 1769 das Herrschaftsgebiet des »Alten Fritz« das »bis auf den heutigen Tag sklavischste Land Europas«.

Tatsächlich lebten die allermeisten preußischen Untertanen der friderizianischen Epoche nicht viel besser als die Negersklaven auf den Plantagen Amerikas. Die erbuntertänigen Bauern der preußischen Junker unterschieden sich von den Sklaven des amerikanischen Südens im wesentlichen dadurch, daß sie nicht, wie die Neger, einzeln verkauft werden konnten; sie waren – um eine von den Propagandisten der Nazis mißbrauchte Formel in ihrer wahren Bedeutung zu benutzen – »an die Scholle gebunden«, gehörten als lebendes Inventar zum Gut und konnten mit diesem an einen neuen Herrn vererbt, verkauft, verschenkt oder auch, was nicht selten vorkam, beim Glücksspiel eingesetzt und gewonnen oder verloren werden. Gleich, ob sie nun Gutsarbeiter, erbuntertänige Bauern oder dörfliche Handwerker, arme Kätner, Köhler, Fischer, Fuhr-, Holz- oder Schiffersknechte, städtisches Gesinde oder gemeine Soldaten waren – sie alle samt ihren Angehörigen waren von Bildung, Kultur, zivilisatorischem Fortschritt, freier Berufswahl, Freizügigkeit, Lebensgenuß und politischer Mitsprache oder gar Mitbestimmung, sei es auch nur in örtlichen Angelegenheiten, gänzlich ausgeschlossen.

Sie standen unter der Polizeigewalt, Gerichtsbarkeit und praktisch auch der Vormundschaft ihrer adligen Herren, hatten so gut wie keine Beschwerdemöglichkeit, wenn sie ungerecht und grausam bestraft wurden, waren größtenteils Analphabeten und durch Armut, Hunger und Elend meist als Gesinde das, was ihre Herrschaften als »sittlich verkommenes Gesindel« bezeichneten.

Doch in einer wichtigen Hinsicht unterschieden sich die Acker-, Haus- und Fabriksklaven der preußischen Provinzen östlich der Elbe – in den westlichen Gebieten des Königreichs lagen die Dinge, wie wir noch sehen werden, wesentlich anders – deutlich von den Sklaven des amerikanischen Südens: Sie waren von ihren Herren und Gebietern sowie von der übrigen Bevölkerung weder durch ihre Hautfarbe noch durch andere angeborene körperliche Merkmale zu unterscheiden. Von diesem Umstand hatten schon die unterworfenen »wendischen Hunde« profitiert, desgleichen die heidnischen Pruzzen.

Infolge des Fehlens äußerlicher Unterschiede zwischen der adligen Herrenkaste, den halbfreien Bauern und Bürgern sowie der die Masse der Bevölkerung bildenden, versklavten Landbevölkerung gab es in Preußen keine Mischlingsprobleme, jedenfalls keine von allgemeiner Bedeutung, obwohl es außerordentlich häufig vorkam, daß Frauen und Mädchen aus der untersten Schicht von adligen Herren oder deren Beamten geschwängert wurden. Deshalb hatten die sich von ihren Herrschaften und der übrigen Bevölkerung äußerlich nicht unterscheidenden preußischen Sklaven auch weitaus bessere Chancen als die in Amerika versklavten Afrikaner, wenn sie aus ihrem Gutsbezirk zu flüchten wagten.

Wem der Ausbruch aus der Sklaverei gelang, hatte zwar noch mancherlei Bildungs-, Sprach- und andere Barrieren zu überwinden und hart zu arbeiten, ehe ihm oder ihr ein sozialer Aufstieg, etwa ins Kleinbürgertum, gelingen konnte. Aber es war keine Diskriminierung der Entflohenen aufgrund erkennbarer Zugehörigkeit zu einer anderen, angeblich minderwertigen Rasse möglich; es gab keine allgemeinen Vorurteile gegenüber diesen entlaufenen Sklaven, vielmehr ein gewisses Maß an Solidarität und Hilfsbereitschaft, wodurch es häufig verhindert wurde, daß die Behörden einen Flüchtling an dessen Gutsherrn ausliefern konnten.

Die besten Aussichten für einen aus preußischer Erbuntertänigkeit Entlaufenen boten sich im deutschsprachigen Ausland, innerhalb Preußens jedoch in und um Berlin. Auch entflohene Leibeigene aus nichtpreußischen Gebieten, zum Beispiel aus Mecklenburg, Hannover, Braunschweig, den thüringischen und sächsischen Ländern sowie aus Böhmen und Polen, fanden die bei weitem günstigsten Lebens- und Aufstiegsbedingungen, etwa vom erbuntertänigen Ackersklaven zum Hausknecht eines wohlhabenden, gebildeten und seinen Dienstboten menschlich behandelnden Bürgers, am ehesten in der preußischen Hauptstadt, desgleichen die religiös Verfolgten aus nahen und fernen Ländern, immer vorausgesetzt, daß sie sich nicht lieber als freie Kolonisten in der Landwirtschaft betätigen wollten.

Tatsächlich stieg während der Regierungszeit Friedrichs II., von 1740 bis 1786, die Einwohnerzahl von Berlin, ohne Berücksichtigung der Soldaten der dortigen Garnison und ihrer Familien, von etwa 75000 auf fast 130000 Köpfe an. Das volle Ausmaß des Zustroms wird jedoch erst deutlich, wenn man die unmittelbar an die Stadt grenzenden, jedoch noch nicht eingemeindeten Vorstädte und Kolonien in die Rechnung mit einbezieht. Erst dann zeigt sich nämlich, daß sich die Bevölkerung während dieses Zeitraums von anfangs rund 80000 auf über 160000 Köpfe etwas mehr als verdoppelt hat.

Allein in den – bereits eingemeindeten – Bezirken der Spandauer und der Stralauer Vorstadt lebten damals rund 30000 Menschen – das war mehr als im eigentlichen alten Berlin, dreimal soviel wie in Alt-Kölln und schon beinahe soviel wie in der überfüllten Friedrichstadt wohnten, dem mit Abstand bevölkerungsreichsten Stadtbezirk.

Dabei war die Anzahl der Angehörigen der – inzwischen neunzig Jahre alten – Französischen Kolonie, trotz ständigem Zuzug von Hugenottenfamilien aus anderen Teilen Deutschlands, über neun Jahrzehnte hinweg ziemlich konstant geblieben, wobei sich der prozentuale Anteil der Kolonie an der Gesamteinwohnerzahl Berlins stark vermindert hatte.

Das war darauf zurückzuführen, daß sich die Mehrzahl der nach Berlin eingewanderten Réfugiés, zumal die Angehörigen der unteren Schichten, im Verlauf von drei bis vier Generationen völlig assimiliert hatten.

Durch Heiraten außerhalb der Kolonie, Verzicht auf deren – ja auch mit allerlei gesellschaftlichen Verpflichtungen und unvermeidlichen Ausgaben verbundenen – Privilegien, Wechsel der Umgangssprache und schließlich auch Änderung des Familiennamens, waren die meisten Hugenotten bereits in der übrigen Bevölkerung Berlins aufgegangen.

Dabei ist anzumerken, daß manche französische Namen einfach übersetzt oder wenigstens in der Schreibweise dem Deutschen angepaßt, mitunter auch nur durch veränderte Aussprache und Betonung – zum Beispiel statt Berger *(bersché)*, nun auf der ersten Silbe betont und mit deutschem g schlicht »Berger«, statt Maubert *(mohbäär)* einfach »Maubert« – germanisiert wurden.

Indessen blieb das französische Element im Schmelztiegel Berlin noch mehr als ein weiteres Jahrhundert lang deutlich spürbar, und es hat ganz wesentlich zur Ausprägung dessen beigetragen, was den Witz, den Charme und die Schlagfertigkeit des »typischen Berliners« ausmacht. Auch haben zahlreiche französische Ausdrücke, meist in verballhornter Form, die Berliner Umgangssprache bereichert, beispielsweise »Kinkerlitzchen«, ein Begriff, der von *quincailleries*, Kurzwaren, Knöpfe, modische Zutaten, abgeleitet wurde, »Etepeteete« *(peut être* = vielleicht), »Brodullje«, von *bredouille*, Verlegenheit, »blümerant«, von *bleu mourant*, »apart« und »det is janz wat Apartjet« von *à part*, »Laatsch« und »Lulaatsch« von *lâche* und *lourd*, »ratzekahl« von *radical*, »Kabbelei« und »sich kabbeln« von *cabale* und *cabaler* oder auch »mit Aweck«, besser noch »mit'n jewissen Aweck« *(avec* = mit), das heißt: mit Pfiff, Leichtigkeit und Eleganz.

Die zweitstärkste, durch Zuwanderung bis 1786 auf fast 4000 Köpfe angewachsene nichtpreußische Gruppe in Berlin waren die Juden, die sich, was Sprache, Kleidung und Lebensstil betraf, ebenfalls bereits stark assimiliert hatten. Doch da Ehen zwischen Juden und Christen verboten, Übertritte vom Juden- zum Christentum ziemlich selten und die beiderseitigen religiösen Vorurteile häufig noch sehr groß waren, konnte von einer Verschmelzung mit der übrigen Stadtbevölkerung vorerst nicht die Rede sein.

Auch unterlagen die Juden unter König Friedrich II., trotz dessen angeblicher Toleranz, noch erheblichen Beschränkungen, Berufsverboten, harter Sonderbesteuerung sowie dem Verbot, mehr als ein Kind je zugelassener Familie »anzusetzen« (was bedeutete, daß die übrigen Kinder, wenn sie erwachsen waren, mangels Niederlassungserlaubnis das Land verlassen oder sich auf die eine oder andere Weise für viel Geld eine Sondergenehmigung beschaffen mußten).

Immerhin war es 1756, kurz vor dem Ausbruch des Siebenjährigen Kriegs, den in Berlin ansässigen jüdischen Bankiers Daniel Itzig und Moses Isaak sowie dem steinreichen Moses Gumpertz oder Gompertz aus Kleve gelungen, sich gemeinsam von Friedrich II. die gesamte preußische Münzprägung übertragen zu lassen. Sie konnten, später zusammen mit Veitel Heine Ephraim, diese Stellung bis Kriegsende unangefochten behaupten und verdienten sich mit den damals vielerorts üblichen, höchst zweifelhaften Praktiken der Münzverschlechterung riesige Vermögen, wobei den Löwenanteil am Betrugsgewinn jedoch der König hatte, der seine Untertanen, aber auch die ausländischen Handelspartner dazu zwang, das schlechte Geld zum vollen Nennwert anzunehmen, und so den für sein Land ruinösen Krieg zu finanzieren sich bemühte.

Ephraim, der Bauherr des nach ihm benannten schönsten Privatpalais von Berlin, und Itzig, dessen Nachkommen unter dem Namen Hitzig eine für die Hauptstadt bedeutende Rolle spielten, blieben auch nach dem Siebenjährigen Krieg mit Friedrich II. im Geschäft. Sie erhielten von ihm – denn der König hatte nur etwas gegen arme, nichts gegen reiche Juden –

ein Generalprivileg, das ihnen sowie allen ihren Nachkommen, Schwiegersöhnen und -töchtern das Dauerwohnrecht und die gleichen Rechte wie den christlichen Kaufleuten einräumte.

Ephraims Sohn Benjamin wurde bald nach dem Tode Friedrichs von dessen Nachfolger zum königlich preußischen Geheimen Rat ernannt und, trotz seiner erwiesenen Unfähigkeit auf diesem Gebiet, mit diplomatischen Missionen betraut. Isaak Daniel Itzig, der älteste Sohn des Münzunternehmers, wurde Hofbaurat und im Generaldirektorium für den Chausseebau angestellt. Zusammen mit David Friedländer, seinem gelehrten und für seinen geistreichen Witz berühmten Schwiegersohn, der später der erste jüdische Stadtrat Berlins wurde, gründete er 1778 die Jüdische Freischule in der Klosterstraße, die sich rasch einen guten Ruf erwarb und die sowohl jüdischen als auch christlichen Schülern und Lehrern offenstand.

Der jüdische Bankier Liepmann Meier Wolf war unter Friedrich II. Pächter der staatlichen preußischen Klassenlotterie. Andere Berliner Juden, meist Nachkommen der reichen »Wiener«, wirkten bereits als Medizinalräte, Hofbankiers, Generallandschaftagenten, Posthalter, Hofjuweliere oder auch als Inhaber größerer Manufakturen (wie beispielsweise der Seidenfabrikant Bernhard, der 1743 den vierzehnjährigen, von Dessau nach Berlin gewanderten Moses Mendelssohn bei sich aufnahm und ihn später zu seinem Geschäftspartner machte. Ohne die Unterstützung Bernhards wäre der arme Moses vermutlich aus Berlin ausgewiesen worden).

Moses Mendelssohn, der Freund Lessings und das Vorbild für dessen *Nathan der Weise*, wurde der Ahnherr einer sehr stattlichen Anzahl von berühmten Künstlern, Wissenschaftlern und Wirtschaftsführern, von denen noch die Rede sein wird. Darüber hinaus aber war er der große emanzipatorische Lehrmeister, zunächst der Juden Berlins, dann Preußens und schließlich ganz Deutschlands.

Sofern sie begütert waren, standen den preußischen Juden schon bald fast alle Berufe offen, ausgenommen die Offizierslaufbahn, die Justizkollegien und der mit ständischen Vorrechten verbundene Besitz von Rittergütern; diese Beschränkungen galten jedoch weitgehend auch für das christliche Bürgertum. Moses Mendelssohn aber war es, der seinen Glaubensgenossen zunächst die Ideen der Aufklärung näherbrachte, sie vor religiöser Engstirnigkeit warnte und ihnen klarmachte, daß zur Emanzipation auch der eigene Verzicht auf Vorurteile und Sonderrechte gehört. Er lehrte die Berliner Juden, ein reines und korrektes Deutsch zu sprechen und sich – im Gegensatz zum König und zum Hof, wo nur das Französische galt – der Pflege der deutschen Kultur anzunehmen.

Das frappierende Ergebnis war, daß binnen zweier Jahrzehnte das jüdische Bürgertum Berlins und bald auch anderer preußischer Städte ein wesentlich besseres Deutsch sprach und schrieb und erheblich gebildeter war als die meisten christlichen Bürger, von einigen Hugenottenfamilien abgesehen. Verglichen mit dem durchschnittlichen Bildungsniveau des preußi-

Moses Mendelssohn weist sich am Berliner Tor zu Potsdam aus (Stich nach Chodowiecki, 1792).

schen Landadels und der Mehrzahl der Damen und Herren des Hofes, war die Berliner jüdische Oberschicht weitaus kultivierter. Zumal die von Friedrich II. tief verachtete deutsche Kunst und Literatur, unsere heutigen Klassiker, wurden von den Berliner Juden eher »entdeckt« und gepflegt als von den meisten Fürstenhöfen.

Etwa von 1770 an entstanden in Berlin die ersten bürgerlichen Salons und literarischen Zirkel, ausnahmslos in jüdischen Häusern, und ihr Einfluß machte sich rasch in der ganzen Stadt und bald auch darüber hinaus bemerkbar. Der Schriftsteller Heinrich Christian Boie, damals Mitherausgeber des Göttinger *Musenalmanachs*, vermerkte in seinem Tagebuch, er würde, wenn er in Berlin wohnte, häufig jüdische Gesellschaften aufsuchen, denn man spreche dort mit viel Verstand und Geschmack von deutscher Literatur und finde weniger von dem steifen Zwang als anderwärts.

Etwa um die gleiche Zeit erklärte der in Leipzig lebende Dichter Christian Felix Weiße, die preußische Hauptstadt übertreffe durch ihren französisch-jüdischen Anteil alle anderen ihm bekannten deutschen Städte an Geist und Geschmack der gesellschaftlichen Unterhaltung (wobei angemerkt sei, daß um 1770 ein engerer Kontakt zwischen den gebildeten Hugenotten- und Judenfamilien begann; auch gehörte es nunmehr bei den jüdischen Großbürgern zum guten Ton, die Söhne und Töchter gleichermaßen gut Deutsch und Französisch lernen zu lassen). Knapp zwei Jahrzehnte später schrieb der sächsische Gelehrte Karl August Böttiger an Friedrich Schiller, die geselligen Judenzirkel in Berlin seien die einzigen, die sich dort für geistige Dinge interessierten, und Schleiermacher meinte, »daß junge Gelehrte und Elegants die hiesigen großen jüdischen Häuser fleißig besuchen, ist sehr natürlich, denn es sind bei weitem die reichsten bürgerlichen Familien hier, fast die einzigen, die ein offenes Haus halten und bei denen man wegen ihrer ausgebreiteten Verbindungen in allen Ländern Fremde von allen Ständen antrifft. Wer also auf eine recht ungenierte Art gute Gesellschaft sehen will, läßt sich in solchen Häusern einführen, wo natürlich jeder Mensch von Talenten, wenn es auch nur gesellige Talente sind, gern gesehen wird und sich auch gewiß amüsiert, weil die jüdischen Frauen – die Männer werden zu früh in den Handel gestürzt – sehr gebildet sind und gewöhnlich die eine oder die andere schöne Kunst in einem hohen Grade besitzen.«

Von diesen Salons wird noch ausführlich die Rede sein, denn sie hatten ihre Blütezeit erst im frühen 19. Jahrhundert. Doch schon von etwa 1786 an, dem Todesjahr Friedrichs II., waren in den wohlhabenden jüdischen Bürgerhäusern Berlins die Standesunterschiede weitgehend aufgehoben. Man war dort – und nicht nur in dieser Hinsicht – seiner Zeit weit voraus, hatten doch die Juden noch nicht einmal das Bürgerrecht!

Als 1778 der angesehene Berliner Arzt und Jünger Mendelssohns und Kants, Markus Herz, in seiner Wohnung Vorlesungen über Philosophie und Experimentalphysik zu halten begann und seine Frau Henriette, geborene de Lemos, anschließend die Gäste in ihrem Salon bewirtete, fanden sich dort geistig Interessierte aus unterschiedlichen Ständen ein, sogar die jüngeren Brüder des Königs. Doch als 1779 der inzwischen weit über Berlin hinaus berühmte Moses Mendelssohn, dem der Marquis d'Argens das – jederzeit widerrufbare – Aufenthaltsrecht in Berlin verschafft hatte, um diese Erlaubnis auch für seine inzwischen erwachsenen Kinder bat, wurde er vom König abschlägig beschieden.

Henriette Herz, 1764–1847 (nach einer Zeichnung von Anton Graff).

Eine dritte große Gruppe von Neubürgern in Berlin bildete die böhmische Kolonie. Ihre Angehörigen konnten zwar das Bürgerrecht erwerben und hatten unter keinen Aufenthaltsbeschränkungen, Berufsverboten und Sonderbesteuerungen zu leiden, genossen vielmehr die für alle Kolonisten üblichen Privilegien und Förderungen. Doch ihre soziale Stellung und kulturelle Bedeutung war eine völlig andere als die der Juden oder der Französischen Kolonie.

In Berlin selbst wohnten seit den Tagen Friedrich Wilhelms I. rund 2000 tschechisch sprechende Böhmen, meist in der Friedrichstadt, wo ihnen die Böhmische oder Bethlehemskirche in der Mauerstraße, zwischen Schützen- und Krausenstraße, seit 1737 zu Gottesdiensten zur Verfügung stand. Weitere böhmische Kolonien – neben der älteren in Nowawes bei Potsdam mit etwa 1800 Einwohnern und Böhmisch-Rixdorf, wo einige hundert Tschechen lebten – entstanden in den noch nicht eingemeindeten Vororten Schöneberg, Grüne Linde bei Köpenick, in Köpenick selbst sowie in Bockshagen und Friedrichshain, wo sich insgesamt etwa 1000 Personen ansiedelten, so daß die Gesamtstärke der böhmischen Kolonisten in und um Berlin gegen Ende der Regierungszeit Friedrichs II. bei etwa 5000 lag.

Die meisten von ihnen waren Leineweber, der Rest Ackerbauern oder einfache Handwerker. Sie lernten schnell Deutsch, wurden in die Berliner Unter- und Mittelschicht rasch integriert, und nur ein kleiner Rest hielt am konfessionellen Sonderstatus, an den heimatlichen Gebräuchen und an der Muttersprache fest. Einige wenige wohlhabende, zum Teil adlige Familien böhmischer Herkunft, die in anderen Gegenden oder auch außerhalb Preußens als Glaubensflüchtlinge Aufnahme gefunden hatten, spielten zwar in der späteren preußischen Geschichte eine bedeutende Rolle, aber die eigentliche böhmische Kolonie von Berlin und Umgebung war nur ein – wenngleich quantitativ wichtiger – Bestandteil des bunten Völkergemischs, aus dem dann bis zum Ende des 18. Jahrhunderts bereits der »typische Berliner« entstand.

Übrigens, in der ganzen Regierungszeit Friedrichs II., von 1740 bis 1786, wurden in der Stadt Berlin nur noch rund 500 Familien mit zusammen weniger als 3000 Personen als Kolonisten aufgenommen, darunter Böhmen, Süddeutsche, Sachsen und Elsässer, aber auch Schweizer, Polen, Flamen, Südfranzosen, Italiener aus Florenz und Turin, etliche Schweden und Dänen, einige Polen und eine englische Familie aus Manchester. Aber das waren nur die »edictsmäßig auf Beneficien etablirten Colonisten«, nicht die ohne besondere Erlaubnis oder staatliche Unterstützung Eingewanderten aus jedem Winkel Deutschlands und allen Ländern Europas.

Nach dem Siebenjährigen Krieg, als die Hauptstadt arg darniederlag, denn die Behauptung der mühsam errungenen neuen Großmachtstellung Preußens hatte unerhörte Opfer gefordert, gab der »Alte Fritz« seufzend der Hoffnung Ausdruck, es »mögen doch die Franzosen und die Türken Berlin peuplieren«, also bevölkern, ein Wunsch, der sich hinsichtlich weiterer Franzosen schon sehr rasch, jedoch, was die Türken betrifft, erst zweihundert Jahre später, aber dann in erstaunlich reichem Maße erfüllen sollte.

Die tatsächlich bedeutenden Verdienste Friedrichs II. um die Ergänzung der durch drei verlustreiche Angriffskriege dezimierten Bevölkerung und die Nutzbarmachung großer Flächen – wie beispielsweise des Netzebruchs – lagen auf dem Gebiet der Kolonisation in den Provinzen.

Insgesamt wurden in seiner Regierungszeit rund 300000 Menschen in Preußen angesiedelt, davon etwa 100000 in der Kurmark, etwa 20000 im Gebiet um Magdeburg, 15000 in Ost-, 11000 in Westpreußen, je etwa 25000 in Pommern, der Neumark sowie in den Westprovinzen sowie mehr als 60000 in der vom Krieg besonders hart mitgenommenen Provinz Schlesien.

Auch bei dieser staatlich geförderten und auf vielfältige Weise begünstigten Völkerwanderung fragte die preußische Regierung nicht nach Nationalität oder Konfession; sie nahm vielmehr, was sie bekommen konnte: seltsame Sekten aus Rußland und der Ukraine, Polen und Litauer, Balten, Schweden und Finnen, Leute mit unbekanntem Vaterland, Ungarn, Italiener, wiederum sehr zahlreiche Hugenotten und Wallonen, die zuvor in West- und Süddeutschland gelebt hatten, Schweizer und Liechtensteiner, Luxemburger und Holländer, Dänen und einige Engländer, dazu viele Süddeutsche aus intoleranten geistlichen Herrschaften, beispielsweise aus dem Fürststift Kempten im Allgäu, wo noch 1775 eine Dienstmagd, die vom katholischen zum lutherischen Glauben übergetreten war und sich auch sonst bei der Obrigkeit unliebsam gemacht hatte, als überführte Hexe zum Tode verurteilt und dem Henker übergeben worden war.

Vor solchen Exzessen des Aberglaubens und der religiösen Intoleranz war man im Königreich Preußen sicher, denn Friedrich II. hatte bereits kurz nach seinem Regierungsantritt, am 22. Juni 1740, als seine Minister anfragten, ob die für römisch-katholische Soldatenkinder in Berlin eingerichteten Schulen, die »allerley Inconvenienzen« [Ungelegenheiten] bereiteten, bestehen bleiben sollten, an den Rand des Berichts geschrieben:

»Die Religionen Müsen alle Tolleriret werden und Mus der Fiscal nuhr das Auge darauf haben, das keine der andern abrug Tuhe [Abbruch tue], den hier mus ein jeder nach seiner Fasson Selich werden« – ein, von der Rechtschreibung abgesehen, wirklich imponierendes Beispiel für Friedrichs Aufgeklärtheit und Toleranz, zumindest in Fragen der Religion.

Auch hatte der junge König schon am dritten Tag seiner Regierung, am 3. Juni 1740, eine Kabinettsorder an seinen Justizminister und späteren Großkanzler Samuel v. Cocceji – er war aus Heidelberg gebürtig, entstammte einer holländisch-französischen Gelehrtenfamilie und hieß eigentlich de Cocq – des Inhalts erlassen, daß in Preußen kein Beschuldigter in Kriminalsachen mehr, wie bislang üblich, zur Erlangung eines Schuldgeständnisses der Tortur unterworfen werden dürfe, ausgenommen bei Verbrechen gegen die Majestät, in Landesverratsfällen sowie in »denen großen Mordthaten, wo viele Menschen ums Leben gebracht oder viele Delinquenten, deren Connexion [Verbindung untereinander] herauszubringen nöthig«.

In der Praxis änderte sich allerdings wenig, zumal der König selbst wiederholt, zuletzt noch 1777, Folterungen auch in weniger schweren Fällen genehmigte, ferner verfügte, daß ein mangelndes Geständnis durch Prügel zu erzwingen sei, wenn die Verurteilung eines »zweifellos Schuldigen« an dessen beharrlichem Leugnen zu scheitern drohte. Damit war die Folter in neuer Form wiedereingeführt, nun sogar in das Ermessen des Untersuchungsrichters gestellt, während zuvor immerhin ein förmlicher Gerichtsbeschluß erforderlich gewesen war. Die mit der Voruntersuchung beauftragten Juristen bedurften fortan, wenn sie Lust zu prügeln verspürten, »keiner höhern Ermächtigung und wandten« – so nachzulesen in den *Preußischen Jahrbüchern* von 1860 – »das erwünschte Mittel so energisch an, daß man bald einige eklatante Justizmorde zu beklagen hatte«.

Auch müssen wir uns darüber im klaren sein, daß Folterungen, die nicht zur Erpressung eines Geständnisses, sondern als Strafe oder Strafverschärfung zur Anwendung kamen, von der ursprünglichen, die Tortur »abschaffenden« – in Wahrheit nur auf schwere Fälle beschränkenden – Kabinettsorder vom Juni 1740 überhaupt nicht berührt worden waren. Die Strafe des Räderns, die darin bestand, »daß dem Verbrecher die Glieder, erst die Unterschenkel und Vorderarme, dann die Oberschenkel und Arme mit einem schweren Rade zerstoßen oder zerbrochen wurden, und er dann noch lebendig auf das Rad gelegt und dieses auf einen Pfahl gesteckt wurde, sodaß die Unglücklichen zuweilen noch mehrere Tage lebten«, wurde im Königreich Preußen erst im Oktober 1811 abgeschafft und fand unter Friedrich II. noch häufig Anwendung, wenngleich zumeist in der »milderen« Form des »Räderns von oben«, bei dem den Leiden des Verurteilten ein rascheres Ende gemacht wurde.

Auch zahlreiche andere Arten der Tortur blieben während der ganzen Regierungszeit des aufgeklärten Königs als legale Strafen bestehen, und überhaupt war Friedrich II., allen anderslautenden Legenden zum Trotz, wenig Erfolg mit seinen Bemühungen auf dem Gebiet der Justizreform beschieden. Es ist schwer, abzuschätzen, ob das mehr am passiven Widerstand der Kollegien und der adligen Verwaltungschefs lag, die stärker an der Erhaltung der junkerlichen Autorität als an wirklicher Rechtsprechung interessiert waren, oder ob sich der König dabei nicht immer wieder selbst im Wege stand. Seine weit über Preußen hinaus in ganz Europa gepriesene größte »Friedenstat«, sein drastischer Eingriff in die Justiz im sogenannten »Müller-Arnold-Prozeß«, war jedenfalls eine die Rechtsprechung auf den Kopf stellende, katastrophale Fehlentscheidung.

In diesem Prozeß, der sich immerhin über neun Jahre hinzog, ging es um die Versteigerung der Wassermühle des Müllers Arnold, der seinem Grundherrn, dem Grafen Schmettau, die Erbpacht schuldig geblieben war, und zwar mit der Begründung, der Graf habe ihm durch die Anlage eines Karpfenteichs oberhalb der Mühle das Wasser entzogen. Dieser Einwand war jedoch von dem Obergericht der Provinz nach eingehender Prüfung als unbegründet verworfen worden.

Der Müller hatte sich daraufhin beschwerdeführend an den König gewandt, und Friedrich befahl einem älteren Offizier, zu dem er mehr Vertrauen hatte als zu den Richtern, gemeinsam mit einem höheren Justizbeamten die Angelegenheit zu überprüfen. Der Offizier, ein Oberst, und ein von diesem hinzugezogener Sachverständiger gaben dem Müller recht, der Jurist hingegen bestätigte das Urteil des Obergerichts. Es kam zu einer neuen Verhandlung vor dem Appellationsgerichtshof zu Küstrin, weitere Gutachten wurden eingeholt, und am Ende entschieden die Richter, obwohl ihnen die positive Einschätzung der Ansprüche des Müllers durch den König wohlbekannt war, daß die Arnoldsche Klage jeder Grundlage entbehre.

Nun griff der König selbst ein: Er verwies den Fall an das Berliner Kammergericht zur erneuten gründlichen Prüfung und endgültigen Entscheidung. Die Kammergerichtsräte, vom Justizminister darüber informiert, daß sich der König in die Ansicht verrannt habe, dem Müller geschehe Unrecht, wiesen dennoch nach sehr eingehender Untersuchung den Revisionsantrag ab – mit dem Resultat, daß sich der darüber in heftigsten Zorn geratene König mit dieser Entscheidung seines höchsten Gerichts keineswegs zufriedengab. Er beschimpfte die Kammergerichtsräte als eine Versammlung der »größten Spitzbuben, die in der Welt sind«, bezeichnete das Urteil als »Fickfackerei« und fragte, was der Landrat v. Gersdorff, der mit Erlaubnis des Grafen Schmettau den fraglichen Karpfenteich hatte anlegen lassen, den Richtern für das Urteil heimlich bezahlt hätte.

Die Rechtfertigungen der Herren vom Kammergericht interessierten Friedrich nicht; seinen Großkanzler Max Freiherrn v. Fürst und Kupferberg, einen schlesischen Magnaten, der als Nachfolger des verstorbenen Cocceji die Justizreform zu Ende führen sollte, jagte er, als Fürst die Richter verteidigen wollte, mit den Worten davon: »Marsch, Marsch! Seine Stelle ist schon besetzt!«

Die für die Entscheidung des Kammergerichts verantwortlichen Räte Neumann, Friedel und Graun kamen sofort in Haft; durch einen Machtspruch des Königs wurde ihr höchstrichterliches Urteil aufgehoben; der Müller Arnold konnte wieder in seine Mühle einziehen; der Karpfenteich des Landrats v. Gersdorff wurde auf königlichen Befehl zerstört, er selbst und auch sein Vorgesetzter, der Präsident der neumärkischen Regierung, Graf Finck v. Finckenstein, verloren ihre Ämter, ohne nähere Untersuchung und ohne die Möglichkeit, sich zu rechtfertigen oder gar dagegen gerichtlich anzugehen.

Doch damit nicht genug: der König wollte nun auch die Richter des Berliner Kammergerichts durch die ordentliche Justiz abgeurteilt und streng bestraft sehen. Und damit kein Irrtum aufkommen konnte, setzte er im voraus den Strafrahmen fest. In der Kabinettsorder an den Minister Zedlitz heißt es:

»So gebe (ich) Euch hierdurch auf, sogleich die Verfügung zu treffen, daß von Seiten des Criminal-Collegii über diese drei Leute nach der Schärfe des Gesetzes gesprochen und zum Mindesten auf Cassation [Amtsenthebung] und Vestungsarrest erkannt wird. Wobei (ich) Euch zugleich zu erkennen gebe, daß, wenn das nicht mit aller Strenge geschiehet, Ihr sowohl wie das Criminal-Collegium es mit Mir zu thun kriegen werdet.«

Das war nicht nur nackte Willkür, sondern auch eine massive Drohung an die Adresse der sich einer solchen Rechtsbeugung widersetzenden Richter, die um so ernster zu nehmen war, als der König wiederholt bewiesen hatte, zu welchen Exzessen an Despotie und Grausamkeit er fähig war:

So hatte er seinen einstigen, schon 1744 erstmals eingekerkerten und dann aus der Haft entflohenen Adjutanten Friedrich Freiherrn von der Trenck nochmals, sogar auf fremdem Gebiet und unter Bruch der Neutralität, gefangennehmen und weitere neun Jahre lang, von 1754 bis 1763, in strengster Kettenhaft halten lassen. Auch sein tüchtigster Ingenieuroffizier, General v. Walrave, war von Friedrich II. auf einen bloßen Verdacht hin fünfundzwanzig Jahre lang, bis zu des Generals Tod im Jahre 1773, in einem finsteren Loch unter den Kasematten der Festung Magdeburg gefangengehalten worden; Trenck hat in seinen Erinnerungen beschrieben, wie er den durch seine Haftbedingungen um den Verstand gebrachten Walrave dort einmal gesehen hat, auf allen vieren kriechend und winselnd wie ein Tier.

Trenck und Walrave waren keineswegs die einzigen, die unter Ausschaltung der ordentlichen Justiz »auf des Königs Gnade« eingekerkert wurden, und in vielen Dutzend weiteren Fällen hatte der König den Gerichten befohlen, dem Gesetz zuwiderlaufende Urteile zu fällen und diese dann noch willkürlich verschärft.

In der Angelegenheit des Müllers Arnold jedoch leistete der Kammergerichtssenat, der in dieser prinzipiellen Frage die gesamte Richter- und höhere Beamtenschaft Preußens auf seiner Seite wußte, dem König, allen Befehlen und Drohungen zum Trotz, entschlossen Widerstand; die Kammergerichtsräte fühlten sich nicht nur in ihrer Ehre verletzt, sondern erkannten auch, daß ein Nachgeben in diesem die Staatsinteressen ursprünglich gar nicht berührenden Fall jede Rechtsprechung zur Farce und die preußische Justiz zur bloßen Marionette des Königs und zum Gespött ganz Europas werden ließe.

Also – und das erforderte mehr Mut, als ihn die meisten Feldherren Friedrichs II. je aufzubringen hatten – weigerten sich die mit dem Disziplinarverfahren beauftragten Kammergerichtsräte, ihre Kollegen für etwas zu bestrafen, das sie selbst nach genauester Prüfung ebenfalls für Recht erkannt hatten. Auch der Justizminister, Karl Abraham Freiherr v. Zedlitz aus Landeshut in Schlesien, erklärte dem König kühl, er sehe sich außerstande, »wider die in der Arnoldschen Sache arretirte Justiz-Bediente ... ein Urtheil abzufassen«.

Das war in dieser Zeit des Absolutismus und zumal gegenüber einem solchen Despoten wie Friedrich II. eine unerhörte Kühnheit, die den beteiligten Richtern wie dem Minister leicht hätte den Kopf kosten können, denn nun stand die Autorität des Monarchen auf dem Spiel. Aber auch zwei weitere Befehle des Königs von »äußerster, drohender Schärfe« blieben wirkungslos; wieder deckte der Minister die Weigerungen der Richter. Es blieb dem König dann selbst überlassen, das Recht zu beugen: Er erklärte die »Schuldigen« einfach für abgesetzt, ordnete an, daß sie dem Müller – der inzwischen verstorben war – »Entschädigung« zu leisten hätten, und ließ die Kammergerichtsräte für ein Jahr auf die Festung Spandau schaffen, wo sie allerdings, wie aus dem Tagebuch des Rats Neumann hervorgeht, in sehr milder Haft gehalten wurden.

Daß der König von Anfang bis Ende dieser Angelegenheit im Unrecht war, steht außer Zweifel. Selbst Friedrichs glühendste Bewunderer unter den preußischen Historikern und Juristen haben dies zugeben müssen, weil sich die Behauptung des Müllers, ihm sei durch den Karpfenteich die Mühle stillgelegt worden, als eindeutig unwahr erwiesen hatte: Zwischen besagtem Teich und der Arnoldschen Mühle lag nämlich eine Sägemühle, die in der fraglichen Zeit unter keinem Wassermangel gelitten hatte. So mußte selbst ein so begeisterter Anhänger Friedrichs II. wie Gustav Schmoller bekümmert zugeben, daß es sich bei den Eingriffen des Königs in die Arnoldsche Sache um »einen willkürlichen und ungerechten Akt der Kabinettsjustiz« gehandelt hat.

Bleibt die Frage, was Friedrich dazu bewogen haben mag, seine erwiesenermaßen falsche Beurteilung des Falls unter so eklatanter Verletzung von Gesetz und Recht gegen alle Widerstände durchzusetzen. Die Antwort ist vielleicht auf einem Feld zu suchen, das heutige Konzernchefs von ihren »Public-Relations«-Managern beackern lassen, und so gesehen war der König mit seinen sonst unbegreiflichen Willkürakten sogar recht geschickt, jedenfalls ungemein erfolgreich.

Da nur sehr wenige Personen die wahren Umstände des Falls kannten, verbreitete sich die Meinung bis in die fernsten Winkel Europas, daß der preußische König, im Gegensatz zu allen jenen abscheulichen Tyrannen, die damals regierten, wahrhaft gerecht sei; daß er die Schwachen gegen die Mächtigen in seinen Schutz nehme und daß er hohe Beamte, Räte des obersten Gerichts, Minister und sogar seinen Großkanzler davonjage und hart bestrafe, wenn durch sie einem Untertanen, selbst wenn es sich nur um einen armen Müller handelte, Unrecht geschehen war.

Dadurch sowie durch weitere, nicht nur falsch interpretierte, sondern frei erfundene »Beweise« für die Gerechtigkeit und menschliche Größe des Preußenkönigs – wie die des Müllers von Sanssouci, den er in Wahrheit recht boshaft schikanierte – steigerte sich der schon auf den Schlachtfeldern von Schlesien, Sachsen und Böhmen gewonnene Ruhm des »Alten Fritz« ins Legendäre. Dabei ist anzumerken, daß auch Friedrichs ungewöhnlich hohes Ansehen als Feldherr weit weniger, wenn überhaupt, auf Tatsachen beruhte, vielmehr im wesentlichen ebenfalls das Resultat sehr geschickter Eigenpropaganda war.

Schon Friedrichs großer Bewunderer, Kammerherr und seit 1780 ständiger Begleiter, der Marchese Giralomo Lucchesini, hat sich Gedanken darüber gemacht, daß der König mit seinem vom Vater übernommenen, hervorragend eingeübten und allen anderen europäischen Armeen qualitativ weit überlegenen Heer niemals gegen einen wirklich ebenbürtigen Feind zu kämpfen hatte. Bei näherer Untersuchung stellt sich jedoch heraus, daß schon ein gehöriges Maß an Dilettantismus, wenn nicht gar völlige Unfähigkeit dazu gehörte, so katastrophale Niederlagen wie die von Kolin, Hochkirch oder Kunersdorf oder auch so unerhört verlustreiche Siege wie die von Prag, Zorndorf oder Torgau herbeizuführen, wobei diese Siege im Grunde noch verhängnisvoller waren als die verlorenen Schlachten.

Bei Kunersdorf büßte die preußische Armee 1759 rund 18000 Soldaten, 530 Offiziere sowie 178 Geschütze ein; bei Hochkirch verlor sie fast 10000 Mann, über hundert Geschütze und sämtliche Munitionswagen. Dagegen kostete der Sieg vor Prag im Jahre 1757, falls man ihn wirklich einen Sieg nennen kann, nicht nur dem tüchtigen Feldmarschall Schwerin das Leben, sondern auch weiteren rund 13000 Preußen; die geplante Eroberung Prags scheiterte, die anschließende »Scharte« bei Kolin, wo 14000 Mann und 43 Geschütze verlorengingen, machte alle weiteren Pläne zunichte und zwang zur Aufgabe Böhmens. Die preußischen Verluste in der »siegreichen« Schlacht bei Torgau 1760 ließ Friedrich anfangs geheimhalten; später hieß es, etwa 14000 Preußen seien gefallen, doch wahrscheinlich waren es 18000 bis 20000 Mann. Zudem brachte auch dieser Scheinsieg keine Erfolge; die österreichische Armee zog sich lediglich zurück, und die geplante Eroberung Dresdens mußte aufgegeben werden.

Für klare Fehlentscheidungen des Feldherrn Friedrich, die bei Befolgung seiner Befehle zu schweren Schlappen, bei befehlswidrigem Verhalten seiner Generale zur knappen Vermeidung von katastrophalen Niederlagen führten, ließen sich zahlreiche Beispiele nennen, doch zwei mögen genügen: Der General Heinrich August de la Motte-Fouqué, Hugenotte und Großvater des bekannten preußischen Dichters, von dem später noch die Rede sein wird, wurde im Juni 1760 bei Landeshut in einer Stellung, die er entgegen seiner Überzeugung und trotz heftigster Vorstellungen auf Befehl des Königs mit seinem Korps bezogen hatte, von dreifacher Übermacht der Österreicher geschlagen; mit 10000 preußischen Soldaten geriet er in Gefangenschaft.

In der Schlacht bei Zorndorf im August 1758, wo Friedrich mit unterlegenen Kräften die schon bis tief nach Pommern vorgedrungenen Russen stellte, scheiterte der Angriff des Königs und wäre, da seine Bataillone bereits die Flucht ergriffen, zur Katastrophe geworden, hätte der Führer der Reiterei, der schlesische Freiherr Friedrich Wilhelm v. Seydlitz, nicht alle Befehle des Königs mißachtet. Die fürchterliche, mehr als zwölf Stunden dauernde Schlacht wurde, als sie von Friedrich schon verloren gegeben worden war, von der Seydlitzschen Reiterei doch noch zugunsten Preußens entschieden, das 12000 Soldaten für einen »Sieg« opferte, der kostspieliger war als manche Niederlage. Aber das alles hinderte Friedrich II. nicht, Zorndorf als seinen persönlichen Triumph darzustellen und vor allem von anderen so schildern zu lassen. Er beeindruckte damit seine Zeitgenossen, darunter auch den jungen Goethe, der die spätere Abkehr von seinem Kindheitsidol folgendermaßen geschildert hat:

Daniel Chodowiecki: 6 Kupferstiche zur Geschichte des Siebenjährigen Krieges zum Berliner historischen Kalender von Archenholtz. Der handschriftliche Text darunter lautet: »Liebster Herr Penzel! 1. Nehmen Sie es nicht vor ungut, daß ich in Ihre Arbeit geschmiert habe, 2. Ziehen Sie ... wo ich mit dem Bleystift gewischt habe, leichte Striche mit der Kalten Nadel und planieren. 3. Was ich mit Kreide übergangen habe, so werden einige Dinge mehr Haltung und das ganze mehr Harmonie bekommen. D. Chodowiecki.«

»So rückte nach und nach der Zeitpunkt heran, wo mir alle Autorität verschwinden und ich selbst an den größten und besten Individuen, die ich gekannt oder mir gedacht hatte, zweifeln, ja verzweifeln sollte. Friedrich II. stand noch immer über allen vorzüglichen Männern des Jahrhunderts in meinen Gedanken, und es mußte mir daher sehr befremdend vorkommen, daß ich ihn so wenig vor den Einwohnern von Leipzig als sonst in meinem großväterlichen Hause loben durfte. Sie hatten freilich die Hand des Krieges schwer gefühlt, und es war ihnen deshalb nicht zu verargen, daß sie von demjenigen, der ihn begonnen und fortgesetzt, nicht das Beste dachten. Sie wollten ihn daher wohl für einen vorzüglichen, aber keineswegs für einen großen Mann gelten lassen. Es sei keine Kunst, sagten sie, mit großen Mitteln einiges zu leisten; und wenn man weder Länder noch Geld, noch Blut schone, so könne man zuletzt schon seinen Vorsatz ausführen. Friedrich habe sich in keinem seiner Pläne und in nichts, was er sich eigentlich vorgenommen, groß bewiesen . . . Man dürfe den Siebenjährigen Krieg nur Schritt vor Schritt durchgehen, so werde man finden, daß der König seine treffliche Armee ganz unnützerweise aufgeopfert und selbst schuld daran gewesen sei, daß diese verderbliche Fehde sich so sehr in die Länge gezogen. Ein wahrhaft großer Mann und Heerführer wäre mit seinen Feinden viel geschwinder fertig geworden. Sie hatten, um diese Gesinnungen zu behaupten, ein unendliches Detail anzuführen, welches ich nicht zu leugnen wußte, und nach und nach die unbedingte Verehrung erkalten fühlte, die ich diesem merkwürdigen Fürsten von Jugend auf gewidmet hatte.«

Soweit Goethe, in dessen Familie »fritzische Gesinnung« selbstverständlich gewesen war, wie damals vielerorts, je weiter von Preußen entfernt, desto leidenschaftlicher. Im Königreich selbst hatte man wenig Grund, Friedrich zu lieben, denn kein Herrscher vor oder nach ihm, auch nicht sein Vater, Friedrich Wilhelm I., hat Brandenburg-Preußen je so ausgebeutet und mißhandelt wie »Friedrich der Einzige«.

Die drei Angriffskriege, von denen der letzte und längste auch vom Standpunkt preußischer Militärs aus keineswegs notwendig und von sehr fragwürdigem Nutzen war, wurden unter Opferung von Leben und Gesundheit Hunderttausender allein aus dynastischem Interesse geführt, und da die Grenadiere allenfalls noch zur Hälfte »angeworbene« Nichtpreußen waren, hatte die erbuntertänige Landbevölkerung der Kernprovinzen am meisten unter den immer neuen Aushebungen zu leiden und die größten Blutopfer zu bringen.

Gegen Ende des Siebenjährigen Kriegs, als alle Reserven an Menschen in wehrfähigem Alter erschöpft waren, wurden auch Großväter und halbwüchsige Knaben zwangsrekrutiert. Die Bedenkenlosigkeit, mit der der König »seine« Pommern, Märker und Ostpreußen hinschlachten oder zu Krüppeln schießen ließ, ist heute kaum noch vorstellbar: Stets in geschlossener Formation, dem feindlichen Feuer unverfehlbare Ziele bietend, mußten die Soldaten die feindlichen Stellungen angreifen. Sie konnten sich in ihren äußerst knapp sitzenden Uniformen nur langsam bewegen, mußten im Gleichschritt ins Gefecht marschieren, überwacht und mit Stockschlägen angetrieben von Korporälen und Sergeanten, hinter sich berittene Fähnriche und Offiziere mit schußbereiten Pistolen – denn sonst wären sie davongelaufen, wie auf dem Rückzug aus Böhmen im Winter 1744/45, wo binnen weniger Tage rund 15 000 Mann desertierten.

Auch im vierten und letzten Feldzug Friedrichs II., bei dem es vordergründig um die bayerische Erbfolge ging, in Wahrheit aber hauptsächlich darum, dem Ausland gegenüber unverminderte militärische Stärke zu demonstrieren, liefen Tausende von preußischen Soldaten heimlich davon. In diesem Krieg ohne Schlachten – die Generale kannten die schlechte Verfassung ihrer Truppen und gingen jeder Bewährungsprobe sorgsam aus dem Wege – starben wiederum 10 000 preußische Grenadiere an Hunger und Typhus.

Die zigtausend Invaliden aus den vier Feldzügen, in der Mehrzahl Arm- oder Beinamputierte, konnten, auch wenn sie Preußen waren, nur in Ausnahmefällen mit einer kärglichen Versorgung rechnen. Der König redete zwar oft davon, daß er großzügig für sie sorgen wollte, wenn er nur Geld hätte. Doch er brachte, während er gleichzeitig viele Millionen Taler für persönliche Liebhabereien ausgab und das völlig überflüssige, nie benutzte Neue Palais in Potsdam errichten ließ, für die Kriegsopfer insgesamt weniger auf als für eine seiner vielen kostbaren Tabaksdosen.

Der Undank des Vaterlandes war den Kriegsteilnehmern gewiß: Alle Bürgerlichen, die während der Feldzüge freigewordene Offiziersstellen hatten einnehmen dürfen, wurden kurzerhand entlassen – wie es Lessing in seinem Lustspiel *Minna von Barnhelm* den ehemaligen Major Tellheim bitter beklagen läßt –; die meisten Kriegskrüppel schickte die Militärbehörde einfach in ihre Heimatgemeinden zurück – mit Bettelerlaubnisscheinen als Belohnung für gute Führung! Ein paar tausend invalide Unteroffiziere durften Volksschullehrer werden – zum Kummer der Elternschaft, wie wir bereits erfahren haben, und mit kärglichster Besoldung. Und wer von den einfachen Soldaten noch heile Glieder hatte, war dazu verdammt, weiter Militärdienst in den Garnisonen und im »Urlaub« Fronarbeit auf den Gütern der Junker zu leisten.

Ganz im Sinne des Testaments seines Vaters und dank dessen militärischer und finanzieller Vorsorge konnte Friedrich II. seine Kriege führen und das Familienunternehmen Brandenburg-Preußen zu einem Staat von europäischem Rang werden lassen. Seine Armee eroberte Schlesien, annektierte 1744 ohne Blutvergießen das Fürstentum Ostfriesland und eignete sich bei der ersten Teilung Polens 1772 Westpreußen mit Ausnahme des Gebiets von Danzig und Thorn sowie den Netzedistrikt an. Damit war Preußen am Ende der Regierungszeit Friedrichs II. fast doppelt so groß wie zu

Beginn, und die Einwohnerzahl hatte sich sogar von 2,5 auf 5,4 Millionen vermehrt. Hinzugekommen waren vornehmlich Nichtdeutsche, meist Polen, sowie rund 300000 Kolonisten, von denen allerdings viele während der Kriege das Königreich wieder verließen.

Die natürliche Volksvermehrung – kaum eine halbe Million in fast einem halben Jahrhundert – war deshalb so gering gewesen, weil zu den hohen Verlusten an Soldaten die zahlreichen Opfer unter der Zivilbevölkerung gekommen waren, die der Hunger und die eingeschleppten Seuchen gefordert hatten.

Insgesamt war das von Friedrich II. hinterlassene Königreich zwar in den Rang einer kontinentalen Großmacht aufgestiegen, jedoch ausgeblutet, verarmt und auch militärisch weit schwächer als es den Anschein hatte. Die Not im Land war außerordentlich groß, und das schlimmste Elend herrschte ausgerechnet in Schlesien, der, ehe Friedrich sie ihnen geraubt hatte, reichsten Provinz der Habsburger.

In Lujo Brentanos aufschlußreicher Schrift *Die feudale Grundlage der schlesischen Leinenindustrie* wird deutlich, wie sehr die preußische Politik im eroberten Schlesien gerade den Webern geschadet hat. Zwar waren auch schon in der vorfriderizianischen Zeit die schlesischen Weber gezwungen gewesen, als Erbuntertänige ihrer Grundherren für diese wie Sklaven zu schuften. Aber dann waren sie in den bei Österreich verbliebenen Gebieten durch die Reformen Josephs II. von ihrem Joch befreit worden. Für die neuen Untertanen des »aufgeklärten« Preußenkönigs aber dauerte die Sklaverei fort, ja verschlimmerte sich noch.

Brentano weist nach, daß sogar die Weber im von England geknechteten Irland besser dran waren als die in Preußisch-Schlesien. Die irischen Weber konnten sich etwas Geld vom Mund absparen, damit bessere Werkzeuge kaufen, so die Qualität ihrer Erzeugnisse verbessern und konkurrenzfähig bleiben; sie hatten auch die Flucht, die Massenauswanderung nach Nordamerika, als letzten Ausweg. Alles dies traf auf die Weber im preußischen Schlesien nicht zu; dort waren sie zur lebenslangen Schinderei mit der veralteten Handspindel verdammt, bald auch zum Hungertod, denn die böhmische wie die irische Leinenweberei lief der schlesischen sehr bald den Rang ab.

»Mit wahrhaft königlicher Verblendung«, hat dazu der scharfsinnige Werner Hegemann bemerkt, »eiferte Friedrich II., die Weberei seines mißhandelten Schlesiens zu stärken ... Die vermehrten Gewebe wurden um so unverkäuflicher, je minderwertiger die Leistungsfähigkeit dieser hungernden Sklaven wurde.«

Bei Lujo Brentano heißt es dazu: »Oft waren sie dem Hungertode nahe und erhielten sich nur, indem sie die gefallenen Tiere aus der Schindergrube holten und verzehrten oder statt des Brots ein Gebäck aus Moos aßen. Der Lohn war minimal ... Es bestand kein anderer Antrieb zur Arbeit außer dem Zwang: Hunger und barbarische Strafen ... Aber weder Karre noch

Stock, Halseisen oder Zuchthaus vermochten die Schlechtigkeit der schlesischen Gespinste zu bessern ...« Den preußischen Kaufleuten, die sich weigerten, die unbrauchbaren Erzeugnisse der schlesischen Hauswebereien abzunehmen, weil sie unverkäuflich waren, ließ der König »Policey-Bereuter«, berittene Gendarmen, ins Haus einquartieren – so wie einst die französischen Behörden die Hugenotten durch »Dragonaden« gequält hatten. Aber dadurch wurde weder die Qualität des schlesischen Leinens verbessert noch die Steuerkraft der zum Ankauf gezwungenen Händler gestärkt, die die schlechte Ware nicht mehr los wurden.

Weil das Steueraufkommen infolge der – nicht allein in Schlesien – völlig verfehlten Gewerbepolitik Friedrichs II. weit hinter den Erwartungen zurückblieb, beschloß der König schließlich, die gesamte preußische Finanzverwaltung französischen Experten zu übertragen! Dazu muß man wissen, daß gerade die »Steuerfachleute« Frankreichs, das damals schon fast bankrott war, sich den Ruf erworben hatten, die korruptesten und zugleich unfähigsten Beamten Europas zu sein, denen allenfalls die Finanzberater des durch Mißwirtschaft vor dem völligen Ruin stehenden Kirchenstaats an Habgier und Inkompetenz gleichkamen.

Dem neuen Leiter der preußischen »Regie«, wie die *Administration générale des Accises et Péages* [Hauptverwaltung der Verbrauchssteuern und Abgaben] kurz genannt wurde, dem Marquis de Launay, erteilte der König die Instruktion: »Nehmen Sie nur von denen, die bezahlen können; ich gebe Sie Ihnen preis!«, und er bezeichnete sich großspurig als »Anwalt der Manufakturarbeiter und Soldaten« (denn *manufacturier* bedeutete damals, wie schon erwähnt, nicht »Fabrikant« oder »Manufaktur-Besitzer«).

Aber das waren nichts als seiner Eigenpropaganda dienende Phrasen. »Seine Taten«, so Franz Mehring, »jagten über seine Worte dahin wie ein Regiment schwerer Kavallerie über den Töpfermarkt.« Denn die französischen »Raubmarquis«, wie sie genannt wurden, nahmen die königliche Aufforderung, »nur von denen zu nehmen, die bezahlen können«, ihrerseits als Ansporn, aus der Bevölkerung das Äußerste herauszupressen. Schließlich erhielten sie ja, neben ihrem festen Gehalt und den rasch wachsenden Verwaltungskosten, einen fetten Anteil von den Mehreinnahmen. Zwei- bis dreihundert französische »Regisseurs« übernahmen 1766 die systematische Ausplünderung des ausgepowerten Königreichs. Die Verbrauchssteuer wurde nun auf sämtliche Waren ausgedehnt und erhöht. Das Verzeichnis der akzisepflichtigen Produkte – allein für Berlin 107 Folioseiten mit je dreißig bis vierzig Positionen – umfaßte, wie Mehring dazu bemerkt hat, restlos alles, »was der Mensch zum Leben und Sterben braucht«. Außerdem wurde der Handel mit Kaffee und Tabak staatliches Monopol, ebenfalls unter französischer Leitung, wobei jedoch der Adel, das Offizierskorps, die Geistlichkeit und andere privilegierte Gruppen die Erlaubnis erhielten, Rohkaffee selbst zu rösten, was der übrigen Bevölkerung streng verboten war.

Das hatte zur Folge, daß der in allen Schichten beliebte Kaffee unerschwinglich teuer wurde. Für alle nicht bevorrechtigten Untertanen kostete der legal nur von den Abgabestellen der Monopolverwaltung zu beziehende Röstkaffee einen Taler (= 24 Groschen) für vierundzwanzig Lot oder etwa vierhundert Gramm; die Privilegierten zahlten für diese Menge ungerösteten Kaffees nur neun Groschen, und der von Hamburg eingeschmuggelte Rohkaffee kostete gar nur vierdreiviertel Groschen je Pfund!

Da nur wenige reich genug waren, den vom Monopol verlangten Preis zu bezahlen, blühte der Schwarzhandel mit Rohkaffee. Zu dessen Bekämpfung bot die Monopolverwaltung ein Heer von Zollfahndern und Schnüfflern auf. Die letzteren, amtlich »Kaffeeriecher« genannt, versuchten in engen Gassen und an den Ritzen der Fenster und Türen dem Geruch nach herauszufinden, wo heimlich Kaffee geröstet wurde. Die ertappten Sünder brachten sie entweder zur Anzeige, was harte Strafen zur Folge hatte, oder – was häufiger vorkam – erpreßten sie.

Trotz dieser Gefahren wurde es zu einem wahren Volkssport, das Kaffee- und Tabakmonopol, aber natürlich auch die Akziseregie, nach Strich und Faden zu betrügen, desgleichen das von Friedrich II. ebenfalls eingerichtete und einem Franzosen, Jacques Marie Bernard, übertragene Postmonopol. Denn natürlich vertraute man die Pakete und Päckchen mit geschmuggeltem Kaffee oder Tabak lieber verschwiegenen Fuhrleuten und Schiffern an als der königlichen Post.

Alle Bemühungen der höheren preußischen Beamtenschaft, den König von dem Wahnsinn seiner Methoden zu überzeugen, fruchteten nichts. Trotz der weit unter dem Erhofften liegenden Einnahmen ließ Friedrich seine französischen »Finanzkünstler« bis zu seinem Tode weiterwirtschaften, versuchte durch drakonische Strafen, schließlich auch durch stark herabgesetzte Monopolpreise, den Schmuggel zu unterbinden, und schenkte den Vorstellungen der Beamten- und Kaufmannschaft keinerlei Gehör.

Allzu eindringliche Mahnungen beantwortete der König – wie im Fall des Geheimen Finanzrats Ursinius – mit Dienstentlassung und Festungsstrafe. Damals bereits wurde, wie schon Rudolf Augstein in seiner Friedrich-Biographie festgestellt hat, »Preußens Beamten das Rückgrat gebrochen«, wogegen konservative Historiker wie Gerhard Ritter diese brutalen Einschüchterungen um das Staatswohl besorgter Beamter als »Episoden« abgetan haben.

Durch seine geradezu absurde, dem Wohl der Allgemeinheit höchst abträgliche Handels- und Gewerbepolitik sowie durch die Übertragung des gesamten Finanzwesens auf – größtenteils sehr zweifelhafte, nur auf den eigenen Vorteil bedachte – Ausländer, vernichtete der König viele Erwerbszweige oder versklavte deren Angehörige wie im Fall der schlesischen Weber; zugleich förderte er in seinem Beamtentum alle schlechten Eigenschaften, beseitigte dessen Tugenden und säte im Bürgertum den Haß auf die Fremden, vor allem auf die Franzosen.

Denn die französischen Regiebeamten durften sich gegenüber den nichtprivilegierten preußischen Untertanen nahezu alles herausnehmen, zumal bei Hausdurchsuchungen und Zollkontrollen. Die Mutter des Philosophen Arthur Schopenhauer, die Tochter des Danziger Senators Trosiener, hat die Schikanen der französischen Zöllner selbst miterlebt und beschrieben, wie sie auch vor Leibesvisitationen nicht zurückschreckten: »... die damals Mode gewordenen Poschen der Damen, eine Art leichter Reifröcke, die freilich aus sehr geräumigen Taschen bestanden, denen man ihren Inhalt von außen durchaus nicht ansehen konnte, waren dem französischen Gesindel ein Hauptgegenstand des Argwohns ...«

Doch nicht nur Handel und Wandel hatten unter Friedrichs eigenwilliger Politik – wie schon zuvor unter seinen Raubkriegen – schwer zu leiden, auch das geistige und künstlerische Leben in Preußen erfuhr von diesem König eine unverdient schlechte Behandlung.

Da er in der Überzeugung aufgewachsen war, daß nur das Französische eine Kultursprache sei, und auch selbst kaum imstande war, richtig deutsch zu schreiben und zu lesen, traute er auch den deutschen Gelehrten und Schriftstellern keinerlei Fähigkeiten zu. Daß er die Aufnahme von Moses Mendelssohn in die Berliner Akademie der Wissenschaften rundweg ablehnte, mag man noch seiner Abneigung gegen – nicht wohlhabende – Juden zuschreiben; daß er der Akademie das Recht nahm, selbst ihre neuen Mitglieder zu wählen, weil sie in des Königs Abwesenheit keinen geringe-

Brandenburger Tor um 1770.

ren als Lessing zugewählt hatte, wird allenfalls dann verständlich, wenn man weiß, daß er weder Lessing noch Winckelmann eine halbwegs auskömmliche Bibliothekarsbesoldung zugestehen wollte und daß er am liebsten *nur* Franzosen um sich und in der preußischen Akademie gesehen hätte.

Friedrich II. empfand Lessings und Winckelmanns Weggang aus Preußen nicht als schweren Verlust; sie waren ihm völlig gleichgültig, so wie ihn auch Herder, Hamann und Kant nicht interessierten. Der »Philosoph von Sanssouci« hat den größten Philosophen seiner Zeit, den Königsberger Immanuel Kant, weder aus dessen Schriften noch persönlich kennenzulernen versucht. Auch vom jungen Goethe hielt Friedrich nichts; er hat *Werthers Leiden* oder den *Götz* vermutlich überhaupt nicht, bestimmt nicht im Original gelesen.

Die »moderne« Musik von Mozart, Haydn oder Gluck war dem König ein Greuel. Er mochte auch Johann Sebastian Bachs Kirchenmusik nicht, und dessen bedeutendsten Sohn, Carl Philipp Emanuel Bach, der ihm zwischen 1740 und 1767 höchst widerwillig als Cembalist gedient hatte, ließ er gern nach Hamburg ziehen. (»bac ligt«, was »Bach lügt« heißen sollte, schrieb der König an seinen Kammerdiener und Intimus Fredersdorf, der kein Französisch konnte, und fügte hinzu: ». . . er hat einmahl im consert hier gespilet, nuhn Krigt er Spiritus!«)

Antoine Pesne, Hofmaler schon unter Friedrich Wilhelm I., hatte das Glück, Franzose zu sein. So konnte er wenigstens Direktor der Berliner Akademie werden. Daniel Nikolaus Chodowiecki, der schon 1743 als knapp Siebzehnjähriger aus seiner Heimatstadt Danzig nach Berlin gekommen war und dort bis zu seinem Tod im Jahre 1801 als Künstler wirkte, konnte erst unter Friedrichs Nachfolger Vizedirektor und 1793 Wirklicher Direktor der Akademie werden, weil seine Arbeiten nach Ansicht des Königs zu wirklichkeitsgetreu und nicht »nach französischer Manier« idealisiert waren.

Das entsprach nicht den Wünschen des Königs nach Verherrlichung der von ihm geschaffenen Zustände und dies um so weniger, als Chodowieckis scharfer Blick so manche für das Königreich Preußen wenig schmeichelhafte Dinge entdeckte, die dann in seinen Zeichnungen jedermann deutlich erkennbar wurden.

Übrigens, Daniel Chodowiecki, dieser Preuße *par excellence*, was seine Sujets, erst recht, was seine pedantische Akkuratesse betrifft – man lese nur seine minutiösen Anweisungen an seinen Stecher Penzel zur Korrektur der Probedrucke*! –, hatte zwar einen Polen zum Vater, aber seine Muttersprache war Französisch. Seine früh verwitwete Mutter war eine aus dem Dauphiné geflüchtete Hugenottin, die – wie ihre Schülerin Johanna Schopenhauer, die Mutter des Philosophen, in ihren Jugenderinnerungen berichtet hat – »sowohl die Tracht als Sitten und Sprache« ihrer fernen Hei-

* Text der Anweisungen in der Bildlegende S. 117.

mat beibehalten hatte. Chodowiecki selbst wurde in Berlin Mitglied der Französischen Kolonie und heiratete dann auch ein Mädchen aus der hauptstädtischen Hugenottengemeinde, Demoiselle Barez. Im Hause des Ehepaars wurde zeitlebens nur Französisch gesprochen. Dennoch hat Daniel Chodowiecki als Künstler ganz bewußt die Abkehr vom französischen Stil vollzogen; er hat, zumal als Illustrator, neue Wege gefunden und viel zur bürgerlichen Aufklärung wie zur Verbreitung der deutschen Klassiker beigetragen.

Wie die meisten damals in Preußen lebenden Künstler, Philosophen und Schriftsteller stand Chodowiecki nicht in der Gnadensonne Friedrichs II. Er und seine Kollegen konnten sich in Berlin nur halten dank des Verständnisses, des Zuspruchs und der Förderung, die ihnen das Berliner Bürgertum zuteil werden ließ.

Die preußische Hauptstadt war nämlich, im Gegensatz zu den Provinzen, von den Kriegen Friedrichs II. kaum in Mitleidenschaft gezogen worden, und das Bürgertum hatte an den Lieferungen für die Armee sogar gut verdient. »Es vergeudete Zeit und Geld in Putz- und Musiksucht«, berichtet Piersons sonst so patriotische *Preußische Geschichte*, »ernste Häuslichkeit, Arbeitsamkeit und jungfräuliche Zucht kamen in Abnahme. Die Männer ... suchten in Weinschenken, welche massenhaft entstanden, im Prassen und Spielen ihr Vergnügen ... Es war in jener Zeit, daß in Berlin die Mätressen und Kebsweiber, die Ciscisbeos [gemietete Begleiter] und Galane entstanden, die man sonst hier fast nur dem Namen nach gekannt hatte. Außerdem mehrte sich die Zahl der feilen Dirnen in erschrecklicher Menge, und zwar hauptsächlich durch die Umwandlung der Residenz in eine Fabrikstadt. Es stellte sich eine sehr zahlreiche Fabrikbevölkerung ein, mit allem dem sittlichen und leiblichen Elend, welches überall ihre Begleitung zu sein pflegt. Die Fabrikherren äußerten wohl selber, sie könnten darum ihre Ware so billig stellen, weil die Arbeiterinnen nur einen sehr geringen Lohn erhielten, aber dabei beständen, da sie das Fehlende abends reichlich als Dienerinnen der Wollust erwürben.« Und weiter: »Der Schwarm von Fremden, die aus allen Himmelsrichtungen hier zusammenkamen, verwischte die noch übrigen schwachen Grundzüge des ehrwürdigen Charakters der alten Berliner, zumal durch die Verheiratungen mit den Landestöchtern, wodurch ein Mischmasch in den Generationen entstand, der buntscheckig und luftig genug war.«

In den *Briefen eines reisenden Franzosen durch Deutschland* des Johann Kaspar Riesbeck wird das Leben in der preußischen Hauptstadt während der letzten Lebensjahre Friedrichs II. ganz ähnlich, wenngleich mit weniger moralischer Entrüstung beschrieben. Riesbeck berichtet auch von Einrichtungen in Berlin, die es in anderen europäischen Großstädten nur im verborgenen gäbe, dort aber als verpachtete Betriebe der »Regie«: »Unter anderen Monopolen gibt es hier öffentliche, privilegierte Bordelle, die kraft ihrer Privilegien das ausschließliche Recht haben, dem Publikum dieses

Alexanderplatz um 1800.

Bedürfnis zu stillen ... Es gibt der öffentlichen Magazine dieser Art zwölf bis fünfzehn. Auch Leute, die über dem Pöbel stehen, machen öfters Lustpartien in die besseren Bordelle, nicht eben um auszuschweifen, sondern bloß um eine Bouteille Wein oder einen Kaffee in Gesellschaft mutwilliger Mädchen zu trinken ... Wenngleich die privilegierten Hurenwirte so gut als die Brennholzgesellschaft ihren Alleinhandel auf alle Art zu verteidigen berechtigt sind, so ist die Ware doch zu schlüpfrig, als daß man dem Schleichhandel wehren könnte. Jedes alte Weib aus der unteren Klasse, jeder Lohnlakai, jeder Kellner in einem Wirtshaus und fast jeder Wirt selbst kuppelt. Ich kenne auch einige Ärzte, die sich damit abgeben und vielleicht mehr dadurch gewinnen als durch ihre Kunst. Es gibt hier unter anderen vortrefflichen Polizeianstalten auch ein Adreßkontor für Dienstmägde, das die frische Waare sowohl in die Privathäuser als auch für die öffentlichen Magazine liefert. Aber alle diese Schleichhandel bewältigen den ausgebreiteten Verkehr nicht ... So auffallend dieser Liebesverkehr jedem Fremden erscheinen mag, so glaub' ich doch, daß hier nicht mehr noch weniger ausgeschweift wird als in jeder anderen Stadt von gleichstarker Bevölkerung«, schließt Riesbeck seine Schilderung und beurteilt »das Offene und Ungezwungene, das hier ganz allein die Sache auffallend macht«, als einen Fortschritt gegenüber den heimlichen Bräuchen in anderen Großstädten.

Auch Piersons *Preußische Geschichte* kommt zu einem positiven Fazit, was die Berliner und ihre Lebensart gegen Ende des friderizianischen Zeitalters betrifft:

»Es war (zwar) ein leichtsinniges und frivoles Völkchen, aber gutherzig und nachsichtig gegen andere wie gegen sich selbst, duldsam gegen Andersgläubige, aufgeklärt und milde und voll reger Vaterlandsliebe, dabei rührig und voll Interesse für alles Bedeutende. Nur mit Wundermännern, Kraftgenies und Schwärmern durfte man ihm nicht kommen; sie fanden hier selten ihre Rechnung, denn dazu war man in Berlin (1786) schon zu kritisch ...!«

Alles in allem kein Wunder also, daß man den Tod des »Alten Fritz« in der preußischen Hauptstadt kaum betrauerte. Graf Mirabeau, drei Jahre später einer der Wortführer der Französischen Revolution und damals gerade in Berlin, aber auch der russische Graf Rumjanzow, der ebenfalls anwesend war, wunderten sich über die sehr mäßige Anteilnahme der Berliner am Hinscheiden ihres außerhalb Preußens so berühmten und in ganz Europa bewunderten Königs.

»Das Bedauern scheint äußerst gering zu sein«, vermerkte Rumjanzow im August 1786, wenige Tage nach dem Ableben Friedrichs II., jenes Königs, der der Nachwelt schlechthin als die Verkörperung des Preußentums galt und der doch so gänzlich anders dachte und handelte als seine bei seinem Tode aufatmenden Preußen, für die er seinerseits nur Verachtung hatte.

Woran lag dieser Mangel an Übereinstimmung und gegenseitiger Zuneigung? Vielleicht daran, daß weder Friedrich noch seine Untertanen »typisch preußisch« waren, aber auf jeweils gänzlich andere Weise?

Auf jeden Fall hatte Preußen noch bis zu seinem schließlichen Untergang an den Folgen der fast ein halbes Jahrhundert währenden Herrschaft Friedrichs II. zu leiden, doch zugleich verklärte sich mit wachsendem Abstand das Bild des verblichenen Königs paradoxerweise zum preußischen Ideal.

Das traurige Erbe des bösen Fritz

»Ginge dieser Staat unter, so würde die Regierungskunst wieder in primitive Anfänge zurückfallen«, heißt es bemerkenswerterweise in bezug auf das Königreich Preußen in des Grafen Mirabeaus vierbändiger, zuerst 1788 in London erschienener Darstellung *De la monarchie prussienne sous Frédéric le Grand* (Von der preußischen Monarchie unter Friedrich dem Großen), an der der damalige Major in braunschweigischen Diensten Jacques Mauvillon, ein begeisterter Anhänger der ein Jahr darauf ausbrechenden Französischen Revolution, eifrig mitgearbeitet hat. Doch was Mirabeau und Mauvillon mit diesem scheinbar so positiven Urteil über den Staat Friedrichs II. tatsächlich ausdrücken wollten, wird erst im Zusammenhang mit ihren sonstigen Feststellungen klar: Sie bewunderten die gewaltige Kriegsmaschine, in die alle Bestandteile Preußens als ineinandergreifende Rädchen eingebaut waren und die von einem einzigen Mann, dem König, virtuos bedient wurde; sie waren zugleich von tiefem Grauen erfüllt angesichts der Unmenschlichkeit dieser Maschine, und sie hatten richtig erkannt – und darauf bezieht sich das eingangs angeführte Zitat –, daß es im Königreich Preußen keine Kräfte gab, die die ihnen zutiefst verhaßte Feudalherrschaft hätten beseitigen und ersetzen können. In diesem Junkerstaat fehlte das mächtig aufstrebende, selbstbewußte Bürgertum, das sich in Frankreich unter der Regierung von Jean Baptiste Colbert schon im 17. Jahrhundert entwickelt hatte und das sich dort gerade anschickte, den Feudalismus endgültig zu beseitigen. In Preußen war ein solches Bürgertum erst in Ansätzen vorhanden, und es fehlten alle Voraussetzungen für eine Ablösung des privilegierten Adels durch den dritten Stand.

Der 1786 kinderlos verstorbene »Alte Fritz« hatte seinem Neffen und Thronfolger, dem bei seinem Regierungsantritt zweiundvierzigjährigen Friedrich Wilhelm II., ein um Schlesien und Westpreußen stark vergrößertes Königreich mit 5,4 Millionen Einwohnern hinterlassen, und das schien, zumindest auf den ersten Blick, ein unerhört reiches Erbe zu sein.

Es gab in Preußen 1786 bereits fast 17000 Manufakturen aller Art, Bergwerke, Schiffswerften und sonstige Industriebetriebe; sie produzierten jährlich für über dreißig Millionen Taler Rohstoffe und Fertigwaren, vor allem Textilien, was von der Regierung in Berlin als beachtliche Leistung angesehen wurde.

Auch verfügte Preußen nun über eine riesige Armee von 190000 Mann und 5400 – fast ausnahmslos adligen – Offizieren. Diese unverhältnismäßig große Streitmacht hatte sich den Ruf erworben, die beste der Welt und unbesiegbar zu sein, obwohl sie im Siebenjährigen Krieg zahlreiche Schlachten verloren hatte. Dabei waren über 180000 Soldaten getötet oder schwer verwundet worden, und im Bayerischen Erbfolgekrieg war die preußische Führung vorsichtshalber jeder Schlacht aus dem Wege gegangen.

Das vergrößerte Königreich, seine aufstrebende Industrie und die gewaltige Armee bildeten eine Hinterlassenschaft, die alle Voraussetzungen dafür zu bieten schien, daß Preußen eine europäische Großmacht bleiben und ein moderner Staat werden konnte. Doch dieser Schein trog; die Wahrheit sah ganz anders aus.

Betrachten wir nämlich das Preußen des Jahres 1786 etwas näher, so entdecken wir zunächst, daß ihm jede Einheitlichkeit fehlte. Beginnen wir im äußersten Nordwesten, in Preußisch-Ostfriesland, dessen etwa 120000 Einwohner nur 24000 Taler jährlich an die preußische Staatskasse abzuführen brauchten, was durch einen Staatsvertrag festgelegt war. Auch galt in Ostfriesland ein besonderes friesisches Recht, und dieser Sonderstatus blieb auch erhalten, als 1794 das Allgemeine Preußische Landrecht eingeführt wurde. Schließlich brauchte das – von Berlin sogar mit berittenen Eilstafetten in nicht weniger als achtzig Stunden erreichbare – Fürstentum Ostfriesland der preußischen Armee keine Rekruten zu stellen; es hatte sich davon mit einer jährlichen Zahlung von 16000 Talern freigekauft.

Ähnlich lagen die Dinge in anderen westlichen, von Berlin weit entfernten und durch fremdes Gebiet getrennten preußischen Gebieten, etwa in der Herrschaft Lingen, in der Grafschaft Mörs, in den Herzogtümern Geldern und Kleve sowie in den westfälischen Grafschaften Mark, Ravensberg und Tecklenburg.

Dieser westliche Besitz Preußens, wo etwa ein Viertel der Gesamtbevölkerung des Königreichs lebte, wurde zwar durch etliche Garnisonen kontrolliert, doch ließen sich die Bewohner nur schwer oder gar nicht unter die Fuchtel des Militärs bringen. Dies zeigt ein Vorfall, der sich 1770 in dem zur Grafschaft Mark gehörenden sauerländischen Städtchen Altena abgespielt und den der von dort stammende spätere Potsdamer Hof- und Garnisonprediger Eylert in seinen Jugenderinnerungen beschrieben hat:

»Der kommandierende Generalleutnant der Provinz und Chef des Hammschen Regiments [Hamm war die Hauptstadt der Grafschaft und ihre Garnison] war der Freiherr v. Wolfersdorff ... Womöglich alle Welt unter seine Knute zu bringen, war sein Lieblingsgedanke. Diesen suchte er denn auch bei den kräftigen Hüttenarbeitern des westfälischen Süderlandes zu verwirklichen, welche bisher militärdienstfrei gewesen waren ... Aber die kräftigen Altenaer ließen sich, im Gefühle ihrer ... gerechten Sache, nicht bange machen. Kaum hatten sie daher auf den Höhen des Wicksberges den Hammschen General mit seinen Soldaten ... gesehen, als ihr Zorn entbrannte. Die Stadt schrie auf und kam auf die Beine ... An Unterwerfen wurde nicht gedacht; Gewalt mußte mit Gewalt vertrieben werden. Mit allen Kirchenglocken wurde Sturm geläutet, und von allen

Seiten schrie es ... durcheinander: ›Den Kerl soll de Düfel hahlen, dei falschen Kerl ... mit sienen strambulstrigen bloen Jacken! Hee kummt van Wicksberge! Wacht, wie wellt'en wichsen, hei sall an us denken!‹ Wolfersdorff ... rückte näher. Von dieser Seite her führte aber nur eine enge Gasse in die Stadt ... Diese hatten die Altenaer Drahtzieher besetzt. Glühende, lange Stangen hielten sie vor; sowie diese kalt waren, traten andere an die Stelle. Die Alten blieben bei dem Glühen in den Feueressen, die Jungen blieben mit dieser Waffe im Kampfe, die Weiber gossen von ihren Dächern siedendes Wasser den Soldaten auf die Köpfe, und die Kinder trugen es kochend zu in irdenen Töpfen ... Der Kampf dauerte zwei Stunden; die Altenaer wichen nicht und – der General kam nicht in die Stadt! Auf beiden Seiten wurden viele verwundet, vorzüglich auf Seiten der Soldaten ... Zum Glücke hatten sie nicht scharf geladen. An solchen Widerstand war nicht gedacht ... Wolfersdorff mußte unverrichteter Sache mit seinen zum Teil verwundeten Soldaten abziehen, und verdrießlich sprach er von irregulären Truppen, von Pack und Kanaille«, aber er kam nicht zum zweitenmal nach Altena, um dort vom Militärdienst befreite Arbeiter widerrechtlich auszuheben.

Auch in der von Friedrich II. eroberten Provinz Schlesien kam es in den letzten Jahrzehnten des 18. Jahrhunderts wiederholt zu Aufständen, aber dort waren es Hunger und Elend, die die erbuntertänigen Weber zur Empörung trieben.

Es handelte sich indessen um bloße Verzweiflungsausbrüche, ohne politische Zielsetzung, ohne sorgfältige Vorbereitung, straffe Organisation und energische Führung, und so waren diese Aufstände von vornherein zum Scheitern verurteilt. Aus Berlin kam ein königlicher Befehl an die Kommandeure der schlesischen Garnisonen, gegen die rebellierenden Weber rücksichtslos mit Waffengewalt vorzugehen, »auch die Rädelsführer ohne alle prozeßualische Förmlichkeiten aufs schleunigste zu Spitzruthen und Vestung zu condemniren [zu Spießrutenlaufen und Festungshaft zu verurteilen, wobei die Festungsstrafe bei Personen ›niederen Standes‹ darin bestand, daß sie, an eine hölzerne Karre gekettet, schwere Arbeit zu verrichten hatten] oder sie auch wohl des nöthigen Eindrucks wegen mit der Strafe des Stranges zu belegen«.

Ähnlich wie in Schlesien, wo die Bauern, Bergleute und Leineweber, häufig auch die unter großen Versprechungen ins Land gelockten Kolonisten, von den adligen Grundherren rücksichtslos unterdrückt und – was die Weber und Bergleute betraf – unter dem doppelten Joch feudaler und kapitalistischer Ausbeutung in völliger Abhängigkeit gehalten wurden, war es auch in den anderen preußischen Provinzen östlich der Elbe.

Die Adelsherrschaft über die die Masse der Bevölkerung bildenden Erbuntertänigen war unter Friedrich II. im Preußischen Allgemeinen Landrecht verankert worden und damit auch formell – wie praktisch schon seit 1653 – zur gesetzlichen Grundlage des Staats gemacht worden. Die Bauern waren danach die Untertanen ihrer Gutsherrschaft, vor der – wie Franz Mehring es formuliert hat – »die Souveränität des Staates ehrerbietig halt machte«.

Die Gutsuntertanen – und dazu gehörten auch die Kleinbauern des Gutsbezirks mit eigenem Acker und Vieh – schuldeten der Herrschaft Treue und Gehorsam. Sie durften den Gutsbezirk ohne herrschaftliche Erlaubnis nicht verlassen, brauchten zur Heirat die Genehmigung, zum Auswärtsdienen einen Erlaubnisschein ihrer Herrschaft, der in der Regel nur für ein Jahr erteilt wurde, und waren zu Frondiensten und Abgaben verpflichtet.

Entwichene Untertanen samt ihren auswärts geborenen Kindern konnte die Herrschaft überall und zu allen Zeiten zur Rückkehr nötigen; die Behörden waren dabei zur Hilfe verpflichtet. Die Kinder der Untertanen mußten der Herrschaft zu Gesindediensten angeboten werden, durften nur mit herrschaftlicher Erlaubnis ein Handwerk oder Gewerbe erlernen, eine weiterbildende Schule besuchen oder gar studieren.

Gegenüber dem Gesinde hatte die Herrschaft ein Züchtigungsrecht; alle Untertanen konnten mit Gefängnishaft bestraft werden, wenn sie ihren Pflichten nicht nachkamen. Ohne Einwilligung der Herrschaft durften die Untertanen weder Schulden machen noch ihre Grundstücke veräußern oder verpfänden. Bei einem Besitzwechsel, auch durch Erbschaft, konnte die Herrschaft bis zu zehn Prozent des Wertes als Abgabe beanspruchen.

Der Herrschaft standen die Hand- und Spanndienste der Untertanen, manchmal auf Tage oder Ackermaß beschränkt, oft auch unbeschränkt zur Verfügung. Eine Kabinettsorder Friedrichs II., die diese Frondienste auf drei bis vier Tage in der Woche begrenzt hatte, war schon als großer Fortschritt angesehen worden. Schier grenzenlos und kaum noch übersehbar waren die sonstigen Geld- und Naturalleistungen, zu denen die Untertanen verpflichtet waren: Schutzgeld, Schäfersteuer, Bienenzins, Wachspacht, Wasserlaufzinsen, Spinn- und Wirkegeld, Weidehafer, Flachs- und Federposenlieferung, Dochtgeld und Hundekorn, um nur einige der gebräuchlichsten Abgaben zu nennen, deren vollständige Aufzählung viele Seiten umfassen würde, wobei angemerkt sei, daß sie immerhin nicht überall gleichmäßig und gleichzeitig gefordert worden sind. Insgesamt sind etwa siebenhundertfünfzig verschiedene Abgaben bekannt, mit denen preußische Bauern von ihren Herrschaften geplagt wurden, wobei die ärgste Last das Jagdrecht war, das die Herrschaft auf den Äckern der Untertanen ausüben durfte.

Mit alledem waren aber die Befugnisse der Herrschaft gegenüber ihren Untertanen noch längst nicht erschöpft; sie hatte auch kirchliche und staatliche Rechte, ernannte den Geistlichen und den Küster, ließ die Gemeinde alle Sonntage für die herrschaftliche Familie beten, übte die Polizeigewalt und die niedere Gerichtsbarkeit im Gutsbezirk aus, wobei sie alle Einwohner belangen, selbst aber nicht gegen ihren Willen belangt werden konnte.

Als Adlige waren die Herrschaften nur dem höchsten Gericht der Provinz unterworfen.

Schließlich stand dem Gutsherrn das alleinige Stimmrecht auf den Kreis- und Landtagen zu, wogegen die Untertanen keinerlei politische Rechte hatten. Und die adlige Herrschaft hatte das erste Anrecht auf die Ehrenstellen im Staate: Alle hohen und viele niedere Ämter sowie sämtliche Offiziersstellen waren das gesetzliche Monopol des Adels.

Die Gutsherren waren es auch, die bestimmten, wer von den jungen Männern ihres Bezirks Militärdienst zu leisten hatte. Da seit der ersten Teilung Polens im Jahre 1772, als das kassubische Pomerellen, Pomesanien, das Kulmer Land sowie Teile von Kujavien als »Westpreußen« dem Königreich einverleibt worden waren, kein Mangel an Rekruten mehr herrschte, hatte die Armee auf die Anwerbung von Ausländern weitgehend verzichten können. Die allermeisten Soldaten stammten jetzt aus der erbuntertänigen Landbevölkerung Ostelbiens, waren überwiegend polnischer, litauischer, kassubischer oder masurischer Muttersprache, des Deutschen kaum mächtig und fast ausnahmslos Analphabeten. Sie arbeiteten weiterhin nach Beendigung der primitiven, hauptsächlich aus Kasernenhofdrill bestehenden militärischen Grundausbildung den größten Teil des Jahres auf den Gütern ihrer adligen Herren, die ihrerseits die Offiziere der Armee stellten und mit der Reitpeitsche für »williges Dienen« ihrer »Leute« sorgten, gleich, ob in der Kaserne oder auf dem Rübenacker.

Es war also nach dem Tode Friedrichs II. im wesentlichen alles beim alten geblieben, abgesehen davon, daß die französischen Beamten der »Regie« entlassen und nach Hause geschickt worden waren. Aber auch dies hatte der Bevölkerung keine Erleichterung gebracht, weil die höchst unsozialen indirekten Steuern fortbestanden.

Der neue König Friedrich Wilhelm II., vom Volk »Wilhelm der Dicke« genannt, mitunter mit dem Zusatz »König von Kanonenland«, war ein unbedeutender Regent, der sich mehr um seine Mätressen als um die Politik kümmerte. Seine erste offizielle Mätresse war Wilhelmine Enke, Tochter eines Trompeters. Friedrich Wilhelm hatte sie, als er noch Kronprinz war, bei ihrer älteren Schwester, die zum Opernensemble gehörte, kennengelernt. Sie war damals erst dreizehn Jahre alt, und der Prinz hatte sie so reizend gefunden, daß er sie auf seine Kosten in Paris ausbilden ließ.

Wilhelmine gebar ihm fünf Kinder, die zu Grafen und Gräfinnen von der Mark ernannt wurden, während ihre Mutter der Form halber des Königs Kammerdiener zum Ehemann bekam. Obwohl sie von einer anderen, der Hofdame Julie v. Voß, schon bald verdrängt wurde, erhielt sich Wilhelmine die Zuneigung des Königs, der sie zur Gräfin v. Lichtenau ernannte und ihr ein großes Vermögen zukommen ließ, das jedoch nach seinem Tode von seinem Sohn und Nachfolger auf wenig vornehme Weise wieder eingezogen wurde.

Julie v. Voß war knapp zwanzig Jahre alt, als sich der um etwa zwanzig

Jahre ältere König 1783 mit ihr heimlich und, wie man es höflich umschrieb, »zur linken Hand« trauen ließ, obwohl er bereits verheiratet war. Julie wurde zur Gräfin Ingenheim ernannt und gebar dem König einen Sohn. Gleich nach ihrem frühen Tod im März 1789 nahm Friedrich Wilhelm II. die gerade einundzwanzigjährige Hofdame seiner Frau, Sophie Gräfin v. Dönhoff, zur neuen Gemahlin »linker Hand«, aber schon drei Jahre später trennte er sich wieder von ihr, nachdem sie ihm einen Sohn und eine Tochter geboren hatte. Der Sohn, der den Namen Wilhelm Graf v. Brandenburg erhielt, spielte in der preußischen Politik später eine düstere Rolle.

Bei der intensiven Beschäftigung Friedrich Wilhelms II. mit den Hofdamen seiner Frau, dem Familienzwist und den Hofintrigen, die sich daraus ergaben, sowie bei seinen sonstigen Neigungen – Mystizismus, Spiritismus und Rosenkreuzertum –, war es nicht verwunderlich, daß er dem politischen Geschehen in Europa nicht allzuviel Beachtung schenkte.

Außenpolitisch war Preußen schon seit 1764 ins Schlepptau Rußlands geraten, und zwar ohne großes Widerstreben, denn schon der »Alte Fritz« hatte erkannt, daß für den Bestand des preußischen Systems der Unterdrückung und Ausbeutung, also für das Florieren des hohenzollernschen Familienbesitzes Preußen, die Rückendeckung durch Rußland notwendig war. Die Russen, die im Siebenjährigen Krieg zweimal, 1758 und 1760, sogar für kurze Zeit Berlin besetzt hatten, waren ihm dann tatsächlich zu Hilfe gekommen und hatten Preußen vor dem sicheren Untergang bewahrt.

»Was Friedrich II. endlich doch aus dem Strudel gerettet hat, der ihn fast schon verschlungen hatte«, heißt es dazu bei Franz Mehring, »ist der Schutz des närrischen Zaren Peter und nach dessen alsbaldiger Ermordung die berechnende Schonung der Zarin Katharina gewesen, die den preußischen König als ›Auxiliar-[Hilfs-]macht‹ brauchte, um das polnische und türkische Wild in ihr Garn zu treiben. Der König selbst empfand die russische Vasallenschaft viel schwerer als ehedem die französische, aber abschütteln konnte er dies Erbe des Siebenjährigen Krieges nicht.« Es lastete seitdem auf Preußen, und in der Regierungszeit Friedrich Wilhelms II. war es wiederum der große Nachbar im Osten, der die Außenpolitik Preußens diktierte.

»Mit diabolischer Geschicklichkeit«, hat Franz Mehring dazu bemerkt, »hetzte die Zarin Katharina im Interesse ihrer polnischen Raubzüge den König in den abenteuerlichen Krieg mit der Französischen Revolution«, die 1789, im dritten Regierungsjahr Friedrich Wilhelms II., in Paris ausgebrochen war und das feudale Europa in seinen Grundfesten erschütterte.

In Preußen war allerdings, außer in den weit westlich gelegenen Landesteilen und in der Hauptstadt Berlin, von dem Sturmwind, der bald über Europa hinwegfegen sollte, noch so gut wie nichts zu spüren. Zwar hatte in Halle der aus der Oberlausitz gebürtige evangelische Theologe Karl

Friedrich Bahrdt ein Buch *Über Pressefreiheit* veröffentlicht und darin erklärt: »Die Freiheit, seine Einsichten und Urteile mitzuteilen – es sei mündlich oder schriftlich – ist, eben wie die Freiheit zu denken, ein heiliges und unverletzliches Recht des Menschen«, und es gebe nur eine Schranke der Kritik: die Wahrheit. Damit und mit seiner aus der Naturrechtslehre gezogenen revolutionären Folgerung, daß »Menschenrecht vor Fürstenrecht« gehe, hätte Bahrdt, als er 1787 vor begeisterten Studenten die Souveränität des Volkes zur Forderung erhob, auch in Preußen die Revolution einleiten können – so wie in Frankreich achtzehn Monate später der Abbé Sieyès mit seiner Schrift *Qu'est-ce que le tiers-état?* (Was ist der dritte Stand?).*

Aber Halle war nicht Paris; Preußen gehörte allenfalls zur Hälfte zu Deutschland, und weder Preußen noch gar das zersplitterte Deutschland hatte ein mit Paris auch nur entfernt vergleichbares politisches und geistiges Zentrum; vor allem aber fehlte, besonders in Preußen, ein starkes und selbstbewußtes Bürgertum.

Berlin mit seinen damals etwa – ohne die Garnison – rund 120000 Einwohnern war kleiner als Wien oder Amsterdam mit je annähernd 200000, wesentlich kleiner als Paris mit 600000 oder gar London mit über 800000 Einwohnern. Auch war die preußische Hauptstadt – nach der Schilderung eines Zeitgenossen – noch zu einem beträchtlichen Teil von der Landwirtschaft geprägt:

»Residenz, Manufaktur-, Handels- und Landstadt, Dorf und Meierei – alles in einer Ringmauer zusammen. Wer das Donnern der Karossen nicht mehr hören will, der gehe in eine Vorstadt und höre das Rasseln der Wollen-, Seiden- und Leinweberstühle; hat er auch dieses Geräusch satt, so gehe er nach dem Weidendamm und labe sein Auge an dem frischen Grün der Wiesen; und will er Saaten und Pflug sehen, so gehe er in die Köpenikker Vorstadt und promeniere zwischen den Kornfeldern ...«

Als sich im Herbst 1789, wenige Wochen nach dem Ausbruch der Französischen Revolution, in den Berliner Zeitungen die Stimmen mehrten, die den »Bürgerkampf der tapferen Franken« begrüßten, griff die Zensur ein. Sie war schon unter Friedrich II. – obwohl der doch angeblich »die Gazetten nicht geniret« wissen wollte – sehr streng gehandhabt worden; die Berliner Zeitungen galten damals als die langweiligsten in Deutschland.

Unter Friedrich Wilhelm II. war die Pressezensur noch verschärft worden. Des Königs Günstling und neuer Großkanzler, der lutherische Ex-Prediger Johann Christoph Wöllner, der sich mit der schönen Wilhelmine Enke, nachmaligen Gräfin Lichtenau, rasch verbündet hatte, war imstande gewesen, vom König – so gut vertrugen sich Frömmelei und Mätressenwirtschaft miteinander! – ein »Edict zum Schutze der allerheiligsten Reli-

* Näheres über K. F. Bahrdt und seine vergeblichen Bemühungen, von Halle aus eine revolutionäre Bewegung in Gang zu bringen, in: Bernt Engelmann, »Trotz alledem. Deutsche Radikale 1777–1977«, München, 1977.

gion« zu erwirken. Damit war es mit der Berliner Pressefreiheit, die, wie Lessing sie beschrieben hat, schon unter dem »Alten Fritz« beschränkt war »auf die Freiheit, gegen die Religion so viel Sottisen [derbe Verunglimpfungen] auf den Markt zu bringen, als man will«, gänzlich vorbei.

Einen Rüffel erhielt 1794 auch der Philosoph Immanuel Kant im fernen Königsberg – sechsundachtzig Stunden brauchten die Postreiter, um ihm das Schreiben von Berlin aus zuzustellen; Kant mußte versprechen, sich je-

Immanuel Kant (Zeichnung von Hans Veit Schnorr v. Carolsfeld, 1789).

der öffentlichen Erörterung von Fragen der Religion künftig zu enthalten, denn – so war ihm von Wöllner im Namen des Königs angedroht worden – »widrigenfalls Ihr Euch bei fortgesetzter Renitenz unfehlbarer unangenehmer Verfügungen zu gewärtigen habt«.

Doch die Geheimräte und Minister in Berlin, die mit Hilfe der Zensur und des Religionsedikts die alte Ordnung vor jedem revolutionären Gedanken schützen wollten, ahnten nicht, daß der gemaßregelte Professor Kant in Königsberg jene Revolution, die sie noch im Keim zu ersticken gedachten, philosophisch längst erfolgreich durchgeführt hatte.

Schon 1781, acht Jahre vor dem Sturm auf die Bastille von Paris, hatte sich Immanuel Kant mit seiner *Kritik der reinen Vernunft* deutlich als Revolutionär, ja als der eigentliche Vernichter der alten Mächte erwiesen, der »mit seinen zerstörenden, weltzermalmenden Gedanken . . . an Terrorismus den Maximilian Robespierre weit übertraf«. So jedenfalls hat es Heinrich Heine ein halbes Jahrhundert später klar erkannt.

Aber bei Hofe in Berlin merkte man nichts davon (und anderswo in Preußen auch nicht, von einigen wenigen Studierstuben und Berliner Salons abgesehen). Niemand wußte, daß Kant seine Revolution bereits siegreich vollzogen hatte – allerdings nur im Reich des Geistes, was zwar keine praktische, schon gar keine sofortige Veränderung der gesellschaftlichen Verhältnisse bewirken konnte, ja für einen gewaltsamen Umsturz eher hinderlich war, wohl aber die Voraussetzungen für eine umfassende sittliche und moralische Wandlung weit über Preußen hinaus geschaffen hat. (Dabei ist anzumerken, daß uns hier zum erstenmal etwas wirklich »typisch Preußisches« begegnet: die erfolgreiche Durchführung von geistigen Revolutionen, deren praktische Folgen sich zunächst nur anderswo zeigen, ohne daß sich in Preußen selbst schon etwas verändert.)

Weil man damals in Wien und St. Petersburg sowie in den kleineren Zentren der alten Ordnung, etwa in Stuttgart, München oder Dresden, von Kants Ideen kaum etwas wußte, richtete sich das Mißtrauen der dortigen Polizei- und Zensurbehörden gegen allerlei »Nordlichter« minderer Größe und Bedeutung. Im katholischen Süddeutschland und in den seit der Thronbesteigung Franz II. im Jahre 1792 wieder stramm reaktionären habsburgischen Landen wurde die Bezeichnung »Berliner« zum Sammelbegriff für deutsches Jakobinertum, für Volksaufwiegelung und Schwärmerei von Freiheit, Gleichheit und Brüderlichkeit.

Hatten nicht seit hundertzwanzig Jahren alle Feinde Roms und Habsburgs sich in Berlin ein Stelldichein gegeben? Waren nicht die Hugenotten und die nicht minder verstockten österreichischen Protestanten und Juden dorthin geflüchtet? Hatte nicht das gesamte Ketzertum Europas – von den holländischen und schweizerischen Kalvinisten bis zu den Mährischen Brüdern, den Waldensern und den Mennoniten – in Preußisch-Berlin Asyl gefunden? War nicht der Gottesleugner Voltaire jahrelang dort gewesen und von dem Habsburg-Hasser Friedrich II. verhätschelt worden? Und hatte nicht schließlich auch der Volksaufwiegler Mirabeau im Todesjahr dieses Preußenkönigs Berlin zu längerem Aufenthalt besucht?

Man war übrigens, besonders in Wien und München, fest davon überzeugt, daß Voltaire und Mirabeau nicht etwa ihrerseits die Berliner mit revolutionärem Gedankengut verseucht, nein umgekehrt, daß sie erst in der preußischen Hauptstadt die Ideen der Empörung gegen Gott und dessen irdische Behörden eingesogen hätten!

In Wahrheit aber waren die Berliner damals von politischem Denken oder gar Handeln noch weit entfernt. Die breite Unterschicht der Manufakturarbeiter, Handwerksgesellen und Handlanger, des Gesindes und der Angehörigen des Soldatenstandes war viel zu unterdrückt und ungebildet, um auf das zu kommen, was die Behörden »dumme Gedanken« nannten; ein kultiviertes Bürgertum, wie es Wien und Prag sowie einige größere west- und süddeutsche Städte schon hatten, gab es in Berlin nur im Ansatz. Dieses sich erst bildende Berliner Bürgertum bestand vornehmlich aus sich längst heimisch und eingesessen fühlenden Hugenotten und Juden, die weitgehend ihr Eigenleben führten. Die von den Repräsentanten der alten Mächte befürchtete Auflösung der Standesunterschiede beschränkte sich in der preußischen Hauptstadt auf einige literarische Salons und gelehrte Zirkel, außerhalb derselben auf das Gebiet des frivolen Amüsements.

Im Herbst 1792 gab es ein paar – beinahe rührend dilettantische – Versuche Hamburger und Altonaer Jakobiner, die Fackel der Revolution in die preußische Hauptstadt zu tragen. Der Theologiestudent Gustav Friedrich Heiligenstedt, der sich Rosentreter nannte, Sohn eines Quedlinburger Priesters, und der aus Hamburg gebürtige frühere Privatdozent der Göttinger Universität Heinrich Würzer, der schon 1788 wegen scharfer Angriffe auf die preußische Zensur mit Gefängnis bestraft worden war, trafen sich damals in Berlin und nahmen dort insgeheim mit demokratisch gesinnten Kreisen Verbindung auf.

Im Oktober 1792 beschlagnahmte die Berliner Polizei eine Anzahl Flugblätter, die heimlich verteilt worden waren. Ihr Text lautete:

»Aufforderung an die Einwohner von Berlin.

Brave Bürger! Ihr schlaft und die Tyrannei schwebt über euren Köpfen. Eure Schätze sind zerstreut, eure Heere streiten wider die Freiheit, um euch in die Sklaverei desto gewisser zu werfen. Nach einem schimpflichen Kriege, wenn er schon einen glücklichen Ausgang nehmen sollte, würdet ihr genötigt sein, drückende Auflagen zu ertragen, euren Schweiß zu verschwenden, um zu den Ausgaben der wollüstigen Frauenzimmer eures Beherrschers beizutragen. Der Augenblick ist vorhanden, benutzt denselben, aber ohne Ausschweifung, ohne Laster. Euer Wille muß sich durch Gewalt offenbaren, durch Nachdruck, aber mit einer Gelassenheit, die nur Gerechtigkeit und Mut geben kann.

Befehlet, daß dieser ungerechte Krieg ein Ende nehme, daß die Ordnung in euren Finanzen wiederhergestellt werde, daß das Volk für den wahren

Souverän erkannt werde, daß der Unterschied zwischen den Ständen aufhöre, welcher uns herabwürdigt, und daß der Mensch in seine ursprüngliche Würde zurückkehre, welche nur durch die Frechheit des Tyrannen zu sein aufgehört hat; daß diejenigen, welche das Vaterland, die Ehre und die Menschheit lieben, sich miteinander auf den 31. Oktober erheben. Ehre sei der Freiheit, der Gleichheit, der Einigkeit und der Tugend.«

In den folgenden Wochen wurden – wie Walter Grab, dessen Forschungen diese Zeugnisse jakobinischer Revolutionspropaganda in Deutschland zu verdanken sind, ausführlich beschrieben hat – in Berlin noch weitere Flugblätter verbreitet, von denen sich eines an die Bürger, ein anderes an die Berliner Garnison wandte, ohne daß es der Polizei gelang, die Verfasser und Verteiler ausfindig zu machen. Es kam auch zu einigen Tumulten und Ausschreitungen, für die die Polizei die Jakobinerpropaganda verantwortlich machte. Im Dezember 1792 schließlich wurde Heiligenstedt alias Rosentreter verhaftet und dem Untersuchungsrichter Cavan vorgeführt. Da er seine wichtigsten Papiere noch hatte verbrennen können und jede Schuld leugnete, konnte ihm Richter Cavan nur anhand abgefangener Briefe Beziehungen zu außerpreußischen Jakobinerzirkeln nachweisen. Heiligenstedt blieb fast zwei Jahre in Haft, zunächst in der Berliner Stadtvogtei, dann in der Zitadelle der Festung Spandau. Sein Gesinnungsfreund Würzer wurde Anfang 1793 aus Preußen ausgewiesen und kehrte nach Hamburg zurück, wohin sich nach seiner Freilassung auch Heiligenstedt begab, gewiß tief enttäuscht von der Vergeblichkeit seiner Bemühungen, die Berliner zu einer Revolution – »aber ohne Ausschweifung, ohne Laster«! – zu bewegen.

Nein, in Berlin und auch im übrigen Preußen östlich der Elbe dachte noch niemand ernsthaft an einen gewaltsamen Umsturz, und der Krieg gegen das revolutionäre Frankreich, dem sich Preußen 1792 mit rund 40000 Mann seiner besten Truppen zögernd und nur auf Drängen der Zarin von Rußland hin angeschlossen hatte, wurde als ein fernes Ereignis angesehen, das zu den heimischen Verhältnissen in keinerlei Bezug stand. Gewiß, die Fabrikbesitzer und Großhändler freuten sich über die Hochkonjunktur, die der Krieg ihnen brachte; die Berlinerinnen trauerten ihrem ins Feld gezogenen Liebsten oder Ehemann nach. Aber man war allgemein der Überzeugung, daß das Heer bald siegreich heimkehren und durch das – im Jahr zuvor dem Verkehr übergebene – Brandenburger Tor einziehen würde. Diesem Bauwerk des Schlesiers Karl Gotthard Langhans fehlte übrigens noch – bis 1795 – jenes bronzene Viergespann mit der die preußischen Wahrzeichen gen Himmel reckenden Siegesgöttin. Gottfried Schadow arbeitete noch daran, voll Sorge, sein Kunstwerk könnte nicht rechtzeitig für den Einzug der siegreichen preußischen Truppen fertig werden.

Zwar sprach es sich dann in Berlin und anderswo in Preußen rasch herum, daß der geplante »Spaziergang nach Paris« ein sehr beschwerlicher Feldzug geworden war; daß die Soldaten im knietiefen Schlamm der von einem Dauerregen heimgesuchten Champagne steckengeblieben waren und daß eine Ruhrepidemie die Kampfkraft der Armee lähmte. Aber auch das wurde in der Heimat ohne große Beunruhigung aufgenommen, und man gab ebenfalls wenig auf die Gerüchte, die besagten, die preußischen Soldaten hegten in wachsendem Maße heimliche Sympathien für die Franzosen, die sich von Zwang und Fron selbst befreit hatten. Man wußte ja in Preußen, daß die Gedanken der Soldaten keine Rolle spielten; sie waren doch stets nur deshalb gegen den jeweiligen Feind marschiert, weil sie ihre Vorgesetzten und deren barbarische Methoden weit mehr fürchteten als die feindlichen Kugeln.

Im September 1792 wurde dann allerdings der nicht nur in Preußen, sondern in ganz Europa verbreitete Glaube an die Unbesiegbarkeit der preußischen Armee nachhaltig erschüttert. Am Morgen des 20. September waren die unter dem Oberbefehl des Herzogs von Braunschweig stehenden Preußen bei Valmy auf die Höhenstellungen eines französischen Korps unter dem Befehl des Generals Franz Christoph Kellermann, eines aus Wolfsbuchweiler gebürtigen Württembergers, gestoßen. Den ganzen Tag über, bis zum Einbruch der Dunkelheit, beschossen sich Preußen und Franzosen gegenseitig mit Kanonen, ohne daß die preußische Infanterie zum Angriff kam. In der folgenden Nacht vereinigte General Kellermann, der Märsche durch die Dunkelheit und selbst durch die Wälder nicht zu fürchten brauchte, seine zahlenmäßig unterlegenen Truppen mit der einige Kilometer entfernt liegenden Hauptmacht der Revolutionsarmee unter General Dumouriez. Die Preußen hingegen, die nur bei Tage und auf übersichtlichem Gelände eingesetzt werden konnten, weil sonst allzu viele Soldaten desertierten, fanden am Morgen die Höhen von Valmy geräumt und hatten nun die Wahl, entweder eine Schlacht gegen die ihnen jetzt anderthalbfach überlegene Streitmacht Dumouriez' zu wagen oder sich zurückzuziehen.

Das preußische Oberkommando konnte sich einige Tage lang weder zum einen noch zum anderen entschließen, zumal es an Nachschub fehlte und die Mannschaften durch Hunger und Ruhr sehr entkräftet waren. Währenddessen erhielt die Armee Dumouriez' laufend Verstärkungen, und am 30. September, zehn Tage nach der ergebnislosen, jedoch in ihren Auswirkungen sehr folgenschweren Kanonade von Valmy sah sich der Herzog von Braunschweig gezwungen, die Champagne zu räumen und sich mit der gesamten preußischen Streitmacht bis nach Luxemburg zurückzuziehen.

Wenige Tage später fiel ein anderes französisches Korps unter dem Befehl des Generals Custine in die Bistümer Speyer und Worms ein, eroberte sie ohne große Mühe und nahm noch vor Ende des Monats Oktober die Festung Mainz. Entsetzen ergriff alle kleinen Fürstenhöfe Westdeutschlands; überall brachte man eilig seine Schätze in Sicherheit und fürchtete die Überflutung ganz Deutschlands durch die französische Revolutionsarmee. Diese wurde in den eroberten Gebieten und besonders in Mainz von der Bevölkerung mit viel Jubel als Befreier begrüßt, beseitigte dort die Leibeigenschaft ebenso wie die Lehnslasten, Zehnten, Frondienste und alle adligen Privilegien, vor allem das die Bauern besonders bedrükkende herrschaftliche Jagdrecht. Und nachdem am 21. Januar 1793 der schon seit dem Rückzug der Preußen als verloren geltende König Ludwig XVI. in Paris hingerichtet worden war, sahen sich die alten Mächte, so völlig uneins und so mißtrauisch gegeneinander sie sonst auch waren, zur gemeinsamen Fortsetzung des Kriegs genötigt. Denn ein weiteres Vordringen der französischen Revolutionsheere hätte unweigerlich zum Zusammenbruch des verrotteten Systems der feudalen Unterdrückung und Ausbeutung geführt, das sie als gottgegeben und legitim betrachteten.

Auch Friedrich Wilhelm II., dessen Armee die Hauptlast des neuen Feldzugs gegen Frankreich von den anderen Verbündeten zugedacht war, mußte dies schließlich einsehen, obwohl er sich nur höchst widerwillig dazu bereit fand, für die ihm verhaßten Habsburger und die ihm völlig gleichgültigen geistlichen und weltlichen Reichsfürsten die Kastanien aus dem Feuer zu holen. Er war daran um so weniger interessiert, als sich ihm im Osten weit lockendere Ziele boten: Dort waren nämlich schon im Mai 1792 die russischen Armeen in Polen eingefallen. Rund 100000 Mann hatte Katharina II. aufgeboten, um das ganze Land dem Zarenreich einzuverleiben.

Der Wunsch der preußischen Führung, den Russen einen möglichst großen Teil der zu erwartenden Beute abzujagen, war weit stärker als ihr Wille, das Deutsche Reich oder auch nur das linke Rheinufer vor der Eroberung durch das revolutionäre Frankreich zu bewahren. So verhandelte Berlin zunächst heimlich mit den Polen und bot ihnen preußischen Beistand bei der Verteidigung des Landes gegen die eingefallenen Russen an. Dafür sollten sie Danzig und Thorn an Preußen abtreten – ein Ansinnen, das die Polen entrüstet zurückwiesen. Sie erinnerten die Preußen daran, daß man schwerlich im Kampf gegen das revolutionäre Frankreich von der Verteidigung der Legitimität und der göttlichen Ordnung sprechen könne, wenn man in Polen das Königtum zerstören lasse und selbst die Legitimität mit Füßen trete.

Doch die Habgier der preußischen Führung war weit größer als ihre Prinzipientreue. Nach dem Scheitern der Verhandlungen mit den Polen begann sie schon um die Jahreswende 1792/93 Gespräche mit den Russen, verabredete die zweite Teilung Polens und ließ nun ebenfalls Truppen einrücken. In den Erklärungen, die Friedrich Wilhelm II. und die Zarin Katharina gemeinsam abgaben, hieß es, Polen sei von der jakobinischen Seuche angesteckt, und sie glaubten es nicht besser heilen zu können, als wenn sie die polnischen Grenzprovinzen ihren Staaten einverleibten und so gegen das Gift der revolutionären Meinungen schützten.

Die »Grenzprovinzen«, die Preußen dann im Laufe des Jahres 1793 tatsächlich annektierte, umfaßten nicht nur die Gebiete von Danzig, Thorn, Posen, Gnesen, Kalisch und Kujavien, sondern auch Lentschitz und Sieradien sowie Teile der Woiwodschaften Krakau, Rawa und Plozk mit zusammen rund 1,1 Millionen Einwohnern, die zum allergrößten Teil Polen waren. Die Beute wurde euphemistisch »Südpreußen« genannt.

Im Westen hingegen gab es nichts zu beschönigen; dort nahm der Krieg gegen die Franzosen einen für Preußen und seine Verbündeten enttäuschenden Verlauf. Nach anfänglichen Erfolgen mußten sie sich gegen Ende des Jahres 1793 in Winterquartiere zwischen Nahe und Rhein zurückziehen.

Das Mißtrauen zwischen der preußischen und der österreichischen Führung war seit der zweiten Teilung Polens, bei der die Habsburger leer ausgegangen waren, noch größer geworden; sie schoben sich gegenseitig die Schuld am Versagen ihrer Kriegführung zu. Der Herzog von Braunschweig legte schließlich verärgert den preußischen Oberbefehl nieder und schrieb an König Friedrich Wilhelm: »Wenn eine große Nation wie die französische durch Schrecken und Begeisterung zu großen Taten geführt wird, so sollte ein einziger Wille, ein einziger Grundsatz alle Schritte der Verbündeten lenken. Allein, wenn statt dessen jedes Heer für sich ohne festen Plan, ohne Einigkeit, ohne Grundsatz und ohne Methode handelt, dann müssen die Ergebnisse so sein, wie wir sie erlebt haben.«

Im übrigen war der Herzog – nachdem sich gezeigt hatte, daß die seelenlose preußische Kriegsmaschine gegen die von Patriotismus und revolutionärer Begeisterung erfüllte französische Volksarmee nichts ausrichten konnte – nun auch der Meinung, daß dieser Feldzug gar nicht im Interesse Preußens liege. Dieselbe Ansicht herrschte im Heer und bei der Mehrheit der preußischen Bevölkerung.

»Hatten die Gegner der Franzosen in unseren Ländern noch alle Vorteile der Macht und Formen, so war doch die große Menge der Einwohner den Franzosen, oder vielmehr ihrer Sache, geneigt«, heißt es dazu in den *Denkwürdigkeiten des eigenen Lebens* von Karl August Varnhagen v. Ense, der diese Zeit als Kind in Düsseldorf verlebte und dessen Vater dann wegen seiner Parteinahme für die Franzosen ausgewiesen wurde, »und die Siege der letzteren galten auch uns zum Gewinn; der Augenblick schien nicht fern, wo die Waffen der Freiheit bis zu uns vordringen und die alten Zustände in sich zusammenbrechen würden.«

Was Varnhagen beobachtet hat, traf auch auf die westlichen Landesteile Preußens zu, desgleichen auf die Bewohner der größeren Städte des Königreichs sowie auf die Mehrzahl der Studenten und Professoren der preußischen Universitäten. »Befürchteten Adel und Klerus, daß die revolutionäre Sturmflut sich über Deutschland ergießen und ihre traditionellen Herrschafts- und Sozialprivilegien hinwegschwemmen würde«, hat Walter Grab dazu bemerkt, »so begrüßten weite Teile der bürgerlichen Öffentlichkeit in den Herbstmonaten 1792 die Waffenerfolge der Franzosen.«

Auch die Unterschicht sympathisierte mit dem revolutionären Frankreich, was nur allzu begreiflich war angesichts der brutalen Unterdrückung, unter der die Soldaten und der größte Teil der Bevölkerung zu leiden hatten.

Friedrich Wilhelm II. blieb unentschlossen; einesteils hätte auch er lieber den Krieg im Westen abgebrochen, wenn auch aus anderen Gründen als seine Untertanen, andernteils zögerte er noch, die »heilige Sache«, um die es doch der gegen Frankreich verbündeten Koalition ging, einfach im Stich zu lassen. Schließlich fand er eine Lösung, die auch die größten Bewunderer der Hohenzollern nicht als edle Tat noch gar als Erfüllung der »deutschen Mission« Preußens hinzustellen vermochten: Der König selbst zog sich nach Berlin zurück, vermietete aber einen beträchtlichen Teil des preußischen Heeres, etwa 63000 Mann, an die Briten und Holländer zu deren beliebiger Verfügung, nämlich, »wo es für die Interessen der Seemächte am zweckmäßigsten erachtet werden würde«.

Friedrich Wilhelm II., der ein solches Ansinnen kurz zuvor entrüstet zurückgewiesen hatte – »Es verträgt sich«, schrieb er, »weder mit der Stellung meines Staates noch mit meiner Liebe zu meinen Untertanen, sie an fremde Mächte zu verkaufen; . . . es wäre eine Schande für einen König von Preußen!« –, stellte alle moralischen Skrupel zurück angesichts des finanziellen Gewinns, den ihm der schmutzige Handel einbrachte: monatlich 50000 Pfund Sterling sowie 300000 Pfund zu Beginn und 100000 Pfund bei Beendigung der Transaktion. »Mit diesem Vertrag, dessen Sinn und Wortlaut keinerlei Zweifel zuließ, genau in derselben Weise wie die gekrönten deutschen Menschenhändler auf den kleinstaatlichen Thronen, hatte er seine Untertanen an fremde Mächte für bares Geld vermietet. Die Schmach des Soldatenverkaufs haftete seitdem unaustilgbar auch auf Preußen. Und die Schamlosigkeit solchen Handels wird nicht dadurch vermindert, sondern im Gegenteil noch gesteigert, daß Preußen tatsächlich den englischen Menschenaufkäufer betrog«, weil es zwar das britische Gold einsackte, aber die lebende Ware nur zögernd und spärlich, am Ende gar nicht lieferte. »Als die Engländer schließlich merkten, daß sie betrogen waren, und die Zahlung der Subsidien einstellten, erklärte Preußen nun, unschuldig und harmlos wie immer, England habe den Vertrag gebrochen, und Preußen sei folglich aller Pflichten ledig.«

So der Preuße Kurt Eisner, heute allenfalls noch bekannt als der Führer der Revolution in München im November 1918 und der bereits im Februar 1919 ermordete erste Ministerpräsident des Freistaats Bayern, in seinem 1907 erschienenen Werk *Das Ende des Reichs*, einer glänzenden Darstellung Deutschlands und Preußens im Zeitalter der Französischen Revolution.

Darin wies er auch nach, daß noch während die preußische Armee von den Engländern gemietet und bezahlt wurde, um gegen Frankreich eingesetzt zu werden, die preußische Diplomatie bereits insgeheim mit den Franzosen verhandelte: »Die preußische Verratspolitik war so unbefangen, daß sie – trotz des Kreuzzugs für die heilige Sache der Ordnung – kein Bedenken trug, selbst mit einem Robespierre, der doch als der scheusäligste Bluthund den preußischen Untertanen immer wieder vorgeführt ward, gegen die Bundesgenossen zu konspirieren. Die geheimen preußischen Friedensverhandlungen mit dem Wohlfahrtsausschuß begannen unter Mitwirkung Lucchesinis« – gemeint ist der aus Florenz gebürtige, schon von Friedrich II. 1780 zum preußischen Kammerherrn ernannte Marchese, der dann des Königs ständiger Begleiter gewesen und nach dessen Tod zum führenden Diplomaten Preußens avanciert war – »am 6. Juni 1794.« Erst am 27. Juli stürzte Robespierre und mit ihm das jakobinische Regime.

»Der Preis, um den von Anfang an geschachert wurde, war die Auslieferung des linken Rheinufers an Frankreich«, und er wurde von Preußen, unter Preisgabe seiner dortigen Gebiete, für die es rechts des Rheins auf Kosten geistlicher Fürsten entschädigt wurde, im Baseler Frieden von 1795 ohne Rücksicht auf die Reichsinteressen und die bisherigen Bundesgenossen akzeptiert. Das war zwar ganz im Sinne der politischen Testamente Friedrichs II., aber ganz gewiß nicht in dem der angeblichen »deutschen Mission«. Und die deutschnationalen Historiker bemühten und bemühen sich noch heute umsonst, wenn sie, quasi zur Entschuldigung, auf die gleichzeitigen Raubzüge Preußens in Polen verweisen.

Fast gleichzeitig mit dem Beginn des preußischen Soldatenverkaufs im Westen hatten sich die Polen zu einem letzten, verzweifelten Kampf um die Erhaltung ihrer Unabhängigkeit aufgerafft. Geführt von Thaddäus Kosciuszko schlugen sie am 4. April 1794 die Russen bei Raclawice und zwangen sie zum Rückzug. Daraufhin brach am 18. April auch in Warschau der Aufstand aus, und nun mußte Friedrich Wilhelm II., wenn ihm die polnische Beute nicht verlorengehen sollte, mit 50000 Soldaten den Russen zu Hilfe kommen. Kosciuszko, ein kriegserfahrener Kommandeur, der schon unter Washington als Brigadegeneral im nordamerikanischen Befreiungskampf zu großem Ansehen gelangt und von der Nationalversammlung zum Ehrenbürger Frankreichs ernannt worden war, versuchte vergeblich, eine Vereinigung der preußischen und russischen Korps zu verhindern.

Das polnische Heer wurde von der feindlichen Übermacht geschlagen, und Kosciuszko mußte sich mit seinen Truppen nach Warschau zurückziehen. Den ganzen Sommer über verteidigten die Polen ihre Hauptstadt erfolgreich, zwangen sogar im September das preußische Heer zur Aufgabe der Belagerung und zum Rückzug nach Posen, wo ein neuer polnischer Aufstand in ganz »Südpreußen« die rückwärtigen Verbindungen der Armee Friedrich Wilhelms abzuschneiden drohte, und schlugen auch die Russen in mehreren Schlachten.

Während die Preußen noch damit beschäftigt waren, den Aufruhr in ihrer neuen Provinz blutig niederzuwerfen und ein strenges Strafgericht zu halten, unterlagen die sehr tapfer kämpfenden, aber unter sich wieder völlig zerstrittenen Polen – Kosciuszko hatte die Leibeigenschaft aufgehoben und sich damit den Haß der Aristokraten zugezogen – nach drei erfolgreichen Angriffen schließlich doch der erdrückenden Übermacht der Russen. Kosciuszko wurde dabei verwundet und geriet in Gefangenschaft, und damit war der polnische Aufstand zusammengebrochen.

Zwar leisteten die Reste seiner Truppen, die sich nach Warschau zurückzogen, noch drei Wochen lang erbitterten Widerstand, aber nachdem am 4. November die Russen die auf dem rechten Weichselufer gelegene Warschauer Vorstadt Praga im Sturm genommen und dort die gesamte Bevölkerung – 20 000 Männer, Frauen und Kinder – niedergemetzelt hatten, ergab sich auch die Hauptstadt. Damit war der Untergang Polens besiegelt; als Staat hatte es aufgehört zu existieren. Erst 124 Jahre später, im November 1918, konnte wieder ein unabhängiges Polen entstehen, nachdem die »drei gekrönten Räuber« – die russischen Zaren, die preußischen Hohenzollern und die österreichischen Habsburger – abgewirtschaftet, ihre Armeen die Waffen gestreckt hatten.

Wenn die preußische Führung damals, 1795, auf die Dankbarkeit der Russen gehofft hatte, so sah sie sich nun bitter enttäuscht. Anstatt sich mit den Preußen über die Teilung Rest-Polens zu einigen, verständigte sich das Zarenreich zunächst mit den Österreichern, die in die Kämpfe überhaupt nicht eingegriffen hatten, überließ ihnen das Gebiet von Krakau, das sich Preußen erhofft hatte, nahm sich selbst ein doppelt so großes Stück und gab erst nach zähen, sehr unfreundlich geführten Verhandlungen, die sich bis zum Oktober 1795 hinzogen, den empörten Preußen die Gebiete von Warschau und Bialystok heraus.

Obwohl dies weit weniger war, als sich Friedrich Wilhelm II. erhofft hatte, konnte Preußen damit sein Gebiet um nochmals 38 500 Quadratkilometer – mehr als heute Nordrhein-Westfalen und das Saarland zusammen an Fläche besitzen –, die Anzahl seiner Einwohner um eine weitere Million vermehren; von den Neubürgern dieser »Neuostpreußen« genannten Provinz sowie von »Neuschlesien« sprach oder verstand allerdings nur ein winziger Bruchteil, zumeist Juden, die deutsche Amtssprache.

Insgesamt erlangte Preußen bei den drei Teilungen Polens einen Gebietszuwachs von rund 140 000 Quadratkilometern – das entspricht etwa der Ausdehnung der heutigen Bundesrepublik ohne Bayern und Baden-Württemberg – und einen Bevölkerungszuwachs von rund drei Millionen Menschen.

Aber während sich das Königreich immer weiter nach Osten ausdehnte und schon jeder dritte Preuße polnischer Nationalität und Muttersprache war, gab Friedrich Wilhelm II. gleichzeitig in einem separaten Friedensvertrag mit der Französischen Republik, der am 5. April 1795 zu Basel unterzeichnet wurde, das linke Rheinufer – und damit auch alle preußischen Gebiete jenseits dieser Grenze – den Franzosen preis. Gleichzeitig wurde ganz Norddeutschland zur »neutralen Zone« erklärt, was nicht nur in Berlin, sondern auch am Weimarer Musenhof großen Beifall fand und der aufblühenden deutschen Klassik die ersehnte Muße verschaffte.

In der preußischen Hauptstadt kannte man den Krieg zwar nur vom Hörensagen, und die Revolution in Frankreich, von der etliche nach Berlin geflüchtete französische Aristokraten gar Schreckliches zu berichten hatten, empfand man als einen aufregenden, viel Stoff für Diskussionen bietenden Nervenkitzel. Aber man war doch sehr erleichtert, daß der König das Kriegführen endlich aufgegeben und Frieden geschlossen hatte. So konnte man sich weiter und nun ohne hie und da Rücksichten nehmen zu müssen, ungehindert amüsieren. Auch neue Moden kamen auf, die die aus Paris geflüchteten Adligen mitgebracht hatten.

Unter diesen Emigranten war übrigens auch der junge Louis Charles Adelaïde de Chamisso de Boncourt, der 1796 Page der preußischen Königin wurde; später nannte er sich Adelbert v. Chamisso, trat erst als Offizier in ein Berliner Regiment ein und machte sich später als deutscher Lyriker und Erzähler einen Namen.

Den Tod Friedrich Wilhelms II. im November 1797 nahm man in Berlin und anderswo in Preußen ohne große Anteilnahme auf, aber auch ohne die Erleichterung, die das Ableben Friedrichs II. hervorgerufen hatte. Mit überschwenglichen Hoffnungen begrüßte die Bevölkerung und namentlich das Bürgertum den Regierungsantritt Friedrich Wilhelms III. Die bürgerliche Ungezwungenheit, mit der sich der König und seine junge Frau, die nunmehrige Königin Luise, in der Residenz bewegten, schien endlich die neue Zeit anzukündigen, in der die Standesunterschiede fallen würden.

Als Glück empfand man es auch, daß die Neutralitäts- und Friedenspolitik fortgeführt wurde. Denn obwohl sich das preußische Offizierskorps so gebärdete, daß der Eindruck entstand, Preußen sei nach wie vor die stärkste Militärmacht des Kontinents, wollte man es nicht auf eine Probe ankommen lassen. Da die Wirtschaft glänzend gedieh und gut verdient wurde, versuchte man sich einzureden, daß auch weiterhin alles gutgehen werde. Man brauchte nur die Augen zu verschließen und keine Notiz von den Siegeszügen zu nehmen, die die französischen Armeen gegen die ehemaligen Verbündeten führten. Besonders ein junger General aus Korsika, Napoléon Bonaparte, der vom Ehrgeiz besessen schien, ließ aber immer wieder heimliche Sorge aufkommen, daß die glückliche Zeit der völligen Unberührtheit vom Kriegsgeschehen in Europa plötzlich zu Ende gehen könnte, zumal das politische Klima, was Preußens Beziehungen zu dem immer mächtiger werdenden Frankreich betraf, schließlich ziemlich kühl wurde.

Damals kam in Berlin die Redensart auf: »Det is'n Leben wie in' Sommer, bloß nich so warm!«

Was das Königreich Preußen anging, so stand ihm bereits ein eiskalter Winter vor der Tür, auf den es, wie sich erweisen sollte, überhaupt nicht vorbereitet war.

Ruhe ist die erste Bürgerpflicht

»Berlin, so weit es in den Ringmauern liegt, ... gehört zu keinem Militär-Canton. Jeder in Berlin gebohrne Einwohner ist vom Soldatenstande frey. Fremde, welche sich hier niederlassen wollen, müssen zur Erwerbung dieser Freyheit, seit 1801, zweihundert Reichsthaler zur Invaliden-Casse für das Bürgerrecht bezahlen, welches hingegen die hier Gebohrnen für wenige Thaler erhalten. Zu diesem Befehle [Fremde mit einer hohen Summe zur Kasse zu bitten, ehe auch sie militärfrei wurden] gaben viele in den Provinzen Gebohrne Anlaß, welche sich blos deshalb hier niederließen, um vom Militär-Dienst frey zu werden. Die Soldatensöhne, so hier gebohren werden, gehören jedoch ebenfalls wieder zum Soldatenstande.«

Das *Lexicon von Berlin und der umliegenden Gegend* von 1806, dem diese Angaben entnommen sind, berichtet des weiteren, daß die Berliner Garnison damals aus sechzig Musketierkompanien mit zusammen 9440 Mann, zwölf Grenadierkompanien mit zusammen 2316 Mann, zwanzig Kompanien Fußartillerie und sechs Kompanien reitender Artillerie mit zusammen 5156 Mann, ferner aus vierundfünfzig Brückenbaupionieren, 250 Mann *Garde du Corps* (Leibwachen), zehn Kompanien Gendarmen mit zusammen 820 Mann, fünf Husarenschwadronen mit zusammen 755 Mann und einem zweiundzwanzig Mann starken Kommando reitender Feldjäger bestand, »in Summa 18788 Mann, ohne Offiziere, den Unterstab, Frauen und Kinder und ohne das Cadetten- und Invaliden-Corps. Ein Regiment Landmilitz wird nur in Kriegszeiten zur Bestellung der Wachen zusammengebracht, jedoch die Ober- und Unteroffiziere werden auch in Friedenszeiten beständig besoldet. Rechnet man zu obigen die Frauen und Kinder und alle zum Militär gehörige Personen, so kömmt eine Summe von mehr als vierzigtausend Personen heraus«, das war knapp ein Fünftel der damaligen Bevölkerung Berlins, wobei allerdings rund 6000 Soldaten und Unteroffiziere, ein Drittel der in Berlin stationierten Truppen, ständig beurlaubt waren und nur im Herbst zum Manöver mit anschließender »Revue« für wenige Wochen einrückten.

Im Herbst 1806 fielen allerdings das Manöver und die »Revue« genannte Besichtigung nebst Parade aus. Denn nachdem im Juli ganz West- und Süddeutschland als »Rheinbund« unter französische Oberhoheit gestellt, im August das alte, längst bedeutungslos gewordene Deutsche Reich auf Befehl Napoléons auch formal aufgelöst worden war, hatte sich die Lage in einer für Preußen äußerst bedrohlichen Weise zugespitzt.

Offensichtlich war das Königreich von dem unersättlichen Bonaparte, nunmehrigen Kaiser der Franzosen, zum nächsten Opfer auserkoren. Napoléon, der am 2. Dezember 1805 bei Austerlitz die vereinigten Armeen Österreichs und Rußlands vernichtend geschlagen hatte, brauchte die preußische Armee, die während dieses Feldzugs im Rücken der französischen Streitkräfte ein gefährlicher Gegner gewesen wäre, nun nicht mehr zu fürchten.

Im September 1806 machte der von den Berlinern ursprünglich für fortschrittlich und aufgeklärt gehaltene Preußenkönig, den Friedrich Engels treffend beschrieben hat als »einen der größten Holzköpfe, die je einen Thron regiert«, einen weiteren äußerst törichten und für das alte Preußen verhängnisvollen Fehler: Er, der bis dahin sein Heil in der Neutralität gesehen hatte und jeder Auseinandersetzung mit Frankreich aus dem Wege gegangen war, ließ sich nun, obwohl sein Land auf einen Krieg gar nicht vorbereitet war, zu einem Ultimatum an Napoléon provozieren; er forderte den sofortigen Abzug der französischen Truppen aus Süddeutschland!

Napoléon nahm diese Herausforderung dankbar an; er hatte nicht gehofft, so rasch einen Vorwand zu finden, nun auch Preußen anzugreifen, und er handelte dann mit verblüffender Schnelligkeit.

Die preußische Führung hingegen war mit Blindheit geschlagen. Sie glaubte, daß das Land aufs beste gerüstet, die Armee unbesiegbar wäre. Ein General meinte sogar, man brauchte eigentlich gar keine Gewehre und Säbel, sondern könnte die Franzosen auch mit Knüppeln in die Flucht jagen, sofern sie nicht schon beim bloßen Anblick der fabelhaft gedrillten preußischen Blauröcke davonliefen.

Dabei war Preußens Armee weder gut ausgerüstet noch hinreichend bewaffnet, zudem alles andere als kampfbereit. Die Soldaten litten unter dem geisttötenden Drill, der schlechten Verpflegung und den Stockschlägen ihrer Korporäle; das Offizierskorps bestand zu einem großen Teil aus Knaben, die mit vierzehn, manchmal auch schon mit zehn, elf Jahren, nur weil sie »Jünkerlein« waren und die Kadettenanstalt besucht hatten, zu Leutnants ernannt worden waren. Sie hatten selten mehr gelernt als die Äußerlichkeiten des veralteten Exerzierreglements.

Von der veränderten Kriegskunst hatten weder die jungen noch die älteren Offiziere eine Ahnung, erst recht nicht die Generale, von denen keiner weniger als siebzig Jahre alt war. Sie alle kannten und schätzten nur die Drillkünste, den Gamaschendienst und die fast hundert Jahre alten Regeln des Angriffs in geschlossener Formation. »Die Zopf- und Puderquälerei ging ins Unglaubliche. Genaues Gleichmaß der Zöpfe eines Regiments war ein Hauptziel der preußischen Kriegskunst«, und die Exerzierplätze hallten wider von wüsten Flüchen und dem Klatschen der Schläge mit der flachen Klinge, die die Offiziere austeilten.

»Es war empörend zu sehen, wie halberwachsene Offiziere für den geringsten Formfehler alte Soldaten oft halbtot prügeln durften«, heißt es dazu in Piersons ansonsten so militärfrommer *Preußischer Geschichte* von 1864. »Doch trotz aller eingeprügelten Paradefertigkeit bewegte sich das Heer im Felde nur langsam. Denn nach alter Mode waren die Soldaten mit schwerem, zum großen Teil unnützem Gepäck (besonders Putzzeug) bepackt, und die Offiziere führten einen ungeheuren Troß mit sich ... So zogen denn die Truppen wie die Lasttiere bepackt, schlecht gekleidet, schlecht ernährt und viel gefuchtelt dahin, ein schwerfälliger, geistloser Haufen ... Von Vaterlandsliebe, von Begeisterung war bei solchen Leuten nicht die Rede; sie konnten in dem Militärdienst nur eine Last sehen. Woher sollte ihnen selbst das rein militärische Ehrgefühl kommen? Sie konnten nie Offiziere werden, standen unter dem Stock, wurden gemißhandelt von ihren Befehlshabern und verachtet oder gehaßt von den Zivilpersonen.«

In der Tat war die gesamte Bevölkerung des Königreichs Preußen alles andere als militärbegeistert. Teils bedauerte, teils verachtete man die gemeinen Soldaten, und das Bürgertum haßte die hochmütigen und brutalen »Jünkerlein«, die sich in den Garnisonstädten, wo sie als Offiziere Dienst taten, aufführten, als gehörte ihnen allein die Straße.

»Die langen Degen in wagrechter Lage an der Seite, sahen diese bartlosen Knaben mit dem gewaltigen Sturmhut auf dem Heldenhaupt aus wie mit einer Stecknadel aufgespießte Brummfliegen«, heißt es in einer zeitgenössischen Biographie. »Diese Knaben-Offiziers stolzirten in langer Front ... umher mit einer Unverschämtheit, die selbst die Verständigen unter den preußischen Beamten empörte. Wer ihnen in den Weg kam und nicht bei Zeiten auswich oder nicht mehr ausweichen konnte, wurde mit dem Rohrstock oder mit dem Degenknopf bei Seite gestoßen, und Frauen und Jungfrauen, die das Unglück hatten, in das Bereich dieser entarteten Jugend zu geraten, wurden durch die schamlosesten Reden und selbst durch Handgriffe insultirt. Diese Bande führte in Wein- und Speisehäusern und bei den Konditoren das große Wort. ›Wir werden‹, lärmten sie, ›den Franzosen und ihrem Bonaparte schon zeigen, um was es sich handelt, wenn sie uns zu nahe kommen. Er soll uns kennen lernen!‹ ...« So war es weiter kein Wunder, daß die meisten Bürger heimlich mit den Franzosen sympathisierten, und auch die geprügelten Soldaten, »bis zum Sergeanten aufwärts«, einen Sieg Napoléons herbeiwünschten.

Besonders in den westlichen Provinzen Preußens liebäugelte die Bevölkerung mit den schon aufmarschierenden »Feinden« und sah in den Franzosen ihre Befreier. Nur in Berlin gab es im Herbst 1806 zumindest anfangs eine gewisse Kriegsbegeisterung und patriotische Hochstimmung. Allerdings dachte auch in der preußischen Hauptstadt, von einigen wenigen jungen Leuten abgesehen, kein Bürger ernsthaft daran, sich freiwillig zu den Fahnen zu melden. Ein solches Verlangen wäre auf etwa ebensoviel Unverständnis und Empörung gestoßen, wie wenn heute jemand den Mitgliedern einer Industrie- und Handelskammer zumuten wollte, die Arbeit des städtischen Müllparks tatkräftig zu unterstützen und die eigenen Söhne, zusammen mit den Insassen der örtlichen Justizvollzugsanstalt, eine entehrende und lebensgefährliche Schmutzarbeit verrichten zu lassen.

So darf man vermuten, daß die anfängliche Kriegsbegeisterung der Berliner Bürgerschaft vornehmlich der Hoffnung entsprang, daß die beginnenden Feindseligkeiten ihre Geschäfte florieren lassen und die Kunden noch ausgabefreudiger machen würden. Denn der Hang zum Luxus war in der preußischen Hauptstadt – allen Beteuerungen späterer Historiker zum Trotz, die uns die spartanische Einfachheit des Bürgertums im alten Preußen als vorbildlich priesen – schon sehr ausgeprägt.

Zwar wurden die Beamten »durch ihr mäßiges Gehalt, zumal wenn sie kein eigenes Vermögen besitzen, in Absicht des Luxus in engen Schranken gehalten«, heißt es dazu im *Lexicon von Berlin und der umliegenden Gegend* von 1806, doch dann vermag der Verfasser, nach kurzer Erwähnung des Bürgertums, das »gut, aber doch mehr einfach als prächtig« lebe, sich nicht länger zurückzuhalten:

»Demungeachtet fehlt es aber bey uns an nichts, was den Gaumen des größten Wollüstlings befriedigen könnte. Wir erhalten im Winter Seefische, Austern, Caviar, Wildpret jeder Art und dergl. in Überfluß. Unsere Kunst- und Modehandlungen und Möbelmagazine sind mit den prächtigsten Artikeln versehen . . .« und so fort. Stolz schließt er: »Die Kleidermoden der Frauenzimmer wechseln in Berlin wie in allen großen Städten, und das Raffinement in diesem Luxus-Artikel ist in beständiger Thätigkeit. Man glaube aber ja nicht, daß unsere Moden noch so häufig als sonst von den Franzosen und Engländern erborgt werden; unsere Mode-Restaurateurs erfinden selbst sehr viel, und der häufige Wechsel von Fremden aus allen Ländern giebt ihrer Erfindungskraft täglich neue Nahrung.«

Was die Berliner Modeateliers betraf, so waren unter diesen das von Ludwig Michelet, Unter den Linden 33, das der Demoiselle Buvry in der Brüderstraße, das der Demoiselle Rosenberg in der Friedrichstraße 177 sowie die Firma Wibeau & Verast, Breite Straße 4, führend; von den Möbelmagazinen erfreute sich das von Burnat, Unter den Linden 32, großer Beliebtheit, und die bedeutendste Antiquitätenhandlung war die von Moses Model Rieß in der Behrenstraße.

An Manufakturen für Luxuswaren gab es beispielsweise die von Jean Charlon in der Kronenstraße für Stiefel aus feinstem Englischleder; die Gold- und Silberstickerei-Manufaktur von Hurlin in der Klosterstraße; die Bijouterie-Fabriken von Boudessons Erben in der Unterwasserstraße, von Jourdan und von Reclam, beide in der Jägerstraße; die Seidenzeug- und Seidenband-Manufakturen von Gebr. Baudouin Söhne am Köllnischen Fischmarkt, von Bernhard & Co. in der Bischofsstraße 15, wobei anzumerken ist, daß dieses Unternehmen zuletzt von Moses Mendelssohn geführt worden war, ferner die Seidenfabriken von David Girard & Sohn, von Georg Gabain, von Blanc & Pascal, von Ludwig Wilhelm Michelet, von Benoni Friedländer, von Daniel Charrier, Heinrich Jakob Baudouin, L. Roumieu und Barey Söhne, schließlich die Bandmanufakturen von Bonté & Co., von Gebr. Jouanne, von Favreau & Sohn, von Gebr. Tancre sowie von Nathan & Borchardt, um nur die wichtigten zu nennen. Schon die Namen lassen erkennen, daß es sich fast nur um Angehörige der Französischen Kolonie und der jüdischen Gemeinde handelte.

In diesen – der Herkunft ihrer Angehörigen nach ja eigentlich nichtpreußischen – Kreisen des Berliner Bürgertums pflegte man den Geist der Aufklärung und der Toleranz, beschäftigte sich mit den neuesten philosophischen Ideen und der anderswo verlachten deutschen Literatur, ja, dort erst entwickelte man jenen patriotischen Bürgersinn und jenes deutsche Nationalgefühl, die beide für das liberale Bürgertum des 19. Jahrhunderts bestimmend wurden und die in krassem Gegensatz standen sowohl zum Gruppenegoismus der privilegierten Junker als auch zu der nur an den Interessen ihrer Dynastie orientierten Politik der preußischen Hohenzollern.

Aus der Fülle der Beispiele, die sich für die geistige und politische Bedeutung der hugenottischen und jüdischen Kreise des Berliner Bürgertums anführen ließen, sei ein besonders wichtiges herausgegriffen: der Salon der Rahel Levin.

»Die Rahel«, Tochter eines wohlhabenden Kaufmanns und Juwelenhändlers, war – wie Paul Landau es beschrieben hat – »eine glühende Seele in einem reizlosen Körper, deren hellsichtige Menschenkenntnis und deren einzigartiges Einfühlungsvermögen alle, die ihr nähertraten, zu einem Kreis schöpferischer Gemeinschaft zusammenschloß«.

Zu diesem Kreis gehörten die Dichter Jean Paul, Friedrich de la Motte Fouqué und Adelbert v. Chamisso, die Brüder August Wilhelm und Friedrich v. Schlegel, letzterer seit 1804 verheiratet mit Dorothea, der ältesten Tochter Moses Mendelssohns, aber auch der aus Jena vertriebene Philosoph Johann Gottlieb Fichte. Der junge Heinrich v. Kleist suchte 1810 bei »der Rahel« Trost, als alle seine Versuche gescheitert waren, sein – später als das reifste Werk des Dichters und als die preußischste aller Hymnen gefeiertes – Drama *Prinz von Homburg* aufführen zu lassen. Aber das Preußen, von dem Kleist träumte, hatte schon damals wenig gemein mit der preußischen Wirklichkeit; das Stück mißfiel nicht nur Friedrich Wilhelm III., den Herren und Damen des Hofs und der Generalität, weil ein preußischer Prinz ihrer Meinung nach keine Todesfurcht zeigen durfte, zumindest nicht auf der Bühne, sondern stieß auch bei den meisten Freunden des Dichters auf Ablehnung – außer bei Rahel Levin.

Elf Jahre nach Kleists Tod schrieb Heinrich Heine über dieses preußische Stück, das keine preußische Bühne aufführen wollte: »Was mich betrifft, so stimme ich dafür, daß es gleichsam vom Genius der Poesie selbst geschrieben ist.« Heine, den Rahel zu erziehen versucht hatte, »und wenn es mit Prügeln geschehen sollte«, war – wie auch Ludwig Börne – von dieser faszinierenden Frau nachhaltig beeindruckt und, wenngleich wohl gegen seinen Willen, beeinflußt worden.

Nach dem Freitod des verzweifelten Kleist, als alle Welt die Nase rümpfte und die »Haltlosigkeit« dieses »entgleisten Junkers« verurteilte, war es allein Rahel, die sich zu ihm bekannte: »Ich freue mich«, schrieb sie,

Heinrich v. Kleist, 1777–1811 (Gouache nach der Original-Miniatur von P. Friedel).

»daß mein edler Freund – denn Freund ruf ich ihm bitter und mit Thränen nach! – das Unwürdige nicht duldete: gelitten hat er genug. Keiner von denen, die ihn etwa tadeln, hätte ihm zehn Thaler gereicht, Nächte gewidmet, Nachsicht mit ihm gehabt ...« Doch es war nicht nur Kleist, der zuerst und allein bei Rahel Verständnis fand:

»Wenn man sagt, daß der eigentliche Goethe-Kult sich aus ihrem Salon über Deutschland verbreitet hat«, heißt es sehr zutreffend in Arthur Eloessers höchst informativem Aufsatz *Berlin um 1800 und das Biedermeier*, »so ist das eine – später oft geleugnete – historische Tatsache. Es war ihr größter Tag, als Goethe sie während einer Reise mit einem Morgenbesuch überraschte, aber sie ist auch die erste Frau und fast der erste Mensch in Deutschland gewesen, der Goethe vom Erlebnis her verstand und in der Dichtung des angeblichen Olympiers und großen Egoisten auch das verspürte, was ihm die Götter an den Schmerzen, den unendlichen, verliehen hatten.«

Zu den engen Freunden Rahels, die dann den aus Düsseldorf gebürtigen österreichischen Offizier, späteren preußischen Diplomaten und Geschichtsschreiber Karl August Varnhagen v. Ense heiratete und zum Christentum übertrat, gehörten auch die Brüder Alexander und Wilhelm v. Humboldt, beide übrigens – zumindest mütterlicherseits – hugenottischer Abkunft. Zumal Wilhelm v. Humboldt, im Jahre 1806 noch preußischer Ministerresident in Rom, ging später, als er auf Vorschlag des Freiherrn vom Stein die Leitung des preußischen Kultus- und Unterrichtswesens übernommen hatte, bei Rahel ein und aus. Mit ihr erörterte und entwickelte er seine Staatsidee, die den rechtsstaatlichen Schutz individueller Freiheit mit den Aufgaben eines Volks- und Nationalstaats verband, die Förderung eines freien Geisteslebens anstrebte und dem Staat »das Verbesserungsgeschäft der Nation«, die Ausbreitung höherer Bildung, zuwies.

Zu den glühenden Verehrern und treuen Freunden Rahel Varnhagens gehörte auch ein – zu seinem Vorteil aus der Art geschlagener – Hohenzoller: Prinz Louis Ferdinand von Preußen, Sohn eines jüngeren Bruders des »Alten Fritz«, zumindest nach der offiziellen Genealogie; wenn man indessen Franz Mehrings Darstellung in *Jena und Tilsit. Ein Kapitel ostelbischer Junkergeschichte* folgt, dann war Louis Ferdinands leiblicher Vater der – 1806 in der Schlacht bei Auerstedt gefallene – General der Infanterie Graf Schmettau. Louis Ferdinands neuester Biograph, Eckart Kleßmann, hat die Vaterschaft Schmettaus ungenügend verbürgt gefunden, was nach Lage der Dinge nicht weiter verwunderlich ist. Kleßmann, ein hervorragender Kenner der napoléonischen Epoche in Deutschland, nennt den Prinzen »eine von der Nachwelt schon früh ins Mythische abgedrängte Persönlichkeit, Ersatzgott im patriotischen Himmel«; Franz Mehring hat Louis Ferdinand nüchterner charakterisiert: »Seine ganze Art bildete einen erfrischenden Gegensatz zu dem eingebildeten Wesen des Königs, und obgleich er seine angebliche Genialität einstweilen nur in wirklicher Liederlichkeit bekundete, so spricht doch die Freundschaft, die Scharnhorst und Stein ihm schenkten, einigermaßen dafür, daß er von anderem Stoffe war als sonst die preußischen Prinzen.«

Zwischen Friedrich Wilhelm III. und Louis Ferdinand gab es eine tiefe, auf Gegenseitigkeit beruhende Abneigung. Der Prinz nannte den König einen »Stiefeletten-Sergeanten, einen Uniform-Schneider, einen Menschen ohne Phantasie, ohne Genie«. Und als dem König die Nachricht vom Tode des Prinzen überbracht wurde, bemerkte Friedrich Wilhelm dazu nur: »Hat wie ein toller Mensch gelebt, ist wie ein toller Mensch gestorben, die Scharte nur klein, muß aber ausgewetzt werden«, woraus zu ersehen ist, daß der Prinz dem bornierten Hof zeit seines Lebens ein Ärgernis gewesen ist.

Der vielseitig begabte, bei den Bürgern sehr beliebte, zunächst bei Hofe als Exzentriker belächelte Prinz Louis Ferdinand, im Jahre 1806 gerade vierunddreißig Jahre alt, war einer der heftigsten Kritiker der unentschlossenen preußischen Neutralitätspolitik und ein eifriger Befürworter einer gründlichen Reform des völlig veralteten, korrupten und seine Mannschaften nur durch Prügel zusammenhaltenden preußischen Heeres. Er sah die Gefahr, die dem Königreich von dem immer mächtiger werdenden Frankreich Napoléons drohte, und wollte der unausweichlichen Konfrontation durch einen rechtzeitigen Anschluß Preußens an die antifranzösische Koalition zuvorkommen. Doch er stieß mit seinen dringenden Appellen, flammenden Protesten und recht vernünftigen Reformvorschlägen immer nur auf taube Ohren. Schließlich wurde er dann selbst eines der ersten Opfer der Katastrophe, die er hatte kommen sehen und vermeiden wollen.

Am 7. Oktober 1806 war im Bamberger Hauptquartier Napoléons jenes preußische Ultimatum eingetroffen, mit dem Friedrich Wilhelm III. törichterweise den Franzosenkaiser zu einem für Preußen besonders ungünstigen Zeitpunkt herausforderte und Napoléon den ersehnten Vorwand zum Losschlagen lieferte. In Berlin nahm man an, daß der bevorstehende Winter keine größeren Operationen mehr zulassen und Zeit für Verhandlungen bieten würde, bei denen man einige Zugeständnisse herauszuholen hoffte.

Statt dessen eröffneten die Franzosen – 220000 Mann, davon ein Fünftel Rheinbund-Truppen – sofort die Feindseligkeiten. Noch am 7. Oktober überschritten sie die Grenze Sachsens, das mit Preußen verbündet war, und schlugen in der Nähe von Hof eine preußische Abteilung. Am 10. Oktober vernichteten sie eine weitere preußische Vorhut bei Saalfeld, wobei deren Führer, Prinz Louis Ferdinand, das fand, was die Geschichtsbücher »einen braven Reitertod« nennen.

Die Scharmützel an der Grenze machten den preußisch-sächsischen Oberbefehlshaber, den inzwischen einundsiebzigjährigen Herzog von Braunschweig, noch unentschlossener, als er ohnehin schon war. Wie einst beim Feldzug in der Champagne, hätte er auch jetzt mit seinen Truppen am liebsten rückwärtige Winterquartiere bezogen, doch Napoléon ließ ihm dazu keine Zeit. Bereits am 14. Oktober griffen die Franzosen mit rund 100000 Mann die preußische Hauptmacht, die weit verstreut zwischen Eisenach und Jena stand, an zwei Stellen an. In einer sorgfältig geplanten Doppelschlacht erlitten die verbündeten Preußen und Sachsen eine schwere Niederlage. Napoléon selbst griff mit seinen Truppen ein preußisches Korps unter dem Befehl des Fürsten Hohenlohe bei Jena an, die Streitmacht seines Marschalls Davout umzingelte die Masse der preußischen Regimenter bei Auerstedt. Insgesamt verloren die preußischen Streitkräfte 27000 Mann an Toten, Verwundeten und Gefangenen; die Reste des geschlagenen Heeres flohen über die Elbe. Keiner der preußischen Führer zeigte sich fähig, den Rückzug zu stoppen und die sich auflösenden Truppenteile wieder zu sammeln. Der Herzog von Braunschweig, durch eine verirrte Kugel erblindet, betrachtete den Krieg als beendet; seine Unterführer waren uneinig und großenteils zur sofortigen Kapitulation bereit, und König Friedrich Wilhelm III., der als bloßer Zuschauer am Untergang der preußischen Armee teilgenommen hatte, konnte sich zu keinem Entschluß aufraffen.

»Oh, hätten Männer an unserer Spitze gestanden!«, klagte bald darauf einer der preußischen Offiziere, der dabeigewesen war, der Réfugié Adelbert v. Chamisso, und ein anderer, Nachkomme eines aus Österreich vertriebenen Protestanten, der preußische Major August Neithardt v. Gneisenau, erinnerte sich: »Das waren Greuel! Tausendmal lieber sterben, als das wieder erleben!« Er war dabeigewesen, als die geschlagenen preußischen Verbände aus zwei Richtungen kommend nachts aufeinandertrafen, sich gegenseitig beschossen, sogar in Kämpfe Mann gegen Mann verwickelten und schließlich, nachdem sie die Proviantwagen geplündert hatten, ihre Waffen zurücklassend, gemeinsam gen Norden flüchteten.

Zwei Tage nach der Niederlage bei Jena und Auerstedt, am 16. Oktober, übergab der Prinz von Oranien, Kommandant der wichtigen Festung Erfurt, kampflos die Forts, die gewaltigen Vorräte an Waffen, Munition und Proviant und die 11000 Mann starke Besatzung den anrückenden Franzosen. In den folgenden zwanzig Tagen kapitulierte eine preußische Festung nach der anderen: In Magdeburg ergab sich General v. Kleist an der Spitze von neunzehn Generalen, die zusammen 1300 Jahre zählten, und lieferte Preußens Hauptfestung mit 24000 Mann Besatzung ohne Gegenwehr dem Feind aus; das gutbefestigte Hameln, mit 10000 Mann Elitetruppen und reichen Vorräten versehen, ergab sich auf Befehl des sechsundsiebzigjährigen Kommandanten, des Generals v. Schöler, einem nur 6000 Mann starken französischen Korps, das über keine Artillerie verfügte und noch keinen Angriff unternommen hatte.

Bereits in der Nacht zum 17. Oktober, zwei Tage nach der Katastrophe von Jena und Auerstedt, war der preußische Rittmeister v. Dorville, einer der wenigen Offiziere, die den Kopf nicht völlig verloren hatten, mit der Nachricht von der Niederlage in Berlin eingetroffen. Er hatte sich sehr beeilt, unterwegs kaum geschlafen, denn selbst eine Reiterstafette benötigte für die Entfernung von Jena nach Berlin normalerweise einen Tag mehr. Der Grund für seine Eile war, daß in der preußischen Hauptstadt große Mengen an Waffen und Munition lagerten; daß es Berlin und die Festung Spandau in Verteidigungsbereitschaft zu setzen, die königliche Familie, den Staatsschatz und die geheimen Archive in Sicherheit zu bringen galt.

Doch der als Gouverneur von Berlin amtierende General und Staatsminister Graf Friedrich Wilhelm v. d. Schulenburg-Kehnert dachte nicht im Traum daran, den Widerstand zu organisieren. Die Berlin umschließende Mauer, 1802 fertiggestellt, diente ja nur noch steuerlichen Zwecken; an ihren Toren wurden die Zölle und Abgaben erhoben. Die Garnison war bis auf sechs Bataillone und die diversen Wachen der Depots ins Feld ausgerückt, und vor allem – dessen war sich der Gouverneur durchaus bewußt – hatte die Berliner Bevölkerung diesmal nicht die geringste Neigung, die Verteidigung der Hauptstadt durch Bürgerwehren zu unterstützen. Im Gegenteil, man mußte befürchten, daß sie sich nun gegen die königliche Regierung wenden, womöglich sogar zu bewaffnetem Aufstand entschließen werde.

Deshalb erließ Graf Schulenburg zunächst einmal am Morgen des 17. Oktober 1806 jene berühmt gewordene Proklamation, worin er den Berlinern lediglich mitteilte: »Der König hat eine Bataille [Schlacht] verlohren. Jetzt ist Ruhe die erste Bürgerpflicht. Ich fordere die Einwohner Berlins dazu auf. Der König und seine Brüder leben!«

Dann ließ er die Staatskassen fortschaffen, zuvor allerdings, »zur Erleichterung des Transports«, sich selbst und seinen Beamten drei Monatsgehälter im voraus auszahlen. Am 21. Oktober verließ er dann mit allen noch vorhandenen Truppen eilig die Hauptstadt, »verabsäumte es aber in seiner kopflosen Hast, die im Zeughause vorhandenen sehr erheblichen militärischen Vorräte« – darunter 40000 fabrikneue, modernste Gewehre nebst extralangen Bajonetten – »mit fortzuführen und damit dem Zugriff des Feindes zu entziehen«.

Sein Beispiel wirkte ansteckend auf die Standesgenossen des Grafen: Nachdem bereits der königliche Hof, teils nach Stettin, teils mit Friedrich Wilhelm III. nach Küstrin, geflohen war, verließen nun auch die übrigen in Berlin lebenden Aristokraten und mit ihnen die wohlhabenderen unter den adligen Beamten und Militärs eiligst die Hauptstadt, während vom Lande her ein Zustrom von Schutzsuchenden einsetzte. Die zurückbleibenden preußischen Beamten aber wurden von Panik ergriffen. »Es war«, so schrieb die Gräfin Schwerin, »als müsse alles, was noch preußisch an uns scheinen konnte, bis auf die Erinnerung vertilgt werden; alles, was einem Adler glich, ward abgenommen, sogar die Briefträger rissen sich ihre messingnen Schilder vom Arm. Auf der Kunstausstellung, die der Ausbruch des Krieges unterbrochen hatte, wurden die Büsten des Königs und des Zaren, so gut es in der Eile gehen wollte, versteckt, und der Vorschlag soll laut geworden sein, schnell noch einige Zeichnungen Napoléons anzufertigen ...«

Als Graf Schulenburg die ihm anvertraute Hauptstadt verließ, übernahm dessen Schwiegersohn, Ludwig Fürst v. Hatzfeld, ein pensionierter Generalleutnant, das Amt des Gouverneurs. Er erließ sogleich eine Proklamation, worin es bemerkenswerterweise hieß: »Ruhige Fassung ist dermalen unser Loos; unsere Aussichten müssen sich nicht über dasjenige entfernen, was in unseren Mauern vorgeht: dieses ist unser einziges höheres Interesse, mit welchem wir uns allein beschäftigen müssen!«

Dann reiste er eilig dem Franzosenkaiser nach Potsdam entgegen, wo er Napoléon, der dort bereits am 24. Oktober mit einem Teil seiner Garde eingetroffen war, die Schlüssel der Stadt Berlin anbot und um Schonung der Residenz bat. Fast zur gleichen Stunde kapitulierte die letzte Berlin noch schützende Festung, Spandau. Ihr Kommandant, Oberst v. Beneckendorff, hatte noch zwei Tage zuvor an Friedrich Wilhelm III. geschrieben, er werde die Zitadelle nur als Trümmerhaufen in Feindeshand fallen lassen, und tatsächlich hatte er am 24. Oktober die erste Aufforderung des französischen Generals Bertrand, Spandau zu übergeben, schroff abgelehnt. Als aber am Morgen des 25. Oktober die Franzosen verkündeten, daß sie nun mit dem Bombardement beginnen würden, ließ Beneckendorff sofort die weiße Fahne über der unversehrten Zitadelle hissen und sich mit der gesamten Besatzung gefangennehmen.

Am 26. Oktober quartierte sich Napoléon, nachdem er zuvor Spandau besichtigt hatte, im Charlottenburger Schloß ein. Zwei Divisionen des bei Auerstedt siegreich gewesenen Korps des Marschalls Davout hatten schon am Abend des 23. Oktober auf dem Tempelhofer Feld biwakiert, das Hallische und Cottbuser Tor besetzt und sich von der Stadt Berlin verpflegen lassen. Die Bevölkerung der Hauptstadt pilgerte ohne Scheu in großen Scharen vor die Tore, um die siegreichen Truppen in Augenschein zu nehmen und sich von ihnen berichten zu lassen, wie die preußische Armee geschlagen worden war.

Am 26. Oktober 1806, nur neunzehn Tage nach Beginn der Feindseligkeiten, zog das Korps Davout in die preußische Haupt- und Residenzstadt ein. »Den kritischen Augen der Berliner, die an den gemessenen, exakten Marschtritt und an die wohlgepuderten gleichen Locken, die steifen Zöpfe der preußischen Garde gewöhnt waren, bot der Einzug der französischen Truppen des Erstaunlichen genug. Hatte schon am Vortage ein Augenzeuge mit Entsetzen gesehen, wie ein französischer Reiter aus einer Tabakpfeife gewaltig dampfend einherritt ...« – das Rauchen auf der Straße galt in Preußen als anstößig und war selbst für Zivilpersonen streng verboten – »so verblüfften ihn jetzt die langbärtigen Sappeurs [Schanz- und Bausoldaten] mit ihren Bärenmützen und den blinkenden Äxten, die unordentlichen Anzüge der sich ohne Tritt zum Tore eindrängenden Infanteristen, deren Hüte, kreuz und quer aufgesetzt, selten ihrer Zierde, des Löffels, entbehrten; ganz unfaßbar erschien es ihm, als nun gar die Franzosen die Marschformation im Laufschritt wechselten – wie hätten je preußische Soldaten in ihren engen Beinkleidern, knappen Gamaschen und angepreßten Uniformen in Reih und Glied laufen können! Das Seltsame und Ungewohnte konnte den Eindruck aber nicht beeinträchtigen, daß hier eine Armee vorüberzog, die bereits Taten vollbracht hatte, Repräsentanten einer neuen, ungeahnten und unbekannten Kraft, einer neuen Zeit.«

Auf den Straßen und Plätzen Berlins herrschte dann ein buntes Treiben: Für ein Spottgeld verkauften überall die Sieger ihre mitgebrachte Beute, und je schwerer und unhandlicher ein Gegenstand war, desto billiger überließen sie ihn den Berlinern. Schwere Säcke mit Silbergeld wechselten für wenige Goldstücke den Besitzer, edle Reitpferde wurden für ein paar Taler an den Mann gebracht, kostbares Porzellan war für ein paar Groschen zu haben. Bier und Branntwein flossen in Strömen; die Stimmung bei den Soldaten wie bei der Bevölkerung ließ mehr an ein ausgelassenes Karnevalstreiben denken als an die erste Begegnung von Siegern und Besiegten. »Zwar«, so beteuert Pierson in seiner *Preußischen Geschichte* von 1864, »ganz so massenhaft wie in Süd- und Westdeutschland ließen sich hier die Weiber von den französischen Kriegern nicht besiegen, aber doch gaben sich auch hier sehr viele den Franzosen mit einer Leichtigkeit hin, über welche diese selbst erstaunten.«

Was Wunder, daß auch Kaiser Napoléon, als er am Nachmittag des 27. Oktober bei strahlendem Wetter, Glockenläuten und Kanonendonner mit großem Gefolge, Mamelucken-Leibwache und Garderegimentern durch den Tiergarten und das Brandenburger Tor Einzug in die Hauptstadt hielt, stürmisch begrüßt und mit lautem *»Vive l'Empereur!«* (Es lebe der Kaiser!) empfangen wurde!

*»L'avenue de Charlottenbourg à Berlin est très belle, l'entrée par cette porte est magnifique«**, faßte Napoléon selbst seinen ersten Eindruck von Berlin im Bulletin vom 28. Oktober 1806 zusammen. Und die Berliner waren ihrerseits nicht minder beeindruckt von dem kleinen Korsen und seinen selbstbewußten, von keinem Korporalsstock angetriebenen Soldaten, von der Masse der Regimenter, vom schmetternden Klang der Clairons und der fremden Janitscharenmusik.

Die preußischen Geschichtsschreiber des 19. Jahrhunderts haben es ihnen sehr verübelt, daß sie sich zu Jubel hinreißen ließen, wo stolze Trauer am Platz gewesen wäre; daß sie es ohne Murren hinnahmen, daß der feindliche Anführer nun im königlichen Schloß residierte; daß er ihnen die Quadriga vom Brandenburger Tor und manches andere raubte; ja, daß die Berliner sogar, als die in Gefangenschaft geratenen Offiziere des Regiments

* »Die breite Allee von Charlottenburg nach Berlin ist sehr schön, die Einfahrt durch dieses [Brandenburger] Tor ist großartig!«

»Gens d'armes« die Straße Unter den Linden entlang nach Spandau abgeführt wurden, diese noch wüst beschimpften, mit Stöcken schlugen und mit Steinen bewarfen.

Zum letzteren ist zu bemerken, daß die hochmütigen und brutalen Gendarmen-Offiziere seit eh und je die Bürger Berlins schikaniert und mißhandelt hatten. Und was den »Mangel an Würde« betrifft, so wurden die Berliner darin von ihrem König und der übrigen preußischen Führung weit übertroffen. Friedrich Wilhelm III. gratulierte seinem »Herrn Bruder« Napoléon gar noch zum Einzug in die Hauptstadt und schrieb ihm: »Ich habe den lebhaften Wunsch, daß Eure Majestät in meinen Palästen auf eine Weise aufgenommen und behandelt werde, die ihr angenehm ist, und mit Eifer habe ich schon zu diesem Zweck alle Maßnahmen getroffen, die die Umstände mir gestatten. Möge es mir gelungen sein!«

Fürst Hatzfeld, der letzte preußische Gouverneur von Berlin, folgte dem Beispiel seines Schwiegervaters, des vergeßlichen Grafen Schulenburg; auch er ließ die im Zeughaus eingelagerten vierzigtausend Gewehre sowie weitere riesige Vorräte an Heeresgut entgegen einem ausdrücklichen Befehl des Königs und obwohl es immer noch möglich gewesen wäre, nicht abtransportieren und so tatsächlich in die Hände der Franzosen fallen. Dann bot er Napoléon seine Dienste an und zog sich, als dieser ihn abwies, auf seine Güter zurück, wo er im folgenden Jahr dem neuen König von Westfalen, Jérôme, dem jüngeren Bruder Napoléons, bereitwillig den Treueid leistete.

Auch alle anderen in Berlin zurückgebliebenen hohen preußischen Beamten, an ihrer Spitze sieben Staatsminister, sowie die gesamte Geistlichkeit der Stadt schworen dem Franzosenkaiser »ewige Treue« und gelobten, »die für den Dienst der französischen Armee angeordneten Maßnahmen aus allen Kräften zu unterstützen und weder Briefwechsel noch irgendeine andere Art von Verbindung mit dem Feinde« – damit waren der König und die geflüchteten Militärs und Behördenchefs gemeint – »zu unterhalten«. Ein einziger Geistlicher, der einundsiebzigjährige Konsistorialrat der französisch-reformierten Gemeinde, Jean Pierre Erman, hatte den Mut, die sehr abfälligen Äußerungen Napoléons über die geflüchtete Königin Luise energisch zurückzuweisen.

Während die preußischen Generale ihre Festungen kampflos übergaben – am 28. Oktober kapitulierte v. Massenbach mit 12000 Mann in Prenzlau vor einer kleinen französischen Vorhut, am 29. Oktober ergab sich der einundachtzigjährige General v. Romberg in Stettin, am 1. November kapitulierte Oberst v. Ingersleben in Küstrin vor einem französischen Infanterieregiment! – und während die hohe preußische Beamtenschaft sich gegenseitig darin überbot, dem Franzosenkaiser tiefste Ergebenheit zu bezeigen, gab es nur ganz wenige Männer, die Mut, Besonnenheit und Charakter bewiesen:

Der aus dem Rheinland stammende, seit 1804 für das Finanzwesen zuständige preußische Staatsminister Friedrich Karl Freiherr vom und zum Stein, der Friedrich Wilhelm III. vergeblich zu einer würdigeren Haltung zu bringen versucht hatte, rettete durch seine persönliche Initiative den Staatsschatz nach Königsberg.

Der im Jahre 1806 bereits vierundsechzigjährige, aus Rostock gebürtige Mecklenburger Gebhard Leberecht v. Blücher, seit 1760 in preußischen Diensten, von Friedrich II. wegen Aufsässigkeit und »Verkehrs mit den Polen« bei der Beförderung übergangen und, als er sich daraufhin beschwerte und um seinen Abschied bat, mit monatelangem Arrest bestraft, dann wegen »Renitenz« davongejagt, erst nach dem Tode des »Alten Fritz« als Major wieder eingestellt und, mit einer Hugenottin verheiratet, seit 1801 Gouverneur von Westfalen, Generalleutnant und Gesinnungsgenosse des Freiherrn vom Stein, schlug sich nach dem Fall von Prenzlau mit 6000 Mann auf abenteuerliche Weise bis Lübeck durch, wo er, da die Franzosen die Stadt und den Hafen bereits erstürmt hatten, vor der feindlichen Übermacht kapitulieren mußte.

Der aus Bordenau im Hannoverschen gebürtige, 1806 schon einundfünfzigjährige Bauernsohn Gerhard Johann David Scharnhorst, seit 1801 als Oberstleutnant der Artillerie in preußischen Diensten und, nachdem ihm der Adel verliehen worden war, 1806 zum Generalstabschef ernannt, bei Auerstedt verwundet, schlug sich dennoch mit Blücher bis Lübeck durch, wo er gefangengenommen wurde.

Der aus Breslau stammende, 1806 einunddreißigjährige Kriegskommissar im Stabe Blüchers, Simon Kremser, Jude und Nachkomme der aus Österreich 1670 Vertriebenen, rettete durch große Kaltblütigkeit die Kriegskasse der Armee, wofür er später die höchste Tapferkeitsauszeichnung, den Pour le mérite, sowie die Konzession für die nach ihm benannten Berliner Ausflugswagen erhielt.

Der Kolberger Bauernsohn und ehemalige Schiffskapitän Joachim Nettelbeck, der im Winter 1806/07, obwohl fast siebzigjährig, mit großer Bravour und unerhörter Ausdauer und Tatkraft die Kapitulation der Festung Kolberg verhinderte, die Ablösung des unfähigen Kommandanten betrieb und als Bürgeradjutant die Verteidigung der belagerten Stadt bis zum Friedensschluß leitete.

Der schon kurz erwähnte, aus Sachsen gebürtige Sohn eines aus Österreich vertriebenen Protestanten, August Wilhelm Anton Neithardt v. Gneisenau, der 1806 als sechsundvierzigjähriger Major das Treffen bei Saalfeld und die Schlacht bei Jena mitgemacht hatte, dann Nachfolger des Festungskommandanten von Kolberg geworden war und gemeinsam mit Nettelbeck, Besatzung und Bürgerschaft der belagerten Stadt durch beispielhafte Tatkraft, große Umsicht und bemerkenswerten Mut zu monatelangem, am Ende erfolgreichem Durchhalten anfeuerte, wofür auch er mit dem Pour le mérite ausgezeichnet wurde.

Der in Wilmsdorf bei Dresden geborene, von Vertriebenen aus Böhmen abstammende Husarenrittmeister Ferdinand Baptista v. Schill, der dreißigjährig bei Auerstedt schwer verwundet wurde, sich aber mit letzter Kraft vor der Gefangennahme retten und nach Kolberg durchschlagen konnte, wo er nach seiner Genesung ein Freikorps von 1000 Mann aufstellte und mit dieser Truppe durch Ausfälle aus der Festung Streifzüge durch Pommern und Angriffe auf die rückwärtigen Verbindungen der Belagerer die Verteidigung Kolbergs wirksam unterstützte.

Der neunundzwanzigjährige Berliner Karl Georg Wilhelm v. Grolman, Sohn eines bürgerlichen, erst 1786 geadelten Kammergerichtsrats aus dem Rheinland, der als Stabskapitän an der Schlacht bei Jena teilgenommen hatte, bei der Kapitulation der Festung Prenzlau zur Armee nach Ostpreußen entkommen war und dort, zum Major befördert, als Generalstäbler die Verteidigung der Weichsellinie organisierte.

Der aus Maastricht gebürtige, aus alter Hugenottenfamilie stammende, 1806 bereits dreiundsiebzigjährige General René Guillaume de l'Homme de Courbière, Gouverneur von Graudenz, dessen Weichselfestung er – im Gegensatz zu den Kommandeuren fast aller anderen preußischen Festungen – nicht kampflos dem Feind übergab, sondern, mit nur viereinhalbtausend Mann, gegen eine große feindliche Übermacht vom 22. Januar bis zum Friedensschluß am 9. Juli 1807 erfolgreich verteidigte. Er wurde dafür zum Generalfeldmarschall ernannt, und die Weichselfestung erhielt ihm zu Ehren den Namen »Feste Courbière«.

Der aus Celle gebürtige, einer Hugenottenfamilie entstammende Generalleutnant Wilhelm Antoine v. L'Estocq, seit 1758 in preußischen Diensten, 1806 als Achtundsechzigjähriger Kommandeur in Westpreußen, wo er mit 25000 Mann die Weichsellinie hartnäckig verteidigte, dann dem unfähigen Befehlshaber der den Preußen zur Hilfe geschickten russischen Truppen, Bennigsen, unterstellt wurde, entschied am 8. Februar 1807 – gemeinsam mit dem aus der Kriegsgefangenschaft gerade erst zurückgekehrten Scharnhorst – durch das rechtzeitige Eingreifen der letzten 6000 Mann preußischer Truppen die für beide Seiten äußerst verlustreiche Schlacht bei Preußisch-Eylau, die einzige dieses Krieges, die von Napoléon nicht gewonnen wurde.

Der 1771 im ostpreußischen Kreuzburg geborene, aus einer böhmischen Flüchtlingsfamilie stammende Stabskapitän Hermann v. Boyen, der 1799 bereits in einem Aufsatz die Abschaffung der Leibesstrafen in der preußischen Armee und eine menschenwürdige Behandlung der Soldaten gefordert hatte, wurde bei Auerstedt verwundet, konnte sich aber vor der Gefangenschaft retten und nach seiner Genesung wieder zur Armee nach Ostpreußen durchschlagen, wo er Major im Generalstab und ein enger Mitarbeiter Scharnhorsts wurde.

Schließlich, um das Dutzend vollzumachen, sei als letztes Beispiel der preußische Kriegsrat Joseph Zerboni di Sposetti (1760–1831) erwähnt, der – strafversetzt nach Piotrkow in Galizien – schon 1796 leidenschaftlich gegen die Mißwirtschaft der preußischen Junker und adligen Beamten protestiert hatte und deshalb ohne Gerichtsverfahren, »auf des Königs Gnade«, eingekerkert worden war.

Zerbonis Hauptwidersacher war der hinterpommerische Junker Karl Georg v. Hoym, seit 1770 Minister für Schlesien, seit 1786 Graf und seit 1793 auch Administrator von »Südpreußen«. Dieser Graf Hoym, der in Schlesien und dann auch in Polen ein durch und durch korruptes, auf die härteste Unterdrückung und Ausbeutung der Bauern, Weber, Bergleute und Handwerksgesellen ausgerichtetes Regiment führte, seine adligen Standesgenossen noch weit über das übliche Maß hinaus bevorzugte und durch riesige Schenkungen reich machte, hatte auch nicht davor zurückgeschreckt, ganze Dorfgemeinden zum Spießrutenlaufen zu verurteilen und bei einem Aufruhr in Breslau Gewehrsalven in die Volksmenge feuern zu lassen.

Es war vor allem dem unermüdlichen Kritiker Hoyms, Zerboni, und dessen – dann gleichfalls mit Gefängnis bestraftem – Gesinnungsgenossen und Freund Hans v. Held zu verdanken, daß Graf Hoym 1806, nachdem er sich geweigert hatte, Schlesien in Verteidigungszustand zu versetzen und einen Landsturm zu organisieren, seiner Ämter enthoben und nach Friedensschluß endgültig aus dem Dienst entlassen wurde.

Die zwölf hier als Beispiele angeführten Männer – Stein, Blücher, Scharnhorst, Kremser, Nettelbeck, Gneisenau, Schill, Grolman, Courbière, L'Estocq, Boyen und Zerboni – hatten, bei allen Unterschieden an Bedeutung, Wesensart und Tätigkeit, zweierlei gemeinsam: Sie waren preußische Patrioten, und sie stammten samt und sonders nicht aus der staatstragenden Junkerkaste. Die meisten von ihnen waren keine gebürtigen Preußen; die übrigen, mit Ausnahme Nettelbecks, der als Junge vor den preußischen Werbern zur Handelsmarine geflüchtet war, hatten Réfugiés zu Vätern.

Doch ihnen und den ihnen Gleichgesinnten war es allein zu verdanken, daß das Königreich Preußen nach der Katastrophe von Jena und Auerstedt einige Reste dessen bewahrte, was man »die Ehre der Nation« nannte.

Das völlige Versagen der militärischen und politischen Führung, nicht die verlorene Schlacht, bewirkten den Untergang des alten Preußen, und besonders beschämend und den Zusammenbruch beschleunigend war dabei die übereilte Flucht Friedrich Wilhelms III. und seiner Familie. Über Küstrin, Marienwerder, Ortelsburg und Wehlau waren sie mit den Resten ihres Hofes nach Königsberg geflüchtet, wo sie am 10. Dezember 1806 Quartier im alten Schloß genommen hatten. Unterwegs, in Ortelsburg, wo es für die ganze königliche Familie nur zwei ärmliche Stuben, für die Hofbeamten ein Strohlager und für alle wenig zu essen gegeben hatte, war Friedrich Wilhelm endlich bereit gewesen, den für die Katastrophe politisch verantwortlichen Minister Haugwitz zu entlassen und an seiner Stelle den Freiherrn vom Stein zu berufen. Aber Stein hatte Bedingungen gestellt: Ein von ihm geleitetes Ministerium, so schrieb er dem König, »könne nichts Tüchtiges leisten, wenn es nicht eine wirkliche Macht erhalte; es müsse auch dem Lande gegenüber verantwortlich sein und dürfe nicht durch unverantwortliche geheime Räte, durch die Schreiber des Kabinetts, durch ein blind gehorchendes Werkzeug der Krone lahmgelegt werden«. Friedrich Wilhelm III. war empört über diese Antwort. Unmittelbar vor dem Aufbruch zur Fortsetzung der Flucht über die Kurische Nehrung und das Haff nach Memel, dem äußersten Winkel seines ansonsten völlig vom Feind besetzten Königreichs, schrieb er am 3. Januar 1807 an den Freiherrn vom Stein:

»Sie sind ein widerspenstiger, trotziger, hartnäckiger und ungehorsamer Staatsdiener, der ... nur durch Capricen [Eigensinn und Launen] geleitet, aus Leidenschaft und persönlichem Hasse handelt ... Wenn Sie Ihr respektwidriges und unanständiges Betragen nicht zu ändern willens sind, so kann der Staat keine große Rechnung auf Ihre ferneren Dienste machen.«

Tags darauf entließ er Stein in Ungnaden, und Franz Mehring hat dazu treffend bemerkt, daß Friedrich Wilhelm III. »auf der langen Fluchtreise von Jena bis Memel, auf einer Straße, auf der jeder Meilenstein eine neue Niederlage gesehen hatte, auf der alles verlorengegangen war und zuerst die Ehre, doch *ein* köstliches Kleinod unversehrt und unverstümmelt gerettet hatte: die ganze strahlende selbstzufriedene Borniertheit des Gottesgnadentums«.

Am 21. Juni 1807 wurde zwischen Napoléon und dem Zaren Alexander I. von Rußland, dessen bislang mit Preußen verbündete Truppen eine Woche zuvor bei Friedland eine schwere Niederlage erlitten hatten, ein Waffenstillstand vereinbart; wenige Tage später folgte zu Tilsit ein geheimes Bündnis zwischen Frankreich und Rußland. Der Zar erkannte die französische Vormachtstellung in Europa an, trat der gegen England gerichteten, von Napoléon schon während seines Aufenthalts in Berlin verkündeten Kontinentalsperre bei und bekam dafür freie Hand gegenüber der Türkei sowie die Erlaubnis zur Eroberung Schwedisch-Finnlands.

Die schwerste Demütigung erfuhr Friedrich Wilhelm III., dem Napoléon mitteilen ließ, er willige allein aus Achtung vor dem Zaren in die Rückgabe einiger preußischer Gebiete ein. In Wahrheit schien es ihm und auch dem Zaren zweckmäßig, zwischen ihren beiden Reichen einen Pufferstaat zu bilden, klein genug, keinem gefährlich zu werden, und gerade ausreichend groß, um keine direkten Konflikte zwischen den beiden Großmächten entstehen zu lassen.

Die Preußen betreffenden Abmachungen wurden, ohne daß Friedrich Wilhelm III. darauf noch Einfluß nehmen konnte, in den russisch-französischen Vertrag aufgenommen, der am 7. Juli 1807 zum Abschluß kam. Zwei Tage später schlossen auch Frankreich und Preußen Frieden, ebenfalls in Tilsit und auf der Grundlage der russisch-französischen Vereinbarungen. Preußen mußte alle Gebiete westlich der Elbe – samt Magdeburg, um dessen Verbleib die preußische Königin Luise den Franzosenkaiser vergeblich angefleht hatte – an das neue Königreich Westfalen abtreten, das Napoléons jüngerer Bruder Jérôme erhielt. Den südlichen Teil der Mark Brandenburg mit Cottbus bekam der von Napoléon zum König ernannte bisherige Kurfürst von Sachsen, der gleich nach der Niederlage bei Jena und Auerstedt das Bündnis mit Preußen aufgekündigt und sich Napoléons Rheinbund angeschlossen hatte.

Im Osten mußte Preußen den größten Teil seiner Beute aus den Teilungen Polens aufgeben: Der Kreis Bialystok fiel an Rußland, der große Rest als »Herzogtum Warschau« an Sachsen. Die Polen, denen Napoléon bei seinem Vormarsch durch Preußen die Wiederherstellung ihrer nationalen Unabhängigkeit und die Befreiung der Bauern von den Feudallasten versprochen hatte, woraufhin sie vielerorts unter beträchtlichen Opfern den Franzosen zu Hilfe gekommen und den Preußen in den Rücken gefallen waren, hatten wieder das Nachsehen.

Danzig wurde dem Namen nach eine »freie Stadt« unter sächsisch-polnischer Oberhoheit; der größere Teil des Netze-Distrikts fiel an das sächsische »Herzogtum Warschau«. Doch damit nicht genug, blieb das auf die Hälfte seines früheren Gebiets verkleinerte Preußen von 150000 Mann Napoléonischer Truppen besetzt; mit diesem Druckmittel trieb der Franzosenkaiser die Kriegsentschädigungen ein, die er Preußen auferlegt hatte. Deren Höhe war im Friedensvertrag nicht festgelegt worden, denn Napoléon hatte keine Veranlassung gesehen, sich gegenüber dem erledigten Gegner auf verbindliche Zahlen einzulassen. Er hatte außerdem die Stärke des preußischen Heeres auf 42000 Mann begrenzt.

Dieser Tilsiter Frieden, der den mit der Niederlage von Jena und Auerstedt eingeleiteten Untergang der alten preußischen Monarchie besiegelte, wurde in Berlin mit einer vom Stadtkommandanten angeordneten Illumination, das heißt: der abendlichen Beleuchtung aller Fenster, gefeiert. Der Bevölkerung etwas über den Inhalt des Friedensvertrages mitzuteilen, hielten weder die französischen noch die deutschen Behörden für erforderlich.

Wie die Berliner über diese Mißachtung ihrer Mündigkeit und eigenen Urteilsfähigkeit dachten, zeigte ein Transparent, das ein Kaufmann in der Friedrichstraße an seinem Schaufenster befestigte. Von hinten mit zahlreichen Kerzen beleuchtet, verkündete es den Vorübergehenden die Meinung des Geschäftsinhabers, die sich wohl mit der der meisten seiner Mitbürger deckte:

> »Ich kenne zwar den Frieden nicht,
> doch aus Gehorsam und aus Pflicht
> verbrenn' ich auch mein letztes Licht!«

Preußens Bürger erwachen

»Der Verfall des preußischen Staates wurde nicht zuletzt, sondern selbst in erster Reihe dadurch verschuldet, daß es in ihm keine Städte gab, keine Städte im historischen Sinne des Wortes: Die Gemeinwesen, die sich so nannten, waren zur einen Hälfte Domänen, zur anderen Hälfte Garnisonen«, heißt es in Franz Mehrings Beiträgen *Zur deutschen Geschichte*. Diese im wesentlichen zutreffende Feststellung bedarf indessen einer Korrektur, denn was das von Mehring gemeinte Fehlen eines kraftvollen Bürgertums betrifft, so war es zu Beginn des 19. Jahrhunderts in Berlin bereits im Entstehen begriffen, und in anderen größeren Städten, zumal in Königsberg und in Breslau, regte sich das bürgerliche Element ebenfalls schon recht kräftig. Doch am stärksten trat es in Berlin hervor und dort zunächst auf kulturellem Gebiet. In der preußischen Hauptstadt hatte das Bürgertum geradezu ein Monopol auf das, was man später »die geistige Erneuerung Preußens« genannt hat. Nur waren diese erwachenden, in Berlin sogar zum Teil schon hellwachen Bürger Preußens bemerkenswerterweise in der überwältigenden Mehrzahl nichtpreußischer Herkunft.

Das *Lexicon von Berlin und der umliegenden Gegend* von 1806, das kurz vor der Katastrophe von Jena und Auerstedt erschien, verzeichnet nahezu lückenlos die Namen aller derer, die man der damaligen geistigen, wissenschaftlichen und künstlerischen Elite Berlins zurechnen kann. Zwar lautet das Stichwort, unter dem diese Personen zusammengefaßt sind, verblüffenderweise »Schriftsteller«, aber es sind dort Gelehrte und Künstler aller Fachrichtungen, Militärwissenschaftler, Verwaltungsjuristen und mit Aufsätzen hervorgetretene Prediger, Ärzte und Architekten ebenso aufgeführt wie Lyriker, Romanciers, Essayisten und Bühnendichter.

Von den insgesamt 252 namentlich genannten Intellektuellen und Künstlern führten fünfundzwanzig einen Adelstitel, doch diese sind fast alle entweder – wie der Militärwissenschaftler und Gesandte Spaniens, Don Benito Pardo de Figuerroa – Ausländer oder – wie der Akademiedirektor Friedrich v. Castillon – hugenottischer oder auch – wie der dann bald berühmt gewordene Direktor der Berliner Kriegsschule, Oberst Gerhard v. Scharnhorst – nichtpreußischer, sogar bäuerlicher Herkunft. Allenfalls zwei Adlige unter den 252 Berliner »Schriftstellern« des Jahres 1806, also weniger als ein Prozent, kamen aus dem preußischen Junkertum, wie der – mit Aufsätzen über ökonomische Fragen – unter die Schriftsteller aufgenommene Assistent bei der Lotterieadministration Carl Ludwig Wilhelm v. Bülow.

Dagegen war der jüdische Anteil mit etwas über drei Prozent zwar wesentlich höher, doch entsprach diese Angabe des *Lexicons* von 1806 keineswegs dem, wie wir sehen werden, in Wahrheit sehr viel stärkeren Einfluß, den die Berliner Juden auf das geistige, kulturelle und bald auch politische Leben der preußischen Hauptstadt damals bereits hatten. Denn tatsächlich ging die »geistige Erneuerung« und Wiedergeburt Preußens zu einem ganz erheblichen Teil von den – zum Teil bereits getauften – Juden Berlins aus, wobei die jüdischen Frauen daran einen fast ebenso großen Anteil hatten wie die Männer.

Das *Lexicon von Berlin und der umliegenden Gegend* nennt zwar nur sieben »Schriftsteller von der jüdischen Nation«, und zwar: 1. L. Bendavid (es handelt sich um Lazarus Bendavid, geboren 1762 zu Berlin, einen vielseitigen Gelehrten mit zahlreichen philosophischen, ästhetischen und mathematisch-naturwissenschaftlichen Veröffentlichungen, Anhänger Kants und Verfasser eines Aufsatzes mit dem Titel *Duldsam heißt nicht, gleichgültig seyn)*; 2. David Friedländer (geboren 1750 in Königsberg, Seidenfabrikant in Berlin, Freund und Schüler Moses Mendelssohns und idealistischer Befürworter radikaler Reformen im religiösen Bereich); 3. Dr. David Oppenheimer (geboren 1753 in Berlin, Arzt und Publizist, Mitbegründer der »Gesellschaft der Freunde«, die bis 1938 bestanden hat und die sich neben der Pflege von Geselligkeit und Wohltätigkeit vor allem die der vaterländischen Gesinnung zum Ziel gesetzt hatte); 4. Ephraim, geh. Commissionsrath (wahrscheinlich Heimann Veitel Ephraim, geboren 1753 in Berlin, Enkel des »Münzjuden« Friedrichs II., von dem Veröffentlichungen nicht bekannt sind); 5. Salomon Jacob Cohen (bei dessen Familie Varnhagen als Hauslehrer gelebt hatte); 6. Nathan Rieß (ein Nachkomme des Model Rieß, Ältesten der 1671 aufgenommenen »Wiener«) und 7. Saul Ascher (geboren 1767 in Berlin, Buchhändler, Philosoph, Schriftsteller und ein glühender Verfechter der Ideen der Französischen Revolution, den Heinrich Heine in seiner *Harzreise* als vernunftgläubigen Kantianer verspottet hat).

Das ist, alles in allem, keine sehr eindrucksvolle Liste, doch dieser Anschein trügt:

Da ist zunächst ein im *Lexicon* von 1806 nicht zur »jüdischen Nation« gerechneter, weil bereits getaufter Schriftsteller zu nennen, Salomo Sachs, geboren 1772 zu Berlin, seit 1799 Bauinspektor beim königlichen Oberhofbauamt. Er veröffentlichte zunächst eine ganze Reihe interessanter Aufsätze, die sich mit mathematischen Problemen befaßten, trat aber 1814 mit einer Schrift hervor, die mit dem bemerkenswerten Titel *Deutschlands gewaffnete Jugend oder Erste Grundzüge zur Errichtung einer Deutschen Reichswehr* schon die Richtung weist, die in den bürgerlichen, zumeist jüdischen oder hugenottischen Kreisen Berlins vorherrschend war.

Ebenfalls im *Lexicon* von 1806 als Schriftsteller erwähnt, aber da auch bereits getauft, nicht den Juden zugerechnet, ist Julius Eduard Hitzig. Er war 1801 Kammergerichtsreferendar in seiner Geburtsstadt Berlin, dann Regierungsassessor in Warschau. Der damals sechsundzwanzigjährige Hitzig, ein Enkel des friderizianischen Münzmeisters und Hofbankiers Daniel Itzig, wurde 1806 – wie er selbst es beschrieben hat – »von den Franzosen vertrieben«, lebte dann »privatisirend in Potsdam und Berlin 1808–1814«, war daneben »Buchhändler in Berlin«, bis er 1814, »nach der Wiedergeburt des Vaterlandes«, wieder in den preußischen Staatsdienst eintrat und dann 1815 Kriminalrat beim Strafsenat des Kammergerichts wurde.

Dieser Kriminalrat Hitzig, der sich bei der Taufe das »H« vor seinen jüdischen Familiennamen gesetzt hatte – »In dem Hitzig steckt ein Heiliger«, spöttelte Heinrich Heine –, war daneben, wie Paul Landau berichtet, »Verleger, Herausgeber, Schriftsteller und Biograph . . ., ein Genie der Freundschaft, ein selbstloser Helfer aller aufstrebenden Dichter, ein Mäzen, der nicht mit Geld – denn er besaß keines –, aber durch unerschöpfliche Anregung und praktische Gewandtheit die Künste förderte. So wurde er zu einem Mittelpunkt des literarischen und gesellschaftlichen Lebens in Berlin . . .«

Zusammen mit Karl August Varnhagen v. Ense, der 1814 »die Rahel« Levin heiratete und damals in Berlin studierte, sowie mit Friedrich Wilhelm Neumann, dem jüdischen Pflegesohn der Familie Cohen, gründete der Kriminalrat Hitzig den »Nordstern-Bund«, die erste moderne Schriftstellervereinigung Berlins, die mit dem sogenannten »grünen« Musen-Almanach in drei Jahrgängen, 1804–06, hervortrat. Auch der Bruder der Rahel Levin, der geistreiche Ludwig Robert, gehörte dem »Nordstern-Bund« an, ebenso der in Berlin sehr angesehene jüdische Arzt, daneben auch als Übersetzer und Lyriker hervorgetretene, 1773 in Breslau geborene David Ferdinand Koreff, ein enger Freund Wilhelm v. Humboldts, später auch Professor für Psychiatrie und Physiologie an der neuen, von Humboldt 1810 gegründeten Berliner Universität und Ministerialrat im preußischen Kultusministerium.

Einen französischen Einschlag brachten Adelbert v. Chamisso und Franz Theremin, Hugenotte aus Gramzow in der Uckermark und Prediger an der Französischen Kirche auf dem Friedrichswerder, in diesen »Nordstern-Bund«, zu dem dann auch noch ein »richtiger« – wenngleich alles andere als »typischer« – Preuße stieß: der Kammergerichtsrat Ernst Theodor Amadeus (eigentlich Wilhelm) Hoffmann, geboren 1776 zu Königsberg, ein enger Freund Hitzigs und Koreffs, der als phantasievoller Erzähler, Zeichner und Musiker berühmt geworden ist und von dem später noch häufiger die Rede sein wird.

Ein anderer Kreis von beträchtlicher Anziehungs- und Ausstrahlungskraft, der schon kurz erwähnt wurde, bildete sich im Hause des angesehenen jüdischen Arztes und Privatgelehrten Markus Herz und dessen Frau, der schönen Henriette geborenen de Lemos. Während Markus Herz in seiner Wohnung jene Vorlesungen hielt, die ihm, dem Jünger Kants und Mendelssohns, Zulauf auch aus Kreisen des Hofs und der königlichen Familie brachten, beteiligte sich die 1764 in Berlin geborene, von den Männern sehr umschwärmte, sie jedoch geschickt auf kameradschaftliche Distanz haltende Henriette an den wöchentlichen Lesekränzchen, die Moses Mendelssohns älteste Tochter, Dorothea Veit, in ihrem Hause veranstaltete.

Diese beiden miteinander eng befreundeten jüdischen Frauen – »meine Veit« pflegte Henriette ihre Busenfreundin Dorothea Dritten gegenüber zu nennen – gründeten dann den unter dem Namen »Tugendbund« berühmt gewordenen Kreis, dem auch zahlreiche patriotisch gesinnte jüngere Offiziere angehörten und in den »nach und nach wie durch einen Zauber alles hineingezogen wurde, was irgend Bedeutendes von Jünglingen und Männern Berlin bewohnte oder auch nur besuchte«. Ursprünglich war der Zweck dieses »Tugendbundes« nur »gegenseitige sittliche und geistige Heranbildung sowie Übung werkthätiger Liebe«, aber später sollte der Bund auch eine beträchtliche politische Bedeutung weit über Berlin hinaus erlangen.

Zunächst aber war es, zumindest bis 1806, eine reine Salonkultur, die im Hause der schönen Henriette Herz gepflegt wurde. Henriette war sicherlich weniger bedeutend als ihre große Rivalin, »die Rahel« Levin. Doch – so beschreibt es Paul Landau treffend – »Henriette war ein ›Menschen-Magnet‹, der, mehr passiv als aktiv, bedeutende Menschen mit einer sinnlich-übersinnlichen Magie anzog und durch ihre naive Einfalt, treue Freundschaft und herzliche Güte festhielt. Der dauernde Zauber, den sie auf so verschiedene Persönlichkeiten wie Wilhelm v. Humboldt, Schleiermacher und Börne sowie auf unzählige Menschen aller Klassen ausübte – sie kannte alle Welt –, war ein wesentlich ausgleichender und zusammenbindender. Daher bildeten sich überall, wo sie auftrat, angeregte und anregende Gemeinschaften . . . Aber sie bereitete letzten Endes nur der Größeren den Weg, die nach ihr kam und da erntete, wo sie gesät. Es ist bezeichnend, daß die hervorragendsten Geister sich von ihr zur Rahel Levin wandten, die das gesellschaftlich-bildende Element in noch viel vollkommenerer Weise, nämlich schöpferisch und aktiv, verkörperte.«

Neben den Salons der Henriette Herz und der Rahel Levin gab es in Berlin zu Beginn des 19. Jahrhunderts noch eine Reihe weiterer gesellschaftlicher Treffpunkte in jüdischen Häusern, so im Palais Ephraim, im Hause des Bankiers Jakob Herz Beer und bei dem reichen Kaufmann Salomon Levy. Im Hause Beer verkehrten vor allem Künstler, und auch die Söhne des kunstbegeisterten Bankiers wurden von dem Enthusiasmus ihres Vaters angesteckt: Jakob, der sich dann Giacomo Meyerbeer nannte, wurde ein berühmter Opernkomponist, später auch Generalmusikdirektor an der Berliner königlichen Oper, sein Bruder Michael Beer (1800–1833) feierte als Bühnendichter schon als Neunzehnjähriger an der

Rahel Varnhagen von Ense geb. Levin, 1771–1833.

Berliner Hofbühne Triumphe. Im Hause des Salomon Levy, das mit seinem großen Park fast die ganze heutige Berliner Museums-Insel einnahm, versammelte die für ihre Herzlichkeit berühmte Hausfrau, Sara, eine Tante des Kriminalrats Hitzig, bis in ihr hohes Alter zahlreiche Gelehrte und Künstler Berlins.

Kurz, im frühen 19. Jahrhundert war es tatsächlich so, wie es Theodor Fontane rückblickend geschildert hat, nämlich, »daß das gesellschaftlich höher potenzierte Berliner Leben immer nur ein Juden-, will sagen Jüdinnen-Leben gewesen ist«. Und diese Bemerkung Fontanes ist um so beachtlicher, als dieser beste Kenner Preußens selbst hugenottischer Herkunft war, also zu den Nachkommen jener Réfugiés gehörte, die sich zu Beginn des 19. Jahrhunderts in Preußen bereits völlig assimiliert hatten und – trotz ihrer vielfältigen Privilegien und des Sonderstatus ihrer Kolonie – in den Staat weitgehend integriert worden waren, während die preußischen Juden, von einigen wenigen Ausnahmen abgesehen, noch keinerlei staatsbürgerliche Rechte hatten.

Dennoch waren es vor allem die – zumal in Berlin das fehlende Großbürgertum ersetzenden – formal noch rechtlosen Juden Preußens, die, im Bunde mit einigen adligen Beamten, Militärs und Wissenschaftlern durchweg nichtpreußischer Herkunft, in der Stunde Null des Sommers 1807, als durch den Tilsiter Frieden das Königreich zu einer Macht dritten Ranges degradiert worden war, die sittliche, geistige und schließlich auch die politische und militärische Wiedergeburt dessen erfolgreich betrieben, was sie als ihr Vaterland anzusehen sich entschlossen hatten.

Bei der Umsetzung dieser Bestrebungen in praktische Politik spielten damals eine ganze Reihe von Persönlichkeiten wichtige Rollen, an erster Stelle ein Hannoveraner, der sozusagen der Verbindungsmann der vorwiegend jüdischen Berliner Salons, literarisch-politischen Zirkel und des dahinterstehenden bürgerlichen Kapitals zur preußischen Regierung war: Karl August v. Hardenberg, geboren 1750 zu Essenroda. Er war 1790 in ansbachische Dienste getreten, nach der Vereinigung der Markgrafschaft Ansbach-Bayreuth mit Preußen 1791 übernommen worden und zuletzt, bis zum Sommer 1807, preußischer Minister des Auswärtigen gewesen. Napoléon selbst hatte vor dem Abschluß des Tilsiter Friedens Hardenbergs Rücktritt erzwungen, weil er ihn – irrtümlich – für seinen entschiedensten Gegner hielt. Im Auftrag Friedrich Wilhelms III. verfaßte Hardenberg dann eine umfangreiche Denkschrift zur Neuordnung des preußischen Staats mit vielfältigen Reformvorschlägen, meist nach französischem Vorbild, die, wie nicht anders zu erwarten, auf heftigen Widerspruch von seiten der führenden Vertreter des Junkertums stießen. Danach lebte er zwei Jahre lang auf seinem Gut Tempelhof bei Berlin, als er im Juni 1810 zum Staatskanzler berufen wurde.

Wie Hardenberg über die Notwendigkeit von grundlegenden Reformen dachte, geht schon aus der Einleitung zu jener Denkschrift hervor, die den Junkern so wenig gefallen hatte. Da hieß es nämlich: »Die Französische Revolution, wovon die gegenwärtigen Kriege die Fortsetzung sind, gab den Franzosen unter Blutvergießen und Stürmen einen ganz neuen Schwung. Alle schlafenden Kräfte wurden geweckt, das Elende und Schwache, veraltete Vorurteile und Gebrechen wurden – freilich zugleich mit manchem Guten – zerstört. Die Benachbarten und Überwundenen wurden mit dem Strom fortgerissen. Die Gewalt dieser Grundsätze ist so groß, sie sind so allgemein anerkannt und verbreitet, daß der Staat, der sie nicht annimmt, entweder seinem Untergange oder der erzwungenen Annahme derselben entgegensehen muß. Ja, selbst die Raub- und Ehr- und Herrschsucht Napoléons und seiner begünstigten Gehilfen ist dieser Gewalt untergeordnet und wird es gegen ihren Willen bleiben.«

Doch zunächst war es nicht Hardenberg, der die von ihm für erforderlich erachtete Umgestaltung Preußens in Angriff nehmen durfte. Nach dem Tilsiter Frieden hatte Friedrich Wilhelm III. notgedrungen den ein halbes Jahr zuvor davongejagten Freiherrn vom und zum Stein zurückgerufen und ihm zähneknirschend jene zuvor strikt abgelehnten Vollmachten erteilt. Im September 1807 übernahm Stein das Amt eines »Ministers für die gesamte Zivilverwaltung« Preußens. Bereits im Sommer desselben Jahres hatte er daheim in Nassau ein politisches Programm entworfen, worin er eine umfassende Verwaltungsreform gefordert und – was für preußische Verhältnisse geradezu revolutionär war – den Grundsatz aufgestellt hatte, es sei notwendig, »den Kräften der Nation eine freie Tätigkeit und eine Richtung auf das Gemeinnützige zu geben«.

Indessen war Stein gewiß kein Anhänger demokratischer Ideen. Sein politisches System, falls man es überhaupt so nennen kann, beruhte auf drei verschiedenartigen, zum Teil widersprüchlichen Grundhaltungen: Er fühlte sich als Reichsritter und teilte die traditionelle Feindschaft dieser entmachteten Adligen gegen die despotischen Fürsten der deutschen Kleinstaaten; er war für ständische und andere Vertretungen, die nach englischem Vorbild die absolute Macht der Souveräne begrenzen sollten, und er unterstützte die Freiheitsforderungen der westeuropäischen Aufklärung. Sein Ziel war – wie es Joachim Streisand formuliert hat – »eine Gesellschaft wohlhabender städtischer und vor allem ländlicher Eigentümer, von Menschen, die die Gelegenheit und die Fähigkeit haben würden, an den staatlichen Angelegenheiten mitzuwirken, und diesem Ziel sollte

Karl Freiherr v. Stein, 1757–1831 (nach einer Federzeichnung von Schnorr v. Carolsfeld).

auch das bedeutendste Werk seines zweiten Ministeriums, die Agrarreform, dienen«.

Bereits im Oktober 1807 erwirkte Stein jenes berühmte Edikt, dessen Paragraph 12 bestimmte: »Mit dem Martinitage – dem 11. November – 1810 hört alle Gutsuntertänigkeit ... auf. Nach dem Martinitage 1810 gibt es nur freie Leute.« Aber nicht allein mit dieser einschneidenden Maßnahme zog er sich den unversöhnlichen Haß der preußischen Junker zu. Auch sein leidenschaftliches Streben nach einem politischen Zusammenschluß ganz Deutschlands, für den er sich nach der Katastrophe von 1806 noch energischer einsetzte und der notwendigerweise die Souveränität des Königs wie der anderen deutschen Fürsten erheblich eingeschränkt hätte, stieß bei Friedrich Wilhelm III., aber auch beim preußischen Adel, auf Mißtrauen und Widerstand, denn der König hatte, wie alle Hohenzollern, nur die Interessen seiner eigenen Dynastie im Sinn, und die Junker fürchteten um ihre Privilegien.

Schon die Ankündigung des Oktober-Edikts hatte wütende Proteste des preußischen Landadels zur Folge. Der konservative General und politische Führer des Junkertums, Ludwig von der Marwitz, behauptete allen Ernstes, der Gesindezwangsdienst hätte im wohlverstandenen Interesse der Untertanen gelegen; die Dienstpflicht der Bauernkinder wäre für die »Vollendung der Erziehung« notwendig. Der aus kassubischem Kleinadel stammende General Johann David Ludwig v. Yorck, der seine Bauern als »Ungeziefer« zu bezeichnen pflegte und nach dem Tilsiter Frieden Kommandeur von Memel geworden war, nannte das Oktober-Edikt eine »Verhöhnung des Adels« und den Freiherrn vom Stein einen »Erzlumpen«.

Die Junker konnten und wollten aus der Katastrophe von Jena und Auerstedt nichts lernen; die wie anderswo die Sklavenhaltung betriebene Unterdrückung und Ausbeutung der Gutsuntertanen war das Fundament ihrer Existenz. Sie versuchten deshalb mit allen Mitteln, die Durchführung des Oktober-Edikts zu verhindern, mindestens zu verschleppen und seinen Inhalt vor ihren Bauern geheimzuhalten.

Stein selbst stellte in einem Brief vom Oktober 1808 resignierend fest, »daß die besten Gesetze und namentlich die, welche dem ganzen Volk zustatten kommen sollen, nichts vermögen, wenn die Ausführung derselben in die Hände der Gutsherren ... gelegt ist, welche solche Gesetze, um ihren Interessen oder vermeintlichen Rechten nicht zu schaden, den Eingesessenen nicht einmal gehörig publizieren«.

Das zweite große Reformwerk Steins, die neue Preußische Städteordnung vom 19. November 1808, die die städtische Selbstverwaltung zumindest auf einigen wichtigen Gebieten wiederherstellte und dem Staat nur noch das oberste Aufsichtsrecht einräumte, auch die Wahl des Magistrats durch die Stadtverordnetenversammlung und die geheime und gleiche Wahl der Stadtverordneten durch die Bürger vorsah, zu denen erstmals auch die Juden gerechnet wurden, konnte gerade noch in Kraft gesetzt werden; fünf Tage später mußte Stein als Minister seinen Abschied nehmen. Ein abgefangener Brief des Freiherrn, worin dieser seiner Hoffnung Ausdruck gab, daß Preußen bald das französische Joch abschütteln könnte, diente als Vorwand zu seinem Sturz. Vieles spricht jedoch dafür, daß es die politischen Feinde Steins aus dem Lager der Junker waren, die seinen unvorsichtigen Brief der französischen Besatzungsmacht zugespielt und mit deren Hilfe den Rücktritt des verhaßten Reformators erzwungen hatten.

Das Berliner Rathaus zur Zeit der Einführung der Städteordnung.

»Ein unsinniger Kopf ist schon zertreten«, jubelte General v. Yorck, als Stein im Dezember 1808 geächtet aus Preußen flüchten mußte und eine reaktionäre Gruppe, das Ministerium des Grafen Dohna und des Barons Altenstein, die Regierungsgeschäfte übernommen hatte, »das andere Natterngeschmeiß wird sich in seinem eigenen Gift auflösen!«

Damit meinte General v. Yorck diejenigen Männer, die, während Stein an der Bauernbefreiung und an der neuen Städteordnung gearbeitet hatte, darangegangen waren, die preußische Armee zu reformieren: Gneisenau, Scharnhorst, Boyen und Grolman, zu denen noch der junge, 1780 in Burg im Magdeburgischen geborene Karl v. Clausewitz, Sohn eines armen Offiziers mit zahlreichen hugenottischen Vorfahren, gekommen war.

Zwar wurde nach den bitteren Erfahrungen der Jahre 1806/07 einc Heeresreform auch von den eingefleischtesten Anhängern der alten Ordnung für nötig erachtet, aber was die – größtenteils nichtpreußischen – Reformer sich dann ausgedacht und durchzuführen begonnen hatten, übertraf die schlimmsten Befürchtungen der alten Militärs und kam einem Staatsstreich nahe: Dutzende von Kommandeuren wurden entlassen oder strafversetzt, einige auch wegen Feigheit vor ein Kriegsgericht gestellt und zu harten Strafen verurteilt (die Friedrich Wilhelm III. dann eilig milderte oder aufhob); von den 143 Generalen der preußischen Armee des Jahres 1806 waren 1813 nur noch zwei, Blücher und Tauentzien, übrig.

Sodann wurde die »Freiheit des Rückens« proklamiert, alle Prügel- und andere den Soldaten entehrende Strafen waren fortan verboten. Die Grundsätze der Offiziersauswahl wurden völlig verändert: Führungsqualität, Bildung und vorbildliches Verhalten sollten fortan den Vorrang vor adliger Geburt haben, und die korrumpierende Kompaniewirtschaft wurde gänzlich abgeschafft. Hinzu kam eine Neueinteilung des Heeres sowie eine gründliche Modernisierung von Bewaffnung, Ausrüstung und Ausbildung, alles nach französischem Vorbild. Gleichzeitig wurde das sogenannte »Krümper-System« eingeführt, womit die Begrenzung der Mannschaftsstärke auf 42000 Mann, wie sie der Friedensvertrag von Tilsit forderte, geschickt umgangen werden konnte. Denn es gab fortan nur noch wenige Längerdienende als Ausbilder, dagegen viele zu kurzen Ausbildungskursen einberufene Reservisten.

»Das ganze Militärsystem, das ... in Preußen eingeführt wurde«, hat Friedrich Engels später dazu bemerkt, »war der Versuch, einen Volkswiderstand gegen den Feind zu organisieren, soweit dies in einer absoluten Monarchie überhaupt möglich war.« Natürlich stieß auch dieses Reformwerk auf den heftigsten Widerstand der junkerlichen Offiziere, die um ihre Einkünfte und ihre Autorität bangten. Aber auch die Gutsbesitzer widersetzten sich einer militärischen Ausbildung und Bewaffnung ihrer Bauern, solange deren »Kadavergehorsam« nicht durch Prügel, Spießrutenlaufen und »Krummschließen« gewährleistet war.

Während der preußische Adel alles daransetzte, die Bauern- und Soldatenbefreiung zu verhindern, hatten Stein, Gneisenau und die anderen Reformer schon für den Herbst 1808 einen Krieg Preußens an der Seite Österreichs gegen Napoléon und seine Rheinbund-Vasallen geplant. Der Sturz des Freiherrn vom Stein, dem die Entlassung Gneisenaus folgte, verhinderte jedoch die Ausführung dieser Absichten.

Nach Steins Flucht – erst nach Böhmen, dann nach Petersburg – bemüh-

August Wilhelm Anton Graf Neidhardt v. Gneisenau, 1760–1831 (Porträtzeichnung des Fürsten Radziwill).

ten sich seine Nachfolger, es sowohl der französischen Besatzungsmacht als auch ihren adligen Standesgenossen nur ja recht zu machen. Die von Stein eingeleitete Bauernbefreiung wurde dazu benutzt, die nun dem Gesetz nach Freien noch stärker in die Abhängigkeit zu zwingen. Man erklärte, die Gutsherrn müßten für die aufgehobene Erbuntertänigkeit »ihrer« Bauern entschädigt werden, nicht vom Staat, sondern von den bislang so schamlos Ausgebeuteten. Und da die Bauern nicht genügend Geld hatten, sollten sie ihre Äcker und Höfe räumen, sie dem Gut als »Entschädigung« überlassen und künftig als Tagelöhner für den Junker arbeiten.

Die Angelegenheit blieb aber noch in der Schwebe, weil im Juni 1810 die unfähigen Minister Graf Dohna und Baron Altenstein von Friedrich Wilhelm III. entlassen werden mußten; sie hatten die finanziellen Forderungen der französischen Besatzer nicht zu erfüllen vermocht und dem König vorgeschlagen, ersatzweise den größten Teil der Provinz Schlesien an Frankreich abzutreten. Das war selbst dem sonst ganz die Meinungen dieser reaktionären Minister teilenden Friedrich Wilhelm zuviel. Er ernannte nun Karl August v. Hardenberg zum neuen Staatskanzler.

Dieser aufgeklärte Liberale bemühte sich, die Steinschen Reformen fortzusetzen, wenngleich in stark verwässerter, den Junkern eben noch genehmer Form, außerdem eine Aussöhnung mit Frankreich herbeizuführen, ohne dadurch in allzu schroffen Gegensatz zu den Anhängern Steins zu geraten. Seine Nachgiebigkeit gegenüber den unverschämten Forderungen, die Napoléon an das besiegte und besetzte Preußen stellte, erbitterte zwar die Patrioten, wie sich die Anhänger Steins und Gneisenaus nannten, zumal die jüngeren Offiziere um Scharnhorst, das hugenottisch-jüdische Bürgertum Berlins und der anderen größeren Städte sowie die Studentenschaft. Aber sie mußten anerkennen, daß unter Hardenbergs Staatskanzlerschaft zumindest die Heeresreform ihren Fortgang nahm und auch die Verbesserung des Bildungswesens nun energisch in Angriff genommen wurde.

Die Aufgabe, das rückständige preußische Bildungswesen gründlich zu reformieren, übernahm Wilhelm v. Humboldt, der als Staatsminister ins Kabinett eintrat. Er hat, wie Hellmut Diwald es zutreffend beschrieb, »dem ganzen neueren Bildungswesen Deutschlands seinen Stempel aufgedrückt! Das war seine größte Leistung, eine Schöpfung von säkularem Rang. Humboldts Schulsystem hat bis in unsere Zeit gegolten: für die Gesamtheit des Volkes die Elementarschule – für die Bürger und Beamten das Gymnasium als Bildungsstätte – und schließlich die Universität als freier Raum für Forschung und Lehre«.

Nach den Worten Friedrich Wilhelms III. – die sicherlich von anderen, vielleicht von Humboldt selbst, formuliert worden waren, denn der König brachte keinen solchen Gedanken, ja, nicht einmal einen richtigen deutschen Satz zustande – sollte die Universität Berlin, Humboldts Schöpfung, den physischen Verlust Preußens durch geistige Kräfte ersetzen. Humboldt selbst zog fast ein Jahrzehnt später, im Jahre 1819, das sehr zurück-

Gerhard v. Scharnhorst, 1755–1813 (zeitgen. Lithographie).

Karl August Fürst v. Hardenberg 1750–1822 (nach einer Sepiazeichnung von Schröder).

haltende Fazit seiner kurzen Tätigkeit als Kultusminister: »Ich glaube sagen zu dürfen, daß das öffentliche Unterrichtswesen hierzulande eine neue Richtung gewonnen hat. Hat meine Verwaltung auch nur kaum ein Jahr gedauert, so wird sie deutliche Spuren hinterlassen. Mehr als alles andere aber ist mein persönliches Werk die Gründung einer neuen Universität in Berlin.«

Sie war wahrlich sein Werk, nicht zuletzt durch die Gelehrten, die er ihr als Professoren gewann und die zumeist langjährige Freunde von ihm waren:

Der Theologe und Philosoph Friedrich Ernst Daniel Schleiermacher aus Breslau, seit 1796 in Berlin, wo er zunächst Prediger an der Charité war und der lebenslange Seelenfreund der schönen Henriette Herz wurde, mit der auch Humboldt selbst so eng befreundet war, daß die Vermutung naheliegt, Schleiermacher sei ihm von Henriette dringend empfohlen worden; der aus Frankfurt am Main gebürtige Rechtsgelehrte Friedrich Karl v. Savigny, wie Humboldt hugenottischer Herkunft, der gerade eine Professur an der Universität Landshut erhalten hatte, diese aber aufgab, um dem Ruf nach Berlin zu folgen; der aus Kopenhagen gebürtige Historiker Barthold Niebuhr, den Stein 1806 nach Berlin berufen hatte, wo er zunächst mit Finanzgeschäften betraut gewesen war, bis ein Zerwürfnis mit Hardenberg zu seiner Entlassung aus dem Staatsdienst geführt hatte; der Ostfriese Johann Christian Reil, seit 1787 Professor der Medizin in Halle, der später Direktor aller preußischen Lazarette wurde; der aus Karlsruhe gebürtige Philologe Philipp August Böckh, der 1806, durch Vermittlung Schleiermachers und der Henriette Herz, bereits am Pädagogischen Seminar in Berlin gelehrt hatte, dann Professor in Heidelberg geworden war; der Arzt und volkstümliche Schriftsteller Christoph Wilhelm Hufeland aus dem thüringischen Langensalza, der in Weimar praktiziert, dort Goethe, Herder, Wieland und Schiller zu seinen Patienten gezählt und dann in Jena einen Lehrstuhl erhalten hatte; schließlich der Philosoph Johann Gottlieb Fichte, der 1799 Jena wegen des Vorwurfs, Gottlosigkeit propagiert zu haben, eilig hatte verlassen müssen und in Berlin aufgenommen worden war, ein Freund und Bewunderer der Rahel Levin, auf deren Vorschlag hin ihr Freund Humboldt den Professor Fichte dann zum Gründungsrektor der neuen Berliner Universität ernennen ließ (wobei anzumerken ist, daß die Rahel und ihr Kreis ebenso glühende deutsche Patrioten, Verbündete Steins, Gneisenaus und Scharnhorsts waren wie der aus Rammenau in der Lausitz stammende Fichte, der sich durch seine im Winter 1807/08 gehaltenen *Reden an die deutsche Nation* bekannt gemacht hatte).

Es sei auch daran erinnert, daß der jüdische Arzt und Schriftsteller David Ferdinand Koreff bald ebenfalls eine Professur an der neuen Berliner Universität erhielt und daß ihn Hardenberg, dessen Leibarzt und Freund er war, später ins Ministerium berief.

Friedrich Karl v. Savigny, 1779–1861 (Gemälde von Franz v. Krüger).

Doch am bemerkenswertesten war an dieser ersten Hochschule der preußischen Landeshauptstadt, daß dort nicht ein einziger Vertreter des preußischen Junkertums lehrte, ja, daß nur ganz wenige gebürtige Preußen unter den Professoren waren, und selbst diese wenigen hatten zumeist Preußen nur deshalb zum Vaterland, weil ihre Vorfahren aus fernen Gegenden als religiös Verfolgte der einen oder anderen Konfession dorthin geflüchtet waren.

Diese von Humboldtschem Geist erfüllte Universität war geradezu maßgeschneidert für die Bedürfnisse nicht des preußischen Adels, sondern des schon weitgehend emanzipierten Bürgertums, und es war wahrlich ein Hohn, daß diese Universität einhundertneununddreißig Jahre lang den Namen jenes Preußenkönigs Friedrich Wilhelm III. trug, der voller Mißtrauen gegen Geist und Bildung war, der der Universitätsgründung nur widerwillig zugestimmt hatte und ihr zeitlebens feindselig gegenüberstand. Erst 1949 erhielt sie endlich den Namen ihres Schöpfers.

Im März 1812 erzielten die fortschrittlichen Kräfte in Preußen einen weiteren beachtlichen Erfolg. Ein von Hardenberg durchgesetztes »Edikt über die bürgerlichen Verhältnisse der Juden« gewährte zumindest den 30000, meist wohlhabenden »Schutzjuden« endlich mehr, wenn auch längst noch nicht volle Rechtsgleichheit. Zumindest hob das dem König abgerungene Edikt das Schutzverhältnis auf, machte die Juden zu Staatsbürgern mit dem Recht der freien Niederlassung und des freien Gewerbebetriebs, ließ sie zum Militärdienst zu und beendete den grotesken Zustand, daß Berlin seit der neuen Städteordnung jüdische Stadtverordnete und sogar einen jüdischen Stadtrat, David Friedländer, hatte, diese aber nicht die preußische Staatsangehörigkeit besaßen.

Das emanzipatorische »Edikt über die bürgerlichen Verhältnisse der Juden« erschien damals vielen, nicht zuletzt dem jüdischen Bürgertum, das die meisten Vorteile davon hatte, als die Krönung des Reformwerks. Endlich, so fanden sie, versprach Preußen ein moderner Staat zu werden, wenn auch gegen den hartnäckigen Widerstand des Königs und des Adels. Und sie meinten auch, daß nun die Zeit gekommen sei, das französische Joch abzuschütteln (wobei sie allerdings übersahen, daß gerade die einschneidenden Veränderungen, die der französische Einfluß im Königreich Westfalen und im Großherzogtum Warschau bewirkt hatte, Ansporn und Vorbild der preußischen Reformatoren gewesen waren).

Außenpolitisch hatte sich die Lage insofern verändert, als sich Napoléon nun anschickte, mit seinen deutschen Verbündeten, zu denen jetzt auch das geschlagene Österreich zählte, gegen Rußland zu Felde zu ziehen. Die preußischen Patrioten, der Herkunft nach überwiegend Nichtpreußen, wünschten sich ein Bündnis des reformierten Staats mit dem Zarenreich, hofften zumindest auf eine allgemeine Volksbewaffnung im Rücken des Napoléonischen Heeres und auf eine dadurch herbeigeführte Niederlage des Franzosenkaisers. Mit dessen Untergang, so glaubten sie jedenfalls, würden sowohl die Feudalherrschaft wie auch die deutsche Kleinstaaterei und die junkerlichen Privilegien beseitigt werden, und am Ende könnte der ersehnte deutsche Nationalstaat entstehen, mit einem gewählten Fürsten als Kaiser an der Spitze und einem Parlament als bürgerlicher Kontrollinstanz.

Dagegen war dem König, dem Hof und den Junkern jeder Gedanke an eine Volksbewaffnung oder gar -erhebung suspekt, die daran geknüpften Hoffnungen tief zuwider. Weder die Hohenzollern noch der um seine Vorrechte bangende Adel konnten von einem solchen Abenteuer Gewinn erhoffen. Denn siegte das bewaffnete Volk über die französischen Heere, würde es früher oder später weitere Rechte fordern; blieb aber Napoléon Sieger, dann war es sicher, daß er die Junker entrechten, den König absetzen und Preußen zu einer französischen Provinz machen würde.

Anderseits aber durften König und Adel nicht offen Partei für die Franzosen ergreifen, denn die Patrioten hatten viele Anhänger, besonders unter den Bürgern mit Vermögen und Bildung sowie unter den jüngeren Offizieren. Eine ja nicht auszuschließende Niederlage des Napoléonischen Heeres konnte diese starken Kräfte dazu verleiten, einen mit dem Besiegten eng verbündeten König samt seinem Anhang zu verjagen.

Noch aber hatten Hofpartei und Junker die Oberhand, und sie entschlossen sich mit leisem, für die Gegner Napoléons gerade noch vernehmbarem Jammern zu einer Unterstützung Frankreichs. Auch in Österreich war eine reaktionäre Regierung unter dem Grafen Metternich ans Ruder gekommen, die jedes neue antifranzösische Bündnis, auch jede allgemeine Volksbewaffnung, strikt ablehnte, außerdem ihr Verhältnis zu Napoléon dadurch verbessert hatte, daß die Kaisertochter Marie Louise ihm zur Gemahlin gegeben worden war.

Friedrich Wilhelm III. wäre am liebsten neutral geblieben. Hardenberg hatte ihm jedoch schon im April 1811 erklärt: »Bricht ein Krieg zwischen Rußland und Frankreich aus, so gerät Preußen auf jeden Fall in die größte Gefahr. Neutralität ist gar nicht möglich.«

Eine Zeitlang zauderte der stets unentschlossene König noch. Dann gab er dem starken französischen Druck seufzend nach und gestand in einem Vertrag, der im Februar 1812 zu Paris unterzeichnet wurde, Napoléon zu, Preußen als Aufmarschgebiet für die Große Armee gegen Rußland zu benutzen. Außerdem hatte das Königreich ein Hilfskorps von 20000 Mann, knapp die Hälfte der preußischen Armee, für den Feldzug zur Verfügung zu stellen. Als Gegenleistung sollte Preußen nach dem Sieg über Rußland dessen Ostseeprovinzen erhalten.

»Mit Feigheit haben wir einen Unterwerfungsvertrag unterzeichnet, der uns mit Schande besudelt, Blut und Vermögen des Volkes fremder Willkür preisgibt!« So schrieb Gneisenau am 10. März, als ihm der Inhalt des Vertrags von Paris bekanntgeworden war, und er fügte hinzu: »Armes

Deutschland! Von deinen Fürsten zur Sklaverei gezähmt, können deine redlichsten Söhne künftighin nur für ein fremdes Land fechten ...«

Kurze Zeit später verließen Gneisenau, Boyen und Clausewitz das »mit Schande besudelte« Königreich und begaben sich zu ihrem geflüchteten Gesinnungsgenossen, dem Freiherrn vom Stein, nach Rußland. Mit ihnen verließen scharenweise patriotisch gesinnte, meist jüngere Offiziere die preußische Armee. Besonders aus Schlesien trafen, wie der Gesandte Württembergs in Berlin nach Hause berichtete, »ganze Pakete mit Abschiedsgesuchen« ein.

Vernichtet schienen alle auf die Erhebung Preußens gerichteten Hoffnungen zu sein, vergeblich die seit Jahren im geheimen betriebenen Rüstungen. Besonders das von deutschem, kaum noch von preußischem Patriotismus erfüllte liberale Bürgertum Berlins war verzweifelt, als im März 1812 der Abmarsch des preußischen Hilfskorps nach Rußland begann und die Hauptstadt wieder einen französischen Kommandanten erhielt.

Aber in den Sommermonaten regten sich leise Hoffnungen bei den Patrioten; sie begannen erneut zu konspirieren und versuchten gar, den mit dem Oberkommando über das preußische Hilfskorps betrauten, zur antipatriotischen Junkerpartei gehörenden General v. Yorck dahingehend zu beeinflussen, in einem ihm geeignet erscheinenden Augenblick von Napoléon abzufallen. Doch der General winkte energisch ab.

Im späten Herbst trafen in Preußen erste Nachrichten ein, die besagten, daß Napoléons Große Armee den Rückzug habe antreten müssen. Am 17. November verbreitete sich in Berlin das Gerücht, Tag und Nacht reitende Eilstafetten, die für die Poststrecke Wilna–Berlin nur eine Woche benötigt hätten, wären in der Nacht angekommen und hätten von furchtbaren Verlusten des Napoléonischen Heeres und dessen beginnender Auflösung berichtet. Dem patriotischen Lager meldete ein Geheimkurier, alle Versuche Steins und Gneisenaus, General v. Yorck nun endlich auf die Seite der Russen zu ziehen, seien bislang gescheitert. Yorck habe es abgelehnt, mit seinen zum Feind geflüchteten Landsleuten auch nur ein Gespräch zu führen.

Doch als dann um Weihnachten 1812 das Ausmaß der Katastrophe, die Napoléons Große Armee erlitten hatte, deutlich wurde, als sich in Ostpreußen die Anzeichen für eine baldige bewaffnete Erhebung gegen die französische Besatzung mehrten, ließ Yorcks Widerstand nach. Es dämmerte ihm, welche Gefahr für die preußische Monarchie und die Junker entstand, wenn sie jetzt an der Seite des Verlierers blieben.

Da seine wiederholten, immer dringlicheren Bitten um neue Instruktionen von Friedrich Wilhelm III. gar nicht oder mit Orakelsprüchen wie »Nach den Umständen handeln! Napoléon großes Genie sein! Nicht über die Schnur hauen!« beantwortet wurden, entschied sich General v. Yorck schließlich, eigenmächtig zu handeln. Am 30. Dezember 1812 traf er sich in der Poscheruner Mühle in der Nähe der litauischen Kleinstadt Tauroggen mit dem Kommandeur des ihm am nächsten stehenden russischen Korps. Es war der erst siebenunddreißigjährige, aus Großleippe in Schlesien gebürtige, im Berliner Kadettenhaus ausgebildete General Hans v. Diebitsch, und dieser hatte zwei der zwanzig Offiziere mitgebracht, die wegen des Bündnisvertrags, den Friedrich Wilhelm III. mit Napoléon vor dessen Rußlandfeldzug abgeschlossen hatte, aus dem preußischen Heer ins russische übergetreten waren: den Major Karl v. Clausewitz und den Grafen Friedrich Dohna, einen Schwiegersohn Scharnhorsts. Es waren also bei diesen Verhandlungen in der Mühle bei Tauroggen nur Preußen zugegen, und sie einigten sich dann auf eine Konvention, die Yorck verpflichtete, sein Korps in Ostpreußen zu »neutralisieren« und es nicht zur Deckung des Rückzugs der Reste des Napoléonischen Heeres gegen die Russen einzusetzen.

In Tauroggen wurden von einem preußischen Junker und General – unter Assistenz deutscher Patrioten in russischer Uniform, die vor der Beschreitung eines eigenen revolutionären Weges zurückschreckten – die Weichen gestellt für eine Entwicklung, die das rückständige und erzreaktionäre Zarenreich erneut zur Schutzmacht Preußens und bald auch des übrigen Deutschlands werden ließ. Die feudalen Unterdrücker sollten nun die Deutschen von der Herrschaft Napoléons befreien, der sich vom bürgerlichen Befreier zum halbfeudalen Unterdrücker gewandelt hatte. Es war ein großes Wagnis, auf das sich der General v. Yorck am 30. Dezember 1812 einließ. Von da an bestimmte wieder der Petersburger Hof weitgehend die Richtlinien der Politik zwischen Memel und Maas.

»Clausewitz, der sonst nicht gut auf Yorck zu sprechen war«, heißt es dazu bei Franz Mehring, »nennt die Konvention von Tauroggen eine der kühnsten Handlungen, die in der Geschichte vorgekommen seien. Mindestens gehört sie zu den kühnsten Handlungen der preußischen Geschichte. Wider den Willen des Königs, der sich zudem in der Gewalt der Franzosen befand, fiel Yorck von den Franzosen ab, um eigenmächtig die Politik des Staates zu bestimmen. Man hat lange behauptet, angeblich um die Ehre des preußischen Heeres zu retten, daß Yorck nach einer geheimen Instruktion des Königs gehandelt habe, doch geben heute auch die preußischen Historiker zu, daß kein Wort davon wahr ist. Nach ihrer Ansicht hat der König . . . gerade eine solche Konvention . . . verbieten wollen . . . Yorck selbst wußte, daß er um seinen Kopf spielte.«

»Der Schritt, den ich getan«, heißt es tatsächlich in dem Brief, den Yorck am Abend dieses Tages an den König richtete, »ist ohne Befehl Ew. Majestät geschehen. Die Umstände und wichtige Rücksichten müssen ihn aber für die Mit- und Nachwelt rechtfertigen.« Und er fügte hinzu, er werde, falls ihn der König wegen dieser hochverräterischen Eigenmächtigkeit zum Tode verurteilen und erschießen lasse, »auf dem Sandhaufen ebenso ruhig wie auf dem Schlachtfelde, auf dem ich grau geworden bin, die Kugel erwarten.«

Vielleicht dachte Yorck dabei, zumindest einen Augenblick lang, an das Schicksal der Schillschen Offiziere. Als einziger preußischer Kommandeur hatte der Nichtpreuße Ferdinand v. Schill, wegen seiner Verdienste bei der Verteidigung von Kolberg mit dem Kommando über ein Berliner Husarenregiment betraut, Ende April 1809 auf eigene Faust gehandelt und ohne Wissen seiner Vorgesetzten oder gar des Königs seine Einheit heimlich in Marsch gesetzt mit dem Ziel, die preußische Hauptfestung Magdeburg im Handstreich zu nehmen und so das Signal zu einer allgemeinen Erhebung gegen die französische Okkupation zu geben. Sein Plan war gescheitert; der König hatte Schills »unglaubliche Tat« öffentlich mit den schärfsten Ausdrücken mißbilligt. Schill selbst war dann im Kampf gefallen; elf seiner Offiziere hatte man zu Wesel standrechtlich erschossen; die wenigen in die Heimat entkommenen Kameraden Schills waren mit Schimpf aus der Armee entlassen und zu Festungsstrafe verurteilt worden, und 543 seiner Soldaten hatte Napoléon auf französische Galeeren schaffen lassen.

Wahrscheinlicher aber ist es, daß General v. Yorck sich dessen bewußt war, wie sehr sich die Situation seither verändert hatte. Wenn er von »wichtigen Rücksichten« sprach, die seinen Hochverrat rechtfertigten, so wußte er – und auch der König –, was damit gemeint war: Nur wenn er sich mit den Russen gegen Napoléon verbündete, damit das ihm unterstellte Korps vor der Niederlage bewahrte und das Königreich in vorletzter Minute auf die Seite der künftigen Sieger brachte, bestand die Chance, die Monarchie und die Herrschaft der Junker mit russischer Unterstützung zu erhalten.

Doch Friedrich Wilhelm III., auch wenn er Yorcks Motive eigentlich hätte begreifen und, mindestens stillschweigend, billigen müssen, war außer sich vor Zorn über den Ungehorsam und das eigenmächtige Handeln seines Feldherrn. Er ließ sogleich bekanntmachen, Yorck sei seines Kommandos enthoben und werde vor ein Kriegsgericht gestellt; seine hoch- und landesverräterische Abmachung mit dem Feind sei null und nichtig.

Gleichzeitig verlegte der König eilig seine Residenz von Berlin nach Breslau, wo er, da die schlesische Hauptstadt nicht von den Franzosen besetzt war, bessere Aussichten hatte, einer Verhaftung und Absetzung auf Befehl Napoléons zu entgehen. Aber mit dieser Flucht – er merkte es zu spät – hatte er sich zwischen alle Stühle gesetzt: Franzosen und Russen mußten in ihm nun gleichermaßen einen Verräter sehen, und sie hatten zudem fast sein ganzes Rest-Königreich in der Hand. Der größte Teil Preußens war ja noch von den Franzosen besetzt, und nach Ostpreußen hatte der Meuterer Yorck die Russen einmarschieren lassen. Er führte dort das Kommando über die »neutralisierte« Hauptmacht des preußischen Heeres, obwohl der König ihn doch abgesetzt hatte. Zu allem Überfluß stand jetzt in Königsberg der von Friedrich Wilhelm in Ungnaden entlassene Freiherr vom Stein an der Spitze der Zivilverwaltung und hatte, im Bund mit den patriotischen Offizieren, mit der vom König ausdrücklich verbotenen Volksbewaffnung begonnen, in der Hoffnung, daß sich in Petersburg diejenige Partei durchsetzen würde, die einen russischen Vormarsch zur Befreiung Deutschlands befürwortete.

Das war, wie Friedrich Wilhelm III. fand, eine höchst gefährliche Narretei, die auch auf Schlesien überzugreifen drohte. Kurz, Seine Majestät der König war, wie man in Berlin schadenfroh feststellte, »mächtich in de Brodullje«, und die respektlose Jugend seiner von ihm verlassenen Hauptstadt an der Spree, die schon 1806/07 über ihn gespottet hatte: »Unser Deemel is nach Memel«, dichtete nun, während Friedrich Wilhelm noch unterwegs nach Breslau war: »Der Keenich macht nach Schlesjen, bald isser Keenich jewesien!«

Rief der König? Kamen wirklich alle?

Keine preußische Legende, nicht einmal jene, die sich um den »Alten Fritz« rankt, ist üppiger ausgeschmückt und liebevoller gepflegt worden als die von der »gewaltigen Volkserhebung« des Frühjahrs 1813.

»Der König rief, und alle, alle kamen«, jubelten schon die Zeitgenossen, die es besser hätten wissen müssen. Viele Generationen von konservativen und nationalliberalen deutschen Historikern haben sich gegenseitig überboten mit immer weniger wirklichkeitsgetreuen Schilderungen jener Woge von leidenschaftlichem Patriotismus, die damals lavagleich alle erfaßt, erst ganz Preußen, dann ganz Deutschland durchglüht haben soll.

»Nun, Volk, steh' auf, und Sturm, brich los!«, so beschwor Josef Goebbels 1944 seine kriegsmüden Landsleute, wohl wissend, daß er ihnen damit eine – gar nicht vorhandene – Begeisterung suggerierte, die allen aus Schulbüchern, Romanen und Filmen bestens vertraut und stets als vorbildlich gepriesen worden war. Und noch in unseren Tagen hat Gerhard Ritter sich nicht gescheut, es ebenso darzustellen, was sich im März 1813 in Preußen abgespielt haben soll. In seiner 1958 wieder aufgelegten Stein-Biographie heißt es: »Willig dem Rufe seines Königs folgend, trat das preußische Volk zum blutigen Waffengang an.«

Tatsächlich ließ sich Friedrich Wilhelm III., nahe daran, vor Angst sein bißchen Verstand zu verlieren, nur durch äußerste Anstrengungen seiner Umgebung dazu bringen, schließlich doch einem Bündnis mit Rußland und einem Aufruf »An Mein Volk« zuzustimmen. Nur weil Stein, der am 25. Februar 1813 als kaiserlich russischer Bevollmächtigter in Breslau eingetroffen war, nicht lockergelassen hatte und unerbittlich geblieben war, weil er dem buchstäblich schlotternden, kreideweißen und schweißnassen König mit teils übertriebenen, teils frei erfundenen Schilderungen der Lage keine andere Wahl gelassen und ihn das Fürchten gelehrt hatte, war es überhaupt zu einer Entscheidung gekommen, der Friedrich Wilhelm selbst, aber auch seine reaktionären Ratgeber so gern aus dem Wege gegangen wären. Und nie hat der König dem Freiherrn vom Stein diese »dreiste Anmaßung« verziehen, so wenig wie er je dem General v. Yorck dessen »Ungehorsam« und »unglaubliche« Eigenmächtigkeit vergeben konnte.

Immerhin, so ließe sich einwenden, und ganz gleich, wie und von wem es bewerkstelligt worden war, hat es dann tatsächlich einen königlichen Appell »An Mein Volk« gegeben, den ersten, mit dem ein preußischer Herrscher sich dazu herabließ, von seinem Volk, von dieser rechtlosen Masse zu »Kadavergehorsam« verpflichteter Untertanen, dergestalt Notiz zu nehmen, daß er sich unmittelbar an sie wandte. Und war es dann nicht so, wie es der wackere Pierson in seiner *Preußischen Geschichte* von 1864 geschildert hat?

»Nunmehr, da der König selber die gesamte Nation aufrief, schlugen alle die tausend Flammen der Kampflust und Opferfreude zusammen. Wunderbar rasch trat die Volksbewaffnung ins Leben. Die freiwilligen Gaben und die Scharen der Wehrmänner strömten jetzt massenhaft herbei. Das ganze preußische Volk deutscher Zunge griff zu den Waffen wie ein Mann, und vielerorten, besonders in Ostpreußen, that es der nichtdeutsche Preuße dem deutschen vollkommen gleich. Wenn schon vor dem 17. März die kriegsfähige Jugend auf allen Wegen und Stegen zu den Sammelorten eilte, nach Königsberg, nach Graudenz, nach Breslau, und von Berlin und der Mark unter den Augen der französischen Garnisonen eine völlige Auswanderung (!) der Wehrfähigen nach Schlesien zum Könige erfolgte, so brach jetzt die Flut erst recht durch alle Dämme!«

Nun, wir werden sehen, inwieweit diese Schilderung der Wirklichkeit des Frühjahrs 1813 entsprach, doch zur Beurteilung des Wahrheitsgehalts bedarf es einiger nüchterner Zahlen und einfacher Berechnungen.

Das Königreich Preußen des Frühjahrs 1813 hatte ziemlich genau fünf Millionen Einwohner, die sich auf die ihm verbliebenen Provinzen Ost- und Westpreußen, Pommern, Schlesien und die Mark Brandenburg verteilten; die von der »Volksbewaffnung« am frühesten und stärksten betroffene Provinz Ostpreußen hatte allein eine Bevölkerung von rund einer Million, die preußische Hauptstadt Berlin zählte damals, ohne die Garnison, etwa 170000 Einwohner.

Die Friedensstärke des preußischen Heeres war im Tilsiter Frieden auf 42000 Mann festgesetzt worden, doch hatten Gneisenau und Scharnhorst, wie wir bereits wissen, diese Bestimmung durch das sogenannte »Krümper«-System umgangen; es waren in den sechs Jahren seit Friedensschluß rund 200000 Mann als Soldaten ausgebildet und immer wieder zu Übungen herangezogen worden, wobei ein Großteil der Längerdienenden des 42000-Mann-Heeres deren Ausbilder waren. Hinzu kam noch eine Reserve von altgedienten, im Sommer 1807 entlassenen Soldaten, von denen im Sommer 1813 schätzungsweise 30000 bis 40000 Mann noch mindestens garnisonsverwendungsfähig waren. Alles in allem standen also für eine Generalmobilmachung annähernd 280000 ausgebildete Soldaten zur Verfügung sowie diejenigen nicht militärisch ausgebildeten Preußen, die sich freiwillig zu den Fahnen melden würden, ferner Freiwillige aus nicht- (oder nicht mehr) preußischen Gebieten.

Während sich das Potential an Freiwilligen aus dem Ausland nicht beziffern läßt – theoretisch hätte ja die gesamte männliche Jugend Deutschlands zu den preußischen Fahnen eilen können, darunter der Rest der rund 200000 zwangsrekrutierten Deutschen der Großen Armee Napoléons, die

Berliner Landsturm (Federzeichnung von C. F. Zimmermann).

auf dem Rückzug schon längst preußisches Gebiet erreicht hatte –, ist das einheimische Potential an Freiwilligen ziemlich genau zu berechnen:

Von den rund fünf Millionen preußischen Untertanen des Jahres 1813 waren etwa die Hälfte, also zirka zweieinhalb Millionen, männlichen Geschlechts, von diesen etwa ein Viertel, also rund 625 000, im wehrfähigen Alter. Davon sind zunächst die 280 000 ohnehin wehrpflichtigen und ausgebildeten Männer in Abzug zu bringen, so daß 345 000 als mögliche Freiwillige verblieben.

Geht man davon aus, daß mindestens vierzig Prozent der preußischen Untertanen des Jahres 1813 nichtdeutscher, zumeist polnischer oder litauischer Nationalität und Muttersprache waren und daher an dem Beweis ihres deutschen Patriotismus kaum oder gar kein Interesse hatten (was ihnen zwar bei der Zwangsrekrutierung nichts nützte, wohl aber für eine freiwillige Meldung zu den Fahnen entscheidend gewesen sein mochte, auch wenn Pierson von den ostpreußischen Nichtdeutschen das Gegenteil behauptet), so erscheint es angebracht, von den errechneten 345 000 möglichen Freiwilligen Preußens nochmals, wenn schon nicht vierzig, so aber doch mindestens dreißig Prozent in Abzug zu bringen, so daß noch 235 000 deutsche oder laut Pierson deutsch fühlende Preußen als mögliche Freiwillige übrigblieben.

Unterstellen wir einmal, daß sich nur etwa ein Drittel davon bei der

Musterung als tauglich erwiesen hätte und daß zwei Drittel der Freiwilligen nicht einmal für leichten Schreibstubendienst verwendbar gewesen wäre (was sehr großzügig geschätzt ist, da ja gerade die für eine freiwillige Meldung in Frage Kommenden, weil von der Dienstpflicht Befreiten vornehmlich aus adligen und gutbürgerlichen Kreisen stammten und durchweg gesünder waren als die seit früher Jugend in Fabrik- und Feldarbeit stehenden Söhne der Unterschicht), so verblieben immer noch rund 80000 Männer. Sie stellen das Minimum dessen dar, was man nach allen Schilderungen, die ja sogar von einer »völligen Auswanderung der Wehrfähigen« zu den Meldestellen sprechen, erwarten müßte.

Das Fazit unserer Berechnungen wäre demnach, daß das Königreich Preußen im Sommer 1813 über annähernd 280000 Zwangsrekrutierte (abzüglich einiger Ausfälle durch Krankheit, Tod oder Fahnenflucht) sowie mindestens 80000 Freiwillige verfügen konnte. Aber die Wirklichkeit sah erheblich anders aus:

Es gab zwar im Sommer 1813 tatsächlich, einschließlich Landsturm und Landwehr, rund 265000 eingezogene Soldaten unter der preußischen Fahne, aber von 80000 Freiwilligen konnte wahrlich nicht die Rede sein! Zwar schwanken die Angaben – die niedrigste, in einem sehr patriotischen Geschichtsbuch, spricht von 10000, die höchste von 16000, wobei die aus anderen deutschen Ländern nach Preußen gekommenen Freiwilligen eingerechnet sind –, aber eine sorgfältige Prüfung läßt erkennen, daß insgesamt nur wenig mehr als 11000, allerhöchstens 12000 Freiwillige* zu den Fahnen geeilt sind, und davon kamen überraschenderweise nur etwa 1500 aus dem Ausland, von den Inländern aber weit über die Hälfte, nämlich etwa 6500, aus Berlin, von den übrigen Preußen die meisten aus Königsberg und Breslau, der bescheidene Rest meist aus kleineren kurmärkischen und ostpreußischen Städtchen.

Es war also im wesentlichen das städtische Bürgertum, zumal das aufgeklärte, gebildete und wohlhabende Bürgertum Berlins, aus dem die Freiwilligen kamen, und deren Patriotismus war weniger preußisch als deutsch, ihre Gesinnung eher liberal oder gar demokratisch als königstreu, ihre Begeisterung mehr von romantischen Illusionen getragen als von dem Gefühl einer moralischen Verpflichtung gegenüber dem preußischen Staat. Und was die Masse der übrigen Bevölkerung des Königreichs betraf, aus der Freiwillige in Scharen hätten hervorgehen können, aber nicht kamen, so hatte sie eine noch weit weniger patriotische Einstellung zu den Dingen.

Zwar waren die meisten der als Soldaten in Frage kommenden Bauern – sie stellten nach wie vor das Gros der Bevölkerung Preußens – jetzt beim

* Pierson spricht von »zwölftausend freiwilligen Jägern, sämtlich Landeskinder«, was nur geringfügig übertrieben erscheint, zumal die Freiwilligen fast ausnahmslos als »Jäger«, d.h. mit einer deutlichen Vorzugsstellung gegenüber den Mannschaften und mit eigener oder von wohlhabenden Freunden gestellter Ausrüstung, bei den diversen Truppenteilen oder in selbständigen Jägerkorps dienten.

Militär, aber nur gezwungenermaßen, und es darf bezweifelt werden, daß sie davon begeistert waren und sich auch freiwillig gemeldet hätten. Von allen Plagen, die den Landmann seit Jahrhunderten drückten, waren diejenigen, die mit Krieg, fremden oder »eigenen« Soldaten sowie mit der Zwangsrekrutierung zusammenhingen, die allerschlimmsten. Der Soldatenstand galt als »unehrlich«, roh und gemein, war verhaßt und gefürchtet, und daran hatte auch die von den Militärreformern proklamierte »Freiheit des Rückens« wenig geändert. Darüber hinaus wäre es sicherlich verfehlt gewesen, von der Masse der seit vielen Generationen von den Junkern geschundenen, in Unmündigkeit und Sklaverei gehaltenen preußischen Untertanen etwas wie Staatsbewußtsein oder gar Nationalstolz zu erwarten.

Schon 1806 hatte der aus Sachsen gebürtige Dichter und politische Schriftsteller Johann Gottfried Seume mit beißendem Sarkasmus vermerkt: »Der Landmann soll nun fechten. Für wen denn? Schlägt er für sich? Wird ihm der Sieger nicht noch mehr aufbürden? Ein Grenadier soll sich in die Bajonette stürzen, dessen Schwester oder Geliebte zu Hause bei dem gnädigen Krautjunker für jährlich acht Gulden zu Zwange dient; dessen Mutter oder alte Muhme, die selten satt Brot und Salz hat, ihre halbblinden Augen noch damit verderben muß, daß sie zur Frohne für den Hof ihre nicht kleine Quantität Garn abspinnt . . .? Ein Deutscher soll schlagen, damit ihn, wenn er nicht in der Schlacht bleibt, sodann der Edelmann wieder hübsch frohnmäßig in der Zucht habe . . .?«

Nun ließe sich dagegen einwenden, daß ja, dank der Stein-Hardenbergschen Reformen, seit dem Martinitag 1810 jede Gutsuntertänigkeit aufgehört hatte und daß es seitdem in Preußen nur noch freie Leute gab. Aber auch dies war nur sehr bedingt richtig; die niedere Gerichtsbarkeit und Polizeigewalt der Junker, ihre Aufsicht über Kirche und Schule sowie die Steuerfreiheit des Adels waren nicht aufgehoben worden, und vor allem hatte man es versäumt, die Eigentumsverhältnisse der bisherigen Sklaven, Halb- und Dreiviertelfreien so zu ordnen, wie es ihren wie auch den Interessen des Staates und dem Sinn der Reform entsprochen hätte.

Denn anstatt freies Bauerneigentum zu schaffen, hatte man es zugelassen, daß sich die Junker an den Äckern ihrer Freigelassenen schadlos hielten für die ihnen nun entgehenden Fronleistungen. Von einigen wohlhabenden Bauern abgesehen, die sich loskaufen konnten, gab es für die Masse der armen, seit Jahrhunderten ausgebeuteten Landbevölkerung eine fast totale Enteignung.

Den einstigen Gutsuntertänigen und Halbfreien, die meist weder lesen noch schreiben konnten, blieb keine andere Wahl, als ihre drei Kreuzchen unter den ihnen unverständlichen Abtretungsvertrag zu setzen und fortan als Tagelöhner auf den nun um ihre Äcker vergrößerten Rittergütern ihrer Herren noch härter zu arbeiten als zuvor und ihre Kinder dem Gut als Gesinde zu verdingen. Da sich auch an dem Recht des Junkers zu körperlicher Züchtigung seiner Untergebenen nichts geändert hatte, war das Ganze – gegen die ursprünglichen Absichten Steins – nur für einige wenige Wohlhabende eine Verbesserung, für die allermeisten aber eine deutliche Verschlechterung geworden, jedenfalls kein Anlaß, dem Staat Dankbarkeit zu zeigen und Selbstbewußtsein zu entwickeln.

Anders war es in den preußischen Städten, wo durch die Reform, die Stein vor seinem Sturz noch durchgesetzt hatte, tatsächlich bei den Bürgern, zumindest bei denen, die etwas Vermögen vorweisen konnten, ein neues Selbstgefühl erwacht war. Sie hatten ja nun ein erhebliches Mitspracherecht in allen kommunalen Angelegenheiten und wurden von den »Jünkerlein« endlich mit einigem Respekt behandelt, denn seit der Reform des Militärwesens standen auf rüpelhaftes Betragen gegenüber achtbaren Bürgern sehr strenge Strafen.

So ist es vielleicht zu erklären, daß wohlhabende Bürgersöhne noch am ehesten bereit waren, sich für den Staat einzusetzen und freiwillig zur Armee zu gehen, allerdings nicht als »Gemeine«, sondern als »freiwillige Jäger«, meist mit eigenem Pferd und mit der Aussicht, schnell befördert und, wenn Not am Mann war, sogar Offizier zu werden.

Es waren vor allem Kaufmannssöhne und junge Akademiker, die zu den Fahnen eilten. Die kleinen Handwerker und der übrige untere Mittelstand, von einigen abenteuerlustigen Zimmermannsgesellen und Schifferknechten abgesehen, verhielten sich weit weniger kriegsbegeistert als die bürgerliche Oberschicht. Sie, die die Masse der städtischen Bevölkerung ausmachten, pochten sogar, zumal in Berlin, recht energisch auf ihre verbriefte Militärfreiheit. Jahrelang stritten sie sich mit den Rekrutierungsbehörden herum, und alle Appelle an ihren Patriotismus stießen auf taube Ohren. »Diesen idealen Gedankengängen unzugänglich, richteten die Stadtverordneten – unter denen das Kleinbürgertum die Mehrheit hatte – 1815 ein Gesuch um Befreiung der Berliner Bürgersöhne vom Dienst im stehenden Heere an den Staatskanzler«, berichtet über die letzten dieser Bemühungen die stadtamtliche *Geschichte der Stadt Berlin* von 1937 mit deutlicher Beschämung über solchen Defätismus. »Der ablehnende Bescheid schreckte sie nicht davor zurück, sich am 8. Oktober 1816 mit einem Immediatgesuch an den König zu wenden. Die Kabinettsorder vom 25. Oktober 1816 lehnte dieses Gesuch, ebenso das entsprechende der Stadt Potsdam, mit dem Hinweis ab, daß die frühere Kantonsverfassung gesetzlich aufgehoben sei.

Als selbst daraufhin« – man lese und staune! – »die Stadtverwaltung noch einmal vorstellig wurde, richtete der König im höchsten Unmut eine überaus scharfe Erwiderung an das Staatsministerium; er gab der Stadtverwaltung seine höchste Ungnade zu erkennen, brandmarkte die dem Antrag zugrunde liegende Gesinnung als unwürdig und drohte denen Bestrafung und öffentliche Bekanntgabe an, die ferner in so unpatriotischer Weise vorgehen würden.«

Während das Kleinbürgertum sich noch jahrelang dagegen sträubte, seine Söhne zum Militär einrücken zu lassen, meldeten sich die der wohlhabenden und gebildeten bürgerlichen Oberschicht tatsächlich in Scharen freiwillig. Und da dieses Großbürgertum in Berlin, in geringerem Umfang auch in anderen preußischen Städten, vorwiegend hugenottischer oder jüdischer Herkunft war, so hatte die Französische Kolonie und die seit 1671 bestehende Berliner Synagogengemeinde einen sehr viel höheren Anteil am Gesamtkontingent preußischer Freiwilliger des Jahres 1813, als ihren Mitgliederzahlen im Verhältnis zur Gesamtbevölkerung entsprochen hätte.

Unter den etwa 10000 preußischen Freiwilligen waren nach späteren Berechnungen annähernd 700, davon 444 namentlich bekannte Juden, doch dürfte ihre wirkliche Anzahl noch um einiges höher gelegen haben, denn einmal wurden die Listen, zumindest anfangs, sehr nachlässig und unvollständig geführt, und es sind zudem einige davon verlorengegangen; zum andern verzichteten nicht wenige jüdische Freiwillige darauf, sich als Juden zu erkennen zu geben, wogegen die Militärbehörden ihrerseits häufig keinen Grund sahen, nach dem religiösen Bekenntnis der Freiwilligen überhaupt zu fragen. Schließlich gab es auch später auf beiden Seiten Gründe, die jüdische Konfession des einen oder anderen »Jägers« zu verschweigen, beispielsweise wenn sich der Betreffende inzwischen hatte taufen lassen, was bei etwa einem Drittel der jüdischen Freiwilligen tatsächlich der Fall war.

Überhaupt waren viele preußische Juden, zumal die von Berlin, plötzlich bereit, ihre seit Jahrhunderten, allen Unterdrückungen und blutigen Verfolgungen zum Trotz, beharrlich behaupteten Eigentümlichkeiten und religiösen Gebräuche aufzugeben. Sie wollten sich von ihrer nichtjüdischen Umwelt in nichts mehr unterscheiden. Bei der Einsegnung der ausrückenden Freiwilligen erklärten selbst die höchsten geistlichen Autoritäten, etwa der Oberlandesrabbiner von Schlesien, daß gegenüber den vaterländischen Pflichten die religiösen zurückzutreten hätten; die jüdischen Soldaten brauchten weder die strengen Speisegesetze zu beachten noch die traditionellen Formen des Gebets einzuhalten, ja dürften auf die vorgeschriebenen Gebete ganz verzichten, da Gott »den Dienst fürs Vaterland als Gebet annehmen« werde.

Der soldatische Einsatz, der Diensteifer und die persönliche Tapferkeit der jüdischen Freiwilligen müssen außergewöhnlich gewesen sein, zumindest lassen zahlreiche Auszeichnungen, rasche Beförderungen sowie eine Fülle von Berichten dies erkennen; zwei Dutzend Ernennungen zum Offizier und rund 90 Ordensverleihungen, darunter 71 Eiserne Kreuze, sind namentlich bekannt.

Der freiwillige Gardejäger Meyer Hilsbach aus Breslau wurde bereits nach wenigen Wochen wegen »außergewöhnlicher Bravour« mit dem Eisernen Kreuz ausgezeichnet und – das war bei der Judenfeindlichkeit und

Ein jüdischer Freiwilliger der preußischen Landwehr verabschiedet sich von seinen Eltern (zeitgem. Holzstich nach einem Gemälde von Gräf, 1813).

Exklusivität der ausschließlich adligen preußischen Gardeoffiziere ein bis dahin für absolut unmöglich gehaltener Vorgang! – außer der Reihe zum Gardeleutnant befördert; er fiel schon am 2. Mai 1813 bei Groß-Görschen. Der zwanzigjährige Philipp Veit aus Berlin, Sohn der Dorothea Schlegel aus ihrer ersten Ehe und Enkel Moses Mendelssohns, kämpfte, zusammen mit weiteren jüdischen Bürgersöhnen, an der Seite Theodor Körners in Lützows Freischar und erhielt ebenfalls das Eiserne Kreuz. Der Berliner jüdische Mathematiklehrer Meno Burg trat schon Mitte Februar 1813 als Freiwilliger bei einem Berliner Garderegiment ein, wurde dort, als sich seine Religionszugehörigkeit herausstellte, wieder entlassen, und meldete sich daraufhin zur Artillerie; er brachte es später bis zum Major und Lehrer an der preußischen Artillerieschule.

Die Kriegsbegeisterung der preußischen Juden, die nur in denjenigen Landesteilen gering war, wo – wie beispielsweise im wieder annektierten Großherzogtum Posen – ihre Emanzipation noch nicht begonnen hatte, stand in einem merkwürdigen Widerspruch zu den ihnen wohlbekannten Gründen ihrer endlichen bürgerlichen Gleichstellung durch das Edikt von 1812. Denn dieses – wie auch die anderen preußischen Reformedikte, besonders die neue Städteordnung – hatte sich ja just die Maßnahmen jener zum Vorbild genommen, die man jetzt bekämpfen und verjagen wollte. Ohne die Errungenschaften der Französischen Revolution, ohne deren Übernahme durch das Napoléonische Regime und ohne die Einführung beispielsweise der bürgerlichen Gleichberechtigung der Juden oder auch der kommunalen Selbstverwaltung der Städte in den von Frankreich beherrschten Gebieten Westdeutschlands und im Königreich Westfalen hätte es in Preußen gewiß noch keinerlei Reformen gegeben.

Aber das war im Frühjahr 1813 vergessen, verdrängt durch die frischere Erinnerung an die Leiden der langen Besatzungszeit, an die brutalen Übergriffe der Napoléonischen Soldaten und an die gewaltigen finanziellen Opfer, die während der Fremdherrschaft dem Land auferlegt worden waren. Dabei spielte es kaum noch eine Rolle, daß es weit weniger die Franzosen selbst, als vielmehr ihre deutschen Verbündeten gewesen waren, die den preußischen Bürgern so übel mitgespielt hatten. Die Haß- und Rachegefühle richteten sich fast ausschließlich gegen Napoléon und das französische Heer, wogegen man mit den »deutschen Brüdern« bald in einer großen Nation und in einem Reich vereint sein wollte.

Der Gedanke der nationalen Zusammengehörigkeit und die Beseitigung der deutschen Kleinstaaterei zugunsten eines gemeinsamen Staates aller Deutschen waren, neben dem Wunsch nach Beendigung der Fremdherrschaft, die wichtigsten Beweggründe für die zahlreichen freiwilligen Meldungen aus bürgerlichen Kreisen, und dies kam auch in den Aufrufen zum Ausdruck, mit denen schon im Februar 1813 in Berlin die Bildung von Freiwilligenbataillonen propagiert wurde.

Barthold Niebuhr, einer der von Humboldt an die Berliner Universität berufenen Professoren, schilderte das Echo, das diese Aufrufe in Berlin fanden, in einem Brief vom 13. Februar 1813:

»Das Gedränge der Freiwilligen, die sich einschreiben lassen, ist heute so groß auf dem Rathause wie bei Theuerung vor einem Bäckerladen ... Erst vor drei Tagen ist die Bekanntmachung« – der Aufruf, sich freiwillig zu den Jäger-Detachements zu melden – »erschienen, und heute fährt die Post schon mit neun Beiwagen voll derselben ab, außer denen, die zu Fuß« – nach Schlesien – »gehen oder mit anderen Gelegenheiten reisen ... Es gehen junge Leute aus allen Ständen: Studenten, Gymnasiasten, Primaner, Handlungskommis, Apotheker, ... gereifte Männer von Amt und Stand ...«, wobei anzumerken ist, daß Niebuhr zwar von Leuten »aus allen Ständen« schreibt, aber in seiner langen Aufzählung außer den kaufmännischen Lehrlingen lediglich noch einige Handwerksburschen erwähnt, während alle anderen dem Bildungsbürgertum zuzurechnen sind.

Einen ganz ähnlichen Eindruck erwecken auch die Mitteilungen der Rahel Levin, der »brennenden Seele« des preußischen Patriotismus von 1813, an ihre Freunde: Sie und ihr Kreis möchten zwar gern, daß alle, alle kommen, aber die Freiwilligen aus dem Kleinbürgertum oder gar aus der breiten Unterschicht, die doch die Masse der Bevölkerung darstellt, bleiben rar. Indessen gab es auch bei diesen wenigen Ausnahmen von der Regel einige Überraschungen:

Da meldete sich beispielsweise ein junger Böhme aus der Kolonie Nowawes bei Potsdam und ging, von den Berliner Damen als vorbildlich mutiger Jüngling aus dem einfachen Volk belobigt und mit Liebesgaben bedacht, als freiwilliger Jäger zum Freikorps Lützow nach Schlesien. Erst viel später, als dieser »Jäger August Renz«, wie er sich nannte, bei einem Gefecht tödlich verwundet wurde, stellte sich heraus, daß es sich um eine junge Frau, nämlich um die im Militärwaisenhaus aufgewachsene Köchin und Tochter eines böhmischen Unteroffiziers, Eleonore Prochaska, handelte.

Auch beim 2. Königsberger Ulanen-Regiment gab es einen achtundzwanzigjährigen Freiwilligen aus einfachen Verhältnissen, der den Feldzug bis zum Kriegsende mitmachte, zweimal verwundet wurde und wegen besonderer Tapferkeit zum Wachtmeister befördert wurde. Dieser Wachtmeister war ebenfalls eine Frau, Luise Grafemus, die eigentlich Esther Manuel hieß und Jüdin war. Mit dem Eisernen Kreuz ausgezeichnet, kehrte sie dann heim zu ihren beiden Kindern; ihr Ehemann, auch er ein jüdischer Kriegsfreiwilliger, war in Frankreich gefallen.

Ähnlich wie mit dem Aufruf zur freiwilligen Meldung zu den Jäger-Detachements vom Februar 1813 war es mit der Verordnung zur Organisation des Landsturms, die Hardenberg im März veröffentlichen ließ. Dem Plan lag die Idee der *Levée en masse*, der Massenerhebung, zugrunde, die Gneisenau und Scharnhorst von den französischen Revolutionären übernommen hatten. Der Verfasser dieser Verordnung und damit der eigentliche »Vater des preußischen Landsturms« aber war ein enger Mitarbeiter Hardenbergs, der Vortragende Rat Jacob Salomon Bartholdy.

Bartholdy, als Jude in Berlin geboren und der Onkel von Moses Mendelssohns musikalischem Enkel Felix, der sich nach ihm dann Mendelssohn-Bartholdy nannte, war Christ geworden, um in den preußischen Staatsdienst eintreten zu können. 1809 hatte er als Oberleutnant an dem von Andreas Hofer geführten Tiroler Volksaufstand gegen die französisch-bayerische Besatzung teilgenommen und war aus der Erfahrung dieser sehr harten Kämpfe heraus zu der Überzeugung gelangt, daß nur die rigorosesten Maßnahmen Erfolg versprächen.

Seine Landsturm-Verordnung verpflichtete daher sämtliche männlichen Einwohner Preußens, die nicht zum regulären Heer, zu den Freiwilligenverbänden oder zur Landwehr eingerückt waren, ausgenommen Kinder, Greise und Kranke. Der Landsturm sollte sich ständig zur vollständigen Räumung eines vom Feind bedrohten Bezirks bereithalten. Bei der Evakuierung der Einwohnerschaft war alles Vieh sowie sämtliche Lebensmittel mitzunehmen. Was an Vorräten nicht mehr weggeschafft werden konnte, war zu vernichten, ebenso alle Alkoholbestände. Brücken, Kähne und Fähren sollten verbrannt, Brunnen verschüttet, Häuser und Scheunen zerstört, Wegweiser beseitigt werden. Kurz, es war schon fast die Politik der »verbrannten Erde« und der Guerilla.

Bartholdys Pläne stießen von Anfang an auf heftigen Widerstand, selbst bei den entschiedensten Patrioten unter den Reformern. Zur praktischen Anwendung kam das Landsturm-Edikt glücklicherweise nicht, da sich der Kriegsschauplatz sehr bald schon außerhalb preußischen Gebiets befand. Es ist auch fraglich, ob die Landsturmmänner imstande gewesen wären, die harten Bestimmungen des Edikts auszuführen, denn sie waren nicht alle aus jenem Holz geschnitzt, das sich Bartholdy, an die Tiroler Bauern denkend, vorgestellt hatte.

So beispielsweise sah der Landsturm in der preußischen Hauptstadt aus: »Die Professoren der Universität Berlin bildeten einen eigenen Trupp und übten sich häufig in den Waffen, der kleine bucklige Schleiermacher, der kaum die Pike tragen konnte, auf der äußersten Linken, der baumlange Savigny auf dem rechten Flügel; der lebhafte knirpsige Niebuhr exerzierte, daß die nur federgewandten Hände dicke Schwielen bekamen; der ideologisch tapfere Fichte erschien bis an die Zähne bewaffnet, zwei Pistolen im breiten Gürtel, einen Pallasch [einen langen, schweren Degen mit Korb] hinter sich herschleppend; in der Vorhalle seiner Wohnung lehnten Ritterlanze und Schild für sich und seinen Sohn. Der alte Schadow [gemeint ist der damals knapp fünfzigjährige Bildhauer Johann Gottfried Schadow, der Schöpfer der Quadriga auf dem Brandenburger Tor, seit 1785 verheiratet mit der Tochter Marianne des jüdischen Juweliers Devidels] führte die Schar der Künstler an, Iffland [es handelte sich um den aus Hannover stam-

Johann Gottlieb Fichte als Landsturmmann (Zeichnung von C. F. Zimmermann 1813).

menden berühmtesten Charakterdarsteller seiner Zeit, seit 1811 Generaldirektor des Berliner Nationaltheaters August Wilhelm Iffland] stand an der Spitze der Helden der Bühne; diese wie jene meist abenteuerlich-mittelalterlich und phantastisch-theatralisch kostümiert und bewehrt: Sturm- und Pickelhaube, Flamberge und sogar Morgensterne kamen zum Vorschein; man sah auf dem Übungsplatz den Waffenschmuck Talbots und Burgunds, Wallensteins und Richards des Löwenherzen. Iffland selbst erschien einst mit dem Brustharnisch und dem Schilde der Jungfrau von Orléans, was große Heiterkeit erregte.«

Diese Schilderung aus dem Jahr 1813 stammt aus einer Schrift, die Franz Mehring ein Dreivierteljahrhundert später der Vergangenheit entrissen hat. Ihr Verfasser war der Berliner Gymnasiallehrer und Religionsforscher Friedrich Köppen, ein Jugendfreund von Karl Marx. Köppen schloß seinen Bericht über den preußischen Landsturm mit der treffenden Bemerkung, daß man mit dem von Bartholdy verfaßten Edikt zwar »die Höhe des Prinzips erreicht« habe, aber daß vom Erhabenen zum Lächerlichen doch nur ein Schritt sei.

Ob nun erhaben oder lächerlich, erfolgreich oder vergebens: Wenn es überhaupt jemals eine »deutsche Mission Preußens« gegeben hat, dann war es jene, die die Nichtpreußen oder Réfugiénachkommen Stein und Gneisenau, Scharnhorst, Grolman, Boyen und der Haudegen Blücher gegen den Willen des Königs und der junkerlichen Führungsschicht militärisch vorbereitet hatten; von der die Dichter und Denker jener Jahre sangen, sprachen und schrieben – von Ernst Moritz Arndt, dessen Vater noch als Leibeigener eines schwedischen Grafen geboren war, bis zu Theodor Körner aus Dresden, der seit 1811 in Berlin studiert und sich 1813 der Lützowschen Freischar angeschlossen hatte, bei deren glücklosen Aktionen er bereits im August gefallen war; von Fichte und Schleiermacher bis zu Rahel Levin, der einzigen gebürtigen Berlinerin unter den intellektuellen Vorkämpfern der deutschen Einheit und Freiheit, die sich in Berlin versammelt hatten.

Die »deutsche Mission Preußens« durch heldenhaften Kampf zu erfüllen war auch das Ziel und die Hoffnung der rund 10000 Freiwilligen, zu zwei Dritteln Berliner Studenten, Gymnasiasten und wohlhabende Bürgersöhne, davon fast jeder zehnte aus jüdischem Haus, etwa jeder zweite hugenottischer, böhmischer oder anderer ausländischer Herkunft, aber kaum einer von hundert aus altpreußisch-adliger oder gar junkerlicher Familie. Die Verluste unter den freiwilligen Jägern waren ungewöhnlich hoch, wohl weil sie mehr Mut und Idealismus als Kampferfahrung hatten. Und ihre Opfer waren zumindest insoweit vergebens, als der allgemeine Volksaufstand im außerpreußischen Deutschland, den sie auszulösen und anzufachen hofften, gänzlich ausblieb; als die deutsche Kleinstaaterei samt dem Westentaschen-Machiavellismus ihrer vier Dutzend Fürstenhöfe nicht beseitigt, die nationale Einheit und Freiheit nicht herbeigeführt werden konnte.

Von den hohen Zielen, für die die Freiwilligen der Jahre 1813–15 kämpften, wurde nur die Befreiung Deutschlands von der Franzosenherrschaft erreicht. Auch diese gelang nur sehr mühsam, weil die deutschen Rheinbund-Truppen bis zum Herbst 1813 auf seiten Napoléons blieben und dessen Streitkräfte weit stärker waren, als man angenommen hatte, auch weil sich Österreich erst lange bitten – und teuer bezahlen – ließ, ehe es sich zum Kampf gegen Napoléon, der ja der Schwiegersohn des Habsburgerkaisers war, doch noch aufraffte, voller Mißtrauen gegen die von ihm befürchtete russische Hegemonie in Europa und die voraussehbare neue Stärkung Preußens. Das Ende vom Lied war, daß Deutschland zwar die französische Vorherrschaft losgeworden war, dafür aber die der reaktionärsten Mächte, Rußlands und Österreichs, eingetauscht hatte. Zar Alexander I. spielte sich gar als Preußens Retter, Deutschlands Befreier und als dadurch legitimierter »Gendarm Europas« auf, der den Kontinent in Zucht und Ordnung zu halten und jeden revolutionären Gedanken schon im Keim zu ersticken von Gott beauftragt sei.

»Es gibt wenig dreistere Geschichtslügen«, hat dazu Franz Mehring bemerkt, »als die Behauptung, daß der Zar als ›Befreier Deutschlands‹ am Njemen erschienen sei . . .« Ebensogut könnte man Friedrich Wilhelm III. dazu ernennen. Er, der Preußen, den kleinsten Partner in der dann vom Zaren proklamierten, von Österreichs Metternich spöttisch akzeptierten »Heiligen Allianz« der reaktionärsten Mächte repräsentierte, war übrigens mit dem schließlichen Ergebnis der Neuordnung Europas nach der endgültigen Beseitigung der Napoléonischen Gefahr recht zufrieden. Dabei war Preußen auf dem Wiener Kongreß um seine Beute aus der dritten polnischen Teilung von 1795 gebracht und damit faktisch verkleinert worden, hatte noch immer kein zusammenhängendes Territorium und grenzte nun, da ihm Metternich das Rheinland überlassen hatte, im Westen direkt an Frankreich, im Osten aber – von der Ostseeküste bei Memel bis in die Gegend von Beuthen in Oberschlesien – an das mächtige Rußland, das sich bei der vierten Teilung Polens des Jahres 1815 die meisten bis 1806/07 preußisch besetzten Gebiete angeeignet hatte.

Zwischen dem nun wieder preußischen Großherzogtum Posen und den neuen Provinzen im Westen, deren enormen Reichtum an Bodenschätzen man damals noch nicht zu ermessen vermochte, bestanden – trotz konfessioneller Übereinstimmung, denn Polen wie Rheinländer und Westfalen waren überwiegend römisch-katholisch – gewaltige Unterschiede:

Im Posenschen, wo noch 1793, vier Jahre nach Beginn der Französischen Revolution, die letzte Hexenverbrennung Europas stattgefunden hatte, herrschten Adel und Geistlichkeit, die durch gemeinsame Interessen miteinander verbündet waren, über eine in Armut, Unmündigkeit und Unbildung gehaltene Bauernschaft; es gab kaum Industrie, die meisten Städtchen zählten nur ein paar hundert Einwohner; über achtzig Prozent der Bevölkerung waren Analphabeten, und daß dieser Anteil nicht noch größer war, lag an den rund 70000 Juden dieser Provinz, die zwar meist arm und von Emanzipation oder gar westlicher Zivilisation noch weit entfernt waren, aber durchweg lesen, schreiben und rechnen konnten.

Die neuen Westprovinzen Preußens hingegen, die den größten Teil Westfalens sowie das Rhein-, Mosel- und Saarland umfaßten, waren in fast einem Vierteljahrhundert französischer Herrschaft der Entwicklung ihrer westlichen Nachbarn auf allen Gebieten gefolgt. Es gab, zumal in Wuppertal, in Solingen, Jülich, Aachen und Krefeld sowie im Raum zwischen Essen und Dortmund, eine schon recht bedeutende Industrie mit selbstbewußten Facharbeitern, in den größeren Städten, besonders in Köln, ein wohlhabendes, voll emanzipiertes Bürgertum und auf dem Land, vor allem im Linksrheinischen, ein freies, oft recht begütertes Bauerntum, das vom Joch der geistlichen und adligen Herren durch die Franzosen befreit worden war.

So ist es begreiflich, daß Friedrich Wilhelm III. mit recht gemischten Gefühlen im Herbst 1817 erstmals seine neue Rheinprovinz besuchte, begleitet von seinem Adjutanten, dem polnischen Grafen Malachowski und kleinem Gefolge. Als man ihn in Köln beim Einzug mit Apfelsinen und Pomeranzen bewarf, hielt er dies für eine, wenngleich ungewöhnliche Huldigung; vor Bonn aber erwarteten den König eine deutlich angetrunkene Landwehrkompanie sowie einige berittene Förster, deren dicker Anführer sich unaufgefordert näherte, eine Weile lang gemächlich dicht neben der königlichen Kutsche herritt und versuchte, sich mit Friedrich Wilhelm III. durch das geöffnete Wagenfenster fröhlich und ungezwungen zu unterhalten. Graf Malachowski hatte große Mühe, dem König einzureden, daß der Mann nur aus übergroßer Freude darüber, endlich preußischer Untertan geworden zu sein, kräftig über den Durst getrunken und daher den gebührenden Respekt vergessen habe.

Damals hielten mit Friedrich Wilhelm III. auch die Restauration und das Biedermeier ihren Einzug in die alten und neuen Provinzen Preußens. Jede Erinnerung an die Revolution sollte ausgelöscht, jeder Zweifel am Gottesgnadentum getilgt werden. Am liebsten hätte der Preußenkönig auch sein im Mai 1815 gegebenes Versprechen, seinen Untertanen eine freiheitliche Verfassung zu gewähren, in Vergessenheit geraten lassen, zumal ihn dazu nur die Furcht vor Napoléon getrieben hatte, der überraschend aus seiner Verbannung auf die Insel Elba zurückgekehrt und in Frankreich wieder zur Macht gelangt war. Wenn es allein nach Friedrich Wilhelm III. gegangen wäre, hätten auch alle Reformen, sogar die des Heeres, rückgängig gemacht werden müssen, denn er ängstigte sich vor allem Neuen; es war ihm unheimlich, weil er es nicht verstand. Um ihn, dem – so Franz Mehring – »selbst Jena und Tilsit nicht ein dürftiges Licht der Vernunft anzuzünden vermocht hatten, zur Unterschrift von gesetzgeberischen Neuerungen zu bewegen, bedienten sich die preußischen Reformer mit Vorliebe des ›historischen Beweises‹, das heißt, sie spiegelten ihm vor, ihre Reformen seien nichts anderes als die Wiederbelebung altpreußischer Einrichtungen, ... und nach Machiavelli und Spinoza sei der ... Nußknackerkönig Friedrich Wilhelm I. der dritte moderne Denker gewesen, der das Prinzip der allgemeinen Wehrpflicht entdeckt ... habe«, obwohl der »Soldatenkönig« gegen jede Volksbewaffnung und für die Aufrechterhaltung des Söldnerheeres gewesen war.

Hatten schon Gneisenau und Scharnhorst mit solchen Märchen bei Friedrich Wilhelm III. Erfolg gehabt, so kann es kaum verwundern, daß er nun dem Zaren, seinem Retter, wie er meinte, Vertrauen schenkte und dessen – vom russischen Staatsrat Stourdza ausgearbeiteten – Vorschlägen zustimmte. Die Denkschrift, die Stourdza im Herbst 1818 dem in Aachen zusammengetretenen Kongreß der »Heiligen Allianz« vorgelegt hatte, handelte vor allem von den Gefahren, die den Monarchien aus dem Freiheitsgeist der deutschen Bürger erwachsen könnten; besonders gefährlich seien die deutschen Universitäten und die deutsche Presse, am meisten bedroht von einer neuen Revolution aber sei das Königreich Preußen.

Da auch der österreichische Staatskanzler Fürst Metternich in diesem Sinne auf den ängstlichen Preußenkönig einwirkte, sah sich Friedrich Wilhelm III. im Geiste schon von den Berliner Professoren, Studenten und Journalisten auf die Guillotine geschleppt. Die Folge dieser Angst, die bei Hofe von den reaktionären Junkern noch eifrig geschürt wurde, war jene »Demagogenverfolgung«, die schon begonnen hatte, ehe der Student Karl Sand den Lustspieldichter und zaristischen Chefagenten August v. Kotzebue im März 1819 erdolchte und damit der Reaktion den willkommenen Vorwand lieferte, ihre längst beschlossenen Maßnahmen nun eilig und rücksichtslos durchzuführen.

Zu den ersten Opfern polizeilicher Willkür gehörten so königstreue Patrioten wie der Dichter Ernst Moritz Arndt, der seine gerade erst angetretene Professur an der als preußische Bastion im Rheinland 1818 wiedergegründeten Universität Bonn verlor, und der Turnvater Friedrich Ludwig Jahn, der seit 1811 in Berlin »Wehrertüchtigung« gepredigt hatte und nun ins Gefängnis wanderte.

Aus Protest gegen diese und viele andere reaktionäre Maßnahmen erbaten und erhielten die Minister Wilhelm v. Humboldt, Karl v. Grolman und auch der Liberale Karl Friedrich v. Beyme ihre Entlassung. Der Freiherr vom Stein zog sich völlig ins Privatleben zurück; Gneisenau war schon 1816 verabschiedet worden, Scharnhorst bereits 1813 seinen Verwundungen erlegen, sonst hätten sicherlich beide jetzt auch ihren Abschied nehmen müssen. Auch Fichte war schon 1814 verstorben; seine *Reden an die deutsche Nation* kamen nun auf die Liste der verbotenen Schriften. Selbst gegen Schleiermacher begann die Berliner Polizei jetzt ein Ermittlungsverfahren wegen des Verdachts der staatsgefährdenden »Demagogie«.

Was in diesen Jahren der finstersten Reaktion in Preußen vor sich ging, fanden die Berliner »unter aller Kanallje«, und was die Kanaille betraf, so meinten sie damit Karl Heinrich v. Kamptz, einen 1810 in preußische Dienste getretenen Mecklenburger, seit 1817 Direktor des Polizeiministeriums und Mitglied des Staatsrats, als Chef der Sicherheitsdienste zuständig für die Unterdrückung und Verfolgung dessen, was man damals »demokratische Umtriebe« nannte.

Dem Polizeiminister v. Kamptz hat kein Geringerer als der Kammergerichtsrat und Dichter E. T. A. Hoffmann ein Denkmal gesetzt; als Rat Knarrpanti geistert Kamptz noch heute durch Hoffmanns Erzählung vom »Meister Floh«.

Schon am Beispiel dieser beiden, ihrem Wesen nach höchst verschiedenen, in ihren Ansichten und Handlungen in scharfem Gegensatz zueinander stehenden Repräsentanten ihrer Epoche – hie der »typisch preußische« Nichtpreuße v. Kamptz, da der echte, wenngleich ganz und gar nicht »typische« Preuße Hoffmann, als heimlicher Helfer der verfolgten Demagogen sogar ein Beinahe-Opfer des Polizeiministers – wird deutlich, daß auch das preußische Biedermeier den Klischeevorstellungen nicht ganz entspricht.

Es gab eben, wie man in Berlin noch heute deutlich zu unterscheiden pflegt, »so 'ne und solche«, wobei die einen vorzugsweise in der Konditorei von Kranzler, Unter den Linden, zu finden waren, die anderen in der Weinstube von Lutter & Wegener am Gendarmenmarkt.

Der preußische Geist macht mobil

In den ersten Jahrzehnten des 19. Jahrhunderts, jener Zeit der Reaktion, der Romantik und des Biedermeier, war das Informationsbedürfnis der Menschen kaum irgendwo in Europa so stark wie in Preußen. Dementsprechend war die Anzahl der Zeitungen und Zeitschriften, die im Königreich Preußen erschienen, unverhältnismäßig groß. Während gegen Ende der dreißiger Jahre im gesamten übrigen Deutschland und in Österreich-Ungarn zusammen 238 Periodika herausgegeben wurden, umfaßte das Verzeichnis der in Preußen erscheinenden Zeitungen und Zeitschriften nicht weniger als 405 Titel.

Die nach dem Ende der Napoléonischen Kriege zu verzeichnenden Fortschritte auf dem Gebiet des Postwesens – die, wie so manches andere, vor allem dem damaligen, nun nach St. Helena verbannten Franzosenkaiser zu verdanken waren – ermöglichten schon bald das tägliche Erscheinen der Berliner Zeitungen. Es waren allerdings mehr die Regelmäßigkeit und Pünktlichkeit der Postdienste, die dies gestatteten; ihre Schnelligkeit ließ noch viel zu wünschen übrig.

So benötigte selbst die reitende Post von Köln nach Berlin acht volle Tage, die von Königsberg nach Berlin fünf Tage. »Extrapostmäßige« Kuriere konnten nur ausnahmsweise eingesetzt werden, denn auch sie mußten einen Postillon als Begleiter haben und für jedes Pferd je Meile zwölf Groschen sowie »an Postillon-Trankgeld für die Meile drei Groschen« bezahlen. Das erforderte insgesamt etwa 43 Taler für die extrapostmäßige Bewältigung der Strecke Köln–Berlin, ohne die weiteren Ausgaben für Unterkunft, Verpflegung und Versorgung der Pferde sowie für die vielen, genau festgelegten »Stallmeister-, Schmier- und Trankgelder«.

So waren denn die Zeitungsmeldungen, zumal die aus dem Ausland, meist ein bis zwei Wochen alt, ehe sie die Leser erreichten, und es ist anzumerken, daß preußische Inlandsnachrichten sowie Meldungen politischen Inhalts aus dem befreundeten Ausland fast gänzlich fehlten, denn die preußische Vorzensur war bis 1840 äußerst streng. Nicht einmal über Unglücksfälle, die sich anläßlich des Empfangs einer Fürstlichkeit ereigneten, etwa durch allzu großes Gedränge, durften die Zeitungen damals berichten.

Über das politische Geschehen informierte sich das Bildungsbürgertum vorzugsweise mündlich sowie durch regen Briefwechsel. Was heutzutage niemand mehr in seiner privaten oder gar geschäftlichen Korrespondenz erwähnen würde, weil er voraussetzen kann, daß der Empfänger längst darüber unterrichtet ist, machte damals den wesentlichen Teil des Inhalts der mit Pferdepost beförderten Briefe aus, die sich Universitätsprofessoren, Bankiers oder Kaufleute gegenseitig schrieben. Sie teilten sich damals alles mit, was den anderen interessieren konnte oder sollte und was eigentlich in den Zeitungen hätte stehen müssen: die Maßregelung eines hohen Beamten durch die Regierung, den Inhalt der Ansprache des Handelskammerpräsidenten, neue Schikanen bei der Zollabfertigung oder den Ausgang eines wichtigen Prozesses beim Kammergericht.

Dennoch war auch das Bedürfnis nach Zeitungen außerordentlich groß; jeder halbwegs Gebildete las nach Möglichkeit mehrere Blätter täglich und verglich ihre Meldungen, um herauszufinden, was die Zensur dem einen oder anderen Redakteur versehentlich hatte durchgehen lassen und wie dieses oder jenes zu eigenen, brieflich erhaltenen Informationen paßte. Nur so konnte man sich ein ungefähres Bild vom tatsächlichen Geschehen machen.

Dieser Durst nach Information und Meinungsaustausch wurde im Berlin der Biedermeierzeit auch in Konditoreien gestillt, und diese für die preußische Hauptstadt neue Art von Gaststätten kam um 1820 auf, als sich mehrere Schweizer Konditormeister in Berlin niederließen: D'Heureuse, Josty, Spargnapani, Courtin, Stehely, Fuchs und Kranzler.

Diese Einwanderer aus der Schweiz – der Zuzug aus dem In- und Ausland, der nach dem Dreißigjährigen Krieg begonnen hatte, hielt das ganze 19. Jahrhundert hindurch an und setzte sich fort bis in die Gegenwart – wurden rasch in Berlin heimisch, denn ihre Konditoreien erfreuten sich von Anfang an großer Beliebtheit, einmal ihrer Torten, Baisers und Eissorten wegen, zum andern aber wegen des überreichen Angebots an in- und vor allem ausländischen Zeitungen, das ihre Lesekabinette boten. Hier endlich konnte man, am Kaffee nippend oder Eis löffelnd, die acht bis vierzehn Tage alten süddeutschen, schweizerischen, französischen, holländischen und englischen Blätter lesen, auch die aus Wien, Rom, St. Petersburg, Brüssel oder Stockholm. Und da es kaum einen gebildeten Bürger in Berlin gab, der nicht mindestens eine Fremdsprache beherrschte – meist war es Französisch –, so bildeten sich bald Lesezirkel, in denen man seine speziellen Sprachkenntnisse und die dadurch gewonnenen Informationen und Meinungen austauschte, gegenseitig ergänzte und ausgiebig debattierte. Es versteht sich fast von selbst, daß sich dabei die Gleichgesinnten und aus ähnlichen Lebensverhältnissen Stammenden zusammenfanden und daß jede dieser Gruppen bald ihr eigenes Stammlokal hatte. Bei D'Heureuse in der Breiten Straße traf sich das gemäßigt liberale Besitzbürgertum, bei Courtin neben der Post die vorwiegend jüdische Bank- und Geschäftswelt; bei Josty an der Stechbahn versammelten sich die älteren, zum Teil schon pensionierten Militärs, bei Spargnapani saßen die mittleren und höheren Beamten, »an einzelnen Tischen, abhold jedem lauten Gespräch und jedem Lüftungsversuch«. Aristokratische Luft erfüllte das luxuriöse Lokal von

Fuchs Unter den Linden; politische Debatten gab es hier so wenig wie bei Kranzler, ebenfalls Unter den Linden, Ecke Friedrichstraße. Die meistbegehrte Zeitung bei Kranzler war das *Militair-Wochenblatt*, denn in dieser Konditorei gaben die Gardeleutnants den Ton an, und wenn sie untereinander oder mit den Attachés der ausländischen Gesandtschaften diskutierten, ging es meist um Pferde.

Den Gegenpol bildete die Konditorei von Stehely – dessen Namen die Berliner grundsätzlich falsch, nämlich auf der zweiten Silbe, betonten, während er doch gut schweizerisch eigentlich Stéhely hieß –; sein Lokal in der Jägerstraße, nahe dem Gendarmenmarkt, war der Versammlungsort der Berliner Literaten und Künstler, aber auch der Freisinnigen und der radikalen Demokraten. Berühmt war vor allem Stehelys »Rote Stube«, wo man ohne Furcht, bespitzelt zu werden, gegen das reaktionäre preußische Regime vom Leder ziehen konnte. Übrigens, mehr als ein halbes Jahrhundert währte die Blütezeit – und auch die strenge politische und gesellschaftliche Einteilung – der Schweizer Konditoreien Berlins. Erst mit dem Auftauchen der sogenannten Wiener Cafés in den siebziger Jahren – das erste wurde tatsächlich von einem aus Wien Eingewanderten, Bauer, eröffnet, gegenüber dem »Kranzler-Eck« Unter den Linden – verloren die Schweizer Konditoreien ihre besondere Note. Einige verlegten dann auch ihre Lokale in andere Gegenden Berlins, zum Beispiel Josty, der zum Potsdamer Platz übersiedelte.

In der Biedermeierzeit spielte neben den Konditoreien auch das Weinhaus von Lutter & Wegener eine große Rolle, das nur wenige Schritte von Stehely entfernt am Gendarmenmarkt gelegen war, im Hause Charlottenstraße 49.

Wer von den Literaten und Künstlern Berlins nicht bei Stehely verkehrte, fand sich im »Lutter-Keller« ein, und viele waren auch abwechselnd in beiden Lokalen anzutreffen. Die berühmteste Runde aber war die der Serapionsbrüder; sie hatte ihren Namen von dem ehrwürdigen Kalenderheiligen ihres Gründungstags, des 14. November (1816), der dem ägyptischen Asketen und Märtyrer Serapion Sindonita geweiht ist, und sie tagte, keineswegs asketisch und auch nicht gerade fromm, bei Lutter & Wegener am Gendarmenmarkt.

Die Gründer dieser Runde waren: der Kammergerichtsrat Ernst Theodor Wilhelm – als Mozart-Verehrer nannte er sich mit drittem Vornamen lieber Amadeus – Hoffmann; der Kriminalrat beim Kammergericht Julius Eduard Hitzig; der Professor der Psychiatrie und bald auch Ministerialrat David Ferdinand Koreff; der Schriftsteller Baron de la Motte Fouqué, der gerade erst als Freiwilliger am Feldzug gegen Napoléon teilgenommen hatte, sowie der aus Hirschberg im schlesischen Riesengebirge gebürtige Novellist, Lustpieldichter und Kaufmann im väterlichen Handelsgeschäft Karl Wilhelm Salice-Contessa, dessen Familie aus Italien stammte.

Contessa, wie er kurz genannt wurde, hatte 1816/17, zusammen mit

Fouqué und E. T. A. Hoffmann, zwei Bände *Kindermärchen* herausgegeben – der Held einer dieser Geschichten, »Nußknacker und Mausekönig«, war übrigens der Sohn Fritz des Kriminalrats Hitzig –, und daneben war Contessa auch ein hervorragender Landschaftsmaler, als den ihn Hoffmann in seinen Erzählungen von den Serapionsbrüdern unter dem Namen Sylvester geschildert hat. Auch Contessas Bruder Christian Jakob ist als Dichter und Romancier hervorgetreten; er hatte 1792 – gemeinsam mit dem im Zusammenhang mit seinen Angriffen auf den schlesischen Gouverneur Graf Hoym bereits erwähnten, ebenfalls aus Italien stammenden, preußischen Kriegs- und Domänenrat Zerboni di Sposetti – die Evergeten-Loge, einen geheimen Zirkel mit revolutionär-demokratischen Zielen, gegründet und war 1797, wie auch sein Freund Zerboni, für ein Jahr in Haft auf die Festung Spandau gekommen, beide wegen angeblicher Verschwörung gegen den König, dessen korrupte Beamte sie bloßgestellt hatten.

Während Koreff und Hitzig – in Hoffmanns Serapionsbrüdern tauchen sie als Vinzenz und Ottmar auf – den Freundeskreis mit geistreichen, ernsthaften oder auch ungemein witzigen Bemerkungen unterhielten, war der berühmte, aus Berlin gebürtige Schauspieler Ludwig Devrient, der sich der Runde bald zugesellte, ein meist schweigsamer, wenngleich sehr aufmerksamer Zuhörer. Devrient – er hieß eigentlich de Vrient, und er bevorzugte die französische Aussprache seines Namens – stand, neben Hitzig, von allen Mitgliedern der Runde E. T. A. Hoffmann am nächsten, harrte mit ihm und dem von Hoffmann als »feierlich« beschriebenen Wirt Lutter bei Chambertin und Punschbowle stets am längsten aus und begleitete dann den Kammergerichtsrat bis zu dessen Wohnung, die nur wenige Schritte entfernt lag.

Von 1818 an zeigte sich auch wieder der mit allen befreundete, von einer Weltumseglung nach Berlin zurückgekehrte Dichter des *Peter Schlemihl*, Adelbert v. Chamisso, im Kreis der Serapionsbrüder, von denen Fouqué und später Hitzig seine Herausgeber waren; Chamisso selbst erscheint in Hoffmanns Erzählungen von den Serapionsbrüdern unter dem Namen Cyprian, Fouqué heißt darin Lothar, und E. T. A. Hoffmann selbst nennt sich Theodor. Auch Ludwig Robert, der Bruder der Rahel Levin, deren Salon Hoffmann von 1819 an fleißig besuchte, gehörte der Runde an, ebenso der nunmehrige königlich preußische Intendanturrat Friedrich Wilhelm Neumann, der sich hatte taufen lassen, um Beamter werden zu können.

Zu den jüngsten, nur gelegentlichen Mitgliedern der Runde darf man Georg Wilhelm Heinrich Haering zählen, der sich als Schriftsteller Willibald Alexis nannte und 1798 in Breslau geboren war. Der damalige Kammergerichtsreferendar Haering, der gerade ein idyllisches Epos in Hexametern, *Die Treibjagd* und zwei Novellen veröffentlicht hatte, später mit Romanen aus der preußischen Geschichte und Schilderungen der märkischen Landschaft berühmt wurde und heute nur noch als Verfasser des

Romans *Die Hosen des Herrn v. Bredow* bekannt ist, hatte den Feldzug von 1815 als freiwilliger Jäger mitgemacht. Er, nach dem später das Ostseebad Heringsdorf benannt wurde, wo sein Ruhesitz war, entstammte übrigens einer bretonischen Hugenottenfamilie, die ihren ursprünglichen Namen, Hareng, ins Deutsche übersetzt hatte.

Ein noch jüngerer Gast war der Student Christian Dietrich Grabbe, 1801 in Detmold geboren, wo sein Vater Zuchthaus- und Pfandleih-Verwalter war, eine Doppelposition, die auf den Sohn einen unauslöschlich peinlichen Eindruck gemacht hatte. Der erst lange nach seinem frühen Tod in seiner großen Bedeutung erkannte Dichter empfing für sein 1827 vollendetes Lustspiel *Scherz, Satire, Ironie und tiefere Bedeutung* aus dem Kreis der Serapionsbrüder so manche Anregung.

Der später am berühmtesten gewordene Gast der im Weinkeller am Gendarmenmarkt tagenden Runde aber war der junge – damals mit Grabbe und Ludwig Robert befreundete – Heinrich Heine. Er hat – so Paul Landau – bei den Serapionsbrüdern »den letzten Nachhall dieser einzigen genialen Bohème-Gesellschaft Deutschlands« noch ausgekostet und bei E. T. A. Hoffmann, dem schon Sterbenskranken, jenen Humor kennengelernt, der, wie Heine es erkannte, »nur aus dem bis auf den Tod verletzten Gemüt kommt«.

Heinrich Heine, der vor seiner Promotion in Göttingen mehr als zwei Jahre lang und danach nochmals für einige Monate in Berlin wohnte, hat in der preußischen Hauptstadt, die in Wahrheit gar nicht so »preußisch« war, seine eigentliche Prägung erhalten. Bei Professor Hegel, der seit 1818 an der Berliner Universität lehrte, wurde er mit der idealistischen Dialektik bekannt. (In Heines *Fragmenten von Briefen über Deutschland*, die sozusagen ein Kommentar zur *Geschichte der Religion und Philosophie in Deutschland* sind, enthüllte er 1844 Hegels »Schulgeheimnis« und – wie Florian Vaßen dazu bemerkt hat – »die Angst des ›Maestro‹, ›man verstände ihn‹; der berühmte Satz [Hegels], ›Alles was ist, ist vernünftig‹, bedeute in Wirklichkeit: ›Alles was vernünftig ist, muß sein!‹«, was Georg Lukács zufolge beweist, daß Hegels angeblicher Konservativismus nur eine »von den Umständen diktierte Tarnung« gewesen ist.

Im Salon der Rahel Levin, verehelichten Varnhagen v. Ense, wurde Heine zum Dichter und Kämpfer erzogen. *J'appartiens à Madame Varnhagen* [Ich gehöre Frau v. Varnhagen] solle – so spöttelte damals Heine über sich selbst – auf seinem Halsband stehen, und Karl August Varnhagen, damals noch preußischer Diplomat, aber bereits 1824 wegen seiner liberalen Gesinnung aus dem Staatsdienst entlassen, war der väterliche Freund und Berater des jungen Heine. Übrigens, beide stammten sie aus dem Rheinland, wo in Düsseldorf 1785 Varnhagen und zwölf Jahre später, 1797, Heinrich Heine zur Welt gekommen war.

Tatsächlich war der einzige »waschechte« Preuße in diesem führenden Kreis preußischer Dichter, Künstler und Intellektueller meist jüdischer, hugenottischer oder italienischer Herkunft der Kammergerichtsrat Hoffmann, und da wir bislang kaum Gelegenheit hatten, uns mit einem »richtigen« Preußen näher zu befassen, bietet sich nun dazu eine Gelegenheit.

In den ersten Dezembertagen des Jahres 1821 erhielten die meisten der auf den vorigen Seiten genannten Personen, die teils als Kriminal-, Intendantur- oder Legationsräte zur höheren preußischen Beamtenschaft, teils zur intellektuellen Elite Berlins und als solche zum Kreis (oder doch zu den Freunden) der Serapionsbrüder zählten, durch die Post eine in zierlichen Antiquabuchstaben gesetzte Todesanzeige, deren Text lautete:

»In der Nacht vom 29. zum 30. November dieses Jahres entschlief, um zu einem besseren Dasein zu erwachen, mein theuer geliebter Zögling, der Kater Murr, im vierten Jahre seines hoffnungsvollen Lebens. Wer den verewigten Jüngling kannte, wer ihn wandeln sah auf der Bahn der Tugend und des Rechts, mißt meinen Schmerz und ehrt ihn durch Schweigen.«

Der Mann, dem der verstorbene Kater gehört hatte, richtiger: dem der Dahingeschiedene ein enger Freund gewesen war, den er stets auf seinem Schreibpult liegen gehabt und dem er, wie er es beschrieben hat, die Funken aus dem Fell gestreichelt hatte, war der Kammergerichtsrat E. T. A. Hoffmann.

Am 24. Januar 1776, im Jahr der Unabhängigkeitserklärung der Vereinigten Staaten von Amerika und noch unter der Regierung Friedrichs II., war Hoffmann zu Königsberg in Ostpreußen zur Welt gekommen. Sein Vater, der königlich preußische Advokat und spätere Kriminalrat Hoffmann, ein begabter, origineller und recht impulsiver Mann, hatte noch die Freundlichkeit, zur Geburt des Sohns einen Musikanten zu bestellen, der der Mutter und dem Neugeborenen auf seiner Laute mit sogenannten Murky-Bässen aufspielte. Aber dann war der Herr Rat Hoffmann aus dem Leben der beiden verschwunden; er hatte sich, unter Verzicht auf Mitnahme seiner Familie, an das Gericht in Insterburg versetzen und nie wieder blicken lassen. Was ihn aus seinem Königsberger Heim vertrieben hatte, war die pedantische Ordnungsliebe seiner Frau gewesen, die zudem die Neigung hatte, jedes Aufbegehren gegen ihre Pedanterie mit stundenlangem Schluchzen zu beantworten.

Zwanzig Jahre lang saß der alte Rat Hoffmann dann noch in Insterburg, teils über seinen Akten, teils bei feuchtfröhlichem Kartenspiel mit den polnischen Gutsbesitzern der Gegend, bis er 1797 starb, vermutlich an den Folgen zu ausgiebigen Alkoholgenusses. Der Sohn Ernst Theodor Wilhelm – denn Amadeus nannte er sich ja erst später – wuchs bei dem älteren Bruder seiner Mutter auf.

Der glatzköpfige, korpulente, frömmelnde und recht bornierte Onkel Otto – Ottchen nannten ihn seine Schwester Luise, Hoffmanns Mutter, seine Frau, des kleinen Ernst gute Tante Sophie, und auch des Onkels alte Mutter, die im Hause lebte – war hochmusikalisch, ansonsten aber ziemlich vertrottelt. Allabendlich tanzte er, mal in einem zeisiggrünen, mal in einem pflaumfarbenen Rock durch die Zimmer, während seine Angehörigen und Freunde musizierten.

Wie es tagsüber in Onkel Ottos Hause zuging, hat Hoffmanns Biographin Gabrielle Wittkop-Ménardeau unübertrefflich beschrieben: »Eine seltsame Kindheit war es gewiß, die E. T. A. Hoffmann in dem weiträumi-

E. T. A. Hoffmann, 1776–1822 (Zeichnung von Wilhelm Hensel).

gen grauen Haus in der Poststraße erlebte, dessen Garten an den eines Mädchenpensionats stieß. Man stelle sich einen behäbigen Wohnsitz im alten Preußen vor, mit den bebilderten Kachelöfen, dem Cembalo und der Harfe in ihrer bedruckten Kattunhülle, dem gravitätischen Ticktack einer Intarsien-Uhr, der Nüchternheit der Rohrstühle und der grau gestrichenen Fußböden, der eisigen Sauberkeit und der lastenden Langeweile. Langeweile, aber keine Stille, denn von Zeit zu Zeit gellt das Geheul einer Wahnsinnigen durchs Haus, läßt die Großmutter zusammenfahren, entlockt Luise wieder Tränen und berührt mit unauslöschlichen Zeichen, einem Schauer des Grauens und der Lust, den schmächtigen Knaben mit den zu großen Augen. Diese Irre, deren Schreie die Kindheit des Dichters durchhallen, bewohnt im oberen Stock eine Wohnung, die sie mit ihrem Sohn Zacharias Werner teilt; sie hält ihn übrigens für den Gottessohn und erzieht ihn so, wie eine derartige Stellung es erfordert.«

Zu diesem sechs Jahre älteren Zacharias Werner, der später als Dichter sehr berühmt wurde, fand E. T. A. Hoffmann zeit seines Lebens keinerlei Beziehung. Dagegen schloß er schon im ersten Schuljahr enge Freundschaft mit dem um ein Jahr älteren Theodor Gottlieb Hippel, und die Zuneigung, die zwischen den beiden damals entstand, dauerte bis zu ihrem Tod.

Es sei hier die Anmerkung gestattet, daß dieser beste Freund Hoffmanns später in den preußischen Staatsdienst eintrat, wo er als Neffe des Staatskanzlers Hardenberg eine glänzende Karriere hätte machen können; als ein durch reiche Erbschaft und Heirat wohlhabender Mann zog er sich aber schon früh ins Privatleben zurück. Zuvor jedoch, anno 1813, verfaßte ausgerechnet er, E. T. A. Hoffmanns Intimus, jenen berühmten Aufruf »An Mein Volk«, den der von Stein in panische Angst versetzte König Friedrich Wilhelm III. dann zitternd unterschrieb.

Außerdem war Hoffmanns Freund der Patenneffe des Königsberger Stadtpräsidenten Theodor Gottlieb Hippel (1741–1796), der seinerseits mit Kant gut befreundet war und als wohl frühester Vorkämpfer der Frauenemanzipation in Deutschland gelten kann. In seinem Haus war der junge Hoffmann oft zu Gast.

Nach Abschluß seiner Schulzeit durfte der gerade sechzehnjährige Hoffmann an der Königsberger Universität Jura studieren. Er wurde ein vorzüglicher Jurist, kümmerte sich aber kaum oder gar nicht um die Vorlesungen Kants, den man damals schon als geistiges Pendant dem alten Derfflinger, Erfinder des eisernen Ladestocks und des preußischen Exerzierreglements, an die Seite stellte. Heinrich Heine dagegen, der Kant weit besser begriffen und anderen begreiflich gemacht hat, meinte dazu:

»Die Lebensgeschichte des Immanuel Kant ist schwer zu beschreiben. Denn er hatte weder Leben noch Geschichte. Er lebte ein mechanisch geordnetes, fast abstraktes Hagestolzenleben in einem stillen, abgelegenen Gäßchen zu Königsberg . . . Aufstehn, Kaffeetrinken, Schreiben, Kollegienlesen, Essen, Spazierengehn, alles hatte seine bestimmte Zeit, und die

Nachbarn wußten genau, daß die Glocke halb vier sei, wenn Immanuel Kant in seinem grauen Leibrock, das spanische Röhrchen in der Hand, aus seiner Haustüre trat und nach der kleinen Lindenallee wandelte ... Achtmal spazierte er dort auf und ab, in jeder Jahreszeit, und wenn das Wetter trübe war ..., sah man seinen Diener, den alten Lampe, ängstlich besorgt hinter ihm drein wandeln, mit einem Regenschirm unter dem Arm, wie ein Bild der Vorsehung.

Sonderbarer Kontrast zwischen dem äußeren Leben des Mannes und seinen zerstörenden, weltzermalmenden Gedanken! Wahrlich, hätten die Bürger von Königsberg die ganze Bedeutung dieses Gedankens geahnt, sie würden vor jenem Manne eine weit grauenhaftere Scheu empfunden haben als vor einem Scharfrichter, vor einem Scharfrichter, der nur Menschen hinrichtet – aber die guten Leute sahen in ihm nichts anderes als einen Professor der Philosophie, und wenn er zur bestimmten Stunde vorbeiwandelte, grüßten sie freundlich und richteten etwa nach ihm ihre Taschenuhr ... Doch«, so heißt es dann in Heines 1834 erschienener Schrift *Zur Geschichte der Religion und Philosophie in Deutschland* ein paar Seiten weiter, »er hat den Himmel gestürmt, er hat die ganze Besatzung über die Klinge springen lassen, der Oberherr der Welt schwimmt unbewiesen in seinem Blute, es gibt jetzt keine Allbarmherzigkeit mehr, ... keine jenseitige Belohnung für diesseitige Enthaltsamkeit, ... und der alte Lampe steht dabei mit seinem Regenschirm unterm Arm ..., und Tränen rinnen ihm vom Gesichte. Da erbarmt sich Immanuel Kant und zeigt, daß er nicht nur ein großer Philosoph, sondern auch ein guter Mensch ist ... Halb ironisch spricht er: ›Der alte Lampe muß einen Gott haben, sonst kann der arme Mensch nicht glücklich sein – das sagt die praktische Vernunft – meinetwegen – so mag auch die praktische Vernunft die Existenz Gottes verbürgen.‹ ... Hat vielleicht«, so fügte Heine spöttisch hinzu, »Kant die Resurrektion [Auferstehung] nicht bloß des alten Lampe wegen, sondern auch der Polizei wegen unternommen? Oder hat er wirklich aus Überzeugung gehandelt?«

Wie dem auch sei, der von Kants theoretischer – nach seiner eigenen Bezeichnung: reiner – Vernunft vernichtete, von seiner praktischen Vernunft den Menschen zurückgegebene Gott muß jedenfalls viel Humor gehabt haben, als er zwei so entgegengesetzte Preußen, Kant und Hoffmann, in beider Heimatstadt Königsberg einander begegnen ließ, wohl nur, um zu zeigen, was sich so alles unter der Rubrik »preußischer Geist« unterbringen läßt.

Dabei ist anzumerken, daß Immanuel Kant selbst stets betont hat, schottischer Herkunft zu sein, was aber einige Forscher später glaubten, für irrig halten zu müssen. Immerhin, der Philosoph selbst änderte früh den Anfangsbuchstaben seines Familiennamens; sein Vater, der zu Beginn des 18. Jahrhunderts als kleinbürgerlicher Riemermeister in Memel gelebt hatte, später von dort mit seiner Familie nach Königsberg umgezogen war, hatte sich noch Cant geschrieben, auch seinen Kindern erzählt, daß sein Vater mit einem englischen Schiff aus Großbritannien nach Preußen gekommen sei.

Damals liefen zahlreiche englische und auch holländische Handelsschiffe den Hafen von Königsberg an; in der Pregelmündung, »ganz in der Nähe von Kants väterlichem Haus«, wie Uwe Schultz es beschrieben hat, tauschten sie Kolonialwaren, Portwein, Sherry und allerlei englische Fabrikate gegen Getreide und andere landwirtschaftliche Produkte, die auf flachen Flußfahrzeugen, sogenannten Wittinnen, von jüdischen Händlern aus dem nahen Polen herbeigeschafft wurden.

Auch gab es damals in Königsberg – neben der französischen und holländischen Kolonie, der jüdischen Gemeinde, sehr zahlreichen Polen sowie Einwanderern aus allen Anliegerstaaten der Ostsee und aus der Schweiz – eine stattliche Anzahl Engländer, die sich dort wie auch in anderen preußischen Hafenstädten niedergelassen hatten. Zu den engen Freunden Kants gehörte der recht exzentrische Brite Joseph Green, und auch mit Greens Schwager Motherby und dessen jüngerem Bruder war der Philosoph befreundet. Ihnen gegenüber gab sich Kant, zumal wenn von dem aus Edinburgh gebürtigen Philosophen David Hume die Rede war, als Enkel eines schottischen Einwanderers aus – zu Unrecht, wie Forscher meinen, die es wohl besser wissen.

E. T. A. Hoffmann, der für Kant und dessen Philosophie kein Interesse gezeigt und sie, wie er bekannte, auch gar nicht verstanden hat, hätte sich übrigens seinerseits rühmen können, daß seine väterlichen Vorfahren von altem polnischen Adel, nämlich aus dem Hause Bagiensky, zum Teil auch aus Ungarn stammten, was Hoffmann-Forscher heute für erwiesen halten. Daß E. T. A. Hoffmann neben anderen Sprachen auch etwas Polnisch konnte, hatte jedoch andere Gründe. Denn nach seiner Referendarzeit bei der Oberamtsregierung in Glogau, wo ein anderer Onkel von ihm Rat am Obergericht war, und nachdem er am Berliner Kammergericht sein Assessorexamen mit der Note »vorzüglich« bestanden hatte, war er 1800 bei der preußischen Regierung in Posen angestellt worden.

Damit begann für den Assessor Hoffmann der Ernst des Lebens, doch dessen war sich der junge Königsberger wohl noch nicht bewußt. Er fand das Leben in Posen äußerst öde und langweilig, und um zumindest die grauen Akten, mit denen er sich zu befassen hatte, ein wenig zu beleben, zeichnete er an ihren Rand mitunter Karikaturen. Da er ein sehr begabter Zeichner war und wohl auch Lust verspürte, etwas Heiterkeit in das traurige Leben zu bringen, das er in Posen führte, ließ er es zu, daß seine Karikaturen unter Kollegen und Bekannten die Runde machten und auch seinen Vorgesetzten zu Gesicht kamen. Ein von Hoffmanns Feder besonders gut – wie er selbst fand: miserabel – getroffener Herr, der General v. Zastrow, fühlte sich von dem beamteten Künstler verunglimpft und bewirkte dessen Strafversetzung in das kleine Nest Plozk an der Weichsel.

Ehe Hoffmann dorthin abreiste, wo es noch öder und langweiliger als in Posen war, heiratete er ein Mädchen namens Maria Michalina Rorer-Trzynska, genannt Mischa, eine junge Polin mit langen schwarzen Wimpern und strahlenden, veilchenblauen Augen. Mischa war bedeutend größer als Hoffmann und neigte schon früh zur Korpulenz. Ihre Gutmütigkeit und Geduld waren grenzenlos, so daß sie zu allem, was ihr kleiner, hagerer Kobold von Ehemann auch trieb, ja und amen sagte, ihm niemals Vorhaltungen machte und zwei Jahrzehnte lang, bis zu Hoffmanns frühem und jammervollem Ende, bei ihm ausharrte.

Im Jahre 1803 wurde E. T. A. Hoffmann als Rat an die Regierung nach Warschau versetzt, was er allein den Bemühungen und den guten Beziehungen seines Freundes Hippel zu verdanken hatte. Hippel, durch eine Erbschaft reich geworden, geadelt und Besitzer eines großen Ritterguts, half den Hoffmanns, die in Plozk auf Almosen ihrer Verwandten angewiesen gewesen waren, weil ein Assessor nicht besoldet wurde, auch aus ihrer finanziellen Misere.

Als nunmehr wohlbestallter Regierungsrat mit vollen Bezügen, endlich schuldenfrei und der tristen Provinz entronnen, sah sich E. T. A. Hoffmann in Warschau schon fast am Ziel seiner Wünsche. Doch bereits im November 1806, nach dem Einmarsch der Franzosen, wurde seine Beamtenlaufbahn jäh beendet. Aus dem Dienst entlassen, ohne Einkommen und mit nur noch winzigen Ersparnissen, standen er und Mischa nun vor dem Nichts. Zudem wurde im besetzten Warschau die Not noch ärger durch einen harten Winter, so daß sich Hoffmann zu einem Bittgang nach Berlin entschloß. Julius Eduard Hitzig, ein gleichfalls aus den Diensten der preußischen Regierung in Warschau entlassener Kollege und enger Freund Hoffmanns, bemühte sich dort vergeblich, für die vielseitigen Talente des völlig Mittellosen irgendeine Verwendung zu finden. Hitzigs Tante, Sara Levy, arrangierte eigens für Hoffmann eine große Gesellschaft in ihrem Palais auf der heutigen Museumsinsel, zu der sie Verleger, Galeriebesitzer, den Operndirektor und andere potentielle Auftraggeber einlud. Aber weder Hitzigs vielseitige Verbindungen noch die Beredsamkeit seiner Tante Sara vermochten dem Regierungsrat a.D. Hoffmann zu ausreichenden Einkünften zu verhelfen. So mußte er froh sein, als ihm im Sommer 1808 die Stelle eines Musikdirektors in Bamberg angeboten wurde. Es ergab sich leider, als Hoffmann mit von Hippel geliehenem Reisegeld, zusammen mit Mischa, in dem fränkischen Mainstädtchen eingetroffen war, daß das Theater inzwischen den Besitzer gewechselt und den für ihn vorgesehenen Posten schon vergeben hatte. Als Komponist – mit dreißig Gulden monatlichem Salär –, mit Musikstunden für die jungen Damen der Bamberger Gesellschaft sowie mit Rezensionen für die *Allgemeine Musikalische Zeitung*, schließlich als Direktionsgehilfe und Bühnenbildner, schlug sich Hoffmann in Bamberg bis zum Frühjahr 1813 durch. Dann erhielt er einen Vertrag als Kapellmeister der am Leipziger Theater wirkenden

Seconda'schen Schauspielertruppe, zog hoffnungsvoll mit Mischa nach Sachsen und geriet dort schon bald in die Wirren des Befreiungskriegs, die im Herbst 1813 zur Schließung des Theaters führten.

Von da an bis zum Herbst 1816 ernährte er sich und Mischa mit Schriftstellerei, Kompositionen und Napoléon-Karikaturen, die eine Zeitlang reißenden Absatz fanden. Dann endlich – Hippel und auch Hitzig hatten sich für ihn verwendet – konnte er wieder in den preußischen Staatsdienst zurückkehren.

An einem lauen Septemberabend des Jahres 1816 bezogen Herr und Frau Kammergerichtsrat Hoffmann ihre neue Wohnung in Berlin, und schon bald sprach es sich in der Nachbarschaft herum, daß der Herr Rat nicht nur häufig im Café Manderlee, sondern auch allabendlich im Weinkeller von Lutter & Wegener am Gendarmenmarkt beträchtliche Zechen mache. Man beruhigte sich erst wieder, als bekannt wurde, daß der Herr Rat Hoffmann seinen Dienst äußerst penibel und korrekt versehe, zudem als ein besonders scharfsinniger Jurist gelte, tausend Taler Jahresgehalt beziehe und noch über beträchtliche Nebeneinnahmen verfüge, die ihm aus schriftstellerischer Tätigkeit zuflössen. Die Nachbarn nahmen nun an, es handele sich bei dieser nebenberuflichen Schriftstellerei um rechtswissenschaftliche Aufsätze und umfangreiche Gesetzeskommentare, mit denen der Herr Rat seinen recht beachtlichen Chambertin- und Champagner-, Rheinwein- und Punschkonsum finanziere. Schließlich gewöhnten sie sich an den gelbgesichtigen, dürren, kleinen, stets sehr höflichen Juristen mit der Habichtsnase und den großen Augen.

Sie fanden sich auch mit seinen Schrullen ab, mit seinem Grimassenschneiden und wilden Gestikulieren, selbst mit den diabolischen Scherzen, die er gelegentlich mit biederen Tischnachbarn im Lutter-Keller zu treiben beliebte; wenn er sie beispielsweise mit einem »kleinen, ganz verfluchten Knirps« erschreckte, den er plötzlich aus den Dielenritzen hervorkrabbeln sah – oder doch zu sehen behauptete –, wobei sein ganzes Benehmen keinerlei Zweifel an der Richtigkeit seiner Wahrnehmung aufkommen ließ.

Dieser skurrile, außerdienstlich recht hemmungslose, dabei als Schriftsteller ungemein fleißige und schon ziemlich erfolgreiche, doch an Geld stets knappe Kammergerichtsrat Hoffmann, Erfinder eines »Kardinal« benannten Getränks aus Rheinwein und Champagner, das er seinen Serapionsbrüdern, mit einer weißen Schürze über dem braunen Frack und der gelben Nankinghose, selbst zu bereiten pflegte, ausgerechnet dieser Herr Rat Hoffmann wurde von der königlichen Regierung mit dem wichtigsten Geschäft jener Zeit betraut, nämlich mit der Verfolgung der demokratischen und anderer staatsgefährdender Umtriebe.

Im Oktober 1819 bestellte ihn die preußische Regierung zum Mitglied ihrer »Immediat-Commission zur Ermittlung hochverrätherischer Verbindungen«. Er wurde damit, weil es damals noch keine klare Trennung zwischen staatsanwaltlichen und richterlichen Kompetenzen gab, nun so etwas wie ein Staatsschutzbeauftragter bei der obersten, für politische Delikte zuständigen Strafverfolgungsbehörde Preußens. Dadurch hatte er fortan reichlich Gelegenheit, mit seinem Kater nicht nur über Kobolde und Dämonen zu plaudern, sondern auch über so ernste Dinge, wie sie heutzutage die Generalbundesanwaltschaft in Karlsruhe beschäftigen.

Dies wäre an sich noch nichts Außergewöhnliches und bestimmt kein besonders guter Witz gewesen; zweifellos gibt es auch gegenwärtig – und gab es zu allen Zeiten – höchste Anklagevertreter, die Gespenster sehen, dem Alkohol kräftig zusprechen, mit ihren Haustieren reden, Grimassen schneiden oder biedere Leute mit Spukgeschichten erschrecken, wenn auch dies alles zusammen, verbunden mit vielseitigen, ungewöhnlich hohen künstlerischen Talenten sowie mit exzellenten juristischen Kenntnissen und pedantisch genauer Pflichterfüllung, ziemlich selten sein dürfte.

Nein, der besondere Witz bei der Betrauung des Herrn Kammergerichtsrats E. T. A. Hoffmann mit Staatsschutzaufgaben ersten Ranges lag vielmehr darin, daß dieser es durchaus nicht als sein Ziel ansah, die ihm zugewiesenen Fälle schnurstracks zur Anklage zu bringen und eine strenge Bestrafung der Beschuldigten zu erwirken. Er schärfte vielmehr, im Zwiegespräch mit dem schnurrenden Murr, seinen juristischen Verstand, um unanfechtbar nachzuweisen, daß die von der politischen Polizei ermittelten »Demagogen« strafrechtlich *nicht* zu belangen seien; daß beispielsweise der »Turnvater« Friedrich Ludwig Jahn – gegen den er 1819 tatsächlich zu ermitteln hatte – zwar ein polternder Grobian und teutschtümelnder Spinner sei, daß aber Grobheit und Phantastereien, sogar tückische Hintergedanken an demokratisches Barrenturnen und staatsgefährdendes Tauziehen, strafrechtlich erst relevant werden könnten, wenn sie sich mit einem nachgewiesenen Verbrechen in kausalen Zusammenhang bringen ließen.

Nachdem er so den p. p. Jahn von aller justiziablen Schuld gereinigt hatte, verwendete der Herr Kammergerichtsrat das restliche königlich preußische Aktenpapier, um in seiner wunderschönen, klaren Handschrift eine Spukgeschichte zu verfassen. Deren Gestalten sah er dann kurz nach Mitternacht – er war zuvor für ein paar Erholungsstunden im Keller von Lutter & Wegener gewesen – so lebendig werden, daß seine dicke Mischa sich mit ihrem Strickzeug dicht neben ihn setzen mußte, damit die Tintenkobolde ihm nicht die Worte vom Papier und womöglich auch noch die Gedanken aus dem Kopf stahlen.

Bleibt noch hinzuzufügen, daß der für Polizei und Staatsschutz zuständige Ministerialdirektor v. Kamptz, eine Kreatur des neuen Innenministers Caspar Friedrich v. Schuckmann, Hoffmanns Ermittlungsergebnisse äußerst unbefriedigend fand, sein Verhalten in hohem Maße verdächtig, wenn auch juristisch schwer oder gar nicht faßbar; daß Kamptz den von Hoffmann so sorgfältig exkulpierten »Turnvater« dennoch in Festungshaft nehmen ließ und daß er schließlich gegen den Kammergerichtsrat selbst ein geheimes Ermittlungsverfahren in Gang setzte.

Der aber hatte das hysterische Gebaren seiner Vorgesetzten und Kollegen längst satt; die Razzien, willkürlichen Verhaftungen, die Gesinnungsschnüffelei und die skandalösen Verhältnisse in den Gefängnissen ekelten ihn an. Und so schied er unter Protest gegen die Ungesetzlichkeiten aus der Kommission aus und erbat seine Entlassung.

Nun hätte er sich um die traurigen Verhältnisse, die der Verfolgungswahn der engstirnigen, sich vor einer Veränderung der gesellschaftlichen Verhältnisse fürchtenden preußischen Reaktionäre geschaffen hatte, nicht mehr zu kümmern brauchen. Doch, so heißt es bei Hoffmanns Biographin

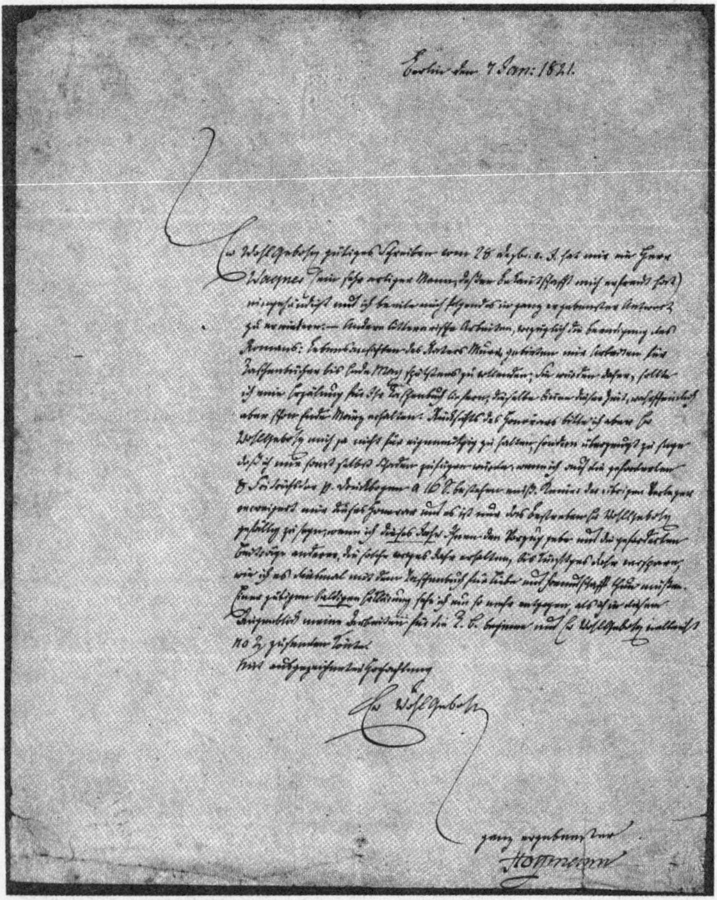
Berlin den 7 Jan: 1821.

Hoffmann

Autograph von E.T.A. Hoffmann (s. auch Anhang S. 433)

Gabrielle Wittkop-Ménardeau, »der satirische Schriftsteller kann dem Wunsch nicht widerstehen, den Polizeidirektor v. Kamptz unter den Zügen des imbezilen Spitzels Knarrpanti in *Meister Floh* grausam zu karikieren. Der Polizeidirektor ist um so schneller darüber ins Bild gesetzt, als Hoffmann sich offen seiner Absichten gerühmt hat.«

Und nun begann ein Vexierspiel, das kaum seinesgleichen in der neueren deutschen Literaturgeschichte hat. Hoffmann erfuhr nämlich seinerseits – denn er hatte noch gute Freunde im Polizeiministerium –, daß v. Kamptz die Beschlagnahme des in Frankfurt am Main schon in Druck befindlichen Manuskripts von *Meister Floh* plante. Er schrieb deshalb am 19. Januar 1822 an seinen Verleger, zitierte wörtlich einige Stellen, die er aus dem Text zu streichen bat, da sie ihm »gewisser Umstände halber großen Verdruß machen könnten«, und hoffte, sich damit aus der Schlinge gezogen zu haben.

Aber Hoffmanns Brief wurde von der preußischen Polizei abgefangen und seinen schon mächtig angeschwollenen Ermittlungsakten beigefügt. Auch erhob Kamptz nun Anklage gegen Hoffmann und ließ im Wege der Amtshilfe das Manuskript in Frankfurt am Main beschlagnahmen. Jetzt wurden auch der Staatskanzler Hardenberg und sogar Friedrich Wilhelm III. informiert, und der König befahl, ihm binnen vierundzwanzig Stunden das Protokoll des sofort durchzuführenden Verhörs dieses offenbar besonders gefährlichen »Demagogen« und Kammergerichtsrats a.D. vorzulegen. Mit allerlei juristischen Kniffen und Listen sowie mit Unterstützung seiner treuen Freunde Hippel und Hitzig gelang es Hoffmann dennoch, die Erlaubnis zum Druck der »gereinigten« Fassung von *Meister Floh* durchzusetzen; die zensurierten Seiten wurden erst 1905 im Preußischen Geheimen Staatsarchiv gefunden, und 1908 konnte der vollständige Text zum erstenmal erscheinen.

Die gegen Hoffmann eingeleitete Untersuchung nahm jedoch ihren Fortgang. Trotz der Intervention einflußreicher Freunde und lebhafter Publikumsproteste blieb Kamptz alias Knarrpanti entschlossen, Hoffmann als Staatsfeind vor Gericht zu bringen. Der aber entzog sich, wie die *Allgemeine deutsche Real-Encyklopädie für die gebildeten Stände* von 1845 mit philisterhaftem Unterton zu berichten wußte, jeder irdischen Maßregelung, indem er »schon am 24. Juli 1822 in Folge seines unregelmäßigen Lebens an der Rückenmarkdarrsucht nach qualvollen Leiden starb«.

Soweit der exemplarische Lebenslauf eines der wenigen großen Preußen, der wirklich ein Preuße war, zudem pflichtbewußt, von peinlicher Korrektheit in der Verrichtung seines Dienstes, ungemein höflich, dabei mitunter streng, auch mit sich selbst, und unkorrumpierbar, lieber die Ungnade wählend, »wo Gehorsam keine Ehre einbrachte«.

Noch in anderer Hinsicht war E. T. A. Hoffmann »typisch preußisch«, von jenem inneren Widerspruch erfüllt und getrieben, der das Wesen des alten Preußen ausmachte. Ausgerechnet er, der wirkliche oder vermeintliche Sproß des polnischen Adelsgeschlechts der Bagiensky, verweigerte 1807 der neuen Regierung des Herzogtums Warschau den Eid; der Preußenkönig hingegen, dem er sich noch verpflichtet fühlte, versäumte seine Sorgepflicht gegenüber dem treuen Rat Hoffmann, der in dem folgenden Jahrzehnt oftmals dem Hungertod nahe gewesen ist.

»Es ist in meinem Leben etwas recht Charakteristisches«, so hat er selbst festgestellt, »daß immer das geschieht, was ich gar nicht erwartete, sei es nun Böses oder Gutes, und daß ich stets das zu tun gezwungen werde, was meinem eigentlichen tieferen Prinzip widerstrebt.«

Etwa ein Jahr vor E. T. A. Hoffmanns Tod – der Herr Kammergerichtsrat brauchte sich aber nicht mehr damit zu befassen – bildeten sich an den preußischen Universitäten, besonders in Halle, geheime studentische Zirkel, in denen die Überzeugung vertreten wurde, daß die nationale Einheit Deutschlands und eine demokratische Verfassung von den Fürsten nicht mehr zu erwarten sei und mithin nur durch einen bewaffneten Aufstand und gewaltsamen Umsturz herbeigeführt werden könnte. Den Anstoß dazu sollten die Studenten geben, und als vorbereitende Organisation wurde der »Jünglingsbund« gegründet.

Aber schon 1823 kam die politische Polizei dieser Konspiration auf die Spur; Massenverhaftungen von Studenten innerhalb und außerhalb Preußens waren die Folge. Der österreichische Staatskanzler Metternich forderte in Übereinstimmung mit der russischen Regierung die Beseitigung der akademischen Freiheit und die Umwandlung der deutschen Universitäten in Unterrichtsanstalten mit militärischer Disziplin.

Friedrich Wilhelm III. und seine reaktionären Minister hätten diesem Verlangen sicherlich gern entsprochen, doch sie wagten es nicht. Ein solcher Schlag gegen die Universitäten wäre auf den Widerstand des gesamten Bürgertums und des Gros der höheren Beamten und Richter gestoßen. Der liberale Geist hatte sogar viele der jüngeren adligen Offiziere bereits erfaßt. So war es die preußische Regierung, die die Pläne Metternichs durchkreuzte und die Freiheit der deutschen Hochschulen rettete, wenngleich nur aus Angst vor Unruhen.

Als wenige Jahre danach, ausgelöst durch die Pariser Juli-Revolution, die anschließende Erhebung der Belgier und den einige Monate später folgenden Aufstand der Polen, tatsächlich in einigen Gegenden Deutschlands – so in Sachsen, Braunschweig, Kurhessen und Hannover sowie im preußischen Rheinland und im September 1830 auch in Berlin – Unruhen ausbrachen, da geriet – wie selbst Piersons königstreue *Preußische Geschichte* von 1864 zugeben muß – »die preußische Regierung wieder in die äußerste Furcht vor allem Volkstümlichen«, was sich diesmal jedoch nicht mäßigend auswirkte, sondern zu Überreaktionen führte.

Gegen die Protestversammlungen der Berliner Handwerksgesellen, die mehr gegen die niedrigen Löhne als gegen die reaktionäre Regierung gerichtet waren, setzte die preußische Führung die gesamte Garnison der Hauptstadt, rund 14000 Soldaten, ein. Aber auch außerhalb des Königreichs führte nun Preußen – so heißt es bei Pierson weiter – »im Verein mit Österreich gegen den deutschen Volksgeist die schwersten Schläge. Auf Veranlassung der beiden Großstaaten hob der Bundestag 1832 das Steuerbewilligungsrecht der Stände« – in den schon mit einer Verfassung bedachten deutschen Kleinstaaten – »fast ganz auf, unterdrückte alle Vereine und Volksversammlungen, alle freisinnigen Blätter, schaffte die Preßfreiheit, die der Großherzog von Baden soeben erst gegeben hatte, wieder ab, verbot das Tragen deutscher Farben und ordnete eine neue Demokratenjagd an. Mit größter Härte verfuhr man bei dieser Hetze. Hunderte von Studenten und anderen jungen Leuten, auch Familienväter, wurden, weil sie die deutschen Farben getragen, revolutionäre Reden geführt oder sich an den albernen Geheimbünden beteiligt, ›wegen versuchten Hochverrats‹ festgenommen und fast wie Königsmörder behandelt.

Am brutalsten betrieb man die Verfolgung in Baiern, wo man die Demokraten nicht bloß in die Frohnvesten warf, sondern sie gar zwang, vor dem Bilde des Königs Ludwig knieend Abbitte zu leisten.«

So weit ging man in Preußen nicht, aber auch dort waren die Gefängnisse und Festungen überfüllt mit politischen Gefangenen, darunter zahlreichen Studenten nichtpreußischer Staatsangehörigkeit, die von ihren Heimatbehörden aus Sicherheitsgründen nach Preußen abgeschoben worden waren. Die Verantwortlichen in Berlin, an der Spitze die Minister v. Rochov, v. Kamptz und Fürst Wittgenstein sowie als deren ausführendes Organ der Geheimrat v. Tzschoppe, waren darüber alles andere als froh, denn gegen sie richtete sich nun der ganze Haß, nicht nur der Bürger Preußens, sondern ganz Deutschlands; man sah in ihnen die Vollstrecker des reaktionären »Systems Metternich«. Dabei hatten doch die meisten deutschen Demokraten gerade auf Preußen ihre Hoffnungen gesetzt und dieses Land zum Vorreiter der deutschen Einheit und Freiheit ausersehen. Denn war nicht von Preußen die Befreiung des Vaterlands von der Franzosenherrschaft eingeleitet und gegen den Widerstand der Kleinstaaten-Regierungen erkämpft worden? Und hatte nicht Preußens König seinem Volk eine moderne, freiheitliche Verfassung versprochen? Nur das »System Metternich«, so meinten die Anhänger Preußens, verhinderte bislang, daß der König seine guten Absichten auch ausführte.

»Aber«, so gab selbst Pierson zu bedenken, »daß Friedrich Wilhelm III. ein solches System annahm, nach welchem jugendliche Thorheiten zu groben Verbrechen gestempelt wurden und eine große Anzahl unschuldiger und meist tüchtiger und begabter Männer in die Hände fanatischer Feinde wie Tzschoppe und Kamptz fiel, das gereicht dem Könige, der den Beinamen des Gerechten, welchen ihm seine Verehrer gaben, sonst wohl verdiente, zu schwerem Vorwurf.«

In Berlin, wo das Bürgertum eine noch weit weniger gute Meinung von Friedrich Wilhelm III. hatte, trafen unterdessen immer neue Scharen von politischen Gefangenen ein. Besonders das Köpenicker Schloß und das Hausvogtei-Gefängnis waren damals Sammelstellen für die an in- und ausländischen Universitäten verhafteten Studenten, von denen viele zum Tode verurteilt, dann zu dreißigjähriger Festungsstrafe begnadigt und später amnestiert wurden, wobei anzumerken ist, daß auch diese relative Milde der preußischen Führung vornehmlich ein Produkt ihrer Angst vor einem Aufbegehren der empörten Bürgerschaft war.

Zu deren Wortführer in der preußischen Rheinprovinz hatte sich schon 1830 der Aachener Großkaufmann David Hansemann gemacht. Er war kein gebürtiger Preuße, sondern stammte aus Finkenwerder bei Hamburg, wo er 1794 als Sohn eines armen Landpfarrers zur Welt gekommen war. Er hatte eine kaufmännische Lehre absolviert, dann in Elberfeld die Geschäftsführung eines mittleren Handelshauses übernommen, sich 1818 in Aachen als Wollhändler selbständig gemacht und 1825 die unter seiner Leitung rasch aufblühende Aachener Feuerversicherungsgesellschaft gegründet.

Hansemann, der so zu beträchtlichem Vermögen und Ansehen gekommen war, hatte Friedrich Wilhelm III. eine Denkschrift »Über Preußens Lage und Politik Ende des Jahres 1830« übermittelt, was schon insofern ein unerhörter Vorgang war, als sich die Untertanen nach Ansicht des Königs, der Regierung und des tonangebenden Adels um Politik und Staatsgeschäfte überhaupt nicht zu kümmern, sondern nur die Anordnungen der hohen Obrigkeit auszuführen hatten. Hansemann war jedoch so kühn gewesen, den König nicht nur an sein Verfassungsversprechen zu erinnern, sondern auch gleich ein Programm für die Umwandlung Preußens in einen modernen Staat vorzulegen. Er hatte eine parlamentarische Monarchie nach englischem Muster, einen gesamtpreußischen Landtag als Kontrollorgan, volle Pressefreiheit, Abschaffung der letzten junkerlichen Privilegien und eine Reform des Deutschen Bundes unter preußischer Führung mit dem Ziel der Beseitigung aller Zoll- und Handelsschranken gefordert.

Hansemanns Denkschrift wurde in Berlin mit Kopfschütteln zu den Akten gelegt, aber dem Verfasser geschah nichts, während gleichzeitig Hunderte von Studenten für weit geringere Forderungen hart bestraft wurden. Die preußische Regierung konnte es schon nicht mehr wagen, gegen den einflußreichen rheinischen Großkaufmann gerichtlich vorzugehen. Vielmehr begann man sich in Berlin Gedanken darüber zu machen, mit welchen Zugeständnissen auf wirtschaftspolitischem Gebiet die Forderungen des Bürgertums nach einer liberalen Verfassung abgefangen und die absolutistische Herrschaft aufrechterhalten werden könnte.

Bis 1830 hatte Preußen, dem ständigen Drängen seiner Fabrikanten und Großkaufleute nachgebend, bereits sechs Zollverträge mit kleineren Staaten abgeschlossen. 1831 kam ein Zollverband mit Hessen zustande, wo die Bevölkerung während der Unruhen die Zollschranken schon selbst gewaltsam beseitigt hatte. Gleichzeitig begannen Verhandlungen zwischen Berlin, München, Stuttgart und den kleinen mitteldeutschen Residenzen, und am 1. Januar 1834 nahm der deutsche Zollverein seine Tätigkeit auf. Er umfaßte achtzehn deutsche Staaten mit zusammen 23 Millionen Einwohnern. Dazu gehörten, außer Preußen, auch Bayern und Württemberg.

Wenn auch dieser Zollverein die politische Zersplitterung Deutschlands noch nicht beseitigte, ja nicht einmal einheitliche Maße und Gewichte sowie eine gemeinsame Währung herbeiführte, sondern in dieser Hinsicht alles beim alten beließ, so schuf er doch endlich einen großen innerdeutschen Markt ohne Zollgrenzen. Der Handel der Mitgliedsstaaten untereinander war nun von allen Abgaben befreit, während für den Handel mit den nicht angeschlossenen deutschen Staaten – Mecklenburg, Hannover, Oldenburg, Schleswig-Holstein und Baden sowie die Hansestädte und einige kleinere Länder – ein einheitliches Ein- und Ausfuhrzollsystem bestand, wie es auch gegenüber dem nichtdeutschen Ausland galt.

Dieser Zollverein, der eine so große Anziehungskraft ausübte, daß ihm bald auch die meisten anderen deutschen Ländchen beitraten, wurde zu einem der beiden wichtigsten Faktoren bei der Überwindung jener Reste mittelalterlicher und absolutistischer Herrschaftsformen, die die Regierungen eigentlich durch ihr Zugeständnis an das Bürgertum zu erhalten gehofft hatten. Der andere entscheidend wichtige Faktor aber war die Eisenbahn.

Vom industriell weit höher entwickelten England aus hatte sich die wirtschaftliche Nutzung der Dampfkraft auf dem Kontinent zunächst nur sehr zögernd ausgebreitet, nicht zuletzt, weil die britischen Industriellen lieber ihre Fertigprodukte in Massen auf den europäischen Markt warfen (was sie als ihren verdienten Lohn für die Finanzierung der Kriege und den schließlichen gemeinsamen Sieg über das Napoléonische Frankreich und als Wiedergutmachung der ihnen durch die Kontinentalsperre zugefügten Schäden ansahen), als daß sie Maschinen exportierten, mit den ihnen auf dem Festland eine Konkurrenz erwachsen wäre. In Preußen, zumal östlich der Elbe, waren Dampfmaschinen noch um 1830 eine Seltenheit; in ganz Berlin und Umgebung gab es erst etwa dreißig dieser vielbestaunten Ungetüme, und nur eine einzige Lokomotive war dort bisher – im Jahre 1816 – gebaut worden; sie sollte im oberschlesischen Kohlenrevier eingesetzt werden, doch paßte, wie sich dann herausstellte, die Spurweite ihrer mit Zähnen versehenen Räder nicht zu den Schienen ihres Bestimmungsorts, der Königshütte. Dagegen gab es schon vor 1826 in den Kohlenrevieren der preußischen Rheinprovinz über sechzig Kilometer Eisenbahnen, außerdem zahlreiche aus England importierte Lokomotiven und Dampfmaschinen.

Preußens erste für den öffentlichen Personen- und Güterverkehr bestimmte Eisenbahn wurde am 29. Oktober 1838 – fast drei Jahre nach Eröffnung der Strecke Nürnberg–Fürth, der ersten in Deutschland – auf dem rund dreißig Kilometer langen Schienenweg von Berlin nach Potsdam in Betrieb genommen. Die Lokomotive, die den ersten preußischen Eisenbahnzug zunächst nur bis Zehlendorf, wenige Wochen später bis Potsdam zog, war noch englischer Herkunft, ebenso die Schienen und alles technische Zubehör. Nur die Waggons – zwei Staatswagen für Fürstlichkeiten, fünf Wagen erster, neun zweiter und achtundzwanzig dritter Klasse sowie Gepäck- und Viehwagen – waren in Berlin gebaut worden.

Der Eröffnungstag wurde von den Berlinern aller Schichten als ein Volksfest gefeiert. Zehntausende sahen zu, wie die Ehrengäste den Zug bestiegen. Punkt zwölf Uhr mittags fuhr er ab, und genau 42 Minuten später erreichte er seinen Zielbahnhof! Damit, so waren sich alle einig, die diesen Tag miterlebten, hatte für das Königreich Preußen ein neues Zeitalter begonnen.

Übrigens, so beeindruckt die Berliner auch von dem Wunderwerk waren, begannen sie doch schon nach wenigen Tagen ihre Witze darüber zu machen. Einer beschwerte sich in einem Leserbrief an die *Vossische Zeitung*, die Passagiere der Potsdamer Eisenbahn würden während der Fahrt ständig durch bettelnde Invaliden belästigt, die neben dem Zug, ihre Krükken schwingend, einherhumpelten.

Die preußische Hauptstadt war im Jahr der Eröffnung der Eisenbahnstrecke Berlin–Potsdam bereits eine Metropole mit über 250000 Einwohnern. Seit 1826 gab es, zunächst nur Unter den Linden, dann auch in den anderen vornehmen Straßen, helle Beleuchtung durch Gaslaternen, die von einer englischen Gesellschaft installiert worden waren. Auch die ersten Maschinenfabriken Berlins hatten Engländer zu Eigentümern; zu den Unternehmen von Cockerill, Biram und Forster kamen aber bald auch die Gründungen preußischer Fabrikanten.

So hatte der aus Breslau stammende Zimmermann August Borsig zunächst das Berliner Gewerbeinstitut besucht, in der Egellschen Maschinenbauanstalt seine technischen Kenntnisse vervollkommnet und sich 1837 mit einem eigenen Unternehmen selbständig gemacht, das bald überragende Bedeutung, zumal auf dem Gebiet des Lokomotivbaus, gewinnen sollte.

Überhaupt hatte sich mit der Einführung der Dampfkraft ein rascher Wandel der Industriestruktur Berlins vollzogen. Es verschwanden viele Webereien und Spinnereien, auch die meisten Zuckersiedereien, Gerbereien, Kalk-, Ziegel- und Branntweinbrennereien aus der Stadt, weil sie in der ländlichen Umgebung bessere Produktionsbedingungen fanden. An ihrer Stelle wurden andere Industrien heimisch, die mit dem Aufblühen des Maschinenbaus und den verbesserten Verkehrsverhältnissen einen ungeahnten Aufschwung nehmen sollten. Es waren dies vor allem die Konfektion, die Metall- und Lederverarbeitung, die Möbel-, Tabak- und Papierfabriken sowie die ersten chemischen Betriebe.

Wieder, wie schon bei der Errichtung der ersten Manufakturen im späten 17. Jahrhundert, strömten nun Einwanderer nach Preußen, nur daß es sich jetzt kaum noch um größere Gruppen von religiös Verfolgten handelte. Eine Ausnahme waren die rund 600 protestantischen Gebirgsbauern aus dem Zillertal, die 1837 von der österreichischen Regierung aus Tirol vertrieben wurden und im Herbst desselben Jahres in Preußen, und zwar im schlesischen Riesengebirge, eine neue Heimat fanden. Einige jüngere Zillertaler zogen dann nach Berlin, wo sie als Drechsler und Tischler in der Möbelindustrie bessere Verdienstmöglichkeiten hatten.

»Berlin ist gar keine Stadt«, hatte Heinrich Heine 1830 festgestellt, »Berlin gibt bloß den Ort dazu her, wo sich eine Menge Menschen, und zwar darunter viele Menschen von Geist, versammeln, denen der Ort ganz gleichgültig ist.«

Das mochte auf viele zutreffen, die – wie Heine selbst – nur zum Studium für einige Zeit nach Berlin gekommen waren, doch ganz gewiß galt das nicht für alle. Im Gegenteil, die preußische Hauptstadt erwies sich gerade um jene Zeit wieder als der große Schmelztiegel für Neubürger aus allen Teilen Europas. Die von Berlin geradezu magisch angezogenen Menschen unterschiedlichster Nationalität, Religion und sozialer Herkunft fanden dort alle Voraussetzungen für eine schnelle und vollständige Integration in die eingesessene Bevölkerung und fühlten sich schon nach kurzer Zeit heimisch. Dieser Prozeß wurde sicherlich dadurch sehr gefördert, daß die Alteingesessenen in ihrer überwältigenden Mehrzahl die Nachkommen von Flüchtlingen aus fernen Gegenden waren und keine Vorurteile gegen Fremde hatten.

Als 1831 weite Teile Europas von einer Choleraepidemie heimgesucht wurden, die auch in Berlin zahlreiche Opfer forderte, da wagten allenfalls ein paar Dienstmädchen aus Posen, Preußens rückständigster Provinz, von einer »Brunnenvergiftung durch die bösen Juden, die Mörder unseres Heilands« als Ursache zu sprechen und wurden dafür auf der Straße ausgelacht. Es herrschten in Berlin zwar, was die Hygiene betraf, noch an vielen Stellen und zumal in den überfüllten Elendsquartieren vor der Stadt, im sogenannten Voigtland, mittelalterliche Verhältnisse. Aber von religiösen Vorurteilen fühlten sich die Berliner frei, und die Kirchen hatten einen weit geringeren Einfluß auf die Bevölkerung als in anderen großen Städten oder gar auf dem Lande.

Übrigens, was die Kirchen und sonstigen Gotteshäuser Berlins betraf, so läßt ein Gesamtverzeichnis aus dem frühen 19. Jahrhundert die Vielfalt der Konfessionen und Nationalitäten in der preußischen Hauptstadt deutlich erkennen. Da gab es – in alphabetischer Reihenfolge – die Böhmische oder Bethlehemskirche in der Mauerstraße, wo reformierte und lutherische Gottesdienste in deutscher und tschechischer Sprache abgehalten wurden;

die allen christlichen Bekenntnissen offenstehende Charité-Kirche; den Dom am Lustgarten mit reformiertem Gottesdienst; die Dorotheenstädtische Kirche in der Mittelstraße mit lutherischem und reformiertem Gottesdienst, abwechselnd in deutscher und französischer Sprache; die Dreifaltigkeitskirche in der Mauerstraße für Lutheraner und Reformierte; die Französische Kirche in der Klosterstraße und den Französischen Dom am Gendarmenmarkt, in denen nur in französischer Sprache reformierter Gottesdienst gehalten wurde; die Französische oder Melonen-(eigentlich: Wallonen-)Kirche in der Neuen Kommandantenstraße für wallonische Reformierte; die Französische Hospitalkirche in der Friedrichstraße; die Friedrichswerdersche Kirche mit lutherischem und reformiertem Gottesdienst, abwechselnd in deutscher und französischer Sprache; die Friedrichshospitalkirche für Lutheraner und Reformierte; die Garnisonkirche in der Neuen Friedrichstraße, die für alle Taufen, Trauungen und Trauerfeiern von Angehörigen des Militärstandes ohne Unterschied der Konfession zur Verfügung stand, die Georgenkirche in der Bernauer Straße, die Gertrauden-Hospital-Kirche am Spittelmarkt und die Kirche des Gymnasiums zum Grauen Kloster, alle drei mit lutherischem Gottesdienst; die prächtige St.-Hedwigs-Kirche am Opernplatz, Zentrum der römisch-katholischen, größtenteils aus Polen und Schlesiern bestehenden Gemeinde Berlins; die lutherische Heiliggeist-Hospital-Kirche an der Spandauer Straße; die Hofgerichtskirche in der Hausvogtei für Gefangene aller Bekenntnisse; die Jerusalemer Kirche zwischen der Koch-, der Jerusalemer und der Lindenstraße für Lutheraner und Reformierte; die Louisenstädtische Kirche in der Alten Jakobsstraße und die aus dem 13. Jahrhundert stammende Marienkirche am Neuen Markt, beide lutherisch; die Neue Kirche, auch Deutscher Dom genannt, am Gendarmenmarkt, abwechselnd für Lutheraner und Reformierte; die lutherische Nikolaikirche zwischen Poststraße, Molkenmarkt und Spandauer Straße, die aus dem 12. Jahrhundert stammen sollte und jedenfalls das älteste Gotteshaus Berlins war; die Parochialkirche der Niederländisch-Reformierten in der Klosterstraße; die lutherische Petrikirche aus dem 13. Jahrhundert, in Alt-Kölln, zwischen Gertrauden- und Scharrenstraße, gelegen; die lutherische Sophienkirche in der Spandauer Vorstadt sowie die jüdische Synagoge in der Heidereuthergasse, neben der es noch mehrere private Synagogen gab.

»Eine Schande ist es freilich für uns Berliner Ärzte«, berichtete der Universitätsprofessor Friedrich Hufeland, der wie sein berühmterer Bruder aus Weimar nach Berlin gekommen war, »daß, seitdem die Cholera in civilisirten Ländern, d.h. solchen herrscht, wo es eine medizinische Polizei giebt und Todtenlisten angefertigt werden, an keinem Orte, im Verhältniß zu der Zahl der Erkrankten, so viele Menschen daran gestorben sind, als hier. Deshalb behaupten auch die witzigen Berliner, die Cholera habe bei ihrem Abschied aus Berlin gesagt, sie könne unmöglich länger an einem Orte bleiben, wo sie so schlecht behandelt werde.«

Tatsächlich standen die Berliner Ärzte sowie das Obermedizinalkollegium der Stadt der Epidemie von 1831, der ersten, die Europa heimsuchte, völlig hilflos gegenüber. Sie konnten nur Lazarette einrichten und Absperrmaßnahmen anregen, die sich als undurchführbar erwiesen und nur Spott hervorriefen. Die Vorschrift, daß beim Transport von Cholerakranken und -leichen lautes Klingeln die Vorübergehenden warnen und zur Flucht auffordern sollte, beantworteten die Berliner mit der damals aufgekommenen Redensart »Nur nich jraulich machen«, und sie vertrauten mehr auf die Einnahme vorbeugender Mittel, wobei die alte Madame v. Varnhagen, »die Rahel«, pulverisierte Kanthariden, speziell die Spanische Fliege, empfahl, wogegen sich die Angehörigen der Unterschicht vornehmlich mit Schnaps gegen die Seuche zu schützen versuchten. Bettina v. Arnim aber lehnte beides ab und erklärte Belladonna in homöopathischen Dosen für das einzig Wirksame.

Die schöne, temperamentvolle und schon sehr emanzipierte Frau v. Arnim, der wir im folgenden Kapitel wieder begegnen werden, weil sie zwölf Jahre später auf recht eigenwillige Weise in die Geschichte Preußens einzugreifen versuchte, war 1785 in Frankfurt am Main zur Welt gekommen. Ihr Vater, der aus Tremezzo am Comer See stammende Großkaufmann Pietro Antonio Brentano, hatte in zweiter Ehe die Tochter Maximiliane (»Maxe«) des kurtrierischen Kanzlers de la Roche geheiratet, eine Jugendfreundin Goethes. Auch ihre Tochter Elisabeth, genannt Bettina oder Bettine, lernte dann als sehr junges Mädchen – im Hause ihres älteren Schwagers, des Rechtsphilosophen und späteren preußischen Justizmini-

Bettina v. Arnim.

sters Friedrich Karl v. Savigny, der damals noch in Marburg lehrte – den großen Dichter kennen und veröffentlichte 1835 dessen Korrespondenz mit ihr unter dem Titel *Goethes Briefwechsel mit einem Kinde.*

1811 heiratete Bettina den 1781 zu Berlin geborenen Gutsbesitzer und Dichter Ludwig Joachim v. Arnim, einen der wenigen an deutscher Kultur interessierten Patrioten unter den preußischen Junkern. Achim v. Arnim, wie er kurz genannt wurde, hatte zusammen mit Bettinas hochbegabtem Lieblingsbruder Clemens Brentano *Des Knaben Wunderhorn* herausgegeben, die erste umfassende Sammlung alter und neuer deutscher Volkslieder.

Nach dem frühen Tod ihres Mannes – Achim v. Arnim war Anfang 1831 auf seinem Gut Wiepersdorf gestorben – siedelte Bettina, zweifellos die bedeutendste Frauengestalt der jüngeren deutschen Romantik, nach Berlin über; ihre engsten Freunde waren dort Rahel v. Varnhagen und der nun dreiundsechzigjährige Schleiermacher, den sie fast täglich besuchte.

Als im Herbst 1831 die Choleraepidemie von Osten her auf Berlin übergriff, organisierte Bettina zusammen mit anderen Frauen Geldsammlungen für den Einkauf von Kleidung und Lebensmitteln. »Schleiermacher übergab ihr regelmäßig die um Hilfe flehenden Briefe der Armen«, so berichtet Bettinas Biographin Ingeborg Drewitz, »nannte ihr auch den Stadtrat Pr. in der Fr. Straße, der als Berater der Armen bekannt wäre und eine Niederlage in Wolle hätte. Der Stadtrat bedauerte, wegen der Cholera keine Decken am Lager zu haben, und schlug Bettine vor, neue, sehr teure zu beschaffen. ›Sie trappelte mit den Füßen und sagte: sie schüttle den Staub von ihren Schuhen, denn sie sei nicht in das Haus eines rechtlichen Mannes, sondern in eine Mördergrube gefallen, eines Wucherers, der sich an den ... Armen bereichern wolle!‹, und sie stellte dar, wie sie den Stadtrat Pr. des Wuchers überführt hätte. Sie schilderte auch, wie sie den Markt von Schuhen leerkaufte, die die Knaben dann an einer langen Stange vor ihr hertrugen, und wie sie Leder aufkaufte und Schuhe nähen ließ, wie ihre Wohnung sich in Werkstatt und Lager verwandelte und sie täglich homöopathische Mittel verteilte ... ›Es war im Jahr der Cholera, wo sie zum erstenmal und zwar ohne Vorbedacht mit den verschiedenen Gilden hiesiger Stadt in Berührung kam; dies geschah auf so natürlichem Weg, daß sie gar nicht den bisher so beschränkten Kreis, worin sie sich bis dahin bewegt hatte, verlassen zu haben meinte, als die Proletarier der ganzen Stadt ... morgens vor Sonnenaufgang schon ihre Türe belagerten, um die wohltätigen Mittel der Homöopathie ... gegen die Cholera sich zu holen‹ ...«

Alles in allem kamen die Berliner bei der Choleraepidemie des Herbstes 1831 weit glimpflicher davon, als es nach den Schilderungen der Zeitgenossen vermutet werden könnte. Nur etwa 3000 von über 250000 Einwohnern erkrankten an der Cholera; von diesen starben allerdings fast die Hälfte, nämlich 1426, was Hufelands eingangs zitierte Kritik an der Unfähigkeit der Mediziner, mit dieser Seuche fertig zu werden, begreiflich macht.

Des Knaben Wunderhorn

Alte deutsche Lieder

L. Achim v: Arnim. Clemens Brentano.

Heidelberg, bey Mohr u: Zimmer.
Frankfurt bey J. C. B. Mohr
1806

»Des Knaben Wunderhorn«, Titel der Originalausgabe von 1806.

Zu den Choleraopfern von 1831 gehörten auch Gneisenau, der in Posen, und Clausewitz, der in Breslau daran starb, sowie der damals einundsechzigjährige, seit 1818 in Berlin lehrende Philosoph Georg Wilhelm Friedrich Hegel. Der gebürtige Stuttgarter, Jugendfreund Schellings und Hölderlins am Tübinger Stift, war von Wilhelm v. Humboldt an die neue Berliner Universität berufen worden und hatte dort, über Fichtes subjektiven Idealismus und dessen als bloße Denktechnik eingeführte Dialektik weit hinausgehend, ein eigenes philosophisches System entwickelt, worin der Widerspruch zur wahren Natur der Denkbestimmungen und damit der Dinge selbst erhoben wurde.

Hegels Lehre hat einen überaus nachhaltigen Einfluß ausgeübt, zunächst auf den theologischen Radikalismus, wie er von seinem Schüler Ludwig Feuerbach aus Landshut, der bis 1828 in Berlin studiert hatte, in dessen 1830 erschienenen und in Bayern sofort polizeilich beschlagnahmten *Gedanken über Tod und Unsterblichkeit* entwickelt worden war. Ein anderer, jüngerer Schüler Hegels, Bruno Bauer, der sich 1834 in Berlin habilitierte, vollzog die atheistische Umdeutung der Hegelschen Lehre, und ein weiterer Schüler, der zunächst in Berlin nur sein Jurastudium hatte beenden wollen, das er in Göttingen wegen eines Duells hatte abbrechen müssen, war Heinrich Heine.

Hegels engere Schule zerfiel bald nach seinem Tod, doch aus dem Kreis der »Junghegelianer«, wie sie sich nannten, und zumal von dessen linkem Flügel gingen später jene die Entwicklung der Menschheit entscheidend beeinflussenden Impulse aus, die die theoretische Grundlage des Sozialismus geschaffen haben. Denn zum Kreis der Berliner Junghegelianer gehörte der 1818 im damals bereits preußischen Trier geborene Advokatensohn und Student der Rechtswissenschaft, dann auch der Geschichte und Philosophie Karl Marx, der, ehe er 1841 in Jena promovierte, die Berliner Universität besuchte.

Ebenfalls in Berlin studierte als Gasthörer während seines Militärdienstes der 1820 im preußischen Barmen geborene Fabrikantensohn und angehende Kaufmann Friedrich Engels, und auch er, der spätere engste Freund, Kampfgefährte und Mitarbeiter von Karl Marx, schloß sich in Berlin dem Kreis der Junghegelianer an.

Bedenkt man, daß Hegel – wie vor ihm Fichte und Kant – preußischer Hochschullehrer war und daß seine Lehre von gebürtigen Preußen – und zunächst auch *in* Preußen – zum historischen und dialektischen Materialismus entwickelt wurde, so läßt sich die einhundertfünfzehn Jahre nach Hegels Tod von Konrad Adenauer aufgestellte Behauptung: »Wir im Westen lehnen vieles, was gemeinhin ›preußischer Geist‹ genannt wird, ab«, um vieles besser begreifen, ist doch die Theorie des Sozialismus, wie sie von Marx und Engels geschaffen wurde, auch ein Produkt preußischen Geistes.

Gedankensprünge eines der Cholera Entronnenen, ließe sich hierzu von konservativer Seite bemerken. Doch tatsächlich erschien 1832 unter diesem Titel eine Schrift, deren Verfasser, Franz Freiherr v. Gaudy, Erwähnung verdient, weil sich an seiner Person beispielhaft darstellen läßt, in welche Krise das alte, junkerliche Preußen um 1831/32 geraten war.

Gaudy – trotz seines französischen Namens aus einer Adelsfamilie schottischer Herkunft – war 1800 als Sohn eines preußischen Generalleutnants zu Frankfurt an der Oder geboren, hatte am Berliner Französischen Gymnasium und in Schulpforta seine Ausbildung erhalten, war mit achtzehn Jahren in die preußische Armee eingetreten und schon nach wenigen Wochen zum Leutnant befördert worden.

Fünfzehn Jahre lang, bis 1833, ertrug Gaudy den monotonen und geisttötenden Dienst in kleinen polnischen Garnisonen. Womit er sich die Zeit vertrieb, zeigt seine erste Veröffentlichung, die 1829 unter dem Titel *Erato* bei Heymann in Glogau erschien. Heinrich Heine erwähnt den Gedichtband in einem Brief an Varnhagen und im Vorwort zur 2. Auflage des zweiten Teils seiner *Reisebilder:* »Ich weiß nicht, ob die ›Erato‹ des Freiherrn Franz v. Gaudy und das ›Skizzenbuch‹ von Franz Kugler schon die gebührende Anerkennung gefunden; beide Büchlein, die erst jüngst erschienen, haben mich so innig angesprochen, daß ich sie, in jedem Fall, ganz besonders rühmen muß.«

Heines Lob kam nicht von ungefähr; der adlige preußische Offizier hatte nämlich seine Gedichte ihm, der bereits in Paris freiere Luft atmete, »in Verehrung« zugeeignet. Davon abgesehen, waren Gaudys ganz in heinescher Manier gehaltene Verse aber wirklich gut gelungen.

»Später«, heißt es über Gaudy in der *Allgemeinen deutschen Real-Encyklopädie für die gebildeten Stände* von 1844, »erhob er sich zu selbständigeren Äußerungen seines Talents und war zuletzt besonders glücklich in Chansons, worin er die Thorheiten der Zeit mit ergötzlichem Humor persiflirte . . . Der Liberalismus fand an ihm . . . einen wackern Partisan, indem er zwar schmerzlich fühlte, daß die Autorität des Adels mit seinem Reichtum gebrochen war, jedoch einmal hierüber zum Bewußtsein gelangt, alle feudalistischen Träume aufgab und nur noch von den liberalen Ideen der neuern Zeit, die er mit Eifer und Feuer ergriff, das Heil der Zukunft erwartete.«

In seinen letzten Lebensjahren – er starb bereits 1840 in Berlin – war Gaudy, zusammen mit Adelbert v. Chamisso, Herausgeber des *Deutschen Musenalmanachs*, und natürlich gehörte er auch jenem Kreis von Künstlern und Schriftstellern an, der 1827 in Berlin unter dem seltsamen Namen »Tunnel über der Spree« gegründet worden war und von dem noch die Rede sein wird.

Eine letzte Persönlichkeit, die in den langen Friedensjahren der Regierungszeit Friedrich Wilhelms III. in Berlin eine bedeutende Rolle spielte, sei hier noch erwähnt, zumal weil sie wichtig ist für die Beantwortung der Frage, was eigentlich unter »preußischem Geist« zu verstehen sei. Es handelt sich um den eleganten Juristen und Hegelianer Eduard Gans.

Als Sohn einer wohlhabenden jüdischen Bürgerfamilie 1798 in Berlin geboren, besuchte Eduard Gans das Gymnasium zum Grauen Kloster, studierte dann in Berlin und Göttingen Rechtswissenschaft, promovierte 1819 in Heidelberg und kehrte dann in seine Heimatstadt zurück.

Seine Hoffnung, sich an der Berliner Universität habilitieren und einen Lehrstuhl erlangen zu können, erfüllte sich nicht. Der Emanzipationsprozeß, den Hardenberg für die preußischen Juden eingeleitet hatte, war durch die einsetzende Reaktion ins Stocken geraten. Erst nachdem Gans sich 1825 hatte taufen lassen, konnte er knapp drei Jahre später ordentlicher Professor der Jurisprudenz werden.

Gans stand unter dem Einfluß seines Freundes Hegel; von ihm übernahm er für die Rechtswissenschaft dessen dialektische Methode. »Man muß sich vergegenwärtigen«, hat dazu Max Pinn bemerkt, »daß damals in der Jurisprudenz die historische Schule unter Führung Savignys herrschte. Diese sah ihr Ziel in der geschichtlichen Erforschung des geltenden Rechts. Darin lag gleichzeitig ihre Begrenzung. Die historische Schule vermochte es nicht, gegenwartsnahe juristische Begriffe zu schaffen, die für eine praktische Unterscheidung des Rechts vom Unrecht brauchbar gewesen wären. Gans setzte sich diese Begriffsbildung als vornehmste Aufgabe. Von dem Hegelschen Satz ausgehend, daß der Verstand das Wichtige und an sich Bedeutende hervorhebe und das Wesentliche vom Unwesentlichen scheide, machte er sich daran, aus dem überkommenen Bestand rechtlicher Einrichtungen und Vorschriften eine Dogmatik rechtlicher Begriffe zu entwickeln.«

Heinrich Heine, der als Student oft unter dem Spott seines Kommilitonen Gans hatte leiden müssen, bescheinigte ihm dennoch später, er kämpfe in der Rechtswissenschaft »zermalmend gegen jene Lakaien des altrömischen Rechts, welche, ohne Ahnung von dem Geist, der in der alten Gesetzgebung einmal lebte, nur damit beschäftigt sind, die hinterlassene Garderobe derselben auszustäuben, von Motten zu säubern oder gar zu modernem Gebrauche zurechtzuflicken«.

In seinen letzten Lebensjahren war Eduard Gans, der 1839 in Berlin im Alter von erst einundvierzig Jahren starb, der Wortführer des liberalen Bürgertums der preußischen Hauptstadt. Als im Dezember 1837 der König Ernst August von Hannover, ein Schwager Friedrich Wilhelms III. und ebenso borniert und reaktionär wie jener, sieben Göttinger Professoren, darunter die Brüder Jacob und Wilhelm Grimm, ohne Bezüge aus dem Staatsdienst entließ und drei von ihnen – Jacob Grimm, Friedrich Christoph Dahlmann und Georg Gottfried Gervinus – sogar aus dem Lande jagte, weil diese Hochschullehrer gegen die Mißachtung der Verfassung durch den König öffentlich protestiert hatten, da ging in ganz Deutschland und zumal in Preußen ein Aufschrei der Entrüstung durch das liberale Bürgertum. Die Königsberger Universität verlieh sogleich zweien der »Göttinger Sieben«, den Professoren Albrecht und Dahlmann, die Ehrendoktorwürde, und 130 Königsberger Bürger spendeten zusammen 1600 Taler für die brotlos gewordenen Gelehrten, eine stattliche Summe, die der Organisator dieser Hilfsaktion, der jüdische Arzt Dr. Johann Jacoby, von dem noch an anderer Stelle die Rede sein wird, an Professor Dahlmann zur Verteilung überwies.

Die Bürger der ostpreußischen Stadt Elbing, um ein anderes Beispiel zu nennen, schickten den »Göttinger Sieben« eine Solidaritätsadresse, die von dem aus England eingewanderten John Prince-Smith, der später in Berlin als Nationalökonom und Vorkämpfer des Freihandels hervortrat, verfaßt war. Ein anderer führender Liberaler Elbings, Jacobus van Riesen, Ostpreuße holländischer Herkunft, schickte der preußischen Regierung eine Abschrift der Resolution, wofür er vom Minister des Innern, Rochus v. Rochow, streng gerügt wurde.

»Es ziemt dem Untertanen«, heißt es im letzten Absatz des v. Rochowschen Antwortschreibens vom 15. Januar 1838, »seinem Könige und Landesherrn schuldigen Gehorsam zu leisten und sich bei Befolgung der an ihn ergehenden Befehle mit der Verantwortlichkeit zu beruhigen, welche die von Gott eingesetzte Obrigkeit dafür übernimmt; aber es ziemt ihm nicht, die Handlungen des Staatsoberhauptes an den Maßstab seiner beschränkten Einsicht anzulegen und sich in dünkelhaftem Übermute ein öffentliches Urteil über die Rechtmäßigkeit derselben anzumaßen.«

Aus dieser amtlichen Antwort ist das geflügelte Wort vom »beschränkten Untertanenverstand« abgeleitet, das sich wie ein Lauffeuer durch ganz Deutschland verbreitete und einen Sturm der Entrüstung sowie eine noch stärkere Solidarisierung mit den »Göttinger Sieben« hervorrief.

In Berlin war es Professor Eduard Gans, der sofort öffentlich dagegen Stellung nahm und ebenfalls eine Geldsammlung für die gemaßregelten Göttinger Kollegen veranstaltete, wobei er erklärte, daß damit nicht nur materielle Hilfe geleistet, sondern auch volle Solidarität in der Sache demonstriert werden sollte.

Es läßt einige Rückschlüsse auf Art und Qualität des »preußischen Geistes« zu, der auch in dieser Periode finsterer Reaktion unter den Bürgern der Hauptstadt Friedrich Wilhelms III. herrschte, daß diese von Gans initiierte Geld- und Unterschriftensammlung in Berlin einen sehr beachtlichen Erfolg hatte; daß sich auch der konservative Professor Karl Friedrich v. Savigny nun mit nur leisem Zögern neben seinen Gegner Gans stellte und dessen Aktion materiell unterstützte; daß der junge, gleichfalls konservative Marcus Carsten Niebuhr, ein Sohn des aus Kopenhagen gebürtigen, 1831 verstorbenen Historikers an der Berliner Universität, an Professor Dahlmann schrieb: »Viele gibt es hier, die nicht nur fühlen, sondern Gedanken und Worte wagen; dazu gehören auch die mir am nächsten stehenden, besonders Savigny und Bettina v. Arnim, die untröstlich ist . . .« Die temperamentvolle Bettina überwarf sich mit ihrem Schwager Savigny, weil er nach ihrer Meinung nicht energisch genug für die »Göttinger Sieben« eintrat, zumal für die Brüder Grimm, die seine Schüler waren, aber schließlich wurden doch drei der sieben Professoren zwei Jahre später nach Preußen berufen, Dahlmann an die Universität Bonn, die Grimms nach Berlin.

Eduard Gans erlebte diesen Triumph des immer selbstbewußter werdenden freisinnigen Bürgertums nicht mehr, aber er hatte wesentlich dazu beigetragen. »Mehr noch durch Wort als durch Schrift förderte Gans die Entwicklung des deutschen Freiheitssinnes«, heißt es dazu in einer Schrift Heines vom April 1844, »er entfesselte die gebundensten Gedanken und riß der Lüge die Larve ab. Er war ein beweglicher Feuergeist, dessen Witzfunken vortrefflich zündeten oder wenigstens herrlich leuchteten.«

Doch die Zeit der bloßen Witzfunken ging nun rasch ihrem Ende zu. In Preußen wie anderswo in Deutschland begannen die Menschen zu spüren, daß bald ganz andere Funken stieben und das angesammelte Pulver zur Explosion bringen könnten.

Der Romantiker und die Revolution

Nicht nur in Berlin, auch in den anderen größeren Städten des Königreichs Preußen nahm um 1840 das gebildete Bürgertum bereits lebhaften Anteil am politischen Geschehen. Es verlangte nach endlicher Mündigkeit und vollem Mitspracherecht in den öffentlichen Angelegenheiten.

In Königsberg war das Siegelsche Kaffeehaus in der Französischen Straße der Treffpunkt der engagiertesten Liberalen und Demokraten. Der Konditor Siegel, ein gebürtiger Schweizer – nicht nur in Berlin, auch in allen größeren preußischen Provinzstädten hatten sich Zuckerbäcker aus der Schweiz niedergelassen –, war dem Beispiel seines hauptstädtischen Kollegen Stehely gefolgt und hatte im oberen Stockwerk seines Lokals einen mit in- und ausländischen Zeitungen hervorragend ausgestatteten Lesesaal eingerichtet. Seither war sein Lokal nicht nur das berühmteste der Stadt, sondern – wie Alexander Jung in seinem 1846 erschienenen Werk über *Königsberg und die Königsberger* stolz erklärte – »gewiß auch auf der ganzen Strecke von Berlin bis Petersburg« (für die die Postkutsche auf dem kürzesten Wege noch immer zweihundertfünfzig Fahrstunden benötigte, Pausen und Übernachtungen nicht eingerechnet, und liest man die Namen der Stationen auf dem preußischen Teil der Strecke – »Vogelsdorf, Müncheberg, Seelow, Cüstrin, Balz, Landsberg an der Warthe, Friedeberg, Driesen, Filehne, Schönlanke, Schneidemühl, Grabionne, Nakel, Bromberg, Ostromezke, Culm, Graudenz, Marienwerder, Riesenburg, Preuß. Mark, Preuß. Holland, Mühlhausen, Braunsberg, Hoppenbruch, Brandenburg i. Pr., Königsberg, Mülsen, Sarkau, Rositten, Nidden, Schwarzort, Memel« –, so verliert Jungs Kompliment ein wenig an Gewicht).

Das Kaffeehaus von Siegel war aber tatsächlich sehr berühmt, nicht zuletzt wegen seiner Stammgäste, unter denen mehrere bekannte Dichter, Ärzte und Juristen sowie ein Schornsteinfegermeister hervorragten; letzterer hieß Sydow, besaß eine ausgewählte Bibliothek, und wer bei Siegel philosophieren wollte, mochte sich zu ihm »ans Fenster setzen, eine Prise aus seiner Dose nehmen und sich über die Kantische Philosophie, die er sehr genau kannte, mit ihm unterhalten«.

Diese Beschreibung des mit Kants Lehren vertrauten Schornsteinfegers stammt von einem anderen Stammgast bei Siegel, dem Dichter Rudolf Gottschall, der 1841 als achtzehnjähriger Student – wegen demokratischer Umtriebe von der Breslauer Universität verwiesen – nach Königsberg gekommen war und sich mit seinen *Liedern der Gegenwart* rasch einen Namen gemacht hatte.

Ein ebenfalls noch sehr junger Dichter, der bei Siegel verkehrte, war Ferdinand Gregorovius, 1821 zu Neidenburg in Ostpreußen geboren, ein leidenschaftlicher Verfechter der *Idee des Polentums*, wie auch der Titel seiner 1848 zu Königsberg erschienenen Schrift lautete, der ein Jahr später seine *Polen- und Magyaren-Lieder* folgten. Gregorovius verließ nach dem Scheitern der revolutionären Bewegung das Königreich Preußen für immer, lebte meist in Italien und schrieb dort seine Geschichte Roms im Mittelalter.

Als entschiedenster Liberaler unter den Dichtern und Publizisten, die sich im Siegelschen Kaffeehaus trafen, galt Ludwig Walesrode, geboren 1810, der 1837 von Danzig nach Königsberg übersiedelt war und dort seit 1841 satirische Vorlesungen über Zeitfragen hielt. Walesrode, der eigentlich Ludwig Cohen hieß, hatte sich taufen lassen, weil ihm als Jude keine Aufenthaltsverlängerung in Königsberg gestattet worden war, obwohl der Königsberger Polizeipräsident Abegg sich für ihn eingesetzt hatte. Walesrodes *Untertänige Reden*, mit denen er 1843 das preußische Regime scharf angriff, brachten ihm eine einjährige Festungsstrafe ein, die er in Graudenz verbüßte. Später zog er sich nach Hamburg zurück, wo er 1860/61 die *Demokratischen Studien* herausgab.

Schließlich seien noch einige Mediziner erwähnt, die zu den Stammgästen der Siegelschen Konditorei zählten:

Da waren zunächst die Motherbys, der alte Sanitätsrat William Motherby und sein Sohn, der praktische Arzt Robert Motherby junior. Sie stammten aus jener Familie englischer Herkunft, mit deren Mitgliedern Immanuel Kant freundschaftlichen Umgang gehabt und in die sein exzentrischer Freund Joseph Green eingeheiratet hatte.

Sodann gehörte der Arzt, Dichter und Politiker Ferdinand Falkson zu diesem Kreis. Als Vierundzwanzigjähriger wollte er 1844 eine Christin heiraten, jedoch Jude bleiben, was damals in Preußen verboten war. Das junge Paar reiste deshalb nach England und ließ sich dort von einem anglikanischen Geistlichen trauen. Nach Königsberg zurückgekehrt, sah sich Dr. Falkson deshalb unter Anklage gestellt; seine Ehe wurde für nichtig erklärt. Das Verfahren zog sich über fünf Jahre hin; erst 1849 wurde es eingestellt, weil inzwischen neue Bestimmungen die bis dahin illegale Verbindung legalisierten. Der Kampf dieses mutigen Arztes, der auch ein talentierter Schriftsteller und Redner war, als Jude eine Ehe mit einer Christin führen zu dürfen, erregte damals weit über Königsberg hinaus Aufsehen und selbst den Zorn des Königs.

Mit Dr. Falkson befreundet und ebenfalls Stammgast in Siegels Kaffeehaus war der Leutnant Wilhelm Rüstow, der erst 1846 als Festungsoffizier nach Königsberg kam. Er wollte Festungsbaumeister werden, wurde aber, wie einer seiner Freunde spottete, statt dessen um ein Haar Festungsgefangener, weil er – so steht es in den Akten – »eine einflußreiche Rolle in der ultra-demokratischen Partei« spielte. Im Herbst 1848 kam er wegen seiner

Broschüre *Der deutsche Militärstaat vor und während der Revolution* vor ein Kriegsgericht, konnte jedoch aus der Haft entfliehen und so einer langen Freiheitsstrafe entgehen. Er entkam in die Schweiz, wo er an der Universität Zürich lehrte, 1856 Major, 1870 Oberst im Generalstab wurde. Dazwischen nahm er 1860 als Generalstabschef Garibaldis an der Befreiung Italiens von der Bourbonenherrschaft teil und trug wesentlich zum Sieg am Volturno bei. Er galt als einer der bedeutendsten Militärschriftsteller seiner Zeit und starb 1878 in Zürich.

Unter den politisch engagierten Gästen der Konditorei und besonders ihres Lesezimmers verdient noch Eduard Flottwell Erwähnung, damals Oberlandesgerichtsreferendar in Königsberg. Er stammte wie die Motherbys aus einer nach Ostpreußen eingewanderten englischen Familie. Sein Vater, Eduard Heinrich Flottwell, der dann geadelt wurde, war preußischer Staatsbeamter, 1825 Regierungspräsident in Marienwerder, 1830 beim Ausbruch des polnischen Aufstands Oberpräsident von Posen geworden und übernahm 1840 die Leitung der Provinz Sachsen. Er wurde dann sogar noch preußischer Finanz-, später Innenminister und stand zeit seines Lebens, auch als Abgeordneter der ersten deutschen Nationalversammlung in der Frankfurter Paulskirche, politisch auf der äußersten Rechten.

Im Gegensatz zu seinem Vater war der junge Eduard Flottwell überzeugter Demokrat, wurde deshalb wiederholt gemaßregelt und nach der gescheiterten Revolution 1851 aus dem Staatsdienst entfernt – wegen politischer Unzuverlässigkeit und demokratischer Gesinnung, wobei angemerkt sei, daß er 1841/42 von Berlin aus enge Beziehungen zu einer in Köln erscheinenden Zeitung unterhielt, von der noch die Rede sein wird und deren Redakteur ein gewisser Dr. Karl Marx war.

Doch greifen wir den Dingen nicht zu weit vor, zumal wir noch nicht die markanteste Erscheinung unter den Gästen des Siegelschen Kaffeehauses kennengelernt haben, die Alexander Jung wie folgt beschrieben hat:

»Wenn man an gewissen Tagen der Woche um die Mittagsstunde aus dem Innern des Siegelschen Kaffeehauses vor der Glastür einen Halbwagen halten sieht, aus dem ein schwarzgekleideter, ernst vor sich blickender Herr in hastiger Beweglichkeit herausspringt, der durch die Konditorei in das Lesezimmer eilt und in rascher Abfolge Zeitung auf Zeitung durchfliegt, indem er dazu ebenso hastig und nur ganz wie beiläufig einen kleinen Kuchenimbiß verzehrt, so kann man ziemlich sicher darauf rechnen, daß dieses Dr. Johann Jacoby ... sein wird. Diese feste gedrungene Gestalt, diese edle, freie Stirn, dieses verständige und doch zugleich milde blaue Auge, dieses im Widerstreit zur Mode bartlose, offene Gesicht ... flößen Zutrauen ein ...«

Dieser Johann Jacoby, am 1. Mai 1805 zu Königsberg geboren, verdiente sich damals seinen Lebensunterhalt als praktischer Arzt. Die Schriftstellerin Fanny Lewald, bei deren Familie er Hausarzt war und von der später noch die Rede sein wird, wußte von Dr. Jacoby zu berichten: »Als Jude geboren, hatte der Doktor aus seinen ersten Lebensjahren die Erinnerung an eine drückende Armut in seinem Gedächtnisse bewahrt, obschon der Fleiß seiner Eltern es später zu Vermögen gebracht hatte und dem Sohne alle Mittel zur Ausbildung seines Geistes gegeben worden waren.« Er hatte das Friedrichs-Kollegium, das angesehenste Gymnasium Königsbergs, dann die Albertina, die alte Universität seiner Heimatstadt, besuchen können. 1827 promovierte er zum Doktor der Medizin, im Jahr darauf wurde er von der preußischen Regierung als »praktischer Arzt, Wundarzt und Geburtshelfer« approbiert.

Der polnische Aufstand von 1830/31, der sich gegen das reaktionäre russische Regime richtete, und die prorussische, antipolnische Haltung der *Königsberger Zeitung* veranlaßten Dr. Jacoby, sich erstmals öffentlich in einer politischen Angelegenheit zu äußern. »Wer der Vergangenheit kundig und ein für Recht und Menschenwürde schlagendes Herz in der Brust

Dr. Johann Jacoby.

trägt«, heißt es in seinem Beitrag, den ein liberales Blatt veröffentlichte, »wie sollte der nicht voll innigen Mitgefühls Anteil nehmen an dem Schicksale eines Volkes, das noch so edel zu denken, so tapfer zu handeln vermag! Auch wir haben ja einst den Druck fremder Zwingherrschaft gefühlt ... Unsere Sache, für die damals jeder Gut und Blut freudig opferte – um nichts besser war sie als die gute Sache der Polen ...«

Im Mai 1831 bereiste Jacoby dann im Auftrage des sehr liberal eingestellten Oberpräsidenten v. Schön die an Ostpreußen grenzenden polnischen Gebiete, in denen – wie man heute weiß: durch die zur Unterdrükkung des Aufstands von der türkischen Grenze herangezogenen russischen Truppen eingeschleppt – die asiatische Cholera grassierte, die sich von da aus dann rasch nach Westen und Norden hin ausbreitete. Als er nach seiner Rückkehr von dieser Reise, die durchaus nicht ungefährlich gewesen war, dem Oberpräsidenten darüber berichtet hatte, war dieser voll des Lobes, versprach Jacoby auch, ihn in seiner Depesche an die Regierung in Berlin dankbar zu erwähnen, fügte jedoch hinzu: »Aber einen Orden, eine Auszeichnung, wissen Sie, können Sie nicht bekommen. Sie sind Jude ...« Nun ist es sehr fraglich, ob sich Jacoby einen Orden ersehnte; bestimmt aber war es damals noch sein Wunsch, eine Professur zu erlangen oder wenigstens seine umfangreichen Kenntnisse dadurch besser zu nutzen, daß er als Mediziner im höheren Staatsdienst der Volksgesundheit und Hygiene sich hätte widmen können. Dem stand aber entgegen, daß er sich nicht taufen lassen wollte.

Was Jacoby selbst gar nicht wußte: Damals hat sich sogar der als neuer Aristoteles gefeierte Alexander v. Humboldt vergeblich für Dr. Jacobys Berufung nach Berlin eingesetzt. Jedenfalls heißt es in einem Brief Humboldts an die »Frau Hofräthin Herz« – es war die im Cholerajahr siebenundsiebzigjährige Henriette Herz –, er habe »viele ganz vergebliche Schritte ... für den jungen Dr. Jacoby gemacht«, den er gern im preußischen Staatsdienst untergebracht hätte. »Die Intoleranz und Härte unserer Gesetzgebung steht aber dem im Wege ...«

Natürlich litt Jacoby unter solchen Diskriminierungen, und sicherlich trugen diese dazu bei, daß er sich nun in stärkerem Maße politisch zu betätigen begann. Aber sein Ziel war nicht allein die Beseitigung der letzten Schranken, die der Gleichberechtigung der preußischen Juden noch gesetzt waren. »Wie ich selbst Jude und Deutscher zugleich bin«, schrieb er 1837 an einen christlichen Freund, »so kann in mir der Jude nicht frei werden ohne den Deutschen und der Deutsche nicht ohne den Juden ... Ich gestehe Dir ein, es wäre mir lieb, meine Fesseln zu brechen und gleich Euch wenigstens in dem Gefängnisse mich bewegen zu können. Mit solcher Gleichstellung wäre aber immer noch wenig gewonnen; ob das Gefängnis weiter oder enger, die Fesseln schwerer oder leichter, ist nur ein geringer Unterschied für den, der nicht etwa nach der Bequemlichkeit, sondern nach Freiheit sich sehnt. Diese Freiheit kann aber nicht dem einzelnen zuteil

Alexander v. Humboldt, 1769–1859.

werden; nur wir alle zusammen erlangen sie, oder keiner von uns. Denn ein und derselbe Feind und aus gleicher Ursache hält uns gefangen, und nur allein die Zerstörung des Gefängnisses kann uns zum Ziel führen.«

Ein und derselbe Feind – das war die »Heilige Allianz« Preußens mit dem reaktionären Zarenreich und dem die Ungarn, Italiener und Slawen unterdrückenden Habsburgerkaiser; das war das »System Metternich«, das jede freiheitliche Regung in Deutschland zu ersticken versuchte; das war, soweit es Preußen betraf, Friedrich Wilhelm III. und das bornierte Junkertum, das den Staat beherrschte.

Dieser Staat – er bestand noch immer aus zwei durch fremdes Gebiet getrennten Hauptteilen – hatte gegen Ende der Regierungszeit Friedrich Wilhelms III. bereits 15,5 Millionen Einwohner und war in acht Provinzen eingeteilt: Preußen, worunter das gemeinsam verwaltete Ost- und Westpreußen zu verstehen war, zählte 2,4 Millionen Einwohner, Posen 1,3 Millionen, Brandenburg 1,9 Millionen, Pommern 1,1 Millionen, Schlesien fast 3 Millionen, die Provinz Sachsen 1,7 Millionen, Westfalen 1,4 Millionen und die Rheinprovinz 2,7 Millionen. Dazu kamen noch die Besitzungen Neuchâtel und Valengin in der Schweiz mit rund 60000 Einwohnern, die einzigen Untertanen des Preußenkönigs, die sich einer Verfassung erfreuten, denn ihr Ländchen gehörte zur Eidgenossenschaft und genoß das Recht der kantonalen Selbstverwaltung.

Dagegen waren die 15,5 Millionen Preußen im Königreich ohne politische Rechte, abgesehen von der kommunalen Mitbestimmung der Begüterten im Rahmen der Städteordnung. »Die Staatsverfassung Preußens ist die unumschränkte Monarchie«, heißt es dazu im *Allgemeinen deutschen Conversations-Lexikon für die Gebildeten eines jeden Standes, herausgegeben von einem Vereine Gelehrter* von 1836, »denn die Provinzialstände (seit 1823) haben keinen Antheil an der Gesetzgebung, sondern berathen nur über die Gesetzentwürfe, insofern sie eine Provinz angehen, und haben das Recht, Bitten und Beschwerden bei der Regierung einzureichen ... Alle Zweige der Staatsverwaltung stehen unter der obersten Leitung des Königs, welcher seine Verordnungen durch das geheime Cabinet erläßt ...«

Seit 1797 war es jener »unsägliche Holzkopf« Friedrich Wilhelm III., der als Alleinherrscher das Königreich Preußen regierte, immer noch von der Furcht geplagt, daß die Revolution wieder ihr Haupt erheben und sein Gottesgnadentum in Frage stellen könnte. Zu Beginn des Jahres 1838, als »die Wendung in den Göttinger Vorfällen«, wie die Vorsichtigeren unter Preußens Bürgern die Entlassung der »Göttinger Sieben« umschrieben, hatte der König das vierte Jahrzehnt seiner Herrschaft schon vollendet, aber sein dreiundzwanzig Jahre zuvor gegebenes Versprechen, den Staat in eine konstitutionelle Monarchie umzuwandeln, noch immer nicht eingelöst.

Von diesem König war keine Verbesserung der politischen Verhältnisse mehr zu erwarten, wie auch die Langmütigsten erkennen mußten. So richteten sich alle Hoffnungen auf den 1838 bereits dreiundvierzigjährigen Kronprinzen Friedrich Wilhelm. Als dieser im Sommer 1840, nach dem Tode seines Vaters, König wurde, sahen sich die Liberalen Preußens, ja ganz Deutschlands, dicht am Ziel ihrer Wünsche. Denn Friedrich Wilhelm IV., wie er sich nannte, galt als einer der Ihren. Dieser vielseitig gebildete, künstlerisch interessierte Freund aller Dichter und Denker hatte wiederholt zu erkennen gegeben, daß er mit den Besten der Nation in dem Ziel einig sei, den Preußen die politische Freiheit, den Deutschen die politische Einheit zu geben.

So wurde seine Thronbesteigung vom preußischen Bürgertum lebhaft begrüßt. Daß das Ereignis mit den Jubelfeiern zum 200. Jahrestag des Regierungsantritts des »Großen Kurfürsten« und zur 100. Wiederkehr des Krönungstags Friedrichs II. zeitlich zusammenfiel, wurde als doppelt gutes Omen angesehen. Zwar gab es auch Skeptiker, zumal unter denen, die den neuen König näher kannten. Aber schon seine ersten Maßnahmen schienen alle Zweifel zu widerlegen und dem Optimismus der großen Mehrheit recht zu geben. Der König verfügte eine Lockerung der Pressezensur, berief den 1819 aus Protest gegen den reaktionären Kurs zurückgetretenen Heeresreformer Hermann v. Boyen wieder in den Staatsrat und ernannte ihn bald darauf zum Kriegsminister; er setzte den nationalkonservativen Dichter und Publizisten Ernst Moritz Arndt, der 1820 im Zuge der »Demagogen«-Verfolgung seine Bonner Professur verloren und mancherlei Demütigungen erlitten hatte, wieder ein und ließ ihm alle seinerzeit polizeilich beschlagnahmten Papiere zurückgeben; er hob die Polizeiaufsicht auf, unter die der seit 1819 als »Demagoge« verfolgte »Turnvater« Jahn bis dahin gestellt gewesen war, und er erließ sogar wenig später eine allgemeine Amnestie für die Opfer der preußischen Reaktion.

Doch mit diesen vom liberalen Bürgertum seit langem geforderten und daher sehr begrüßten Maßnahmen gingen andere, entgegengesetzte Hand in Hand: Einige als reaktionäre Frömmler bekannte Freunde des Königs wurden von ihm in führende Stellungen berufen, so der aus Dresden gebürtige General Ludwig Gustav v. Thile, von den jüngeren Offizieren heimlich als »Bibel-Thile« verspottet, der das Finanzministerium erhielt, oder auch den zwar patriotisch gesinnten, doch als orthodoxer Protestant bei den Liberalen wenig geschätzten Juristen Johann Albrecht Friedrich Eichhorn, der mit dem Kultusministerium betraut wurde.

Das Bürgertum fragte sich besorgt, ob denn der König nun liberal oder christlich-konservativ regieren wollte. Friedrich Wilhelm IV. aber ließ die Antwort offen und gab seinen Untertanen weitere Rätsel auf, wobei er etwas tat, was vor ihm noch kein preußischer Monarch getan, ja nicht einmal für möglich gehalten hatte: Er begann, öffentlich Reden zu halten!

Bei der Huldigung der Stände in Berlin hielt er die erste Ansprache, vierzehn Tage später in Königsberg bei der Ablegung des Krönungseides zur allgemeinen Überraschung die nächste. Doch es waren keine programmatischen Reden klaren politischen Inhalts, vielmehr den jeweiligen Staatsakt rhetorisch ausschmückende, recht schwülstige, seine Absichten hinter frommen Sprüchen verbergende Deklamationen, die mit Bibelworten wie »Ich und Mein Haus, wir wollen dem Herrn dienen« zu enden pflegten.

Die Bürgerschaft hörte aus diesen sich häufenden Ansprachen zunächst nur das heraus, was ihre liberalen Hoffnungen zu bestätigen schien: gute Absichten und den Wunsch, König und Volk einander näherzubringen. Die frechen Berliner aber nannten Friedrich Wilhelm IV., zum Unterschied von seinem verstorbenen, wortkargen und nur zu gestammelten Befehlen fähigen Vater, der offiziell als »hochseliger König« bezeichnet wurde, sehr bald schon: »Unser hoher Redseliger«.

Tatsächlich hatte der neue König recht romantische Vorstellungen von seinem Gottesgnadentum. Sein politisches Ideal war ein nach mittelalterlichem Vorbild ständisch gegliedertes Staatswesen, das durch Vereinigung der Provinziallandtage zu einer die Krone beratenden Versammlung eine Repräsentativverfassung erlangen sollte. Mit den liberalen Vorstellungen von einem demokratisch gewählten Parlament und verfassungsmäßig verbürgter Kontrolle der den Volksvertretern verantwortlichen Minister hatte das wenig zu tun. Und auch des Königs Hoffnung, daß ihm der Kaiser von Österreich gnädig die Regelung der deutschen Einheit überlassen werde, konnte beim liberalen Bürgertum kein Verständnis finden. Immer häufiger wurden Zweifel an der Aufrichtigkeit, aber auch an den Fähigkeiten des neuen Königs laut, und Heinrich Heine spottete von Paris aus:

»Ich habe ein Faible für diesen König.
Ich glaube, wir sind uns ähnlich ein wenig.
Ein vornehmer Geist, hat viel Talent.
Auch ich, ich wäre ein schlechter Regent.«

Es war ebenfalls Heinrich Heine, der in einem seiner vormärzlichen Zeitgedichte mit der Überschrift *Der neue Alexander* auf einige der Ursachen hingewiesen hat, die für das seltsam wankelmütige Verhalten Friedrich Wilhelms IV. verantwortlich sein mochten. In diesem Gedicht erinnerte Heine daran, wer der Lehrer, Erzieher und langjährige Ratgeber des nunmehrigen Preußenkönigs gewesen war, nämlich Jean Pierre Frédéric Ancillon, Sproß einer aus Metz nach Berlin eingewanderten hugenottischen Predigerfamilie.

Ancillon, geboren 1767 in Berlin, gab sich anfangs als gemäßigter Liberaler, entwickelte sich aber bald zu einem orthodoxen Pietisten und betrieb als Staatsrat und seit 1832 als preußischer Minister für die auswärtigen Angelegenheiten eine reaktionäre, auf engsten Anschluß an das »System Metternich« ausgerichtete Politik. Kurz vor seinem Tode – Ancillon starb 1837 – veröffentlichte er noch eine Abhandlung mit dem Titel *Zur Vermittlung der Extreme,* die auf seinen Schüler Friedrich Wilhelm, damals noch Kronprinz, tiefen Eindruck machte. In seinen Versen ließ Heinrich Heine den König von seinem Erzieher sagen:

»Mein Lehrer, mein Aristoteles,
der war zuerst ein Pfäffchen
von der französischen Kolonie
und trug ein weißes Beffchen.

Er hat nachher als Philosoph
vermittelt die Extreme,
und leider Gottes hat er mich
erzogen nach seinem Systeme.

Ich ward ein Zwitter, ein Mittelding,
das weder Fleisch noch Fisch ist,
das von den Extremen unserer Zeit
ein närrisches Gemisch ist.

Ich bin nicht schlecht, ich bin nicht gut,
nicht dumm und nicht gescheute,
und wenn ich gestern vorwärts ging,
so geh' ich rückwärts heute.«

Die Enttäuschung der preußischen Liberalen, als sie schon bald nach dem Regierungsantritt Friedrich Wilhelms IV. erkennen mußten, wie unbegründet ihr an den Thronwechsel geknüpfter Optimismus gewesen war, hatte zur Folge, daß sich wieder eine starke Opposition zu formieren begann. Deren Zentrum lag diesmal in Ostpreußen, wo selbst ein Teil des Adels nun immer dringender eine moderne und liberale Verfassung forderte.

Der Wortführer des adligen Flügels der ostpreußischen Opposition war zugleich der höchste Beamte der Provinz, Oberpräsident Theodor v. Schön, der in einem ständigen Kampf mit dem reaktionären Innenminister Rochus v. Rochow lag. Schön, der mit Friedrich Wilhelm IV. in dessen Kronprinzenzeit gut befreundet gewesen war, hielt es für seine Pflicht, den König vor den Folgen seiner hinhaltenden, in Wahrheit rückschrittlichen Politik zu warnen. Ende Dezember 1840 verfaßte er eine Denkschrift mit dem Titel *Woher und Wohin?*, in der er auf die Errichtung und rasche Einberufung von »Generalständen« als »geschichtliche Notwendigkeit« hinwies. Die nur elf Druckseiten umfassende Schrift schloß warnend: »Die Zeit der sogenannten väterlichen oder Patrimonial-Regierung, für welche das Volk aus einer Masse Unmündiger bestehen und sich beliebig leiten und führen lassen soll, läßt sich nicht zurückführen. Wenn man die Zeit nicht nimmt, wie sie ist, das Gute daraus ergreift und es in seiner Entwicklung fördert, dann straft die Zeit.«

Es ist bezeichnend für die Unentschlossenheit Friedrich Wilhelms IV., daß er die Anregungen Schöns teils mit mildem Tadel zurückwies, teils als wohlgemeint und mit seinen eigenen Zukunftsplänen weitgehend übereinstimmend lobte. Praktische Folgerungen daraus zu ziehen erschien dem König jedoch verfrüht, aber gleichzeitig ernannte er v. Schön, unter Belassung auf seinem Posten als Oberpräsident, zum Staatsminister, der im Kabinett ein liberales Gegengewicht zu dem stockkonservativen Innenminister v. Rochow darstellen sollte. Damit, so hoffte Friedrich Wilhelm IV., würden sich die ostpreußischen Liberalen wohl für eine Weile zufriedengeben; doch in dieser Annahme irrte er sich sehr.

Bereits wenige Wochen später, Mitte Februar 1841, veröffentlichte Johann Jacoby, nun schon der Wortführer der bürgerlichen Liberalen der ganzen Provinz, eine anonyme Broschüre mit dem Titel *Vier Fragen beantwortet von einem Ostpreußen*. Dieses gegenüber den Vorschlägen v. Schöns wesentlich schärfer und präziser gehaltene Manifest forderte eine Verfassung, die die Bürger Preußens »als erwiesenes Recht in Anspruch zu nehmen« hätten. Diese Verfassung sollte eine Volksvertretung, eine unabhängige Justiz, kommunale Selbstverwaltung, die Gleichstellung aller Staatsbürger und volle Presse-, Rede- und Versammlungsfreiheit garantieren.

Jacobys mutige Schrift, die unter Umgehung der Zensur in Tausenden von Exemplaren Verbreitung fand, erregte ungeheures Aufsehen, und nicht allein in Preußen. »Weder vorher noch nachher hat eine politische Flugschrift sich in Deutschland einer auch nur entfernt ähnlichen, blitzartigen Wirkung rühmen können«, heißt es dazu in der 1976 erschienenen Jacoby-Biographie von Edmund Silberner, der hinzufügt: »Der Verfasser dieses Meisterstücks deutscher Publizistik war mit einem Schlage ein berühmter Mann geworden. Der Eindruck seiner Schrift war überwältigend in allen deutschen Staaten: Man bewunderte den Mut ihres Verfassers und freute sich über seine Tat.«

Arnold Ruge, damals einer der führenden liberalen Publizisten Preußens, gebürtiger Pommer von der Insel Rügen, als Student von 1824 bis 1830 in Festungshaft wegen »demokratischer Umtriebe«, dann Privatdozent an der preußischen Universität Halle und, zusammen mit Ernst Theodor Echtermeyer, Herausgeber der *Hallischen Jahrbücher für Kunst und Wissenschaft*, die bald zum wichtigsten Organ der freisinnigen Opposition wurden, ging in der Beurteilung der »Vier Fragen« Jacobys noch weiter: Er betrachtete die Broschüre als Gegenstück zu des Abbé Sieyès berühmter Schrift *Qu'est-ce que le tiers-état?*, die im Frühjahr 1789 die Französische Revolution einleitete, und er schrieb an Jacoby: »Ihre Schrift ist in allen Händen und noch mehr in allen Herzen . . . Diese Schrift ist eine große Tat und hat ihresgleichen noch nicht in unserer Geschichte. Das Vaterland ist Ihnen zu ewigem Dank verpflichtet . . .«

In den »Vier Fragen«, heißt es bei einem späteren Freund von Jacoby, dem demokratischen Publizisten Guido Weiß, »war eine Flamme aufgeleuchtet, zündend und leuchtend zugleich!«

Friedrich Wilhelm IV., dem Jacoby wenige Tage nach dem Erscheinen seiner »Vier Fragen« ein Exemplar zugesandt und sich mutig als Verfasser der anonymen Broschüre bekannt hatte, sah die Sache anders: Er schäumte vor Wut, sah er doch seine Pläne durchkreuzt, die Bürger Preußens mit allerlei pathetischen Beteuerungen seiner Volksverbundenheit hinzuhalten und die Erfüllung des Verfassungsversprechens auf den Sankt-Nimmerleins-Tag zu verschieben. Und nun stellte sich auch noch heraus, daß der Verfasser dieses unerhörten Pamphlets kein Mann von Adel war, wie man ursprünglich vermutet hatte, kein hoher Staatsbeamter wie der Oberpräsident v. Schön, dem man zumindest gute Absichten unterstellen konnte, vielmehr ein im wahren Sinne des Wortes Nichtswürdiger, zumindest nach Ansicht des Königs, nämlich ein kleiner ostpreußischer Jude!

Diesem unverschämten Burschen, so befahl der erzürnte Monarch, war sofort und mit aller Strenge der Prozeß zu machen, und er ließ keinen Zweifel daran, welchen Ausgang er sich wünschte: Der »Beschnittene«, wie der König sich ausdrückte, gehöre an den Galgen. Um so erstaunlicher ist es, daß die preußischen Richter keineswegs so verfuhren, wie der König es wollte. Nach einem sich über dreiundzwanzig Monate hinziehenden Prozeß, bei dem sich die Gerichte in Berlin und Königsberg gegenseitig zunächst die Kompetenz bestritten, kam das schließliche Urteil einem

Affront gegen Friedrich Wilhelm IV. gleich: Der Vereinigte Senat des Kammergerichts als höchste Instanz sprach Johann Jacoby von der gegen ihn erhobenen Anklage der Majestätsbeleidigung und des frechen Tadels der Landesgesetze uneingeschränkt frei.

In der Urteilsbegründung hieß es, der Angeklagte habe »nicht nur niemals die seinem Landesherrn schuldige Ehrfurcht außer acht gelassen, sondern im Gegenteil unserm erhabenen Könige seine Ergebenheit und Ehrfurcht in so hohem Grade und in solcher Weise bezeugt, daß an der Aufrichtigkeit seiner Gesinnung nicht gezweifelt werden kann. Daß aber eine solche Gesinnung sehr wohl vereinbar ist mit einem freimütigen, die Grenzen des Anstands und der dem Landesherrn schuldigen Ehrfurcht beachtenden Tadel bestehender Einrichtungen, dies wird wohl von niemandem in Abrede gestellt werden können.«

Jacobys Freispruch wurde in Berlin und in den folgenden Tagen überall in Preußen und weit darüber hinaus mit stürmischer Freude aufgenommen. Friedrich Wilhelm IV. hingegen, dem die Urteilsbegründung als glatter Hohn erscheinen mußte, war außer sich vor Empörung. Er überhäufte den zuständigen Chefpräsidenten des Kammergerichts, Wilhelm Heinrich v. Grolman, einen Bruder des zum Kreis der Heeresreformer um Scharnhorst und Gneisenau gehörenden späteren Generals Karl Georg Wilhelm v. Grolman, mit Vorwürfen. Der Chefpräsident verbat sich die Einmischung in seine Amtssachen, worauf der König noch ärgerlicher entgegnete: »In solchen Dingen kann Ich die Person nicht vom Amte trennen.« Grolman hingegen konnte das; er forderte und erhielt seine vorzeitige Entlassung.

»Ich achte eine gesinnungsvolle Opposition«, so hatte Friedrich Wilhelm IV. noch 1842 dem aus Stuttgart stammenden, durch seine im Jahr zuvor erschienenen *Gedichte eines Lebendigen* bei der oppositionellen Jugend außerordentlich populär gewordenen, gerade vierundzwanzigjährigen Dichter Georg Herwegh erklärt, der damals eine politische Propagandareise durch Deutschland machte und in Berlin vom König empfangen worden war. Inzwischen konnte Friedrich Wilhelm IV. nicht mehr daran zweifeln, daß seine Opponenten Gesinnung besaßen, obwohl es ihn tief verletzte, daß der junge Herwegh, der nach dieser Audienz von Berlin nach Königsberg weiterreiste, dort Johann Jacoby besuchte und diese Begegnung als den Höhepunkt seiner Deutschlandfahrt bezeichnete, so als hätte sein Empfang durch den König von Preußen gar nicht stattgefunden.

Die nächste Herausforderung, der Friedrich Wilhelm IV. sich ausgesetzt sah, kam aus Kreisen, von denen er sich am ehesten Verständnis erhofft hatte, noch dazu von einer Frau. Anfang 1843 erschien, wiederum unter Umgehung der Zensur, Bettina v. Arnims umfangreiche Schrift mit dem erstaunlichen Titel *Dies Buch gehört dem König!*. Es war ein Versuch,

Friedrich Wilhelm IV. aus seinen Träumen zu reißen, ihn an die hohen Erwartungen zu erinnern, die Preußens Bürger an seine Thronbesteigung geknüpft hatten, ein Appell an den König, die Zeichen der Zeit endlich zu begreifen.

Friedrich Wilhelm, dem Bettina ein Exemplar ihres anonym erschienenen Buchs nebst einem längeren Begleitbrief – »Du mußt Dein Bürgertum auslösen«, schrieb sie darin – hatte zugehen lassen, antwortete ihr lakonisch: »Ich habe Ihr Buch empfangen. – Ich danke Ihnen für Ihr Buch. – Ich fühle mich durch Ihr Buch geehrt: Warum?« Doch nach Aussage Alexander v. Humboldts blätterte er nur einmal flüchtig darin.

»Daß das Buch von den Freunden wie von den Gegnern als Tat begriffen wurde, erweisen die Rezensionen und der rasche Verkauf«, berichtet dazu Bettinas Biographin Ingeborg Drewitz. Karl Gutzkow, der aus Berlin gebürtige Dichter und Publizist aus dem Kreis des »Jungen Deutschland«, begeisterte sich für Bettinas Königsbuch in seinem – von der preußischen Zensur verbotenen – *Telegraph für Deutschland.* Er schrieb, es sei »ein Ereignis, eine Tat, die weit über den Begriff eines Buches hinausfliegt. Dies Buch gehört dem König, es gehört der Welt. Es gehört der Geschichte an . . . Es sagt Dinge, die noch niemand gesagt hat, die aber, weil sie von Millionen gefühlt werden, gesagt werden mußten.«

Karl Gutzkow wies auch die säuerliche Kritik und den arroganten Spott zurück, den Bettina v. Arnim mit ihrem leidenschaftlichen Appell an den König bei Konservativen und Frömmlern gefunden hatte – sie war ja inzwischen eine achtundfünfzigjährige Frau, und es hatte bis dahin in Deutschland noch kein weibliches Wesen die Dreistigkeit besessen, so direkt in die Politik einzugreifen, ohne fürstlichen Rang, Mätressenposition oder wenigstens die Entschuldigung jugendlicher Torheit zu haben! Daß dies gerade in Preußen, zumal in einer Periode des »beförderten Rückschritts«, hatte geschehen können, mußte von den Gegnern freier Meinungsäußerung als ungeheure Provokation empfunden werden (und diese verdient gerade bei der Suche nach dem, was eigentlich unter »preußischem Geist« zu verstehen ist, starke Beachtung, handelte doch Bettina bei ihrem mutigen Schritt aus einer von ihr als kategorischen Imperativ empfundenen moralischen Verpflichtung heraus).

Dabei ist von besonderem Interesse jener Teil des Königsbuchs, der das Elend der preußischen Industriearbeiterschaft schildert. Bettinas Empörung über die in den Vorstädten herrschenden Zustände trug ihr von reaktionärer Seite – schon damals! – den Vorwurf des Kommunismus ein. Gutzkow schrieb dazu im *Telegraph für Deutschland:*

»Man hat die Partie des Buches kommunistisch genannt; man höre, was sie enthält und erstaune über dieses sonderbare Neuwort ›Kommunismus‹! Ist die heißeste, glühendste Menschenliebe Kommunismus, dann steht zu erwarten, daß der Kommunismus viele Anhänger finden wird.«

Was man damals in Deutschland unter Kommunismus verstand, ist in der *Allgemeinen deutschen Real-Encyklopädie für die gebildeten Stände* nachzulesen, die im selben Jahr wie Bettina v. Arnims Königsbuch, 1843, bei F. A. Brockhaus in Leipzig erschien. Dort wird »Communismus« als eine »eventuelle Kriegserklärung gegen das Eigenthum« definiert, »gegründet auf die Lehre einer Moral, die noch zur Zeit als verwerflich anerkannt ist, der aber unter Umständen die gedrückten Classen nur allzu bereitwillig folgen würden. Und angesichts der neuesten und immer wiederkehrenden Ereignisse . . . sind solche Drohungen nicht leichtfertig zu verachten. So ist es denn wahrlich an der Zeit, endlich die Bestimmungen unsers Privatrechts, namentlich über das Eigenthum und wohl hauptsächlich diejenigen über das Erbrecht, mit Rücksicht auf die Lage und die Interessen der untern Classen, einer gründlichen Revision zu unterwerfen. Wird uns erst die Noth dazu zwingen müssen? Oder werden wir, die wir einer vorgeschrittenen Bildung uns rühmen, der Noth im voraus zu begegnen vermögen? Es werden schwerlich viele Jahrzehnte vergehen, ehe darauf die Weltgeschichte Antwort ertheilt; aber schon jetzt ist es die Sache des Staatsmanns und der wissenschaftlichen Politik, die wichtigste Zeitfrage mit einem von den Illusionen des Herkommens ungetrübten Blicke scharf ins Auge zu fassen.«

Just dieses tat dann ein gebürtiger Preuße, Karl Marx aus Trier, der im März 1843 gerade stellungslos geworden war. Leopold Schwarzschild, der demokratische, aber durchaus nicht marxistische Publizist, hat seiner Marx-Biographie den Titel *Der rote Preuße* gegeben, und dies gewiß nicht allein deshalb, weil der ›rote‹ Marx 1818 im ehemals kurerzbischöflichen, seit 1815 preußischen Trier zur Welt gekommen war. Er verweist vielmehr darauf, daß schon Karl Marx' Vater, der Advokat Heinrich Marx, »ein entschlossener Verehrer Preußens« gewesen war; sein Übertritt zum Christentum, nicht zum Katholizismus, wie es in Trier opportun gewesen wäre, sondern zum Luthertum, »war für Heinrich Marx die totale Kommunion mit dem verehrten Preußen«, und er blieb ein Freigeist, wie sein Idol Friedrich II., der »Philosoph auf dem Thron«. In preußischem und, wie er meinte, friderizianischem Geist erzog Heinrich Marx seinen Sohn Karl, in dessen Verstand er große Hoffnungen setzte, und er sah es nicht ungern, daß sich der Junge einen Mentor suchte, der in Trier das Preußentum repräsentierte: den Geheimen Regierungsrat Ludwig v. Westphalen, einen der Chefs der königlich preußischen Provinzialregierung.

Diese beiden Preußen, der zum königlich preußischen Justizrat avancierte Vater und der Geheimrat v. Westphalen, der spätere Schwiegervater des jungen Marx, ersetzten diesem alle gleichaltrigen Freunde. »Er war nie zu müde, die zwei Männer . . . unter den Schraubstock seiner Fragen und Disputationen zu bringen.« Und natürlich bezog er gleich nach dem Abitur erst die Universität Bonn, »Preußens Bastion« im Rheinland, dann die von Berlin – etwas anderes wäre überhaupt nicht in Frage gekommen.

Soweit die Begründung, daß man Karl Marx zu Recht einen Preußen nennen konnte, und nun zurück in den Vormärz: Vom Oktober 1842 an war Marx leitender Redakteur der seit der Lockerung der preußischen Pressezensur, die am 1. Januar wirksam wurde, in Köln erscheinenden *Rheinischen Zeitung* gewesen. Diese Zeitung, die von liberalen Kölner Großbürgern, darunter den Bankiers Gustav Mevissen und – als Herausgeber – Dagobert Oppenheim, finanziert worden war, hatte bis zu ihrem Verbot, das am 31. März 1843 in Kraft trat, viele schon damals oder erst später berühmte Mitarbeiter gehabt, beispielsweise den aus Stettin gebürtigen Schriftsteller Robert Prutz, zuvor Mitarbeiter an Ruges oppositionellen *Hallischen Jahrbüchern;* den Breslauer Germanistik-Professor, Dichter und Verfasser des – 1841 auf Helgoland geschriebenen – Deutschlandlieds, August Heinrich Hoffmann von Fallersleben, der wegen eines an Friedrich Wilhelm IV. gerichteten, die Freiheit des Wortes fordernden und im September 1842 in der *Rheinischen Zeitung* erschienenen Gedichts *An meinen König* ohne Bezüge aus dem Staatsdienst entlassen und aus Preußen ausgewiesen worden war; Friedrich Engels, der bis zum Herbst 1842 der Berliner Korrespondent des Blattes war; Karl Gutzkow und gelegentlich auch Georg Herwegh.

Der nach dem Verbot des Blattes brotlos gewordene Redakteur Dr. Karl Marx begab sich damals zunächst nach Bad Kreuznach, wo er seine Jugendfreundin Jenny v. Westphalen traf, die er bald darauf heiratete; und in Bad Kreuznach begegnete das junge Paar auch der aus Berlin dorthin zur Kur gekommenen Bettina v. Arnim.

Eine Freundin Jennys, Betty Lucas, erinnerte sich später, »wie mir die junge Braut klagte, Bettina v. Arnim raube ihr zum großen Teil ihren Bräutigam, der morgens in aller Frühe und abends bis spät in die Nacht mit ihr die Umgebung durchschweifen müsse und doch nur kurze acht Tage zum Besuch gekommen sei nach halbjähriger Trennung ...«

Von Kreuznach aus begaben sich Karl und Jenny Marx im Sommer 1843 nach Paris, wo der junge Ehemann zunächst gemeinsam mit Arnold Ruge die *Deutsch-Französischen Jahrbücher* herausgab. Ein Jahr später bekam Marx Besuch aus England: Sein früherer Korrespondent, Friedrich Engels, dem er bis dahin nur einmal persönlich begegnet war und der sich während seiner Ausbildung als Direktionsassistent einer englischen Textilfabrik, an der sein Vater beteiligt war, intensiv mit sozialen Fragen beschäftigt hatte, stattete ihm eine Visite ab, die historische Bedeutung erlangen sollte.

Denn aus dieser Begegnung zweier Preußen, von denen der eine bereits im Exil lebte, erwuchs eine lebenslange Freundschaft und enge Zusammenarbeit, ein gemeinsamer Standpunkt und die endgültige Absage der beiden an alle bisherigen utopisch-sozialistischen und sozialphilosophischen Theorien. Marx und Engels waren nämlich unabhängig voneinander zu ganz ähnlichen Ergebnissen über die Rolle des Proletariats gekommen; sie hatten die Überzeugung gewonnen, daß die verelendeten, schamlos ausgebeuteten Handarbeiter in Wahrheit die entscheidende Kraft jedes gesellschaftlichen Fortschritts und jeder politischen Umwälzung seien.

Bis dahin hatte im deutschen Sprachgebiet als bedeutendster Theoretiker des Kommunismus ein Mann gegolten, der ebenfalls aus Preußen stammte, nämlich der 1808 in Magdeburg geborene Handwerkersohn Wilhelm Weitling. Als Schneidergeselle war Weitling 1826 auf Wanderschaft gegangen und hatte sich neun Jahre später in Paris, wo sich damals Zehntausende von deutschen Handwerkern aufhielten, dem geheimen, für Deutschlands Einheit in Freiheit und für soziale Gerechtigkeit eintretenden »Bund der Geächteten« des Kölner Schriftstellers Dr. Jakob Venedey angeschlossen.

Venedey hatte 1832 wegen einer unerlaubten Veröffentlichung *Über Geschwornengerichte* aus Preußen fliehen müssen. Aus der von ihm dann in Paris gegründeten Vereinigung von Fortschrittsgläubigen mit höchst unklarem Programm war nach heftigen Auseinandersetzungen ein kommunistisch orientierter »Bund der Gerechten« entstanden, dem sich Weitling angeschlossen und für den er, neben seiner harten Arbeit, in vielen Nachtstunden ein umfangreiches, utopisch-revolutionäres Programm mit dem Titel *Die Menschheit wie sie ist und wie sie sein sollte* geschrieben hatte.

Damit und noch mehr mit einem zweiten Werk, *Die Garantien der Harmonie und der Freiheit*, das 1842 in der Schweiz erschienen war, hatte Wilhelm Weitling den utopischen Kommunismus weithin bekanntgemacht. Auch Karl Marx zollte seiner Arbeit großen Respekt, und als Weitling 1843, aus Frankreich ausgewiesen, in Zürich ein neues Werk mit dem Titel *Evangelium des armen Sünders* drucken lassen wollte, daraufhin verhaftet, an Preußen ausgeliefert und dort mit dauernder Landesverweisung bestraft worden war, schrieb Friedrich Engels, diese Maßnahme trüge »zur Ausrottung des Kommunismus nichts bei, nützte ihm vielmehr durch das große Interesse, das sie in allen Gegenden deutscher Sprache erregte«.

Als Wilhelm Weitling 1844, auf dem Weg ins amerikanische Exil, in London eintraf, da stellte sich heraus, daß er mit seinen Ansichten hinter den schon weiter entwickelten Theorien der englischen Chartisten zurückgeblieben war. Da er dies nicht einsehen wollte, kam es zum Streit und schließlich zum Bruch mit allen politischen Freunden, auch mit Marx und Engels, die vergeblich versuchten, ihn von der Richtigkeit ihrer eigenen Theorien zu überzeugen. Weitling ist 1871 in New York völlig vereinsamt und resigniert verstorben, doch seine von wandernden Handwerksgesellen im ganzen deutschen Sprachgebiet verbreiteten Schriften haben wesentlich zur Bewußtseinsbildung des Proletariats beigetragen. Diese vollzog sich gerade zu einer Zeit, wo die bereits von den politischen Auswirkungen der Französischen Revolution und nun von den sozialen Spannungen der beginnenden Industrialisierung erschütterte alte Ordnung ächzend auseinanderzubrechen begann.

Die frühen vierziger Jahre des 19. Jahrhunderts waren in ganz West- und Mitteleuropa, besonders aber in Preußen, eine Periode stürmischer industrieller Entwicklung. Zahlreiche Handwerker, die bis dahin nach strengen, mittelalterlichen Zunftregeln gelebt und mit veralteten Methoden und Werkzeugen ihr kärgliches Auskommen gehabt hatten, konnten mit der maschinellen Fertigung ihrer Erzeugnisse in den neuen Fabriken nicht mehr konkurrieren. Sie mußten schließlich ihre Selbständigkeit aufgeben und sich als Tagelöhner bei der Industrie oder beim Eisenbahnbau ihr Brot verdienen. Da gleichzeitig und massenhaft Menschen vom Lande in die Städte und Industriezentren strömten und sich dort ein menschenwürdiges Leben erhofften, das auf den Rittergütern nicht zu finden war, wuchs das Arbeitskräfteangebot in noch stärkerem Maße als die ebenfalls rasch steigende Nachfrage. Das führte zu äußerst niedrigen Löhnen, gänzlichem Mangel an sozialer Absicherung und wachsender Ausbeutung der Arbeiter durch die immer längere Arbeitszeiten fordernden Unternehmer.

Im preußischen Eisenerzbergbau hatte beispielsweise die durchschnittliche Jahresförderung eines Arbeiters im Jahre 1838 knapp neunzig Tonnen betragen, sein Jahreslohn neunzig Taler, also wenig mehr als einen Taler je Tonne Eisenerz. 1846 förderte ein Arbeiter im Durchschnitt bereits 173 Tonnen Erz im Jahr, obwohl die technischen Hilfsmittel in diesen acht Jahren nicht wesentlich verbessert worden waren. Sein Jahreslohn betrug nun hundert Taler, also je geförderte Tonne Erz nur noch siebzehn Groschen. Die tägliche Arbeitszeit war erheblich länger, der Leistungsdruck stärker geworden, der Tagelohn aber hatte sich nur geringfügig erhöht, obwohl die Lebensmittelpreise in demselben Zeitraum kräftig gestiegen waren.

»Eisenwalzwerk« von Adolph von Menzel.

Nicht viel anders waren die Verhältnisse in der preußischen Textilindustrie. »Die Arbeitslöhne der Spinner und Weber betragen etwa den vierten Teil derjenigen, welche in England bezahlt zu werden pflegen; es ist jedoch gewiß, daß die Fabrikanten die bisherige Methode nicht behaupten können, ohne weitere Verminderung der bisherigen Löhne«, heißt es in einem amtlichen Bericht, und tatsächlich konnte sich die preußische Textil-, besonders die Baumwollindustrie, gegen die englische Konkurrenz nur behaupten »dank den Hungerlöhnen und dem Besitz von Kartoffelgärten bei den Webern«.

Überhaupt wurde erst damals die Kartoffel zum wichtigsten, oft zum beinahe einzigen Nahrungsmittel der rasch wachsenden Industriearbeiterschaft Preußens. Deren Familien konnten längst nicht mehr vom Arbeitslohn des Mannes und einem kleinen Zuverdienst der Frau leben. Die Not zwang vielmehr auch die meisten Arbeiterfrauen zu regulärer, gewöhnlich vierzehnstündiger Fabrikarbeit, neben der sie dann noch die Wohnung, den Ehemann und die meist vielköpfige Kinderschar zu versorgen hatten.

Spätestens vom zehnten Lebensjahr an mußten auch die Kinder Fabrikarbeit leisten, wenn die Familie ihr knappes Auskommen finden sollte. Friedrich Engels berichtet in seinen *Briefen aus dem Wuppertal*, die im März 1840 im *Telegraph für Deutschland* erschienen, daß in Elberfeld 1200 von 2500 Kindern im Schulalter nicht zur Schule gingen, sondern in den Fabriken aufwuchsen, »wo sie den Unternehmer von der unangenehmen Pflicht befreiten, erwachsene Arbeiter, denen er das Doppelte des Kinderlohnes hätte zahlen müssen, zu beschäftigen«. Friedrich Harkort zufolge gingen um 1840 in Aachen nur 37 Prozent der Schulpflichtigen zum Unterricht, die anderen zumeist in die Fabriken. In der schlesischen Leinenindustrie begannen damals Kinder vom vierten Lebensjahr an, an der Heimarbeit teilzunehmen. Nach dem Bericht der Kreisverwaltung Geldern fand man dort schon um 1825 Dreijährige in den Textilfabriken, und das übliche Alter, Gesindedienst in fremden Haushalten zu nehmen, war neun Jahre.

Wegen der katastrophalen Gesundheitsschäden, die bei der Musterung der männlichen Jugend für den Militärdienst entdeckt worden waren, sah sich die preußische Regierung im Jahre 1839 gezwungen, durch ein auch für Berg- und Hüttenwerke geltendes »Fabrik-Regulativ« die Arbeit in der Industrie vor Vollendung des zehnten Lebensjahres nur in Ausnahmefällen zu gestatten und die tägliche Arbeitszeit für Zehn- bis Vierzehnjährige auf zehn Stunden zu begrenzen. Doch über diese Verordnung setzten sich nicht nur die Fabrikanten gern hinweg; auch die Arbeiterfamilien konnten es sich gar nicht leisten, ihre Kinder so zu schonen.

In manchen Betrieben arbeiteten ausschließlich Kinder, so in der Rathenower optischen Industrie, die sich rühmte, »daß sie einzig durch Knaben von 8 bis 13 Jahren in Thätigkeit erhalten wird, ohne daß diese Kinder ihre gewöhnlichen Schulstunden versäumen dürfen«, und daß »ein jedes derselben mit innigem Vergnügen und ohne allen Zwang an die Arbeit gehet und des Morgens kaum die Zeit der Eröffnung der Fabrikgebäude erwarten kann«. In Wuppertal, wo die Textilfabrikanten sogar etwas bessere Löhne bezahlten als anderswo, waren in den Spinnereien zu mehr als siebzig Prozent der Arbeitskräfte Kinder mit einem Wochenlohn von einem Taler und zehn Groschen, weniger als die Hälfte des als Existenzminimum angesehenen Wochenverdienstes eines erwachsenen Arbeiters. In Aachen rühmten sich Fabrikanten, daß sie die von ihnen beschäftigten Kinder zwar nachts, »aber nur elf Stunden« arbeiten ließen, sodann für zwei Stunden in die Schule schickten – ein Verhalten, das als außerordentlich sozial angesehen wurde.

Noch weit schlechter als den unterbezahlten Textilarbeitern im fortschrittlichen Westen des Königreichs ging es damals den schlesischen Webern, für deren rücksichtslose Ausbeutung Friedrich II. die gesetzlichen Grundlagen geschaffen hatte. Auch die Stein-Hardenbergschen Reformen hatten die Lage der Weber kaum verbessert, denn die formale Aufhebung der Erbuntertänigkeit war ohne Einfluß auf die Ausbeutung der »Befreiten« durch ihre feudalen Grund- und kapitalistischen Brotherren geblieben. »Von ihnen mehr und mehr abhängig, sah sich der Weber gezwungen«, heißt es in einem Bericht von Wilhelm Wolff, damals Privatlehrer in Breslau, »für einen Lohn zu arbeiten, welcher ihn und die Seinigen am Hungertuche nagen ließ.« Die Absatzkrise, unter der 1843/44 die schlesische Textilindustrie zu leiden hatte, veranlaßte die Unternehmer, die Stücklöhne weiter zu kürzen, wodurch sich das Elend der Weberfamilien noch verschlimmerte.

Anfang Juni 1844 kam es zu den ersten Hungerrevolten, wobei die – zusammen rund 17000 Einwohner zählenden – Weberdörfer Langenbielau und Peterswaldau den Ausgangspunkt und das Zentrum des Aufstands bildeten. Am Nachmittag des 4. Juni 1844 verwüsteten einige hundert Weber, deren flehentliche Bitten um eine Lohnerhöhung mit Hohn und Spott abgewiesen worden waren, das Wohnhaus und die Bürogebäude des als besonders hartherzig und profitgierig bekannten Fabrikanten Zwanziger in Peterswaldau. Als die Weber tags darauf dem nicht minder verrufenen Textilfabrikanten Dierig in Langenbielau – er beschäftigte etwa 6000 Lohnweber, Spinner und Spuler – ihre Forderungen unterbreiteten, traf das von Dierig herbeigerufene Militär ein, und der die kleine Abteilung kommandierende Offizier ließ sogleich in die vor dem Haus des Fabrikanten wartende Menge schießen. Es gab elf Tote, darunter Frauen und Kinder, sowie zahlreiche Verwundete.

Daraufhin fielen die empörten Arbeiter mit Knüppeln, Steinen und Mistgabeln über die Soldaten her und vertrieben sie aus dem Dorf. Doch schon in der folgenden Nacht rückten vier Kompanien Infanterie, verstärkt durch einige Geschützabteilungen, in die Weberdörfer ein; Kavallerietrupps sowie zahlreiche Gendarmen folgten ihnen, und an Widerstand war nun nicht mehr zu denken. Rund 150 Weber wurden verhaftet und nach

Breslau vor ein Sondergericht gebracht; bis zum 1. September 1844 waren 87 Weber zu Zuchthausstrafen bis zu neun Jahren sowie zu je zwanzig bis dreißig Peitschenhieben verurteilt worden. Die übrigen erhielten Polizeistrafen und je zehn bis zwanzig Peitschenhiebe.

Der so brutal unterdrückte erste größere Aufstand war zwar völlig gescheitert, aber die Kunde davon erregte die Gemüter weit über Schlesien und Preußen hinaus und trug wesentlich bei zur Weckung des Bewußtseins der ausgebeuteten Industriearbeiterschaft und zur Verstärkung der Bemühungen bürgerlicher Liberaler, die sich rapide verschlechternden sozialen Verhältnisse rasch und gründlich zu reformieren.

Sie stießen damit bei Friedrich Wilhelm IV. und der reaktionären preußischen Regierung auf taube Ohren, ja wurden verdächtigt, durch ihre öffentliche Kritik die Arbeiter aufgehetzt und die Weberrevolte ausgelöst zu haben.

So war beispielsweise der 1800 im niederschlesischen Brieg an der Oder geborene Gutsbesitzer und Textilfabrikant Friedrich Wilhelm Schloeffel, der sich – im krassen Gegensatz zu den anderen, nur an ihren eigenen Profit denkenden Unternehmern – intensiv um eine Verbesserung der katastrophalen Lage der schlesischen Weber bemüht und die Öffentlichkeit über die wahren Zustände unterrichtet hatte, Anfang 1845 in Breslau verhaftet worden.

Man warf Schloeffel unter anderem vor, mit Bettina v. Arnim in eine konspirative Verbindung getreten zu sein und sie – was den Tatsachen entsprach – mit Statistiken, die Armut der Weber betreffend, versorgt zu haben. Dank des energischen Einspruchs des schlesischen Oberpräsidenten Friedrich Theodor v. Merkel war Schloeffel zwar nach wenigen Tagen wieder freigelassen worden, aber schon bald darauf kam er erneut in Haft. Diesmal wurde er eilig nach Berlin und dort in die berüchtigte Bleikammer der Hausvogtei gebracht. Spitzel hatten behauptet, er plane den Umsturz und die Beseitigung des Königs; auch sei er Kommunist und, obwohl selbst ein begüterter Fabrikant, der eigentliche Drahtzieher des gescheiterten Weberaufstands gewesen.

Bettina v. Arnim setzte sich sofort und sehr nachdrücklich für Schloeffel ein. Der von ihr mit der Verteidigung des Staatsgefangenen beauftragte Justizrat Julius Gräff konnte seine Zulassung zu dem geheimen Verfahren mit massiven Drohungen erzwingen und sodann die Freilassung seines Mandanten erwirken, der später auch vom Kammergericht in allen Punkten freigesprochen wurde.

Es gab eben noch immer sehr mutige Richter in Berlin. In diesem Fall zeigten sie sich besonders couragiert, denn Friedrich Wilhelm IV. hatte ihnen vor der Urteilsverkündung mitteilen lassen, er sei von Schloeffels Schuld fest überzeugt und erwarte eine exemplarische Bestrafung.

Freigesprochen, und zwar wiederum gegen den Wunsch des Königs und den Willen der Regierung, wurden auch die Angeklagten im ersten »Kommunistenprozeß« – gegen Meutel und drei weitere Beschuldigte –, der im Winter 1846/47 in Berlin stattfand. Auch für diese politisch Verfolgten setzte sich Bettina v. Arnim ein, und mit besonderem Eifer nahm sie sich dann der zahlreichen polnischen Freiheitskämpfer an, die im Februar 1846 in Posen durch Verrat entdeckt, verhaftet und nach Berlin gebracht worden waren. Ihr Anführer, Ludwig v. Mieroslawski, von dem später noch die Rede sein wird, sollte zunächst an die Russen ausgeliefert werden. Durch Vermittlung Alexander v. Humboldts erreichte Bettina v. Arnim die Zusage Friedrich Wilhelms IV., davon abzusehen. Doch dann erging gegen Mieroslawski ein Todesurteil wegen Hochverrats, und es bedurfte erneuter Anstrengungen dieser ungewöhnlichen Frau, seine Begnadigung und Ausweisung zu erreichen.

Dabei war sie selbst gerade erst – und nur durch eine Intervention ihres Schwagers, des Ministers v. Savigny – der Verbüßung einer Gefängnisstrafe entgangen. Am 21. August 1847 hatte sie vom Berliner Magistrat, der erbost war über ihre scharfe Kritik an den korrupten Beamten der städtischen Armenfürsorge, drei Monate Haft wegen Unehrerbietigkeit zudiktiert bekommen; die Strafe war dann auf das für Angehörige des Adels zulässige Höchstmaß von zwei Monaten Haft ermäßigt worden, die Savigny schließlich in eine Geldbuße umwandeln lassen konnte.

Doch Bettina v. Arnim und Friedrich Wilhelm Schloeffel waren beileibe nicht die einzigen, die sich damals in Preußen nachdrücklich für die Ausgebeuteten und Entrechteten einsetzten. Ein Mitstreiter Schloeffels gegen die Zustände in der schlesischen Textilindustrie, der nicht vergessen werden darf, war der schon kurz erwähnte, 1809 in Tarnau im schlesischen Kreis Schweidnitz geborene Hauslehrer und Publizist Wilhelm Wolff. Als Sohn eines Fronbauern hatte er unter großen Entbehrungen das Gymnasium absolvieren und an der Breslauer Universität klassische Philologie studieren können.

Noch als Student war Wilhelm Wolff 1834 wegen »demokratischer Umtriebe« und Majestätsbeleidigung zu einer langjährigen Festungsstrafe verurteilt worden und hatte davon vier Jahre verbüßen müssen. Von 1840 an trat er in Zeitungen und Zeitschriften mit scharfer Kritik an den in Schlesien herrschenden Verhältnissen hervor. Nach dem gescheiterten Weberaufstand, über den er einen sehr ausführlichen Bericht veröffentlichte, war Wolff seiner Verhaftung nur durch rasche Flucht ins Ausland entgangen.

Im belgischen Exil schloß er sich im Frühjahr 1846 der Gruppe um Karl Marx und Friedrich Engels an. Als engster persönlicher Freund dieser beiden Väter des Sozialismus hatte er dann wesentlichen Anteil an der Gründung des »Bundes der Kommunisten« im Jahre 1847, für den er – unter dem Pseudonym »Lupus«, dem lateinischen Wort für Wolf – eine rege und sehr wirkungsvolle publizistische Tätigkeit entfaltete. Doch ehe wir uns mit dieser – bemerkenswerterweise vornehmlich von preußischen Bürgern im Exil geschaffenen und dann vor allem im Königreich Preußen wirkenden – Keimzelle der deutschen und internationalen Arbeiterbewegung näher befassen, scheint es angebracht, die Situation zu schildern, in der sich die Einwohner Preußens 1846/47, kurz vor dem Ausbruch der Revolution, befanden.

Das Königreich Friedrich Wilhelms IV. war 1846 mit 16,1 Millionen Einwohnern der an Bevölkerung reichste Staat des Deutschen Bundes und hatte zudem mit jährlich 1,56 Prozent den zweithöchsten, nur noch von dem der Freien Stadt Hamburg geringfügig übertroffenen Bevölkerungszuwachs.

Während noch vierzig Jahre zuvor annähernd neunzig Prozent der preußischen Untertanen ausschließlich in der Landwirtschaft beschäftigt gewesen waren – und zwar allergrößtenteils als gutsabhängige, in Unmündigkeit und politischer Rechtlosigkeit gehaltene Halbsklaven –, hatte seitdem die Anzahl derjenigen, die nur noch nebenher ein wenig Landwirtschaft betrieben, erheblich zugenommen. Diese ehemaligen Bauern und Landarbeiter fanden nun ihren Haupterwerb in den Zuckerrübenfabriken und Brennereien ihrer Gutsherren, arbeiteten beim Eisenbahnbau mit oder waren in die städtischen Industriezentren abgewandert.

Der Eisenbahnbau machte damals enorme Fortschritte: 1838 war, wie schon geschildert, die erste preußische Strecke – von Berlin nach Potsdam – in Betrieb genommen worden; 1844 hatte das Königreich schon auf einer Gesamtlänge von 861 Kilometern Eisenbahnen in Betrieb, und bis 1848 waren die preußischen Bahnlinien auf eine Streckenlänge von 2363 Kilometern angewachsen.

Der Eisenbahnbau hatte auch starke Auswirkungen, was die politische Bewußtseinsbildung der Landbevölkerung betraf. »Ich habe kürzlich mit einigen Eisenbahnern gesprochen«, heißt es hierzu in einem Artikel, der damals im Pariser *Vorwärts* erschien, »Schlesische Zustände« überschrieben war und Wilhelm Wolff zugeschrieben wird, »und ich bin wahrlich erstaunt über die klare Auffassung unserer gesellschaftlichen Zustände, ihres Grundes und des Prinzips einer neuen Ordnung der Dinge. Wenn ich den Provinzdialekt unserer Arbeiter in die Schriftsprache übertrage, so drückte sich der Hauptredner unter jenen Eisenbahnern sinngetreu so aus: ›Solange wir hier arbeiten, verdienen wir uns zwar den Unterhalt, wir wissen aber sehr gut, daß wir doch hauptsächlich nur für die Geldleute uns abschinden. Die ... machen gute Geschäfte mit unserem sauern Schweiße, und wenn die Bahnen fertig sind, können wir gehen, woher wir gekommen. Werden wir krank und schwach, da mögen wir uns hinlegen und Kartoffeln kauen, wenn wir sie haben, oder auf dem Miste krepieren – was schert sich der Reiche drum? Die von uns gebauten Bahnen werden wir am wenigsten benutzen können: Die Geldleute werden sich eine Kuh daraus machen, die sie melken bis auf den letzten Tropfen – das Publikum muß das Futter geben. Einen Vorteil hats für uns. Wir sind zu Tausenden zusammengeströmt, haben einander kennengelernt, und in dem gegenseitigen langen Verkehr sind die meisten von uns gescheiter geworden. Es sind nur noch wenige unter uns, die an die alten Faxen glauben. Wir haben jetzt verteufelt wenig Respekt vor den vornehmen und reichen Leuten. Was einer zu Hause kaum im Stillen gedacht, das sprechen wir jetzt unter uns laut aus: daß wir die eigentlichen Erhalter der Reichen sind und daß wir nur zu wollen brauchen, so müssen sie von uns ihr Stück Brot betteln oder verhungern, wenn sie nicht arbeiten wollen. Sie können's glauben: wenn die Weber [gemeint sind die Aufständischen von 1844] nur länger ausgehalten hätten, es wäre bald sehr unruhig unter uns geworden. Der Weber Sache ist im Grunde auch unsere Sache. Und da wir an 20000 Mann auf den Bahnen Schlesiens arbeiten, so hätten wir wohl auch ein Wort mitgesprochen. Freilich hätten wir dazu noch einige kluge Köpfe gebraucht . . .‹ So und noch viel mehr redete der Eisenbahner.«

Ähnlich wie beim Eisenbahnbau dachte und sprach man auch in den Industrievorstädten Berlins und in den Ballungszentren der rheinischen und westfälischen Industrie. Der Landrat von Beckum berichtete im Juni 1844 nach Berlin, in Ummeln bei Brackwede hätten sich etwa tausend Arbeiter unter Führung des Bleichers Verhoff verschworen, »künftig keinen Gott und keine Religion mehr anzuerkennen und ihre Beamten zu entfernen«.

Doch es gibt auch zahlreiche Gegenbeispiele: Überall dort, wo Guts- und Heimindustrie vorherrschte, und das war im größten Teil Preußens damals noch der Fall, waren die Arbeiter noch weit entfernt von ersten Ansätzen gesellschaftlichen und politischen Bewußtseins. Friedrich Engels stellte damals bei den Heimarbeitern Elberfelds eine »Versumpfung des Schnapses und des Pietismus« fest, und ganz allgemein konnten Marx und Engels in ihrer Analyse der Situation der deutschen Arbeiter im Vormärz nur zu dem Ergebnis kommen: »Die Arbeiterklasse Deutschlands ist in ihrer gesellschaftlichen und politischen Entwicklung ebensoweit hinter der Englands und Frankreichs zurück wie die deutsche Bourgeoisie hinter der Bourgeoisie jener Länder. Wie der Herr, so's Gescherr.«

Der tiefere Grund für diese Rückständigkeit der deutschen Bourgeoisie aber war, daß es im größten, den Deutschen Bund dominierenden Staat, dem Königreich Preußen, überhaupt kein selbstbewußtes, historisch gewachsenes Bürgertum gab, einige linksrheinische Städte ausgenommen. In ihren Kernprovinzen hatten die Hohenzollern den städtischen Bürgern schon früh alle Freiheiten und Privilegien abgenommen, die kleineren Städte den Junkern, die größeren den Offizieren der Garnison ausgeliefert, den Handel ruiniert und den Schaden, den sie angerichtet hatten, schließlich dadurch zu beheben versucht, daß sie Bürger aus dem Ausland importierten. So war das im Dreißigjährigen Krieg vollends vernichtete bürgerliche Element Preußens vornehmlich von französischen Hugenotten und von Juden, anfangs den »Wienern«, später von überall her, besonders aus Posen, gebildet worden. Beide Gruppen hatten dann zur Entwicklung des rückständigen Landes außerordentlich viel beigetragen, ebenso die Einwanderer aus Holland, der Schweiz und anderen europäischen Ländern. Aber es darf nicht übersehen werden, daß die beiden Hauptgruppen, die überprivilegierten Hugenotten und die unterprivilegierten Juden, bis zum Beginn des 19. Jahrhunderts eine vom städtischen Leben weitgehend isolierte, eigenständige Existenz führten.

Kurz, sie nahmen zwar die Stelle des fehlenden Großbürgertums und gehobenen Mittelstands ein, aber sie waren nicht das historisch gewachsene, die Stadtpolitik beherrschende und den Kleinbürgern zum Vorbild dienende Patriziat, so rasch und gründlich sie sich dann auch assimiliert hatten.

Welche gesellschaftliche Stellung die jüdische Oberschicht im vormärzlichen Berlin bereits einnahm, ist an scheinbaren Belanglosigkeiten mitunter besonders deutlich zu erkennen. So geht beispielsweise aus einem am 18. August 1844 »in großer Eile« geschriebenen Brief Alexander v. Humboldts an Friedrich Karl v. Savigny hervor, daß die »Madame Amalie Beer, Mutter unseres Meyerbeer«, wahrhaftig den Wunsch geäußert hatte, etliche Morgen des Berliner Tiergartens zur Vergrößerung ihres eigenen Parks vom König in Erbpacht zu nehmen!

»Da Seine Majestät der vortrefflichen alten Frau nicht gern etwas abschlägt«, so berichtete der vielbeschäftigte große Naturwissenschaftler und häufig mit Sondermissionen an die Höfe von Paris und London entsandte, damals ranghöchste Diplomat Preußens dem mit der Reform der preußischen Gesetzgebung befaßten Minister, »und die Erhörung der Bitte bei der Aufmerksamkeit, welche das Publikum auf den Thiergarten richtet, bedenklich sein könnte, so habe ich für jetzt die Sache auf eine Weise beendigt, die hoffentlich Sr. Majestät angenehm ist. Ich habe der alten Dame gesagt, ›ich glaubte zu errathen, daß der König ihr eher etwas von einem Privatgarten, selbst von Sanssouci, geben würde, als dem Publikum eine Baumpartie zu entziehen . . .‹ Die sehr zart fühlende Frau hat sogleich auf ihre Bitte verzichtet«, meldete Alexander v. Humboldt, offenbar sehr erleichtert, dem Minister v. Savigny und machte dann noch einige Vorschläge, wie man der Familie Beer, bei der man so vorzüglich speiste, auf andere Weise zu der gewünschten »Territorial-Vergrößerung« verhelfen könnte.

Sorgen dieser Art, wie sie »die treffliche Madame Beer« und mit ihr Humboldt, Savigny und ein ebenfalls mit dieser Angelegenheit befaßter, zur Ortsbesichtigung abkommandierter Graf Stolberg hatten, machten sich indessen nur die wenigsten Bürger Preußens jener Jahre. Bei vielen, zumal bei den kleinen Handwerkern, ging es bereits um den kaum noch aufzuhaltenden sozialen Abstieg, ja um die nackte Existenz.

Die Lage verschlimmerte sich noch durch eine allgemeine Absatzkrise, von der die preußischen Fabriken von der Mitte der vierziger Jahre an betroffen wurden und die zu erheblichen Lohnkürzungen sowie zu zahlreichen Entlassungen führte. Unter der sich ausbreitenden Arbeitslosigkeit hatten vor allem die Männer, weniger die um weit geringeren Lohn arbeitenden Frauen und Kinder zu leiden. Hinzu kam eine Reihe von Mißernten, die schlimmste im Herbst 1846, und eine Kartoffelkäferplage, die Millionen von Europäern ihres Hauptnahrungsmittels beraubte und dem Hungertod auslieferte. Preußen wurde davon hart betroffen. Enorme Preissteigerungen für die Grundnahrungsmittel waren die Folge; im Früh-

Amalie Beer, die Mutter Giacomo Meyerbeers.

jahr 1847 kletterten die Lebensmittelpreise, die schon seit 1844 um etwa fünfzig Prozent gestiegen waren, auf das Doppelte und Dreifache. Diese Teuerung traf am härtesten die schlesische Heimindustrie und die Arbeiter der oberschlesischen Zechen. Aber auch in den übervölkerten Vorstädten Berlins hatten viele Menschen kaum noch etwas zu essen.

»Es ereignet sich in diesem Winter der ungewohnte Fall, daß die ärmeren Leute, welche wegen geringfügiger Vergehungen zu Gefängnisstrafen verurteilt sind, sich zu deren Verbüßung förmlich drängen«, berichtete am 10. Februar 1847 eine Berliner Gerichtszeitung, *Der Publizist.* »Sonst hatte man immer Mühe, derartige Verurteilte zur Strafhaft zu bringen ... Das ist, wie gesagt, jetzt anders, und den Grund dazu kann man nirgends anders suchen als in der zeitigen Nahrungslosigkeit. So gestellte sich am 6ten d. Mts. ein armer Schuhmachermeister, wegen schriftlicher Beleidigung der Bezirks-Armen-Commission in erster Instanz zu sechswöchiger Gefängnisstrafe verurteilt, mit der Erklärung, ... daß er auf das Recht der Appellation verzichten, dagegen aber darauf antragen wolle, ihn auf der Stelle zum Arrest anzunehmen ... Er habe seit gestern nichts gegessen, seine Frau liege seit sieben Monaten krank, und er habe fünf Kinder zu Hause, für die er keine Nahrung beschaffen könne; er bitte deshalb recht inständig, ihn nur ja sogleich seine Strafe antreten zu lassen, damit er sich sättigen könne, denn betteln wolle er nicht, seine Frau und Kinder aber der Fürsorge der Armendirektion zu empfehlen.«

Das ganze Ausmaß des Elends, das im Winter 1846/47 in der preußischen Hauptstadt herrschte, läßt sich an einigen – roh geschätzten – Zahlen ablesen, die ein zeitgenössischer Bericht über *Die Ärmsten der Armen* anführt. Danach gab es 1846 in Berlin: »10000 prostituierte Frauenzimmer [womit offenbar nur diejenigen gemeint waren, die keinem anderen Beruf nachgingen], 12000 Verbrecher, 12000 latitierende Personen [das heißt: die ihren Aufenthalt vor der Polizei zu verbergen suchten], 18000 Dienstmädchen, von denen etwa 5000 der geheimen Prostitution nachgehen, 20000 Weber, die bei der Arbeit sämtlich ihr Auskommen nicht finden, 6000 Almosenempfänger, 6000 arme Kranke, 3000 bis 4000 Bettler, 2000 Bewohner der Zuchthäuser und Strafanstalten, 1000 Bewohner des Arbeitshauses, 700 Bewohner der Stadtvogtei, 2000 Pflegekinder, 1500 Waisenkinder – das ist nahe der vierte Theil der Einwohner der ganzen Hauptstadt!«

Dies aber waren nur die Allerärmsten; eine etwa doppelt so große Anzahl waren Arbeiter, die »ihr Auskommen« hatten, das heiß: in der Nähe des Existenzminimums vegetierten. Ihre und ihrer Familien tägliche Nahrung bestand aus Brot, Kartoffeln, Rüben und Kohl, sonntags durch eine Knochenbrühe ergänzt. Als sich die Ernährungslage im Frühjahr 1847 noch verschlechterte, waren es vornehmlich Frauen und Männer aus dieser breiten vorstädtischen Arbeiterschicht, die revoltierten, Bäckerläden stürmten und die Lebensmittelspeicher plünderten; die Allerärmsten, zumal die Weber und ihre Familien, hatten schon nicht mehr die Kraft, an diesen – vom Militär rasch niedergeschlagenen – Hungerrevolten teilzunehmen.

Im folgenden Winter nahmen Elend und Verzweiflung weiter zu. Im Grunde wußte nun jeder in Preußen wie auch im übrigen Deutschland, daß es *so* nicht mehr weitergehen könnte; daß drastische Reformen nötig wären. Auch König und Adel hatten das längst erkannt, doch in ihrer Mehrzahl wollten die wenigen, die die Macht hatten und die Masse des Volks so schamlos ausbeuteten, keine Änderung dieses für sie bislang so angenehmen Systems. Noch hofften sie, daß sich durch bloßes Herumkurieren an den Symptomen hie und da einiges lindern und so das Schlimmste, ein allgemeiner Aufstand, verhindern ließe, und zudem vertrauten sie fest auf die riesige Armee, mit der sie gewiß jeder Rebellion Herr werden konnten.

Aber es waren nicht allein die arbeitenden Massen, die es in Schach zu halten galt. Aufgrund der herrschenden Absatzkrise war auch, wie Friedrich Engels es beschrieben hat, »die kapitalbesitzende und industrielle Klasse«, das wohlhabende Großbürgertum, in einen Zustand geraten, der es diesen Besitzenden »nicht länger gestattete, den Druck eines halbfeudalen, halbbürokratischen monarchischen Regimes apathisch und passiv hinzunehmen«.

Sie konnten die feudalen Beschränkungen, die die Entwicklung der Produktion und des Handels hemmten, nicht mehr länger dulden, verlangten auf dem Vereinigten Preußischen Landtag vom Frühjahr 1847 immer stürmischer eine direkte Beteiligung an der Gesetzgebung und Regierung des Königreichs. Das rheinische Großbürgertum erkannte seine Chance, mit seiner finanziellen Macht politische Forderungen durchzusetzen. David Hansemann erklärte selbstbewußt: »In Geldsachen hört die Gemütlichkeit auf!« Die Aufstände in Italien und die Revolution in Paris, die beide im Februar 1848 ausbrachen, gaben nur noch den letzten Anstoß. Am 27. Februar – der revolutionäre Funke war bereits ins preußische Rheinland übergesprungen – schrieb der Elberfelder Seidenfabrikant und Bankier August von der Heydt an den Präsidenten der Rheinischen Eisenbahngesellschaft, Gustav Mevissen, in Köln: »Die Umstände in Paris sind sehr beunruhigend. Wir werden alles aufzubieten haben, um auf gemäßigtem, gesetzmäßigem Wege die jetzt nicht mehr zweifelhaften Erfolge zu erringen . . . Auf jenem Wege kommen wir bei freimütiger Festigkeit doch sicher vorwärts. Jede illegale Demonstration aber würde die Besitzenden gegen sich haben.«

Beide, der entschieden liberale Mevissen wie der um einiges behutsamere von der Heydt, gehörten dem erwähnten Vereinigten Preußischen Landtag an, den Friedrich Wilhelm IV. aus den acht Provinzialständen des Königreichs gebildet und vom April bis zum Frühsommer 1847 hatte tagen lassen. Seine Hoffnung, durch ein solches Scheinparlament die Gemüter zu beruhigen, hatte sich jedoch nicht erfüllt, zumal es der König abgelehnt hatte, Preußen endlich eine liberale Verfassung zu geben. »Es drängt mich zu der feierlichen Erklärung, ... daß ich nun und nimmermehr zugeben werde, daß sich zwischen unsern Herr Gott im Himmel und dieses Land ein beschriebenes Blatt, gleichsam als eine zweite Vorsehung eindränge«, hatte er pathetisch den enttäuschten Mitgliedern der Versammlung verkündet.

Auf eine Verfassung aber wollte das Bürgertum nun nicht länger verzichten. Bereits am 1. März 1848 unterbreitete David Hansemann namens der liberalen Besitzbürger des preußischen Rheinlands der Regierung in Berlin ein Programm, das die Mindestforderungen dieser Kreise enthielt: politische Einigung Deutschlands in der Form eines Bundesstaates, dessen Führung dem König von Preußen angetragen werden sollte; volle bürgerliche, politische und religiöse Freiheit, gesichert durch lebenskräftige Institutionen; »eine größere Einwirkung und Berücksichtigung der handarbeitenden Volksklassen bei der allgemeinen und insbesondere der Finanzgesetzgebung« sowie unverzügliche Einberufung einer frei gewählten deutschen Nationalversammlung nach Frankfurt, »um in Übereinstimmung mit den deutschen Fürsten die zu Deutschlands Freiheit und Unabhängigkeit notwendige Reform des Bundesvertrags zu beschließen«. Doch Friedrich Wilhelm IV., die Regierung, das Offizierskorps und ein Großteil der landbesitzenden Junker waren nicht bereit, dem liberalen Bürgertum so weit entgegenzukommen; der preußische Gesandte in Petersburg verhandelte bereits mit dem Zaren wegen militärischer Unterstützung im Falle, daß die sich ausbreitende revolutionäre Bewegung auf Preußen übergriffe; 450000 Mann russischer Truppen würden, so versprach der Zar, binnen drei Monaten einsatzbereit an der preußischen Grenze stehen können, und bis dahin, so riet er, möge Friedrich Wilhelm gute Miene zum bösen Spiel machen und sich durch Scheinzugeständnisse den erforderlichen Zeitgewinn verschaffen.

Doch die Entwicklung ging rascher voran, als man in Berlin vermutet hatte. Zunächst verschärften sich die Forderungen: »Gesetzgebung und Verwaltung durch das Volk, ... Aufhebung des stehenden Heeres und Einführung einer allgemeinen Volksbewaffnung mit vom Volke gewählten Führern; ... Vollständige Erziehung aller Kinder auf öffentliche Kosten« – das waren bereits die Hauptpunkte eines Programms, das am 3. März 1848 in einer von der Kölner Gemeinde des »Bundes der Kommunisten« organisierten Volksversammlung aufgestellt und beschlossen wurde.

Drei Tage später, am Abend des 6. März, fand eine ähnliche Versammlung in Berlin statt, wo im Tiergarten, »in den Zelten«, neue Forderungen diskutiert und am folgenden Abend beschlossen wurden: »Unbedingte Pressefreiheit, vollständige Redefreiheit, sofortige und vollständige Amnestie aller wegen politischer und Pressevergehen Verurteilter und Verfolgter, freies Versammlungs- und Vereinigungsrecht, gleiche politische Berechtigung aller ohne Rücksicht auf religiöses Bekenntnis und

Besitz, Geschworenengerichte und Unabhängigkeit des Richterstandes, Verminderung des stehenden Heeres und Volksbewaffnung mit freier Wahl der Führer, allgemeine deutsche Volksvertretung, schleunigste Einberufung des Vereinigten Landtags.«

In den folgenden Tagen, während sich die revolutionäre Bewegung vom Westen her durch Süddeutschland ausbreitete und am 13. März in Wien mit dem Sturz des verhaßten reaktionären österreichischen Kanzlers, des Fürsten Metternich, ihren ersten großen Triumph feierte, spitzte sich auch in den preußischen Westgebieten und in Berlin die Lage zu. Am 9. März hatte Friedrich Wilhelm IV., den an diesem Tag der Zar von Rußland nochmals beschworen hatte, sich die unbeschränkte Macht nicht schmälern oder gar entreißen zu lassen, seinen Bruder, den Prinzen Wilhelm, zum Militärgouverneur des Rheinlands und Westfalens ernannt und ihm außerordentliche militärische Vollmachten übertragen. Am 13. März – die Nachricht vom Sturz und der heimlichen Flucht Metternichs erreichte die preußische Regierung erst vier Tage später – begannen in Berlin sehr umfangreiche militärische Maßnahmen gegen die Volksbewegung: Alle Wachen, besonders am Schloß und vor dem Zeughaus, wurden verstärkt; am Brandenburger Tor hielt sich vom späten Nachmittag an eine Kavallerieabteilung als »Eingreifreserve« bereit, und an mehreren wichtigen Punkten der Stadt ließ der Kommandant sogar Kanonen in Stellung bringen.

Mit diesen Maßnahmen hofften König und Regierung – und mit diesen heimlich wohl auch viele liberale Besitzbürger – die Berliner Bevölkerung einzuschüchtern und weitere Versammlungen zu verhindern. Doch das Gegenteil trat ein: Das Volk, bis weit ins Bürgertum hinein, zeigte sich empört über diese feindseligen Akte, und am Abend dieses 13. März strömten mehr als 10000 Berliner zur Volksversammlung »in den Zelten«. In den späteren Abendstunden kam es zu ersten Zusammenstößen mit dem Militär, das mit großer Brutalität gegen die heimkehrenden Versammlungsteilnehmer vorging, wobei die Soldaten zwischen Demonstranten und unbeteiligten Bürgern keinen Unterschied machten.

Tags darauf, nachdem eine Meldung des Oberpräsidenten der Rheinprovinz eingetroffen war, die besagte, daß er nicht länger die Ruhe aufrechterhalten könne, wenn der König keinerlei Entgegenkommen zeige und zumindest den Vereinigten Landtag sofort einberufe, und nachdem auch der Magistrat von Berlin mit solchen und weiteren Wünschen beim König vorstellig geworden war, entschloß sich Friedrich Wilhelm IV. zum Einlenken. Er berief den Landtag ein, jedoch erst zum 27. April, in der Hoffnung, so genügend Zeit für die Vorbereitungen eines militärischen Gegenschlags zu gewinnen.

Am Abend des 14. März kam es erneut zu schweren Ausschreitungen des die Straßen beherrschenden Militärs gegen friedliche Bürger. Kavallerie jagte durch die Innenstadt und hieb wahllos auf Passanten und Geschäftsleute ein. Am nächsten Morgen mußte der Berliner Polizeipräsident in seinem Bericht an die Regierung eingestehen: »Die Erbitterung gegen das Militär ist furchtbar! Heute befinden wir uns auf dem Kulminationspunkt. Die Gruppen auf den Straßen werden dichter. Beschwerdedeputationen der Bürger belagern mich; es ist leider als feststehend anzunehmend, daß man gestern ohne Warnung und Aufforderung eingehauen und Unschuldige schwer verletzt hat.«

Der Polizeipräsident – es war Julius Baron Menu di Minutoli, selbst gebürtiger Berliner, Sohn eines preußischen Generalleutnants aus altem italienischem Adelsgeschlecht – wollte es weder mit den Bürgern noch mit der Regierung verderben. Er fügte seinem Bericht die Warnung hinzu: »Noch halte ich die Bürger!«, ließ jedoch erkennen, daß er den sofortigen Abzug der Truppen von den Straßen und Plätzen für notwendig erachte.

Am Freitag, dem 17. März, traf eine Abordnung aus dem Rheinland mit dem Oberpräsidenten der Provinz und dem Kölner Oberbürgermeister an der Spitze in Berlin ein, um den König zu unverzüglichen Reformen, zur sofortigen Einberufung des Landtags und zum Abzug der Truppen, auf die die Regierung sich ohnehin nicht mehr verlassen könnte, zu bewegen. Anderenfalls bestände Gefahr, daß sich die Rheinprovinz von Preußen lossagen, die Republik ausrufen und den Anschluß an Frankreich suchen werde.

In Berlin, wo an diesem Tag eine gefährliche Ruhe herrschte und eilig aufgestellte »Bürgerschutzkommissionen« vom Magistrat den Auftrag erhielten, »vermittelnd einzugreifen«, wo es nötig erschiene, beschlossen am Abend die Teilnehmer zahlreicher Bürger- und Volksversammlungen, am nächsten Tag zum Schloß zu ziehen und vier Forderungen durchzusetzen: Abzug aller Truppen, Aufstellung einer bewaffneten Bürgerwehr, endliche Gewährung uneingeschränkter Pressefreiheit und sofortige Einberufung des Vereinigten Landtags.

Der nächste Tag, Sonnabend, der 18. März, sollte die Entscheidung bringen. Schon vom frühen Morgen an versammelte sich eine rasch wachsende Menge vor dem königlichen Schloß. Es war alles noch sehr friedlich; man wartete ab, welche Ereignisse die verschiedenen Deputationen, die bei Friedrich Wilhelm IV. vorstellig geworden waren, dem Volk bringen würden.

»Ich fuhr zu Humboldt, den ich nicht traf, und zurück«, notierte sich Varnhagen v. Ense über diesen Vormittag in sein Tagebuch, »ich ging über die Linden, alles hatte den friedlichsten Anschein. Unerwartet hörte man von acht Kanonen, statt der bisherigen vier, für das Schloß, auch von neuen Angriffsgelüsten der Menge. Da erschien ein Maueranschlag des Magistrats, daß der König ein Preßfreiheitsgesetz unterschrieben und den Landtag auf den 4. [tatsächlich war es der 2.] April berufen habe. Großer Jubel, aber es gab noch bedenkliche Besorgnisse . . .«

Um 14 Uhr erschien Friedrich Wilhelm IV. auf dem Balkon des Schlosses, winkte der versammelten Menge freundlich zu und ließ vom Berliner Bürgermeister Naunyn eine Proklamation verlesen, worin Pressefreiheit, Einberufung des Landtags zum 2. April, eine Reform des Deutschen Bundes und die Beseitigung aller innerdeutschen Zollschranken versprochen wurde. Vom Abzug der – inzwischen weiter verstärkten – Truppen war nicht die Rede, was zur Folge hatte, daß die Menschen auf dem Schloßplatz in große Unruhe gerieten. Was war von Reformversprechungen zu halten, wenn gleichzeitig Kanonen und Gewehrmündungen drohend auf das Volk gerichtet blieben?

Rufe aus der Menge, »Die Soldaten fort! Das Militär zurück!«, wurden immer lauter, und als nun die Truppen den Befehl erhielten, den Platz vor dem Schloß zu räumen und dabei zwei Schüsse fielen, schlug die bis dahin abwartende Haltung der Versammelten in helle Empörung um.

»Verrat, Verrat! Zu den Waffen! Auf die Barrikaden!« erscholl es aus der erbitterten Menge, und binnen kürzester Zeit verwandelte sich die Berliner Innenstadt, die Minuten zuvor noch ganz friedlich gewesen war, in einen einzigen Kampfplatz.

»Zwölf Barrikaden erheben sich im Nu in der Königstraße, aus Droschken, aus Omnibuswagen, aus Wollsäcken, aus Balken, aus umgestürzten Brunnengehäusen bestehend, tüchtige, musterhaft gebaute Barrikaden. Haus an Haus werden die Dächer abgedeckt. Oben am schwindelnden Rande stehen die Menschen mit Ziegeln in der Hand, die Soldaten erwartend ... Alles ist bewaffnet: mit Mistgabeln, mit Schwertern, mit Lanzen,

Barrikaden in Berlin in der Nacht vom 18. zum 19. März 1848.

mit Pistolen, mit Planken; die Knaben dringen in die Häuser, um große Körbe mit Steinen auf die Dächer zu tragen«, heißt es in dem Bericht eines Augenzeugen.

Der Kampf, der gegen 15 Uhr an der Barrikade Ecke Oberwall- und Jägerstraße begann, dehnte sich schnell auf die ganze Innenstadt aus. »Gegen fünf Uhr nachmittags war die ganze Stadt, auch in den entlegensten Teilen, mit Barrikaden überdeckt«, und Varnhagen notierte: »Ich ging mit Ludmilla nach den Linden, ein Schutzbeamter – Blesson war's – hielt uns auf. Graf Bismarck sagte, bei Kranzler sei eine Barrikade. Ulanen ritten vorbei, sie anzugreifen. Wir eilten nach Hause. Gleich wurden nach allen Seiten bei uns Barrikaden errichtet, langsam, behaglich. Feine Leute die Anführer, Jungen und Gesellen aller Art. Steine ausgerissen, auf die Dächer gebracht . . . Noch bei Tage, dann aber heftiger bei Nacht – im hellen Mondschein – von allen Seiten Kampf, Gewehr- und Geschützfeuer, eingedrungene Truppen mußten unter Steinhagel nach der Behrenstraße zurück, Auftritte im Hause, nichts geplündert oder zerschlagen, außer Fensterscheiben. Der Kampf dauerte die ganze Nacht . . .«

Aber schon in den Abendstunden des 18. März wurde den Militärbefehlshabern klar, daß der Kampf gegen die Berliner nicht zu gewinnen war. Die Truppen in der Innenstadt befanden sich in sehr bedrängter Lage; sie hatten keine Erfahrung im Straßenkampf, waren zudem übermüdet und hungrig. Die wenigen Kanonen, die dem Militär zur Verfügung standen, waren nur als Drohung gedacht gewesen; es waren keine ausgebildeten Geschützmannschaften vorhanden, wogegen auf seiten der Aufständischen, die am Alexanderplatz zwei Kanonen erobert und gegen das Militär in Stellung gebracht hatten, einige erfahrene Leute waren, die damit umgehen konnten.

Noch in der Nacht berichteten hohe Offiziere dem König, daß sich an mehreren Stellen die Infanterie mit der Berliner Bevölkerung zu verbrüdern begonnen habe; andere Abteilungen hätten sich geweigert, in die Menge zu feuern. Es sei offensichtlich, daß die Truppe den Kämpfen moralisch nicht mehr lange standhalten würde.

»Die Vorgänge haben etwas Wunderbares«, heißt es dazu in Varnhagens Tagebuch, »zehn, zwölf junge Leute, entschlossen und todbereit, haben Barrikaden mit wohlgezielten Schüssen, hinter den Barrikaden herab, aus den Fenstern der Häuser, mit Steinhagel von den Dächern herab, siegreich verteidigt gegen Kanonen, Reiter und Fußvolk. Ganze Regimenter mußten mit Verlust weichen. Die eigentlichen Kämpfer waren wenig zahlreich, die Gehilfen aber willig, die Masse günstig; so konnte es geschehen, daß 20000 Mann Truppen nichts ausrichteten . . .«

Zur selben Stunde herrschte im Schloß völlige Ratlosigkeit. Friedrich Wilhelm IV. unternahm einen letzten, verzweifelten Versuch, die Berliner zu täuschen. Er verfaßte noch in der Nacht eine Proklamation, die sofort angeschlagen werden sollte:

»An Meine lieben Berliner!

Durch mein Einberufungspatent vom heutigen Tage habt Ihr das Pfand der treuen Gesinnung Eures Königs zu Euch und zum gesamten deutschen Vaterlande empfangen. Noch war der Jubel, mit dem unzählige treue Herzen Mich begrüßt hatten, nicht verhallt, so mischte ein Haufen Ruhestörer aufrührerische und freche Forderungen ein und vergrößerte sich in dem Maße, als die Wohlgesinnten sich entfernten. Da ihr ungestümes Vordringen bis ins Portal des Schlosses mit Recht arge Absichten befürchten ließ und Beleidigungen wider Meine tapfern und treuen Soldaten ausgestoßen wurden, mußte der Platz durch Kavallerie im Schritt und mit eingesteckter Waffe gesäubert werden, und zwei Gewehre der Infanterie entluden sich von selbst, gottlob, ohne irgend jemand zu treffen.

Eine Rotte von Bösewichtern, meist aus Fremden bestehend, die sich seit einer Woche, obwohl aufgesucht, doch zu verbergen gewußt hatten, haben diesen Umstand im Sinne ihrer argen Pläne durch augenscheinliche Lüge verdreht und die erhitzten Gemüter von vielen Meiner treuen und lieben Berliner mit Rachegedanken um vermeintlich vergossenes Blut erfüllt und sind so die greulichen Urheber von Blutvergießen geworden. Meine Truppen, Eure Brüder und Landsleute, haben erst dann von der Waffe Gebrauch gemacht, als sie durch viele Schüsse aus der Königstraße dazu gezwungen wurden. Das siegreiche Vordringen der Truppen war die notwendige Folge davon.

An Euch, Einwohner Meiner geliebten Vaterstadt, ist es jetzt, größerem Unheil vorzubeugen. Erkennt, Euer König und treuster Freund beschwört Euch darum, bei allem, was Euch heilig ist, den unseligen Irrtum! Kehrt zum Frieden zurück, räumt die Barrikaden, die noch stehen, hinweg und entsendet an Mich Männer, voll des echten alten Berliner Geistes, mit Worten, wie sie sich Eurem König gegenüber geziemen, und Ich gebe Euch Mein königliches Wort, daß alle Straßen und Plätze sogleich von den Truppen geräumt werden sollen und die militärische Besetzung nur auf die notwendigen Gebäude des Schlosses, des Zeughauses und weniger anderer, und auch da nur auf kurze Zeit, beschränkt werden wird. Hört die väterliche Stimme Eures Königs, Bewohner Meines treuen und schönen Berlins, und vergesset das Geschehene, wie Ich es vergessen will und werde in Meinem Herzen, um der großen Zukunft willen, die unter dem Friedenssegen Gottes für Preußen und durch Preußen für Teutschland anbrechen wird.

Eure liebreiche Königin und wahrhaft treue Mutter und Freundin, die sehr leidend darniederliegt, vereint ihre innigen, tränenreichen Bitten mit den Meinigen. –

Geschrieben in der Nacht vom 18ten zum 19ten März 1848.

Friedrich Wilhelm.«

Diese jämmerliche Aneinanderreihung von Lügen, Verdrehungen der Tatsachen und listigen Versprechungen machte auf die Berliner keinen Eindruck. »Die Leute reißen die Proklamation ab«, notierte sich Varnhagen, »sie sagen, das sei zu spät, die Worte helfen nichts mehr, man habe das Volk verräterisch überfallen und gemetzelt. Sie wollen die Truppen hinausschlagen, sie wollen Feuer anlegen ... Es ist diesen Morgen schon wieder geschossen worden; in der Neuen Königstraße sollen die Bürger Kanonen haben, die Neuchâteller und andre Soldaten zu ihnen übergegangen sein ...«

Nachdem selbst die verläßlichsten Schweizer der königlichen Garde in Scharen zum Volk übergelaufen waren und sogar die arroganten adligen Gardeoffiziere sich nur noch unter Schwenken weißer Tücher auf die Straße wagten, schien der Augenblick gekommen, auf den Preußens Demokraten seit einem halben Jahrhundert sehnlichst gewartet hatten: die Abdankung des Königs und das Ende der Hohenzollernherrschaft.

Schon am Morgen des 19. März erzwangen die Berliner den vollständigen Abzug der Truppen, die Herausgabe von Waffen an die Bürger, die Freilassung der im Schloßkeller eingesperrten Gefangenen. »Der König mußte sie herausgeben«, so berichtete Bettina v. Arnim am Abend dieses Tages ihrem Sohn Siegmund in einem Brief, »und sagte dabei: ›Betrachten Sie die Gefangenen, ob Sie sie haben wollen!‹ – Für diesen Witz hätte er schier hart gebüßt ...«, doch fürs erste kam er noch mal ungeschoren davon.

Des Königs Bruder, Prinz Wilhelm von Preußen, Anführer der militaristisch-reaktionären Partei, war schon aus Berlin geflohen und auf dem Weg nach England. Sein Palais hatte man bereits zum »Volkseigentum« erklärt. »Den Prinzen von Preußen will das Volk hier nicht mehr dulden«, heißt es dazu in Bettina v. Arnims Brief an ihren Sohn, und sie fügte hinzu, was ihr und vielen anderen Berlinern an diesem Tage am wichtigsten erschien: »Heute Nacht hat man das Gefängnis der Polen bestürmt, ist aber nicht fertig geworden. Der General Möllendorf ist von Studenten gefangengenommen worden, sie haben ihn als Geisel behalten und dem König sagen lassen, daß sie ihn hängen würden, wenn etwas nicht gewährt werden sollte, was die Bürger fordern!«

Tatsächlich erzwangen die Berliner die sofortige Freilassung aller politischen Gefangenen, auch die der nach Spandau verschleppten – über deren Leiden unter der Grausamkeit hinterpommerscher Grenadiere einer der Arrestanten, der Schriftsteller Ludwig Pietsch, später ausführlich und sehr ergreifend berichtet hat –; sie erreichten auch die Befreiung der annähernd 300 abgeurteilten polnischen Aufständischen, ja, sie nötigten den König, den Polen-Führer Mieroslawski und maßgebende Männer des polnischen demokratischen Vereins im Schloß zu empfangen und damit, sozusagen, Abbitte zu leisten für die schmähliche Behandlung, die er den polnischen Freiheitskämpfern hatte zuteil werden lassen. »Und als die Polen herunterkamen vom Schloß mit der Wiederherstellung ihrer Menschenrechte«, so berichtete Bettina v. Arnim freudig bewegt ihrem Sohn, »... da strömte das Volk seine Begeisterung in tausend Segnungen über sie hin. Und die Polen wiederum schworen ihnen Brüderschaft . . . gegen allen Verrat, und sie schworen hoch, gegen Rußland eine Schutzmauer zu sein, und schworen auch bei dem Bruderkuß des Volks, niemals das zu vergessen, wie das Blut am 18. und 19. März auch für ihre Befreiung geflossen sei . . .«

Aber das war noch nicht alles: Vierundzwanzig Stunden nach Beginn der Kämpfe standen die Berliner als Sieger wieder auf dem Schloßplatz. Sie hatten die Gefallenen der Straßen- und Barrikadenkämpfe – insgesamt 187 – auf offenen Wagen und Tragbahren mitgebracht, mit Blumen und schwarzrotgoldenen Fahnen bedeckt, und sie forderten Friedrich Wilhelm IV. auf, den toten Revolutionären die letzte Ehre zu erweisen.

Tiefer war bis dahin noch kein Preußenkönig gedemütigt worden. Leichenblaß und einer Ohnmacht nahe, kam Friedrich Wilhelm der Forderung des Volkes nach, nahm seinen Hut ab und verbeugte sich tief vor den aufgebahrten Opfern seiner eigenen Garde, wie es Ferdinand Freiligrath in seinem ergreifenden Gedicht *Die Toten an die Lebenden* beschrieben hat. Dieser sonntägliche Nachmittag des 19. März 1848, mitten in der königlich preußischen, jedoch mit den Farben der deutschen Demokratie festlich geschmückten und von der gesamten Garnison, selbst der Garde, geräumten Hauptstadt, war ein Wendepunkt in der preußischen, ja in der deutschen Geschichte. Er bedeutete die endgültige Überwindung des Feudalabsolutismus durch die Bürger von Berlin, die, stellvertretend für das übrige von Kämpfen verschonte Preußen, mit ihrem Sieg dem Bürgertum

»Die Aufbahrung der Märzgefallenen« von Adolph von Menzel.

ganz Deutschlands einen Anteil an der Macht und verfassungsmäßige Rechte sicherten.

Denn was dann auch an Enttäuschungen und schweren Rückschlägen die nahe Zukunft schon brachte, welche Macht auch das Haus Hohenzollern doch noch einmal errang und für weitere siebzig Jahre behalten sollte, die »Märzerrungenschaften«, zumal die wichtigsten: das neue Selbstbewußtsein der Bürger und das Gefühl der Kraft, das der bis dahin ohnmächtige »kleine Mann« nun zum erstenmal verspürt hatte, sie ließen sich nicht mehr, wie so vieles andere, mit einem Federstrich wieder rückgängig machen.

Bis zu welchen Exzessen an Großzügigkeit die Siegesfreude und das neue Selbstgefühl auch und gerade die Kleinbürger Berlins trieb, davon zeugt ein Brief, den ein an diesem Sonntagnachmittag aus der Provinz in Berlin eingetroffener junger Mann noch am selben Abend an seine Braut daheim richtete:

»Denke Dir«, heißt es darin, »als ich nach langer Suche endlich eine Droschke fand, die mich samt meinem Gepäck zu meinem mir noch unbekannten Quartier zu fahren bereit war, da erklärte mir, am Ziel angekommen, der Kutscher, gerade als ich bezahlen und noch ein gutes Trinkgeld drauflegen wollte: ›Nee, junger Mann, heut' nich, heut' wird nich bezahlt, heut' is neemich Reveluzion jewesen, un wir ham jesiecht!' Sprach's, winkte mir freundlich zu und fuhr weiter . . .«

Wie der Haß entstand, den »die Preußen« nicht verdienten

Tatsächlich – sie hatten den Sieg errungen, die Bürger von Berlin! Die Garnison samt der Potsdamer Garde, verstärkt durch pommersche Grenadierregimenter, hatte die Barrikaden nicht erstürmen können und die Hauptstadt räumen müssen; der Hohenzollernkönig war gezwungen gewesen, sich vor den Opfern der Straßenkämpfe entblößten Hauptes zu verneigen und den Berlinern alles zuzugestehen, was sie forderten.

Am Mittag des 21. März 1848 erwies Friedrich Wilhelm IV. nochmals der Revolution seine Reverenz: Er ritt, mit schwarzrotgoldner Schärpe als Demokrat verkleidet, mit kleinem Gefolge durch die Berliner Innenstadt, und auch die ihn begleitenden königlichen Prinzen, Flügeladjutanten und Kammerherren trugen das Abzeichen des siegreichen Aufstands. Es war, wie wenn heute der Alleininhaber eines bedeutenden Familienkonzerns, begleitet von Vorstand und Aufsichtsrat des Unternehmens, auf die Straße ginge und dort ernst und feierlich für volle innerbetriebliche Demokratie und die Miteigentumsrechte der Konzernbelegschaft demonstrierte, nachdem die Überführung des Unternehmens in Gemeineigentum in den Bereich der Möglichkeit gerückt war.

Am Abend desselben Tages erließ Friedrich Wilhelm IV. auch noch einen Aufruf »An Mein Volk und an die Deutsche Nation«, worin es hieß: »Ich habe heute die alten deutschen Farben angenommen und Mein Volk unter das ehrwürdige Banner des Deutschen Reiches gestellt. Preußen geht fortan in Deutschland auf!« Was immer dies bedeuten mochte, und darüber wurde dann viel gerätselt und debattiert – das Ende Preußens und der Hohenzollernherrschaft schien gekommen. Den Bürgern von Berlin und anderen preußischen Städten aber war dabei ganz und gar nicht wohl zumute.

Gewiß, es hatte eine siegreiche Revolution gegeben, wenngleich innerhalb des Königreichs nur in Berlin, wo nahezu die gesamte Einwohnerschaft, von den Reichen und Gebildeten des Besitzbürgertums bis zum letzten Bettler, mit ihren Sympathien auf der Seite der Barrikadenkämpfer gestanden hatte. Doch schon während man die Straßensperren beiseite räumte, kamen allen denen, die über den Tag hinausdachten, beklemmende Sorgen: Würden Preußens Bürger, die doch nur eine dünne und noch wenig ausgeprägte Schicht darstellten, das Land überhaupt regieren können? Waren sie, meist Nachkommen landfremder Flüchtlinge, deren Sonderstatus erst vor wenig mehr als dreißig Jahren aufgehoben worden war, zur Übernahme der Herrschaft überhaupt imstande? Würden sie ohne die

Autorität des Königs, der Junker und der Offiziere in der Lage sein, ein Chaos zu verhindern? Und konnten sie hoffen, daß sich das Kleinbürgertum und die breite Unterschicht der Besitz- und Rechtlosen davon abhalten ließen, die gesellschaftlichen Verhältnisse von Grund auf zu verändern, ohne auch das bürgerliche Eigentum anzutasten?

Das waren die bangen Fragen, die sich viele Angehörige der städtischen Oberschicht in Berlin und anderswo in Preußen nun stellten.

Wie unentschlossen das Berliner Bürgertum mit der gerade errungenen Macht umging, geht aus den Beobachtungen Fanny Lewalds hervor. Die damals gerade siebenunddreißigjährige, noch unverheiratete Königsbergerin, die seit 1845 in Berlin lebte und in den letzten Tagen des »heißen März« von einer Reise, bei der sie die Pariser Februarrevolution miterlebt hatte, wieder in die preußische Hauptstadt heimgereist war, notierte sich am 11. April 1848 in ihr – später veröffentlichtes – Tagebuch:

»Es sind nun fast vierzehn Tage her, daß ich, von Paris zurückgekehrt, in Berlin lebe ... Als wir, in der Nacht zum 1. April durch das Potsdamer Tor einfahrend, an dem Kriegsministerium in der Leipziger Straße vorüberkamen, vor dem, statt des militärischen Ehrenpostens, zwei Studenten mit roten Mützen Wache hielten, die ihre Zigarren rauchten, glaubte ich wirklich zu träumen. Aber wie stieg erst meine Verwunderung, als ich in den nächsten Tagen die Straßen Berlins ohne Militär sah, als keine Gardeoffiziere, bei Kranzler Eis essend, ihre Füße über das Eisengitter des Balkons streckten ...

Verwüstungen durch die Revolution bin ich in der Stadt nicht gewahr geworden, ... nirgends hat sich das Volk gegen die Paläste des Königs oder der Prinzen gewendet, nirgends das Eigentum angetastet, und es ist mir eine Genugtuung, daß sich keine Spur von Rohheit im Volke gezeigt ... Was mir aber, im Hinblick auf Paris, schmerzlich auffiel, das ist der Mangel an Freudigkeit über den Sieg, der fehlende Schwung ... Man hat in Paris einen König entthront, eine Republik proklamiert, und doch sind nur die Staatspapiere gesunken, aber der Mut und die Zuversicht der Gebildeten sind ungebrochen geblieben ... Hier vermisse ich das sehr.

Die einen sind wie ungeübte Ballspieler, die den Ball, welcher ihnen fast von selbst in die Hand flog, vor Freude über das Glück fallen lassen, statt fest ... zuzugreifen; die anderen stehen so ratlos, erschrocken und verlegen da wie Kinder, die zu lange im Gehkorb gehalten worden sind und die nun mit einem Male allein auf die Erde gestellt werden und laufen sollen. Sie trauen den eigenen Füßen nicht; sie haben Furcht, weil sie nicht mehr bevormundet werden; sie möchten eigentlich gern wissen, ob der König, ob die Glieder des vorigen Ministeriums auch zufrieden sind mit dem, was geschehen ist. Sie möchten gern die Extreme vermitteln, ausgleichen, das Harte weich, das Rauhe glatt machen ...

Es ist wahr, die Bürokratie ist höflich geworden; der alte Minister Kamptz, der vieljährige Verfolger der deutschen Burschenschaft, geht mit der dreifarbigen Kokarde am Hute Unter den Linden spazieren. Vor dem Palais des Prinzen von Preußen, das als ein Nationaleigentum erklärt ist, halten Studenten Wache, im königlichen Schlosse das Künstlerkorps; die Bürgerwehr hat die übrigen Posten besetzt, und die Sicherheit der Straßen ist vollkommen, auch ohne die Aufsicht der Gendarmerie. Wir haben auch Volksversammlungen, Klubs, an denen sich tüchtige Männer beteiligen, in denen vortreffliche Reden gehalten werden sollen. Männer und Frauen der arbeitenden Stände stehen an den Straßenecken, an den Brunnen, um die angehefteten Plakate zu lesen, fordern Erklärungen und verstehen alles, was man ihnen sagen kann, auf halbem Wege ... Ein großer und edler Teil der Bevölkerung sieht mit opferfreudiger Begeisterung in die Zukunft – aber der Untertänigkeitsgeist eines absolutistisch regierten Volkes, die Angst vieler Besitzenden vor möglichen Verlusten und der weitverzweigte bürokratische Kastengeist sind noch lange nicht überwunden ...«

Die von Fanny Lewald bemerkte »Angst vieler Besitzenden« hatte beispielsweise in ihrer Heimatstadt Königsberg zur Folge, daß bei der Wahl eines Abgeordneten zur ersten deutschen Nationalversammlung, die dort am 10. Mai 1848 stattfand, nicht Johann Jacoby, sondern der Tribunalrat Professor Eduard Simson den Sieg davontrug.

Simson, ein gemäßigter Liberaler und, wie die *Kölnische Zeitung* dazu spöttisch bemerkte, »der Kandidat des Börsenpublikums«, erhielt 67, Jacoby nur 63 Wahlmännerstimmen, was nicht nur die ostpreußischen Demokraten, sondern auch die gesamte deutsche Linke tief enttäuschte, denn die Wahl Jacobys in Königsberg hatte als sicher gegolten.

Eduard Simson stammte übrigens, wie die mit ihm verwandte Fanny Lewald, aus wohlhabendem jüdischem Bürgerhaus und war wie sie als Kind getauft worden. Im Frankfurter Paulskirchen-Parlament wurde er – zusammen mit dem Hamburger Gabriel Riesser, einem unermüdlichen Kämpfer für die Emanzipation der Juden – Vizepräsident der Nationalversammlung und nach Heinrich v. Gagerns Wahl zum Reichsministerpräsidenten dessen Nachfolger. Simson blieb Präsident, solange die Nationalversammlung in Frankfurt am Main tagte, war später Präsident des ersten Deutschen Reichstags, dann des Reichsgerichts und wurde 1888 geadelt. Er war ein patriotisch gesinnter Nationalliberaler, eine noble Persönlichkeit, »ein Virtuose des Präsidialtalentes«, wie sein Parteifreund, der Historiker Heinrich v. Sybel, ihm bescheinigt hat. Doch der Anfang der Karriere Eduard v. Simsons, die Königsberger Wahlmänner-Entscheidung vom 10. Mai 1848, war mit einer Manipulation verbunden, über die Rudolf Gottschall, der zu den Stimmberechtigten gehörte, in seinen Memoiren ausführlich berichtet hat. Bei den Vorabstimmungen hatte Jacoby eine überwältigende Mehrheit erhalten, Simson hingegen nur vier Stimmen, am Ende sogar nur noch eine. »Am nächsten Tage fand nun die entscheidende Wahl selbst statt«, heißt es dazu bei Gottschall, »und nun begab sich das Wunderbare, daß sich das Blatt gänzlich gewandt hatte und daß Simson mit sehr großer Mehrheit gewählt wurde. Wodurch den Wahlmännern über Nacht plötzlich diese Erleuchtung gekommen war, blieb uns, den Unerleuchteten, ein vollständiges Rätsel; ein zweiter, ähnlicher Fall wird sich wohl kaum jemals in der Geschichte der politischen Wahlen zugetragen haben. Die Zeit war doch für einen so gänzlichen Umschlag sehr kärglich zugemessen.«

Manches spricht dafür, daß interessierte Kreise, vermutlich reiche Königsberger Bankiers und Großkaufleute, den Wahlmännern in letzter

Martin Eduard von Simson, 1810–1899.

Minute hohe Prämien ausgesetzt haben für den Fall, daß der »radikale Jacoby« nicht gewählt würde. Auch Jacobys verdienstvoller Biograph Edmund Silberner weiß von einem Zeitgenossen zu berichten, der noch am Tag der Wahl in einem Brief an Jacoby behauptet hat, »die erbärmliche Geldaristokratie« habe »die brotlosen Arbeiter gekauft«. Auf jeden Fall war Professor Simson – obwohl auch er, wie aus einem Brief des Juristen Alexander August v. Buchholtz an seinen Kollegen Julius Heinrich Abegg in Breslau hervorgeht, im März bewaffnet an die Seite der mit der Revolution sympathisierenden Studentenschaft getreten war – ein Mann nach dem jeder Radikalität abholden Herzen des Königsberger Besitzbürgertums. »Wir wissen aber«, heißt es in Silberners Jacoby-Biographie, »daß Simson das Peinliche seiner Lage, statt Jacoby gewählt worden zu sein, lebhaft empfand und daß er dies auch in seiner Ansprache nach der Wahl in einer Jacoby ehrenden Weise zu verstehen gab.«

Johann Jacoby, der sich wie kein zweiter in Preußen für die Demokratie eingesetzt hatte, scheiterte also schon bei den ersten Wahlen zu einem deutschen Parlament, obwohl er Mitglied der vorbereitenden Versammlung, des sogenannten Frankfurter Vorparlaments, und des geschäftsführenden Fünfzigerausschusses gewesen war. In diesem Gremium hatte er zusammen mit Robert Blum, Franz Raveaux und Johann Adam v. Itzstein »zu der kleinen, aber sehr aktiven Gruppe der demokratisch-republikanischen Linken« (Silberner) gehört.

Robert Blum, Handwerkersohn, Autodidakt, erfolgreicher demokratischer Publizist und in der Paulskirche dann – da alle Versuche, Jacoby in einem anderen Wahlkreis ein Mandat zu verschaffen, mißlangen – der unbestrittene Führer der Linken, war gebürtiger Kölner, ebenso der Kaufmann Franz Raveaux; der Mannheimer Hofgerichtsrat v. Itzstein stammte aus Mainz. Bedenkt man, daß die süddeutschen, zumal die südwestdeutschen Länder damals in dem Ruf standen, weit liberaler zu sein als das Königreich Preußen und daß die demokratische Bewegung in Baden und in der Pfalz ihre wichtigsten Stützpunkte hatte, so könnte man es für einen sonderbaren Zufall halten, daß alle vier Vertreter des Republikanertums im »Fünfzigerausschuß« aus Städten stammten, die zu Preußen gehörten. Indessen waren Köln und Mainz im Westen, Königsberg weit im Nordosten starke demokratische Bastionen in einem Land, dessen im ganzen erst schwach entwickeltes Bürgertum dort schon erhebliche wirtschaftliche Kraft und politisches Bewußtsein besaß.

Johann Jacoby wurde dann in die preußische Nationalversammlung gewählt, die fast gleichzeitig mit dem Paulskirchen-Parlament im Mai 1848 einberufen wurde und dem Königreich eine Verfassung geben sollte. In diesem ersten frei gewählten Parlament Preußens, das in Berlin tagte, war die republikanische Linke ebenso in der Minderheit wie in der Frankfurter Versammlung; sie unterlag bei Abstimmungen meist mit jeweils fünfzig gegen mehr als zweihundertsechzig Stimmen bei etwa fünf Enthaltungen.

Aber dank Jacoby und einigen anderen aufrechten Demokraten wurde die gemäßigt liberale Majorität immer wieder gezwungen, Farbe zu bekennen und so öffentlich zuzugeben, was sie gern geheimgehalten hätte, nämlich daß das Großbürgertum dabei war, sich mit den alten Mächten gegen die Masse des Volkes zu verbünden und nur noch um die Bedingungen feilschte.

Es waren neben Jacoby vor allem Benedikt Waldeck, Dr. med. D'Ester, Staatsanwalt Temme und Graf Reichenbach, die die republikanische Fronde in der preußischen Nationalversammlung anführten; und diese vier scheinbar untypischen Preußen verdienen unsere besondere Beachtung.

Franz Leo Benedikt Waldeck, 1802 im westfälischen Münster als Sohn eines Professors der Rechtswissenschaften geboren, hatte in Göttingen studiert und dort auch die Vorlesungen Jacob Grimms besucht, für den er während der Semesterferien im Münsterland Volksmärchen sammelte. Er machte dann rasch Karriere im preußischen Justizdienst, wurde 1832 Landgerichtsdirektor in Vlotho, 1836 Oberlandesgerichtsrat in Hamm, und dort wählte man ihn auch zum Stadtverordnetenvorsteher. 1844 berief ihn der Justizminister an das Geheime Obertribunal in Berlin, den höchsten Gerichtshof des Königreichs. In die preußische Nationalversammlung entsandten ihn die Bürger seiner westfälischen Heimat, und das hohe Ansehen, das er sich inzwischen als unerschrockener Verfechter demokratischer Grundsätze erworben hatte, führte dazu, daß er dort sogleich, trotz seines radikalen Standpunktes, zum Vizepräsidenten und zum Vorsitzenden des Verfassungsausschusses gewählt wurde.

»Er gehörte zu denjenigen, die konsequent die Souveränität und die Rechte des Volkes gegen die Krone verteidigten und energisch der Konterrevolution entgegentraten«, bemerkt dazu sein Biograph Karl Obermann. »Sein mutiges Auftreten gegen Rechtsbruch und Fortdauer des Belagerungszustands während der Wahlen zur Zweiten preußischen Kammer Anfang 1849 führten schließlich zu seiner Verfolgung und Verhaftung. Die Reaktion versuchte ihn unschädlich zu machen und brachte verleumderische Beschuldigungen auf. Nach einer halbjährigen Untersuchungshaft, die Waldecks Gesundheit sehr angriff, mußte er freigesprochen werden. Er blieb den Idealen der Revolution treu und führte von 1860 an als preußischer Landtagsabgeordneter auf dem linken Flügel der Fortschrittspartei den Kampf für demokratische Rechte weiter. Im Verfassungskonflikt von 1861/62 war er einer der Wortführer gegen die preußische Regierung. Im Reichstag des Norddeutschen Bundes lehnte er als ... führender Vertreter der Freisinnigen Partei die Verfassung des Norddeutschen Bundes ab, da sie nicht den Forderungen der Freiheit und der Demokratie entspräche, im Gegenteil die Rechte des Volkes beschnitte. Vor allem wandte er sich auch gegen den wachsenden Umfang der stehenden Heere. Darin sah er die größte Gefahr für die Demokratie. Der ›alte Waldeck‹ hatte im Volk einen legendären Ruf als Hüter der Rechte des Volkes. An seiner Beisetzung«

– er starb am 12. Mai 1870 in Berlin – ». . . nahmen zwanzigtausend Menschen teil«, mehr als jemals zuvor an einem einzelnen Begräbnis. Sein Grab auf dem Friedhof von St. Hedwig blieb noch lange eine Pilgerstätte der Berliner Linken.

Waldecks und Jacobys Mitstreiter Karl Ludwig D'Ester, 1813 in Vallendar nördlich von Koblenz in der preußischen Rheinprovinz geboren, Sohn eines kleinen Lederfabrikanten, studierte von 1831 an in Bonn und Heidelberg Medizin, wurde 1834 als Burschenschafter in ein Untersuchungsverfahren verwickelt und ließ sich 1838 als Arzt in Köln nieder. Er gehörte dann zu den Aktionären und Mitarbeitern der 1842/43 in Köln erscheinenden *Rheinischen Zeitung*, befreundete sich mit Karl Marx und spielte von 1844 an eine führende Rolle in der demokratischen Bewegung des Rheinlands. Von 1846 an gehörte er zu den Anhängern von Marx und Engels, unterstützte deren politische Arbeit und trat zu Beginn der Revolution von 1848 als Wortführer der Industriearbeiterschaft auf. Als Abgeordneter des rheinischen Kreises Mayen in die preußische Nationalversammlung gewählt, war er bemüht, die Vorstöße der Linken im Parlament durch außerparlamentarische Aktionen der Arbeiterschaft zu unterstützen. Ende Oktober 1848 übernahm er die Leitung des Zentralausschusses der demokratischen Vereine, dessen Sitz unter dem Druck der Reaktion erst nach Köthen, dann nach Halle verlegt werden mußte. D'Ester war auch Abgeordneter der Zweiten preußischen Kammer bis zu deren Auflösung im April 1849, konnte sich dann seiner drohenden Verhaftung durch rasche Flucht aus Berlin entziehen und hatte von Mai bis Juli 1849 wesentlichen Anteil an der Organisation des badisch-pfälzischen Aufstands. Mit den Resten der badischen Revolutionsarmee floh er dann in die Schweiz und wurde von den preußischen Behörden in Abwesenheit zum Tode verurteilt. Bis 1851 beteiligte er sich noch am politischen Kampf der Emigranten gegen die preußische Reaktion. Danach zog er sich in das abgelegene Gebirgsdorf Châtel St. Denis zurück und wirkte dort bis zu seinem Tod im Jahre 1859 als Arzt, Lehrer und Helfer der Armen.

Der dritte der führenden Demokraten in der preußischen Nationalversammlung war Jodokus Donatus Temme, ein 1798 in Lette im westfälischen Kreis Wiedenbrück geborener Jurist, der in Münster, Göttingen, Bonn und Marburg studiert hatte und dann in den preußischen Justizdienst eingetreten war. 1839 wurde er Direktor des Berliner Kriminalgerichts, 1844 jedoch nach Tilsit in Ostpreußen versetzt, weil seine linksliberalen Ansichten, seine unter dem Pseudonym »Heinrich Stahl« veröffentlichten Glossen über die Praxis der preußischen Untersuchungsrichter sowie seine scharfe Kritik an der rückschrittlichen Gesetzgebung die Regierung sehr verärgert hatten. Erst 1848 kehrte er nach Berlin zurück, wurde dann zum Oberlandesgerichtsdirektor in Münster ernannt und dort in die preußische Nationalversammlung gewählt. Wegen seines energischen Auftretens gegen die konterrevolutionären Bestrebungen kam Jodokus Temme am

27. Dezember 1848 wegen Hochverrats in Untersuchungshaft. Doch schon wenige Tage später, bei einer Nachwahl in Neuß am Rhein, wählten ihn die dortigen Bürger zu ihrem Vertreter in der Frankfurter Nationalversammlung. Gleichzeitig wurde Temme im ostpreußischen Wahlkreis Tilsit zum Abgeordneten der Zweiten preußischen Kammer gewählt.

Da sich nicht nur die gesamte Linke, sondern auch das gemäßigt liberale Großbürgertum unter Führung des rheinischen »Eisenbahnkönigs« Ludolf Camphausen, der nach der Märzrevolution zum Ministerpräsidenten ernannt worden war und sich dann »als Schild vor die Krone« gestellt hatte, nachdrücklich für Temme einsetzte, mußte die preußische Regierung ihn aus der Untersuchungshaft entlassen. Aber nach der gewaltsamen Auflösung, sowohl der Zweiten preußischen Kammer als auch zuvor des nach Stuttgart ausgewichenen »Rumpfparlaments« der deutschen Nationalversammlung, wurde Temme erneut verhaftet und blieb bis zum April 1850 im Zuchthaus von Münster, obwohl ihn die dortigen Bürger im Herbst 1849 abermals zum Abgeordneten wählten. Temmes Freilassung – das höchste Gericht hatte ihn von der Anklage des Hochverrats in allen Punkten freigesprochen – wurde in Münster stürmisch gefeiert; aber gleichzeitig leitete die preußische Regierung gegen Temme ein Disziplinarverfahren ein, das zu seiner Entlassung ohne Bezüge führte. Seine Wähler im Kreis Neuß übernahmen daraufhin die finanzielle Sorge für Temmes Familie, bis dieser 1852 eine Professur in Zürich erhielt und mit den Seinen in die Schweiz auswanderte. 1863 wurde er vom 4. Berliner Wahlkreis ins preußische Abgeordnetenhaus gewählt, konnte sein Mandat auch ausüben, doch legte er es schon wenige Monate später nieder und kehrte nach Zürich zurück, weil er in Preußen keine Möglichkeit zu demokratischem Wirken mehr sah; er starb 1881 in der Schweiz.

Eduard Graf v. Reichenbach schließlich, trotz seiner adligen Herkunft einer der entschiedensten Linken in der preußischen Nationalversammlung und Mitstreiter Johann Jacobys, stammte aus einem zum schlesischen Uradel zählenden Grafenhaus und wurde 1812 auf dem Familiengut Olbersdorf geboren. Er studierte Naturwissenschaften und erhielt wegen seiner Zugehörigkeit zur Burschenschaft eine sechsjährige Festungsstrafe, die vom König auf Bitten der Verwandtschaft nach sechsmonatiger Haft für verbüßt erklärt wurde. Er widmete sich dann der Bewirtschaftung seiner Güter, wobei er – wie es in dem von seinem Gesinnungsfreund, Rechtsanwalt Habartz, verfaßten Nachruf auf ihn heißt, »seine damals verhältnismäßige Wohlhabenheit fast nur dazu benutzte, seine ärmeren Freunde daran teilnehmen zu lassen«. Später war, heißt es in dem Nachruf weiter, »sein Schloß Waltorf bei Neiße das Obdach und der Zufluchtsort für alle um ihrer Überzeugung willen Verfolgte. Mit den Führern der süddeutschen Oppositionsparteien zur Zeit des Bundestages in steter, intimer Verbindung, nahm er an deren alljährlichen Zusammenkünften auf Itzsteins Landgute Hallgarten regelmäßig teil. Im März 1848 war er Mitglied des Frankfurter Vorparlaments, nahm aber die Wahl zur Berliner Nationalversammlung an. Seine dortige Wirksamkeit als Mitglied der entschiedensten Linken bedarf ... keines besonderen Nachweises. Späterhin hielten ihn körperliche Leiden und Mißgeschick von der Teilnahme an der parlamentarischen Tätigkeit fern ... Obwohl Graf Eduard Reichenbach voraussah, daß ihm um seiner Gesinnungen willen mehr als eine reiche Familienerbschaft entzogen werden würde, so blieb er doch treu diesen Gesinnungen bis zum Tode, unerschütterlich und voller Ehre.« Er starb im Dezember 1869 im Alter von siebenundfünfzig Jahren zu Brieg in Schlesien.

Zwei bedeutende Juristen aus dem Münsterland, beide katholisch; ein rheinischer Arzt aus dem »Bund der Kommunisten«; ein republikanisch gesinnter Graf und Gutsbesitzer aus Oberschlesien sowie der jüdische Arzt Dr. Johann Jacoby aus Königsberg in Ostpreußen – das war der Kern der radikaldemokratischen Linken in der preußischen Nationalversammlung von 1848, die sich am 22. Mai in Berlin konstituierte, beseelt von der Hoffnung, das Königreich in einen modernen Staat verwandeln zu können. »Aber«, so heißt es dazu in Piersons *Preußischer Geschichte* von 1864, »die demokratische Partei verkannte die wahren Machtverhältnisse und hielt sich für stärker als sie war.«

Doch das Gegenteil war richtig: Die preußischen Demokraten wie auch die Liberalen hatten von Anfang an wenig Illusionen, was die Stärke ihrer Position betraf. Sie waren sich der Tatsache schmerzhaft bewußt, daß das bürgerliche Element im Königreich noch viel zu schwach war, um das Land allein regieren zu können; östlich der Elbe fehlten alle Voraussetzungen für eine Übernahme der Herrschaft durch das Bürgertum, denn dort lag die politische und wirtschaftliche Macht – von Berlin und einigen wenigen größeren Städten abgesehen – nach wie vor bei den Junkern.

Die wenigen radikaldemokratischen Linken suchten deshalb das Bündnis mit der Industriearbeiterschaft, mit dem Heer der besitzlosen Handwerksgesellen und mit der Masse der ausgebeuteten Landbevölkerung. Diese machten zusammen die große Mehrheit der Einwohnerschaft Preußens aus, doch waren sich die meisten dieser potentiellen Verbündeten der radikalen Linken ihrer Lage und Möglichkeiten noch viel zuwenig bewußt; zumal die von jeder Information und Bildung ferngehaltenen Halbsklaven der ostelbischen Rittergutsbesitzer waren für eine demokratische Revolution ungleich schwerer zu gewinnen als die Bauern Südwest- und Westdeutschlands, und das galt auch für die Angehörigen der Unterschicht in den kleineren Städten des östlichen Preußens.

Immerhin: Die anzahlmäßig sehr schwache, erst zum Teil im »Bund der Kommunisten« organisierte äußerste sozialistische Linke unternahm sofort den Versuch, die Massen für die Revolution zu mobilisieren und als Verbündete zu gewinnen. Von Köln aus, wo die Arbeiterschaft stärker politisiert und besser organisiert war als in allen anderen Städten Preußens, begannen Karl Marx und Friedrich Engels, die dort am 11. April 1848 eingetroffen waren, sofort mit den Vorbereitungen für die Herausgabe einer Tageszeitung, die ihr Sprachrohr werden und – von einer preußischen Festung aus! – »richtungsweisend in den Kampf aller demokratischen Kräfte um die Vollendung der Revolution eingreifen« sollte.

Die *Neue Rheinische Zeitung*, wie das Blatt dann genannt wurde, erschien vom 1. Juni 1848 an; mit dem Untertitel »Organ der Demokratie« wurde sie zum berühmtesten Presseorgan der Revolutionszeit. Zwar hatte die *Neue Rheinische Zeitung*, die ein knappes Jahr lang, bis zum 19. Mai 1849, erscheinen konnte, nie mehr als sechstausend Abonnenten, aber ihre Wirkung war weit stärker, als diese Zahl vermuten läßt. Ihre Nachrichten und Kommentare wurden von den Lokalzeitungen in allen Teilen des Königreichs aufgegriffen, häufig auch wörtlich nachgedruckt. Manche Leitartikel von Karl Marx und Friedrich Engels, Wilhelm Wolffs Artikelserie über die Zustände in Schlesien, vor allem aber die zündenden Revolutionsgedichte des Redaktionsmitglieds Ferdinand Freiligrath gingen durch die gesamte demokratische Presse des deutschen Sprachgebiets.

Während die radikale Linke die Revolution vollenden, durch ein machtvolles Bündnis zwischen fortschrittlichen Bürgern und organisierten Arbeitern die alten Machtstrukturen beseitigen, das ländliche Proletariat mobilisieren und die Aufstandsbewegungen in allen Teilen Europas zur gemeinsamen, endgültigen Beseitigung des Feudalabsolutismus benutzen wollte, suchte das liberale Besitzbürgertum Preußens bereits die Verständigung mit den alten Mächten.

Die Fabrikanten, Reeder, Handelsherren, Bankiers und Großaktionäre der Eisenbahn- und Bergbaugesellschaften, die *ihre* Forderungen durch die revolutionären Ereignisse schon weitgehend hatten durchsetzen können, wünschten ein baldiges Ende der »Unordnung«, die dem Eigentum gefährlich werden konnte. An tiefgreifenden sozialen Veränderungen waren sie begreiflicherweise nicht interessiert, nachdem sie selbst den Kurs bestimmen und die Gesetzgebung entscheidend beeinflussen konnten. Da sie aber auf Dauer ohne das Militär und die Bürokratie das Königreich nicht regieren konnten, schien ihnen eine rasche Konsolidierung des Erreichten, der Fortbestand der Monarchie und eine energische Eindämmung der Revolution das Erstrebenswerte. Ein Großteil der bürgerlichen Intelligenz Preußens und auch die meisten Kleinbürger waren, wie sich dann zeigte, bereit, der Großbourgeoisie auf diesem Wege zu folgen und die Ziele der Revolution, vor allem die Erringung der Macht, dem Verlangen nach Ruhe und Ordnung zu opfern.

»Nach einer Revolution«, so warnte Friedrich Engels vergeblich, »ist eine Erneuerung sämtlicher Zivil- und Militärbeamten sowie eines Teils der gerichtlichen, und besonders der Parquets [der Staatsanwaltschaften] die erste Notwendigkeit. Sonst scheitern die besten Maßregeln der Zentralgewalt an der Widerhaarigkeit der Subalternen ... In Preußen aber, wo eine seit vierzig Jahren vollständig organisierte bürokratische Hierarchie in der Verwaltung und im Militär mit absoluter Gewalt geherrscht hat, in Preußen, wo gerade diese Bürokratie der Hauptfeind war, den man am 19. März besiegt hatte, hier war die vollständige Erneuerung der Zivil- und Militärbeamten noch unendlich dringender.«

Ebenso vergeblich wandte sich Karl Marx gegen die Agrarpolitik der preußischen Liberalen. Anstatt sich die unterdrückte Landbevölkerung durch vollständige und entschädigungslose Beseitigung aller Feudallasten und Adelsvorrechte zu Freunden und treuen Verbündeten zu machen, wie es die Jakobiner in Frankreich 1793 getan hatten, unterstützte das liberale Bürgertum die Gesetzentwürfe vom Juli 1848, mit denen die meisten junkerlichen Privilegien ausdrücklich bestätigt und die Bauern gezwungen wurden, sich entweder mit hohen Abfindungssummen die volle Freiheit zu erkaufen oder weiter in Abhängigkeit von den Gutsherren geknechtet zu bleiben. Die liberale Bourgeoisie Preußens, so stellte Marx empört fest, »verrät ohne allen Anstand diese Bauern, die ihre natürlichsten Bundesgenossen, die Fleisch von ihrem Fleisch sind und ohne die sie machtlos ist gegenüber dem Adel!«

Aber die bürgerlichen Liberalen ließen nicht nur die preußischen Bauern, sondern auch ihre wichtigsten Verbündeten auf europäischer Ebene schmählich im Stich. Sie versagten den national-revolutionären Bewegungen der Nachbarvölker Deutschlands, zumal der der Polen, jede Unterstützung und ließen dem konterrevolutionären Militär freie Hand, den Aufstand in der Provinz Posen blutig niederzuwerfen.

Für das Schicksal Preußens, darüber hinaus für alle Freiheitsbewegungen Europas, war der polnische Aufstand im Frühjahr 1848 von entscheidender Bedeutung. Friedrich Engels hat das damals überzeugend erläutert: »Worauf stützt sich zunächst«, heißt es dazu in einem seiner Aufsätze zur Polendebatte, der in der *Neuen Rheinischen Zeitung* vom 20. August 1848 erschien, »die Macht der Reaktion in Europa seit 1815, ja, teilweise seit der ersten französischen Revolution? Auf die russisch-preußisch-österreichische ›Heilige Allianz‹. Und was hält diese Heilige Allianz zusammen? Die Teilung Polens, von der alle drei Alliierten Nutzen zogen. Der Riß, den die drei Mächte durch Polen zogen, ist das Band, das sie aneinanderkettet; der gemeinsame Raub hat sie einer für den anderen solidarisch gemacht.

Von dem Augenblick an, wo der erste Raub an Polen begangen wurde, war Deutschland in die Abhängigkeit Rußlands geraten. Rußland befahl Preußen und Österreich, absolute Monarchien zu bleiben, und Preußen und Österreich mußten gehorchen. Die ohnehin schlaffen und schüchternen Anstrengungen der preußischen Bourgeoisie, sich die Herrschaft zu erobern, scheiterten vollends an der Unmöglichkeit, von Rußland loszukommen, an dem Rückhalt, den Rußland der feudalistisch-absolutistischen Klasse in Preußen bot. Dazu kam, daß, von dem ersten Unterdrückungsversuch der Alliierten an, die Polen ... zugleich revolutionär gegen ihre eigenen inneren gesellschaftlichen Zustände auftraten. Die Teilung Polens war zustande gekommen durch das Bündnis der großen Feudalaristokratie in Polen mit den drei teilenden Mächten. Sie war kein Fortschritt, wie der Ex-Poet Herr Jordan behauptet, sie war das letzte Mittel für die große Aristokratie, sich vor einer Revolution zu retten; sie war durch und durch reaktionär.«

Und hatte Engels schon in demselben Artikel eingangs festgestellt: »Die nationale Existenz Polens ist ... für niemand notwendiger als gerade für uns Deutsche«, so kam er nach einer genauen Analyse der historischen Zusammenhänge zu dem Ergebnis:

»Von dem Tage ihrer Unterdrückung an traten die Polen revolutionär auf und fesselten dadurch ihre Unterdrücker um so fester an die Konterrevolution ... Solange wir also Polen unterdrücken helfen, solange bleiben wir an ... die russische Politik geschmiedet, solange können wir den patriarchalisch-feudalen Absolutismus bei uns selbst nicht gründlich brechen. Die Herstellung eines demokratischen Polens ist die erste Bedingung eines demokratischen Deutschlands.«

Nach dieser wirklich bemerkenswerten Feststellung kam Engels zu den praktischen Folgerungen und bewies dabei abermals eine Weitsicht, die, wäre man seinen Empfehlungen gefolgt, die preußisch-deutsche Entwicklung in den folgenden hundert Jahren entschieden friedlicher und glücklicher gestaltet hätte: »Die Herstellung Polens und seine Grenzregulierung mit Deutschland ist aber nicht nur notwendig, sie ist bei weitem die lösbarste von all den politischen Fragen, die seit der Revolution in Osteuropa aufgetaucht sind ... Es versteht sich, daß es sich nicht um die Herstellung eines Scheinpolen handelt, sondern ... eines Staats auf lebensfähiger Grundlage. Polen muß wenigstens die Ausdehnung von 1772 haben, muß nicht nur die Gebiete, sondern auch die Mündungen seiner großen Ströme und muß wenigstens an der Ostsee einen großen Küstenstrich haben. Alles das konnte ihm Deutschland garantieren und doch dabei seine Interessen und seine Ehre sicherstellen, wenn es nach der Revolution in seinem eigenen Interesse den Mut hatte, von Rußland die Herausgabe Polens mit den Waffen in der Hand zu fordern. Daß bei dem Durcheinander von Deutsch und Polnisch an der Grenze ... beide Teile sich gegenseitig etwas nachgeben, daß mancher Deutsche polnisch, mancher Pole hätte deutsch werden müssen, verstand sich von selbst und hätte keine Schwierigkeiten gemacht ...«

Soweit die Ausführungen eines preußischen Sozialisten in einer in Preußen erscheinenden Zeitung des Sommers 1848, als ein anderer preußischer Politiker, der von Engels als »Ex-Poet« bezeichnete Schriftsteller und Abgeordnete der Frankfurter Nationalversammlung, Wilhelm Jordan, in der polnischen Frage einen gänzlich anderen Standpunkt vertrat und auch durchsetzte.

Wilhelm Jordan, 1819 im ostpreußischen Insterburg geboren und hugenottischer Abstammung, hatte sich als Abgeordneter des brandenburgischen Wahlkreises Freienwalde in Frankfurt der im »Deutschen Hof« tagenden linken Fraktion angeschlossen. Um so erstaunlicher war es, ja markierte geradezu den Punkt, an dem ein Teil der bisherigen Revolutionäre eine Kehrtwendung vollzog und sich den »Gegebenheiten«, in diesem Fall dem preußischen Establishment, in Windeseile anpaßte, daß Jordan in der 46. Sitzung der deutschen Nationalversammlung in der Frankfurter Paulskirche am Montag, dem 24. Juli 1848, eine vehement antipolnische Rede hielt, in der er das Nachbarvolk schmähte und dessen nationale Forderungen lächerlich zu machen suchte. »Es war lediglich der Polen eigene Schuld«, so versicherte er der Versammlung, »wenn sie ihr Land in deutsche Hände kommen ließen, und es wäre eine eigentümliche Gerechtigkeit, wenn wir das auf diese Weise und auf dem rechtlichsten Wege erworbene Land nun auf einmal aus kosmopolitischer Großmut samt den Deutschen, die darauf sitzen, in fremde Untertänigkeit hinausgeben wollten ... Wie es lächerlich ist zu sagen, daß am Boden die Nationalität hafte, gerade so lächerlich ist es auch zu sagen, die Herausgabe ehemals polnischer Landesteile sei von der Gerechtigkeit geboten. Hat der Deutsche die Wälder gelichtet, die Sümpfe getrocknet, den Boden urbar gemacht, Straßen und Kanäle angelegt, Dörfer gebaut und Städte gegründet, um den Epigonen des exilierten hundertköpfigen polnischen Despotentums neue Schmarotzernester zu bereiten? Soll der Bürgerstand wieder untergehen, der nur dem deutschen Gewerbefleiße seinen Ursprung verdankt, um das Mark des Landes noch einmal vergeuden zu lassen von etwelchen in höfischem Glanze schwelgenden Familien und liebenswürdigen Mazurkatänzern?«, wozu das stenographische Protokoll an dieser Stelle anmerkt: »Zischen auf der Linken; Mißbilligung.« Als weitere Redner in der Polendebatte des Paulskirchen-Parlaments traten dann noch zwei weitere Preußen auf: Fürst Felix Maria v. Lichnowsky, schlesischer Großgrundbesitzer und Vertreter der rechten Mitte, und General Joseph Maria v. Radowitz, ein gewandter Politiker aus ungarischem Adelshaus, enger Vertrauter Friedrich Wilhelms IV. und Führer der äußersten Rechten in der Nationalversammlung. Daß auch sie, wenngleich mit etwas anderen Argumenten, gegen die Unabhängigkeit oder gar Demokratisierung Polens waren, versteht sich fast von selbst. Und so war es angesichts der in der Paulskirche bestehenden Mehrheitsverhältnisse kein Wunder mehr, daß die erste deutsche Nationalversammlung ihre Chance, dem geteilten und unterdrückten Nachbarvolk zu Hilfe zu kommen und gemeinsam den Revolutionskrieg gegen das russische Zarenregime zu proklamieren, gründlich verpaßte.

Der polnische Aufstand in der Provinz Posen war inzwischen von preußischen Truppen blutig niedergeschlagen worden. Zwar hatten die Polen unter Führung von Mieroslawski noch am 30. April 1848 bei Miloslaw einen Sieg gegen dreifache preußische Übermacht erringen können. Aber dann waren die polnischen Adligen sich der Gefahr bewußt geworden, die eine Ausbreitung demokratischer Ideen für sie selbst gehabt hätte; sie hatten die Anordnungen der zentralen Führung nicht mehr befolgt, und der Aufstand war zusammengebrochen. Der Befehlshaber der in der Provinz Posen eingesetzten, den Rebellen zahlenmäßig weit überlegenen preußischen Truppen war übrigens der 1775 in Aurich geborene General Peter v. Colomb, ein Schwager Blüchers aus alter Hugenottenfamilie. Er eroberte mit Waffengewalt zurück, was der preußische Beauftragte für Posen, General v. Willisen, schon preiszugeben bereit gewesen war, und die deutsche Nationalversammlung sanktionierte sein Vorgehen, indem sie am 27. Juli 1848 mit großer Mehrheit Preußens polnischen Besitz zum Bestandteil des Deutschen Bundes erklärte.

Während die Paulskirche es ausdrücklich billigte, daß die nationalen Rechte der Polen mißachtet und ihre Befreiungsversuche von preußischem Militär brutal unterdrückt wurden, bezeigte sie anderseits den Schleswigern große Sympathie, die sich im März 1848 von der dänischen Herrschaft losgesagt, ihre Unabhängigkeit proklamiert, sich eine demokratische Verfassung gegeben und ihren Willen bekundet hatten, gemeinsam mit Holstein dem Deutschen Bund anzugehören.

Dies bedeutete Krieg mit Dänemark, für dessen bedrohte Interessen nicht nur England und Schweden eintraten, sondern auch der Zar von Rußland. Friedrich Wilhelm IV. befand sich insofern in einer mißlichen Lage, als einerseits die Bevölkerung, nicht allein in Preußen, sondern in ganz Deutschland, Krieg gegen Dänemark unter preußischer Führung forderte, anderseits das mächtige Rußland einen Feldzug, der den Schleswig-Holsteinern die Unabhängigkeit bringen und die nationale Einigung Deutschlands beschleunigen sollte, zu verhindern entschlossen war. Auch Friedrich Wilhelm IV. selbst verspürte begreiflicherweise wenig Neigung, einen Revolutionskrieg zu führen; er wollte weder den Wünschen des Zaren zuwiderhandeln noch die Sache der Demokraten unterstützen. Doch im März 1848 konnte er sich der allgemeinen Forderung, gemeinsam mit Hannover gegen Dänemark militärisch vorzugehen, nicht entziehen, und zudem sahen die preußischen Militärs darin eine günstige Gelegenheit, die Disziplin der bei den Straßenkämpfen in Berlin demoralisierten Regimenter wiederherzustellen und die Armee für ein späteres Vorgehen gegen die Revolutionäre neu zu organisieren. So begann Mitte April 1848 der Feldzug gegen Dänemark unter dem Oberbefehl des preußischen Generals Friedrich Heinrich Ernst Graf v. Wrangel. Er stammte aus estnischem Adelsgeschlecht, dessen Angehörige als schwedische Feldherren in zahlreichen Schlachten, zuletzt 1675 bei Fehrbellin, gegen Brandenburg-Preußen gekämpft hatten.

Es war ein Scheinkrieg, den Wrangel gegen die Dänen führte, die weit unterlegen waren, aber nach einem für sie verlustreichen Gefecht nicht verfolgt werden durften, vielmehr nach Kräften geschont werden mußten. Die deutschen Freikorps, die wirklich kämpfen wollten, wurden von der preußischen Führung zurückgehalten und schließlich aufgelöst. Die Farce endete im späten August 1848 mit einem für Dänemark äußerst vorteilhaften Waffenstillstand, der die Schleswiger Demokraten zu Rebellen erklärte und alle Beschlüsse der provisorischen Regierung in den von Dänemark abgefallenen Herzogtümern aufhob. Der ganze Feldzug sollte eben nur, wie Marx bitter bemerkte, »dem General Wrangel und seinen berüchtigten Garderegimentern eine gewisse Popularität verleihen und die preußische Soldateska im allgemeinen rehabilitieren. Sobald der Zweck erfüllt war, mußte dieser Scheinkrieg um jeden Preis in einem schmählichen Waffenstillstand erstickt werden«.

Für die in Frankfurt tagenden Abgeordneten der deutschen Nationalversammlung kam die Nachricht vom Waffenstillstand wie ein Donnerschlag. Friedrich Christoph Dahlmann, einer der »Göttinger Sieben«, seit 1842 Professor an der preußischen Universität Bonn und einer der Führer der Liberalen in der Paulskirche, trat entschieden gegen diesen Waffenstillstand und für sofortige Gegenmaßnahmen ein. Mit dem für einen Gelehrten eben noch statthaften Maß an Leidenschaft prophezeite er: »Unterwerfen wir uns bei der ersten Prüfung, welche uns naht, den Mächten des Auslands gegenüber, kleinmütig bei dem Anfange, dem ersten Anblick der Gefahr, dann, meine Herren, werden Sie Ihr ehemals stolzes Haupt nie wieder erheben. Denken Sie an diese meine Worte: Nie!«

Die Nationalversammlung beschloß dann mit 238 gegen 221 Stimmen die Außerkraftsetzung der zur Ausführung des Waffenstillstands erforderlichen militärischen und sonstigen Maßnahmen, aber es fehlte der Paulskirche ja jegliche Macht, diesen Beschluß auch durchzusetzen. Die Mehrheit der Abgeordneten hatte von Anfang an gegen den heftigsten Protest der Linken unter Führung Robert Blums auf eigene Finanz- und Militärmacht verzichtet und sich ausschließlich darauf beschränkt, für Deutschland, dessen nationale Einigung noch gar nicht erreicht war, eine Verfassung auszuarbeiten, die den 34 Dynastien ihre Throne und Thrönchen ließ.

Angesichts ihrer vollständigen Ohnmacht sah sich die Nationalversammlung schon wenige Tage später, am 16. September 1848, dazu gezwungen, den gerade erst als unannehmbar und landesverräterisch gebrandmarkten Waffenstillstand nun doch zu akzeptieren! Der Liberale Ludolf Camphausen, damals Preußens Delegierter in Frankfurt, schrieb daraufhin nach Berlin: »Der Sieg gehört zu denjenigen, deren man nicht viele erkämpfen kann, ohne zu verbluten ...«

Es war der Anfang vom Ende. Schon sechs Wochen später holte die Konterrevolution in Wien und Berlin zu wuchtigen Schlägen aus. Fürst Windischgrätz und General Jellačić eroberten mit ihren Panduren und Kroaten

Ende Oktober Wien, trotz heftigster Gegenwehr der Revolutionäre. Der Preuße Robert Blum, von der Paulskirchen-Linken nach Wien entsandt, um die Verbundenheit der deutschen Nationalversammlung mit den Verteidigern der Stadt zu demonstrieren, wurde gefangengenommen, standrechtlich zum Tode verurteilt und am 9. November 1848 erschossen, ohne Rücksicht auf seine Immunität als Parlamentarier. Es war dies die offene Kampfansage der österreichischen Reaktion an das demokratische Deutschland, zugleich ein Signal, das den Preußenkönig daran erinnern sollte, wie mit Rebellen zu verfahren sei.

Schon am nächsten Tag, am 10. November, ließ der inzwischen zum Oberbefehlshaber in der Mark Brandenburg ernannte General v. Wrangel seine aus Schleswig-Holstein zurückgekehrten Truppen in Berlin einmarschieren, wo acht Monate lang nur Bürgerwehr-Abteilungen alle Wachen gestellt hatten.

Die Besetzung Berlins durch 40000 Soldaten der königlichen Garde und anderer als »zuverlässig« geltender Regimenter ging ohne Blutvergießen vonstatten. Schon zwei Tage zuvor war ein neuer Ministerpräsident, der nicht das Vertrauen der preußischen Nationalversammlung besaß, von Friedrich Wilhelm IV. ausdrücklich in seinem Amt bestätigt worden. Es war dies der Generalleutnant Graf Friedrich Wilhelm v. Brandenburg, der Sohn Friedrich Wilhelms II. und der Gräfin Dönhoff, ein enger Freund des die Militär- und Junkerpartei anführenden Prinzen Wilhelm, der im März nach England geflohen, aber schon im Sommer wieder nach Berlin zurückgekehrt war.

Alle Proteste der preußischen Nationalversammlung gegen diesen Affront hatten nichts genützt. Eine Deputation von fünfundzwanzig Abgeordneten aller Parteien, die am Abend des 2. November dem König in Potsdam eine – sehr respektvoll gehaltene – Resolution überbracht hatte, worin die Einwände des Parlaments gegen die Ernennung des Grafen Brandenburg zum Ministerpräsidenten dargelegt worden waren, hatte zwar Gelegenheit erhalten, dem König die Bedenken vorzutragen, war aber dann recht ungnädig behandelt und mit einer Handbewegung entlassen worden. Da der die Delegation anführende Präsident der Nationalversammlung, der Eisenbahningenieur Hans Viktor v. Unruh aus Tilsit, dazu geschwiegen hatte, war der Abgeordnete Dr. Johann Jacoby vorgetreten.

»Wir sind nicht bloß hierhergesandt, um Ew. Majestät eine Adresse zu überreichen«, erklärte er dem König, der schon im Begriff war, den Saal zu verlassen, »sondern auch um Ihnen über die wahre Lage des Landes mündlich Auskunft zu geben.« Und während Friedrich Wilhelm IV. weiterging, ohne Jacoby auch nur eines Blicks zu würdigen, fragte er: »Gestatten Eure Majestät uns Gehör?«

Der König sah sich nun um und erwiderte ärgerlich: »Nein!«, woraufhin Jacoby laut erklärte: »Das eben ist das Unglück der Könige, daß sie die Wahrheit nicht hören wollen!«

Diese Worte trugen Jacoby den Zorn der Rechten und die Vorwürfe der Liberalen ein, die es »ungeheuerlich« fanden, daß er als einfacher Bürger so mit dem König zu sprechen gewagt habe. Von den Mitgliedern der Deputation hielten nur Benedikt Waldeck und D'Ester zu ihm; »die reaktionäre *Neue Preußische Zeitung*, kurzerhand ›Kreuzzeitung‹ genannt, da sie in ihrem Titel ein Eisernes Kreuz trug«, so berichtet Jacobys Biograph Edmund Silberner, »schalt ihn einen frechen Juden ... Leopold Zunz, der bemerkenswerte Radikaldemokrat und Begründer der Wissenschaft des Judentums in einer Person, glossierte die reaktionären Ausfälle mit einem talmudischen Spruch; daß Jacoby, ›ascher kanah olamo be-schaah achat‹ [der sein ewiges Leben in einer Stunde erworben hat], dafür von Schweinen angegrunzt wird, sei ganz in Ordnung.«

Das Volk von Berlin aber ehrte Johann Jacoby am Sonntag, dem 5. November 1848, mit einem Fackelzug, an dem Tausende teilnahmen und der – wie die *Vossische Zeitung* am 7. November, die *Mannheimer Abendzeitung* am 10. November berichtete –, die volle Straßenbreite einnehmend, über eine Stunde lang an Mylius' Hotel, dem Versammlungslokal der Linken, wo Jacoby sich aufhielt, vorbeizog.

Es war dies zugleich der Abschied der Berliner von der Revolution, denn schon eine Woche später verhängte das Ministerium des Grafen Brandenburg über die preußische Hauptstadt den Belagerungszustand; die Zensur wurde wieder eingeführt, und der König verfügte die Verlegung der preußischen Nationalversammlung von Berlin in die Provinzstadt Brandenburg. Als die Abgeordneten der Linken seine Anordnung mißachteten, ließ er ihre Sitzungen durch das Militär sprengen und verfügte schließlich am 5. Dezember die Auflösung der Nationalversammlung. Gleichzeitig gab er selbst dem Land eine Verfassung, was um so mehr überraschte, als diese »oktroyierte«, also dem Land und seinen Bürgern aufgezwungene, nicht von der damit beauftragten Versammlung verabschiedete Verfassung dem von Benedikt Waldeck ausgearbeiteten Entwurf in nahezu allen Punkten entsprach. Das allgemeine Wahlrecht wurde beibehalten, das neuzuwählende, aus zwei Kammern bestehende Parlament für den 26. Februar 1849 einberufen.

Die Wahlen wurden in Berlin zu einem überwältigenden Sieg der demokratischen Linken. Sie brachte ihre neun hauptstädtischen Kandidaten sämtlich ins Parlament; Waldeck und Jacoby wurden sogar in zwei Bezirken zugleich gewählt. »Also selbst Jacoby«, schrieb die *Konstitutionelle Korrespondenz*, »der den König Preußens im eigenen Hause zu beleidigen versuchte, wird von der Hauptstadt desselben Königs, desselben Landes zweimal gewählt!«

Jacoby nahm die Wahl im vierten Berliner Bezirk an und empfahl dem dritten, statt seiner Heinrich Simon aus Breslau oder Robert Reuter, Landrat in Johannisburg in Ostpreußen, zu wählen. Das Mandat fiel dann an Heinrich Simon, der auch dem Paulskirchen-Parlament angehörte.

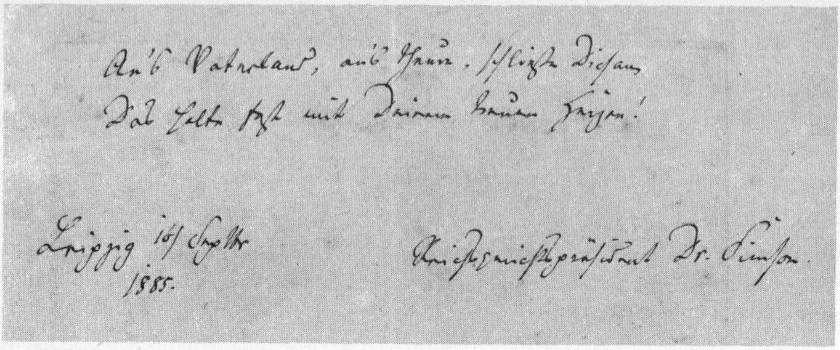

Autograph von Eduard v. Simson 1810–1899 (s. auch Anhang S. 436).

Die Zweite preußische Kammer, in der die Linke insgesamt etwas schwächer war als die Konservativen und die gemäßigten Liberalen, die zusammen die Mehrheit bildeten, hatte nur kurzen Bestand. Als sie nach Annahme des Verfassungsentwurfs der Paulskirche auch noch am 26. April 1849 mit 184 gegen 139 Stimmen die Fortdauer des Belagerungszustands in Berlin für ungesetzlich erklärte und mit etwas geringerer Mehrheit die Regierung aufforderte, ihn sofort zu beenden, wurde sie vom König aufgelöst. »Die Linke«, so berichtete Varnhagen v. Ense, »jubelte fast, sie hatte den wahnsinnigen Streich erwartet und freute sich, daß das Ministerium sich in seiner ganzen Gewalt zeigte; die Rechte war ganz bestürzt und beleidigt, sie ist am meisten getroffen durch die Maßregel ...«

Nach der Auflösung der Zweiten Kammer hielt Jacoby nichts mehr in Berlin zurück; zur Erkundung der Lage reiste er nach Frankfurt am Main. In der Paulskirche tagte noch immer die Nationalversammlung, nun unter der Präsidentschaft Eduard Simsons, Jacobys bei der Wahl in Königsberg siegreichem Rivalen, doch unter den Abgeordneten hatte sich tiefe Resignation ausgebreitet; auch die größten Optimisten hatten inzwischen erkennen müssen, daß das »große Werk«, die nationale Einigung aller Deutschen, gescheitert war.

Zwar hatte die Nationalversammlung am 28. März 1849 in zweiter Lesung die Reichsverfassung verabschiedet; sie sah ein deutsches Kaiserreich mit einheitlichem Zoll- und Münzsystem bei Aufrechterhaltung der inneren Selbständigkeit aller deutschen Kleinstaaten vor, die nur ihre Außenpolitik und ihre Streitkräfte der zentralen Führung überlassen sollten. Aber da die Paulskirche gleichzeitig beschlossen hatte, König Friedrich Wilhelm IV. von Preußen die erbliche Kaiserwürde anzutragen, hatte die Wiener Regierung die Beschlüsse von Frankfurt für ungesetzlich erklärt und alle österreichischen Abgeordneten zur Heimkehr aufgefordert. Schlimmer noch: Auch die »kleindeutsche« Lösung, ein Deutschland ohne Österreich, an die sich die Männer der Paulskirche nun klammerten, kam nicht zustande, denn der Preußenkönig weigerte sich, eine Kaiserkrone anzunehmen, die mit dem »Ludergeruch der Revolution« behaftet sei. Eine Deputation der Nationalversammlung unter Führung Eduard Simsons, die nach Berlin reiste und Friedrich Wilhelm IV. zur Annahme der Kaiserwürde bewegen wollte, mußte unverrichteterdinge nach Frankfurt zurückkehren.

Gleichzeitig begann die preußische Regierung, unter Ausschaltung der Paulskirche, Verhandlungen über einen deutschen Staatenbund unter Führung Preußens mit eigener Verfassung und einem gemeinsamen »Unions«-Parlament.

Um von vornherein jede Möglichkeit eines parlamentarischen Einflusses der Volksmassen auszuschließen, erfanden die Ratgeber Friedrich Wilhelms IV. das sogenannte Dreiklassenwahlrecht, eine Pervertierung der Demokratie, an der sich auch einige Vertreter des liberalen Großbürgertums wie David Hansemann und der Elberfelder Bankier August von der Heydt beteiligten. Dieses Wahlrecht teilte die Wähler entsprechend des von ihnen entrichteten Steuerbetrags in drei Klassen ein. Die wenigen Großverdiener der ersten und die Bürger mit mittlerem Einkommen der zweiten Klasse sollten jeweils ebenso viele Wahlmänner und Abgeordnete stellen wie die dritte Klasse der Steuerzahler mit geringem Einkommen, denn – so der Ministerialbericht – »die bisherige Gleichheit bei den Wahlen« sei »in der Tat eine Ungleichheit und Ungerechtigkeit« gewesen. Auch sollte nicht mehr geheim, sondern öffentlich gewählt werden, damit – so begründeten es die Bürokraten mit unüberbietbarem Zynismus – »dem Volke auch in diesem Punkte die Öffentlichkeit nicht länger vorenthalten werde«. Dieses Dreiklassenwahlrecht, das die preußische Regierung am 28. Mai 1849 für das geplante »Unions«-Parlament vorschlug, wurde zwei Tage später im Königreich Preußen mit der Begründung, man wolle den anderen deutschen Staaten mit »gutem Beispiel« vorangehen, tatsächlich eingeführt, und es blieb bis zum Untergang der Hohenzollernmonarchie im November 1918 als »Hort der Reaktion« bestehen.

Unter diesen Umständen mußte die Linke der Paulskirche ihre Hoffnungen begraben. Ihre Lage erinnerte Johann Jacoby schon Mitte Mai 1849 an Berlins Novembertage, als General Wrangels Truppen die Hauptstadt wieder besetzt und die preußische Nationalversammlung gesprengt hatten.

»Die Schlinge ist um den Hals der Nationalversammlung geworfen und zieht sich mit jedem Tag enger zusammen«, schrieb Jacoby am 12. Mai aus Frankfurt, »faßt sie nicht schnell einen tatkräftigen Beschluß, so ist sie verloren.« Er hatte sich schon zur Heimreise nach Königsberg entschlossen, da trafen in Frankfurt die Nachrichten vom Aufstand in Dresden, von Volkserhebungen in Westfalen und im Rheinland sowie von der Revolution in Baden, diesmal unter Beteiligung der Soldaten, ein. Auch die bayerische Rheinpfalz erhob sich wieder, und am 14. Mai 1849 forderte die preußische Regierung unter dem Eindruck dieser Ereignisse alle aus Preußen entsandten Abgeordneten der Frankfurter Nationalversammlung zu sofortiger Rückkehr ins Königreich auf.

Dies bewog Jacoby, seine Pläne zu ändern und in Frankfurt noch auszuharren. Die preußischen Beamten unter den Abgeordneten verließen bereits scharenweise die Mainmetropole und gaben ihr Mandat auf, so auch Friedrich v. Raumer, zu dessen Stellvertreter Jacoby in Berlin gewählt worden war. Nun hätte er Raumers Platz in der Paulskirche einnehmen müssen, doch er zögerte; »er hatte bereits«, schreibt sein Biograph Edmund Silberner, »zwei Parlamenten angehört, die aufgelöst worden waren: der preußischen Nationalversammlung und der Zweiten Kammer. Sich zum dritten Male auflösen zu lassen, hatte er, wie er sagte, wenig Lust. Nur wenn die Nationalversammlung Frankfurt verlasse und sich nach Württemberg, einem Lande, das die Reichsverfassung anerkannt habe, begebe, könne sie etwas leisten. Doch Jacoby sah nur eine Paulskirche, die sich zu keinem energischen Entschluß durchzuringen vermochte und die Freiheitsbewegung mehr fürchtete als den Absolutismus. Eine revolutionäre Versammlung aber, die sich defensiv verhalte, sei verloren.«

Am 19. Mai trafen Karl Marx und Friedrich Engels in Frankfurt ein. Sie berieten mit den Führern der Linken, was nun zu tun sei, und empfahlen dringend, die revolutionären Truppen aus Baden und der Pfalz zum Schutz der Paulskirche nach Frankfurt zu rufen und die Führung des Volksaufstands zu übernehmen.

Am 20. Mai – Marx und Engels waren unverrichteterdinge wieder abgereist – versuchten die noch in Frankfurt verbliebenen Liberalen eine Selbstauflösung des Paulskirchen-Parlaments herbeizuführen; die Linke konterte diesen Versuch mit dem Antrag, die zur Beschlußfähigkeit erforderliche Abgeordnetenzahl von 150 auf 100 herabzusetzen. Der Streit zog sich über drei Tage hin und bewirkte, daß sich Jacoby dazu entschloß, seine Zuschauerrolle aufzugeben und das durch v. Raumers Austritt frei gewordene Mandat zu übernehmen. Durch seinen Hinzutritt in der Sitzung vom 24. Mai 1849 wurde die notwendige beschlußfähige Anzahl von 150 Abgeordneten gerade erreicht; mit 115 Ja- gegen 35 Neinstimmen nahm die Versammlung den Antrag an, das Quorum von 150 auf 100 zu senken, und konnte nun auch am 30. Mai die Sitzverlegung nach Stuttgart beschließen, wohin das »Rumpfparlament« am nächsten Tag dann übersiedelte.

Zwei Preußen, Marx und Engels, hatten – wenngleich vergeblich – das Steuer herumzureißen und die Verbindung zwischen der Paulskirche und dem badisch-pfälzischen Aufstand herzustellen versucht. Drei preußische Abgeordnete der Nationalversammlung – Wilhelm Löwe aus Kalbe an der Saale, Heinrich Simon aus Breslau und Johann Jacoby aus Königsberg – hatten entscheidenden Anteil daran, daß das erste frei gewählte deutsche Parlament, an das sich so viele Hoffnungen geknüpft hatten, nicht kläglich und würdelos auseinanderlief, sondern bis zuletzt seine Pflicht erfüllte, bevor es in Ehren unterging.

Wilhelm Löwe, geboren 1814 in Olvenstedt bei Magdeburg, hatte Medizin studiert und sich in Kalbe als Arzt niedergelassen. Vom Bezirk Magdeburg in die Nationalversammlung gewählt, war er in der Paulskirche wiederholt als Verfechter entschieden demokratischer Standpunkte hervorgetreten und 1849 Erster Vizepräsident der deutschen Nationalversammlung geworden. Das »Rumpfparlament«, für dessen Fortbestand und Verlegung nach Stuttgart er sich mit Nachdruck eingesetzt hatte, wählte ihn dann zu seinem Präsidenten, und er leitete bis zum 18. Juni 1849 dessen Sitzungen mit Besonnenheit und Würde. Vom preußischen Obertribunal wegen seiner Mitwirkung an mehreren Stuttgarter Beschlüssen des »Rumpfparlaments« zu lebenslänglichem Zuchthaus verurteilt, floh er in die Schweiz und lebte bis 1861 im Exil. Später, nach einer Amnestie, kehrte er nach Preußen zurück, schloß sich, wie so viele Revolutionäre von 1848/49, den Nationalliberalen an und unterstützte als Abgeordneter des Reichstags die Politik Bismarcks. Er starb 1886 in Meran.

Heinrich Simon, der andere Mitstreiter Jacobys in der Schlußphase der Nationalversammlung, war 1805 in Breslau geboren und stammte aus einer begüterten jüdischen, zum evangelischen Glauben übergetretenen Familie. Er war ein Vetter Fanny Lewalds, hatte Rechtswissenschaft studiert und war kurz nach Beendigung seines Studiums zu lebenslänglicher Festungshaft verurteilt worden, weil er in einem Pistolenduell seinen Gegner, von dem er durch judenfeindliche Äußerungen beleidigt worden war, getötet hatte. Nach zweijähriger Haft war er 1830 begnadigt worden und hatte dann – so tolerant und großzügig war man in Preußen selbst in dieser Zeit der Reaktion! – trotz seiner Vorstrafe und trotz mancherlei Bedenken der politischen Polizei, der seine demokratische Gesinnung bekannt war, in den preußischen Staatsdienst eintreten und die Richterlaufbahn einschlagen können.

1844 erregte Heinrich Simon dann durch eine Schrift zur Verteidigung der Unabhängigkeit der preußischen Richter beträchtliches Aufsehen; zweimal leitete das Justizministerium gegen ihn Disziplinarverfahren ein, die der Appellationsgerichtshof jedoch für unbegründet erklärte und einstellte. Trotzdem nahm Heinrich Simon dann seinen Abschied und begründete dies gegenüber dem Justizminister mit der bemerkenswerten Feststellung: »Ew. Exzellenz nehmen an, daß sich die öffentliche Beurteilung der Staatsangelegenheiten mit dem richterlichen Amte nicht vertrage, während ich annehme, daß *die* Stellung eines freien Mannes nicht würdig sei, die das Aussprechen seiner Ansicht über das, was seinem Vaterlande schädlich, verbietet.«

In der Frankfurter Nationalversammlung, der er als Abgeordneter des Wahlkreises Magdeburg vom ersten bis zum letzten Tage angehörte, vertrat Heinrich Simon einen konsequent demokratischen Standpunkt. Auch als das Scheitern der Revolution unzweifelhaft geworden war, erfüllte er weiter seine Abgeordnetenpflichten und nahm in Stuttgart die Wahl zu einem der fünf Reichsregenten an, »entschlossen«, wie Ernest Hamburger dazu bemerkt hat, »auch auf hoffnungslosem Posten das neue Recht zu vertreten«.

Als zwei Wochen später das »Rumpfparlament« von württembergischen Truppen gesprengt wurde, ging Heinrich Simon in die Schweiz ins Exil. In Preußen verurteilte ihn das Obertribunal in Abwesenheit zu lebenslänglichem Zuchthaus. Er sah die Heimat nicht mehr wieder; 1860 verunglückte er tödlich beim Schwimmen im Walensee.

Während der letzten Sitzungswochen der Nationalversammlung in der Frankfurter Paulskirche hatte sich die revolutionäre Situation in Deutschland verschärft. Die Enttäuschung über das Scheitern der Bemühungen um die nationale Einigung aller Deutschen und über die Ablehnung des in Frankfurt geschaffenen Verfassungswerks durch die Regierungen in Wien und Berlin ließen die Bevölkerung im rheinisch-westfälischen Industriegebiet und in Baden sowie in der bayerischen Rheinpfalz erneut zu den Waffen greifen. Aus dem Gefühl heraus, daß alles vergeblich gewesen sei, wenn man jetzt nichts unternähme, riefen die Demokraten zum Kampf für die Verfassung auf; die Soldaten der badischen Armee gingen regimenterweise zum Volk über, und auch die Festungen, aus denen man sogleich alle politischen Gefangenen befreit hatte, waren in den Händen der Revolutionäre.

Der Bürgerkrieg, der nun begann, wurde von den badisch-pfälzischen Aufständischen »Für die Reichsverfassung«, also auch für das Erbkaisertum des Preußenkönigs, geführt; zahlreiche preußische Demokraten schlossen sich den Freiwilligen an, die aus allen Teilen West- und Süddeutschlands sowie aus dem benachbarten Ausland zur Revolutionsarmee stießen. Aber es waren die Regimenter desselben Königs von Preußen, dem die deutschen Demokraten die Kaiserkrone erkämpfen wollten, die nun gegen die Revolution marschierten und nicht nur in den preußischen Westprovinzen, sondern auch in Sachsen, dann in der Pfalz und in Baden die Volkserhebungen blutig niederwarfen.

Die Brutalität, mit der die preußische Führung den badisch-pfälzischen Aufstand unterdrückte und an den gefangenen Freiheitskämpfern Rache nahm, hat ganz wesentlich dazu beigetragen, einen in Deutschland bis dahin kaum vorhandenen Haß auf alles Preußische wachzurufen. Prinz Wilhelm, der Bruder Friedrich Wilhelms IV. und spätere erste deutsche Kaiser aus dem Hause Hohenzollern, der den Oberbefehl über die konterrevolutionären preußischen Verbände führte, erwarb sich damals den Namen »Kartätschenprinz«, und es entstand Ludwig Pfaus »Badisches Wiegenlied«, das rasch im Lande populär wurde und dessen erste Strophe lautete:

»Schlaf, mein Kind, schlaf leis,
dort draußen geht der Preuß'!
Deinen Vater hat er umgebracht,
deine Mutter hat er arm gemacht,
und wer nicht schläft in guter Ruh',
dem drückt der Preuß' die Augen zu.
Schlaf, mein Kind, schlaf leis',
dort draußen geht der Preuß'!«

Doch es waren nicht nur die kassubischen, litauischen, posenschen und masurischen in Kadavergehorsam gehaltenen Analphabeten, aus denen die Regimenter des »Kartätschenprinzen« vornehmlich gebildet waren, die das Unglück hatten, Untertanen des Königs von Preußen zu sein. Auch unter den Führern des Volksaufstands waren zahlreiche Preußen.

Da ist an erster Stelle August v. Willich zu nennen, 1810 als Sohn des preußischen Landrats von Prczacniz in der Provinz Posen geboren. Er war in Berlin im Hause seines Onkels, des Theologen Schleiermacher, aufgewachsen und hatte früh ins preußische Kadettenkorps eintreten müssen. Seit 1828 Offizier, kam er Anfang der vierziger Jahre als Oberleutnant in Wesel mit der Weitlingschen Lehre vom Sozialismus in Berührung, begeisterte sich dafür und erregte bald den Argwohn seiner Vorgesetzten. Er wurde nach Pommern strafversetzt und schied 1847 auf eigenen Wunsch aus der preußischen Armee aus.

Mit achtunddreißig Jahren entschloß sich August v. Willich zu einem für einen verabschiedeten adligen Offizier sehr ungewöhnlichen Schritt: Er begann eine Zimmermannslehre und trat in Köln dem »Bund der Kommunisten« bei. Im März 1848 war er einer der Wortführer der Kölner Arbeiter, wurde vorübergehend verhaftet, nahm dann an dem Heckerschen Aufstandsversuch in Baden teil und baute schließlich im französischen Exil die vornehmlich aus preußischen und anderen deutschen Handwerksgesellen bestehende »Besançoner Arbeiterkompanie« auf, die im Mai 1849 den Kern seines »Freikorps Willich« bildete, mit dem er den Aufständischen in der Pfalz zu Hilfe kam.

August v. Willich, der es später in den USA noch zum Brigadegeneral der Nordstaaten-Armee brachte, erwies sich als einer der fähigsten Kommandeure der badisch-pfälzischen Revolutionsarmee; sein Adjutant war Friedrich Engels, der in seiner Schrift *Die deutsche Reichsverfassungskampagne* den Verlauf der badisch-pfälzischen Revolution genau beschrieben hat. Er hielt Willich für den besten Truppenführer der Aufstandsbewegung. »Unter den übrigen Offizieren in Kaiserslautern«, heißt es bei Engels an anderer Stelle, »war der einzig tüchtige [Gustav Adolf] Techow, derselbe, der als preußischer Premierleutnant . . . beim Berliner Zeughaussturm das Zeughaus dem Volk übergeben hatte und, zu fünfzehn Jahren Festung verurteilt, von Magdeburg entkommen war. Techow, Chef des pfälzischen Generalstabs, bewies sich überall kenntnisreich, umsichtig und ruhig...«

Ein weniger günstiges Zeugnis stellte Friedrich Engels einem anderen preußischen Ex-Offizier aus, der am badisch-pfälzischen Aufstand teilnahm, nämlich Friedrich Anneke, geboren 1817 in Dortmund als Sohn eines höheren preußischen Beamten. Als Artillerieleutnant war Anneke 1846 wegen revolutionärer Tätigkeit aus der preußischen Armee ausgestoßen worden und hatte sich dann, wie sein Freund August v. Willich, in Köln dem »Bund der Kommunisten« angeschlossen. Im März 1848 nahm er führend an der Volkserhebung teil, wurde wiederholt verhaftet und übernahm im Juni 1849 das Kommando über die Artillerie der pfälzischen Revolutionäre. Nach dem Zusammenbruch des Aufstands wanderte Anneke nach Nordamerika aus, war 1861 Oberst und Kommandeur eines Nordstaaten-Regiments und starb 1872 in Chicago, wobei anzumerken ist, daß er in seinen letzten Lebensjahren ein Anhänger Bismarcks wurde. Friedrich Anneke hatte sich übrigens 1847 mit der Schriftstellerin Mathilde Franziska Gießler verheiratet, die mit ihm nach Amerika ging und, auch sie eine gebürtige Preußin, die erste Frauenrechtlerin der USA wurde.

Ein weiterer Preuße, der beim badisch-pfälzischen Aufstand eine führende Rolle spielte, war der 1812 im ostpreußischen Gumbinnen geborene Otto v. Corvin-Wiersbitzki. In den Kadettenanstalten von Berlin und Potsdam aufgewachsen, hatte er 1835 als Leutnant seinen Abschied genommen, war 1848 als entschiedener Demokrat hervorgetreten und im Mai 1849 zunächst mit der Verteidigung von Mannheim, dann als Oberst und Chef des Generalstabs der badischen Revolutionsarmee mit der Abwehr des preußischen Angriffs auf die Festung Rastatt betraut worden. Nach der Kapitulation dieses letzten Bollwerks der revolutionären Bewegung vor der gewaltigen Übermacht der preußischen Kriegsmaschine am 23. Juli 1849 wurde Corvin von einem Standgericht der Sieger zum Tode verurteilt, jedoch zu sechs Jahren strenger Einzelhaft begnadigt.

Er verbüßte seine Strafe im Zuchthaus von Bruchsal. Nach seiner Entlassung im Oktober 1855 ging er nach London, nahm später als Zeitungskorrespondent am nordamerikanischen Bürgerkrieg teil, und er begegnete dann unter den Truppenführern der Nordstaaten-Armee zahlreichen seiner einstigen Kampfgefährten, neben Willich und Anneke auch Carl Schurz, Preuße aus Liblar bei Köln, der zu den Verteidigern von Rastatt gehört hatte, auf abenteuerliche Weise dem Standgericht entgangen war und 1861 eine Nordstaaten-Division gegen die abgefallenen Sklavenhalter-Staaten des Südens führte.*

Willich, Engels, Techow, Anneke, Corvin und Schurz – sechs Preußen, die zusammen mit vielen anderen Männern aus dem Hohenzollern-Reich in Baden und der Pfalz für ein freies und geeintes Deutschland kämpften,

* Eine ausführliche Darstellung der Aktivitäten und späteren Schicksale von Carl Schurz in: Bernt Engelmann, »Trotz alledem«.

konnten den Schrecken nicht aufwiegen, den die preußischen Truppen im Sommer 1849 überall dort verbreiteten, wo sie im Dienst der Konterrevolution die Volksaufstände niederwalzten und den letzten Widerstand der demokratischen Bewegung brachen. Erschießungen, Mißhandlungen wehrloser Gefangener, üble Schikanen gegenüber der an den Kämpfen nicht beteiligten Bevölkerung, Hausdurchsuchungen, Plünderungen und Vergewaltigungen waren an der Tagesordnung und riefen Abscheu, Verbitterung und Haß hervor; »preußisch« war fortan ein Synonym für freiheitsfeindlich, dumpf, brutal und militaristisch. Man übersah dabei, daß zu den Opfern des preußischen Terrors auch und gerade Preußen gehörten, die auf seiten der Freiheitsbewegung gekämpft hatten und an denen die Standgerichte mit besonderer Härte ein Exempel statuieren zu müssen meinten. Ihre Namen sind in Vergessenheit geraten, und so seien hier noch – stellvertretend für viele andere, die zum Tode verurteilt und erschossen wurden oder im Kampf für die Freiheit fielen – Gustav Adolph Schloeffel und Johann Maximilian Dortu genannt.

Gustav Adolph Schloeffel, 1828 in Breslau geboren, war der Sohn des Fabrikanten Friedrich Wilhelm Schloeffel, der unter dem Verdacht, den schlesischen Weberaufstand von 1844 unterstützt und womöglich geleitet zu haben, in die Berliner Hausvogtei als Staatsgefangener eingeliefert worden war und für den sich Bettina v. Arnim so energisch eingesetzt hatte. »Daß sein Vater als Fürsprecher gemaßregelter Kommunisten verdächtigt wurde«, hat sein Biograph Karl Obermann dazu bemerkt, »veranlaßte den Sohn erst recht, sich konsequent und rückhaltlos auf die Seite der Notleidenden und Unterdrückten zu stellen. So zeigte sich der Student, der 1846 das Studium der Philosophie an der Universität Heidelberg aufnahm, als ein ernster, reifer und bewußter Mensch mit einem selbständigen Urteil, der unbedingt entschlossen war, auf dem vom Vater gewiesenen Weg mutig und ohne Scheu voranzuschreiten.« Bald schon nahm er eine führende Stellung in der demokratischen Studenten- und Turnerbewegung Südwestdeutschlands ein, und bereits im Herbst 1847 organisierte er die ersten bewaffneten Freischaren. Das war, wie er schrieb, »für unser unglückliches, jämmerlich schlaffes Vaterland einmal ein Anfang, ein Beispiel, von dem man nie zu klein denken darf«.

Die Behörden dachten darüber keineswegs zu klein. Im Bericht des preußischen Bundestagsgesandten Graf August v. Dönhoff an die Regierung in Berlin über das von Schloeffel einberufene Treffen am 10. November in Heppenheim an der Bergstraße, wo »20 entschlossene, der Sache des Umsturzes unbedingt ergebene Partisanen« zusammengekommen seien, kam dies deutlich zum Ausdruck. Sie hätten sich, hieß es in dem Geheimbericht, rasch über das Wesentliche verständigt und sofort Bezirkskommissäre ernannt, so den Studenten Schloeffel für Heidelberg und Schwaben. In den ersten Märztagen des Jahres 1848 hatte Schloeffel dann, wie es in einem anderen Bericht heißt, »seinen ganzen pekuniären Kredit in bar

Geld gemacht und einen Haufen entschlossener Studenten, Arbeiter und sogar etliche Soldaten geworben, um irgendeinen Handstreich zugunsten der Republik auszuführen«. Die Nachricht vom Ausbruch der Revolution in Berlin bewog ihn jedoch, Baden zu verlassen und nach Preußen zurückzukehren. »Schloeffel zeigte sich auch in Berlin sofort als einer der mutigsten und ehrlichsten Kämpfer ..., als einer der wenigen aus dem Bürgertum, der in den Arbeitern die entschiedenste Kraft der revolutionären Bewegung sah«, hat dazu Karl Obermann bemerkt. »Er nahm Verbindung zu den Tagelöhnern auf, die von der Stadt mit Notstandsarbeiten ... beschäftigt wurden. Da ein großer Teil dieser Tagelöhner Erdarbeiten in den sogenannten Rehbergen von Berlin verrichtete, erhielten sie den Namen ›die Rehberger‹, und unter diesem Namen bildeten sie für den Berliner Besitzbürger ein furchtbares Schreckgespenst. Schloeffel aber wurde ihr Freund, dem sie schwärmerisch anhingen, dem sie volles Vertrauen und ihre ganze Liebe entgegenbrachten. Für diese Arbeiter gründete der Student aus eigenen Mitteln sein Blatt ›Der Volksfreund‹, dessen erste Nummer am 5. April 1848 erschien als ›Nr. 1 im Jahr I der Freiheit‹ und mit der Bemerkung: ›Ein Teil der Auflage wird stets an die unentgeltlich verteilt, für die es eigentlich geschrieben ist.‹«

Der zwanzigjährige Philosophiestudent hätte durchaus der Danton der deutschen Revolution werden können, wäre Berlin schon eine mit Paris vergleichbare Stadt und das Zentrum eines geeinten Deutschlands gewesen. Doch davon konnte 1848 noch keine Rede sein; mit einigen Tausend »Rehbergern«, dem »Studentenkorps Schloeffel«, etlichen politischen Klubs, die er organisierte, mit seinem Blatt *Der Volksfreund* und seinen Verbindungen mit der revolutionären Bewegung in Baden, den Webern in Schlesien, mit Studenten an zahlreichen Universitäten und auch zu Karl Marx bildete Schloeffel zwar für den Junkerstaat wie auch für das Besitzbürgertum eine ernste Gefahr, doch nur eine, mit der die Bedrohten noch fertig zu werden vermochten. Schon am 21. April 1848 fanden sie einen Vorwand, den jungen Mann zu verhaften und unter Anklage stellen zu lassen. Er wurde zu sechs Monaten Festungshaft verurteilt und wurde eilig nach Magdeburg abtransportiert.

Im Oktober, drei Wochen vor dem Ende seiner Haftstrafe, gelang es Schloeffel, aus dem Gefängnis zu entfliehen. Er wollte sich an den Kämpfen in Ungarn beteiligen. Am 12. März 1849 schrieb er aus Frankfurt am Main, wo er bei seinem als Abgeordneten der Nationalversammlung in den Reihen der äußersten Linken tätigen Vater wohnte, an Karl Marx in Köln:

»Republikanischen Gruß! Aus Ungarn zurückgekehrt, wo ich das Unglück hatte, in Folge der Verräterei eines Deutschen in Comorn gefangen zu sein, finde ich leider, ich sage: leider, daß ich daheim nichts versäumt habe als das, was uns wenig zur Ehre gereicht ...« Er drängte darauf, sich wieder am revolutionären Kampf zu beteiligen und bot Marx seine Mitarbeit an der *Neuen Rheinischen Zeitung* an. Er gehörte dann zu den Initiatoren des badisch-pfälzischen Aufstands und nahm am bewaffneten Kampf gegen die eindringende preußische Armee teil. Sein Berliner Studienfreund Paul Börner berichtete von seinem Tod bei einem der letzten Gefechte der Revolution, für die Gustav Adolph Schloeffel gelebt und gekämpft hatte: »Bei Waghäusel war es, da focht er unter den ersten mit der finsteren Tapferkeit der Verzweiflung, denn an ein Gelingen hatte er schon nicht mehr geglaubt und nur einen ehrenvollen Untergang gesucht. Bekanntlich mußten anfangs die Preußen zurückweichen, stürmisch verfolgte sie das badische Volksheer. Da fiel im Bataillon der Fahnenträger. Schloeffel nahm die Fahne, und begeistert rief er: ›Folgt mir, Brüder!‹ Zwei Kugeln durchbohrten ihn. Im süßen Wahn des Sieges wurde er hinweggerafft ...«

Schließlich sei noch eines letzten Preußen gedacht, der wie Schloeffel für die Freiheit gegen die preußische Armee kämpfte: Johann Maximilian Dortu. Er war 1826 in Potsdam geboren, stammte aus einer alten Hugenottenfamilie und hatte Rechtswissenschaft studiert. Als Assessor am Potsdamer Stadtgericht nahm er im März 1848 einen sehr aktiven Anteil am Volksaufstand und war einer der Führer der Berliner Studenten, die die Barrikadenkämpfer tatkräftig unterstützten.

Einige Wochen später war er verhaftet und wegen Majestätsbeleidigung zu fünfzehn Monaten Festungshaft verurteilt worden, doch die Richter der Berufungsinstanz hatten ihn freigesprochen. Beim Einmarsch der Truppen des Generals v. Wrangel in Berlin am 10. November organisierte er eine Widerstandsbewegung. Nowaweser Arbeiter rissen unter seiner Leitung die Schienen der Berlin-Potsdamer Eisenbahn auf, um die Truppentransporte in die Hauptstadt zu unterbinden, und zerstörten auch die Telegraphenleitungen. Seiner Verhaftung entging Dortu durch rasche Flucht nach Belgien. Er meldete sich dort als Freiwilliger zur italienischen Revolutionsarmee, doch als im Mai 1849 der badisch-pfälzische Aufstand ausbrach, kehrte er nach Deutschland zurück und übernahm die Führung eines badischen Bataillons. Er hatte in der preußischen Armee gedient und war als ehemaliger Vizefeldwebel mit der militärischen Organisation und Technik einigermaßen vertraut, so daß er mit seinem Verband erfolgreich operieren und den Rückzug des geschlagenen Volksheeres in die neutrale Schweiz decken konnte.

Bei einem Gefecht in der Nähe von Freiburg im Breisgau geriet er am 17. Juli 1849 in preußische Gefangenschaft. Noch am selben Tag wurde der dreiundzwanzigjährige Major Maximilian Dortu von einem Standgericht zum Tode verurteilt. Eine Woche zuvor hatte er noch an seine Eltern geschrieben: »Wer den Mut hat, eine Überzeugung zu bekennen und für dieselbe zu kämpfen, muß auch den Mut haben, für dieselbe zu sterben.« Am 31. Juli 1849, um vier Uhr früh, wurde er an der Friedhofsmauer von Wiehre erschossen. Die letzten Worte dieses preußischen Hugenotten aus Potsdam waren: »Ich sterbe für die Freiheit!«

Johann Jacoby, der sich zu dieser Zeit mit anderen Mitgliedern des von württembergischen Truppen gesprengten »Rumpfparlaments« schon im Schweizer Exil befand, hatte kurz zuvor an einen engen Freund geschrieben: »So ist denn die erste Periode der deutschen Revolution beendet und hat dem Volke keinen anderen Vorteil als den der Selbsterkenntnis gebracht, zugleich aber auch die Lehre erteilt, daß jede Revolution verloren

Erschießung Maximilian Dortus' in Freiburg, 31. Juli 1849.

ist, welche die alten wohlorganisierten Gewalten neben sich fortbestehen läßt.«

Nachdem Jacoby erfahren hatte, daß gegen ihn daheim ein Verfahren wegen Hochverrats eingeleitet worden war, reiste er im Oktober 1849 zurück nach Königsberg. Er meldete sich dort beim Stadtgericht, und dessen Direktor, der seinen Augen nicht traute, als der von ihm im sicheren schweizerischen Exil vermutete Angeschuldigte plötzlich vor ihm stand, blieb nichts anderes übrig, als Jacoby sofort zu verhaften und ins Kriminalgefängnis abführen zu lassen.

Der Chefpräsident des Königsberger Oberlandesgerichts, Christian v. Zander, der sich während seiner langen richterlichen Laufbahn mehr als einmal mit Jacoby hatte befassen müssen, sagte wenig später auf einer Abendgesellschaft zu Fanny Lewald: »Es ist uns sehr fatal, daß Jacoby zurückgekommen ist, er hätte lieber fortbleiben sollen . . . Sie begreifen, daß es uns sehr unangenehm ist . . .« Worauf Fanny Lewald erwiderte: »Vollkommen! Aber eben darum wird er wohl wiedergekommen sein!«

Die Eroberung Deutschlands

»Einen scharfen, bewußten Klassenkampf hat es 1848 in Deutschland nicht gegeben«, heißt es in Golo Manns *Deutscher Geschichte des 19. und 20. Jahrhunderts.* Dagegen steht die Meinung marxistischer Historiker, die Günter Vogler zum Ausdruck gebracht hat: »Im Grunde bestätigt jedes Ereignis dieser Zeit, daß es Klassenkonflikte waren.«

Ganz sicher ist, daß eine Klasse, nämlich das in Preußen herrschende Junkertum, einen sehr scharfen und bewußten Kampf zur Erhaltung seiner Privilegien und zur Wiederherstellung der dem König vorübergehend entglittenen Macht geführt hat. Gewiß ist auch, daß das Bürgertum die Revolution in Gang gesetzt hatte, um die den Fortschritt behindernden alten Mächte in der Herrschaft abzulösen, und daß sich die liberale Großbourgeoisie schon nach den ersten Erfolgen vor dem demokratischen Kleinbürgertum, erst recht vor dem Proletariat, zu fürchten begann.

Die preußische Bourgeoisie, wirtschaftlich recht stark, aber nur auf wenige Städte konzentriert und in weiten Teilen des Königreichs kaum vorhanden, entschloß sich daher zum Bündnis mit den schon wankenden alten Mächten, mit König, Adel und Heer. Das verratene Kleinbürgertum, schwankend zwischen Furcht vor der Rache der Junker und des Militärs und der noch größeren Angst vor dem Chaos, das eine fortschreitende Radikalisierung der breiten Unterschicht bewirken konnte, folgte schließlich in der Mehrzahl dem Beispiel der Wohlhabenden und Gebildeten. Wo die Arbeiter noch weiterkämpfen wollten, drängten die um ihr bißchen Besitz bangenden »Gevatter Schneider und Handschuhmacher« auf rasche Unterwerfung. Und sie konnten sich durchsetzen, weil zwar eine breite Unterschicht, ein zahlenmäßig schon relativ starkes Proletariat vorhanden war, aber keine Proletarierpartei, keine von allen Angehörigen der Unterschicht erkannte »gemeinsame Sache«. Vor allem gab es damals aber noch weit mehr im Zunftdenken befangene Handwerker als Industriearbeiter, mehr Dienstboten als in Großbetrieben Beschäftigte und schließlich weit mehr Kleinbauern, landwirtschaftliche Tagelöhner, Mägde und Knechte als Handwerker, Fabrikarbeiter und städtische Dienstboten zusammen.

Die Furcht vor dem Aufstand eines politisch bewußten Proletariats, vor blutigem und besitzvernichtendem Klassenkampf von unten, war völlig unbegründet, aber sie wurde von der Großbourgeoisie dennoch empfunden und verbreitet, sehr zur Zufriedenheit der alten Mächte, die diese Angst noch schürten.

»Der Reaktion war diese Furcht willkommen«, so hat es auch Golo

Mann ganz richtig gesehen, »›Demokratie‹, ›Sozialismus‹, ›Kommunismus‹ und Weltuntergang wurden zu einem einzigen Angstbegriff verwirrt; ein Trick, der bis auf den heutigen Tag überall auf der Welt wiederholt werden sollte.«

Mit den Gewehrsalven der preußischen Hinrichtungskommandos, die die Revolution von 1848/49 beendeten, wurde der Traum von einer freien, alle Deutschen vereinenden Republik zerstört. Zugleich waren diese letzten Schüsse das Startzeichen für eine Massenauswanderung. Nicht nur die unmittelbar Gefährdeten flüchteten über die Grenzen; zu Zigtausenden emigrierten nun auch diejenigen Teile des Kleinbürgertums und der Intelligenz, die eine neuerliche Periode der Reaktion nicht mehr zu ertragen bereit waren. Damals und in den folgenden anderthalb Jahrzehnten verlor Deutschland, verlor besonders das Königreich Preußen viele seiner besten demokratischen Kräfte, seine tatkräftigsten jungen Leute aus dem Kleinbürgertum und einen beträchtlichen Teil seines akademischen Nachwuchses.

Die Rückkehr eines von einem Hochverratsprozeß mit möglichem Todesurteil Bedrohten wie Johann Jacoby, der der preußischen Justiz mutig die Stirn bot, stellt einen einzigartigen Ausnahmefall dar. »Ich weiß, was mir zu Hause bevorsteht«, schrieb er kurz vor seiner Abreise aus der Schweiz an seine in Königsberg lebenden Schwestern. ». . . Dennoch kann ich nicht anders handeln . . . Solange meine Mitbürger in den Fesseln des Absolutismus schmachten, solange viele meiner früheren Genossen – gerade durch mein Wort und Beispiel zum politischen Wirken angeregt – dafür im Kerker büßen, würde ich auch im freieren Auslande keinen frohen Augenblick haben . . .

Ihr schreibt, daß in Preußen die Gewalt jetzt ohne Scheu tun könne, was ihr Vorteil bringt, denn alles schweige aus Furcht. Ich glaube es wohl; allein diese allgemeine Entmutigung ist für mich nur eine um so dringendere Aufforderung zur Rückkehr . . . Je mächtiger die Willkürherrschaft, je allgemeiner die Furcht vor derselben, um so mehr fühle ich die Verpflichtung in mir, mit dem Beispiele des Mutes voranzugehen . . .«

Wenn es damals »preußischen Geist«, will sagen: allerkorrekteste Pflichterfüllung bis zur Selbstaufopferung gegeben hat, dann gewiß bei diesem jüdischen Arzt aus der alten preußischen Hauptstadt Königsberg. Sein Beispiel bewirkte, daß auch seine Richter sich auf ihre wahre Pflicht und auf die gute preußische Tradition unerschrockener Rechtsprechung besannen. Am 8. Dezember 1849 wurde der Angeklagte Dr. Johann Jacoby, der sich zu den ihm zur Last gelegten Tatbeständen offen bekannt, der Regierung aber das Recht abgesprochen hatte, ihn dafür zu bestrafen, in allen Punkten freigesprochen.

Trotz dieses einen ermutigenden Beispiels, das Jacoby und seine Richter gaben, konnte kein Zweifel daran bestehen, daß die Revolution mindestens insoweit gescheitert war, als sie es nicht vermocht hatte, den Absolutismus durch eine moderne Demokratie zu ersetzen. Fast schien es so, als habe die Junkerpartei und das von ihr beherrschte Militär einen vollständigen Sieg davongetragen.

Ehe sich dieser Anschein im Lichte der – zunächst wirtschaftlichen, dann auch politischen – Tatsachen weitgehend als Illusion erweist, sei diesem preußischen Junkertum noch soviel Aufmerksamkeit zuteil, wie es als ehedem staatstragende Schicht verdient.

»Man soll keine Menschenklasse ganz verdammen«, heißt es bei Golo Mann über die preußischen Junker, und mit dieser Bezeichnung sind und waren stets nur die alteingesessenen adligen Rittergutsbesitzer der östlich der Elbe gelegenen Provinzen gemeint. »Unter den Junkern finden sich sehr achtenswerte Gestalten; Rebellen, die sich gegen ihren eigenen Stand wenden; brave Leute, die um ihre wirtschaftliche Existenz ringen und deren Häuser auf dem Lande Zentren tief verwurzelter lutherischer Kultur abgeben.« Diesem Urteil Golo Manns ist zumindest eine positive Feststellung noch hinzuzufügen, nämlich das hohe Maß an persönlicher Tapferkeit, das diese preußischen Adligen auch und gerade in hoffnungslosen Situationen bewiesen. Dieselben dümmlich-arroganten Knaben, die als Halbwüchsige zu Fähnrichen ernannt wurden und dann alte Soldaten ebenso prügelten und schikanierten wie die von ihnen verachteten Bürger der Garnisonstädtchen, verstanden es, auf dem Schlachtfeld zu sterben. Das und manches andere gehörte zu ihrem Selbstverständnis, ebenso ihr Wille zur Macht. Und schließlich gab es unter diesen Junkern hie und da Männer und Frauen, die aus ganz ähnlichem Holz geschnitzt waren wie beispielsweise der Elberfelder Fabrikantensohn Friedrich Engels, der Potsdamer Hugenotte Maximilian Dortu, die aus norditalienischem Kaufmannsgeschlecht stammende Bettina v. Arnim geborene Brentano oder auch der jüdische Arzt Dr. Johann Jacoby aus Königsberg.

»Als Ganzes aber, als Klasse und gar als herrschende Klasse genommen«, so hat sie Golo Mann zutreffend beschrieben, »ist die Junkerklasse selbstisch und ungenügend. Ihre Interessen sind zu eng, als daß sie mit denen des Staates identifiziert werden dürften. Die Junker sind zu arm, um herrschende Klasse zu sein; durch Pressionen aller Art müssen sie ersetzen, was ihnen an wirtschaftlicher Macht fehlt. Fremd ist ihnen der größere Teil Deutschlands, selbst Preußens; das Rheinland, die katholischen Gebiete. Sie sind kein deutscher Adel, so wie der englische Adel englisch ist; eine regional beschränkte Klasse ohne Weitblick, die doch, um nur sich selber zu erhalten, das Ganze beherrschen möchte. 1848 hat sich ein Abgrund vor ihnen aufgetan, dem sie noch einmal entgingen, und dieses Erlebnis hat sie noch trotziger, noch dreister gemacht.«

Soweit der – des Klassenhasses unverdächtige – Historiker Golo Mann. Hinzuzufügen ist, daß die ostelbischen Junker nicht bloß deshalb kein deutscher Adel waren, weil sie zu Deutschland – und zum größeren Teil

Preußens – überhaupt kein Verhältnis hatten; weil ihnen das zaristische Rußland in jeder Hinsicht näher stand als Süddeutschland, aber auch als das rheinisch-westfälische Industriegebiet, das katholische Schlesien oder das Berliner Bürgertum. Man muß auch daran erinnern, daß dieses Junkertum seiner Herkunft nach großenteils slawisch war – aus kassubischem Kleinadel hervorgegangen, wie die v. Yorck, v. Tauentzien, v. Manteuffel oder v. Podewils, wie die v. Itzenplitz auf Zezenow oder die v. Zitzewitz des Stammes Kutzeke; wie die zum slawischen Uradel Pommerns gehörenden v. Puttkamer des Stammes Svenzo Slauna, die v. Kleist, die sich von Jarislaw, Kämmerer des Pommernherzogs Kasimir I., herleiten, die aus mecklenburgischem Wendengeschlecht stammenden v. Bülow, v. Maltzan oder die v. Moltke, die ursprünglich Moltiko hießen, oder die v. Nostitz, deren Ahnenreihe mit dem Sorbenhäuptling Sdilaw Nosticz beginnt.

Diese und zwei- bis dreihundert weitere ostelbische Rittergutsbesitzerfamilien, die zusammen das preußische Junkertum bildeten, beherrschten das Land- und Kleinstadtleben der östlichen Provinzen, stellten das Gros der Offiziere der Armee, besetzten zahlreiche höhere Beamtenposten und hatten den stärksten Einfluß bei Hofe.

Wenn auch nicht alle diese Junker »ihre« Bauern, wie der alte General v. Yorck, als bloßes »Ungeziefer«, bestenfalls als Arbeitsvieh und gelegentliches Kanonenfutter betrachteten, so waren sie doch durchweg ungemein adelsstolz, überheblich und von ziemlich beschränktem Horizont, zudem so sehr auf ihren eigenen Vorteil bedacht, den zu wahren sie für ihr gottgegebenes Recht hielten, daß sie für das Allgemeinwohl keinerlei Verständnis aufbrachten. Richtiger: sie hielten sich für allein zählend, wenn vom Wohl der Allgemeinheit die Rede war.

»Es gibt eine preußische Beschränktheit, die nur drei Glaubensartikel hat; erstes Hauptstück: ›Die Welt ruht nicht sicherer auf den Schultern des Atlas als der preußische Staat auf den Schultern der preußischen Armee‹. Zweites Hauptstück: ›Der preußische Infanterieangriff ist unwiderstehlich‹. Und drittens und letztens: ›Eine Schlacht ist nie verloren, solange das Regiment Garde du Corps nicht angegriffen hat‹.« Diese treffende Charakterisierung junkerlicher Glaubenssätze, die nur noch der Ergänzung bedarf, daß die den Staat tragende preußische Armee »selbstverständlich« nur von Junkern kommandiert werden konnte, stammt aus der Novelle *Schach v. Wuthenow* des großen preußischen Romanciers und Dichters Theodor Fontane.

Fontane hat dem Junkertum zunächst keineswegs ablehnend oder auch nur kritisch gegenübergestanden. Erst im Alter, unter dem Eindruck des wachsenden, von den Junkern kräftig geförderten Militarismus und Chauvinismus, ging er zu seinen Helden auf Distanz. Und in seinem letzten Roman, *Stechlin*, hat Fontane dann einen preußischen Landadligen so geschildert, wie es ihn hätte geben sollen, aber leider nicht gab. Anstatt den Prototyp eines Junkers darzustellen – ungebildet, arrogant, egoistisch, oft brutal und von Überzeugungen geleitet wie »Der Mensch fängt erst beim Reserveoffizier an« oder »Runkelrüben sind für menschliche Ernährung völlig ungeeignet, aber vorzügliches Leutefutter« –, hat Fontane einen abgeklärten, gütigen, humorvollen Patriarchen geschaffen, eine Idealgestalt, die er aber ständig mit der junkerlichen Wirklichkeit konfrontiert.

Fontane, dieser unübertroffene Schilderer der Mark Brandenburg und ihrer Menschen, war beileibe kein bloßer Heimatdichter, sondern – so hat ihn auch Thomas Mann gesehen – »mit deutscher Geschichte überhaupt, mit der Geschichte deutscher Kultur und Civilisation tiefer verflochten ... als viele wissen«, wesentlich tiefer als der durchschnittliche Junker.

Dabei stammte auch Fontane aus einem Landstädtchen, das von Berlinern als »finsterste Provinz« angesehen wurde, aus Neuruppin im märkischen Regierungsbezirk Potsdam, wo er 1819 geboren war. Aber seine Eltern hatten zur »Kolonie« gehört; die Vorfahren seines Vaters, des Neuruppiner, später Swinemünder Apothekers Louis Henri Fontane, waren aus Südfrankreich nach Preußen eingewandert, als erster Jacques François Fontaine, ein Strumpfwirker aus der Seidenstadt Nîmes, der sich 1694 zunächst in Eberswalde in der Mark, dann in Berlin niedergelassen hatte. Dessen Frau Marie trug den berühmten Namen Duquesne und war eine Verwandte des gleichnamigen Admirals und gefeierten Seehelden, den Ludwig XIV. zum Marquis ernannt und ihn nach der Aufhebung des Edikts von Nantes vom Verbot des Protestantismus befreit hatte.

Fontanes Mutter, Emilie Labry, entstammte einer wohlhabenden Familie der Französischen Kolonie Berlins, die aus Languedoc nach Preußen eingewandert war. Als erster hatte sich Pierre Labry im späten 17. Jahrhundert als Schlosser in Magdeburg niedergelassen. Seine Nachkommen waren nach Berlin gezogen und hatten dort eine Seidenmanufaktur gegründet.

Fontane – er sprach seinen Namen halbfranzösisch »Fontan« aus, mit der Betonung auf der ersten Silbe, mit Nasallaut jedoch nur, wie in der Familie gescherzt wurde, »an Sonn- und Feiertagen« – war also ein märkischer Hugenotte, und er heiratete später auch ein Mädchen aus der Kolonie, Emilie Rouanet. Doch er fühlte sich, wie sein ganzer Werdegang, erst recht sein Werk beweist, durch und durch als Preuße.

Theodor Fontane verbrachte seine Kindheit in Neuruppin und Swinemünde, begann dann in der Berliner Apotheke »Zum weißen Schwan« seine Lehrzeit, die 1847 mit der Approbation als Apotheker erster Klasse endete. Zwischenzeitlich hatte er als Einjährig-Freiwilliger bei einem Berliner Regiment seiner Militärdienstpflicht genügt, war jedoch monatelang beurlaubt worden, um eine Studienreise nach England machen zu können. In die frühen vierziger Jahre fielen auch Fontanes erste literarische Versuche, vor allem Gedichte, in denen er dem radikalen Demokraten Georg Herwegh nacheiferte. Wie fast alle jüngeren Bürger, war er damals ein begeisterter Anhänger der sich anbahnenden Revolution, aber es gab auch

Theodor Fontane, 1819–1898.

einen ihn bremsenden, konservativen Einfluß auf den jungen Dichter: die Künstlervereinigung »Tunnel über der Spree«, der Fontane zunächst als Gast, von 1844 an als reguläres Mitglied angehörte. Der »Tunnel«, eine Gründung des Wiener Satirikers Moritz Saphir, war – wie der Fontane-Biograph Helmuth Nürnberger es zutreffend beschrieben hat – »eine Zufluchtsstätte für Literaten, wie es sie im Vormärz vielerorts gab, behaust von zumeist wenig begabten Künstlern und Dilettanten. Da sie sich der Tagespolitik verschlossen, gingen auch die literarischen Bewegungen der Zeit an ihnen vorbei. Oft waren es junge Beamte und Offiziere, die wußten, warum sie den Pegasus mit kurzem Zügel ritten ... Die Anfänge des ›Tunnel‹ waren so ruhmlos wie sein jahrzehntelanges Dahindämmern (nominell erlosch er erst zu Beginn unseres Jahrhunderts). Vielen Schriftstellern blieb er aus politischen Gründen verschlossen; andere, wie Gottfried Keller, fühlten sich abgestoßen. Geibel versagte sich nicht, sprach aber von der ›Kleindichterbewahranstalt‹. Um die Jahrhundertmitte hatte sie ihre Glanzzeit. Einige wirkliche Begabungen ... erfuhren, daß der ›Tunnel‹ sie zu fördern vermochte, ... vor allem Fontane«.

Am 18. März 1848 stand Theodor Fontane – wie fast alle später berühmten Dichter, Wissenschaftler und Künstler Berlins – mit Überzeugung und Leidenschaft auf der Seite der Volkserhebung und nahm, seinem eigenen Zeugnis nach, bewaffnet an den Kämpfen teil. In den folgenden Monaten wurde er ein begeisterter Republikaner und kritisierte in Zeitungsartikeln die zögernde Haltung Friedrich Wilhelms IV. in der Frage der nationalen

Einigung Deutschlands. Er forderte das Aufgehen Preußens in einem großen, freien Vaterland aller Deutschen.

»Die Auferstehung Deutschlands«, schrieb er, »wird schwere Opfer kosten. Das schwerste unter allen bringt Preußen. Es stirbt . . . Preußen war eine Lüge . . . Mögen Tausende sich erheben und Preußen eine Wahrheit, mich aber einen Lügner nennen, mögen sie . . . das Paradepferd unserer glorreichen Geschichte reiten, ich antworte ihnen: das jetzige Preußen hat keine Geschichte!«

Aus Enttäuschung über das Scheitern der Revolution und das Bündnis des Großbürgertums mit den alten Mächten, aber auch unter dem Druck wirtschaftlicher Not und privater Sorgen, zog sich Fontane in den folgenden Jahren von seinen bisherigen politischen Standpunkten zurück. »Auch muß man«, so bemerkt dazu Helmuth Nürnberger, »seine überzeugte Übereinstimmung mit der republikanisch-revolutionären Bewegung und die historisch-ästhetische Bindung an das alte Preußen gleichgewichtig verstehen, wenn man sein inneres Verhältnis zu Revolution und Reaktion um die Jahrhundertmitte erklären will. Hier war ein Konflikt vorgebildet, der sich, wenngleich sachlich abgewandelt und weniger dramatisch, in seinen letzten Lebensjahren wiederholen sollte. Vor welchen Widersprüchen und Gewissensqualen er sich befand, ahnte er 1849 zweifellos noch nicht. Es zeichnet ihn vor vielen Zeitgenossen aus, daß er sich seine anspruchsvolle Selbstachtung dabei bewahrte.«

So wie Fontane noch nicht ahnte, was ihm bevorstand, so waren sich auch die von ihm zunächst heimlich bewunderten und bald in zahlreichen Gedichten, Novellen und Romanen meist positiv geschilderten preußischen Junker noch gar nicht im klaren darüber, daß die bürgerliche Revolution zwar militärisch besiegt worden war, sich aber dennoch, wenn auch auf andere Weise, behaupten und durchsetzen konnte.

Die preußische Bourgeoisie stellte in den fünfziger Jahren, wie Jürgen Kuczynski es zutreffend formuliert hat, »ihre Fähigkeit, eine politische Niederlage in einen wirtschaftlichen Sieg zu verwandeln, unter Beweis«. Die nächsten zwanzig Jahre standen im Zeichen der technischen und industriellen Revolution.

1846 hatte es in Preußen immerhin schon 1139 Dampfmaschinen mit einer Leistungskraft von fast 22000 PS gegeben, doch in den folgenden anderthalb Jahrzehnten stieg die Anzahl der Dampfmaschinen im Königreich auf das Sechsfache, ihre Gesamtleistung gar auf fast 140000 PS.

Die Industrialisierung veränderte nicht nur das Landschaftsbild Preußens und gab mit immer neuen Schornsteinen, Fördertürmen und Hochöfen mancher bislang idyllischen Gegend ein neues Profil. Vielmehr verschoben sich nun auch, erst langsam, dann immer rascher, die wirtschaftliche Bedeutung und der politische Rang der verschiedenen Landesteile. Die Bodenschätze des rheinisch-westfälischen Industriegebiets, zu Beginn des Jahrhunderts noch wenig beachtet und in ihrer Bedeutung für den Aufstieg Preußens und Deutschlands zu Weltmachtstellung weit unterschätzt, machten von 1850 an das Ruhrrevier wirtschaftlich zum neuen, mit Berlin konkurrierenden Zentrum. In demselben Maße, wie die Ruhr, aber auch die Saar, das ferne Oberschlesien und schließlich die Provinz Sachsen sich industriell entwickelten, sank die Bedeutung der im wesentlichen von der Landwirtschaft lebenden preußischen Kernprovinzen und damit auch die der auf ihren Rittergütern sitzenden Junker.

Neben der Energieerzeugung durch Dampfmaschinen war es vor allem die gleichzeitige Umstellung der Produktion vom Hand- auf mechanischen Betrieb, die die industrielle Revolution vorantrieb. 1846 waren in 2529 preußischen Webereien rund 4600 mechanische und knapp 80000 Handwebstühle in Betrieb. Fünfzehn Jahre später gab es in nur noch 1900 Webereien über 15000 mechanische, dagegen gerade noch 28000 Handwebstühle. Parallel zum Mechanisierungsprozeß vollzog sich die beginnende Konzentration, und dementsprechend erhöhte sich die durchschnittliche Anzahl der Beschäftigten je Betrieb auf das Doppelte und Dreifache.

Diese Entwicklung vom altmodischen Klein- zum modernen Großbetrieb schuf ein bis dahin nicht vorhandenes Betätigungsfeld für das Kapital, das jetzt – wie Günter Vogler nachweist – vor allem in der Form der Aktiengesellschaften aktiv wurde: »Von 1826 bis 1850 waren in Preußen 102 Aktiengesellschaften mit einem Gesamtkapital von – umgerechnet – 638 Millionen Mark gegründet worden. Von 1851 bis 1870 folgten 295 weitere Gründungen mit einem Gesamtkapital von über 2400 Millionen Mark. Von den gesamten Investitionen durch Aktiengesellschaften entfielen ... 70 Prozent allein auf die Eisenbahnen«, der Rest auf Bergbau, Hüttenwesen, Banken und Versicherungen.

Die preußischen Eisenbahnen verfügten 1850 über ein Schienennetz von 3869 Kilometer Länge. Bis 1860 wuchs es auf 7169 Kilometer, bis 1870 auf über 11500 Kilometer an. Noch deutlicher wird die stürmische Entwicklung der Eisenbahn, wenn man die Vermehrung der Personen- und Güterwagen während des gleichen Zeitraums zum Gradmesser nimmt: 1850 konnten die preußischen Eisenbahnen 1284 Personen- und 6825 Güterwagen einsetzen, 1870 waren es bereits 5552 Personenwagen und 76824 Transportwaggons.

Der mächtige Aufschwung, den der Eisenbahnbau und -betrieb nahm, hatte nicht nur wirtschaftliche Bedeutung. Die Bahnen waren zugleich die stärkste Waffe der bürgerlichen Unternehmer im Kampf gegen die Kleinstaaterei und ihre zahllosen Zollschranken sowie gegen die in jedem Ländchen unterschiedlichen Bestimmungen, Maße, Gewichte und Währungen. Durch die starke Verkürzung der Reise- und Transportzeiten war die ganze Absurdität des feudalabsolutistischen Souveränitätswahns der deutschen Zwergstaaten-Herrscher, deren Reich man nun in wenigen Minuten durchqueren konnte, jedermann offenbar geworden. Der Respekt vor dem Gottesgnadentum mußte einfach schrumpfen, wenn man beispielsweise auf der – abzüglich der Aufenthalte – nur noch knapp sechsstündigen Fahrt von Leipzig nach Frankfurt am Main erst königlich sächsisches, dann königlich preußisches Gebiet durchfuhr, anschließend in rascher Folge die Territorien der souveränen Herrscher von Reuß jüngere Linie, Sachsen-Altenburg, Sachsen-Weimar, Reuß ältere Linie, Sachsen-Meiningen, Sachsen-Coburg-Gotha, Bayern, Hessen-Kassel und Hessen-Darmstadt, ehe man die Grenzstation der Freien Reichsstadt Frankfurt erreichte.

Brachte die Eisenbahn die Provinzen und ihre Bewohner einander näher sowie zu der Erkenntnis, daß die feudale Kleinstaaterei überholt und der wirtschaftlichen Entwicklung nur noch hinderlich sei, so veränderten neue Industrien rasch den Charakter und die Bevölkerungsstruktur vieler Städte, nicht nur des rheinisch-westfälischen Reviers, sondern auch des Saarlands, der Provinz Sachsen sowie Oberschlesiens. Berlin wurde zu einem Zentrum des Maschinenbaus und später auch der neuen Elektroindustrie.

»Wer Berlin vor zehn Jahren gesehen hat«, schrieb Karl Marx Anfang 1859, »würde es heute nicht wiedererkennen. Aus einem steifen Paradeplatz hat es sich in das geschäftige Zentrum des deutschen Maschinenbaus verwandelt.« Und: »Wenn man durch Rheinpreußen und das Herzogtum Westfalen reist, wird man an Lancashire und Yorkshire erinnert.«

Angemerkt sei, daß in der zweiten Hälfte des 19. Jahrhunderts, während gleichzeitig Zigtausende von enttäuschten Demokraten aus dem Königreich Preußen nach Übersee, vor allem in die USA, auswanderten, eine neue Masseneinwanderung diese Menschenverluste, zumindest quantitativ, mehr als wettmachte.

Allein das rheinisch-westfälische Industriegebiet nahm nach und nach rund 130000 Polen auf, die dort meist im Steinkohlenbergbau Beschäftigung fanden; und in die übrigen preußischen Provinzen westlich der Elbe zogen weitere 65000 polnische Einwanderer. Von den sehr zahlreichen ausländischen Arbeitern, die der Bau immer neuer Eisenbahnstrecken nach Deutschland lockte, wurden viele später von der Industrie als Handlanger angeworben oder fanden in der Bauwirtschaft ihr Unterkommen. Rund 70000 Italiener und annähernd 200000 Slowenen, Kroaten, Slowaken und Tschechen wanderten auf diese Weise nach Preußen ein.

Weitere 10000 Polen zogen in die Umgebung, mehr als 16000 ins Stadtgebiet von Berlin, wo man für sie und die vielen anderen Zuwanderer, vor allem aus Schlesien, massenhaft Mietskasernen zu bauen begann, die bald den Mauerring nach allen Richtungen hin sprengten und aus der alten Residenz an der Spree die dichtestbesiedelte Großstadt Mitteleuropas werden ließen. Die Einwohnerzahl Berlins stieg von etwa 300000 bei Regierungsantritt Friedrich Wilhelms IV. im Jahre 1840 auf nahezu eine Million am Ende der sechziger Jahre.

Diese Verdreifachung der Bevölkerung der preußischen Hauptstadt innerhalb von nur drei Jahrzehnten und eine ähnliche, wenngleich nicht ganz so stürmische Entwicklung der anderen großen Städte Preußens lassen erkennen, wie rasch sich das Königreich wandelte. Mit dem Wachstum der Städte und der Industrie nahm die bis dahin überragende Bedeutung der Landwirtschaft deutlich ab, und die Grundlage der Macht des preußischen Junkertums war in Gefahr, zumal der Landadel aus Mangel an Kapital mit der technischen Entwicklung nicht Schritt halten konnte.

Aber die Junker fanden einen Ausweg, und da sie den stärksten Einfluß auf den König und die Regierung hatten, vermochten sie ihre Pläne durchzusetzen: Mit dem preußischen Ablösungsgesetz vom 2. März 1850 wurde die Beseitigung der feudalen Abgaben und Dienstleistungen uneingeschränkt für alle Groß- und Kleinbauern ermöglicht. Doch was auf den ersten Blick sehr großmütig und fortschrittlich schien, war in Wirklichkeit eine Hilfsaktion für die kapitalschwachen Rittergutsbesitzer, die auf Kosten der Schwächsten, der Kleinbauern, ging. Für die abgeschafften Frondienste und Abgaben hatten sie nämlich das 18- bis 20fache des Jahreswerts der bisherigen Leistungen an die Rittergutsbesitzer zu zahlen. Die Werte wurden von Kommissionen festgesetzt, die im Interesse der Junker eher zu hoch als zu niedrig zu schätzen pflegten, und das Resultat war, daß sich mehr als eine Million Kleinbauern hoch verschulden mußten und jahrzehntelang, anstatt der bisherigen Feudalabgaben und Frondienste, gewaltige Hypothekenlasten zu verzinsen und zu tilgen hatten. Die Junker aber konnten mit dem gewonnenen Kapital zur Modernisierung ihrer Güter übergehen und sich entweder eigene Industriebetriebe – Brennereien, Sägewerke, Ziegeleien, Zuckerfabriken und ähnliches – zulegen oder auch in die neuen Aktiengesellschaften einkaufen.

»Es wuchs denn auch der Nationalwohlstand außerordentlich«, heißt es dazu in Piersons *Preußischer Geschichte* von 1864, doch der patriotische Gelehrte sah sich doch genötigt, hinzuzufügen, daß dieser Wohlstand nicht sehr gleichmäßig verteilt war: »Die Statistik wies die erschreckliche Tatsache nach, daß im Jahre 1850 nur erst vier Prozent des preußischen Volkes reich oder wohlhabend, 96 Prozent unbemittelt oder arm waren, das heißt weniger als 400 Taler jährlich hatten, und zwar 89 Prozent, die unter 260 Taler jährlich einnahmen, 72 Prozent unter hundert Taler. Es gab damals 2½ Millionen Familienhäupter, die jährlich weniger als 130 Taler einnahmen!« – was bedeutete, daß sie und ihre meist zahlreichen Angehörigen am Rande des Existenzminimums vegetierten.

»Wenn man die Zahl der Besitzenden und der Besitzlosen verglich«, so berichtet Pierson weiter, »so fand man [im Jahre 1855] unter der landbautreibenden Bevölkerung – fast 52 Prozent der gesamten Einwohnerschaft – 902 801 Besitzer und 1 863 909 Besitzlose, unter denen, die ein städtisches Gewerbe trieben, 991 839 Besitzende und 1 016 569 (einschließlich 344 829 fabrikarbeitende) Besitzlose.« Hierzu ist anzumerken, daß die große

Mehrzahl der »Besitzenden« auf dem Lande die hochverschuldeten Klein- und Kleinstbauern waren, die das Ablösungsgesetz von den Feudallasten befreit hatte.

Pierson vermerkt alsdann, daß die breite Unterschicht und das minderbemittelte Kleinbürgertum bereits »ein Bewußtsein von ihrer Bedeutung im Staate, von der ungleichen Verteilung der Rechte und Güter, Pflichten und Lasten hatten. Am stärksten war dies Gefühl der Unbill in dem großstädtischen Proletariat, welches den Luxus der günstigsituierten Minorität dicht vor Augen hatte und nach Art der Städter über sich und die Welt häufiger nachdachte, als der Bauernknecht pflegt. Auch wandte jetzt der gemeine Mann den politischen Dingen viel Aufmerksamkeit zu, denn von ihrer Entwicklung erwartete er eine Abhilfe für seine Leiden. Wer hatte vor 1848 eine Zeitung gelesen? Kaum der wohlhabende Bürger, geschweige der Bauer oder gar der Arbeiter. Jetzt fehlte wenigstens in den größeren Städten und Dörfern schwerlich in irgendeiner Schenke die Zeitung und ein Leserkreis, ... und es wich aus den Massen die beharrende Kraft mehr und mehr; sie folgten der Zeitströmung, welche wesentlich eine neuernde war ... So wuchs die Unzufriedenheit, je mehr sich der Gesichtskreis des gemeinen Mannes erweiterte. Die Regierung wirkte solcher Unzufriedenheit nur mittelbar entgegen; sie meinte, auch dieser Schaden werde am sichersten durch die christliche Volksschule geheilt und seine Gefährlichkeit durch ein konservatives Regiment vermindert.«

Dieses konservative Regiment führte nach dem Tode des Grafen v. Brandenburg, der Ende 1850 starb, bis 1858 als Ministerpräsident Otto Theodor v. Manteuffel, der zuvor als Innenminister der Reaktion für die Errichtung der Polizeiherrschaft verantwortlich war. Als sein Innenminister wirkte, ebenfalls bis 1858 und noch reaktionärer als sein Vorgänger und nunmehriger Chef, der 1799 in Lübeck geborene Ferdinand v. Westphalen; dessen Schwester Jenny war übrigens – die Preußen innewohnende Dialektik und ihre unbegrenzten Möglichkeiten lassen sich kaum besser personifizieren – seit 1843 die treusorgende Ehefrau von Karl Marx, mit dem sie bis zu ihrem Tode die Misere des Londoner Exils teilte. Weitere wichtige Mitglieder des Kabinetts v. Manteuffel waren der aus Stargard in Hinterpommern gebürtige Kultusminister Karl Otto v. Raumer, der die Volksschul-»Regulative« einführte (»Wir müssen unseren Vorgesetzten stets gehorchen, denn alle Obrigkeit kommt von Gott«, war ihr Hauptleitsatz), sowie der als Konzession an das Besitzbürgertum mit dem Handelsministerium betraute Elberfelder Bankier August von der Heydt, den wir bereits als gemäßigten Liberalen der Revolutionszeit kennengelernt haben.

Die Politik des Kabinetts v. Manteuffel stand im Innern ganz im Zeichen der Reaktion, der Beseitigung aller Spuren der gescheiterten Volkserhebung und der strengen polizeilichen Überwachung aller Bereiche. Außenpolitisch versuchte die Regierung anfangs, eine deutsche Staaten-Union unter preußischer Führung zu schaffen, teils als vorbeugende Maßnahme gegen neue revolutionäre Bestrebungen, weil sich die preußische Armee beim Niederwalzen von Aufständen 1849 so gut bewährt hatte, teils zur Schaffung eines vergrößerten Markts für die aufstrebende preußische Industrie.

Österreich, das seine Vormachtstellung in Deutschland gefährdet sah, ging daraufhin zu einer Gegenaktion über. Am 2. September 1850 wurde unter österreichischer Leitung der Deutsche Bundestag in Frankfurt am Main wiedereröffnet. Die zweiundzwanzig von Preußen geführten Kleinstaaten der Union – Bayern, Württemberg, Sachsen und Hannover beteiligten sich nicht an diesem Bündnis – blieben der Bundesversammlung zunächst fern. Der preußisch-österreichische Machtkampf um die Vorherrschaft drohte in einen militärischen Konflikt umzuschlagen, zumal er verquickt wurde mit der noch schwelenden schleswig-holsteinischen Frage und mit Vorgängen in Kurhessen, wo eine neue Volkserhebung gegen unberechtigte Steuererhebungen begonnen hatte. Da sich preußische Truppen zum Einmarsch in Kurhessen anschickten und gleichzeitig in Frankfurt auf Drängen Österreichs hin die Bundesexekution, das heißt: die militärische Besetzung Kurhessens durch die Österreicher und ihre Verbündeten, beschlossen wurde, schien ein Krieg zwischen den beiden deutschen Großmächten unvermeidlich.

Doch nun zeigte sich, in wie starkem Maße das Königreich Preußen von Rußland abhängig war. Ein Wink des Zaren Nikolaus I. genügte, und Friedrich Wilhelm IV. mußte seufzend einlenken, seine Unionspläne fallenlassen und am 28. November 1850 in Olmütz einen Vertrag mit Österreich schließen. Darin verpflichtete sich Preußen, künftig nur im Einvernehmen mit Österreich die deutschen Angelegenheiten zu behandeln, seine Truppen aus Hessen zurückzuziehen, die schon angelaufene Mobilmachung rückgängig zu machen, die Union aufzulösen, der Wiederherstellung des Deutschen Bundes zuzustimmen und dessen von Österreich bestimmte Politik in der schleswig-holsteinischen Frage zu unterstützen.

Diese Olmützer Punktation, wie sie genannt wurde, war die totale Niederlage der preußischen Politik und ihres Versuchs, die nationalstaatliche Einigung Deutschlands unter preußischer Vorherrschaft herbeizuführen. Dabei ist anzumerken, daß ein Teil des Junkertums, und zwar der reaktionärste, es durchaus begrüßte, daß Preußen von allen »deutschen Abenteuern«, die letztlich nur das Bürgertum stärken konnten, ablassen mußte und daß es sich nun wieder enger an Rußland anschloß, dessen riesige Armee die beste Garantie dafür bot, daß das junkerliche Regiment noch lange erhalten bliebe. Der andere Teil des Adels mit dem »Kartätschen«-Prinz Wilhelm von Preußen an der Spitze mißbilligte die Unterwerfung unter das Diktat der Österreicher und vertrat die Auffassung, daß die »Schmach von Olmütz« die preußische Ehre besudelt hätte und nur mit Blut abgewaschen werden könnte.

Das – wie Karl Marx es spöttisch formuliert hat – als »reuiger Sünder in den Schoß des vollständig wiederhergestellten Bundestages« zurückgekehrte Preußen verschärfte in den folgenden acht Jahren, sozusagen zum Ausgleich für seine außenpolitische Niederlage, im Innern den reaktionären Kurs und erwarb sich in Deutschland den Ruf, es hätte sich von einem Militär- zu einem Polizeistaat gewandelt.

Indessen muß gerechterweise festgestellt werden, daß das Königreich Preußen der fünfziger Jahre nicht reaktionärer war als die meisten anderen deutschen Staaten und noch geradezu liberal im Vergleich zum habsburgischen Vielvölkerstaat. Dort war der Aufstand der Ungarn 1849 durch russische Armeen blutig niedergeworfen worden. Seitdem hatte die österreichische Bürokratie eifrig an der vollständigen Wiederherstellung des Absolutismus gearbeitet, die gesamte Exekutive straff zusammengefaßt und der zentralen Führung durch die Wiener Regierung unterworfen. Die österreichische Verfassung vom März 1849 war durch das sogenannte »Sylvesterpatent« vom 31. Dezember 1851 völlig beseitigt worden. Die Militärgouverneure in den nichtdeutschen Gebieten hatten unbegrenzte Machtbefugnisse, verstärkt durch den Belagerungszustand, der im größten Teil der Habsburgermonarchie noch jahrelang bestehen blieb. Neben der regulären Armee diente noch eine aus neunzehn Regimentern bestehende Gendarmerietruppe ausschließlich zur Bewachung des »Völkergefängnisses« und zur sofortigen brutalen Unterdrückung jeder freiheitlichen Regung. Der Terror, den diese Polizeitruppe verbreitete, wurde von der Regierung dadurch gefördert und verschärft, daß jeder Gendarm für einen von ihm eingelieferten politischen Häftling eine Belohnung erhielt, deren Höhe sich nach der Strafe richtete, zu der der Beschuldigte dann – meist aufgrund erpreßter Geständnisse – verurteilt wurde. Schließlich wurde 1854 durch eine kaiserliche Verordnung die – ohnehin von den Gendarmen angewandte – Prügelstrafe ausdrücklich erlaubt und empfohlen, allerdings auf Angehörige der unteren Volksklassen beschränkt.

Neben der Bürokratie, der Armee, der Gendarmerie und der Polizeigewalt des Landadels war als weitere starke Stütze des Absolutismus die katholische Kirche in der Habsburgermonarchie wieder mit allen Rechten ausgestattet worden, die sie im Zeitalter der Aufklärung verloren hatte. Die Bischöfe erlangten die weltliche Disziplinargewalt über die Priester zurück. Das Konkordat von 1855 gab der römisch-katholischen Kirche die Aufsicht über das Volksschulwesen und die gesamte Zensur, und auch die Jesuiten erhielten wieder starken Einfluß.

Mit alledem war zweifellos nicht Preußen, sondern Österreich der – wie schon Friedrich Engels festgestellt hat – »reaktionärste, der modernen Strömung am widerwilligsten folgende Staat Deutschlands, und dazu die einzige noch übrige spezifisch katholische Großmacht. Je mehr die nachmärzliche Regierung die alte Pfaffen- und Jesuitenwirtschaft wiederherzustellen strebte, desto unmöglicher wurde ihr die Hegemonie«, die Vormacht über ein zu zwei Dritteln protestantisches Deutschland, und desto stärker wurde, allen Bremsversuchen des zaristischen Rußlands und der auf den Zaren vertrauenden Junker zum Trotz die Vormachtstellung des Hohenzollern-Königreichs. Daran änderte auch alle Abneigung nichts, die zumal die süddeutschen und rheinischen Bürger gegen das preußische Regiment hatten. Österreichs reaktionäre Führung drängte Deutschland förmlich in die Arme der ungeliebten Preußen, denn stärker als alle Ressentiments waren der wirtschaftliche Zwang zur endlichen Schaffung eines großen, einheitlichen Marktes und der schwärmerische Drang nach politischer Vereinigung aller Deutschen in einem Reich.

Der Politiker, der zwei Jahrzehnte später diese Entwicklung mit der Gründung des – Österreich draußen lassenden – Deutschen Reichs zum Abschluß brachte, wurde 1851 als preußischer Bevollmächtigter zum Bundestag nach Frankfurt entsandt, nicht weil man bei der preußischen Regierung in ihm einen energischen Verfechter der deutschen Einigung unter preußischer Führung sah, sondern im Gegenteil, weil er für den »deutschnationalen Schwindel«, wie er sich auszudrücken beliebte, nur Hohn und Verachtung hatte; weil er – wie Sebastian Haffner es formuliert hat – »als der Preußischste aller Nur-Preußen« galt; weil er den Unionsplänen keine Träne nachgeweint und sogar die »Schmach von Olmütz« verteidigt hatte, indem er erklärte: »Es ist nicht Preußens Aufgabe, überall in Deutschland den Don Quichotte zu spielen für gekränkte Kammer-Zelebritäten.«

Dieser damals Preußischste aller »Nur-Preußen« war der 1815 auf dem Familiengut Schönhausen geborene Junker Otto v. Bismarck. Er stammte aus einer alten, bis dahin kaum – und wenn, dann nur regional und durch Aufsässigkeit gegenüber dem König – hervorgetretenen Adelsfamilie der Altmark, stand in dem Ruf »leichtfertiger Gewalttätigkeit« und hatte sich schon vor den revolutionären Ereignissen vom März 1848 politisch betätigt. Im Landtag war er als Abgeordneter auf der äußersten Rechten dadurch aufgefallen, daß er am entschiedensten gegen jeden Abbau der Adelsprivilegien – »Ich bin ein Junker und will meinen Vorteil davon haben!« – und gegen Zugeständnisse an die Bürger aufgetreten war. Für die Frankfurter Nationalversammlung in der Paulskirche hatte er nur Verachtung übrig gehabt. »Nicht durch Reden und Parlamentsbeschlüsse«, so erklärte er später einmal rückblickend, »werden die großen Fragen der Zeit entschieden – das ist der große Fehler von 1848 und 1849 gewesen –, sondern durch Eisen und Blut.«

Er stimmte hierin zwar mit Marx und Engels überein, aber ihm ging es nicht um die Befreiung der Ausgebeuteten, sondern um die Aufrechterhaltung der Herrschaft seiner Klasse, der Monarchie mit dem König als Symbolfigur und den aufgepflanzten Bajonetten gutgedrillter Garderegimenter als einzigem Mittel der Verständigung mit den Massen, falls diese aufbegehren wollten.

Er war ein Junker durch und durch, obwohl er mütterlicherseits aus einer bürgerlichen Beamtenfamilie stammte; der Großvater Mencken war ein gebildeter Mann und königlicher Rat gewesen, dessen Tochter Wilhelmine Luise, Bismarcks Mutter, eine geistig hochstehende, vielseitig interessierte Frau. Von ihr wohl hatte der Sohn einiges, was preußischen Junkern im allgemeinen fehlte: einen wachen Verstand, Witz und Aufgeschlossenheit auch für Dinge, die nichts mit Landwirtschaft, Pferden und Militär zu tun hatten. Da er zudem, was bei Junkersöhnen keineswegs üblich war, das Gymnasium in Berlin und sogar die Universität besucht hatte, fühlte er sich seinen Standesgenossen durchaus zu Recht an Bildung und Kultur weit überlegen.

»Mein Umgang«, so berichtete er 1845 einem Freund, »besteht in Hunden, Pferden und Landjunkern, und bei den letzteren erfreue ich mich einigen Ansehns, weil ich Geschriebenes mit Leichtigkeit lesen kann, mich zu jeder Zeit wie ein Mensch kleide, und dabei ein Stück Wild mit der Akkuratesse eines Metzgers zerwirke, ruhig und dreist reite, ganz schwere Zigarren rauche und meine Gäste mit freundlicher Kaltblütigkeit unter den Tisch trinke . . .«

Seine Karriere schien damals schon beendet. Kaum hatte er sein Jurastudium abgeschlossen und als Referendar eine Anstellung im Verwaltungsdienst erhalten, da war er, gerade 24 Jahre alt, nach verschiedenen Eskapaden hoch verschuldet, auf eigenen Wunsch wieder entlassen worden. Er hatte dann auf seinem hinterpommerschen Gut ein exzentrisches Junggesellenleben geführt und galt vielen mit 30 Jahren schon fast als gescheiterte Existenz. Drei Jahre später machte er im vormärzlichen Berlin und besonders nach dem Ausbruch der Revolution erstmals öffentlich von sich reden, und zwar – wie Sebastian Haffner es genau beschrieben hat – »als ein extremer, abenteuerlicher Konterrevolutionär«. Friedrich Wilhelm IV. notierte sich, diesen Herrn v. Bismarck-Schönhausen betreffend: »Roter Reaktionär, riecht nach Blut; nur zu gebrauchen, wenn das Bajonett schrankenlos waltet.«

Trotzdem nahm ihn der König dann in seinen engeren Kreis, seine »Kamarilla«, auf, hörte sich gern an, was dieser »tolle Junker« an geistreichen, ausgefallenen, häufig überspannten Einfällen zu bieten hatte, folgte Bismarcks Ratschlägen aber nur sehr selten. »Liebeken, das is sehr scheene, aber das is mich zu teuer«, soll er gelegentlich in scherzhaft-falschem Berlinisch geantwortet haben.

Als Günstling des Königs kam Otto v. Bismarck-Schönhausen im Juli 1851 nach Frankfurt, wo er – im Gegensatz zu den Erwartungen der Österreicher – keineswegs als der Vertreter einer Macht auftrat, die gerade erst ein politisches Fiasko erlebt hatte. Von Anfang an ging er selbstbewußt und offensiv vor, stets bemüht, Österreichs diplomatische Vorstöße zum Scheitern zu bringen oder auf originelle Weise in andere Richtungen abzudrängen. »Wenn Österreich ein Pferd vorne anspannt, spannen wir eins hinten an«, hat er seine Arbeitsweise beim Frankfurter Bundestag beschrieben.

Während Bismarck die Deutschlandpolitik der Wiener Regierung erfolgreich durchkreuzte und in Frankfurt die Weichen für eine Entwicklung zu stellen begann, die später zur »kleindeutschen« Lösung führte, veränderte sich die weltpolitische Großwetterlage. Rußland begann 1853 einen Krieg mit der Türkei, vorgeblich zum Schutz der Christen im Osmanischen Reich, in Wahrheit zur kräftigen Ausdehnung seines Gebiets auf Kosten des »kranken Manns am Bosporus« und um einen Zugang zum Mittelmeer zu gewinnen. England und Frankreich sahen ihre Interessen bedroht und kamen der Türkei zu Hilfe. Nach anfänglich erfolgreichen Operationen gerieten die Russen in die Defensive und erlitten schließlich 1855, als ein englisch-französisches Expeditionsheer die starke Festung Sewastopol auf der Krim eroberte, eine entscheidende Niederlage.

Das für Preußen wichtige Ergebnis dieses Krimkrieges war nicht allein der starke Verlust an Prestige und Einfluß, den das Zarenreich erlitt, als es zu einem demütigenden Frieden gezwungen und an weiterer Expansion in südlicher Richtung für lange Zeit gehindert wurde; vielmehr zerbrach durch den Krimkrieg auch die »Heilige Allianz«, das konterrevolutionäre Bündnis zwischen Petersburg, Wien und Berlin. Zwischen Rußland und der Wiener Regierung, die zwar wie Preußen offiziell neutral geblieben war, aber heimlich die Türken unterstützt hatte, bestand fortan ein sehr gespanntes Verhältnis. Dadurch erhielt Preußen, das sich weiterhin an Rußland anlehnte, verstärkte Rückendeckung, zugleich aber etwas freiere Hand in seiner Deutschlandpolitik. Im Frieden von Paris, der 1856 den Krimkrieg beendete, ging Preußen leer aus; Ministerpräsident v. Manteuffel durfte lediglich das Protokoll mitunterzeichnen, während Österreich einige Vorteile erlangte.

Ein Versuch Friedrich Wilhelms IV., auf eigene Faust doch noch Nutzen aus der Situation zu ziehen, mißlang kläglich. Die Rückgewinnung Neuchâtels, das sich 1848 von der Hohenzollernherrschaft befreit hatte, scheiterte. Dazu ist anzumerken, daß Neuchâtel schon seit 1815 ein Kanton der Schweiz war; der Wiener Kongreß hatte aber den preußischen Hohenzollern die Landeshoheit über Neuchâtel als persönliches Besitztum zugesprochen. Der Zeitpunkt, die »legitimen Rechte« Friedrich Wilhelms IV. auf Neuchâtel wiederherzustellen, schien der preußischen Regierung kurz nach dem Ende des Krimkriegs besonders günstig, und so zettelte sie etwas an, das sich in Piersons *Preußischer Geschichte* von 1864 folgendermaßen liest: »Eine kleine royalistische Partei daselbst [in Neuchâtel] unter Führung des alten Grafen Pourtalès, erhob im September 1856 einen Aufstand und pflanzte das hohenzollersche Banner auf; sie wurde jedoch von den Republikanern leicht bezwungen, und nun war der König genötigt, für sie und sich zu handeln. Er forderte die Schweiz auf, die Gefangenen freizulassen und seine Hoheit über den Kanton anzuerkennen. Er drohte mit Krieg.«

Dazu ist zu bemerken, daß nicht »der alte Graf« Pourtalès – er war schon 1848 gestorben – den Putschversuch leitete, sondern seine beiden Söhne, der preußische Staatsrat und Oberstleutnant der Artillerie Graf Ludwig August und dessen jüngerer Bruder Friedrich Karl, königlich preußischer Oberst a. D. und Oberinspektor der Milizen im Füstentum Neuenburg, wie der deutsche Name von Neuchâtel lautete. Man muß ferner wissen, daß die Grafen Pourtalès eine hugenottische, aus den Cevennen stammende, ursprünglich bürgerliche Familie waren, deren Angehörige gegen Ende des 17. Jahrhunderts in Neuchâtel Zuflucht gefunden hatten. Die Nachkommen waren dort zu erheblichem Wohlstand und schließlich zu enormem Reichtum gekommen; Jérémie Pourtalès hatte 1750 als preußischer Agent allerlei nicht näher bekannte Verdienste und wurde von Friedrich II. geadelt. Sein Sohn Jacques Louis v. Pourtalès gründete 1753 ein Handelshaus in Neuchâtel sowie zahlreiche industrielle Betriebe. Er konnte seinen drei Söhnen ein Vermögen von 40 Millionen Franken hinterlassen, außerdem den Grafentitel, den er als Armeelieferant Napoléons von diesem verliehen bekam und den Friedrich Wilhelm III. 1815 dadurch bestätigte, daß er die Familie in den preußischen Grafenstand erhob. Seitdem waren die Grafen Pourtalès königstreue Preußen und hatten als Gardeoffiziere und hohe Diplomaten der Monarchie gedient; einer von ihnen, Graf Albert Pourtalès, war während des Krimkriegs preußischer Gesandter in Konstantinopel gewesen und wurde 1859 Missionschef in Paris.

Der Krieg, mit dem Friedrich Wilhelm IV. der Schweiz drohte, um die Freilassung zweier Grafen Pourtalès und die Anerkennung seiner Oberhoheit über Neuchâtel zu erzwingen, fand indessen nicht statt. Österreich mischte sich ein und erklärte, daß es ein preußisches Vorgehen gegen die Schweiz nicht dulden werde. »Es fragte sich nun«, heißt es dazu in Piersons *Preußischer Geschichte* mit deutlich spürbarer Bitterkeit, »ob der König für seine persönlichen Interessen den preußischen Staat in einen großen Krieg stürzen solle. Er beschloß, dies nicht zu tun, begnügte sich damit, daß die gefangenen Royalisten freigegeben wurden und verzichtete 1857 auf Neuchâtel. So großmütig dies war, es diente wieder nicht dazu, sein Ansehen in der Welt zu mehren. Man hatte sich nun schon daran gewöhnt, ihn vor dem Auslande zurückweichen zu sehen, und glaubte nicht an Manteuffels Phrase, welche dies für ein Zeichen selbstbewußter Stärke erklärte. Ließ Preußen sich doch selbst von kleinen Nachbarstaaten Nadelstiche geben, die seine Interessen verletzten, wie denn beispielsweise eine gehörige Verbindung seiner Ost- und Westprovinzen durch zweckmäßige Anlage von Eisenbahnen und Telegraphendrähten nicht stattfinden durfte, weil das dazwischenliegende Hannover die Genehmigung dazu versagte. Dafür hatte Manteuffel freilich andererseits die Freude, daß rings in der preußischen Nachbarschaft sein reaktionäres Prinzip galt. Seine Gesinnungsgenossen herrschten fast in allen nord- und mitteldeutschen Staaten, zumal in Anhalt, Hannover und Mecklenburg. Besonders letzteres Land durfte auch den Extremsten unter den Rückschrittsmännern im Lichte eines Musterstaats erscheinen, waren hier doch auch solche mittelalterliche Einrichtungen wiederhergestellt, die man in Preußen vergebens beantragte, zum Beispiel die Prügelstrafe für die Untertanen der Rittergutsbesitzer.«

1857, das Jahr der endgültigen Aufgabe preußischer Ansprüche auf Neuchâtel angesichts österreichischer Kriegsdrohungen, war zugleich ein Jahr schwerer Belastungen auf wirtschaftlichem und sozialem Gebiet. Eine Absatzkrise hatte in der preußischen Industrie zu Massenentlassungen und Lohnkürzungen geführt, die eine in diesem Ausmaß bis dahin nicht gekannte Streikbewegung auslösten. Im rheinisch-westfälischen Industriegebiet und in Schlesien traten zahlreiche Bergleute und Fabrikarbeiter in den Ausstand. Sie verlangten eine Aufbesserung ihrer Hungerlöhne, und es bedurfte des Einsatzes der Polizei, sie zur Wiederaufnahme der Arbeit zu zwingen.

Die Krise von 1857, zusammen mit den außenpolitischen Niederlagen und den immer deutlicher spürbaren Unzulänglichkeiten und Hemmnissen, die sich aus der deutschen Kleinstaaterei und der geographischen Trennung der westlichen und östlichen Gebiete Preußens durch das dazwischenliegende Hannover für Handel und Industrie ergaben, zwangen die preußische Regierung zu neuen Überlegungen: Sie begann einzusehen, daß sie den Interessen der Bourgeoisie Rechnung tragen mußte, wenn die Monarchie ihre Macht nach innen und außen behaupten wollte. Ein politischer Kurswechsel schien angezeigt, und eine Gelegenheit dazu bot sich, als Friedrich Wilhelm IV. im Oktober 1857 krankheitshalber seinem Bruder, dem Prinzen Wilhelm, zunächst stellvertretend, ein Jahr später endgültig die Ausübung der Herrschaft überlassen mußte.

Als der einstige »Kartätschen-Prinz« Wilhelm am 7. Oktober 1858 seinen unheilbar geisteskranken, kinderlosen Bruder ablöste und Regent von Preußen wurde, begann eine »neue Ära«, an die von seiten des Besitzbürgertums und der Großbourgeoisie große Hoffnungen geknüpft wurden. Das erzreaktionäre Kabinett v. Manteuffel mußte einer neuen Regierung unter der Ministerpräsidentschaft des Fürsten Karl Anton von Hohenzollern-Sigmaringen weichen. Gemäßigt konservative und rechtsliberale Minister übernahmen die verschiedenen Ressorts, und in der programmatischen Ansprache des Prinzregenten an die neuen Regierungsmitglieder hieß es: »In Deutschland muß Preußen moralische Eroberungen machen, durch eine weise Gesetzgebung bei sich, durch Hebung aller sittlichen Elemente und durch Ergreifung von Einigungselementen, wie der Zollverband es ist, der indes einer Reform wird unterworfen werden müssen.«

Die Tonart ließ deutlich erkennen, daß die Forderungen des Bürgertums nach nationalstaatlicher Einigung nicht mehr überhört werden konnten und sollten. Anderseits aber war die Führung nicht dazu bereit, sich ihre bisherige Machtbasis schmälern zu lassen. Der Prinzregent sprach sich für eine gründliche Reorganisation und Modernisierung der preußischen Armee aus und ließ dabei erkennen, daß das dafür erforderliche Geld aus den Mitteln des kapitalstarken Großbürgertums kommen müsse.

Zu dem liberalen Anstrich, den der Prinzregent seinem neuen Kabinett gab, kamen einige personelle Veränderungen, die ebenfalls bezweckten, die »neue Ära« beim Bürgertum populär zu machen und das Bündnis zwischen Thron, Armee und Kapital zu festigen. Noch 1858 wurde der Mecklenburger Helmuth v. Moltke, Sohn eines dänischen Generals und einer bürgerlichen Mutter, neuer Chef des Generalstabs; im Jahr darauf wurde der Kriegsminister v. Bonin durch Albrecht v. Roon abgelöst, wobei angemerkt sei, daß dessen Familie aus Tournai stammte, zu den wallonischen »Pfälzern« gehörte, die in Preußen Zuflucht gefunden hatten und – wie noch der Vater des neuen Kriegsministers – eigentlich »de Ron« hieß. Die wichtigste, gleich zu Beginn der Prinzregentschaft vorgenommene Veränderung aber war die Versetzung des die Schlüsselposition preußischer Außenpolitik einnehmenden Gesandten beim Frankfurter Bundestag, Otto v. Bismarck-Schönhausen, auf ein »Abstellgleis«, nämlich auf den Gesandtenposten in Petersburg.

Die Wahlen zum preußischen Abgeordnetenhaus vom November 1858 erbrachten einen noch größeren Sieg der Liberalen, als man erwartet hatte: Sie konnten die Anzahl ihrer Sitze von 36 auf 147 erhöhen, während von den 224 konservativen Abgeordneten nur noch 60 verblieben. Prinzregent Wilhelm, Roon und Moltke hofften, durch Lockerung der Zensur und weitere Zugeständnisse an die liberale Mehrheit die von ihnen als vorrangig angesehene Heeresreform über die parlamentarischen Hürden bringen zu können. »Aber den Liberalen im Lande wollte der Nutzen dieses Werkes nicht einleuchten«, heißt es dazu in Piersons patriotischer *Preußischer Geschichte*, »vielmehr erhoben sie gegen die Reorganisation Widerspruch ... Die einen behaupteten, sie überbürde das Land, da sie die dreijährige Dienstzeit wiederherstelle und das Militärbudget jährlich um sechs bis acht Millionen Taler erhöhe; die anderen klagten, daß sie die Bedeutung der Landwehr schmälere ... Manche hätten alle diese Bedenklichkeiten gern beiseite gelegt, wenn die Krone ein liberalparlamentarisches Regiment bewilligt, insbesondere der freiheitlichen Gesetzgebung durch Abschaffung oder Schwächung des Herrenhauses« – der nicht gewählten, sondern vom Regenten ernannten Ersten Kammer, die ein Vetorecht hatte – »Bahn gebrochen hätte. Von der entgegengesetzten Seite hob man hervor: Kein Staat in Europa habe in den letzten fünfzig Jahren an Bevölkerung und Wohlstand so zugenommen wie Preußen, dessen Geldkräfte seit 1816 um 64 Prozent, dessen Einwohnerzahl in derselben Zeit von zehneinhalb Millionen auf mehr als achtzehn Millionen gewachsen sei, und keiner der Großstaaten zahle doch im Verhältnis so wenig für sein Militär wie gerade

Preußen, wo man bei völliger Durchführung der Reorganisation das Militär doch immer nur mit 43 Millionen Taler – etwa 30 Prozent der Gesamteinnahme des Staats – bezahle, während die Zivilverwaltung beinahe das Doppelte koste; in anderen Großstaaten sei das Verhältnis umgekehrt.«

Die liberale Mehrheit des Abgeordnetenhauses blieb bei der Ablehnung der Heeresvorlage, das konservative, von den Junkern beherrschte Herrenhaus befürwortete sie und beschloß sogar 1861 die Abschaffung der Grundsteuerfreiheit der adligen Güter, um durch diesen Verzicht auf ein uraltes Vorrecht die Liberalen günstig zu stimmen, was sich jedoch als vergeblich erwies. Der Kampf der Parteien ging weiter, und als im März 1862 der aus Königsberg stammende, zur Fraktion der linksliberalen Fortschrittspartei gehörende Abgeordnete Adolf Hagen den Antrag stellte, nicht über den Staatshaushalt im ganzen, sondern über die einzelnen Posten abzustimmen, wodurch die Fortführung der Heeresreform in Frage gestellt worden wäre, wurde dies von den Konservativen als Kriegserklärung aufgefaßt. Der nach dem Tode Friedrich Wilhelms IV. im Jahre 1861 zum König gekrönte ehemalige Prinzregent Wilhelm I. erblickte in der Annahme des Antrags von Adolf Hagen durch das Abgeordnetenhaus einen unzulässigen Eingriff in das Recht des Monarchen und der diesem allein zustehenden Exekutive, erklärte das Parlament für aufgelöst, ließ Neuwahlen ausschreiben und ersetzte das bisherige gemäßigt liberale Kabinett durch eine neue konservative Regierung unter der nominellen Ministerpräsidentschaft des Fürsten v. Hohenlohe-Ingelfingen. Die eigentliche Leitung der Regierungsgeschäfte übernahm der zu den Konservativen übergegangene Handelsminister August von der Heydt; Kriegsminister blieb v. Roon, und einige Junker wie Graf Heinrich v. Itzenplitz und Gustav Wilhelm v. Jagow vervollständigten die Ministerliste.

Damit war, was als »neue Ära« hoffnungsvoll begonnen hatte, schon wieder zu Ende, doch der Konflikt zwischen Thron und Volksvertretung ging weiter und verschärfte sich sogar noch, trotz allerlei Konzessionen, die Wilhelm I. den in Geldfragen sehr hartnäckigen Liberalen zu machen bereit war.

»Die wirkliche Macht der Bourgeoisie im Staate«, hat Friedrich Engels dazu 1865 bemerkt, »bestand nur in dem – noch dazu sehr verklausulierten – Steuerbewilligungsrecht. Hier also mußte der Hebel angesetzt werden, und eine Klasse, die sich so vortrefflich aufs Abdingen verstand, mußte hier sicher im Vorteil sein.«

Die Neuwahlen vom Mai 1862 erbrachten der Opposition eine erdrükkende Mehrheit. Die Linke, vertreten durch die im Jahr zuvor erst gegründete Fortschrittspartei, erhielt 133 Mandate, die übrigen Liberalen weitere 97 Sitze, wogegen sich die Konservativen mit nur noch elf Abgeordneten vertreten sahen, die katholische Zentrumspartei mit 28. Diese eindeutige Mehrheit machte die bürgerliche Linke mutig, und im August 1862 ermannte sie sich zu einer entschlossenen Tat: Im Haushaltsausschuß strich die oppositionelle Mehrheit alle Rüstungsausgaben und erklärte die Reorganisation des Heeres, wie sie von Wilhelm I., Roon und Moltke mit Eifer betrieben wurde, für ungesetzlich. Als dann umgekehrt der Vorschlag des Vermittlungsausschusses, die Militärdienstzeit wieder auf zwei Jahre herabzusetzen und dafür die Zustimmung des Parlaments zu den übrigen Militärausgaben zu erlangen, von König Wilhelm I. brüsk abgelehnt wurde, kam es zum Eklat. Denn nun lehnte das Plenum des preußischen Abgeordnetenhauses – vom Kriegsminister v. Roon als »Quatschbude« abgetan – mit einer Mehrheit von 308 gegen elf konservative Stimmen die Regierungsvorlage ab und strich alle Ausgaben für die Heeresreorganisation aus dem Haushaltsentwurf.

Diese parlamentarische Niederlage, noch mehr die Einigkeit der Opposition von der demokratischen Linken bis zu den gemäßigten Liberalen und eher konservativen Katholiken, versetzten Hof und Regierung in große Aufregung. Wilhelm I. litt unter Depressionen und trug sich bereits mit der Absicht, zugunsten seines ältesten Sohns auf den Thron zu verzichten; die Minister boten ihren Rücktritt an.

In dieser verworrenen Lage behielt als einziger unter den Verantwortlichen Kriegsminister v. Roon einen kühlen Kopf. Er mußte sich entscheiden, ob die von ihm schon ausgearbeiteten Pläne für einen militärischen Staatsstreich jetzt in Kraft treten sollten oder ob es besser wäre, dem König einen Zivilisten vorzuschlagen, der die Gewähr dafür bot, mit dem widerspenstigen Parlament fertig zu werden und die absolute Monarchie zu erhalten. Roon entschied sich für das letztere, weil er nicht genau abzuschätzen vermochte, welche Folgen sich aus einem Militärputsch ergeben würden, und der Mann, den er dem König zur Lösung der Krise für das höchste Amt im Staat vorschlug, war der – inzwischen von Petersburg nach Paris versetzte – Botschafter Otto v. Bismarck-Schönhausen.

Bereits am 18. September, am Morgen nach der für die Regierung katastrophalen Abstimmung im Parlament, hatte v. Roon an Bismarck telegraphiert: »Die Birne ist reif«; es war das zwischen ihnen verabredete Signal, das den preußischen Gesandten in Paris veranlaßte, seinen Posten zu verlassen und auf schnellstem Wege nach Berlin zurückzukehren, wo er bereits am 24. September 1862 von Wilhelm I. zum preußischen Ministerpräsidenten ernannt wurde.

Halten wir an dieser Stelle – während Otto v. Bismarck in weniger als einer Woche mit Eisenbahnzügen und Extrapost nach Berlin eilt – einen Augenblick inne und versuchen, die Situation abzuschätzen, so können wir zunächst feststellen, daß das Königreich Preußen der frühen sechziger Jahre des 19. Jahrhunderts um vieles weniger rückschrittlich war als andere vergleichbare Staaten, zumal als Österreich, die mitteldeutschen Kleinstaaten oder gar Mecklenburg. Trotz eines vollständigen Siegs der Junker und des Militärs über die Revolution von 1848/49, der vor allem der Schwäche des

Bürgertums und dem Mangel an politischem Bewußtsein bei der breiten Unterschicht zuzuschreiben war, hatte sich das Hohenzollernregime zu allerlei Zugeständnissen und zur Einräumung des Steuerbewilligungsrechts an ein gewähltes Parlament bequemen müssen. Was noch erstaunlicher ist: Obwohl das Dreiklassenwahlrecht, nach dem die Volksvertreter gewählt wurden, höchst undemokratisch war und die Mehrheit zugunsten der Reichen und Mächtigen verfälschte, hatten sich neunzig Prozent der Abgeordneten in der Opposition gegen König, Junker und Offiziere zusammengefunden; die demokratische Fortschrittspartei, zu deren Abgeordneten von 1863 an auch Dr. Johann Jacoby aus Königsberg zählte, war die stärkste Fraktion. Aus alledem läßt sich schließen, daß die Bevölkerung Preußens in ihrer überwältigenden Mehrheit keineswegs konservativ oder gar reaktionär gesinnt war, sondern fortschrittlich und demokratisch. Was aber die preußische Führung betraf, so ist bemerkenswert, daß selbst der König, ein Konservativer und Militarist, aber gewiß kein Schwächling und auch kein Dummkopf, sich dem Willen der Volksvertretung schon zu beugen und abzudanken bereit war.

»Preußen ... war 1862 wahrscheinlich für den Parlamentarismus reif«, hat Sebastian Haffner dazu bemerkt. »Eigentlich paßte Bismarck schon nicht mehr in die Landschaft der sechziger Jahre. Wenn Wilhelm I., wie er ja fast schon vorhatte, im Herbst 1862 abgedankt hätte und (sein ältester Sohn, der liberal gesinnte) Friedrich III. daraufhin seinen Frieden mit der Kammer gemacht und mit seinen viktorianisch-liberalen Ideen von 1862 bis 1888 regiert hätte: durchaus denkbar, daß Preußen eine Art kleineres kontinentales England geworden wäre. Für einen Bismarck wäre in einem solchen Staat kein Platz gewesen.«

Es sei in diesem Zusammenhang daran erinnert, daß Albrecht v. Roon, der 1862 die Abdankung Wilhelms I. verhinderte, ihm Bismarck, den der König nicht mochte, aufzudrängen verstand und als Alternative dazu einen Staatsstreich zur Errichtung einer Militärdiktatur vorbereitet hatte, nicht aus einer junkerlichen Familie stammte, vielmehr der Nachkomme wallonischer Réfugiés war. Auch diejenigen, die es Bismarck dann ermöglichten, die preußische Aufrüstung ohne vom Parlament bewilligte Mittel zu finanzieren, besaßen, wie wir noch sehen werden, weder Rittergüter noch ein preußisches Adelsprädikat.

Schließlich ist hervorzuheben, daß just um diese Zeit, und zwar in Preußen sowie anderwärts unter maßgeblicher Mitwirkung preußischer Intellektueller, die ersten bedeutenden Organisationen der sozialistischen Arbeiterbewegung entstanden sind. Am 12. April 1862 entwickelte der 1825 in Breslau als Sohn eines wohlhabenden jüdischen Seidenhändlers geborene Jurist und Schriftsteller Ferdinand Lassalle in der Oranienburger Vorstadt »den Arbeitern der großen Maschinenfabriken im Norden Berlins« sein Programm. Er sprach »Über den besonderen Zusammenhang der gegenwärtigen Geschichtsperiode mit der Idee des Arbeiterstandes«, was ihm später eine Anklage der preußischen Justiz wegen Aufreizung zum Klassenhaß und in erster Instanz vier Monate Gefängnis einbrachte; in zweiter Instanz wurde Lassalle aber freigesprochen.

»Die politische Mission der Arbeiterklasse hat niemand so volkstümlich, so packend, mit so glühender Wärme dargestellt«, schrieb 1904 ein anderer Preuße, der sozialdemokratische Theoretiker und Reichstagsabgeordnete Eduard Bernstein, über Ferdinand Lassalle, und der Historiker Hermann Oncken bezeichnete Lassalles programmatische Rede vor den Arbeitern des Berliner Nordens als den »Beginn der Geschichte der neuen preußisch-deutschen Arbeiterbewegung«, ja als den eigentlichen »Ausgangspunkt der sozialdemokratischen Bewegung in Deutschland«.

Auf jeden Fall wurde Lassalle ein Jahr später, auf dem am 23. Mai 1863 in Leipzig stattfindenden Gründungskongreß des »Allgemeinen Deutschen Arbeitervereins« (ADAV), zu dessen erstem Präsidenten gewählt, und aus dem Zusammenschluß des ADAV mit der 1869 in Eisenach gegründeten, marxistisch orientierten »Sozialdemokratischen Arbeiterpartei« ist 1875 jene Organisation hervorgegangen, die sich später als »Sozialdemokratische Partei Deutschlands« (SPD) zur stärksten politischen Kraft im Reich und in Preußen entwickelte.

Der Preuße Karl Marx, der Lassalle noch 1861 in Berlin besucht hatte und von diesem im Jahr darauf in London aufgesucht worden war, hat sich von Lassalle plagiiert und zugleich mißverstanden gefühlt. Aber Marx und auch Friedrich Engels haben bei aller Kritik an Lassalle, der durchaus bereit war, den bestehenden Staat anzuerkennen und ohne radikalen Klassenkampf in ein »soziales Königtum« zu verwandeln, dessen Verdienste nie in Frage gestellt. »Denn«, so hat es Friedrich Engels formuliert, »es gelang dem Talent, dem Feuereifer, der unbezähmbaren Energie Lassalles, eine Arbeiterbewegung ins Leben zu rufen, an welche sich durch positive oder negative, freundliche oder feindliche Bande alles knüpft, was während zehn Jahren das deutsche Proletariat selbständig getan hat.«

Lassalle, der sich 1848 im Rheinland sehr aktiv an der Volkserhebung beteiligt und an der *Neuen Rheinischen Zeitung* seiner damaligen engen Freunde Marx und Engels gelegentlich mitgearbeitet hatte, war ein vielseitig begabter Mann, ein glänzender Redner, ansonsten aber in vieler Hinsicht das Gegenteil dessen, was man sich unter einem Arbeiterführer vorstellt. Stets sehr elegant gekleidet, hatte der schöne und stattliche Mann die Allüren eines reichen Aristokraten; sein eigentlicher Kampf galt dem liberalen Bürgertum, dessen Krämergeist er verachtete.

Im Juni 1864, wenig mehr als ein Jahr nach der Gründung des ADAV, machte Lassalle, den die preußischen Gerichte gerade in Abwesenheit zu insgesamt sechzehn Monaten Gefängnis verurteilt hatten, eine Erholungsreise in die Schweiz. Dort ließ er sich in ein Pistolenduell mit einem wallachischen Adligen wegen dessen Braut ein und starb an den dabei erlittenen Verwundungen am 31. August 1864, noch keine vierzig Jahre alt.

Paul Singer, 1844–1911.

Ferdinand Lassalle, 1825–1864.

Friedrich Engels, 1820–1895.

Karl Marx, 1818–1883.

Vier Wochen später, am 28. September 1864, gründeten Marx und Engels, Preußen im englischen Exil, die »Internationale Arbeiter-Assoziation«, die »Erste Internationale«, wie sie später genannt wurde. Ihr schloß sich 1869 der in Konkurrenz zu den im ADAV organisierten Lassalleanern stehende »Verband der deutschen Arbeitervereine« an. Auch dessen Führer war ein Preuße: August Bebel. Von ihm wird noch ausführlich die Rede sein, denn zum einen war er zweifellos, neben seinem Gegenspieler Otto v. Bismarck, der bedeutendste deutsche Politiker des ausgehenden 19. und beginnenden 20. Jahrhunderts, zum anderen ist die Frage, wer von den beiden, Bismarck oder Bebel, als der typischere Preuße anzusehen sei, eindeutig für Bebel zu entscheiden.

Bismarck, wie ihn die Nachwelt kennt, der »eiserne Kanzler«, der »Schmied des Reiches«, der gigantische Roland aus Stein gehauen, der Recke der Heldensage, aus Erz gegossen, der Übermensch in Kürassierstiefeln – »so wollte ihn das deutsche Bürgertum der Kaiserzeit sehen«, doch wie Sebastian Haffner dazu ganz richtig bemerkt, »so war er nicht«.

Gewiß, er war – im Gegensatz zu Bebel – hochgewachsen und kräftig, später auch korpulent, denn er war ein nervöser Vielesser. Doch auf dem mächtigen Körper saß ein fast zarter Kopf mit dem Gesicht eines empfindsamen Künstlers, dessen Feinheit auch der Schnauzbart nicht völlig verbergen konnte. Er sprach überraschenderweise mit hoher, dünner Stimme, der nervöse Spannung ebenso anzumerken war wie intellektueller Hochmut. Bismarck war beileibe nicht so robust, wie die meisten glaubten und wie er selbst zu sein vorgab; er litt an Schlaflosigkeit, Gallenkoliken und Gesichtsneuralgien und neigte zu nervösen Zusammenbrüchen. Es war eine bestimmte, wohlberechnete Geste, wenn er in Kürassieruniform auftrat, gestiefelt und gespornt, sogar vor dem Reichstag; in Wahrheit hatte er eine starke Abneigung gegen militärischen Zwang, war ungern Soldat gewesen und geriet später mit den von ihm als »militärische Halbgötter« ärgerlich verspotteten Generalen wiederholt in harte Auseinandersetzungen.

Auch wenn man diesen Äußerlichkeiten nicht allzuviel Bedeutung beimißt, so bleibt die Tatsache, daß er die Uniform, die seinem Wesen fremd war, nur deshalb trug, weil er Selbststilisierungen solcher Art nötig hatte.

»Denn«, um noch einmal seinen Biographen Sebastian Haffner zu zitieren, »das erstaunlichste an Bismarcks Leben und Laufbahn ist, daß er 27 Jahre lang in größtem Stil Geschichte und Schicksal gemacht hat, ohne jemals festen persönlichen Machtboden unter den Füßen zu haben. Er war kein Diktator. Er hat niemals eine Cäsarenstellung erobert oder auch nur erstrebt ... Er hat sich aber auch nicht etwa in einer regulären Laufbahn hochgedient.«

Tatsächlich entsprach Bismarcks Karriere absolut nicht preußischem Stil und preußischer Tradition. Seine Beamtenlaufbahn war sehr kurz, erfolglos, von Skandälchen begleitet. Er wurde Gesandter, ohne je Attaché oder

Legationsrat gewesen zu sein, preußischer Ministerpräsident, ohne Erfahrung auch nur in einem der vielen, nicht mit Diplomatie befaßten Ressorts. Und schließlich hatte er – was Haffner meint, wenn er Bismarcks fehlenden »festen persönlichen Machtboden unter den Füßen« vermißt – als Spitzenpolitiker keine solide Basis, keine straff organisierte Partei. Seine Innenpolitik betrieb er, wie der englische Historiker Alan Taylor erstaunt bemerkt, »immer wie Außenpolitik. Er balancierte zwischen verschiedenen Mächten und spielte eine gegen die andere aus; und sein Ziel war immer, der maßgebende Partner zu sein. Nie machte er eine Sache ganz und gar zu der seinen – weder die monarchische noch die nationale, noch die konservative. Das gab ihm immer freie Hand. Aber zum Schluß führte es zu seinem Sturz, daß er niemanden hatte, der wirklich hinter ihm stand«. Das Irreguläre, Ungesicherte, ja, wie Haffner meint, »geradezu Abenteurerhafte der Bismarckschen politischen Existenz« muß man sich nicht nur klarmachen, um seine historische Leistung zu würdigen, sondern auch, damit man begreift, wie gänzlich unpreußisch dieser preußische Staatsmann und – in Anbetracht seiner gebildeten bürgerlichen Mutter nur halbe – ostelbische Junker eigentlich war, wie er für die pingelige Korrektheit des Verwaltungs- und gar des Finanzdienstes nur Hohn und Verachtung übrig hatte und in der Justiz im wesentlichen ein Werkzeug sah, das man nach Belieben zu innenpolitischen Zwecken benutzen konnte.

Mit dem exzentrischen, intellektuell über dem üblichen Hohenzollern-Niveau stehenden, künstlerisch interessierten und jeder harten Entscheidung ausweichenden Friedrich Wilhelm IV. hatte Bismarck mancherlei Berührungspunkte; die beiden waren Spielernaturen und informierten sich in Momenten der Sympathie gegenseitig über ihre Tricks. Der knorrige, prinzipienfeste, durch und durch konservative Militär Wilhelm I., der nur geradeaus denken, zielen und marschieren konnte, war fast das Gegenteil seines Bruders und auch Bismarcks, pedantisch, kalt und stur, wo sein Premierminister genial, nervös und doppelbödig agierte. Bismarck mußte seinen »königlichen Herrn«, wie er ihn zu nennen beliebte, ständig überlisten, überspielen, kunstvoll in schier ausweglose, nur noch durch des Ministerpräsidenten und späteren Kanzlers phantasievolle Einfälle und Improvisationen zu lösende Schwierigkeiten manövrieren. Bismarck hat in seinen *Gedanken und Erinnerungen* selbst geschildert, wie er dabei mitunter nahe einem Nervenzusammenbruch, einmal, in Nikolsburg, sogar dicht vor einem Selbstmord war.

Anderseits hatte Bismarck wenig Skrupel, wenn es um die Ausschaltung lästiger Gegner und um die Wahl von Verbündeten ging. Was seine – meist kurzfristigen – innenpolitischen Bündnisse anging, so bändelte der reaktionäre Ministerpräsident schon kurz nach seinem Amtsantritt sogar mit dem Sozialdemokraten Lassalle an, dem er allerlei Hoffnungen in bezug auf die nationale Einigung Deutschlands machte und eine Sozialgesetzgebung zugunsten der Arbeiterschaft in Aussicht stellte. Außenpolitisch ließ er sich gleich zu Beginn seiner Karriere auf ein sehr gewagtes Spiel ein, als Anfang 1863 im russisch besetzten Polen ein neuer Aufstand ausbrach. Zum Entsetzen der Franzosen und Briten, erst recht aller deutschen Liberalen und Demokraten, stellte er den Russen – in konsequenter Weiterführung der junkerlichen Polenpolitik – militärische Unterstützung bei der Niederschlagung der Revolte in Aussicht. Darüber wäre er fast gestürzt, so heftig waren die Proteste. Nur dadurch, daß er vorgab, die Abmachung mit Rußland sei ohne sein Wissen getroffen worden, vermochte er sich in seiner Stellung zu halten.

In den folgenden Jahren, während der Konflikt zwischen Regierung und Landtag zum Ärger Wilhelms I. weiterschwelte, weil sich die das Parlament beherrschende Opposition beharrlich weigerte, die geforderten Mittel für die Aufrüstung zu bewilligen, sorgte Bismarck bei jeder sich bietenden Gelegenheit für Streit mit Österreich, dessen Hegemonialpolitik in Deutschland er immer wieder erfolgreich durchkreuzte.

So verhinderte er, daß Wilhelm I., wie dieser es geplant hatte, den Fürstentag besuchte, der auf Betreiben Österreichs für den 17. August 1863 nach Frankfurt am Main einberufen worden war. Die Pläne der Wiener Regierung, durch eine Reform des Deutschen Bundes eine gegen die preußische Vorherrschaft gerichtete Organisation zu schaffen, in der ein Bund der deutschen Mittel- und Kleinstaaten die »dritte Kraft« bilden sollte, wurden durch die Abwesenheit des Preußenkönigs zum Scheitern gebracht.

Für weitere Ablenkung von seinen innenpolitischen Schwierigkeiten sorgte Bismarck dadurch, daß er die Österreicher in einen Konflikt hineinzog, der ihre Interessen kaum berührte. König Friedrich VII. von Dänemark hatte Ende März 1863 die Trennung Schleswigs von Holstein eingeleitet mit dem Ziel, Schleswig in den dänischen Staat einzugliedern. Als der Dänenkönig ein halbes Jahr später starb, ließ sich sein Nachfolger Christian sogleich zum Herzog von Schleswig und Holstein proklamieren. Am selben Tag kündigte auch Herzog Friedrich von Augustenburg seinen Regierungsantritt in beiden Herzogtümern an, und da er als liberal galt und für den Anschluß des »ungeteilten« Landes Schleswig-Holstein an den Deutschen Bund eintrat, unterstützte ihn eine breite nationale Bewegung in Deutschland wie in den umstrittenen Provinzen selbst.

Bismarck gelang es, Österreich für ein Zusammengehen mit Preußen zur gemeinsamen Bekämpfung dieser Volksbewegung zu gewinnen. Im Januar 1864, nachdem zuvor sächsische und hannoversche Truppen mit der Bundesexekution gegen Dänemark zur Wahrung der Rechte Holsteins beauftragt worden waren, wurde in Deutschland der Ruf nach der Loslösung beider Herzogtümer von Dänemark immer lauter. Auf Drängen Bismarcks hin ergriffen nun Preußen und Österreich gemeinsam die Initiative, um einer möglichen Volkserhebung zuvorzukommen. Am 1. Februar 1864 rückten Truppen beider Mächte in Schleswig ein, das angeblich nur als

Pfand für die Erfüllung internationaler Vereinbarungen besetzt werden sollte. Doch schon am 3. Februar erklärte Bismarck seinen überraschten Kabinettskollegen, das Ziel seiner Politik sei die Annexion beider Herzogtümer durch Preußen. Die österreichischen und preußischen Truppen konnten die dänischen Grenzbefestigungen leicht überwinden, aber die Kampfkraft der sich auf Düppel zurückziehenden Dänen blieb erhalten. Erst nach langen Verhandlungen zwischen den einander mißtrauenden Angreifern konnte Bismarck eine Einigung mit seinen österreichischen Verbündeten erzielen und sie zur Fortführung des Kriegs bewegen.

Am 18. April 1864 kam es zur Entscheidungsschlacht. Die preußischen Truppen erstürmten die Düppeler Schanzen, und damit war die Kampfkraft der dänischen Armee gebrochen. Nur durch das diplomatische Eingreifen der anderen Großmächte wurde die vollständige Besetzung des dänischen Festlands verhindert, und beim endgültigen Friedensschluß zu Wien am 30. Oktober 1864 mußte Dänemark auf die Herzogtümer Schleswig, Holstein und Lauenburg verzichten; die Sieger einigten sich dann auf Betreiben Bismarcks darauf, daß Holstein von Österreich, Schleswig von Preußen vorläufig verwaltet werden sollte. Das kleine Herzogtum Lauenburg wurde endgültig Preußen zugeschlagen, das dafür Österreich eine Entschädigung zahlte.

Dieser seltsame Kompromiß konnte nicht als endgültige Lösung angesehen werden. Er deutete lediglich an, daß Bismarck vorerst einem offenen Konflikt mit den Österreichern noch ausweichen wollte, und es gab dafür einen sehr einfachen Grund: Es fehlte ihm das zum Kriegführen nun einmal nötige Geld!

»Den ganzen Sommer 1864 hindurch«, heißt es dazu in Hans-Joachim v. Collanis ausgezeichneter Darstellung *Die Finanzgebarung des preußischen Staates zur Zeit des Verfassungskonflikts 1862–1866*, »beschäftigten sich die Minister mit der Frage, wie dem durch den dänischen Krieg verursachten Rückgang der flüssigen Mittel zu begegnen sei.« Der Finanzminister Karl v. Bodelschwingh, der keine Reserven mehr hatte, wollte den Landtag um die Genehmigung einer Anleihe bitten. Bismarck und Roon widersetzten sich aber diesem Plan.

Im Kronrat erklärte Bismarck am 13. Juni 1864: »Kommt es zu einem großen Kriege« – und damit konnte er nur die noch ausstehende Auseinandersetzung mit dem österreichischen Rivalen und derzeitigen Verbündeten meinen –, »so ist auch eine große Anleihe zu kontrahieren . . . Der Artikel der Verfassung kann nicht die Bedeutung haben, daß der König in solchem Fall genötigt sein solle, entweder sich den von dem Landtage gestellten Bedingungen zu unterwerfen oder das Land dem Feinde preiszugeben.«

Er wollte sichergehen, daß im Kriegsfall die Regierung das Parlament einfach umgehen könnte, anstatt sich an die klar anders lautenden Bestimmungen der Verfassung zu halten. Bodelschwingh und die Mehrzahl seiner Kabinettskollegen waren jedoch gegenteiliger Meinung und erklärten, sie fühlten sich durch ihren Eid verpflichtet, die Verfassung strikt einzuhalten.

Bismarck stieß auch mit dem Alternativvorschlag, die vom Parlament bereits genehmigten Anleihen für den Eisenbahnbau ihrem eigentlichen Zweck zu entziehen und die Mittel statt dessen zur Aufstockung des Militärhaushalts zu verwenden, auf den Widerstand des Finanzministers und der Mehrzahl der übrigen Kabinettsmitglieder.

Schließlich fand der Ministerpräsident doch noch einen Ausweg, den geplanten Krieg gegen Österreich zu finanzieren, ohne das Abgeordnetenhaus um Erlaubnis zu fragen. Der Mann, der ihm dabei half, die erforderlichen Finanztransaktionen möglichst diskret durchzuführen, war der jüdische Bankier Gerson Bleichröder, der Berliner Vertrauensmann des Pariser Bankhauses Rothschild. In seinen Memoiren hat Bismarck seinem – später geadelten – Bankier nur wenige Zeilen gewidmet und über Bleichröder vermerkt: »Er hat mir im Jahre 1866 das zum Kriege nötige Geld zur Verfügung gestellt. Das war ein Unternehmen, welches mich unter den damaligen Umständen, wo ich beinahe dem Galgen ebenso nahe stand wie dem Königsthron, zu Dank verpflichtet.« Aber ganz so einfach, wie Bismarck es 1890 dargestellt hat, war die Beschaffung der Mittel keineswegs. Fritz Stern hat in seinem Werk *Gold und Eisen. Bismarck und sein Bankier Bleichröder* auf 655 Seiten, den umfangreichen wissenschaftlichen Anhang nicht mitgerechnet, die engen Beziehungen der beiden Männer und die recht komplizierten und gewagten Transaktionen, die zur Beschaffung des Kriegsschatzes erforderlich waren, eingehend beschrieben. »Was sie (die Historiker) nicht beachtet haben«, heißt es darin, »ist eine besondere Folgeerscheinung des Verfassungsstreits, die Bismarcks politisches Handwerk in Mitleidenschaft zog: seine ständigen Geldsorgen. Um die preußische Staatskasse war es um so ärmlicher bestellt, als der Krieg gegen Dänemark hatte finanziert werden müssen; der Landtag erwies sich als widerspenstig, wenn er gebeten wurde, die Schubladen wieder zu füllen. In den zwei härtesten Jahren seines politischen Lebens zwischen 1864 und 1866 brauchte Bismarck Geld für den Kriegsfall; er versuchte, Österreich Geld streitig zu machen, um die Vorbereitungen Österreichs zu behindern. Die größeren Werke über Bismarck übersahen diese Tatsache – und hatten es desto leichter, Bleichröders außerordentliche Rolle in finanziellen Angelegenheiten zu ignorieren. Bismarck war sowohl wagemutig und dreist wie behutsam und umsichtig. Im Umgang mit Österreich stieß er vor und zog sich zurück, schüchterte ein und beschwichtigte, packte günstige Gelegenheiten, zögerte, versäumte sie auch, bis die Situation reif war. Beschaffung und Nutzbarmachung von Geldmitteln waren nicht allein Anlaß zu der Flexibilität, zu jener so treffend als seine ›diabolische Gleichzeitigkeit‹ bezeichneten Art und Weise seiner Taktik Österreich gegenüber, sondern *ein* wesentliches Element seiner Verhaltensweise, das er öffentlich nie hätte preisgeben können, ohne Preußens eigentliche Schwäche zu enthüllen.

Zweifellos verwünschte er zuweilen diese zusätzliche Belastung, vielleicht hielt er das alles für seiner unwürdig, wie sich ein Dichter über die Erfordernisse des praktischen Lebens ärgern mag. Jedenfalls sah Bismarck ein, daß der historische Preis für Verfassungsverletzungen Knappheit der Finanzen war; er nahm die Konsequenzen des Verfassungskonflikts auf sich, bis er die Ursachen bewältigen konnte.«

Bismarck hatte indessen nicht nur finanzielle Probleme zu lösen, die seine eigenen Möglichkeiten überstiegen. Es gab auch in seinem außenpolitischen Kalkül einen großen Unsicherheitsfaktor, der ihm beträchtliche Sorgen bereitete, nämlich das Frankreich Napoléons III. Nach Errichtung einer bonapartistischen Diktatur hatte der Franzosenkaiser äußere Erfolge nötig. Zwar hatte er 1859 die Österreicher besiegt, sich zum Beschützer des von der Habsburger- und Bourbonen-Herrschaft befreiten Italien erklärt und zum Dank 1860 Savoyen und Nizza annektieren können. Aber nun wartete er auf eine Gelegenheit, die Ostgrenze Frankreichs bis zum Rhein auszudehnen und Oberherr eines neuen Rheinbunds deutscher Mittel- und Kleinstaaten zu werden. Von der bevorstehenden militärischen Auseinandersetzung zwischen Preußen und Österreich erhoffte er sich eine solche Chance. Seine Absicht war es, die beiden deutschen Mächte in einen langwierigen und blutigen Krieg zu verwickeln, bis sie so ermattet waren, daß er als Schlichter eingreifen und zugleich selbst die Vorherrschaft in Deutschland und damit in ganz Mitteleuropa erringen konnte.

Der große Finanzier und einflußreiche Berater Napoléons III. war Baron James de Rothschild, der Chef des Pariser Bankhauses, das mit den Rothschild-Niederlassungen in London, Wien und Neapel sowie mit dem Frankfurter Stammhaus eng zusammenarbeitete. Die Vertretung der Rothschild-Interessen in Preußen oblag Bismarcks Bankier Gerson Bleichröder, der fast täglich alle wichtigen wirtschaftlichen und politischen Informationen, die er in Berlin auf die eine oder andere Weise in Erfahrung bringen konnte, nach Paris berichtete.

Natürlich war dies Bismarck bekannt, und er wußte auch, daß Baron James de Rothschild bei Napoléon III. jederzeit vorgelassen wurde, den Franzosenkaiser beriet und ihn über die finanzielle und militärische Stärke Preußens – und auch Österreichs – genau informierte. Infolgedessen mußte Bismarck diesem Umstand Rechnung tragen, als er mit Bleichröders Hilfe daranging, die vom Abgeordnetenhaus verweigerten Mittel auf andere Weise zu beschaffen. Er tat alles, den Eindruck zu erwecken, es werde einen mehrjährigen, sehr harten und kostspieligen Kampf mit den – ohnehin als militärisch überlegen geltenden – Österreichern geben, während er gleichzeitig seinen Kriegsminister v. Roon und den Generalstabschef Helmuth v. Moltke instruierte, einen Feldzugsplan zu entwerfen, der darauf abzielte, binnen weniger Wochen eine Entscheidung zu erzwingen.

Im Frühjahr 1866 gingen dann die finanziellen Transaktionen vor sich, mit denen der preußische Staat seine leeren Kassen auffüllen und die letzten

Rüstungsvorbereitungen treffen konnte. Für 13 Millionen Taler wurden die bislang in Staatsbesitz befindlichen Aktien der Köln-Mindener Eisenbahngesellschaft an deren private Aktionäre abgetreten. Alsdann ließ Bismarck für 40 Millionen Taler Kassenscheine ausgeben, wozu ihm zwar die parlamentarische Bewilligung fehlte, aber nicht die Zusage eines von Bleichröder geführten Konsortiums, die ungesetzliche Maßnahme als legal anzusehen und die Scheine in Zahlung zu nehmen.

Schon wenige Tage später, am 8. April 1866, schloß Preußen einen auf drei Monate befristeten Bündnisvertrag mit Italien, das sich verpflichtete, Österreich den Krieg zu erklären, sobald es zu Kampfhandlungen zwischen Österreich und Preußen käme. Als Gegenleistung wurde den Italienern ein Millionenkredit eingeräumt. Mit wesentlich kleineren Summen versuchte Bismarck sodann, einen Aufstand in Ungarn zu finanzieren, durch den weitere Truppen Österreichs an entfernten Fronten gebunden werden sollten. Doch das wichtigste war ihm, sich die wohlwollende Neutralität des Franzosenkaisers so lange wie möglich zu erhalten.

Der Krieg, den Bismarck praktisch im Alleingang ansteuerte, erfüllte nicht nur ganz Deutschland mit großer Sorge; er war auch in Preußen alles andere als populär. Selbst die Mehrheit der preußischen Junker, gewohnt, in Österreich den nach Rußland wichtigsten Verbündeten zur Niederhaltung revolutionärer Ideen zu sehen, stand nun gegen Bismarck, so daß die Front der Opposition von den Konservativen bis zu den Sozialisten gereicht hätte, wäre Bismarck nicht auf den genialen Trick verfallen, am 9. April 1866, einen Tag nach dem Abschluß des Bündnisses mit Italien, im Frankfurter Bundestag einen Antrag einzubringen, der seine Gegner, zumal die Liberalen, völlig verwirrte. Er ließ beantragen, ein nach den Grundsätzen des allgemeinen, gleichen und direkten Wahlrechts zustande gekommenes gesamtdeutsches Parlament einzuberufen, »um die Vorlagen der deutschen Regierungen über eine Reform der Bundesverfassung entgegenzunehmen und zu beraten«.

Aus dem Erzreaktionär schien ein Demokrat geworden zu sein, doch in Wahrheit hatte Bismarck lediglich erkannt, daß er den Krieg gegen Österreich nicht beginnen konnte, ohne auf den allgemeinen Wunsch nach nationaler Einheit einzugehen. Er mußte versuchen, die Volksstimmung innerhalb und außerhalb Preußens für sich und seine Pläne zu gewinnen. Er nahm dafür in Kauf, daß man in Petersburg sehr ärgerlich reagierte, und entschuldigte sein Vorgehen gegenüber der russischen Regierung damit, daß es besser sei, die unvermeidlich notwendige Reform des Deutschen Bundes unter Leitung seiner zuverlässig konservativen Regierung durchzuführen, als sie den Liberalen oder gar den auf solche Gelegenheit wartenden Revolutionären zu überlassen.

Auf jeden Fall erreichte Bismarck mit seinem Vorstoß in Frankfurt, daß die oppositionellen Gruppen in heillose Verwirrung gerieten. Die Erzkonservativen schäumten zwar noch mehr gegen ihn, aber dafür war das liberale Lager nun nicht mehr bereit, einem Mann in den Arm zu fallen, der die dringendsten Wünsche des Bürgertums, ja des ganzen Volkes zu erfüllen bereit war. Aus der kleinen Gruppe von Demokraten, die sich von dem Angebot nicht blenden ließen und in strikter Opposition verharrten, ragte der Abgeordnete Johann Jacoby hervor, dessen Losung: »Diesem Ministerium keinen Mann und keinen Groschen!« lautete.

Kurz darauf wurde der preußische Landtag aufgelöst; Neuwahlen waren für den 3. Juli 1866 vorgesehen. Niemand ahnte, daß es der Tag der Entscheidungsschlacht bei Königgrätz sein würde. Denn schon in den ersten Junitagen begann Bismarck mit dem diplomatischen und militärischen Geplänkel, das die Österreicher zur Eröffnung der Feindseligkeiten provozieren sollte. Am 11. Juni 1866 hatte er sie soweit: Die Wiener Regierung, empört über den vertragswidrigen Einmarsch preußischer Truppen in Holstein, beantragte beim Bundestag die Mobilmachung der Bundestruppen gegen Preußen. Vier Tage später eröffnete die preußische Armee die Feindseligkeiten gegen den »Angreifer« Österreich, auf dessen Seite sich Bayern, Württemberg, Baden, Hannover, Sachsen und Hessen sowie einige kleinere Länder geschlagen hatten, während auf seiten Preußens nur ein paar unbedeutende Zwergstaaten standen.

Die öffentliche Meinung in Europa, übrigens selbst Friedrich Engels, aber auch die Börsen in London, Paris, ja sogar in Berlin bewerteten anfangs die Siegesaussichten der Österreicher weit höher als die preußischen, doch noch im Laufe des Monats Juni stellte sich heraus, daß die deutschen Verbündeten Österreichs dem preußischen Angriff keinen ernsthaften Widerstand entgegenzusetzen vermochten. Von nun an war nur noch in Böhmen, wo die österreichische Hauptmacht stand, eine Entscheidungsschlacht zu erwarten. Dorthin zog sich auch die 23 000 Mann starke sächsische Armee zurück, die das Königreich den anrückenden Preußen kampflos überlassen hatte.

Der österreichische Oberbefehlshaber Benedek verfügte über 250 000 Mann, die als Nordarmee von Böhmen aus gegen Preußen operieren sollten; hinzu kam das sächsische Kontingent, so daß die Gesamtstärke der Nordarmee auf 273 000 Mann anstieg. Österreichs Südarmee, 85 000 Mann stark, stand in Oberitalien; weitere 112 000 Österreicher, Bayern, Württemberger und andere deutsche Truppen hatten die Anfang Juli bereits geschlagene und in voller Auflösung befindliche Westarmee gebildet.

Gegen die für den preußischen Angriff allein noch in Betracht kommende Nordarmee in Böhmen rückten in den ersten Julitagen drei Armeen vor, die erste aus der Lausitz, die zweite von Schlesien her, die dritte von der sächsischen Nordgrenze entlang der Elbe. Sie sollten sich auf böhmischem Boden an der Iser vereinigen.

Der preußische Operationsplan war das Werk des Generalstabschefs Helmuth v. Moltke. Er hatte wie Bismarck eine wohlhabende und gebildete Bürgerstochter zur Mutter, stammte väterlicherseits teils aus wendischem Uradel, teils von Réfugiés aus Frankreich ab, war in Dänemark erzogen worden und erst mit 22 Jahren von Gneisenau ins preußische Heer aufgenommen worden. Mit 41 Jahren hatte er geheiratet – wiederum keine ostelbische Gutsbesitzerstochter, vielmehr eine blutjunge Engländerin, Mary Burt. Und schließlich war dieser so ganz unjunkerliche preußische General nicht nur ein sehr gebildeter Mann, sondern auch von ungewöhnlicher Intelligenz. Am Rande sei vermerkt, daß er viele Jahre lang zu den Beziehern der Berliner demokratischen Tageszeitung *Die Reform* zählte, womit sein fortschrittlich-liberales Außenseitertum hinlänglich angedeutet sei.

»Unter den Fachleuten und Militärs ist viel über Moltkes Aufmarsch 1866 gegen Österreich gestritten worden«, heißt es in einem Porträt des Feldherrn von Wolfgang Venohr. »Man hat ihm Zersplitterung vorgeworfen. Und tatsächlich marschierte die preußische Armee auf einer Linie von 500 Kilometern auf, die einzelnen Korps und Divisionen weit auseinandergezogen. Die Aufmarschräume hießen: Halle, Zeitz, Torgau, Herzberg, Drebkau, Görlitz, Schweidnitz und Neiße-Frankenstein. Und genau dies waren die Endstationen der Eisenbahnen, über die der preußische Staat damals in Richtung Sachsen und Böhmen verfügte! Es war also ein technischer Aufmarsch, ein Aufmarsch der praktischen Vernunft. Wenn Moltke im Kampf gegen die Österreicher die Initiative erringen wollte – und das wollte er bei jedem Kampf vom ersten Augenblick an – und er andererseits nicht wußte, was die österreichische Heerführung beabsichtigte, ob sie gegen Schlesien, Sachsen oder die Lausitz vorgehen würde, dann hatte es wenig Sinn, sich mit den kompliziertesten Berechnungen für eine Vielzahl von Eventualitäten zu plagen, dann kam nur die einfachste Lösung in Frage: die der Schnelligkeit, die der Anpassung an die eisenbahntechnischen Realitäten.«

»Im Kriege ist alles höchst einfach«, hat Moltke selbst, ebenso bescheiden wie sarkastisch, dazu bemerkt. Da ihm die Eisenbahnverhältnisse eine Konzentrierung seiner Streitkräfte beim Aufmarsch nicht gestatteten, kam er zu dem verblüffend einfachen Entschluß, seine Truppen erst auf dem Schlachtfeld zu vereinigen, die Konzentration während der Operation zu vollziehen, nach der schlichten Devise: »Getrennt marschieren – vereint schlagen!«

»So simpel«, bemerkt Venohr dazu, »war das Geheimnis seines Erfolgs. Er war nur der einzige, der es kannte.«

Am 3. Juli 1866, um 7 Uhr morgens, setzte sich die 1. preußische Armee gegen die österreichischen Stellungen an der Bistritz in Bewegung, und sofort begann die nach Anzahl, Treffsicherheit und Feuergeschwindigkeit weit überlegene österreichische Artillerie die preußischen Angreifer mit einem Granathagel zu überschütten. Dreimal gingen die Preußen vor, dreimal mußten sie vor dem mörderischen Artilleriefeuer und den wütenden Gegenangriffen österreichischer Infanterie zurückweichen.

Auf dem linken Flügel der 1. Armee war die 7. Magdeburger Division in den Swiepwald eingedrungen und dort von zwei österreichischen Armeekorps gestellt worden. Sie verblutete dort langsam, trotz heftigster Gegenwehr. Im preußischen Stab sah man die Schlacht schon verloren, wollte noch retten, was zu retten war. Der König ließ Moltke fragen, was er an Vorkehrungen für einen Rückzug getroffen habe. Moltkes Antwort lautete: »Hier handelt es sich um die Zukunft Preußens, hier wird nicht zurückgegangen.«

Er wußte, daß sein Plan gelingen mußte. Alles kam darauf an, die Österreicher in Atem zu halten und im Swiepwald, trotz entsetzlich hoher Verluste, weiterzukämpfen. Denn dort fiel nach Moltkes Berechnungen die Entscheidung, nicht nur des Tages, sondern des ganzen Feldzugs. Die beiden österreichischen Armeekorps, die sich dort verbissen hatten und die Magdeburger Division langsam aufrieben, hatten eigentlich die Nordflanke ihrer Armee gegen die von Schlesien her heranziehende 2. preußische Armee decken sollen. Nun war die Flanke offen, und es war eine Frage von Stunden, wann dieser Umstand den Österreichern zum Verhängnis werden mußte.

Um drei Uhr nachmittags war es soweit: Die in Eilmärschen von den Endstationen der Eisenbahnen herangeführte 2. preußische Armee stieß in die offene Flanke der österreichischen Hauptmacht; die 1. preußische Gardedivision hatte bereits das Dorf Chlum erstürmt und stand nun plötzlich im Rücken der feindlichen Batterien.

Damit war die Schlacht – nach Umfang und Folgen die größte seit dem Sieg über Napoléon bei Leipzig – für Preußen entschieden. Die Reste der österreichischen Nordarmee zogen sich eilig aus Böhmen zurück. Auch Mähren mußte wenige Tage später aufgegeben werden; am 13. Juli zogen die Preußen in Brünn ein, am 17. Juli bezog Wilhelm I. in Nikolsburg Quartier, kaum siebzig Kilometer nördlich von Wien.

In Nikolsburg rang Bismarck dem auf einen triumphalen Einzug in die Kaiserstadt versessenen König und den eine Vernichtung und Demütigung der Österreicher verlangenden Armeeführern mit äußerster Anstrengung die Einwilligung zum Friedensschluß ab. Nur sofortiges Einlenken, so machte er Wilhelm I. und den Militärs klar, konnte den Sieg sichern und Napoléon III. davon abhalten, sich des Rheinlands zu bemächtigen.

So wurden, allein auf Bismarcks Drängen hin, im Nikolsburger Vorfrieden vom 26. Juli 1866 die Bedingungen festgelegt, die im Prager Friedensvertrag knapp einen Monat später nur noch bestätigt wurden: die Auflösung des Deutschen Bundes, der Verzicht Österreichs auf Einmischung in deutsche Angelegenheiten, die Wiener Anerkennung der Annexion Schleswig-Holsteins, Hannovers, Kurhessens, Hessen-Nassaus und der bislang Freien Stadt Frankfurt am Main durch Preußen. Österreich mußte ferner die Provinz Venetien an Italien abtreten und an Preußen zwanzig Millionen Taler Kriegsentschädigung zahlen.

Mit den süddeutschen Staaten – Baden, Württemberg, Bayern – schloß Bismarck noch im Laufe des Monats August, mit Hessen-Darmstadt Anfang September Friedensverträge und gleichzeitig geheime Bündnisse, die für den Kriegsfall die Unterstellung aller Truppen dieser Staaten unter preußischen Oberbefehl vorsahen. Außerdem mußten die Besiegten zusammen rund 25 Millionen Taler Kontribution zahlen, einige Grenzgebiete an Preußen abtreten und dessen neuen, außerordentlich erweiterten Besitzstand anerkennen.

Das Königreich, bis dahin durch Hannover von seinen Westprovinzen getrennt, bildete nun eine Einheit, hatte um rund 30 Prozent an Fläche zugenommen und einen Zuwachs von 4,2 Millionen Einwohnern erlangt; Flensburg und Kiel, Hannover, Kassel, Wiesbaden und Frankfurt am Main waren jetzt preußisch.

Unmittelbar nach dem Abschluß dieser für Preußen so überaus günstigen Friedens- und Bündnisverträge, die das Ansehen des Diplomaten Bismarck enorm vermehrten, ging dieser daran, auch im Innern Frieden zu schließen und den Konflikt mit dem Abgeordnetenhaus und der liberalen Bourgeoisie zu beenden. Der neue, am Tag der Entscheidungsschlacht bei Königgrätz gewählte Landtag bot ihm hierfür günstige Voraussetzungen: Die Fortschrittspartei hatte 60 ihrer bislang 143 Sitze verloren; die zuvor nur über 35 Mandate verfügenden Konservativen waren mit 123 Abgeordneten nunmehr die stärkste Fraktion, ohne jedoch die absolute Mehrheit errungen zu haben. Die Liberalen bildeten jetzt mit nur noch 65 Sitzen, anstatt der bisherigen 143, das Zünglein an der Waage. Kriegsbegeisterung und Siegestaumel hatten diesen starken Rechtsruck bewirkt, den Bismarck nun mit aller gebotenen Vorsicht zu seinen Gunsten auszunutzen begann. Er legte dem Parlament den Entwurf eines Gesetzes vor, worin der Regierung alle in der Zeit des Verfassungskonflikts auf ungesetzliche Weise getätigten Ausgaben nachträglich genehmigt wurden. Diese sogenannte Indemnitätsvorlage wurde am 3. September 1866 vom preußischen Abgeordnetenhaus mit nur 75 Gegenstimmen angenommen. Zahlreiche Liberale und Fortschrittliche – sie bildeten bald darauf die Nationalliberale Partei – hatten sich bereitgefunden, dem Gesetz zuzustimmen, weil Bismarck in ihren Augen dem wichtigsten gemeinsamen Ziel, der nationalen Einigung Deutschlands, ein großes Stück nähergekommen war, zudem die Souveränität besonders rückständiger Kleinstaaten wie Hannover und Kurhessen beseitigt hatte, außerdem Bereitschaft erkennen ließ, dem jetzt zu schaffenden Norddeutschen Bund eine liberale, den Wünschen des Bürgertums weit entgegenkommende Verfassung zu geben.

Dieser Norddeutsche Bund – außer Preußen traten ihm mehr oder weniger freiwillig in zeitlicher Reihenfolge Sachsen-Weimar, Oldenburg, Braunschweig, Sachsen-Altenburg, Sachsen-Coburg-Gotha, Anhalt, die beiden Schwarzburgischen Fürstentümer, Reuß jüngere Linie, Waldeck, Schaumburg-Lippe, Lippe-Detmold sowie die Freien Städte Lübeck,

Hamburg und Bremen bei, dann auch die beiden mecklenburgischen Herzogtümer, der Großherzog von Hessen für seine nördlich des Mains gelegene Provinz Oberhessen, das Fürstentum Reuß ältere Linie, Sachsen-Meiningen und am 21. Oktober schließlich sehr widerwillig auch das Königreich Sachsen – war eine zusätzliche Erweiterung preußischer Macht. Denn Preußens König – so sah es die einige Monate später beschlossene, am 1. Juli 1867 in Kraft tretende Verfassung vor – führte stets den Vorsitz und war Oberbefehlshaber aller Bundestruppen, hatte die alleinige Entscheidung über Krieg und Frieden sowie die Ernennung des Bundeskanzlers, der zugleich preußischer Ministerpräsident war und die gemeinsame Außenpolitik leitete. Damit war praktisch den 21 nichtpreußischen Bundesstaaten die Souveränität genommen; sie behielten nur eine gewisse Autonomie im Bereich der inneren Verwaltung, der Justiz sowie der Schul- und Kirchenaufsicht.

Der Norddeutsche Bund, mit einer Fläche von 415 000 Quadratkilometern fast um die Hälfte größer als die heutige Bundesrepublik, wenngleich von nur knapp dreißig Millionen Menschen bevölkert, bildete zusammen mit den süddeutschen Ländern ein gemeinsames Wirtschafts- und Zollgebiet, so daß ein ausgedehnter Markt entstand, der den Interessen des Großbürgertums entsprach.

Die Liberalen setzten es dann zwar durch, daß der Norddeutsche Reichstag nach dem allgemeinen und gleichen Wahlrecht, also durchaus demokratisch gewählt wurde und daß es wenigstens einen dem Parlament verantwortlichen Minister, den Bundeskanzler, gab. Aber der Reichstag konnte diesen Kanzler nicht stürzen, weder durch ein Mißtrauensvotum noch auf andere Weise. Schließlich war das Budgetrecht des Parlaments in der Verfassung verankert, allerdings mit der Einschränkung, daß sich die gesetzgeberischen Kompetenzen erst vom Dezember 1871 an auch auf den militärischen Bereich, insbesondere auf die Bewilligung der Ausgaben für Heer und Flotte sowie auf die Präsenzstärke, erstrecken sollten.

Insgesamt war die Verfassung des Norddeutschen Bundes ein Gemisch aus sehr verschiedenen Elementen: Durch das erbliche Recht der Krone Preußens auf Präsidentschaft und Oberbefehl, Ernennung des Kanzlers und Leitung der Außenpolitik war die preußische Vorherrschaft in Deutschland sichergestellt. Durch die Gewährung regionaler Autonomie im Verwaltungs-, Justiz-, Polizei- und Kulturbereich blieben die konservativen Interessen und die Ansprüche der ostelbischen Junker gewahrt. Aber auch die demokratischen Kräfte hatten sich zumindest insoweit durchgesetzt, als nun – wie schon erwähnt – das von allen reaktionären Gruppen bislang strikt abgelehnte allgemeine, gleiche und geheime Wahlrecht galt und die Volksvertretung erhebliche Kontrollfunktionen ausüben konnte.

Für die radikaldemokratische Linke und erst recht für die jungen, zahlenmäßig noch schwachen Arbeiterparteien bedeutete der Norddeutsche

Bund eine stark verbesserte Möglichkeit überregionaler Organisation und Agitation, seine Verfassung einen günstigen Ansatzpunkt für die kompromißlose Bekämpfung und schließliche Überwindung der Diktatur des »Eisernen Kanzlers«, obwohl Bismarck sich diese Verfassung, wie er meinte, »auf den Leib zugeschnitten« hatte.

Das Ergebnis der Wahlen zum Konstituierenden Reichstag des Norddeutschen Bundes, die am 12. Februar 1867 stattfanden, ließ dies noch nicht erkennen, denn sie brachten einen Sieg der rechten Mitte: Die Ultrakonservativen erhielten 62 Mandate, die – Bismarcks »Revolution von oben« unterstützenden – Freikonservativen 40, die Alt- und Nationalliberalen zusammen 106 Sitze; eine liberale Mittelgruppe, verstärkt durch Reste der Zentrumspartei, konnte 13 Abgeordnete in den Reichstag entsenden, die einst so starke Fortschrittspartei nur noch 19 Abgeordnete. Dreizehn Polen, ein Däne, zwanzig Vertreter partikularistischer Interessen, 21 Parteilose und zwei Abgeordnete der Sächsischen Volkspartei vervollständigten das bunte Spektrum.

Doch trotz dieses für Bismarck auf den ersten Blick recht zufriedenstellenden Ergebnisses zeigte sich an einer Reihe von personellen und sachlichen Entscheidungen, daß schon dieser erste, verfassungsgebende Reichstag weit mehr war als ein bloßes Scheinparlament. So wählten die Abgeordneten demonstrativ den – nun zur nationalliberalen Fraktion gehörenden – einstigen Paulskirchen-Präsidenten Eduard Simson aus Königsberg zum ersten Präsidenten des Reichstags und knüpften damit, sehr zum Ärger der Konservativen, an die Tradition der Nationalversammlung von 1848/49 an. Sodann setzten die Nationalliberalen jene wichtigen Änderungen des vorgelegten Verfassungsentwurfs durch, von denen bereits die Rede war, unter anderem auch, daß fortan die Reichstagswahlen nicht öffentlich, sondern geheim abzuhalten seien. Das Parlament bestand auch darauf, daß die Verfassung Bestimmungen über die strafrechtliche Immunität der Abgeordneten enthalten müßte; ein entsprechender Artikel wurde eingefügt.

Schließlich beschloß dieser verfassungsgebende Reichstag, den Bundeskanzler gegenüber dem Parlament »verantwortlich« zu machen, so daß das Amt, auch wenn der Kanzler nicht durch Mißtrauensvotum gestürzt werden konnte, zum entscheidenden Organ der Exekutive wurde und auch dem König gegenüber ein weit stärkeres Gewicht erhielt. Denn der Kanzler konnte nun Maßnahmen, die der König wünschte, mit der Begründung ablehnen, dafür die verfassungsmäßige Verantwortlichkeit nicht übernehmen zu können. Erst nach dieser Änderung entschloß sich Bismarck, das Amt des Bundeskanzlers selbst zu übernehmen.

Anzumerken ist, daß unter den 297 Abgeordneten des Konstituierenden Reichstags, von denen 235 aus Preußen kamen, erstmals auch ein Vertreter der Sozialdemokratie war, und zwar kein Lassalleaner, sondern ein Anhänger von Marx und Engels. Er hatte auf der Liste der Sächsischen

Volkspartei kandidiert und war im 17. sächsischen Wahlkreis (Glauchau-Meerane) gewählt worden. Er blieb übrigens mit nur wenigen kurzen Unterbrechungen 46 Jahre lang, bis zu seinem Tode im Jahre 1913, Abgeordneter, erst des Norddeutschen, dann des Deutschen Reichstags, wobei er, obwohl er Preuße war, stets außerhalb des Königreichs, zunächst in Sachsen, dann in Hamburg, in Elsaß-Lothringen und zum Schluß nochmals in Hamburg aufgestellt und gewählt wurde. Sein Name war August Bebel, und er fiel schon im Konstituierenden Reichstag von 1867 dadurch auf, daß er in seiner Jungfernrede Dinge äußerte, die außer ihm niemand so offen zu sagen wagte. So sprach er, dem Protokoll zufolge, die Überzeugung aus, »daß es Preußen bei der Gründung dieses Norddeutschen Bundes keineswegs um die Einigung Deutschlands gegangen sei [lebhafter Widerspruch rechts], im Gegenteil, meine Herren, ich behaupte, daß mit der Gründung dieses Norddeutschen Bundes ein spezifisch *preußisches* Interesse [erneuter Widerspruch rechts], daß die Stärkung der Hohenzollernschen Hausmacht damit bezweckt worden ist«. An dieser Stelle vermerkt der stenographische Bericht »lebhaften Widerspruch rechts«, und es bedurfte einer Intervention des Präsidenten, August Bebel weiterreden zu lassen.

Er sprach noch einige Minuten lang, immer wieder durch Mißfallensäußerungen unterbrochen, und schloß mit den Worten: »Meine Herren, eine solche Politik zu unterstützen, dazu habe ich keine Lust. Ich muß entschieden dagegen protestieren, daß man eine solche Politik eine deutsche nennt; ich muß entschieden protestieren gegen einen Bund, der nicht die Einheit, sondern die Zerreißung Deutschlands proklamiert, einen Bund, der dazu bestimmt ist, Deutschland zu einer großen Kaserne zu machen [lebhafter Widerspruch], um den letzten Rest von Freiheit und Volksrecht zu vernichten. Meine Herren, aus diesen Gründen werde ich gegen den Paragraphen 1 stimmen, und schließlich gegen die ganze Vorlage.«

Mit diesen Worten, gesprochen am 10. April 1867, gab sich Bebel als entschiedener Gegner der preußischen Politik, ja des ganzen preußischen Staats zu erkennen. Dabei war er nicht nur selbst ein Preuße wie auch sein Vater und dessen Vorfahren seit vielen Generationen; er hatte auch eine durch und durch preußische Erziehung gehabt, und schließlich hat es keinen großen deutschen Politiker gegeben, der seine Partei auch nur annähernd so preußisch geführt hat wie August Bebel, so straff organisiert und diszipliniert, so zuverlässig, so pedantisch, auch und gerade in Kleinigkeiten.

Nach Herkunft, Körperwuchs und Lebensstil ein »kleiner Mann«, war August Bebel am 22. Februar 1840 zur Welt gekommen, und zwar – preußischer geht's nicht! – in einer Kasematte der preußischen Festungsanlagen von Köln-Deutz. Sein Vater war Berufsunteroffizier bei der 3. Kompanie des 25. preußischen Infanterieregiments, und er stammte aus Ostrowo in der preußischen Provinz Posen, wohin seine Vorfahren im 16. Jahrhundert aus dem Südwesten Deutschlands oder aus der Schweiz als protestantische Glaubensflüchtlinge gezogen waren.

»Das ›Licht der Welt‹, in das ich nach meiner Geburt blickte«, heißt es in Bebels Autobiographie *Aus meinem Leben*, »war das trübe Licht einer zinnernen Öllampe, das notdürftig die grauen Wände einer großen Kasemattenstube beleuchtete ... Nach der Angabe meiner Mutter war es abends Schlag 9 Uhr ..., als eben draußen vor der Kasematte der Hornist den Zapfenstreich blies ... Prophetisch angelegte Naturen könnten aus dieser Tastsache schließen, daß damit schon meine spätere oppositionelle Stellung gegen die bestehende Staatsordnung angekündigt wurde. Denn strenggenommen verstieß es wider die militärische Ordnung, daß ich als preußisches Unteroffizierskind in demselben Augenblick die Wände einer königlichen Kasemattenstube beschrie – und ich soll schon bei meiner Geburt eine kräftige Stimme gehabt haben –, in dem der Befehl zur Ruhe erlassen wurde. Aber die so folgerten, täuschten sich. Es hat später noch geraumer Zeit bedurft, ehe ich mich aus den Banden der Vorurteile befreite, in die das Leben in der Kasematte und die späteren Jugendeindrücke mich geschlagen hatten.« Bebels Vater und auch dessen Zwillingsbruder, der dann bald des kleinen Augusts Stiefvater wurde, waren 1828 in das 19. posensche Infanterieregiment eingetreten, das zwei Jahre später, beim Ausbruch des polnischen Aufstands, eilig in die Rheinprovinz verlegt worden war, weil man fürchtete, die Soldaten, meist polnischer Nationalität, könnten sich mit den Rebellen verbrüdern.

In Mainz hatte Bebels Vater seine Frau kennengelernt, eine Bäckerstochter aus Wetzlar, die als Dienstmädchen in einem bürgerlichen Haushalt arbeitete. Nach der Hochzeit ließ sich der Unteroffizier Bebel zu einem anderen Regiment nach Köln-Deutz versetzen.

»Eine preußische Unteroffiziersfamilie«, heißt es in August Bebels Memoiren, »lebte damals in erbärmlichen Verhältnissen. Das Gehalt war mehr als knapp, wie denn zu jener Zeit überhaupt in der Militär- und Beamtenwelt Preußens Schmalhans Küchenmeister war und so ziemlich jeder für Gott, König und Vaterland den Schmachtriemen anziehen und hungern mußte. Meine Mutter erhielt die Erlaubnis, eine Art Kantine zu führen ..., was in der einzigen Stube geschah, die wir innehatten. So sehe ich sie im Geiste noch heute vor mir, wie sie abends bei der mit Rüböl gespeisten Lampe den Soldaten die steinernen Näpfe mit dampfenden Pellkartoffeln füllte, à Portion 6 Pfennig preußisch ...«

Bebels Vater, ein außerordentlich gewissenhafter, pünktlicher und stets genau nach Vorschrift gekleideter Unteroffizier, ein wahrer Mustersoldat, wie der kleine August später aus den Berichten seiner Mutter erfuhr, hatte nach mehr als zwölfjährigem Militärdienst das Kommißleben gründlich satt, haßte vor allem die Arroganz und die ständigen Schikanen der preußischen Offiziere. Als ein Krieg mit Frankreich auszubrechen drohte, erklärte er, mit der ersten Kugel wolle er seinen Leutnant erschießen.

Als er dann nach fünfzehnjähriger Dienstzeit als schwerkranker Mann 1843/44 im Militärlazarett lag, flehte er Augusts Mutter an, im Falle seines frühen Todes den Jungen ja nicht ins Militärwaisenhaus zu geben, weil damit die Verpflichtung zu einer späteren neunjährigen Dienstzeit in der Armee verbunden war.

Der Vater erholte sich dann etwas, erhielt probeweise den Posten eines Grenzaufsehers in der Nähe von Aachen, erkrankte aber dort bald von neuem, mußte zurück ins Kölner Militärlazarett und starb dort, noch nicht 35 Jahre alt, an der Schwindsucht, ohne für seine Hinterbliebenen einen Pensionsanspruch erworben zu haben. Die Mutter mußte mit dem dreijährigen August und zwei noch jüngeren Geschwistern nun auch die Kasemattenstube räumen und wäre ohne ein Dach über dem Kopf gewesen, hätte nicht der Zwillingsbruder ihres verstorbenen Mannes sich ihrer angenommen und seine verwitwete Schwägerin geheiratet. Er war drei Jahre zuvor als Vollinvalide mit einem »Gnadengehalt« von zwei Talern monatlich aus dem Militärdienst entlassen worden und hatte – ebenfalls »gnadenhalber« – die Stelle eines Aufsehers in der »Provinzial-Korrektionsanstalt« – eine Art Arbeitshaus für Bettler und Landstreicher nebst Jugendgefängnis für Jungen und Mädchen – in Brauweiler bei Köln erhalten, dazu eine kleine Wohnung im Arresthaus.

Es war, wie es in Bebels Autobiographie heißt, »von jeder menschlichen Umgebung abgeschieden«, und es spielten sich dort, häufig vor den Augen des kleinen Jungen, schreckliche Szenen ab:

»Ich habe mehr als einmal mit angesehen, daß junge und ältere Männer, die extra schwer bestraft wurden, sich der scheußlichen Prozedur des Krummschließens unterziehen mußten. Dieses Krummschließen bestand darin, daß der Delinquent sich auf den Boden der Zelle auf den Bauch zu legen hatte. Alsdann bekam er Hand- und Fußschellen angelegt. Daraufhin wurde ihm die rechte Hand über den Rücken hinweg an den linken Fuß und die linke Hand ebenfalls über den Rücken hinweg an den rechten Fuß gefesselt. Damit noch nicht genug, wurde ihm ein leinenes Tuch strickartig um den Körper über Brust und Arme auf dem Rücken scharf zusammengezogen. So als lebendes Knäuel zusammengeschnürt, mußte der Übeltäter zwei Stunden lang auf dem Bauch liegend aushalten. Alsdann wurden ihm die Fesseln abgenommen, aber nach wenigen Stunden begann die Prozedur von neuem. Das Gebrüll und Gestöhn der so Mißhandelten durchtönte das ganze Gebäude und machte natürlich auf uns Kinder einen schauerlichen Eindruck ...«

Auch der Stiefvater starb bald an der Schwindsucht, und Bebels Mutter mußte mit zwei Kindern – das jüngste war ebenfalls in Brauweiler gestorben – aus der Dienstwohnung ausziehen. Sie zogen nach Wetzlar zu Verwandten, zunächst völlig mittellos. Später erhielt die Mutter einen Taler monatlich, weil sie ihre beiden Jungen doch noch als Kandidaten für das Militärwaisenhaus in Potsdam angemeldet hatte. Sie arbeitete dann für ihren Schwager, einen Handschuhmacher, und nähte weiße Militärlederhandschuhe, das Paar für zwanzig Pfennige. »Mehr als ein Paar im Tag konnte sie aber nicht fertigen. Dieser Verdienst« – weitere zwei Taler monatlich – »war zum Leben zuwenig, zum Sterben zuviel. Aber auch diese Arbeit mußte sie nach einigen Jahren aufgeben, denn auch sie war mittlerweile von der Schwindsucht ergriffen worden.« Sie starb 1853, und August Bebel, der zuletzt als Zwölfjähriger neben der Schule den kleinen Haushalt geführt hatte – »eine Tätigkeit, die mir nachher als Handwerksbursche und politischer Gefangener sehr zustatten kam« –, wurde noch ein Jahr lang von einer Tante versorgt, die eine Wassermühle und eine kleine Landwirtschaft hatte. Dann gab man ihn zu einem Drechsler in die Lehre.

Der schwächliche, sehr aufgeweckte, bildungshungrige Junge, der gern studiert hätte, machte eine harte Lehrzeit in Wetzlar durch, ging dann als Geselle auf Wanderschaft und ließ sich 1861 in Leipzig nieder, wo er einem Arbeiterbildungsverein beitrat, auch seine spätere Frau kennenlernte, die er 1866 heiratete, als »Kleinmeister« sehr mühsam seinen Lebensunterhalt verdiente und 1866 die Sächsische Volkspartei mitgründete.

Den Anstoß zu August Bebels Eintritt in die Politik hatte ein Mann gegeben, den er 1865 in Leipzig kennengelernt und mit dem er eine Freundschaft geschlossen hatte, die ein Leben lang dauerte und entscheidenden Einfluß auf die Entwicklung der deutschen Sozialdemokratie haben sollte. Bebels Freund und Mentor wurde der 1826 in Gießen geborene Journalist Wilhelm Liebknecht. Er stammte aus einer alten, mitteldeutschen Gelehrtenfamilie, hatte in seiner Geburtsstadt und in Berlin Philosophie und evangelische Theologie studiert, an der Märzrevolution von 1848 und am badischen Aufstand als entschiedener Demokrat aktiv teilgenommen und war nach dem Sieg der Konterrevolution über die Schweiz nach England emigriert, wo er, gänzlich mittellos, von der Familie Marx aufgenommen wurde. Zwölf Jahre verbrachte Wilhelm Liebknecht im Londoner Exil, verdiente sich mit Vorträgen und als Korrespondent sehr mühsam seinen Lebensunterhalt und wurde unter dem Einfluß von Karl Marx und Friedrich Engels zu ihrem entschiedenen und begeisterten Anhänger.

1862, nach einer allgemeinen Amnestie, konnte Liebknecht nach Berlin zurückkehren, wo er 1863 in den Allgemeinen Deutschen Arbeiterverein (ADAV) eintrat mit dem Ziel, den Einfluß Lassalles zurückzudrängen und den ADAV auf marxistischen Kurs zu bringen. Als »Agent von Marx« wurde er 1865 aus dem ADAV ausgeschlossen und von der Polizei aus Preußen ausgewiesen. Er war dann nach Leipzig gegangen und hatte dort, nachdem er den in den dortigen Arbeitervereinen sehr angesehenen, vierzehn Jahre jüngeren Bebel für seine Pläne gewonnen hatte, seine propagandistische und agitatorische Arbeit fortgesetzt. Mit der Grundung der Sächsischen Volkspartei, als deren Abgeordneter sein Freund und Schüler in den Konstituierenden Reichstag des Norddeutschen Bundes gewählt wurde, hatte diese Arbeit die ersten Früchte gezeitigt.

Nachdem die Verfassung des Norddeutschen Bundes verabschiedet worden war, hatten am 31. August 1867 die Wahlen zum ersten ordentlichen Reichstag einen weiteren Erfolg gebracht: Neben Bebel, der in Glauchau-Meerane wiedergewählt wurde, konnte nun auch Wilhelm Liebknecht als Abgeordneter des Wahlkreises Schneeberg-Stollberg ins Parlament einziehen.

Im übrigen unterschied sich der neue Reichstag in seiner politischen Zusammensetzung nur wenig von der Konstituante; die Freikonservativen und die Altliberalen hatten einige Sitze verloren, die Fortschrittspartei etliche hinzugewonnen, und neben Bebel und Liebknecht hatten auch einige Sozialdemokraten aus dem rivalisierenden, nichtmarxistischen ADAV Mandate erringen können.

Die beiden großen Gesetzgebungswerke dieser ersten – und zugleich letzten – Legislaturperiode des Norddeutschen Reichstags waren die neue Gewerbeordnung von 1869, die nicht nur die letzten Reste ständischer oder merkantilistischer Beschränkungen aufhob, sondern auch den Arbeitern das Streikrecht und das Recht auf gewerkschaftlichen Zusammenschluß einräumte, sowie das Strafgesetzbuch vom 31. Mai 1870, das erstmals ein einheitliches deutsches Strafrecht nach modernen Grundsätzen kodifizierte.

Dies waren weitere wichtige Zugeständnisse Bismarcks an die Linke, die noch immer maßgeblich von den Liberalen und der Fortschrittspartei repräsentiert wurde. Im übrigen aber diente der Norddeutsche Bund im wesentlichen zur Festigung und Ausweitung der preußischen Vorherrschaft. Der »Riese Preußen« hatte – wie der Abgeordnete Bebel erklärte – »neben lauter staatlichen Zwergen« mühelos die Führung. Der reaktionäre hessische Minister Karl Friedrich v. Dalwigk, ein entschiedener Partikularist und Preußenhasser, drückte es noch drastischer aus; er verglich die Stellung Preußens unter den übrigen Mitgliedsstaaten des Norddeutschen Bundes mit dem »Zusammenleben eines Hundes mit seinen Flöhen« – wohin dieser ging, mußten jene notgedrungen ihn begleiten.

Bismarcks nächstes Ziel war es, auch noch die drei süddeutschen Mittelstaaten unter seine Herrschaft zu bringen. Er versuchte dies zunächst über den Deutschen Zollverein, dem Baden, Württemberg und Bayern ebenfalls angehörten. Dieser Zollverein erhielt 1868 ein eigenes Parlament, das aus den Mitgliedern des Norddeutschen Reichstags und 85 Abgeordneten der süddeutschen Länder bestand. Durch allmähliche Erweiterung der Kompetenzen dieses Zollparlaments hoffte Bismarck seine Ziele zu erreichen. Aber als bei der Eröffnungssitzung am 27. April 1868 badische Liberale eine Resolution einbrachten, über den Zollverein die volle staatliche Einheit Deutschlands herbeizuführen, scheiterte deren Annahme am Widerstand, nicht allein der süddeutschen Vertreter, sondern auch an dem der preußischen Ultrakonservativen wie der meisten Linken. So sah sich Bismarck genötigt, andere Wege einzuschlagen, um an sein Ziel zu gelangen;

er suchte und fand schließlich einen außenpolitischen Konflikt, der sich für die Durchführung seiner Pläne hervorragend eignete.

Die Herrschaft Napoléons III. in Frankreich stieß infolge einer Reihe von außenpolitischen Schlappen auf immer stärkere Opposition. Im energischen Widerstand gegen die nationale Einigung Deutschlands sah der bedrängte Franzosenkaiser eine Chance, von seinen sonstigen Schwierigkeiten abzulenken und seine Macht zu erhalten. So mußte Bismarck bei jedem Versuch, den Norddeutschen Bund auf die süddeutschen Länder auszudehnen, mit einer französischen Intervention rechnen. Hinzu kam eine wachsende antipreußische Stimmung, zumal an den süddeutschen Höfen. Beides nahm Bismarck zum Anlaß, die preußisch-französischen Gegensätze zu verstärken, um einen Konflikt herbeizuführen, bei dem das ganze deutsche Volk in eine nationale Hochstimmung geraten und jeden weiteren Widerstand gegen seine Expansionspläne zum schnöden Verrat am deutschen Vaterland erklären würde.

Einen für Bismarcks Absichten günstigen Ansatzpunkt bot die offene Frage der spanischen Thronfolge. Nach dem Sturz der Königin Isabella hatte der spanische Ministerpräsident im Februar 1870 dem Erbprinzen Leopold von Hohenzollern-Sigmaringen – aus der mit dem preußischen Königshaus entfernt verwandten süddeutschen und katholischen Linie des Hauses Hohenzollern – die spanische Krone angeboten, und zwar auf Bismarcks streng geheimgehaltenes Betreiben hin.

Die Aussicht, auch an Frankreichs Südgrenze eine Hohenzollernmonarchie zum Nachbarn – und möglichen Bündnispartner des schon zu mächtigen Preußenkönigs – zu bekommen, rief in der bonapartistischen Presse einen Proteststurm hervor, der sich bis zu Kriegsdrohungen gegen den Norddeutschen Bund steigerte. Wilhelm I., der Bismarcks Pläne nicht durchschaute, war zum Einlenken bereit, und auf seinen Wink hin verzichtete am 12. Juli 1870 der Erbprinz Leopold von Sigmaringen eilig auf seine Thronkandidatur.

Damit schien die Sache beendet, der Frieden gerettet, Bismarcks Plan durchkreuzt. Doch bis zum nächsten Tag hatte sich die Lage dramatisch gewandelt. Denn am Vormittag des 13. Juli verlangte der französische Botschafter von Wilhelm I., der in Bad Ems zur Kur war, eine hochoffizielle Erklärung, daß das preußische Königshaus den Verzicht des Sigmaringers auf den spanischen Thron billige und auch in Zukunft keine Kandidatur eines Hohenzollern in Spanien zulassen werde. In einem Telegramm an Bismarck unterrichtete Wilhelm I. diesen von dem Verlangen der Franzosen und von seiner Ablehnung der Forderung, eine Zusicherung für die Zukunft zu geben.

Diese »Emser Depesche« gab Bismarck die erwünschte Gelegenheit, Frankreich doch noch zu einer Kriegserklärung zu provozieren. Er redigierte den Text des Telegramms für das amtliche Pressebulletin so um, daß der Eindruck entstehen mußte, der König habe den französischen Botschafter äußerst schroff abgewiesen. So konstruierte er einen Affront, den es gar nicht gegeben hatte und den Napoléon III. nicht hinnehmen konnte, wenn er sein Ansehen in der Öffentlichkeit nicht verlieren und seinen Thron aufs Spiel setzen wollte.

Bismarcks Plan hatte den gewünschten Erfolg. Einige Tage lang bemühten sich noch die Diplomaten der Großmächte, die Wogen wieder zu glätten, jedoch vergeblich. In Deutschland entstand über Nacht eine gewaltige nationale Bewegung gegen den »Kriegstreiber« Napoléon und seine Eroberungsgelüste; alle waren entschlossen, gemeinsam den bevorstehenden französischen Angriff zurückzuschlagen. Unter dem Druck der öffentlichen Meinung erklärten nun auch die süddeutschen Länder, sie seien bereit, dem Norddeutschen Bund militärisch beizustehen, falls es zum Krieg mit Frankreich käme, während sich Napoléon III. diplomatisch isoliert sah und keine europäische Macht zum Bundesgenossen gewinnen konnte.

Doch er hatte sich bereits jeden Rückweg verbaut. Am 19. Juli 1870 erklärte er dem Norddeutschen Bund, wie von Bismarck erwartet, den Krieg. Und während nun in ganz Deutschland die längst sorgfältig vorbereitete allgemeine Mobilmachung auf vollen Touren lief und der Aufmarsch der Armeen begann, während im Norddeutschen Reichstag bei der Abstimmung über die Kriegskredite am 21. Juli nur die Abgeordneten August Bebel und Wilhelm Liebknecht sich der Stimme enthielten, um nicht der Bismarckschen Politik ihr Vertrauen auszusprechen, zeigte es sich, daß die französische Armee für diesen Krieg ungenügend ausgerüstet und vorbereitet war.

Am 4. August 1870 überschritten die ersten deutschen Truppen die französische Grenze. Ihr Aufmarsch war planmäßig und vom Gegner ungestört verlaufen, und sie konnten den zeitlichen Vorsprung, den die Franzosen ursprünglich gehabt hatten, rasch aufholen. Die französische Führung verlor schon in wenigen Tagen die Initiative gegenüber den strategischen Plänen Moltkes, der zielsicher auf die große Entscheidungsschlacht hindrängte. Die Gefechte bei Weißenburg, Wörth, Spichern, Vionville, Mars-la-Tour, Gravelotte und St. Privat bildeten mit ihren auch für die Deutschen verlustreichen Anfangserfolgen nur den Auftakt. Zugleich nahmen sie Napoléon III. jede Chance, noch eine Wende herbeizuführen.

Mit der am Morgen des 1. September begonnenen Schlacht bei Sedan vollzog sich vielmehr Moltkes sorgfältig ausgearbeiteter und einstudierter Plan, den Gegner diesmal nicht – wie bei Königgrätz – zu schlagen und entkommen zu lassen, sondern einzukreisen und zu vernichten. Die Schlacht bei Sedan besiegelte das Schicksal der bonapartistischen Diktatur in Frankreich. Mehr als hunderttausend Mann und über vierhundert Geschütze fielen in die Hand der Preußen, als am 2. September der Oberbefehlshaber der französischen Nordarmee, General Mac-Mahon, kapitulieren mußte, um seine Truppen vor der völligen Vernichtung zu bewahren. Dabei geriet

Napoléon III. selbst in Gefangenschaft. Der Rest der französischen Heeresmacht, die zum Angriff von Lothringen aus angetretene Rheinarmee, war in Metz eingeschlossen.

Diese gewaltigen, ganz Europa in staunende Bewunderung versetzenden militärischen Erfolge hätten ausgereicht, den Krieg als gewonnen anzusehen und sofort zu beenden, denn mit dem Zusammenbruch der bonapartistischen Diktatur und der Gefangennahme Napoléons III. war das Haupthindernis für die staatliche Einigung der deutschen Nation beseitigt, jede Bedrohung von außen vorüber.

Der Krieg ging jedoch weiter, jetzt mit neuen Zielen. Schon wenige Tage vor der Entscheidungsschlacht bei Sedan hatte der Historiker Heinrich v. Treitschke in den am 30. August 1870 erscheinenden *Preußischen Jahrbüchern* diese neuen Ziele in einem Aufsatz so formuliert: »Der Gedanke aber, welcher, zuerst leise anklopfend wie ein verschämter Wunsch, in vier raschen Wochen zum mächtigen Feldgeschrei der Nation wurde, lautet kurzab: heraus mit dem alten Raube, heraus mit Elsaß und Lothringen!«

Tatsächlich ging die preußische Führung nun, dazu gedrängt von den erfolgslüsternen Militärs, aber auch von den Herren der Stahlindustrie, die auf die lothringischen Erze erpicht waren, und von der Stimmung des Bürgertums, das sich nun geradezu hysterisch nationalistisch gebärdete, vom ursprünglichen Verteidigungs- zum reinen Angriffs- und Eroberungskrieg über. Dies zeigte sich noch deutlicher, als im Verlauf des September auch die Festungen Straßburg und Toul, im Oktober die Hauptfestung Metz kapitulierten und weitere 196000 französische Soldaten in deutsche Gefangenschaft fielen, denn nun, wo jeder weitere Vorwand für eine Fortsetzung des Kriegs fehlte, hatten die preußisch-deutschen Truppen bereits einen Ring um Paris gelegt.

Der Chauvinismus und die Annexionslust der politischen und militärischen Führung Preußens stieß bei der deutschen Bevölkerung nur vereinzelt auf Widerstand. Die einzigen, die sich energisch für eine rasche Beendigung des Kriegs und den Verzicht auf Eroberungen einsetzten, waren einige mutige Demokraten und der noch zahlenmäßig schwache marxistische Teil der Sozialdemokratie.

Zur Unterdrückung dieser Proteste hatte der preußische General Vogel v. Falckenstein, Generalgouverneur von Norddeutschland, bereits am 9. September 1870 den Parteivorstand der marxistisch orientierten Sozialdemokratie in Braunschweig verhaften und auf die ostpreußische Festung Lötzen bringen lassen. Dorthin kamen auch Johann Jacoby und einige weitere aufrechte Demokraten Ostpreußens in sogenannte »Schutzhaft«.

Noch auf freiem Fuß blieben – wegen ihrer Immunität als Abgeordnete – die sozialdemokratischen Führer Liebknecht und Bebel. Das von Liebknecht redigierte Zentralorgan *Volksstaat* erschien vom 21. September 1870 an mit der im Kopf des Blattes eingedruckten Parole: »Ein billiger Friede mit der französischen Republik! Keine Annexionen! Bestrafung

Bonapartes und seiner Mitschuldigen!« Und als im Norddeutschen Reichstag zu Berlin am 26. November 1870 über weitere Kriegskredite zur Fortsetzung des Eroberungsfeldzugs beraten wurde, brandmarkte Wilhelm Liebknecht die Haftbedingungen des gefangenen Exkaisers Napoléon III., der in üppigem Luxus auf Wilhelmshöhe bei Kassel lebe und vom Preußenkönig Wilhelm I. als »lieber Bruder« tituliert werde. Gegenüber dieser Verbrüderung machtgieriger Monarchen erklärte sich Liebknecht von der Rednertribüne aus offen für das französische Brudervolk. Als man ihm daraufhin von der Rechten des Plenums aus höhnisch »Ihre Brüder!« zurief, erwiderte Liebknecht mit Leidenschaft: »Es ist wahrlich ehrenhafter, der Bruder des französischen Volkes und der französischen Arbeiter zu sein, als der ›liebe Bruder‹ des Schurken auf der Wilhelmshöhe!«

Auch Bebel sprach sich im Reichstag energisch gegen die Fortsetzung des Krieges und die Pläne zur Annexion Elsaß-Lothringens aus. Später nannte er diese Eroberung, ebenfalls vor dem Plenum, »einen Schandfleck in der deutschen Geschichte«. Beide, Liebknecht und Bebel, stimmten diesmal gegen die Kriegskredite, und sie hatten die Genugtuung, daß sich jetzt die Lassalleaner ihnen anschlossen.

Die preußische Regierung aber stellte nun bei der sächsischen Regierung den Antrag, gegen Bebel und Liebknecht ein Hoch- und Landesverratsverfahren einzuleiten. Um die Jahreswende 1870/71 wurden beide verhaftet. Im Leipziger Hochverratsprozeß vom April 1872 erhielten sie je zwei Jahre Festungshaft zudiktiert, Bebel noch weitere neun Monate Gefängnis wegen Majestätsbeleidigung; sein Reichstagsmandat wurde ihm aberkannt, aber die sächsischen Arbeiter wählten ihn bald darauf mit noch größerer Mehrheit zurück ins Parlament.

Während in Frankreich noch heftig gekämpft wurde, hatte Bismarck in komplizierten Verhandlungen mit den süddeutschen Staaten deren Beitritt zum Norddeutschen Bund unter allerlei Zugeständnissen erreicht. Schließlich gelang es ihm auch, den bayerischen König Ludwig II. dafür zu gewinnen, den preußischen König im Namen der deutschen Dynastien zur Annahme der Kaiserkrone eines zu gründenden Deutschen Reiches aufzufordern. Nur am Rande sei vermerkt, daß Bismarck dafür dem stets geldbedürftigen Ludwig eine hohe jährliche Rente zu zahlen hatte, allerdings nicht aus preußischen, schon gar nicht aus eigenen Mitteln. Er verwendete dafür die Einkünfte aus dem sogenannten Welfenfonds, der aus dem beschlagnahmten Vermögen des 1866 vertriebenen Königs von Hannover gebildet worden war. Davon wußte Ludwig II., bei dem der Hannoveraner Asyl gefunden hatte, sicherlich nichts; ebenso sicher war es ihm gleichgültig, woher das Geld stammte. Jedenfalls richtete er – nach Erhalt der ersten Rate – auf Geheiß Bismarcks an Wilhelm I. einen Brief, worin es hieß, »daß es Ew. Majestät gefallen möge, durch Annahme der deutschen Kaiserkrone das Einigungswerk zu weihen«.

Sinngemäß das gleiche beschloß der Norddeutsche Reichstag, als er eine Deputation nach Versailles zu entsenden sich entschied. Sie wurde angeführt von demselben Eduard Simson aus Königsberg, der 1849 als Präsident der Frankfurter Paulskirche eine Abordnung nach Berlin geleitet hatte, die sich damals in gleicher Sache bei Friedrich Wilhelm IV. eine Abfuhr geholt hatte. Deren Wiederholung brauchte Simson jetzt nicht mehr zu fürchten. Die Kaiserkrone wurde dem Preußenkönig ja diesmal nicht von einer gewählten Volksvertretung – einem »von Volkssouveränitätsschwindel besoffenen Tagelöhnerparlament«, wie sich Friedrich Wilhelm IV. auszudrücken beliebt hatte – zugesprochen, sondern war – wie es die Hohenzollern stets gewünscht hatten – zwischen den deutschen Höfen ausgehandelt worden. So konnte am 18. Januar 1871 im Spiegelsaal des Schlosses zu Versailles die Szene in Gang gesetzt werden, die Bismarck lange und zäh vorbereitet hatte. König Wilhelm I. von Preußen, der die Uniform seines 1. Garderegiments angelegt hatte, wurde zum Deutschen Kaiser ausgerufen. Der Norddeutsche Bund war durch die Verträge mit Bayern, Württemberg, Baden und Hessen zum Deutschen Reich erweitert worden. Dessen Verfassung wurde am 16. April 1871 verabschiedet und war fast identisch mit der des Norddeutschen Bundes.

Der nationalliberale Vertrauensmann Bismarcks, Johannes Miquel, der übrigens in den Jahren 1850–1852 ein eifriges Mitglied des »Bundes der Kommunisten« gewesen war, hatte schon 1867 bei einer Verfassungsdiskussion erklärt: »Die Mainlinie ist, wenn ich den prosaischen Ausdruck gebrauchen darf, gewissermaßen eine Haltestelle für uns, wo wir Wasser und Kohlen (für die Lokomotive) einnehmen, Atem schöpfen, um nächstens weiter zu gehen.« Das war nun geschehen; die Mainlinie war überschritten, der deutsche Nationalstaat hatte sich konstituiert. Preußen schien endgültig gesiegt zu haben, nicht nur über Frankreich, mit dem es wenige Wochen nach der Kaiserkrönung einen für die Franzosen demütigenden Waffenstillstand schloß, nicht nur über das Habsburgerreich, das von Preußen 1866 geschlagen und aus der deutschen Politik ausgeschaltet worden war, sondern auch über alle anderen jetzt zum Reich zusammengeschlossenen deutschen Staaten. Wilhelm Liebknecht schien recht zu haben, als er in der Reichstagsdebatte über die neue Reichsverfassung mit beißendem Spott erklärte: »Die Krönung des neuen Kaisers, meine Herren, um ihr eine würdige symbolische Bedeutung zu geben, sie wäre vorzunehmen da draußen auf dem Gendarmenmarkt; das ist der passendste Ort für die Krönung des modernen Kaisers, denn dieses Kaisertum kann in der Tat nur durch Gendarmen aufrechterhalten werden.« Und das neue Reich kennzeichnete er in derselben Rede als eine »fürstliche Versicherungsanstalt gegen die Demokratie«, womit er *einen*, wenngleich nicht den wichtigsten Aspekt des Vorgangs treffend kennzeichnete.

Den entscheidenden Punkt erkannte der fast vierundsiebzigjährige ehemalige »Kartätschenprinz« Wilhelm, wenn es auch nur eine Äußerlichkeit war, die er monierte. Er sträubte sich bis zuletzt dagegen, *Deutscher Kaiser* zu werden; er wollte nicht einmal den Schein aufkommen lassen, daß er nun Deutscher geworden sei. *Kaiser von Deutschland* hatte er werden wollen, denn er wollte über Deutschland herrschen und zugleich sagen können: Preuße bin ich, und Preuße will ich bleiben! Aber Bismarck erlaubte es ihm nicht.

Denn, so seltsam es auch klingen mag, in Wahrheit hatte Preußen keineswegs gesiegt und konnte nun die Herrschaft über Deutschland antreten. Bismarck hatte das – im Vergleich zu Frankreich, Österreich und manchen anderen deutschen wie nichtdeutschen Staaten noch sehr junge – Königreich Preußen zwar mächtig erweitert und auf den höchsten Gipfel seiner Macht geführt. Der pompöse Staatsakt im Spiegelsaal von Versailles, fern der alten brandenburgischen Hauptstadt Berlin und noch ferner der preußischen Hauptstadt und Krönungsstätte Königsberg, in Abwesenheit des deutschen Volkes und auf fremdem, sehr fremdem Boden – gegenüber dem improvisierten Altar lächelte eine nackte Venus, für die eine Gespielin Ludwigs XIV. Modell gestanden haben mochte, ironisch auf die vielen gestiefelten Militärs hinunter, die das schöne Parkett ruinierten –, dieser seltsame Staatsakt vom 18. Januar 1871 war zweifellos das triumphierende Finale preußischen Hegemoniestrebens, aber es war eben doch ein Finale.

Niemand hat das klarer erkannt als Sebastian Haffner, in dessen sehr pointiertem Bismarck-Porträt es heißt: »Nur scheinbar hat Bismarck Preußen zur deutschen Vormacht erhoben, in Wirklichkeit fand hier« – und das war tatsächlich das einzig Preußische im Spiegelsaal von Versailles, von den Regimentsfahnen und Uniformen einmal abgesehen – »ein dialektischer Umschlag statt. Indem Preußen Deutschland eroberte, ging es in Deutschland auf. Nach 1871 gibt es keine preußische Geschichte mehr.«

Das Reich der Bürger

Das Deutsche Reich, in das 1871 das siegreiche Preußen aufging, hatte nur ein Menschenalter, kaum 75 Jahre lang, Bestand, die deutsche und preußische Monarchie sogar nur noch weniger als fünfzig Jahre. In diesem knappen halben Jahrhundert, das dem Kaiser- und Königtum der brandenburgischen Hohenzollern noch vergönnt war, sah es in den ersten zwei Jahrzehnten nach dem Deutsch-Französischen Krieg allerdings ganz so aus, als wäre Deutschland nur ein vergrößertes Preußen.

Reichskanzler mit fast unumschränkter, diktatorischer Macht blieb der preußische Ministerpräsident und Junker, seit 1865 Graf, seit 1871 Fürst Otto v. Bismarck, und seine innenpolitischen Maßnahmen, zumal von 1873 an und in noch stärkerem Maße nach 1878, waren so reaktionär und repressiv, daß sie an die schlimmste Zeit der Demagogenverfolgung nach dem Mord an Kotzebue und den Karlsbader Beschlüssen von 1819 erinnerten. Auch außenpolitisch, wo er die Aussöhnung mit dem reaktionären Habsburgerreich betrieb, mit dem Gedanken eines Präventivkriegs gegen das nun republikanische Frankreich umging und auf das Wohlwollen des zaristischen Rußlands angewiesen blieb, mit dem er 1887 sogar noch einen geheimen Rückversicherungsvertrag schloß, schien Bismarck von preußisch-junkerlichen Prinzipien geleitet.

Trotzdem war – von regionalen Besonderheiten und von der gesellschaftlichen Überbewertung des Militärs einmal abgesehen – der im Deutschen Reich der Bismarckzeit vorherrschende Geist keineswegs preußisch zu nennen und schon gar nicht junkerlich. Ja, selbst die Tatsache, daß der preußische Junker Bismarck noch so lange, bis 1890, Reichskanzler blieb, war keineswegs eine Selbstverständlichkeit, sondern wäre fast ein Wunder zu nennen, wenn es nicht – wie Sebastian Haffner dazu bemerkt hat – »zugleich ein so ungeheuerliches Kunststück gewesen wäre. Auch dieses Kunststück hätte Bismarck kaum gelingen können, wenn nicht der König und Kaiser Wilhelm I., den er sich unterwarf und der ihn hielt, gegen alle biologische Wahrscheinlichkeit 91 Jahre alt geworden wäre«.

Ein Thronwechsel vor der Mitte der siebziger, anstatt Ende der achtziger Jahre hätte der Zeitströmung und dem Wunsch der im Deutschen Reich als neue Führungsschicht auftretenden Großbourgeoisie weit mehr entsprochen. Sie hatte die Freiheit des Handels und des Verkehrs auf dem deutschen Binnenmarkt gewonnen und erhielt bald auch den Schutz ihrer Interessen auf dem Weltmarkt. Sie erreichte die Beseitigung der Hindernisse, die der industriellen Entwicklung und der Ausbeutung nicht nur der

Bodenschätze, sondern auch der Lohnabhängigen im Wege standen, und sie strebte nun auch nach politischer Macht. Kaiser Wilhelms ältester Sohn und Kronprinz, der spätere – wenn auch nur für 99 Tage des Jahres 1888 regierende – Kaiser Friedrich, wäre mit seinen liberalen, von britischen Vorbildern beeinflußten Ideen ein Monarch nach dem Herzen der Industriellen und Bankiers gewesen.

In den letzten drei Jahrzehnten des 19. Jahrhunderts wurde die großbürgerliche Schicht im Deutschen Reich und zumal in Preußen immer reicher und wirtschaftlich mächtiger. Die Elektro-, die Stahl- und die chemische Industrie nahmen einen stürmischen Aufschwung; es kam in immer stärkerem Maße zu einer Verschmelzung von Bank- und Industriekapital, und ein Teil der preußischen Aristokratie, in erster Linie die schlesischen Magnaten mit ihrem bedeutenden Bergwerks- und Hüttenbesitz, ging mit der Großbourgeoisie eine Interessengemeinschaft ein. Dadurch gerieten die ostelbischen Junker, deren Macht sich auf ihre Rittergüter gründete, noch weiter ins Hintertreffen. Sie waren, trotz des allmählichen Übergangs zu kapitalistischer Gutswirtschaft, gegenüber dem Großbürgertum nicht nur ökonomisch, sondern bald auch gesellschaftlich und politisch in die Defensive gedrängt. Also klammerten sie sich um so fester an ihre Positionen beim Militär und in der Verwaltung, wachten darüber, daß die Macht der sie schützenden preußischen Monarchie nicht geschmälert wurde, und erblickten ihr Heil nicht in rascher Anpassung an die veränderten wirtschaftlichen und sozialen Verhältnisse, sondern in staatlichen Hilfsmaßnahmen zu ihren Gunsten und auf Kosten aller anderen Volksschichten, besonders durch hohe Schutzzölle gegen billige Getreideeinfuhren.

»Dieser parasitären Methode«, hat dazu der marxistische Historiker Ernst Engelberg bemerkt, »entsprach die empörende Borniertheit, mit der die Junker gegen alle Reformmaßnahmen, und seien sie selbst in ihrem ureigenen Interesse gelegen, Widerstand leisteten. Keine besitzende Klasse in Deutschland hat mit solcher Engstirnigkeit und Hartnäckigkeit ihre wirklichen oder vermeintlichen Interessen vertreten wie die Junkerklasse.«

Der alte Fontane, der sich einst öffentlich zu den »wärmsten Verehrern« des preußischen Landadels gezählt hatte und ein ebenso glühender preußischer Patriot wie vorzüglicher Kenner der ostelbischen Verhältnisse war, drückte ganz ähnliche Ansichten noch weitaus drastischer aus. An seinen Freund, den preußischen Landrichter Dr. Georg Friedländer, einen Nachkommen David Friedländers, des ersten jüdischen Stadtrats von Berlin und Freunds von Moses Mendelssohn, schrieb Fontane bereits 1894: »Von meinem geliebten Adel falle ich mehr und mehr ganz ab, traurige Figuren, beleidigend unangenehme Selbstsüchtler von einer mir ganz unverständlichen Borniertheit, an Schlechtigkeit nur noch von den schweifwedelnden Pfaffen . . . übertroffen . . . Sie müssen alle geschmort werden. Alles antiquiert!«

Drei Jahre später erläuterte Fontane demselben Freund seinen Standpunkt noch etwas genauer: »Preußen – und mittelbar ganz Deutschland – krankt an unseren Ostelbiern. Über unsren Adel muß hinweggegangen werden; man kann ihn besuchen wie das Ägyptische Museum ..., aber das Land *ihm* zuliebe regieren, in dem Wahn: *dieser Adel sei das Land* – das ist unser Unglück ... Worin unser Kaiser die *Säule* sieht, das sind nur *tönerne Füße*. Wir brauchen einen ganz andren Unterbau.«

Ähnlich wie Fontane dachten große Teile des gebildeten Bürgertums, die es für einen Anachronismus hielten, daß beispielsweise ein blutjunger adliger Leutnant aufgrund seiner junkerlichen Herkunft und seines militärischen Rangs höher geachtet sein sollte als ein bürgerlicher Universitätsprofessor, ein erfolgreicher Industrieller oder ein Bankier von internationalem Ansehen; daß im Herrenhaus, der Ersten Kammer des preußischen Landtags, die ostelbischen Junker etwa fünffach überrepräsentiert waren, während man die Vertreter der Industrie, der Bankwelt und des Handels an den Fingern einer Hand abzählen konnte.

Dies und manches andere stand in krassem Widerspruch zu der völligen Veränderung, die das Land in wirtschaftlicher Hinsicht erfahren hatte. Der Wandel vom Agrarstaat zum modernen Industriestaat war überraschend schnell vonstatten gegangen. Allein von 1870 bis 1872 erhöhte sich die Industrieproduktion um rund ein Drittel, die Roheisenerzeugung um mehr als 40 Prozent, die von Stahl sogar um 80 Prozent. Von 1876 bis 1886 stieg die Industrieproduktion um nochmals 36 Prozent, in den folgenden sechs Jahren bis 1893 um 42 Prozent.

Die Steinkohlenförderung, die sich schon in den ersten Jahren nach der Reichsgründung stark erhöht hatte, verdreifachte sich bis zum Jahre 1893 gegenüber dem Stand vor 1871 auf fast 75 Millionen Tonnen jährlich. Im Maschinenbau vollzog sich bereits Anfang der siebziger Jahre der Übergang zu spezialisierten Großbetrieben. Der Ausbau des Eisenbahnnetzes – 1871: knapp 19000 Kilometer; 1875: fast 28000 Kilometer; 1878: 31500 Kilometer; 1890: fast 42000 Kilometer und 1899: knapp 50000 Kilometer – ließ Lokomotivfabriken, Betriebe für Personen- und Güterwagenbau sowie Drahtziehereien, Schraubenfabriken und Walzwerke, ebenso die Eisenbahnwerkstätten mit ihren Reparaturbetrieben sehr stark anwachsen.

In der Textilindustrie gab es 1871 einen gewaltigen Kapazitätszuwachs, der aber ausschließlich auf die Annexion Elsaß-Lothringens zurückzuführen war. Die Baumwollindustrie des Oberelsaß brachte der deutschen Textilindustrie 56 Prozent mehr Spindeln, 88 Prozent mehr Webstühle und eine Verdoppelung der Anzahl der Druckmaschinen für Baumwollstoffe. In der preußischen und sächsischen Textilindustrie blieb es im wesentlichen bei einer Vermehrung der Spindeln und einer Beschleunigung der Umlaufzeit. Mehr als zwei Drittel aller Beschäftigten waren Heimarbeiter.

Am stärksten stieg die Produktion im Bereich der chemischen und Elek-

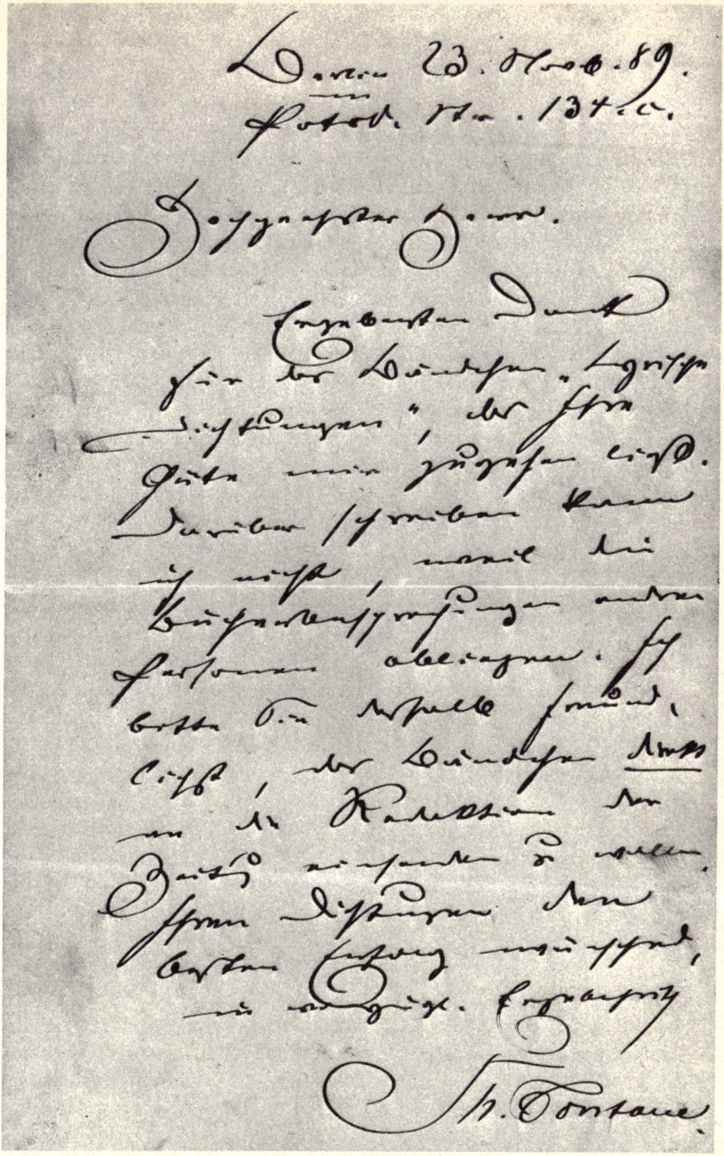

Berlin 23. Nov. 89.
Potsd. Str. 134.c.

Hochgeehrter Herr.

Ergebensten Dank
für das Bändchen „Lyrische
Dichtungen", das Ihre
Güte mir zugehen ließ.
Darüber schreiben kann
ich nicht, weil die
Bücherbesprechungen andren
Personen obliegen. Ich
bitte Sie deshalb freund-
lich, das Bändchen direkt
an die Redaktion der
Zeitung einsenden zu wollen.
Ihren Dichtungen den
besten Erfolg wünschend,
in vorzügl. Ergebenheit

Th. Fontane.

Ein Brief Theodor Fontanes (s. auch Anhang S. 437).

troindustrie sowie des Maschinenbaus. Für die beiden letzteren war Berlin das Zentrum, was zu weiterem Zustrom an Menschen und einer beträchtlichen Verschlechterung der Wohnungssituation führte. Zwei Drittel der Berliner, etwa 600000 Personen, lebten schon 1871 in Wohnungen mit höchstens zwei heizbaren Räumen, davon über 160000 in Kleinwohnungen, die aus einer heizbaren Wohnküche nebst ungeheizter Schlafkammer bestanden und im Durchschnitt mit sieben Personen belegt waren. Rund 90000 Einwohner Berlins waren bereits 1871 als »Schlafbursche« oder »Schlafmädchen«, das heißt: Untermieter einer Schlafstelle in einer ohnehin überfüllten Kleinwohnung, gemeldet. Obdachlosenasyle primitivster Art, die man eilig errichtet hatte, reichten bei weitem nicht aus, diejenigen unterzubringen, die weder Wohnung noch Schlafplatz fanden. So entstanden vor den Toren Berlins, auf den sogenannten Schlächterwiesen vor dem Cottbuser Tor, auf dem Rixdorfer (später: Tempelhofer) Feld und dann auch vor dem Frankfurter und dem Landsberger Tor riesige Kolonien von elenden Bretterbuden, vergleichbar den heutigen Elendsquartieren am Rande der Großstädte Lateinamerikas. Die dort hausenden Menschen, die aus den *noch* schlechteren Lebens- und Arbeitsverhältnissen des Landproletariats nach Berlin geflüchtet waren, empfanden ihr neues Zuhause als deutliche Verbesserung, was Rückschlüsse auf das Los der Zurückgebliebenen und die Zustände auf den junkerlichen Rittergütern zuläßt, wo die Tagelöhner häufig weit schlechter lebten als das Vieh. Noch 1899 stellte Kaiser Wilhelm II. nach einem Besuch seiner ostpreußischen Besitzung Kadinen fest: »In Kadinen muß noch manches anders werden. Dies scheint überhaupt ein Übel hier im Osten zu sein. Der schöne Viehstall ... ist ja ein wahrer Palast den Arbeiterwohnungen gegenüber!« Daß »die Schweine besser wohnten als die Leute«, haben zahlreiche Besucher ostelbischer Rittergüter beobachten müssen.

Bei solchen Wohnverhältnissen, denen die Arbeits- und sonstigen Lebensbedingungen durchaus entsprachen, und unter der strengen Fuchtel der preußischen Gesindeordnung von 1810, die erst 1900 durch das Bürgerliche Gesetzbuch in einigen Punkten gemildert, aber nicht eher als nach dem Ende der Monarchie im November 1918 gänzlich abgeschafft wurde, suchten Hunderttausende von Landproletariern ihr Heil in der Flucht und überschwemmten die Industriestädte, vor allem Berlin. Allein in den beiden Jahren, die auf die Reichsgründung folgten, strömten mehr als hunderttausend ehemalige Landarbeiter in die neue Reichshauptstadt.

Ausgerechnet das Berliner Polizeipräsidium als Bau- und Feuerpolizeibehörde hatte 1862 erstmals einen Bebauungsplan aufgestellt, nachdem es neun Jahre zuvor eine neue Baupolizeiverordnung, die erste seit 1641, erlassen hatte. Beide Maßnahmen erwiesen sich schon zu Beginn des Booms, der nach dem Sieg über Frankreich und dem »Milliardensegen« der Kriegsentschädigung in Deutschland begann, als völlig unzureichend. Der Bebauungsplan hatte angeblich die Schaffung breiter, luftiger Straßen zum

Ziel gehabt; das – gelinde ausgedrückt – dilettantische Vorgehen der Behörden öffnete schon vor der Verabschiedung des nicht geheimgehaltenen Plans der Bodenspekulation Tür und Tor. Die Baupolizeiverordnung beschränkte weder die Höhe der Häuser noch die Anzahl der Stockwerke, womit der rücksichtslosen Ausnutzung des teuren Grund und Bodens durch stärkste Bebauung freier Spielraum gegeben war. So entstanden in den »Gründerjahren«, von 1871 an, die typischen Berliner Mietskasernen mit ihren vielen Hinterhäusern und -höfen, wobei die Hofgröße der Vorschrift nach nur »mindestens 28 Quadratmeter« betragen mußte – gerade groß genug, damit eine Feuerspritze wenden konnte. Die sanitären Verhältnisse in diesen Elendsquartieren spotteten jeder Beschreibung; es kam vor, daß für mehr als hundert Bewohner ein einziger Abort zur Verfügung stand. Die unhaltbaren Zustände führten häufig zu Krawallen, bei denen die Polizei einschreiten mußte. Wenn dann die Hauswirte von den städtischen Behörden aufgefordert wurden, für Abhilfe zu sorgen, fanden sie Ausreden, die sich bis ins Groteske steigerten. So versicherte 1887 der Eigentümer der überfüllten Mietskaserne Adalbertstraße 74, ein Dr. med. Stryck, der Polizei, daß er schon »mehr als erforderlich« für die Volkshygiene und die Bequemlichkeit seiner Mieter getan habe und daß ihm deshalb nicht zugemutet werden könnte, im Quergebäude seiner Mietskaserne noch zwei zusätzliche Klosetts einzurichten. »Richtig ist«, hieß es in seinem Schreiben zur Begründung seiner verwaltungsgerichtlichen Klage gegen die Baupolizeibehörde, »daß die Mieter von 10 Wohnungen auf je ein Klosett angewiesen sind. Aber diese Wohnungen bestehen nur aus je 1 Stube und 1 einfenstrigen Küche . . . Diese Wohnungen sind selbstverständlich nur von einer Familie bewohnt, also von 2 erwachsenen Personen und den etwaigen Kindern. Dazu kommt, daß sämtliche männlichen Personen ihre Arbeitsstelle außer dem Hause haben, mithin von 5 bis 5 1/2 früh bis 6 1/2 bis 7 Uhr abends nicht zu Hause sind. Diese benutzen also gewiß in den seltensten Fällen das Klosett im Hause, da der Stuhlgang meist im Laufe des Tages erfolgt. Dasselbe ist bei den schulpflichtigen Kindern der Fall, die doch auch meist ihr Bedürfnis in dem Schulgebäude befriedigen. Da die kleinen Kinder gewöhnlich ein Töpfchen zu dem Geschäft benutzen, so bleiben also nur die Frauen übrig, und davon ist in jeder Wohnung durchschnittlich nur eine. Es würden also auf je 1 Klosett 10–11 Personen kommen. Nimmt man aber die doppelte Zahl, also 20 Personen, an, die ein Klosett benutzen, so können auch hieraus kaum Unzuträglichkeiten entstehen. Denn eine solche Sitzung nimmt im Durchschnitt, incl. Ordnung der Kleider, was bei den Frauen wohl nicht notwendig sein dürfte, 3–4 oder auch 5 Minuten in Anspruch; rechnet man auf eine jede Sitzung sogar 10 Minuten, so werden 12 Tagesstunden allein schon Zeit genug bieten zur Benutzung des Klosetts für 72 Personen, wobei angenommen wird, daß jede Person täglich einmal Stuhlgang hat, was bekanntlich bei den Frauen nicht der Fall ist, von denen die meisten nur alle 2–3 Tage einmal

Stuhlgang haben« – wohl weil sie zugunsten des Mannes und der Kinder hungerten! Und wie dieser Dr. Stryck, so verweigerten auch die meisten anderen Mietskasernenbesitzer ihren Mietern – im Durchschnitt sieben je Kleinstwohnung, auch wenn die Hauswirte über die Kinderscharen, erst recht über die Schlafburschen und -mädchen in baupolizeilichen Fragen geflissentlich hinwegsahen – selbst das Mindestmaß an Hygiene.

»Unter diesen Umständen«, bemerkt dazu die offizielle *Geschichte der Stadt Berlin* von 1937 – als das Haus Adalbertstraße 74 in kaum verändertem Zustand noch immer als Mietskaserne diente und wie es übrigens auch heute, nach neunzig Jahren, noch bewohnt wird – »hatten die – besonders vor Durchführung der Kanalisation – jährlich auftretenden Seuchen leichtes Spiel; sie wüteten vor allem in der heranwachsenden Jugend. Mit der Vernachlässigung der Wohnungsfrage, ihrer Überlassung an die Spekulation, hat die Zeit eine Schuld von ungeheurer Schwere auf sich geladen ...; die Wurzeln der kommenden sozialen Erschütterungen reichen in diese Zeiten des Entstehens der Berliner Mietskasernen zurück.«

Tatsächlich stand der von Jahr zu Jahr steigenden Nachfrage nach billigem Wohnraum kein auch nur annähernd ausreichendes Angebot gegenüber. Die Folgen waren eine starke Überbelegung, Wuchermieten, die von den Wohnungsinhabern auf ihre »Schlafburschen und -mädchen« – 1872 waren dies 11,2 Prozent der Gesamtbevölkerung Berlins! – abgewälzt wurden und schwere gesundheitliche Schäden, vor allem durch das »Trokkenwohnen« noch mörtelfeuchter Mietskasernen.

Das Bürgertum machte sich indessen mehr Sorgen um die Sittlichkeit der Arbeiterschaft, die es gefährdet sah, und wegen der steigenden Kriminalität. So ist auch Gustav Schmollers *Mahnruf zur Wohnungsfrage* zu verstehen, wo es heißt: »Die heutige Gesellschaft nötigt die unteren Schichten des großstädtischen Fabrikproletariats durch die Wohnungsverhältnisse mit absoluter Notwendigkeit zum Zurücksinken auf ein Niveau der Barbarei und Brutalität, der Rohheit und des Rowdytums, das unsere Vorfahren schon Jahrhunderte hinter sich hatten. Ich möchte behaupten, die größte Gefahr für unsere Kultur droht von hier aus.«

Das Bürgertum sah in der elenden Lage des großstädtischen Proletariats durchaus eine Gefahr, wenngleich es weniger um die Kultur als vielmehr um seinen Besitzstand bangte, und natürlich gab es die Schuld nicht den Bodenspekulanten und Baulöwen, die die katastrophalen Wohnverhältnisse der breiten Unterschicht doch »nur« ausnutzten, sondern denen, die den einst so genügsamen Arbeitern ihre jetzige Unzufriedenheit und Habgier erst eingeredet hatten: den sozialdemokratischen Agitatoren.

Bis 1877 hatte das preußische und insbesondere das Berliner Bürgertum die Sozialdemokraten noch nicht sonderlich ernst genommen. Aber nachdem sich Lassalleaner und Marxisten 1875 unter der bald unbestrittenen Führung August Bebels zu einer Partei vereinigt hatten, war es den Sozialdemokraten bei den Reichstagswahlen vom Januar 1877 gelungen, einen

– zumindest propagandistisch – eindrucksvollen Erfolg zu erzielen. Ihr Stimmenanteil im ganzen Deutschen Reich stieg von 350000 auf 437000, von 6,5 auf 7,1 Prozent. Dieser Stimmenzuwachs drückte sich in der Anzahl ihrer Mandate weniger deutlich aus; die Wahlkreiseinteilung und das System der Stichwahl wirkten sich stark zum Nachteil der Sozialdemokraten aus. Immerhin: Bebels Partei konnte schließlich zwölf Abgeordnete in den Reichstag entsenden.

»Beim Bekanntwerden der Wahlresultate flog durch die deutschen Lande etwas von dem bleichen Schrecken, den tödliche Krisen auch tapferen Völkern einflößen«, bemerkte dazu Franz Mehring, der damals der Sozialdemokratie noch ablehnend gegenüberstand. Der Schock, den der Wahlerfolg der bislang als sektiererische Grüppchen belächelten, nun aber vereinigten Sozialisten beim liberalen Bürgertum hervorrief, war ein wichtiger Grund dafür, daß die Partei bei den Stichwahlen kaum Unterstützung erhielt. Bebel hatte in Sachsen kandidiert und den Wahlkreis Dresden-Altstadt erobert; auch Solingen und den schlesischen Wahlkreis Reichenbach-Neurode, wo die textilindustrielle Heimarbeit der wichtigste Erwerbszweig war, konnten die Sozialdemokraten für sich gewinnen, wogegen sie in allen katholischen Gebieten, zumal südlich des Mains, sowie in den preußischen Provinzen östlich der Oder nicht hatten Fuß fassen können. Ihre Hochburgen lagen in Berlin, in den zu Preußen gehörenden Hamburger Vorstädten Altona, Harburg und Wandsbek, in Magdeburg, in einigen schlesischen Industriezentren sowie in Wuppertal und Hannover, außerhalb Preußens vor allem im sächsischen und thüringischen Industriegebiet, in den Hansestädten sowie im Raum Nürnberg.

Das große Ereignis der Reichstagswahlen vom Januar 1877 war die Eroberung des Berliner Ostens und Nordens, wo die Sozialdemokraten in die proletarische Elite der Hauptstadt eingebrochen waren. »Die Maschinenbauer hatten die Fortschrittspartei verlassen und waren endlich vom ›falschen‹ zum ›richtigen‹ Klassenbewußtsein umgeschwenkt«, heißt es dazu in Hedwig Wachenheims Werk *Die deutsche Arbeiterbewegung 1844–1914*. »Die Arbeiter der Großbetriebe gesellten sich nunmehr den Maurern, Zimmerern und Schuhmachern zu. Der Bruder des in Schlesien gewählten Kapell, der auch Zimmerer war, erhöhte die sozialdemokratischen Stimmen . . . im Nordosten« – um 60 Prozent! –, »gewann aber den Kreis nicht . . . Am Abend des Wahltages strömten 22000 Menschen zum Kreuzberg, um zu feiern. Sie überfluteten den Versammlungssaal und die, die nicht hineingelangten, sangen auf der Straße: ›Tessendorf, das ist der größte Sozialist‹.«

Der Staatsanwalt Hermann v. Tessendorf, den sie damit meinten, war, nachdem er sich zuvor in Magdeburg als Sozialistenverfolger einen Namen gemacht hatte, Anfang 1874 nach Berlin versetzt worden mit dem Auftrag, gegen die sozialdemokratische Agitation in der Reichshauptstadt mit strengsten Maßnahmen vorzugehen. Schon im ersten Jahr seiner Tätigkeit in Berlin wurden allein 87 Lassalleaner, die die Polizei zuvor kaum behelligt hatte, wegen Aufreizung zum Klassenhaß, Schmähung von Staatseinrichtungen und ähnlicher Delikte zu Gefängnisstrafen verurteilt, und in den folgenden Jahren der »Ära Tessendorf« stiegen die Verhaftungen, Anklagen, Verurteilungen und auch das zuerkannte Strafmaß. Am schwersten unter diesem Staatsanwalt zu leiden aber hatten die gewerkschaftlichen Organisationen, deren Akten und Kassen er beschlagnahmte. Doch das Resultat dieser harten Verfolgung, von der sich Regierung und Bürgertum die Beseitigung der »roten Gefahr« versprochen hatten, war – wie die Reichstagswahlen gezeigt hatten – das Gegenteil des Erhofften.

So versuchte die Regierung, das bestürzende Berliner Wahlergebnis – die Sozialdemokraten hatten insgesamt 39,2 Prozent der hauptstädtischen Wähler für sich gewonnen! – nachträglich zu korrigieren. Die Wahl des sozialdemokratischen Abgeordneten Wilhelm Hasenclever aus Arnsberg, von Beruf Lohgerber und Schriftsteller, der zunächst als »gewählt im Wahlkreis VI Berlin-äußere Stadt Nord« gegolten hatte, wurde für ungültig erklärt. Die konkurrierende Fortschrittspartei trat den neuerlichen Wahlkampf mit der Behauptung an, daß »unter der Sozialdemokratie alles Eigentum konfisziert und der Zukunftsstaat einem großen nationalen Zuchthause« gleichen werde. »Wir warfen uns mit aller Energie in den Wahlkampf«, berichtete Bebel, »und so siegte Hasenclever in der Nachwahl mit einem Mehr von über tausend Stimmen.« Als die Partei ein neues Siegesfest ankündigte, setzte der Berliner Polizeipräsident Guido v. Madai die Polizeistunde auf zwölf Uhr fest mit der Begründung, er wünsche nicht, daß die Berliner Arbeiter noch nach Mitternacht ihr Geld verpraßten.

Dazu ist anzumerken, daß Madai, der aus einer preußischen Offiziersfamilie stammte, die im 18. Jahrhundert eingewandert war, in Berlin als Prasser und Vielfraß berüchtigt war; man nannte ihn »das Trüffelgrab«, und er war so dick, daß man sich in der Hauptstadt von einem Droschkenkutscher erzählte, der beim Anblick dieses korpulenten Fahrgastes ausgerufen haben soll: »Wat, uff *een*mal?!« Der Amtsgerichtsrat Ludwig Herz berichtete in seinen als Privatdruck herausgegebenen Erinnerungen: »Madai ging in die bürgerlichsten und unchristlichsten Häuser, wenn nur die Küche dort gut war, an demselben Tage sogar in mehrere, wenn es sich einrichten ließ. Er war unappetitlich; so dick er auch war, das Fett konnte die Brutalität seiner Gesichtszüge nicht ganz überwuchern.« Und mit Blick auf v. Madai fügte er hinzu: »Die Berliner hatten meist Pech mit ihren Polizeipräsidenten. Vom Grafen v. d. Schulenburg, der nach der Schlacht von Jena sein ›Ruhe ist die erste Bürgerpflicht‹ anschlagen ließ, bis zum Herrn v. Jagow« – einem Nachfolger Madais –, »dessen Verbot einer sozialdemokratischen Demonstration gegen das Dreiklassenwahlrecht die gleichfalls geflügelten Worte ›Die Straße dient dem Verkehr! Ich warne Neugierige!‹ enthielt. Dieses Verbot der Wahlrechtsdemonstration hatte einen

Nachklang, der ihm sicherlich unerwünscht war. Die Sozialdemokraten schlugen ihm ein Schnippchen. Umzüge konnte er verbieten, aber nicht verhindern, daß die Arbeiter im Sonntagsstaat mit Frau und Kind in losen Gruppen sittsam spazierengingen, zum Beispiel auch im Tiergarten ...« Zu Zehntausenden erschienen sie so im Berliner Westen, und diese zum Massen-Sonntagsspaziergang umgewandelte Demonstration machte auf das Berliner Bürgertum einen tiefen Eindruck. Witz, schnelles Reaktionsvermögen und souveräne Verachtung für obrigkeitliche Bevormundung galten den Berlinern stets als Tugenden, und wer mit Bravour, Organisationstalent und preußischer Disziplin glänzen konnte, wer wie August Bebel mit einem Wink unübersehbare Menschenmassen in Bewegung setzen konnte, hatte ihre Bewunderung.

Der Reichstagsabgeordnete Ludwig Frank – er fiel dann 1914 schon kurz nach Kriegsausbruch, weil er als Jude und Sozialdemokrat sich verpflichtet gefühlt hatte, als erster Abgeordneter freiwillig an die Front zu gehen – hat dazu bemerkt: »Was die fleißige Hand des deutschen Proletariers berührt, wird zur Organisation, zur Ordnung. Auch der Kampf um die Freiheit.«

Das galt auch für die damals neue Form des politischen Kampfes: die Straßendemonstration. »Sie kamen nicht als Lumpenproletarier, als Rowdies, die Schaufenster einschlagen und Läden plündern wollten, sondern als politische Formation«, heißt es auch bei Hedwig Wachenheim. »Die Demonstration war kein polizeiliches, sondern ein politisches Problem – zum Leidwesen derer, die gern den Polizeisäbel blankgezogen hätten. Man marschierte wohlgeordnet, jeder mit seinem Bezirk, ruhig in Reih und Glied, wie man das ›bei den Preußen‹ gelernt hatte, ... nur wohldisziplinierte, ordentliche Arbeiter ... In dieser Ordnung lag die Stärke, aber auch die Schwäche der deutschen Sozialdemokratie.«

Tatsächlich waren die Partei und bald auch die Gewerkschaften so »durch und durch preußisch« diszipliniert und straff organisiert, daß es außer der Armee nichts Vergleichbares gab. Die Masse selbst verlangte Ordnung, Einordnung, Disziplin; »die Brandfackel schwingen«, wie der Polizeipräsident v. Madai wiederholt behauptete, wollte und durfte niemand.

An der Spitze dieser Organisation stand der Preuße August Bebel, über ihm nur noch »der Chef« im fernen London, der Preuße Karl Marx, nach dessen Tod im Jahre 1883 allein der Preuße Friedrich Engels, »der General«, wie seine Freunde ihn zu nennen pflegten. »Lieber General!«, schrieb beispielsweise Bebel 1892 an Engels, »Der Erlaß des sächsischen Prinzen« – Herzog Georg zu Sachsen hatte in einem Befehl von »fortgesetzten Mißhandlungen und gewohnheitsmäßigen Quälereien« von Soldaten gesprochen, und dieser Befehl war in Bebels Hände gelangt – »hat kolossalen Eindruck gemacht ... Nächste Woche beginnt die Debatte über den Militäretat, und da wird die Frage sofort auf die Tagesordnung gesetzt ... Daß uns das Aktenstück in die Hände fiel, beunruhigt an gewissen Stellen sehr. Wovor ist man denn da noch sicher, wenn selbst in der Armee das Geheimnis nicht mehr bewahrt werden kann! Und man hat allerdings Ursache, sich zu beunruhigen; denn es gibt keine Staatsverwaltung mehr, in der nicht Anhänger von uns säßen, und das wird mit jedem Jahr schlimmer ... Ich denke, ... wenn sonst kein Hindernis dazwischenkommt, in den ersten Tagen der Woche vor Ostern nach London zu kommen. Also bitte, äußere Dich gelegentlich, ob Dir dieser Zeitpunkt paßt. Es ist möglich, daß auch Paul mitkommt ...«

Dieser viel Selbstbewußtsein verratende Brief wurde nach der schließlichen Aufhebung der Sozialistengesetze geschrieben, mit deren Hilfe Bismarck die deutsche Sozialdemokratie hatte vernichten wollen. Daß ihm dies nicht gelungen war, hatte die Partei in erster Linie der klugen und kraftvollen Führung Bebels zu verdanken, der es energisch verhinderte, daß sie sich in geheime Verschwörerzirkel auflöste, die von der Polizei dann leicht unschädlich gemacht worden wären. Neben Bebel aber hatte der von ihm in dem Brief an Engels mit »Paul« bezeichnete Vertraute den größten Verdienst um die Erhaltung und Stärkung der verfolgten Partei. Er hieß Paul Singer, und auch er war ein Preuße.

In einem Schreiben der Dresdner Polizeidirektion an die königlich preußische Staatsanwaltschaft Elberfeld vom 22. Dezember 1887, als die Sozialistengesetze noch in Kraft waren, berichteten die sächsischen Behörden über alle Bewegungen und Kontakte Bebels nach seiner Haftentlassung aus dem Landesgefängnis Zwickau, wo der Parteiführer wieder einmal eine Gefängnisstrafe hatte verbüßen müssen. Darin wurde an zwei Stellen auch Paul Singer erwähnt. Zunächst hieß es: »Am 14. August, am Tage seiner Entlassung, wurde Bebel vormittags gegen halb elf Uhr bei Ankunft des Zuges von einer Anzahl hervorragender Parteigenossen begrüßt, unter denen sich auch der sozialdemokratische Reichstagsabgeordnete Singer mitbefand, welchen er (Bebel) bei seiner Ankunft küßte und mit welchem er nebst Frau und Tochter nach seiner in Plauen gelegenen Wohnung mittelst Droschke fuhr ...«

An anderer Stelle des ausführlichen Polizeiberichts hieß es: »Man hat den Eindruck gewonnen, daß Bebel, Liebknecht und Singer jetzt die maßgebenden Führer der Partei sind, Bebel aber beinahe die Stellung eines Diktators bekleidet«, wogegen sich Wilhelm Liebknecht ganz der Pressearbeit widmete.

Paul Singer, dieser auch nach Ansicht der politischen Polizei für die Partei so überaus wichtige Mann, war 1844 in Berlin geboren. Er stammte aus einer armen jüdischen Familie, machte zunächst eine kaufmännische Lehre durch und gründete dann mit seinem Bruder Heinrich in Berlin die »Damenmäntelfabrik Gebr. Singer«, wobei er von Anfang an darum bemüht war, die Lage seiner Heimarbeiterinnen zu verbessern. Sein soziales Engagement – er gehörte zu den Förderern und zum Vorstand des Berliner Obdachlosenasyls – verschaffte ihm das Vertrauen der Arbeiterschaft, und der von ihm mitgegründete Berliner Demokratische Arbeiterverein wählte ihn, den Unternehmer, zu seinem Vorsitzenden. Politisch stand Singer damals dem linken Flügel der Fortschrittspartei nahe, und sein großes Vorbild war Johann Jacoby, dessen Berliner Kandidatur zum preußischen Landtag er mit großem Eifer gefördert hatte.

Mit Bebel und Liebknecht war Singer bekannt geworden, weil er den Berliner Arbeiterverein ins marxistische Lager geführt hatte. Er gehörte zu den Gründungsmitgliedern der Partei, deren Führer, Bebel und Liebknecht, bald seine engen persönlichen Freunde geworden waren. Dies wiederum stärkte noch das große Vertrauen, das die Berliner Arbeiter Singer entgegenbrachten, und als der junge Mann im Winter 1870/71 öffentlich gegen eine Annexion Elsaß-Lothringens zu protestieren wagte, stieg er noch mehr in ihrer Achtung. Zum eigentlichen Führer der sozialdemokratischen Arbeiterschaft Berlins aber stieg Paul Singer erst nach 1878, in den Jahren der verstärkten Sozialistenverfolgung, auf.

Im Frühjahr 1878 waren in kurzem Abstand zwei dilettantisch ausgeführte Anschläge auf Kaiser Wilhelm I. verübt worden. Zwar war der greise Monarch beim ersten Attentat gar nicht getroffen, beim zweiten nur geringfügig verletzt worden, aber dic Presse, zumal die konservativen und nationalliberalen Blätter, hatte die Vorfälle mächtig aufgebauscht und damit ein Klima geschaffen, das Bismarcks Plänen entsprach. Gleich nach dem ersten Anschlag hatte der Kanzler versucht, den Reichstag zur Annahme eines »Gesetzes gegen die gemeingefährlichen Bestrebungen der Sozialdemokratie« zu bewegen, war damit aber nicht durchgedrungen. Nach dem zweiten Attentat ließ er deshalb das Parlament auflösen und Neuwahlen ausschreiben. Sie verschafften ihm die ersehnte Mehrheit für die »Sozialistengesetze«, denn der Wahlkampf war ganz im Zeichen einer »vaterländischen Front gegen die Partei der Kaisermörder« geführt worden. Obwohl die Sozialdemokraten erwiesenermaßen mit den Anschlägen gar nichts zu tun gehabt hatten, waren sie massiv verleumdet worden und hatten zahllose Behinderungen ihrer Kandidaten hinnehmen müssen. Daß sie dennoch neun Sitze im neuen Reichstag behielten, war den Umständen nach ein großer Erfolg.

Am 19. Oktober 1878 wurde das »Gesetz gegen die gemeingefährlichen Bestrebungen der Sozialdemokratie« vom Parlament in dritter Lesung mit 221 gegen 149 Stimmen angenommen; am 21. Oktober trat es in Kraft. Es bestimmte in Paragraph 1: »Vereine, welche durch sozialdemokratische, sozialistische oder kommunistische Bestrebungen den Umsturz der bestehenden Staats- oder Gesellschaftsordnung bezwecken, sind zu verbieten.« Die weiteren Paragraphen sahen das Verbot aller Parteiorganisationen und Gewerkschaften vor, auch das aller sozialdemokratischen Zeitungen und Zeitschriften, Versammlungen, Aufzüge und öffentlichen Festlichkeiten.

Ergänzt wurden diese Unterdrückungsmaßnahmen durch Verhängung des »Kleinen Belagerungszustands« in Städten und Kreisen, in denen die

SPD viele Anhänger hatte. Damit bezweckte die Regierung, »daß Personen, von denen eine Gefährdung der öffentlichen Sicherheit oder Ordnung zu besorgen ist, der Aufenthalt in den Bezirken oder Ortschaften untersagt« werden konnte. Das bedeutete in der Praxis die »Säuberung« der SPD-Hochburgen durch polizeiliche Ausweisung aller bekannten Funktionäre und deren Verbannung in ländliche Gegenden, wo sie – so hoffte jedenfalls die Polizei – ohne Kontakt zu ihrer Basis und vom politischen Leben abgeschnitten waren.

Allein aus Berlin, wo schon am 28. November 1878 dieser »Kleine Belagerungszustand« verhängt wurde, wies die Polizei sofort 67 sozialdemokratische Führer aus; in den folgenden Monaten und Jahren wurden noch Hunderte aus Berlin, Altona und anderen preußischen Städten verbannt, während man anderswo, ausgenommen in Sachsen, vor solchen Maßnahmen zurückschreckte. In Berlin verabschiedeten sich die Ausgewiesenen mit einem eilig gedruckten und verteilten Flugblatt von ihren Genossen, denen sie dringend davon abrieten, sich vom Gegner zu ungesetzlichen Handlungen provozieren zu lassen. Das Flugblatt schloß mit den Worten:

»Laßt unsre Feinde toben und verleumden, schenkt ihnen keine Beachtung! . . . Haltet fest an der Losung, die wir euch so oft zugerufen: An unserer Gesetzlichkeit müssen unsre Feinde zu Grunde gehen. Und nun noch ein Wort, Freunde und Genossen! Die Ausweisung hat bis jetzt, mit Ausnahme eines einzigen, nur Familienväter getroffen. Keiner von uns vermag seinen Angehörigen mehr als den Unterhalt der nächsten Tage zurückzulassen. Genossen! Gedenkt unsrer Weiber und Kinder! Bleibet ruhig! Es lebe das Proletariat! Es lebe die Sozialdemokratie!«

»Der Gesetzgeber hatte übersehen«, heißt es zu diesen Ausweisungen in Hedwig Wachenheims Werk *Die deutsche Arbeiterbewegung 1844–1914*, »daß des Menschen Liebe zu einer Bewegung wächst, wenn er ihr Opfer bringen kann. Das Märtyrertum brachte neues Selbstbewußtsein in das schale Leben der Arbeiter. Die Ausweisungen bedeuteten für den ohnehin wurzellosen Arbeiter nicht, was sie für einen wohlsituierten Bürger gewesen wären. Auch war die Ausweisung unter den Arbeitern keine Entehrung. Im Gegenteil, der Ausgewiesene wurde an seinem neuen Wohnort als Held empfangen.«

Der zurückgebliebenen, ihres Ernährers beraubten Familien aber nahmen sich in vorbildlicher Solidarität die Genossen der Ausgewiesenen an, und in Berlin war es vor allem Paul Singer, der sich um die Frauen und Kinder der Verbannten kümmerte, sie finanziell unterstützte und ihre oft schwierigen Probleme lösen half.

Darüber hinaus ermöglichte es ihm sein Beruf – er war ja noch immer Teilhaber einer gutgehenden Damenmäntelfabrik –, allerlei Geschäftsreisen zu unternehmen, ohne daß die Polizei deshalb Verdacht schöpfen konnte. So hielt er den Kontakt aufrecht zwischen London, wo Marx und

Engels lebten, der Schweiz, wohin der Parteivorstand einige für die Presse- und Propagandaarbeit wichtige Genossen delegiert hatte, und Leipzig, wo Bebel und Liebknecht wohnten.

1883 wurde die deutsche Sozialdemokratie, nachdem sie die ersten fünf Jahre unter dem Sozialistengesetz überraschend gut überstanden und sich bei allen Wahlen einigermaßen gehalten hatte, wieder etwas kühner. Der Vorstand war überzeugt davon, daß Bismarck seinen »Zivilkrieg« gegen die Partei verloren hatte. So wagte man sich behutsam hervor, und zum erstenmal erschienen nun wieder sozialdemokratische Zeitungen, in Berlin das *Berliner Volksblatt, Organ für die Interessen der Arbeiter.* Offiziell durfte sich diese Zeitung nicht zur Sozialdemokratie bekennen, sonst wäre sie sofort verboten worden. Aber durch eine geschickte Redaktion und eine die Absichten des Blattes erklärende Mundpropaganda wurde das Ziel erreicht: Die Partei hatte endlich wieder eine Berliner Tageszeitung, und die Behörden fanden keine Möglichkeit, sie zu verbieten. Als die Polizei Nachforschungen anstellte, um herauszufinden, wer das *Berliner Volksblatt* finanzierte, da stellte sich heraus, daß der angesehene und wohlsituierte Fabrikant Paul Singer der Geldgeber war.

Zur selben Zeit wurden in Berlin auch versuchsweise Arbeiterbezirksvereine gegründet, die zum erstenmal die bis dahin getarnten Zusammenkünfte von Parteimitgliedern überflüssig machen sollten. Der Versuch mißlang jedoch; die Bezirksvereine wurden sogleich polizeilich aufgelöst. Daraufhin beschloß die Berliner Parteileitung, sich erstmals an den Stadtverordnetenwahlen zu beteiligen, trotz Belagerungszustand und öffentlicher Stimmabgabe. Dies war eine Kampfmaßnahme gegen die antisemitische Hetze der Christlich-Sozialen, die unter Führung des Hofpredigers Adolf Stöcker das Kleinbürgertum Berlins, das bis dahin fortschrittlich, zum Teil auch sozialdemokratisch gewählt hatte, für sich zu gewinnen suchten. Die Aufstellung Paul Singers als Spitzenkandidat war eine beabsichtigte Demonstration gegen den Antisemitismus, und sie hatte Erfolg. Außer Singer wurden vier weitere Sozialdemokraten ins Berliner Stadtparlament gewählt, und Paul Singer blieb Stadtverordneter während der folgenden achtundzwanzig Jahre, bis zu seinem Tod im Jahre 1911.

Fast dreißig Jahre lang war der jüdische Fabrikant Paul Singer der anerkannte Führer der Berliner Arbeiterbewegung. Im Jahr darauf, im Reichstagswahlkampf 1884, eroberte er für die Sozialdemokraten den Wahlkreis IV (Berlin – äußere Stadt Ost) zurück und behielt dieses Mandat in sieben Legislaturperioden ebenfalls bis zu seinem Tode. Engels nannte ihn »einen unserer besten Reichstagsmänner«.

1886, im neunten Jahr der Sozialistengesetze, wurde schließlich auch Singer aus Berlin ausgewiesen, und er widmete sich nun ganz der Parteiarbeit. Noch im selben Jahr wurde er Mitglied der Parteileitung, und von 1890 bis 1911 war Paul Singer, gemeinsam mit August Bebel, Vorsitzender der SPD. In seinen letzten elf Lebensjahren vertrat er die deutsche Sozialdemokratie im Internationalen Sozialistischen Büro. Zusammen mit Bebel bekämpfte er leidenschaftlich den Opportunismus Georg v. Vollmars, des Führers der bayerischen Sozialdemokratie, der den marxistischen Preußen schon durch seine anfänglich anarchistischen Neigungen verdächtig geworden war, aber auch den Revisionismus, wie er von Eduard Bernstein vertreten wurde.

Bernstein, gebürtiger Berliner, dessen Vater Lokomotivführer auf der Anhalter Bahn und dessen Großvater Rabbiner in Danzig gewesen war, hatte sich 1872 der Partei angeschlossen. Von 1881 bis 1890 leitete er als Chefredakteur das in der Schweiz hergestellte und illegal ins Deutsche Reich eingeschleuste Zentralorgan *Der Sozialdemokrat*, und damit war er der dritte Preuße an der Spitze der SPD während der Jahre der Sozialistenverfolgung durch Bismarck.

Dieser Kampf des reaktionären preußischen Diktators für die Erhaltung der Monarchie und der durch ihn repräsentierten Herrschaft der Junker war gegenüber der Arbeiterbewegung ebensowenig erfolgreich wie gegenüber dem sich emanzipierenden, wirtschaftlich immer mächtiger und politisch einflußreicher werdenden Bürgertum. Nur mit Polizei und Militär konnten die alten Mächte ihre Herrschaft aufrechterhalten, wozu der alte Fontane – in einem Brief an Gustav Keyßner – 1898 bemerkt hat: »Dynastie, Regierung, Adel, Armee, Gelehrtentum – alle sind ganz aufrichtig davon überzeugt, daß speziell wir Deutsche eine hohe Kultur repräsentieren; ich bestreite das; Heer und Polizei bedeuten freilich auch eine Kultur, aber doch einen niedrigeren Grad, und ein Volk- und Staatsleben, das durch diese zwei Mächte bestimmt wird, ist weitab von einer wirklichen Hochstufe.«

Als Fontane dies schrieb, hatte sich in Deutschland gegenüber der 1890 zu Ende gegangenen Ära Bismarck schon sehr vieles gewandelt, Bismarck selbst war bereits ein dreiundachtzigjähriger, todkranker Mann und starb wenige Wochen später, am 30. Juli 1898, auf seiner Besitzung Friedrichsruh. Der verbitterte »Alte vom Sachsenwald«, der seit seiner Entlassung das politische Geschehen nur noch aus der Ferne grimmig beobachtete und durch gezielte Indiskretionen zu stören versuchte, war sich in seinen letzten Lebensjahren durchaus darüber im klaren, daß sein Werk der nationalen Einigung, zwar nicht aller, aber doch der meisten Deutschen nicht die ursprünglich erhoffte Hegemonie Preußens bewirkt hatte, sondern dessen Aufgehen in einem modernen Handels- und Industriestaat, dessen tragende Schicht nicht mehr die Junker waren, sondern das 1849 besiegt geglaubte Bürgertum. Nur die gewaltige Militärmacht des Deutschen Reiches war noch weitgehend unter preußischer, junkerlicher Kontrolle. Aber, so fürchtete Bismarck, auch diese letzte Bastion und mit ihr sein ganzes Werk waren bereits dem Untergang geweiht, weil die neuen Machthaber leichtfertig auf etwas verzichtet hatten, was für eine reaktionäre Militärmacht im Herzen Mitteleuropas lebenswichtig war: auf die Rückendeckung durch das zaristische Rußland.

Bismarck hatte den 1882 geschlossenen, seither immer wieder verlängerten »Dreibund« des Deutschen Reichs mit Österreich-Ungarn und Italien, der jedem der Verbündeten, wenn er von zwei oder mehr Großmächten angegriffen wurde, den Beistand der beiden anderen sicherte, 1887 ergänzt durch einen geheimen Rückversicherungsvertrag mit Rußland. Dieses zunächst für drei Jahre geltende Abkommen verpflichtete beide Mächte zu wohlwollender Neutralität im Kriegsfall. Ausgenommen waren ein deutscher Angriff auf Frankreich und ein russischer auf Österreich. Es war dies die Krönung der fast zwanzig Jahre lang erfolgreichen Bemühungen des Kanzlers, den Frieden und das prekäre Gleichgewicht in Europa aufrechtzuerhalten, und es war die Basis für weitere 24 Friedensjahre nach Bismarcks Sturz.

Natürlich war Bismarck kein Pazifist, noch ging ihm der Frieden über alles. Das hatte er 1864/66 und 1870/71 zur Genüge bewiesen. Doch weil er von einem neuen europäischen Krieg den endgültigen Zusammenbruch der alten Monarchien, die Beseitigung aller Adelsvorrechte und den Triumph der bürgerlichen Demokraten, wenn nicht gar der sozialistischen Arbeiterbewegung befürchtete, widersetzte er sich auf außenpolitischem Gebiet den starken Kräften, die einen Präventivkrieg gegen Frankreich, womöglich einen Zweifrontenkrieg gegen Frankreich und Rußland führen wollten. Daß er, der letzte preußische Machthaber, sich gegenüber den Militärs, die eine aggressive Außenpolitik forderten, energisch durchsetzte, zeigt deutlich, wieviel komplizierter die historische Wahrheit im Vergleich zu den Klischeevorstellungen vom kriegslüsternen Preußen-Deutschland ist.

Innenpolitisch wollte Bismarck zweifellos einen reaktionären Kurs steuern und, gestützt auf das Militär und das Junkertum, die Monarchie – und damit auch seine eigene Machtstellung – ungeschmälert erhalten. Doch dabei war er, weil er sich auf wechselnde Mehrheiten stützen mußte, zu immer neuen Zugeständnissen gezwungen. In den ersten acht Jahren seiner Reichskanzlerschaft regierte er im wesentlichen mit Hilfe der Nationalliberalen. In dieser Zeit führte er mit deren Unterstützung den sogenannten »Kulturkampf« gegen die politische Macht des deutschen Katholizismus und dessen Zentrumspartei, wobei er sich bei seinem brutalen Vorgehen gegen den Klerus überraschend auch einer junkerlichen Opposition gegenübersah. Der »Kulturkampf« erwies sich als Fehlschlag, bewirkte er doch nur ein Erstarken der Zentrumspartei, und so sah sich Bismarck von 1878 an zu allmählichem Einlenken gezwungen. Die erheblichen wirtschaftlichen Konzessionen, die er den Liberalen zur Erlangung ihrer vollen Unterstützung seiner Politik hatte machen müssen, ließen sich indessen nur zum kleinen Teil rückgängig machen, was den Prozeß des Übergangs zur – ursprünglich gar nicht gewollten – bürgerlich-parlamentarischen Monarchie beschleunigte.

Der Wechsel von der Freihandels- zur Schutzzollpolitik, mit dem sich Bismarck die Unterstützung der Konservativen erkaufte, wirkte sich zwar auch – im Sinne einer Gnadenfrist – zugunsten des preußischen Junkertums aus, dessen Rittergüter angesichts der massenhaften Einfuhr billigen Brotgetreides nicht mehr konkurrenzfähig waren. Aber am meisten profitierten von den hohen Schutzzöllen die rheinisch-westfälischen Eisen- und Stahlerzeuger, die sich mit den ostelbischen Junkern verbündet hatten. Und eine zweite, unerwünschte Auswirkung der Schutzzollpolitik war, daß sie die unter den künstlich hochgehaltenen Getreidepreisen am meisten leidende Unterschicht noch stärker zu politischem Bewußtsein brachte, was schließlich der Sozialdemokratie zugute kam.

Gegen diese wandte Bismarck, wie schon geschildert, vergeblich alle Mittel der Unterdrückung an, die ihm die – zunächst befristeten, vom Reichstag gegen allerlei Zugeständnisse an die bürgerlichen Parteien aber immer wieder verlängerten – Sozialistengesetze boten. Diese Methode bewirkte das Gegenteil des von Bismarck Erhofften, schon deshalb, weil das Gesetz – wie es in einer 1905 erschienenen Schrift von Walter Frisch heißt – »tiefempfundene Interessen der Arbeiter schädigte, weil es den körperlich arbeitenden Teil der Bevölkerung zu der Überzeugung trieb, daß man ihn den Fabrikanten schutzlos auslieferte. Und das war wirklich der Fall. Es konnte keine größere Aufreizung zum Klassenhaß geben, als das Sozialistengesetz selbst.«

Diese unbeabsichtigte Wirkung versuchte Bismarck zu beseitigen oder zumindest abzuschwächen durch soziale Reformen, »die den Arbeiterstand durch Befriedigung seiner berechtigt erscheinenden Forderungen vor dem Einfluß der Sozialdemokratie bewahren« sollten, wie es in einer amtlichen Denkschrift hieß. Hierbei stieß Bismarck auf den energischen Widerstand der Liberalen, förderte daraufhin deren Schwächung und Spaltung, konnte aber keine konservative Mehrheit im Reichstag zustande bringen, weil sich auch die Vertreter des Junkertums solchem »sozialen Firlefanz« widersetzten. So mußte sich Bismarck bei seiner Sozialgesetzgebung, zumal wegen der schroff ablehnenden Haltung der Fortschrittspartei, auf das eben noch von ihm verfolgte katholische Zentrum stützen und diesem allerlei Zugeständnisse machen. Nur mit großer Mühe und nach langen Verhandlungen wurden das Krankenkassen-, das Unfallversicherungs- und das Alters- und Invalidenversicherungsgesetz im Reichstag angenommen.

Das waren für die damalige Zeit geradezu revolutionäre Fortschritte, die Preußen-Deutschland zu einem für die ganze Welt vorbildlich sozialen Staat machten. Dabei sei angemerkt, daß die Rentenversicherung noch keineswegs den sozialdemokratischen Forderungen entsprach: Das normale Rentenalter war mit siebzig Jahren sehr hoch angesetzt, die Rente dagegen sehr niedrig; wer während dreißig Arbeitsjahren regelmäßig seinen Beitrag entrichtet hatte, konnte vom 70. Lebensjahr an eine monatliche Rente von mindestens 8,50 Mark, höchstens 15,95 Mark beziehen, und das war auch damals nur eine spürbare Beihilfe, keineswegs die Sicherung des Existenzminimums.

Immerhin war es ein Anfang, vor allem die Durchsetzung eines Prinzips, die – nach Bismarcks eigenem Eingeständnis vor dem Reichstag – nie gelungen wäre, »wenn es keine Sozialdemokratie gegeben hätte«. Und daß es diese Sozialdemokratie gab, daß sie, allen Verfolgungen zum Trotz, immer stärker und selbstbewußter wurde, war wiederum, wie wir gesehen haben, das Verdienst von Männern, die nicht minder preußisch, in manchem eher preußischer waren als Otto v. Bismarck. Zu ihnen, der kleinen Gruppe sozialdemokratischer Reichstagsabgeordneter um August Bebel, hatte sich übrigens Anfang 1874 auch der fast siebzigjährige Johann Jacoby gesellt. Der Königsberger eroberte der Partei den Wahlkreis Sachsen 13 (Leipzig I und II), legte dann aber sein Mandat nieder und zog sich aus Gesundheitsgründen ganz von der Politik zurück. »Der dürre alte Jude«, wie Bismarck ihn nannte, starb 1877 in seiner Heimatstadt.

Schon sechs Jahre vor seinem Tod, im November 1871, hatte Johann Jacoby einen Aufsatz, *Die drei Zauberformeln*, verfaßt, der mit einem Zitat aus dem Markus-Evangelium begann: »Der Sabbat ist um des Menschen willen gemacht, und nicht der Mensch um des Sabbats willen.« Dieses Wort, so führte Jacoby aus, gelte für alle menschlichen Einrichtungen, auch für Kirche, Staat und Gesellschaftsordnung. Sie seien aus den menschlichen Bedürfnissen hervorgegangen. Bei fortschreitender Entwicklung aber hielten Gewohnheit, Unvernunft und Eigennutz fest an den hergebrachten Rechten und Ordnungen, erklärten sie für heilig und unantastbar, ja verlangten, daß die Bedürfnisse des Menschen den überkommenen Satzungen sich unterwürfen, nicht umgekehrt. Es bedürfe langer harter Kämpfe, bis endlich der Mensch sich als »Herr des Sabbats« erkenne und mit »den Schaubroten der Priester seinen Hunger stille«. »Im Namen der Kirche! Im Namen des Staats! Im Namen der Gesellschaft! Durch diese drei Zauberformeln hat von jeher Herrschbegier und Selbstsucht einzelner den Geist, den Willen und die Arbeitskraft der Völker gefesselt und ausgebeutet!« Die Kirche, schrieb Jacoby weiter, das heißt die Anmaßung der Priester, der Staat, das heißt die Herrschsucht der weltlichen Machthaber, die Gesellschaft, das heißt die Habgier der besitzenden Klassen, gegen sie gelte es den letzten, entscheidenden Kampf der Unterdrückten zu führen, den Freiheitskampf der Menschheit gegen den dreieinigen Feind Thron, Altar und Geldmacht. »Geistesfreiheit, Willensfreiheit, Arbeitsfreiheit!« Das war die von Jacoby ausgehende Losung: »Der Kampfpreis: allgemeine Bildung, Tugend und Wohlfahrt!« »Die drei Zauberformeln« wurden auch in der sozialdemokratischen Presse nachgedruckt und leisteten der Partei gute Dienste. Erstaunlicherweise wurden sie nach Inkrafttreten des Sozialistengesetzes nicht beschlagnahmt. Erst zehn Jahre später erkannte man, wie Jacobys Biograph Edmund Silberner zu berichten weiß, ihre Gefährlichkeit; aufgrund des Sozialistengesetzes wurden sie in Südbaden verboten. »Der ›Sozialdemokrat‹, das von Zürich aus ins Reich geschmuggelte ›Organ der Sozialdemokratie deutscher Zunge‹, erklärte dies damit«, heißt es bei Silberner, »daß ›Die drei Zauberformeln‹ 1878 noch nicht zum Verbot reif gewesen seien, weil die in ihnen enthaltenen Wahrheiten damals noch nicht so staatsgefährlich gewesen seien wie 1888. ›Es ist noch nicht lange her‹, schrieb der ›Sozialdemokrat‹, ›daß wir in diesem Blatt die vortreffliche Arbeit des Weisen von Königsberg abgedruckt; trotzdem hoffen wir unsere Leser damit einverstanden, wenn wir, dem Verbot zu Ehren, den Abdruck wiederholen‹.«

Im selben Jahr 1888, am 9. März, starb wenige Tage vor seinem 91. Geburtstag der erste Preußenkönig, der – gegen seinen ausdrücklichen Wunsch – »Deutscher Kaiser« geworden war: Wilhelm I. Der bereits siebenundfünfzigjährige einzige Sohn des Verstorbenen, Kronprinz Friedrich Wilhelm, bestieg nun als Friedrich III. den Thron von Preußen und trat auch die Nachfolge seines Vaters als »Deutscher Kaiser« an. Dies hätte sicherlich das Ende der Kanzlerschaft Bismarcks bedeutet, weil Friedrich ihm sehr kritisch gegenüberstand, wäre der neue Kaiser und König nicht schon ein todkranker Mann gewesen. Er starb bereits am 15. Juni 1888, und sein ältester Sohn trat als Wilhelm II. nun die Herrschaft über Preußen und das Deutsche Reich an.

»Auch Wilhelm II. schien anfangs ganz in Bismarcks Bahnen zu wandeln. Doch bald trat ein Zwiespalt über die Haltung gegen Rußland und England wie über die innere Politik ein«, heißt es in einer vom Bibliographischen Institut Leipzig herausgegebenen Studie aus dem Jahre 1908. Doch in Wahrheit wollte der mit 29 Jahren auf den Thron gelangte Kaiser und König allein regieren, sich nicht dem Diktat des herrschsüchtigen Alten unterwerfen. Und ausgerechnet er, Wilhelm II., dem, wie wir noch sehen werden, alle preußischen Tugenden fehlten, am meisten die der Bescheidenheit, wollte noch einmal den Versuch unternehmen, das im Deutschen Reich aufgegangene, längst zum Anachronismus gewordene Königreich Preußen in Glanz und Gloria wiederherzustellen.

Es war ein Versuch am untauglichen Objekt, aber das merkte Seine Majestät nicht, und seine Umgebung tat nichts, den jungen Monarchen aus seinen Illusionen zu reißen. Das besorgten, und auf eine für Wilhelm II. oftmals recht schmerzliche Weise, andere, darunter einige, die um vieles preußischer waren als der neue Kaiser und König, der – wie Kurt Tucholsky in bezug auf Ludendorff einmal geschrieben hat – die »Karikatur eines Preußen« war.

Der Untergang der Hohenzollern

»Woher ist es möglich gewesen, daß bei dem kurzen Rückblick auf die Geschichte unseres Landes und unseres Hauses diese wunderbaren Erfolge unseres Hauses zu verzeichnen sind? Nun, daher, weil ein jeglicher Hohenzollernfürst sich von Anfang an bewußt ist, daß er nur Statthalter auf Erden ist, daß er Rechenschaft abzulegen hat von seiner Arbeit vor einem höheren König und Meister . . . Daher die felsenfeste Überzeugung von der Mission, die jeden einzelnen meiner Vorfahren erfüllte. Daher die unbeugsame Willenskraft, durchzuführen, was man sich einmal zum Ziel gesetzt hat.«

So redete Wilhelm II., der letzte regierende Hohenzoller, der 1888 als Neunundzwanzigjähriger den Thron Preußens und des Deutschen Reichs bestiegen hatte, und so dachte er auch. Der Schriftsteller Ludwig Thoma, der die Reden Wilhelms II. gesammelt und kommentiert hat, bemerkte hierzu: »Die Wahrheit ist, daß seit Friedrich II. kein Hohenzoller ›unbeugsame Willenskraft‹ gezeigt hat.« Die Wahrheit ist auch, daß gerade dieser König Friedrich II., überzeugter Atheist, der er war, schwerlich auf den Gedanken gekommen wäre, vor einem »höheren König und Meister« Rechenschaft abzulegen.

Aber: »Das Haus Hohenzollern bestätigen, das heißt für Wilhelm II. sich selbst bestätigen«, so hat Ernst Johann in einem vorzüglichen Kommentar der *Reden des Kaisers* diese Neigung des letzten regierenden Hohenzollern zutreffend analysiert. »Deshalb die ›Heiligsprechung‹ seines Großvaters (in einer Rede vom 26. Februar 1897 anläßlich eines Festmahls des Brandenburgischen Provinziallandtags), deshalb die nimmermüde Nachahmung des Regierungsstils von Friedrich dem Großen, deshalb die blinde Überschätzung auch noch der unfähigsten Regenten des Hauses, deshalb der Gedanke einer ›Siegesallee‹ . . .« Sie wurde dann tatsächlich angelegt und mit 32 Marmorgruppen zur Verherrlichung sämtlicher regierender Hohenzollern seit Markgraf Friedrich I. versehen. Die *Frankfurter Zeitung* spottete schon 1899 über diesen »Versuch, die unbekanntesten Markgrafen scharenweise der Vergessenheit« zu entreißen. »Von Gottes Gnaden« ein Hohenzoller zu sein, dieses Bewußtsein seiner Auserwähltheit machte ihn stark, selbst gegenüber einem Bismarck, den er 1890 entließ und von dem er später in einer Rede sagte, dieser Kanzler habe Kaiser Wilhelm I. gedient wie »so mancher brave, tüchtige Ratgeber, der die Ehre hatte, seine (des Kaisers) Gedanken ausführen zu dürfen, . . . Handlanger seines erhabenen Wollens«.

Zum Nachfolger Bismarcks ernannte Wilhelm II. den General Leo Caprara di Montecuculi v. Caprivi, Sproß einer preußischen Beamtenfamilie, die aus Oberitalien stammte. Caprivis »Neuer Kurs« wurde außenpolitisch durch die Nichterneuerung des Rückversicherungsvertrags mit Rußland, innenpolitisch von dem Verzicht auf die Sozialistengesetze bestimmt. Neue Handelsverträge mit Belgien, Italien, Österreich und Rußland, die unter Herabsetzung der hohen Getreidezölle den Übergang des Deutschen Reiches vom Agrar- zum modernen Industriestaat beschleunigen halfen, trugen Caprivi die erbitterte Feindschaft der ostelbischen Junker ein, die ihm, dem »Mann ohne Ar und Halm«, den von ihm verschuldeten Ruin aller preußischen Rittergüter prophezeiten.

Der »Neue Kurs« sollte Frieden im Innern bringen. Eine groß angekündigte »Arbeiterschutzgesetzgebung« – die sich aber bei Lichte besehen als recht dürftig erwies – zielte darauf ab, die Masse der Industriearbeiterschaft mit der Monarchie zu versöhnen und der – nun nicht mehr verfolgten – Sozialdemokratie abspenstig zu machen. Aber die Reichstagswahlen vom Mai 1893 brachten der SPD nur noch größere Erfolge: Ihr Stimmenanteil stieg von knapp 20 auf über 23 Prozent; sie konnte die Anzahl ihrer Abgeordneten von 36 auf 44 erhöhen; fast 1,8 Millionen Wähler, 360000 mehr als im Jahre 1890, hatten ihre Stimme der Partei August Bebels gegeben. Dieser Mißerfolg seines Aussöhnungsversuchs verärgerte Wilhelm II., und fortan interessierte ihn die Sozialpolitik nicht mehr. Auch Caprivi verlor nun des Kaisers Vertrauen; nachdem er im Reichstag die von Wilhelm II. gewünschten Gesetzesänderungen, die eine wirksamere Bekämpfung umstürzlerischer Bestrebungen ermöglichen sollten, nicht hatte durchsetzen können, erhielt er im Oktober 1894 seinen Abschied.

Zum Nachfolger Caprivis wurde der fünfundsiebzigjährige Fürst Chlodwig v. Hohenlohe-Schillingsfürst, Prinz v. Ratibor und Corvey, ernannt, ein süddeutscher Aristokrat mit Großgrundbesitz in Oberschlesien und Westfalen, der als liberaler Katholik bis 1870 bayerischer Ministerpräsident, dann Reichsstatthalter in Elsaß-Lothringen gewesen war.

Der »Umsturzvorlage« konnte auch er keine Mehrheit im Reichstag verschaffen; sie wurde 1895 endgültig zurückgezogen. Danach trat Hohenlohe öffentlich kaum noch in Erscheinung. Am 17. Oktober 1900 wurde er als Reichskanzler und als preußischer Ministerpräsident abgelöst von Bernhard Graf (später Fürst) v. Bülow. Der neue Kanzler, Sohn eines holsteinischen Adligen, der erst in dänischen, dann in mecklenburgischen Diensten gestanden hatte, war 51 Jahre alt und hatte sich im diplomatischen Dienst des Reiches emporgedient. Zuletzt war er, verheiratet mit einer italienischen Prinzessin di Camporeale, Botschafter in Rom gewesen. Seine Geschmeidigkeit, die auch vor den übertriebensten Schmeicheleien nicht zurückschreckte, empfahl ihn Wilhelm II., der ja keinen »Eisernen Kanzler«, sondern einen geschickten »Handlanger« haben wollte, für das höchste Staatsamt.

Seit Bismarck trugen die deutschen Reichskanzler Uniform. Bei Caprivi und selbst bei Hohenlohe verstand sich das fast von selbst; bei Bülow, dem Karrierediplomaten, wirkte es lächerlich, daß er sich als Husarengeneral verkleidete. Aber Wilhelm II. fand das ganz in Ordnung. Militärisches Auftreten war für ihn das Allerwichtigste; mit dem Säbel zu rasseln, hatte er schon als Kronprinz verstanden. Seine Mutter, der der »rückständige und chauvinistische Unsinn« ihres Ältesten tief verhaßt gewesen war, hatte ihn durch ihre Abneigung noch darin bestärkt. Und zur Schande eines Großteils des deutschen Bürgertums, vom Adel ganz zu schweigen, muß gesagt sein, daß die »dämlichen Zivilisten«, wie der Kaiser sie im vertrauten Kreis zu nennen pflegte, sich von seinem großspurigen, dünkelhaften und äußerst aggressiven Auftreten tief beeindruckt zeigten, allenfalls heimlich darüber lächelten, so als sei er noch ein großer Junge, dem man Übertreibungen verzeihen mußte, meist jedoch noch Beifall klatschten.

Schließlich zeigte ja die Bilanz, die des Staates wie auch die private, von Jahr zu Jahr steigende Gewinne. »In die stolzen Reden zum Sedanstag«, hat dazu Ernst Johann bemerkt, »mischten sich Jahr für Jahr mehr die stolzen Ziffern über die deutsche Produktion an Rohstahl, dem Wirtschaftsbarometer der Zeit. Dieses stand auf ›weiterhin freundlich‹, und tatsächlich hat sich die Rohstahlproduktion in einer Zeitspanne (1887–1912), da sie sich in England verdoppelte, in Deutschland verfünfzehnfacht.«

Angesichts dieser immens gestiegenen wirtschaftlichen Kraft, der eine vermehrte militärische Stärke und auch rasch zunehmender privater Wohlstand der besitzenden Klassen entsprachen, schien es der Mehrzahl der Bürger nur angemessen, daß Seine Majestät forsch, nicht selten äußerst forsch, auftrat. Als Anfang Juli 1900 der deutsche Gesandte in Peking von Aufständischen, sogenannten »Boxern«, die die europäische Einmischung in chinesische Angelegenheiten bekämpften, ermordet worden war, da erschien es den meisten Deutschen selbstverständlich, daß sich das Reich an der Intervention der europäischen Mächte zur Niederwerfung des Aufstands in China mit einem Expeditionskorps beteiligte. Daß der Kaiser bei der Verabschiedung der ersten Truppenkontingente in Wilhelmshaven kräftige Worte sprach – »Die deutsche Fahne ist beleidigt . . . worden. Das verlangt exemplarische Bestrafung und Rache!« –, nahm die Mehrheit mit Beifall auf. Daß Wilhelm II. drei Wochen später, als weitere Truppen nach China entsandt wurden, sich noch steigerte – »Pardon wird nicht gegeben, Gefangene werden nicht gemacht. Führt eure Waffen so, daß auf tausend Jahre hinaus kein Chinese mehr es wagt, einen Deutschen scheel anzusehen!« –, stieß zwar schon hie und da auf Kritik, aber im großen und ganzen waren Groß- und Kleinbürgertum durchaus einverstanden mit dem brutalen Vorgehen, das der Kaiser angeordnet hatte. Im Ausland dagegen machten die Aussprüche Wilhelms II. einen verheerenden Eindruck. Auf Jahrzehnte hinaus hing der ganzen deutschen Nation der Ruch gnadenloser Brutalität im Dienste eines nackten Imperialismus an. Und die Bestialitäten, die dann in China nicht allein von deutschen, sondern auch von den Soldaten der anderen Interventionsmächte verübt wurden, schrieb die Weltmeinung allein den Haßtiraden des deutschen Kaisers zu. Die schamlose Offenheit Wilhelms II. ermöglichte es den anderen Völkern, darin eher eine Enthüllung des wahren Charakters der deutschen Nation als des Imperialismus schlechthin zu sehen.

Es wurde damals in Deutschland auch eine ganz andere, der des Kaisers diametral entgegengesetzte Auffassung öffentlich vertreten, und es war ein Preuße, der sie im Reichstag aussprach: August Bebel, der Führer der inzwischen stärksten Partei im Deutschen Reich. Für ihn gilt, was Willi Eichler Jahrzehnte später über Emil Gumbel, den mutigen Einzelkämpfer gegen das politische Verbrechertum in der Weimarer Republik, geschrieben hat: »Es war eine große patriotische Tat, den Schändern der Nation ... rücksichtslos mit der Wahrheit entgegenzutreten!«

Bebel räumte in seiner Reichstagsrede zunächst mit den beim deutschen Volk erweckten Vorstellungen auf, der Angriff der Chinesen sei unprovoziert erfolgt. Er wies nach, daß sich Europäer und Amerikaner seit Jahrzehnten im Reich der Mitte wie Räuber und Sklaventreiber aufführten, wie sie eben erst geschlossene Verträge brachen und wie in den Hafenstädten jeder Weiße sich das Recht herausnahm, die Einwohner wie Vieh zu behandeln. Dann kam er auf die Vorgeschichte der Ermordung des deutschen Gesandten in Peking zu sprechen:

»Deutsche Soldaten haben von der Mauer der Gesandtschaft ohne die geringste Provokation gegen einen Haufen friedlich versammelter Chinesen geschossen, haben sechs bis acht Mann getötet, eine Anzahl verwundet, während die anderen geflohen sind. Sie haben damit das schwerste völkerrechtswidrige Verbrechen begangen, das man überhaupt zu tun imstande war, sie begingen elenden, feigen Mord! Meine Herren, denken Sie sich einmal den undenkbaren Fall, in Berlin hätte die chinesische Gesandtschaft Truppen; Unter den Linden ... würde eine Volksversammlung in friedlicher Weise abgehalten; plötzlich schössen chinesische Truppen darunter, streckten sechs bis acht Mann nieder ... Wissen Sie, was die Antwort der Berliner sein würde? ... Das Haus der chinesischen Gesandtschaft würde erstürmt und zerstört werden, daß kein Stein auf dem andern bliebe, und alles, was man darin lebend fände, würde niedergemetzelt werden ...!«

Bebel schilderte dann, wie von der deutschen Gesandtschaft aus weitere schwerste Provokationen und offene Kriegshandlungen der schließlichen Ermordung des Gesandten vorausgegangen waren. Er geißelte die Reden des Kaisers, der den nach China abgehenden Soldaten die Wahrheit verhehlt und sie zu unmenschlichem Vorgehen, ja, unter Mißbrauch seiner höchsten Autorität zu Verbrechen angestiftet habe. Er berichtete von scheußlichen Exzessen der rasenden Soldateska, gab schaurige Einzelheiten bekannt – »Am Sonntagnachmittag haben wir 74 Gefangene mit dem Bajonett erstechen müssen«, hatte ein junger Soldat seiner Mutter geschrieben –, und er schloß mit der Versicherung, daß die Sozialdemokratie diesen abscheulichen Rachefeldzug auf das entschiedenste verurteile und einer solchen Politik keinen Pfennig zu bewilligen gedenke.

Die Sozialdemokraten stimmten geschlossen gegen die Flottenvorlage, die aber von der Mehrheit der anderen Parteien angenommen wurde, nicht zuletzt infolge angestrengter Bemühungen des Reichstagspräsidenten, dem Kaiser dessen sehnlichsten Wunsch zu erfüllen, bald eine der englischen ebenbürtige Flotte zu besitzen. Dieser Reichstagspräsident war übrigens Graf Franz v. Ballestrem, oberschlesischer Rittergutsbesitzer auf Plawniowitz, päpstlicher Geheimkämmerer, Major a. D. und erbliches Mitglied des preußischen Herrenhauses. Ballestrem – seine Familie stammte aus Piemont und hieß eigentlich Balestreri di Montalenghe – wurde dann noch vom Kaiser wegen seiner Verdienste um den Ausbau der Flotte zum Wirklichen Geheimen Rat ernannt. Ballestrems wichtigstes Bestreben im Reichstag war es, den gefürchteten Oppositionsredner August Bebel unter Kontrolle zu halten und ihm nach Möglichkeit das Wort zu entziehen, was aber nur selten gelang, da Bebel dazu kaum Vorwände lieferte.

Leider gab es niemanden im Deutschen Reich, der Wilhelm II. das Wort entziehen konnte. So hielt er weiter eine Rede nach der anderen, wetterte gegen die Sozialdemokraten – »Eine Rotte von Menschen, nicht wert, den Namen Deutscher zu tragen« –, erhob Weltmacht-Ansprüche – »Der Ozean ist unentbehrlich für Deutschlands Größe! Ohne Deutschland und ohne den Deutschen Kaiser darf keine große Entscheidung mehr fallen!« – und trieb den Militarismus bis zum Exzeß wie bei einer Rekrutenvereidigung in Potsdam, wo er erklärte: »Ihr habt Mir Treue geschworen! Das, Kinder meiner Garde, heißt, ihr seid jetzt Meine Soldaten . . . Es gibt für euch nur einen Feind, und der ist Mein Feind. Bei den jetzigen sozialistischen Umtrieben kann es vorkommen, daß Ich euch befehle, eure eignen Verwandten, Brüder, ja Eltern niederzuschießen, . . . auch dann müßt ihr Meine Befehle ohne Murren befolgen!«

Des Kaisers ständige Drohgebärden, sein unentwegtes Säbelrasseln und vor allem seine Ansprüche auf Vorherrschaft, nicht nur auf dem europäischen Kontinent, sondern darüber hinaus auf den Weltmeeren und in fernsten Ländern, mußten bei allen anderen Großmächten alarmierend wirken, besonders in England. Zu Wilhelms II. provozierenden Reden kamen aber auch noch seine ebenso törichten wie folgenschweren außenpolitischen Kursänderungen; der Verzicht auf eine Verlängerung des Bismarckschen Rückversicherungsvertrags mit Rußland im Jahre 1890 und damit auf die traditionelle Allianz Preußens mit dem Zaren als dem Garanten der alten rückständigen Ordnung bewirkte die Annäherung der Petersburger Regierung an Frankreich, die Bismarck nächst der Herausforderung Englands am meisten gefürchtet hatte.

Erbittert und von düsteren Ahnungen erfüllt hatte der entlassene Reichskanzler von Friedrichsruh aus verfolgt, wie bedenkenlos seine

Nachfolger samt dem Kaiser außenpolitisches Porzellan zerschlugen. Sein Biograph A. J. P. Taylor weiß zu berichten, daß Bismarck die katastrophalen Folgen dieser Politik mit überraschender Präzision vorausgesagt hat: Von 1786, dem Todesjahr Friedrichs II., an seien genau zwanzig Jahre vergangen; dann habe Preußen die Unfähigkeit der Nachfolger des großen Königs mit der Katastrophe von Jena und Auerstedt bezahlen müssen. Auch von seinem, Bismarcks, Tode bis zum Zusammenbruch des Reiches würden, so meinte der Alte, nicht mehr als zwanzig Jahre vergehen – eine Prophezeiung, die sich für die Hohenzollern 1918 bewahrheiten sollte.

Doch Wilhelm II., taub gegenüber allen Warnungen, ließ die Deutschen weiter stramm dem Abgrund entgegenmarschieren. Selbst auf Gebieten, die sich der Reglementierung oder gar dem militärischen Kommando eigentlich entziehen, ließ er sich säbelrasselnd und forsche Befehle erteilend vernehmen. »Das Theater ist auch eine Meiner Waffen!«, hatte er einmal erklärt, und bei einem Festmahl anläßlich der Fertigstellung der Siegesallee, am 18. Dezember 1901, erläuterte er den versammelten Künstlern, was er damit meinte: »Eine Kunst, die sich über die von Mir bezeichneten Gesetze und Schranken hinwegsetzt, ist keine Kunst mehr!« Und im weiteren Verlauf der langen Rede kam er auf das zu sprechen, was ihm im Bereich der bildenden Künste, aber auch der Literatur und des Theaters, am meisten mißfiel:

»Wenn nun die Kunst, wie es jetzt vielfach geschieht, weiter nichts tut, als das Elend noch scheußlicher hinzustellen, wie es schon ist, dann versündigt sie sich damit am deutschen Volke ... Soll die Kultur ihre Aufgabe voll erfüllen, dann muß sie bis in die untersten Schichten des Volkes hindurchgedrungen sein. Das kann sie nur, wenn die Kunst die Hand dazu bietet, wenn sie erhebt, statt daß sie in den Rinnstein niedersteigt!«

Aber die wirklichen Künstler Deutschlands, unter ihnen nicht wenige Preußen, setzten sich gegen diese Maßregelungen zur Wehr. Die Berliner Sezession, eine Gruppe von Malern, die sich von der offiziell gewünschten und geförderten Malerei losgesagt hatte und eigene Wege ging, warb für ihre erste Ausstellung im Sezessionshaus am Kurfürstendamm mit einem Plakat, das Thomas Theodor Heine, der große Karikaturist des *Simplizissimus*, gezeichnet hatte: Eine öde Großstadtstraße mit einer Frau, die eine aus dem Rinnstein erblühte Rose pflückt.

Jeder, der sich für Malerei interessierte, begriff diese Anspielung auf die vom Kaiser verfemte »Rinnsteinkunst«. Die Ausstellung wurde ein triumphaler Erfolg, nicht zuletzt durch die Bilder Max Liebermanns, der die Sezession anführte. Er, der Urberliner, aus einer achtzig Jahre zuvor von Märkisch-Friedland in die Hauptstadt zugezogenen, sehr wohlhabenden jüdischen Bürgerfamilie, wurde vom Kaiser als ein »hergelaufener Anarchist« beschimpft. Aber Wilhelm II. vermochte nicht zu verhindern, daß die Sezession die Reichshauptstadt zu einem international angesehenen Kunstzentrum werden ließ, wo sich Persönlichkeiten wie Lovis Corinth

Kommerzienrat Josef Liebermann, Vater des Malers Max Liebermann (Gemälde aus dem Jahre 1842).

und Max Slevogt oder der Bildhauer August Gaul nun ganz entfalten konnten und ihrerseits dann den Weltruhm der Berliner Sezession vermehrten.

»Die Kunst war das einzige Gebiet, auf dem Wilhelm II. seinen Willen nicht durchsetzen konnte«, hat dazu Hans Ostwald bemerkt. »Der Kaiser konnte wie jeder Privatmann bauen und meißeln lassen, was er wollte. Liebedienerei verhalf ihm zu verhindern, daß die Sezession offiziell anerkannt wurde. Aber die Nationalgalerie wurde die Sammlung dessen, was er haßte; die besten Kreise, auch die ihm nahestanden, hielten zur Sezession; der Ruhm und Einfluß des ›Anarchisten‹ Liebermann wuchs unwiderstehlich, und die freie Kritik schlug des Kaisers Unternehmungen mit Spott und Hohn. Wenn auf den anderen Gebieten die Menschen ihm ebenso begegnet wären, so wäre die deutsche Geschichte anders verlaufen. Trotzdem: eines blieb unmöglich; die Königlich preußische Akademie konnte Liebermann wohl zum Mitglied, aber nicht zum Präsidenten wählen.« Das geschah erst nach dem Sturz Wilhelms II., und Max Liebermann blieb dann dreizehn Jahre lang Präsident der preußischen Akademie der Künste, bis 1933 die – sich fälschlicherweise »Nationalsozialisten« nennenden – Anhänger Hitlers an die Macht kamen.

Im Kaiserreich konnte sich Liebermann damit trösten, daß auch Adolph v. Menzel kein Präsident der Akademie hatte werden können. »In dem Regime der Dummheit«, so Hans Ostwald, »konnte man sich einen kleinen Mann in einer repräsentativen Stellung nicht denken«, und der als Maler so große Menzel war vom Körperwuchs her wirklich sehr klein. Indessen gab es auch andere Gründe, warum Wilhelm II. dem bei des Kaisers Regierungsantritt schon dreiundsiebzigjährigen, aus Breslau gebürtigen, in Berlin aufgewachsenen Menzel gegenüber mißtrauisch blieb. Gewiß, die zahlreichen Darstellungen des großen Künstlers aus der preußischen Geschichte fanden des Kaisers ungeteilten Beifall – abgesehen davon, daß Menzel auch die größte Demütigung eines Hohenzollern, die Aufbahrung der Gefallenen des März 1848 vor dem Berliner Schloß, auf einem großen Ölgemälde packend dargestellt hatte. Aber schon 1875 malte er, für den Kaiser unbegreiflich, ein oberschlesisches Eisenwalzwerk – ohne Beschönigung der äußerst harten Arbeitsbedingungen, die dort herrschten, ohne falsche Romantik. Und als der junge Kaiser 1889 allen Künstlern, die preußische Beamte waren, untersagen ließ, sich mit ihren Werken an der kurz vor ihrer Eröffnung stehenden Pariser Weltausstellung zu beteiligen, war Menzel der einzige gewesen, der diesen Befehl mißachtet hatte. Als ein Ministerialdirektor ihm auseinandersetzte, es zieme sich nicht für ihn, den Kanzler des preußischen Ordens pour le mérite, in Paris an der Ausstellung zur Jahrhundertfeier der Französischen Revolution teilzunehmen, hatte Menzel erwidert: »Ich bin fast 74 Jahre alt und habe immer gewußt, was sich für mich schickt. Ich werde es weiterhin wissen«, und er hatte dann dem drei Jahrzehnte jüngeren Max Liebermann, der zur Jury der Pariser Ausstellung gehörte, anderthalb Dutzend seiner Gemälde mit nach Frankreich gegeben.

Aber nicht nur auf dem Gebiet der Malerei, auch auf dem der Literatur und des Theaters hatte die »Moderne«, um einen damals üblichen Ausdruck zu gebrauchen, um die Jahrhundertwende schon auf der ganzen Linie gesiegt, trotz – oder vielleicht gar wegen – der ständigen, sehr heftigen Mißfallensäußerungen Wilhelms II. Wenn sich allzu eifrige Staatsanwälte mit dem Verbot von Ibsens *Gespenstern*, Oscar Wildes *Salome* oder Sudermanns *Sodoms Ende* blamierten, hatten die Opfer die öffentliche Meinung auf ihrer Seite. Daß der »Moderne« das Königliche Schauspielhaus verschlossen blieb, daß den Offizieren der Besuch von Sudermanns *Ehre* verboten wurde, daß der kaiserliche Hof seine Loge im »Deutschen Theater« nach der Aufführung von Gerhart Hauptmanns *Webern* kündigte, reizte das Berliner Publikum geradezu zum Besuch der geächteten Bühnenstücke.

Nur am Rande sei vermerkt, daß Hermann Sudermann, geboren 1857 zu Matzicken in Ostpreußen, nicht nur mit seinen sozialen und gesellschaftskritischen Schauspielen, sondern auch mit seinem 1887 erschienenen Roman *Frau Sorge* zu den bedeutendsten deutschen Schriftstellern jener Epoche gehörte, erst recht Gerhart Hauptmann, geboren 1862 in Obersalzbrunn im schlesischen Riesengebirge, der 1912 als erster Preuße mit dem Nobelpreis für Literatur ausgezeichnet wurde. Sein Drama *Vor Sonnenaufgang*, 1889 in Berlin uraufgeführt, setzte die bürgerliche Welt in Aufruhr, seine *Weber*, in denen zum erstenmal die Masse, die verzweifelten schlesischen Aufständischen von 1844, als Held auf der Bühne erschien, wurden zum größten Theatererfolg der wilhelminischen Ära. Mit Hauptmann zu den Begründern des Naturalismus gehörte auch Arno Holz, dessen Drama *Sonnenfinsternis* 1908 uraufgeführt wurde; auch Holz, geboren 1863 in Rastenburg, war einer jener preußischen Rebellen im Bereich der Kunst, vor denen Wilhelm II. kapitulieren mußte.

Die Liste der berühmten Preußen, die im Bereich der Kunst dem Kaiser eine vollständige Niederlage bereiteten, ließe sich beliebig fortsetzen, doch wir wollen uns auf ein letztes Beispiel beschränken: die Graphikerin und Malerin Käthe Kollwitz, geboren 1867 im ostpreußischen Königsberg, die in den Jahren 1895/98 mit sechs Radierungen, betitelt *Der Weberaufstand*, weit über Berlin hinaus und bald international zu höchstem Ansehen kam. Dem Kaiser waren ihre von warmem menschlichen Mitgefühl erfüllten Darstellungen aus dem Leben des Proletariats ein Greuel, und Käthe Kollwitz konnte erst 1919, nach Wilhelms II. Abdankung, Mitglied der preußischen Akademie der Künste werden.

Käthe Kollwitz kannte das Elend, das sie in ihren Werken so eindrucksvoll darstellte, daß es zur Anklage wurde. Wenn Wilhelm II. auch meinte, er habe sein Versprechen – »Herrlichen Zeiten führe Ich euch entgegen!« – längst erfüllt, so wußte die Künstlerin, daß dieses Kaiserwort nur für einige wenige galt. Die breite Unterschicht, zumal das Industrieproletariat, hatte zwar von dem wirtschaftlichen Aufschwung dreier Jahrzehnte auch ein wenig profitiert, doch wie erbärmlich diese Menschen noch immer lebten, geht aus einer Umfrage hervor, die 1912 ergab, daß schon ein eigenes Bett als unerhörter Luxus galt, »wie bei Kaisers«, sagten damals die Berliner dazu. Zwei Drittel aller Volksschulkinder der preußischen Hauptstadt kannten diesen Luxus nur vom Hörensagen, und es gab noch vieles, das sie zu entbehren hatten!

Im Auftrag der Allgemeinen Ortskrankenkasse stellte im Jahre 1912 ein Berliner Arzt durch eine sorgfältige Umfrage in den Schulklassen der Stadt, deren Bevölkerung auf fast zwei Millionen, davon zwanzigtausend Mann Militär, angewachsen war, bei den Sechs- bis Vierzehnjährigen etwas Erschreckendes fest: »70 Prozent der Kinder hatten keine Vorstellung von einem Sonnenaufgang, 76 Prozent kannten keinen Tau, 49 Prozent hatten nie einen Frosch, 53 Prozent keine Schnecke, 87 Prozent keine Birke, 59 Prozent nie ein Ährenfeld gesehen; 66 Prozent kannten kein Dorf, 67 Prozent keinen Berg, 89 Prozent keinen Fluß. Mehrere Schüler wollten einen See gesehen haben. Als man nachforschte, ergab sich, daß sie einen Fischbehälter auf dem Markt meinten.«

Um dieselbe Zeit, da nur jedes dritte Schulkind Berlins ein eigenes Bett, nur jedes achte bis zehnte eine ungefähre Vorstellung von der Natur und ihren Schönheiten hatte, erschienen die von dem früheren Regierungsrat im Reichsamt des Innern, Rudolf Martin, herausgegebenen *Jahrbücher des Vermögens und Einkommens der Millionäre in der Stadt Berlin und in der Provinz Brandenburg einschließlich Charlottenburg, Wilmersdorf und alle anderen Vororte Berlins.*

»Wenn man von der Person des Kaisers, der ein Vermögen von 140 Millionen Mark und ein Einkommen von 22 Millionen Mark [versteuert!] hat, absieht«, hieß es im Vorwort, »so beherbergt die Stadt Berlin sechs Personen, die reicher sind, als irgend jemand in den Vororten oder sonst außerhalb Berlins in der Mark Brandenburg . . . Man spricht viel von der Flucht der Millionäre aus Berlin. Auf die sehr reichen Groß-Millionäre mit einem Vermögen von mehr als 10 Millionen Mark trifft dieses Schlagwort nicht zu. Nur in sehr vereinzelten Fällen haben sie Berlin den Rücken gekehrt. In dem Band 8 (Brandenburg) umfassen dic mehr als zehnfachen Millionäre noch nicht zwei volle Seiten, während sie in dem Band 7 (Berlin) nahezu vier Seiten ausmachen.«

Zu den Multimillionären Berlins gehörte nicht nur Seine Majestät der Kaiser und König von Preußen, sondern auch dessen »Reichskanzler Bernhard Fürst v. Bülow, zur Zeit der Steuereinschätzung des Jahres 1908 . . . in Berlin, jetzt wohnhaft Klein-Flottbek bei Hamburg, Provinz Schleswig-Holstein, sowie in Rom, Villa Malta«.

Auch Bülows Vorgänger im Amt, Fürst Chlodwig zu Hohenlohe-Schillingsfürst, stammte aus einer außerordentlich reichen Familie, und das gleiche galt für Bülows Nachfolger seit dem 14. Juli 1909, Theobald v. Bethmann Hollweg, der auf den Tag genau acht Jahre lang, bis zum 14. Juli 1917, Reichskanzler war und einer sehr wohlhabenden Frankfurter Bankiersfamilie entstammte.

Auch die engsten persönlichen Freunde des Kaisers waren samt und sonders sehr reich, einige von ihnen – wie Fürst Hans Heinrich XV. Pleß, Engelbert-Maria Herzog von Arenberg und Maximilian Egon II., Fürst zu Fürstenberg – gehörten zu den Allerreichsten Deutschlands, wenn nicht Europas. Und auch die meisten, mit denen er in seiner Regierungszeit hie und da engeren Kontakt hatte – ob Exzellenz Krupp in Essen, der saarlän-

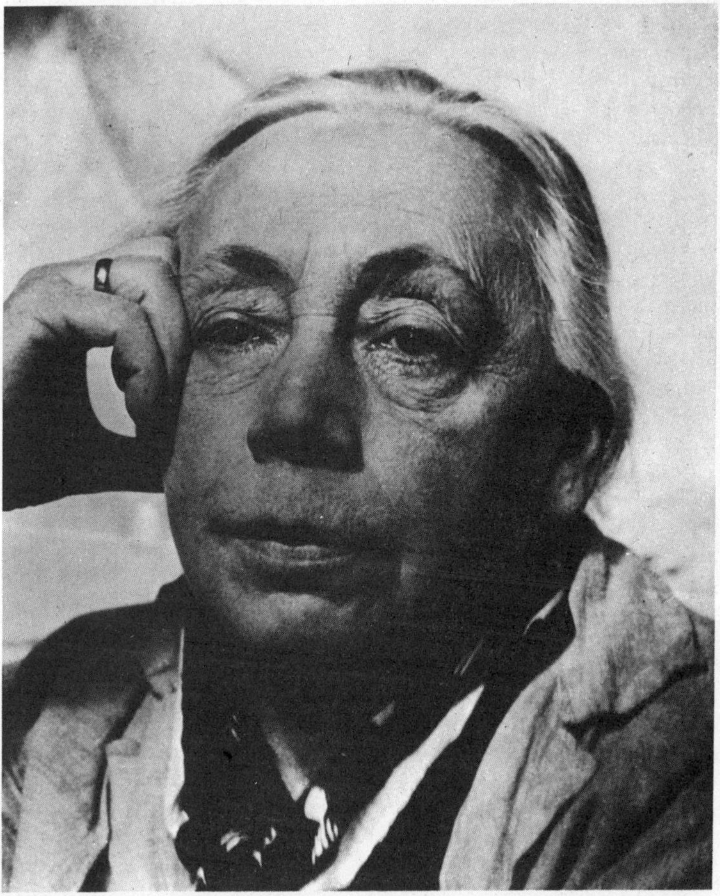

Käthe Kollwitz, 1867–1945.

dische Großindustrielle Karl Freiherr v. Stumm-Halberg, der Reichstagspräsident Graf Ballestrem, der 56 Millionen Mark Vermögen versteuerte, oder auch der HAPAG-Generaldirektor Albert Ballin, der »nur« fünf Millionen Mark sein eigen nannte –, kannten das Elend des Proletariats allenfalls vom Hörensagen.

»Ich habe in meiner langen Regierungszeit – es ist jetzt das zwanzigste Jahr, das ich angetreten habe –«, meinte Wilhelm II. dennoch in einer Rede, die er Ende August 1907 in Münster hielt, »mit vielen Menschen zu tun gehabt . . . Ich gedenke hierbei auch der Arbeiter, die in den gewaltigen industriellen Unternehmungen vor den Hochöfen und unter Tage im Stollen mit nerviger Faust ihr Werk verrichten. Die Sorge für sie, ihren Wohlstand und ihre Wohlfahrt, habe Ich als teures Erbe von Meinem in Gott ruhenden Großvater übernommen.«

Im weiteren Verlauf seiner Rede sprach Wilhelm II. indessen wieder mehr von sich selbst und was er von seinen Gegnern habe erdulden müssen. »Oft unbewußt und oft leider auch bewußt haben sie Mir bitter weh getan!«

Einer, der dem Kaiser besonders bitter weh getan hatte, war ein Preuße, zugleich eine der eigentümlichsten Gestalten der spätbismarckschen und der wilhelminischen Epoche. Seinen ursprünglichen Namen, Felix Witkowski, vertauschte der 1861 in Berlin geborene Sohn eines wohlhabenden jüdischen Kaufmanns, der nach seiner Schul- und Studienzeit zunächst Schauspieler war, mit seinem Bühnennamen Maximilian Harden.

»Als Schriftsteller ging Harden, ein geistiger Nachfahre der Börne und Heine, vom Feuilleton aus«, hat Carl Misch über ihn geschrieben, »und erst die Berührung mit Bismarck brachte ihn in die Politik. Nach Bismarcks Entlassung durch Wilhelm II. wurde Harden einer der journalistischen Freischärler des abgesetzten Kanzlers, und der alte Bismarck unterstrich seine besondere Hochschätzung dieses Vertrauensmannes vor aller Welt, als er einer Flasche Steinberger Cabinet, die der Kaiser ihm glückwünschend zu seiner Genesung geschickt hatte, demonstrativ zusammen mit Harden den Hals brach. Von Bismarck her ist Harden in die unversöhnliche Gegnerschaft zu Wilhelm II. geraten. Er hat ihn und sein Regime nicht als ein Liberaler, sondern als ein aristokratischer Einzelgänger bekämpft, der seine Hauptinformationen und seine Grundeinstellung von den Kreisen der konservativen Fronde empfing. Aus diesem Zusammenhang erwuchs sein großer publizistischer Feldzug gegen den angeblich um den Monarchen gezogenen Kreis, der um dessen Person einen maßgebenden, jedoch unverantwortlichen Einfluß monopolisierte. So kam es zum Eulenburg-Skandal, aus dem Harden unstreitig als Sieger hervorging. Hardens Tribüne war seine eigene Wochenschrift, ›Die Zukunft‹, die etwa dreißig Jahre lang eine von Deutschlands maßgebenden Zeitschriften auf geistigem und politischem Gebiet war.«

Der sogenannte Eulenburg-Skandal – außer dem Fürsten Philipp zu

Maximilian Harden, 1861–1927.

Eulenburg-Hertefeld, dem engsten Freund des Kaisers, waren eine ganze Reihe von hohen Herren aus der nächsten Umgebung Wilhelms II., darunter auch der Berliner Stadtkommandant Kuno v. Moltke, drei Flügeladjutanten des Kaisers, ein Prinz von Preußen und der Oberhofzeremonienmeister Graf Wedel in die Affäre verwickelt, bei der es äußerlich um die Homosexualität dieser Günstlinge, in Wahrheit aber um ihren enormen politischen Einfluß und die üblen Intrigen dieser Kamarilla ging – wurde von Maximilian Harden im April 1907 durch scharfe Angriffe auf den Fürsten Eulenburg und die kaiserliche »Tafelrunde« eröffnet. Es folgte eine Serie von Prozessen, die nicht nur die deutsche Öffentlichkeit aufschreckten. Die Günstlinge des Kaisers verschwanden vom Hof und aus der Armee: Wilhelm II. spielte den Entrüsteten, behauptete, von den »Verirrungen« seiner liebsten Freunde völlig überrascht worden zu sein, und ließ sie von einem Tag zum andern fallen.

Es war die späte Rache des seit neun Jahren verstorbenen Bismarck, die Harden vollstreckte, und es ist lange ein Rätsel geblieben, wie es überhaupt einst zu einer engen Zusammenarbeit, ja, auch nur zu einer Begegnung zwischen dem »Eisernen Kanzler« mit seinen junkerlich-reaktionären Ansichten und Ressentiments, auch – trotz der engen Beziehungen zu Bleichröder – gegen Juden, und dem jüdischen Ex-Schauspieler und Literaten Harden hatte kommen können; Hardens Vater war erst 1853 aus Posen nach Berlin gezogen, seine Mutter war aus einem märkischen Landstädtchen, so daß die Familie auch nicht zur alteingesessenen jüdischen

Oberschicht Berlins gehörte. Manche vermuteten Bleichröders Vermittlung der Bekanntschaft, aber des Rätsels Lösung fand sich in der Korrespondenz Hardens mit Max Liebermann, dem er am 28. Mai 1896 beiläufig schrieb: »Herbert Bismarck« – der älteste Sohn des Fürsten, der schon 1904 starb und bis zum Sturz seines Vaters das Auswärtige Amt leitete –, »der sich sehr gern und genau der gemeinsamen Schulzeit erinnert, bat mich ausdrücklich, Sie von ihm herzlich zu grüßen, wenn ich Sie sehe ...«

Max Liebermann hatte – wie auch Harden und Herbert v. Bismarck – das Französische Gymnasium, das alte *Collège*, der Berliner »Kolonie« besucht, und so war es für den Kanzlersohn keine Schwierigkeit gewesen, den jüngeren Mitschüler Harden, aus dem ein einflußreicher Publizist geworden war, seinem Vater vorzustellen.

Außer Harden und der mit ihm verbündeten konservativen Fronde waren es natürlich die Sozialdemokraten, die Wilhelm II. immer neuen Kummer bereiteten. Bei den Reichstagswahlen von 1912 errangen sie fast 4,3 Millionen Wählerstimmen, was einem Anteil von 35 Prozent entsprach. Die SPD konnte 110 Abgeordnete ins Parlament entsenden, und sie war damit zu der mit weitem Abstand stärksten politischen Partei in Deutschland geworden, wobei anzumerken ist, daß die roten Hochburgen vornehmlich in Preußen lagen. Sechs der sieben Berliner Wahlkreise sowie fünf in der Umgebung der Hauptstadt – Teltow, Zauch-Belzig, West- und Osthavelland und Niederbarnim – waren von der Sozialdemokratie erobert worden, desgleichen Königsberg, Stettin, Frankfurt an der Oder, Magdeburg, Breslau West und Ost, drei weitere schlesische Wahlkreise sowie Altona und Kiel in der Provinz Schleswig-Holstein. Hannover, Dortmund, Altena, Hagen, Elberfeld, Solingen, Lennep sowie erstmals auch Köln und Düsseldorf, Frankfurt am Main, Hanau, Höchst und Kassel sowie sieben Wahlkreise in der preußischen Provinz Sachsen hatten sozialdemokratische Mehrheiten. Außerhalb Preußens war die SPD nur noch im »roten« Königreich Sachsen, in einigen mitteldeutschen Kleinstaaten sowie in den Hansestädten ähnlich stark vertreten.

Die Partei des alten Bebel war nun, zusammen mit den sozialistischen Gewerkschaften, die neben der Armee stärkste Kraft in Preußen wie im Reich. Mit ihrer straff gegliederten, zentral geführten Anhängerschaft und einem Funktionärsapparat, der das Rückgrat der Partei bildete, war diese ihrem ärgsten Feind, der preußisch-deutschen Armee, in mancher Hinsicht überlegen, beruhte doch die Disziplin bei ihr auf freiwilliger Unterordnung unter die alle bindenden Beschlüsse einer gewählten Führung. Auf einen Wink des alten Bebel hin demonstrierten Hunderttausende oder legten – wie im Frühjahr 1912 im Ruhrgebiet – mit einem Streik monatelang die Schlüsselindustrien lahm. »Alle Räder stehen still, wenn dein starker Arm es will« – das war längst keine von den Generalstäblern, Rüstungsindustriellen und Bankiers belächelte Drohung mehr, sondern zu einem Alptraum für die Herrschenden geworden. Ihren Gefühlen gab der

Reichskanzler Bethmann Hollweg Ausdruck, als er erklärte, die Überwindung der Macht der »Roten« sei die »Lebensfrage für das Vaterland«.

Dabei war diese Sozialdemokratie, die gerade einen so großen Wahlerfolg errungen hatte, 1912 in Wahrheit längst nicht mehr das, was sie noch gegen Ende der neunziger Jahre gewesen war. Die Mehrheit der Fraktion, des Apparats und erst recht der Gewerkschaftsfunktionäre hatte nämlich auf alle Radikalität verzichtet, strebte keine Revolution mehr an und war durchaus bereit, friedlich in den monarchistischen Staat hineinzuwachsen, seine allmähliche Demokratisierung zu betreiben und soziale Verbesserungen als Ersatz für die Änderung der gesellschaftlichen Machtverhältnisse zu akzeptieren. Bebel, der den im Januar 1911 verstorbenen Paul Singer durch Hugo Haase ersetzt wissen wollte und dessen Wahl zum zweiten Parteivorsitzenden auch erreichte, starb im August 1913, und nun wählte die Partei Friedrich Ebert zum Nachfolger Bebels.

Das neue Führungsgespann Haase-Ebert unterschied sich ganz wesentlich von seinen Vorgängern. Hugo Haase, geboren 1863 im ostpreußischen Allenstein, aus jüdischem Bürgerhaus, Rechtsanwalt und seit 1897 Reichstagsabgeordneter für Königsberg, gehörte zwar zum antirevisionistischen, gemäßigt linken Flügel der Partei und bot Gewähr dafür, daß er die Parteirechten und die gegen jeden Radikalismus eingestellte Gewerkschaftsführung unter Kontrolle halten würde. Aber er war noch starrer, noch preußischer als Paul Singer und weniger praktisch als der nüchterne Berliner.

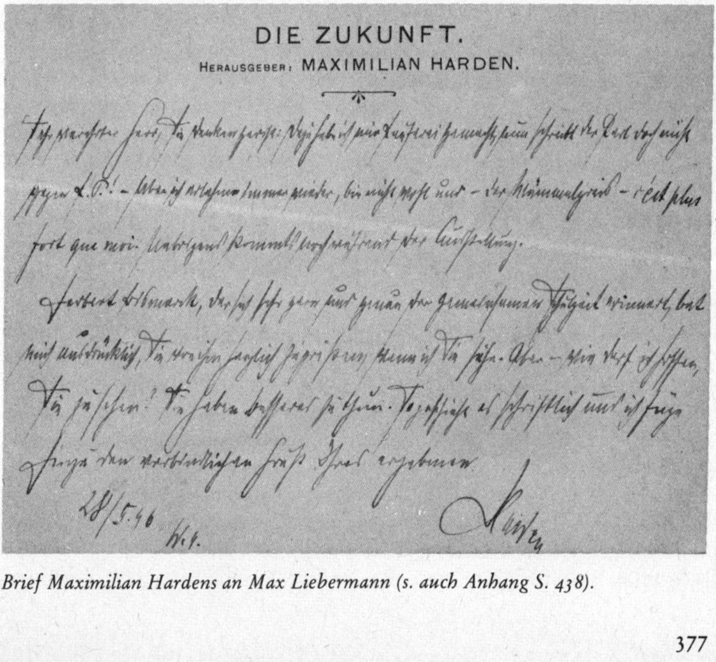
DIE ZUKUNFT.

Herausgeber: MAXIMILIAN HARDEN.

Brief Maximilian Hardens an Max Liebermann (s. auch Anhang S. 438).

Haase übernahm dann die Führung der Reichstagsfraktion und überließ Ebert den Apparat und die Organisation der Partei.

Friedrich Ebert, 1871 in Heidelberg als Sohn eines Schneidermeisters geboren, gelernter Sattler, seit 1889 Mitglied der SPD, hatte sich in der Partei als Funktionär hochgedient und als Organisator einen Namen gemacht. Gegen Bebels Willen wurde er 1905 in den Parteivorstand gewählt. Als Nachfolger Bebels und als ein 1912 erstmals in den Reichstag gewählter parlamentarischer Neuling hielt sich Ebert zunächst ganz im Hintergrund. Die politische Arbeit überließ er weitgehend Hugo Haase und zwei weiteren Preußen, während er sich ganz der Parteiorganisation widmete.

Die beiden anderen Preußen waren die neuen Parteisekretäre Otto Braun und Philipp Scheidemann, beide gelernte Buchdrucker. Braun, 1872 in Königsberg geboren, Sohn eines Eisenbahners, seit 1889 in der SPD und seit Mitte der neunziger Jahre Vorsitzender des Parteibezirks Ostpreußen, kannte wie wenige die Lebensverhältnisse der ostelbischen Landbevölkerung; er redete und schrieb wenig, hielt sich von innerparteilichen Streitigkeiten zurück und widmete sich den Kassengeschäften der Partei. Philipp Scheidemann, 1865 in Kassel geboren, Handwerkersohn und seit 1903 SPD-Reichstagsabgeordneter, war – wie Hedwig Wachenheim ihn beschrieben hat – »damals eine glänzende Erscheinung, politisch und rednerisch begabt, aggressiv in seinen Reden und schlagfertig, ausgezeichnet in der Ausnutzung politischer Situationen, das belebende Element, das der Parteivorstand brauchte. Er stellte bis zum Krieg Ebert ganz in den Schatten«.

Mit dieser überwiegend preußischen Führungsmannschaft ging die Sozialdemokratie der schwersten Krise entgegen, die Europa seit den Tagen Napoléons I. erlebt hatte. Würde sie, würde die Partei ihr gewachsen sein? Äußerlich hatte es den Anschein. Als sie Ende Oktober 1912 zu einer Massendemonstration gegen den Militarismus und jede weitere Aufrüstung aufrief, versammelten sich mehr als 250000 Menschen in der Hasenheide, dem traditionellen Versammlungsort der Berliner SPD. Zu den Rednern, die leidenschaftlich für eine Verbrüderung des internationalen Proletariats zur Verhinderung eines Weltkriegs eintraten, gehörte der französische Sozialistenführer Jean Jaurès und der britische Parteivorsitzende O'Grady. Eine Woche später verabschiedete der Außerordentliche Sozialistenkongreß, der – wegen einer Kriegserklärung der Balkanstaaten an die Türkei – in Basel zusammengetreten war, ein Manifest, worin es hieß: »Die Regierungen mögen nicht vergessen, daß sie bei dem gegenwärtigen Zustand Europas und der Stimmung der Arbeiterklasse nicht ohne Gefahr für sie selbst den Krieg entfesseln können . . . Die Proletarier empfinden es als ein Verbrechen, aufeinander zu schießen zum Vorteil des Profits der Kapitalisten, des Ehrgeizes der Dynastien oder zu höherer Ehre diplomatischer Geheimverträge.«

Doch in Berlin waren Kaiser, Regierung, Generalstab, die in der Wirtschaft tonangebenden Großindustriellen und Bankiers sowie das Gros der Offiziere und des den preußischen Staat beherrschenden Junkertums längst zu einem großen Krieg entschlossen. Er schien ihnen der letzte noch mögliche Ausweg aus der »Einkreisung« Deutschlands, die sie selbst – allen voran der Kaiser – durch eine Politik der immer neuen säbelrasselnden Provokationen und wahnwitzigen Rüstungen herbeigeführt hatten.

Im Sommer 1914 war es dann soweit. Die Berliner Regierung hatte zunächst nach der Ermordung des österreichischen Thronfolgerpaars in Sarajewo der Wiener Regierung, mit der sie ja nur ein Verteidigungsbündnis hatte, für einen Rachefeldzug gegen Serbien freie Hand und volle Rückendeckung zugesagt, in voller Kenntnis, daß dies zum Krieg mit Rußland und dann auch mit Frankreich führen mußte. England, so hoffte man in Berlin, würde zumindest anfangs neutral bleiben.

Der seit 1905 in allen Einzelheiten feststehende Plan des preußischen Generalstabs, der von dem 1913 verstorbenen Generalfeldmarschall Graf Alfred v. Schlieffen – 1833 in Berlin geboren und aus alter Junker- und Offiziersfamilie – entwickelt worden war, sah einen von Deutschland zeitlich bestimmten Angriffskrieg, zunächst gegen Frankreich, dann gegen Rußland vor. Fast die gesamte deutsche Streitmacht sollte sofort in das neutrale Belgien einfallen, bis zur Küste vorstoßen, dann von Norden her am Ärmelkanal entlang tief nach Frankreich eindringen, weit westlich von Paris eine große Schwenkung nach Osten durchführen und die französischen Armeen im Rücken ihres eigenen Verteidigungssystems packen und zwischen dem 40. und 45. Tag nach Kriegsbeginn vollständig zermalmen. Nur ein Zehntel der deutschen Streitkräfte im Westen sollte in Lothringen frontale Scheinangriffe gegen die aufmarschierenden Franzosen führen und sich notfalls nach Süddeutschland zurückziehen, um so die französische Armee noch tiefer in die Falle zu locken. Im Osten sollten nur schwache deutsche Verbände die preußisch-russische Grenze hinhaltend verteidigen, notfalls Ostpreußen räumen. Der russische Hauptangriff würde sich ohnehin gegen Österreich-Ungarn richten, und nach Schlieffens Berechnungen benötigten die Russen mindestens 90 Tage für den Aufmarsch ihrer Streitkräfte gegen das Deutsche Reich. Bis dahin aber konnte die siegreiche deutsche Hauptmacht aus Frankreich zurückgekehrt und zum Gegenangriff im Osten bereit sein.

Den für diesen »Kriegsplan von herrlicher Kühnheit« – so ein bundesdeutsches Geschichtsbuch, das noch vor wenigen Jahren im Schulunterricht verwendet wurde – gefährlichsten Faktor, den mächtigen »Feind im Innern«, die Sozialdemokratie, gedachte die Berliner Führung dadurch lahmzulegen und an Meuterei, Generalstreik oder gar Umsturz zu hindern, daß man sämtliche Abgeordneten, Partei- und Gewerkschaftsfunktionäre in der ersten Stunde der Mobilmachung verhaften und auf abgelegenen Festungen internieren wollte – eine Maßnahme, die sich dann als überflüssig erwies, denn die SPD-Führung dachte gar nicht an offenen

Widerstand. Die Rechte unter Führung von Ebert und Scheidemann setzte sich sogar gegen Hugo Haase und eine starke Minderheit in der Fraktion mit der Forderung durch, durch Bewilligung der von der Reichsregierung geforderten Kriegskredite zu beweisen, daß sie, die angeblich »vaterlandslosen Gesellen«, in der Stunde der Gefahr gute Patrioten seien. Haase selbst mußte diese mehrheitlich beschlossene Erklärung im Reichstag verlesen, und so preußisch-diszipliniert war die SPD-Fraktion, daß auch die entschiedensten Kriegsgegner sich nicht der Stimme enthielten, sondern mit der Mehrheit die Regierungsvorlage annahmen.

Dieser Umfall der bis dahin entschieden gegen jeden Angriffskrieg eingestellten SPD-Führung war allerdings die einzige Fehlkalkulation des Schlieffenplans, dic sich vom Standpunkt des Generalstabs aus positiv auswirkte. Entgegen den Erwartungen blieb Großbritannien nicht neutral, als die deutschen Armeen auf die Kanalküste zustürmten. Die große Umfassungsbewegung, die die Franzosen »erledigen« sollte, schlug in katastrophaler Weise fehl. Der Nachfolger Schlieffens, der Generalstabschef Helmuth v. Moltke, ein Neffe des preußischen Feldherrn von 1866 und 1871, hatte, entgegen den Wünschen seines Vorgängers, den Verteidigungsflügel in Lothringen erheblich auf Kosten des Angriffsflügels verstärkt, auch die Zange stark verkleinert, in die die Franzosen genommen werden sollten, zudem keine Instruktionen für den – gar nicht erwarteten – Fall gegeben, was die durch Nordfrankreich südwärts vorrückenden Armeen zu tun hätten, wenn ihnen nun selbst starke britische und französische Verbände in den Rücken fielen. So kam es zur sogenannten »Marneschlacht«, die in Wahrheit nur ein vorsichtiges Bremsen und ein übereilter Rückzug der deutschen Angriffsverbände war. Damit aber hatte der Schlieffenplan nicht nur seinen Sinn verloren, er war total gescheitert. Der Blitzkrieg im Westen erstarrte zu jahrelangem Ringen; der angestrebte rasche Sieg über Frankreich rückte in immer weitere Ferne. Moltke, diesmal in völlig richtiger Erkenntnis der Lage, meldete Wilhelm II. bereits fünf Wochen nach Kriegsbeginn, am 9. September 1914: »Majestät, wir haben den Krieg verloren!« Er wurde daraufhin abgesetzt.

Über die sich schon anbahnende Katastrophe im Westen und das Schreckliche, das nun in Flandern und Nordfrankreich begann, wurde das deutsche Volk hinweggetäuscht durch zwei, wie es schien, triumphale Siege im Osten. Dort, wo nach den Plänen der preußischen Meisterstrategen noch gar nichts hätte geschehen dürfen, waren schon in den ersten Kriegstagen zwei riesige Armeen des Zaren in Ostpreußen eingefallen, hatten die schwachen Verteidigungskräfte über die Weichsel zurückgedrängt, und es gab kaum Truppen, die die Russen vom Vormarsch auf Berlin hätten abhalten können.

Deshalb wurden in aller Eile zwei deutsche Armeekorps von der Westfront abgezogen, was die Lage dort noch erheblich verschlechterte; sie erreichten übrigens die Ostfront erst, als sie dort nicht mehr benötigt wurden. Die über die Weichsel zurückgedrängten deutschen Truppen waren nämlich schon zuvor unter neuer Führung reorganisiert, verstärkt und zum Gegenangriff eingesetzt worden. Der neue, energische Feldherr im Osten war der neunundvierzigjährige General Erich Ludendorff, geboren 1865 in Kruszwenia bei Posen. Er entstammte einer preußischen Gutsbesitzer- und Beamtenfamilie, und obwohl er nicht adlig war, übertraf er mit seinen reaktionären Ansichten noch die der meisten Junker. Im preußischen Kadettenkorps erzogen, seit 1895 Hauptmann im Generalstab, wo er 1908–1913 Chef der Aufmarschabteilung war, hatte Ludendorff als erster Generalstäbler die Bedeutung der Propaganda als Waffe der Kriegsvorbereitung und Kriegführung erkannt. Im engen Zusammenwirken mit der preußischen Rüstungsindustrie setzte er diese Waffe von 1912 an massiv ein. Er wurde Mitbegründer des Deutschen Wehrvereins, einer Tochterorganisation des chauvinistischen Alldeutschen Verbands. Dessen maßlose Forderungen deckten sich ganz mit denen Ludendorffs, der dafür sorgte, daß die Rüstungsindustrie große finanzielle Mittel für die Propaganda des Wehrvereins zur Verfügung stellte.

Nachdem sich Ludendorff bei Kriegsbeginn als Leiter eines Handstreichs auf die belgische Hauptfestung Lüttich hervorgetan hatte, sah die preußische Führung in ihm den geeigneten Mann, die verzweifelte Lage an der ostpreußischen Front zu stabilisieren. Nur weil der General noch nicht das erforderliche Dienstalter für ein selbständiges Kommando hatte, mußte der Form halber ein Vorgesetzter für ihn gefunden werden. Die Wahl fiel auf den seit 1911 pensionierten Generaloberst Paul v. Beneckendorff und v. Hindenburg, einen 1847 in Posen geborenen reaktionären Junker und Militaristen. Er war zuletzt Kommandierender General des 4. Armeekorps in Magdeburg gewesen und hatte 1909 Truppen ins Mansfelder Revier entsandt, um eine Streikbewegung der Bergleute zu unterdrücken.

Hindenburg galt als Mann ohne eigene Ideen, doch von hinlänglicher Sturheit und starken Nerven, um den genialen Exzentriker Ludendorff gelassen zu ertragen. Tatsächlich ließ er sich von Ludendorff dazu bewegen, gegen die eine der beiden in Ostpreußen eingefallenen russischen Armeen den Angriff zu wagen, ehe sie sich mit der zweiten vereinigen konnte. Der Plan, der, wie Winston Churchill es formulierte, »alles aufs Spiel setzen mußte, weil ohnehin bereits alles auf dem Spiel stand«, gelang überraschend gut, nicht zuletzt, weil die Kommandeure der beiden russischen Armeen, Samsonow und Rennenkampf, miteinander so verfeindet waren, daß sie jeden Kontakt und nach Möglichkeit auch jede gegenseitige Unterstützung vermieden.

So kam es zwischen dem 24. und dem 29. August 1914 zu der Schlacht bei Tannenberg, wo Samsonows Armee eingekesselt und vernichtet wurde. Fast 50000 russische und 5000 deutsche Soldaten kamen dabei ums Leben, über 90000 Russen wurden gefangengenommen. General Samsonow beging Selbstmord, während die Vorhut der Armee seines Feindes Rennenkampf knapp zwanzig Kilometer hinter den deutschen Linien stand und von dem Untergang der Bruderarmee keine Notiz nahm.

Einige Tage später wurde im Gebiet der Masurischen Seen auch Rennenkampfs Streitmacht vernichtend geschlagen; sie verlor rund 40000 Mann an Toten, konnte aber durch eiligen Rückzug dem vollständigen Untergang eben noch entgehen. Hindenburg wurde durch diese Siege Ludendorffs zur alle überragenden Heldengestalt; das deutsche Volk erhoffte sich von ihm eine rasche Kriegsentscheidung im Osten. Doch auch dort war, trotz der rauschenden Siege in Ostpreußen, alles längst entschieden, weil da, wo es darauf ankam, im südpolnischen Galizien, der Großangriff der Österreicher ebenso gescheitert war wie die erste große Offensive der Deutschen in Frankreich. Österreich hatte mit 200000 gefallenen und über 100000 in Gefangenschaft geratenen Soldaten seine Hauptmacht bereits verloren, konnte den Deutschen keine Entlastung mehr bringen, sondern brauchte nun selbst dringend die Hilfe des Verbündeten.

Jetzt wäre es höchste Zeit gewesen, das sinnlose Gemetzel zu beenden. Die deutsche wie die österreichische Führung wußte, daß mit dem Scheitern des Schlieffenplans und der Großoffensive in Russisch-Polen die Chancen für einen triumphalen Endsieg geschwunden waren. Die Fortsetzung des Kriegs war zwar unter ungeheuren Anstrengungen und Opfern der Völker noch möglich, sogar auf Jahre hinaus, aber die Gesamtlage der Mittelmächte konnte sich nur immer weiter verschlechtern. Die Führung in Berlin und Wien hätte also nun versuchen müssen, noch zu retten, was zu retten war.

Aber die Generalität, die mit ihr eng verbundene Kaste der preußischen Junker und das mit beiden in Interessengemeinschaft stehende Großkapital wußten auch, daß bei einem Frieden ohne Sieg eines nicht mehr zu retten gewesen wäre, nämlich die absolute Monarchie und ihre eigenen, vom starken Herrscherhaus garantierten Machtpositionen. Deshalb setzte die Führung den Krieg fort und machte durch die Proklamation immer wahnwitzigerer Kriegsziele jeden Verständigungsfrieden unmöglich.

Der Reichskanzler Bethmann Hollweg, in den Augen der allmächtigen Generalität ohnehin nur ein »dämlicher Zivilist«, hatte sich schon zu Beginn des Kriegs nach dem Überfall auf das neutrale Belgien den Militärs und annexionslüsternen Wirtschaftsführern verdächtig gemacht, weil er die Behandlung des durch Verträge geschützten Nachbarn als »Unrecht« bezeichnete und im Reichstag von »Wiedergutmachung« sprach, die man Belgien schuldig sei. Bethmann sah auch die Gefahr eines Kriegseintritts der Vereinigten Staaten von Nordamerika an der Seite Englands und Frankreichs, bemühte sich um eine Demokratisierung im Innern und um die Aufnahme von Sozialdemokraten in die Reichsregierung. Aber er konnte weder eine Mäßigung der Annexionswünsche erreichen noch durchgreifende Reformen durchsetzen, und der die USA provozierende uneingeschränkte U-Boot-Krieg, den er hatte verhindern wollen, wurde von ihm wider besseres Wissen schließlich gebilligt. Als er Wilhelm II. im Frühjahr 1917 zu einer Proklamation, am 11. Juli sogar zu einem Erlaß bewog, der das reaktionäre preußische Dreiklassenwahlrecht nach Friedensschluß durch ein gleiches Wahlrecht ersetzen sollte, erzwangen die Junker und Militärs seinen Rücktritt. Was ihre Vertreter im preußischen Landtag zur Verteidigung des Dreiklassenwahlrechts an Argumenten vorbrachten, ließ noch einmal in greller Deutlichkeit erkennen, daß es ihnen ausschließlich um die eigenen Machtpositionen ging, denen sie restlos alles andere zu opfern bereit waren, selbst den Kaiser, das Reich und auch den letzten Soldaten.

Schon im Hochsommer 1916, als der Reichskanzler Bethmann Hollweg der Berufung Hindenburgs und Ludendorffs an die Spitze der Obersten Heeresleitung (OHL) mit diktatorischen Vollmachten zugestimmt und sie dem Kaiser sogar empfohlen hatte, war es mit der absoluten Monarchie der preußischen Hohenzollern zu Ende gewesen; von nun an regierten die »militärischen Halbgötter«, wie Bismarck die führenden Militärs seiner Zeit genannt hatte. Doch während der »Eiserne Kanzler« den Generälen pari zu bieten und sie halbwegs zu zähmen in der Lage gewesen war, sanken Bethmann und erst recht seine Nachfolger, der vom Juli bis Anfang November amtierende Georg Michaelis und der dann elf Monate, bis zum 3. Oktober 1918 als Reichskanzler fungierende bayerische Graf Hertling, zu Marionetten der Militärs herab, schließlich zu bloßen Dekorationsstükken.

Zu Weihnachten 1916 kam unter dem Titel *Der Kaiser im Felde* eine 472 Seiten starke, mit 80 Vollbildern versehene genaue Chronologie über die rastlose Tätigkeit Kaiser Wilhelms II. während der ersten beiden Kriegsjahre heraus. Die Aktivitäten Seiner Majestät, soweit sie sich zur Veröffentlichung eigneten, hatten sich im wesentlichen auf Besuche von Hauptquartieren, Fähnchenstecken auf Landkarten, Ordensverleihungen, Truppeninspektionen, einige markige Reden sowie die Pflege preußischer Traditionen und seiner allerhöchsten Gesundheit beschränkt. Die Darstellung endete bezeichnenderweise mit dem 1. August 1916, und es war die letzte offizielle Verherrlichung Wilhelms II., mit einem »Deutschen Siegesmarsch« als Musikbeigabe.

Tatsächlich hatte der letzte regierende Hohenzoller bereits Ende Juli 1916 jeden Einfluß auf die Kriegführung und die hohe Politik verloren; er war nur noch ein Schattenregent. Ludendorffs Militärdiktatur – mit dem fast siebzigjährigen Hindenburg als Aushängeschild – hatte den König von Preußen und deutschen Kaiser entmachtet. Aber den als allein in Frage kommend proklamierten »Siegfrieden« konnte der General, trotz »Hindenburgprogramm«, Hilfsdienstgesetz und immer neuen »Hammerschlägen« an der Westfront, auch nicht erringen. Die maßlose Überspannung der schwindenden Kräfte und die rigorose Zurückweisung jedes Gedankens an einen »Verständigungsfrieden« vergrößerten nur das Ausmaß der ohnehin unausweichlichen Katastrophe, in die die Herrschenden das deutsche Volk führten. Doch je näher das Ende kam, desto engstirniger und gieriger zeigten sich diese Unbelehrbaren.

Anfangs hatte zu den amtlichen Zielen der deutschen Kriegführung »nur« die »Eingliederung« Luxemburgs, Ostbelgiens sowie der Kohlen- und Erzreviere Nordfrankreichs gehört. Dann waren weitere Forderungen hinzugekommen: die Normandie, Calais, Antwerpen, die Kanalinseln, eine »deutsche Mündung« des Rheins bei »äußerlicher Unabhängigkeit« der Niederlande. Im April 1917, bei der »endgültigen« Festlegung der Kriegsziele, kamen Malta, die Azoren, Madeira, die Kapverden, ja selbst Madagaskar und eine Erweiterung des – längst vom Feind besetzten – deutschen Kolonialbesitzes in Afrika hinzu, die den Schwarzen Erdteil gut zur Hälfte für das Reich beanspruchte. In Osteuropa sollten die baltischen Provinzen, ganz Polen, die Ukraine und noch vieles mehr »deutsches Siedlungsland« werden.

Ebenfalls im April 1917 ließ sich die Oberste Heeresleitung noch etwas einfallen, das aber im Gegensatz zu den grotesken Kriegszielen kein bloßes Hirngespinst blieb: Sie half auf jede ihr mögliche Weise mit, das russische Zarenreich unter die Herrschaft der Bolschewiki, des kommunistischen Flügels der Arbeiterbewegung Rußlands, zu bringen. Wladimir Iljitsch Uljanow genannt Lenin, der seit Kriegsbeginn in der Schweiz lebende Führer der Bolschewiki, wurde von deutschen Agenten aufgefordert, ja geradezu gedrängt, sich mit deutscher Hilfe nach Rußland bringen zu lassen. Lenin zögerte lange und sicherte sich zunächst gegen künftigen Verdacht, ein Handlanger der Deutschen zu sein. Dann erst ließ er sich am 4. April 1917 mit Frau und Freunden in einem plombierten Waggon quer durch Deutschland nach Schweden bringen, von wo aus er dann über Finnland nach Petersburg gelangte, begleitet von den Glück- und Segenswünschen jener Exponenten des preußischen Junkertums, das die Erhaltung seiner Macht während entscheidender hundert Jahre vornehmlich jenem Zarentum verdankte, zu dessen Vernichtung die Bolschewiki sich nun anschickten.

Die letzten Preußen

Am Sonnabend, dem 9. November 1918, meldete das amtliche Wolffsche Telegraphen-Büro: »Der Kaiser und König hat sich entschlossen, dem Throne zu entsagen. Der Reichskanzler bleibt noch so lange im Amte, bis die mit der Abdankung des Kaisers, dem Thronverzicht des Kronprinzen des Deutschen Reiches und von Preußen und der Einsetzung der Regentschaft verbundenen Fragen geregelt sind.«

Diesem Abgang des Hauses Hohenzollern von der historischen Bühne war eine mehr als sieben Monate währende Tragikomödie vorausgegangen.* Ihre Tragik lag vor allem darin, daß während dieser Zeit noch Hunderttausende von Menschenleben sinnlos geopfert wurden, obwohl General Ludendorff, der allmächtige Militärdiktator, längst erkannt hatte, »daß der feindliche Widerstand stärker war als unsere Kraft« und daß, wie nun »einwandfrei erwiesen« wäre, der Krieg militärisch nicht mehr zu gewinnen sei.

Am 28. September 1918, ein halbes Jahr nach dieser bitteren Erkenntnis, hatte Ludendorff der Reichsregierung in Berlin »die sofortige Entsendung der deutschen Bitte um Waffenstillstand« befohlen, zugleich die Anweisung gegeben, eine »Umbildung der Regierung oder einen Ausbau derselben auf breiterer Basis« vorzunehmen. Denn die Militärs wollten die von ihnen eingebrockte Suppe nicht selber auslöffeln; das sollte den »dämlichen Zivilisten« überlassen bleiben.

Die Reichsregierung hatte bereitwillig den Anordnungen Ludendorffs gehorcht. Widerstandslos ergab sich das alte Preußen; keine Hand rührte sich, der befohlenen Umwandlung des fast absolutistischen Regimes in eine parlamentarische Demokratie Einhalt zu gebieten. Wilhelm II. unterzeichnete Verfassungsänderungen von größter Tragweite wie Ansichtskarten; zwischendurch entließ er den Reichskanzler Graf Hertling und ernannte den als liberal bekannten Prinzen Max von Baden zu dessen Nachfolger, der seinerseits sozialdemokratische, liberale und Zentrumspolitiker an die Spitze der Ministerien stellte. Das Hohenzollernreich war damit auf Befehl preußischer Militärs ohne Revolution in eine Demokratie englischer Art, mit einem Schattenkaiser im Hintergrund, verwandelt worden. Am 26. Oktober – die Vorverhandlungen um den erbetenen Waffenstillstand waren schon im Gange – hatte sich General Ludendorff von Wilhelm II. seines Kommandos (und damit, wie er meinte, auch jeder weiteren Verant-

* Sie ist in allen Einzelheiten beschrieben und dokumentiert in: Bernt Engelmann, *Wir Untertanen. Ein deutsches Anti-Geschichtsbuch*, München, 1974.

wortung) entheben lassen. Er wollte die Abwicklung des von ihm angemeldeten Konkurses anderen überlassen. Auch das kaiserliche Angebot, ihn nun mit einem Frontkommando zu betrauen, lehnte Ludendorff bescheiden ab.

Wenige Tage später, am 3. November 1918, begann im preußischen Kriegshafen Kiel eine Matrosenrevolte. Die Mannschaften der dort liegenden Hochseeflotte wollten sich nicht noch in letzter Stunde sinnlos opfern lassen und, wie von ihren Admiralen geplant, mit ihren Schiffen auf hoher See »mit wehender Flagge untergehen«. Aus der Meuterei wurde eine revolutionäre Bewegung, die rasch auf alle anderen Häfen und dann auch auf die großen Städte im Binnenland übergriff.

Bereits am 29. Oktober hatte Wilhelm II. seine ihm unsicher gewordene Hauptstadt Berlin verlassen und war nach Spa abgereist. In diesem kleinen belgischen Badeort, wo sich Hindenburgs Großes Hauptquartier befand, fühlte sich der Kaiser unter lauter hohen Offizieren noch einigermaßen sicher. Dort erhoffte er sich Unterstützung bei der Abwehr der immer dringenderen Ersuchen seines neuen Kanzlers, schleunigst dem Thron zu entsagen.

»Bis zum Äußersten will ich kämpfen, wenn mir noch einige Herren treu bleiben – und wenn wir alle totgeschlagen werden!« erklärte Wilhelm II. den Generalen am Abend des 9. November, als in Berlin bereits die Revolution gesiegt hatte und selbst die Garderegimenter zum Volk übergegangen waren. Er hatte zu dieser Stunde noch keineswegs, wie von der Reichsregierung bekanntgegeben worden war, dem Thron entsagt, weder als deutscher Kaiser noch als König von Preußen. Erst Wochen später, als es um seine Pensionsansprüche und um die Erhaltung des gewaltigen Privatvermögens ging, fand sich der letzte Hohenzoller dazu bereit, die Abdankungsurkunde zu unterschreiben. Am Abend des 9. November 1918 sagte er zu seinen Generalen: »Meine Frau rät mir zwar, nach Holland zu gehen. Aber das tue ich nicht! Das wäre wie ein Kapitän, der sein sinkendes Schiff verläßt!«

Die Generale hatten ihrem Kaiser und König zugestimmt, und alle waren der Meinung gewesen, daß Wilhelm II. nun an die Front gehen und den Heldentod suchen würde. Noch am Nachmittag war von General Wilhelm Groener, einem Württemberger, den der Kaiser zum Nachfolger Ludendorffs ernannt hatte, darauf aufmerksam gemacht worden: »Wenn Seine Majestät abgedankt hat, kann die kaiserliche Familie reisen, wohin sie will. Wenn der Kaiser *nicht* abdankt, darf er das Heer nicht verlassen. Nicht abdanken und das Heer verlassen, ist eine Unmöglichkeit!«

Bis zu dieser Stunde hatten seit dem August 1914 mehr als 1800000 deutsche Soldaten »für Kaiser und Reich« auf den Schlachtfeldern ihr Leben lassen müssen; von den Streitkräften des verbündeten Habsburgerreiches waren bis dahin 1,3 Millionen Mann gefallen. Weit über 6 Millionen Deutsche und Österreicher waren verwundet, zu Krüppeln geschossen, an

Giftgas erblindet oder dämmerten in Heilanstalten dahin. Hunderttausende von Frauen und Kindern waren in der Heimat verhungert. In der Woche vom 4. zum 11. November 1918 gab es in den Städten des Reichs für jeden Normalverbraucher täglich nur noch 25 Gramm minderwertige Wurst, 160 Gramm sogenanntes »Mischbrot«, das größtenteils aus Sägemehl und Rübenschnitzel bestand, 10 Gramm Marmelade, 7 Gramm Margarine sowie als Wochenration 45 Gramm Dörrgemüse und 250 Gramm Kartoffeln. Nur einigen wenigen mangelte es an nichts, und der Anführer dieser wenigen, Kaiser Wilhelm II., saß in einer schönen Villa in Spa am Kaminfeuer, trank zum Abschluß eines opulenten Mahls Kaffee und Kognak, schimpfte über den »Mob von Berlin« und den »schnöden Verrat« seiner Garden, bedauerte seufzend die Unmöglichkeit, alle Meuterer an die Wand zu stellen, und erklärte schließlich: »Ich werde bei der Truppe bleiben – bis zum bitteren Ende!«

Zu dieser Zeit wurde in den Schützengräben noch geschossen und gestorben. Bis zum schließlichen Waffenstillstand am 11. November 1918, vormittags 11 Uhr, fielen an der Westfront noch Hunderte von deutschen Soldaten. Der letzte Heeresbericht meldete: »Bei Abwehr amerikanischer Angriffe östlich der Maas zeichneten sich durch erfolgreiche Gegenstöße das brandenburgische Reserve-Infanterieregiment Nr. 207 . . . und Truppen der 192. sächsischen Infanterie-Division . . . besonders aus. Infolge Unterzeichnung des Waffenstillstandsvertrages wurden heute vormittag an allen Fronten die Feindseligkeiten eingestellt.« Auch galt noch der Befehl des Großen Hauptquartiers Gr. H. Qu. Ia Nr. 9191 geheim op. vom 9. Juli 1918, unterschrieben von General Ludendorff. Darin wurde mit Nachdruck darauf hingewiesen, daß jeder Soldat, der sich »unerlaubter Entfernung« oder eines anderen Feigheitsdelikts schuldig mache, von seinen Vorgesetzten unnachsichtig und auf der Stelle zu erschießen sei.

Wilhelm II., deutscher Kaiser und König von Preußen, nahm für sich in Anspruch, Oberster Kriegsherr und der Erste Soldat seines gewaltigen Heeres zu sein. Aber es eilte ihm auch jetzt noch nicht, an die Front zu gehen.

»Wenn es denn sein muß – aber nicht vor morgen früh . . .«, ließ er sich beim Abendessen vernehmen. Es wurde nicht völlig klar, was er damit meinte. Doch am nächsten Morgen, als ihn sein ältester Sohn, der Kronprinz, sprechen wollte, waren der Kaiser und sein engstes Gefolge verschwunden, aber nicht an die Front. Der Kaiser hatte sich im Morgengrauen aus dem Staube gemacht. Der letzte König von Preußen war desertiert – ins neutrale Ausland. Am Morgen des 10. November saß er in einem Wachlokal der niederländischen Grenzpolizei und wartete mit sonst nie geübter Geduld auf die Erlaubnis zur Weiterreise, die ihm dann auch gewährt wurde.

»Und jetzt«, sagte Wilhelm II. eine Stunde später zu Graf Bentinck, der ihm zunächst auf seinem Schloß Gastfreundschaft gewährte, »und jetzt müssen Sie mir eine Tasse heißen, guten echten englischen Tee geben lassen!« So mogelte sich der letzte Preußenherrscher aus der Verantwortung; er wählte die Unmöglichkeit, die ihm sein General Groener nicht zugetraut hatte, bevorzugte die komfortable Abreise aus der Geschichte, wo schon ein bißchen Mut und Verantwortungsbewußtsein ihm einen noch respektablen Platz gesichert hätten. Nach dreißig Regierungsjahren galt von jetzt an sein ganzes Interesse der Höhe seiner Pension, und die war tatsächlich das einzig Fürstliche, das ihm verblieb.

Zur selben Zeit wie der Kaiser war Ludendorff, ausnahmsweise nicht in Uniform, sondern in Zivil, mit angeklebtem Vollbart und blauer Brille getarnt, ins gleichfalls neutrale Schweden geflohen.

Von der alten Führungsspitze blieb nur der einundsiebzigjährige Generalfeldmarschall Paul v. Beneckendorff und v. Hindenburg in Spa zurück, der Mann, der es »dem Herzen nach freudig begrüßt« hätte, wenn es ihm möglich gewesen wäre, die – ursprünglich vom Kaiser geplante, nur wegen Mangels an dazu bereiten Truppen abgeblasene – militärische Straf-»Operation gegen die Heimat« durchzuführen. Hindenburg, der geschlagene Feldherr, konnte aber dann doch noch die ersehnte Rache nehmen an denen, die er und seine Freunde »die Novemberverbrecher« zu nennen pflegten.

Am 9. November 1918 – der Kaiser und seine geschlagenen Feldherren tafelten noch in Spa – schien es zum erstenmal seit Bestehen des preußischen Staates keinen inneren Widerspruch mehr darin zu geben. Die alten Gewalten waren völlig entmachtet, aus der Hauptstadt geflüchtet und dabei, im Orkus der Geschichte zu versinken. Die Erben des alten Bebel, die Führer der Sozialdemokratie, hatten, »um Schlimmeres zu verhüten«, selbst die Macht übernommen; Friedrich Ebert war von dem noch amtierenden Reichskanzler, Prinz Max von Baden, zum neuen Regierungschef ernannt worden. Philipp Scheidemann hatte vom Balkon des Reichstags herab der versammelten Menge verkündet: »Der Kaiser hat abgedankt! Er und seine Freunde sind verschwunden. Über sie alle hat das Volk auf der ganzen Linie gesiegt. Es lebe die Republik!«

Aber Ebert, der entschieden gegen jede revolutionäre Veränderung war, hatte schon am Abend seines ersten Tags als neues Staatsoberhaupt Deutschlands die für ein paar Stunden abhandengekommene Dialektik wiederhergestellt. Am 10. November 1918 erreichte ihn, den von den Arbeiter- und Soldatenräten neugewählten »Vorsitzenden des Rates der Volksbeauftragten«, in der Reichskanzlei – über eine geheime Telefonleitung, von deren Vorhandensein der neue Regierungschef bis dahin nichts gewußt hatte – ein Anruf aus Spa. Ludendorffs Nachfolger als Chef der Obersten Heeresleitung, General Wilhelm Groener, war am Apparat.

Der General bat nicht etwa, wie man es hätte erwarten können, das neue Staatsoberhaupt um Instruktionen. Er bot Ebert vielmehr, unter bestimmten Bedingungen, »loyale Zusammenarbeit« an. Seine Forderungen waren: energischer Kampf gegen »Bolschewismus und Räteunwesen« und schnellste Rückkehr zu »geordneten Zuständen«. Ebert versicherte dem General, wie dieser später als Zeuge unter Eid bestätigte, dies entspreche haargenau seinen eigenen Wünschen. Und dann schloß der Vorsitzende der endlich an die Macht gekommenen deutschen Sozialdemokratie und Nachfolger August Bebels mit dem Nachfolger Ludendorffs ein Kampfbündnis gegen die Revolution, gegen die Arbeiter- und Soldatenräte, die ihn gerade erst auf den Schild gehoben hatten, gegen Hugo Haase und die anderen Vertreter der USPD in der Regierungsmannschaft!

Dabei hatte Friedrich Ebert keineswegs das Gefühl, Verrat zu begehen – im Gegenteil: Jetzt erst fühlte er sich befreit vom »Ludergeruch der Revolution«, die er nach eigenem Ausspruch haßte »wie die Sünde«. Und auch General Groener war zufrieden: »Ebert ging auf meinen Bündnisvorschlag ein«, berichtete er später. »Von da ab besprachen wir uns täglich abends« – über den geheimen Draht – »über die notwendigen Maßnahmen. Das Bündnis hat sich bewährt.«

Tatsächlich wurden durch diese geheime Abmachung zwischen Ebert und Groener die Weichen für die weitere Entwicklung gestellt, die revolutionäre Entwicklung gestoppt und die alten Machtstrukturen nahezu intakt erhalten.* Wieder marschierten – wie 1849 – konterrevolutionäre Truppen gegen die aufständischen Arbeiter und Soldaten, nur daß es diesmal nicht ausschließlich preußische Verbände waren, die in Berlin, aber auch in Bayern, Sachsen, Thüringen und im rheinisch-westfälischen Industriegebiet, mit äußerster Brutalität die alte Ordnung wiederherstellten. Doch umgekehrt waren die Führer der revolutionären Bewegungen, die außerhalb Preußens aufflammten und dann blutig unterdrückt wurden, wiederum zum großen Teil preußische Sozialisten.

In München, wo schon früher als in Berlin, in der Nacht vom 7. zum 8. November 1918, die Republik ausgerufen worden war, hatte Kurt Eisner die Führung, ein glänzender Organisator, dem Arthur Rosenberg, der wohl bedeutendste sozialistische Historiker, bescheinigt hat, er sei der »einzige schöpferische Staatsmann der deutschen Revolution« vom November 1918 gewesen.

Kurt Eisner, 1867 in Berlin geboren und Sohn eines wohlhabenden Fabrikanten aus eingesessener jüdischer Bürgerfamilie, hatte in seiner Heimatstadt das Askanische Gymnasium besucht, das von preußischen Beamten und Militärs zur Erziehung ihrer Söhne bevorzugt wurde. Nach einem Studium der Philosophie an der Universität Berlin war er Journalist geworden und hatte sich bald zu einem entschiedenen Gegner des preußischen Militarismus und des reaktionären Junkertums entwickelt. Nach

* Vgl. Bernt Engelmann, *Einig gegen Recht und Freiheit,* München, 1975. In diesem zweiten »Anti-Geschichtsbuch« ist der Verlauf der Ereignisse vom November 1918 bis zum Ende der Weimarer Republik detailliert geschildert.

Verbüßung einer neunmonatigen Gefängnisstrafe wegen Majestätsbeleidigung schloß sich Eisner 1898 der SPD an und wurde Redakteur des *Vorwärts*. Sein stark von Kantschen Ideen beeinflußter ethischer Sozialismus brachte ihn dann wiederholt in Konflikt mit dem linken Flügel der Partei, doch schloß er sich als konsequenter Kriegsgegner schon früh der Unabhängigen Sozialdemokratie an. Er war im November 1918 der einzige Politiker in Deutschland, der einerseits die Macht zu ergreifen und mit ihr umzugehen verstand, aber anderseits nie den Kontakt zu den revolutionären Massen verlor. Sein Ziel war die Ablösung der alten Führungsschichten auf allen Gebieten, mit allem Nachdruck, aber ohne Blutvergießen; er erstrebte den sozialen Fortschritt mit einer wiedervereinigten Sozialdemokratie als staatstragender Partei und die revolutionäre Kontrolle der parlamentarischen Demokratie durch einen »Rat der Arbeiter, Bauern und Soldaten«. Als bei den ersten Landtagswahlen in dem von ihm gegründeten Freistaat Bayern im Januar 1919 die Linke nur etwa ein Drittel der Sitze erhielt, war Eisner bereit, als Ministerpräsident zurückzutreten. Aber er plante, den Vorsitz im Arbeiter-, Bauern- und Soldatenrat zu behalten und darüber zu wachen, daß die Revolution zielstrebig, gewaltlos und im Einklang mit den Forderungen des Proletariats weiterging. Doch dazu kam es nicht. Am 21. Februar, auf dem Weg zur Eröffnungssitzung des neuen Landtags, wurde Kurt Eisner von dem jungen Grafen Anton v. Arco-Valley erschossen.

Die bayerische Arbeiterschaft reagierte auf diesen feigen Mord mit einem Generalstreik, und Eisners Begräbnis wurde zu einer Massendemonstration, wie sie München noch nicht erlebt hatte. Hunderttausende gaben dem »hergelaufenen Preußen« Eisner das letzte Geleit, darunter ganze Dorfschaften aus dem bayerischen Oberland in ihrer Tracht, die Männer mit geschulterten Äxten und Jagdgewehren.

Der von einem preußischen Revolutionär gegründete Freistaat Bayern aber wurde zunächst eine Räterepublik, dann, nach der Eroberung Münchens durch konterrevolutionäre Truppen und Freikorps, zu jener »Ordnungszelle«, in der sich der Österreicher Adolf Hitler erstmals politisch betätigen und seine demagogischen Talente entfalten konnte.

Auch die Männer, die nach Eisners Ermordung die Führung der Münchner Räterepublik übernahmen und sie bis zu ihrem Untergang verteidigten, waren überwiegend Preußen. Der junge Volksschullehrer Ernst Niekisch, geboren 1889 im schlesischen Trepnitz, von dem noch in anderem Zusammenhang die Rede sein wird, wurde Eisners Nachfolger an der Spitze des Zentralrats der Arbeiter-, Bauern- und Soldatenräte. Der junge Dramatiker und Lyriker Ernst Toller, geboren 1893 in Samotschin im preußischen Regierungsbezirk Bromberg, übernahm die militärische Führung, und der gerade vierzigjährige, aus Berlin gebürtige Apothekerssohn Erich Mühsam, ein damals schon erfolgreicher Schriftsteller, war der eigentliche Initiator der Münchner Räterepublik.

Während sich der Freistaat Bayern nach der Eroberung Münchens durch die Truppen der Konterrevolution und der brutalen Rache, die diese dann an den Verteidigern der Räterepublik nahm, zu einem Bollwerk der katholisch-konservativen Reaktion entwickelte und mit wohlwollender Duldung der an die Macht zurückgekehrten Klerikalen und Monarchisten zur Keimzelle der sich »nationalsozialistisch« nennenden Hitler-Bewegung wurde, nahmen die Dinge in Preußen einen völlig anderen Verlauf.

Ernst Niekisch, 1889–1967.

Durch den Friedensvertrag von Versailles, der den Ersten Weltkrieg beendete, verlor das ehemalige Königreich Preußen als einziges Bundesland des Deutschen Reiches beträchtliche Teile seines Staatsgebiets: Nordschleswig fiel an Dänemark, Eupen und Malmédy an Belgien; das Saarland kam, wenn auch zeitlich begrenzt, unter französische Verwaltung; das Memelgebiet fiel an die neue Republik Litauen; das Gebiet von Danzig wurde, ähnlich wie es bis 1793 gewesen war, wieder unabhängig; kleinere Teile Ostpreußens und Pommerns, fast ganz Posen und der größte Teil Westpreußens, ein Zipfel von Brandenburg und über die Hälfte des oberschlesischen Industriereviers mußten an die neue Republik Polen abgetreten werden, das Hultschiner Ländchen, ein Teil des oberschlesischen Kreises Ratibor, an die Tschechoslowakei. Insgesamt verlor Preußen rund 56000 Quadratkilometer, eine Fläche, etwa so groß wie die heutigen Bundesländer Nordrhein-Westfalen und Hessen zusammen, mit 4,6 Millionen Einwohnern, wobei das Saargebiet nicht berücksichtigt ist, und Ostpreußen war wieder, wie einst, durch einen »polnischen Korridor« vom übrigen Preußen und vom Reich getrennt.

Durch die Weimarer Verfassung der ersten deutschen Republik hatte Preußen überdies seine Vormachtstellung im Deutschen Reich eingebüßt; es gab fortan keine Personalunion mehr zwischen dem Amt des preußischen Ministerpräsidenten und dem des Reichskanzlers, und die einstige Präsidialstellung des Königreichs im Bund der deutschen Länder wurde durch die neue Verfassung beseitigt.

In der Praxis erwies sich diese Schwächung Preußens erstaunlicherweise als schwerer Nachteil für den Bestand der jungen deutschen Demokratie. Denn während in den übrigen Ländern des Deutschen Reichs von 1920 an zumeist bürgerliche Blöcke, nicht selten unter Beteiligung republikfeindlicher Rechtsparteien, regierten, behauptete sich im »roten Preußen« – mit nur zwei kurzen Unterbrechungen – der Sozialdemokrat Otto Braun als Ministerpräsident. Unter seiner Führung blieb Preußen bis zum Sommer 1932 das Bollwerk, das den Bestand der Republik garantierte. Die preußische Polizei, einst der gefährlichste Gegner der deutschen Sozialdemokratie, war fest in der Hand der SPD, aus deren Reihen auch die große Mehrzahl der Polizei-, Regierungs- und Oberpräsidenten des Freistaats berufen wurden. Der energische frühere Gewerkschaftssekretär Carl Severing, geboren 1875 im westfälischen Herford, setzte sich als preußischer Innenminister nachdrücklich für eine Demokratisierung der Verwaltung ein.

Gegen den heftigen Widerstand der Rechten und besonders der Junker, die jetzt vornehmlich die Deutschnationalen unterstützten, beseitigte die preußische Regierung Braun/Severing auch die letzten adligen Privilegien durch die Aufhebung der Gutsbezirke. Bei diesen handelte es sich um rund zwölftausend, im ostelbischen Teil Preußens gelegene Güter, die zuvor keiner Gemeindeverwaltung unterstanden hatten. Ihre Eigentümer waren vielmehr als Gutsherren zugleich Gemeindevorsteher und Ortspolizeibe-

Der preußische Ministerpräsident Otto Braun (Foto um 1930).

hörde gewesen, die zum Gut gehörenden Dörfer und deren Bewohner wie seit eh und je praktisch nichts als Zubehör des junkerlichen Besitztums.

Mit dem Gesetz vom 27. Dezember 1927 beseitigte die preußische Regierung mit einem Schlag insgesamt 11500 dieser Gutsbezirke; bei den verbleibenden fünfhundert handelte es sich um Staatsdomänen und -forste. Es war der schwerste Schlag, der bis dahin gegen die lokale und regionale Macht der preußischen Junker geführt worden war, und er vermehrte noch den Haß, den die ostelbischen Großagrarier ohnehin gegen die Republik und ihre Repräsentanten hegten, obwohl während der Revolution keinem Junker auch nur ein Haar gekrümmt und auch seither niemand in seinen Eigentumsrechten geschmälert worden war.

Indessen hatte das preußische Junkertum, auch nach der Aufhebung der Gutsbezirke, seinen Einfluß im Staat keineswegs völlig verloren. Nach wie vor waren die Landräte, ein Großteil der Ministerialbürokratie sowie die meisten der von der Republik nahezu vollständig in Amt und Würden belassenen Richter und Staatsanwälte des Kaiserreichs demokratiefeindliche, monarchistisch und reaktionär gesinnte Konservative, die mit den Junkern sympathisierten. Auch das Offizierskorps der – durch den Friedensvertrag von Versailles auf eine Stärke von hunderttausend Mann beschränkten, aller schweren Waffen, Panzer und Flugzeuge beraubten – Reichswehr bestand größtenteils aus stramm konservativen adligen »Standesgenossen« der Junker und arbeitete eng mit ihnen zusammen, zumal auf dem Gebiet der – illegalen, weil durch den Friedensvertrag strikt verbotenen – heimli-

Der preußische Innenminister Carl Severing (Foto um 1929).

chen Ausbildung eines beträchtlichen Kontingents von Reservisten, der sogenannten »Schwarzen Reichswehr«, sowie bei der Anlage von versteckten Waffenlagern und Übungsplätzen.

Der engste und zugleich mächtigste Verbündete des preußischen Junkertums gegen die ihm verhaßte Republik aber war ausgerechnet der Mann, der als Reichspräsident seit 1925 an der Spitze des neuen demokratischen Staates stand: Paul v. Beneckendorff und v. Hindenburg. Obwohl Hindenburg nach Kriegsende als erklärter Feind der republikanischen Staatsform aufgetreten war, hatten ihn nach dem Tode Friedrich Eberts die wiedererstarkten Rechtsparteien zum Nachfolger vorgeschlagen und erreicht, daß er im zweiten Wahlgang mit 14,7 Millionen Stimmen zum neuen Reichspräsidenten gewählt worden war.

Auch als Staatsoberhaupt der Republik – mit wesentlich größeren Machtbefugnissen, als sie heute der Bundespräsident hat – identifizierte sich Hindenburg – beispielsweise in seiner Tannenbergrede von 1927 – mit der Kriegspolitik des Kaiserreichs, unterstützte mit dem »Notprogramm« des Jahres 1928 die Offensive der bürgerlichen Parteien gegen die unter Ebert geschaffenen sozialen Verbesserungen, sympathisierte offen mit den Monarchisten und Militaristen, nährte die »Dolchstoßlegende«, förderte den von den Rechtsparteien propagierten Revanchismus und verhalf den ostelbischen Junkern zu großen staatlichen Subventionen, der sogenannten »Osthilfe«.

Zum Dank dafür machten sie den Reichspräsidenten zu einem der Ihren, indem sie ihm 1927 zu seinem 80. Geburtstag das ostpreußische Rittergut Neudeck nebst dazugehörigem Schloß schenkten. Unter Führung des erzkonservativen Großagrariers Elard v. Oldenburg-Januschau hatten die wohlhabendsten adligen Rittergutsbesitzer Ostpreußens und Pommerns unter sich und bei der Schwerindustrie einen Millionenbetrag dafür gesammelt. Dessen Annahme durch den amtierenden Reichspräsidenten ließ die Unbekümmertheit erkennen, mit der sich Hindenburg und seine junkerlichen Freunde über gesetzliche Bestimmungen und gute Sitten dreist hinwegsetzten. Jeder kleine preußische Beamte, der sich als Volksschullehrer von den Eltern seiner Schulkinder oder als Amtsvorsteher von den Honoratioren seines Dorfes auch nur ein paar hundert Mark zum Geburtstag hätte schenken lassen, wäre dafür streng bestraft worden. Friedrich Ebert war als Reichspräsident monatelang von der gesamten rechten Presse Deutschlands mit Verleumdungen überschüttet worden, weil er einmal von Geschäftsleuten, die in keiner direkten Beziehung zu ihm standen, einen sogenannten »Frühstückskorb« mit Delikatessen ins Haus geschickt bekommen hatte, ein vergleichsweise dürftiges Geschenk, das von Ebert zudem nicht akzeptiert, sondern postwendend an die Absender zurückgesandt worden war.

Hindenburg nahm ein ungleich üppigeres Geburtstagsgeschenk nicht nur bedenkenlos an, obwohl er genau wußte, welche sehr konkreten Vorstellungen die Spender von den Gegenleistungen hatten, die sie dafür erwarteten; er ließ es als Staatsoberhaupt sogar zu, daß mit dem Präsent eine Steuerhinterziehung verbunden war: Oldenburg-Januschau, Hindenburgs neuer Gutsnachbar, hatte dem Reichspräsidenten nämlich augenzwinkernd erklärt, man habe Schloß und Gut Neudeck pro forma auf den Namen des Präsidentensohns Oskar ins Grundbuch eintragen lassen, so daß der Staat später keine Erbschaftssteuer kassieren könne. Zudem sei der Einheitswert so niedrig angesetzt worden, daß die sonstigen Steuern weit geringer sein würden als die üppigen, dem Gut aus der »Osthilfe« zustehenden staatlichen Subventionen.

Als nunmehriger Großagrarier zeigte sich Hindenburg schon bald noch dankbarer als zuvor. Er bewies ungemein viel Verständnis für die Sorgen der ostpreußischen Landwirtschaft. Er verfügte gegen den Wunsch seines Kanzlers, des seit 1930 amtierenden Zentrumspolitikers Heinrich Brüning, die Aufnahme des »Reichslandbund«-Präsidenten Martin Schiele, eines deutschnationalen Rittergutspächters, ins Kabinett, sorgte für hohe, die Landwirtschaft begünstigende, die darbenden Verbraucher hart belastende Schutzzölle, ordnete ein erweitertes »Osthilfe«-Subventionsprogramm an und setzte schließlich eine Art Kopfsteuer, die sogenannte »Bürgersteuer«, durch. Mit dieser vom Volksmund »Negersteuer« genannten Abgabe, die für arm und reich gleich hoch war, deshalb die Ärmsten am härtesten, die Wohlhabenden überhaupt nicht belastete, krönte der korrupte Reichspräsident seine demokratiefeindliche Politik. Gestützt auf seine Vollmachten gemäß Artikel 48 der Reichsverfassung, setzte er sie als »Notverordnung« gegen den Willen der Reichstagsmehrheit durch, ebenso eine Reduzierung der Sozialleistungen, eine lineare Kürzung der Beamtengehälter sowie weitere Schutz- und Hilfsmaßnahmen für die ostelbische Landwirtschaft. Die Neuwahlen zum Reichstag, die gleichzeitig angeordnet wurden, brachten die Quittung für dieses verantwortungslose Treiben. Sie verhalfen Hitlers NSDAP, zuvor ein Grüppchen, das bei den Wahlen von 1928 nur 2,6 Prozent der Stimmen erhalten hatte, zum politischen Durchbruch. Über Nacht war die Nazi-Partei zur zweitstärksten im Reich geworden und zog mit 107 Abgeordneten in den neuen Reichstag ein.

Diesen Erfolg der Braunhemden hatte niemand erwartet. Ihre enormen Stimmengewinne aber waren im wesentlichen zu Lasten der bürgerlichen Rechtsparteien gegangen – so, wie sich auf der Linken die Kommunisten auf Kosten der Sozialdemokratie hatten verstärken können. Mit dieser Konstellation war der Untergang der ersten deutschen Republik bereits programmiert und nur noch eine Frage der Zeit.

Weltwirtschaftskrise, rapide steigende Arbeitslosigkeit, immer neue Notverordnungen, die die sozial Schwächsten am stärksten belasteten, und eine zunehmende Verschärfung und Brutalisierung der politischen Auseinandersetzungen beschleunigten das Ende des ersten aussichtsreichen Versuchs, in Deutschland und damit auch in Preußen eine parlamentarische Demokratie nach westlichem Vorbild durchzusetzen. Die Republik erlag dem Ansturm einer Übermacht entschiedener und in der Wahl ihrer Kampfmittel skrupelloser Gegner, und ihr Untergang wurde noch beschleunigt durch die Zaghaftigkeit derer, die sie hätten verteidigen können. Es gab nur einige wenige Entschlossene, die den Kampf für die Erhaltung der Republik offensiv führten, mit zäher Energie und erstaunlichem Mut. Ihre Plattform und ihr geistiges Zentrum war eine äußerlich unscheinbare Zeitschrift mit dem Titel *Die Weltbühne.*

Es ist sicherlich kein Zufall, daß dieses Blatt in Berlin erschien, dort auch die meisten seiner Abonnenten hatte, vor allem aber, daß die führenden Köpfe der *Weltbühne* – Herausgeber, Chefredakteur und die wichtigsten Mitarbeiter – Preußen waren, wichtiger noch: ausgesprochen preußisch dachten und fühlten. Da war Siegfried Jacobsohn, der Gründer und bis zu seinem Tod auch der Herausgeber der – ursprünglich als *Schaubühne* ganz der Theaterkritik gewidmeten – *Weltbühne,* ein auf peinliche Sauberkeit und Korrektheit, nicht nur der Sprache und des Stils, sondern auch der Gesinnung bedachter Mann, ein mutiger Kämpfer, abhold jeder Phrase. Dieser Siegfried Jacobsohn, 1881 in Berlin geboren und 1926 dort gestorben, fand seinen Meisterschüler in Kurt Tucholsky, der seine literarische Laufbahn 1913 als Theaterkritiker bei der *Schaubühne* begann, wo sich die geistige Elite Berlins allwöchentlich ein Stelldichein gab.

Kurt Tucholsky, 1890 in Berlin-Moabit geboren, wie Jacobsohn aus wohlhabendem preußisch-jüdischem Hause, Schüler am Königlichen Wil-

Siegfried Jacobsohn, 1881–1926.

helms-Gymnasium, dann am alten *Collège Français* der Hugenottenkolonie, war – wie sein erster Biograph Fritz J. Raddatz es durchaus richtig gesehen hat – »eigentlich kein politischer Mensch. Er kehrte aus dem Krieg zurück, nicht, um ›in die Politik einzusteigen‹. Der Wirbel dieser ersten Nachkriegszeit riß ihn mit sich, zwang zur Stellungnahme und Leidenschaft. Es war nicht Tucholskys verbohrter Wunsch und Wille, sich ins Politische zu drängen, sondern sein immer waches Gewissen, sein beunruhigter Geist, die ihm verboten, still zu bleiben«. Man kann auch sagen: Es war sein durchaus preußisches Gefühl der Pflicht, das ihn zum schärfsten Kritiker der auf dem rechten Auge blinden, stramm republikfeindlichen Weimarer Justiz, der die Demokratie verachtenden, mit den Nazis konspirierenden Militärs und der feigen, sich aus Angst vor den drohenden Folgen der eigenen Feigheit in die Arme der künftigen Massenmörder flüchtenden Spießbürger werden ließ.

Was man dagegen ganz gewiß *nicht* sagen kann, weil es schlicht die Wahrheit auf den Kopf stellt, hat noch im Herbst 1978 Marcel Reich-Ranicki kühn behauptet: Er nannte Kurt Tucholsky »exemplarisch« für »die Rolle der linken Intellektuellen in der Weimarer Republik und ihre Mitschuld an deren Untergang«. Diese Feststellung wäre albern, enthielte sie nicht, neben der unberechtigten posthumen Beschimpfung derer, die sich als einzige unter den sogenannten Gebildeten dem Unheil mutig in den Weg stellten, eine ebenso böse wie gefährliche Lüge von höchst aktueller Bedeutung: Wer an haarsträubenden Zuständen harte Kritik übt, wer unermüdlich warnt vor tödlichen Gefahren, soll angeblich mitschuldig sein an der schließlichen Katastrophe, die eintritt, wenn seine Kritik nichts fruchtet und seine Prophezeiungen sich erfüllen; denn mit seiner unerbittlichen Kritik habe er, wie es die Nazis dann nannten, »zersetzend« gewirkt, seine Kassandraschreie seien das auslösende Moment, wenn nicht gar die Ursache des hereinbrechenden Unheils, nicht die jämmerliche Feigheit und der schnöde Opportunismus derer, die nicht auf den Warner hatten hören wollen. Die Katastrophe selbst aber wird bei dieser Argumentation zum Schicksalsschlag, den niemand hat voraussehen können.

Indessen war die tödliche Gefahr, der die Weimarer Republik, kräftig getreten von Militärs, Junkern, etlichen Industriellen und Bankiers sowie einem Haufen beutegieriger Abenteurer, kopflos entgegentaumelte, durchaus voraussehbar. Schon am 23. Februar 1922, zwei Jahre nach dem gescheiterten Putsch jener Freikorps unter Führung des Generals Walther v. Lüttwitz und des Generallandschaftsdirektors Wolfgang Kapp, die von einer sozialdemokratischen Regierung zur Niederschlagung der Revolution im Winter 1919/20 aufgestellt und bewaffnet worden waren, hatte Kurt Tucholsky in der *Weltbühne* geschrieben:

»Dies soll hier nur stehen, um in acht Jahren einmal zitiert zu werden. Und auf daß Ihr dann sagt: das konnte eben keiner voraussehen . . . Einst wird kommen der Tag, wo wir hier etwas erleben werden. Welche Rolle die Reichswehr bei diesem Ereignis spielen wird, beschreiben alle Kenner auf gleiche Weise. Der Kapp-Putsch war eine mißglückte Generalprobe . . . Bedankt Euch in acht Jahren bei dieser Regierung, diesem Staatsrat, diesem Reichstag!«

Acht Jahre später, 1930, setzten die plötzlich mit 107 Abgeordneten im Reichstag vertretenen Nazis zum Sturm auf die Republik an, eine nun schon todkranke, zutiefst erschrockene Republik, die die offenen und heimlichen Förderer ihrer Todfeinde bis dahin verhätschelt hatte in der irrigen Annahme, sie mit sich versöhnen und am Ende doch noch zu verläßlichen Freunden machen zu können.

Die Redaktionsmannschaft der *Weltbühne* war von solchen gefährlichen Illusionen von Anfang an frei gewesen. Sie führte unerschrocken ihren Kampf gegen die Totengräber der Demokratie. Sie brachte Licht in die finstersten Abschnitte der deutschen Entwicklung nach 1918, enthüllte die Geheimnisse der sogenannten »Vaterländischen Verbände«, die im Komplott mit der Reichswehr eine Vielzahl von »Feme«-Morden begangen hatten, und sie nannte die Namen der von der Justiz sorgsam geschonten Mörder.

Zwar riß dann der Tod Siegfried Jacobsohns eine schmerzliche Lücke, aber an der prinzipiellen Haltung der *Weltbühne* wie an der Härte ihres publizistischen Kampfes änderte sich nichts. Vom Oktober 1927 an, nachdem zunächst Kurt Tucholsky in die Bresche gesprungen war, übernahm ein anderer, für die Leitung einer Redaktion und die damit verbundenen

Kurt Tucholsky, 1890–1935 mit Walter Hasenclever 1925 in Le Vésinet.

Aufgaben besser geeigneter Mitarbeiter die Geschäfte des Herausgebers und Chefredakteurs: Carl v. Ossietzky.

Der 1889 in Hamburg geborene neue *Weltbühne*-Chef hatte einen oberschlesischen Berufssoldaten zum Vater, und auch Ossietzkys Mutter stammte aus Schlesien. Bittere Not hatte die Eltern nach Hamburg verschlagen, auch der Sohn war in sehr bescheidenen Verhältnissen aufgewachsen. Der Kleinbürgersohn mit dem Adelsprädikat, das die Familie einem sparsamen, statt schuldigen Soldes lieber solche Auszeichnungen verteilenden Hohenzollern zu verdanken behauptete, hatte unter großen Mühen und Opfern die höhere Schule absolvieren können und war schon als sehr junger Mann überzeugter Pazifist und Sozialist geworden, ohne sich indessen einer Partei anzuschließen. Sein Brot verdiente er sich bis zum Ersten Weltkrieg als Gerichtsschreiber in Hamburg, daneben als politischer Publizist. Seit 1913 war er mit der Tochter eines englischen Offiziers und einer indischen Prinzessin, Maud Hester Lichfield-Woods, verheiratet, eine engagierte Frauenrechtlerin, die mit Bridge- und Englischunterricht die schmale Haushaltskasse aufbessern half.

Nach dem Ersten Weltkrieg, den Ossietzky, trotz festgestellter Untauglichkeit wegen allzu schwächlicher Konstitution, als Armierungssoldat hatte mitmachen müssen, zog das Ehepaar nach Berlin. Dort fand Ossietzky als Journalist eine Anstellung, erst bei der *Berliner Volkszei-*

Carl von Ossietzky (Mitte) wird im Berliner Polizeipräsidium zusammen mit Ludwig Renn (rechts) und dem Reichstagsabgeordneten der KPD Ernst Torgler der ausländischen Presse vorgeführt.

tung, dann beim *Tagebuch*. Im April 1926 war er schließlich von Siegfried Jacobsohn zur *Weltbühne* geholt worden.

Trotz ihrer für heutige Verhältnisse sehr kleinen Auflage – wöchentlich zwölf- bis fünfzehntausend verkaufte Exemplare – war die *Weltbühne* damals ein viel beachtetes, einflußreiches Blatt. In einer Reihe von deutschen Städten gab es Lesergemeinschaften und abendliche Diskussionszirkel, wo jeweils ein Exemplar des Blattes kursierte.

»Zu den treuesten Lesern der ›Weltbühne‹ dürften damals die Beamten des Reichswehrministeriums in der Bendlerstraße gezählt haben«, heißt es in Hermann Vinkes Ossietzky-Monographie. »Das Blatt verfügte über ausgezeichnete Informationsquellen, vor allem militärpolitischer Art, und hatte das Ministerium schon einige Male in Verlegenheit gebracht. Am 12. März 1929 war es wieder so weit ...« An diesem Tag erschien in der *Weltbühne* ein Beitrag des ehemaligen Kriegsfliegers Walter Kreiser (Pseudonym: Heinz Jäger) mit der Überschrift »Windiges aus der Luftfahrt«. Darin wurden die zahlreichen Schliche und Tricks entlarvt, mit denen das Reichswehrministerium das Aufrüstungsverbot umging und heimlich eine Luftwaffe aufbaute. Die Schlußsätze des Artikels lauteten: »Die ›Erprobungsabteilung Albatros‹ ist zu Lande dasselbe, was an der See die ›Küstenflugabteilung der Lufthansa‹ darstellt. Beide Abteilungen besitzen je etwa dreißig bis vierzig Flugzeuge, manchmal auch mehr. Aber nicht alle Flugzeuge sind immer in Deutschland ...« Das war zuviel!

In der Bendlerstraße schlugen die Generale mit der Faust auf den Tisch. General Groener, Eberts einstiger Bündnispartner und nunmehriger Reichswehrminister, beantragte beim Leipziger Reichsgericht die Eröffnung eines Verfahrens wegen »Verrats militärischer Geheimnisse«, wobei die Anspielung am Schluß – die Kriegsflugzeuge der Reichswehr wie auch deren Panzer und andere verbotene schwere Waffen wurden aufgrund eines geheimen Abkommens in der Sowjetunion erprobt! – unberücksichtigt bleiben sollte.

Aber das Verfahren kam nicht so schnell in Gang. Die Regierung mußte Rücksicht auf das westliche Ausland nehmen, und eine Verurteilung des Artikelschreibers wie des verantwortlichen Redakteurs, Carl v. Ossietzky, würde Deutschlands früheren Feinden die amtliche Bestätigung dafür liefern, daß die Reichswehr tatsächlich, wie längst vermutet, die Bestimmungen des Friedensvertrags verletzte und heimlich aufrüstete.

Mehr als zwei Jahre dauerte das Tauziehen zwischen den Generalen, dem Auswärtigen Amt und der Justiz. Schließlich wurde am 23. November 1931 unter strengem Ausschluß von Presse und Öffentlichkeit das Verfahren gegen Carl v. Ossietzky und Walter Kreiser eröffnet; die Anklage lautete auf Landesverrat und Verrat militärischer Geheimnisse. Der Prozeß selbst war eine bloße Farce. Das Reichsgericht ließ keine Beweisanträge der Verteidigung zu, und sein Urteil stand schon vor der Verhandlung fest: je anderthalb Jahre Gefängnis für Ossietzky und Kreiser. Das Urteil selbst durfte veröffentlicht werden, keine Zeile jedoch über die Gründe der Anklage und den Prozeßverlauf.

Carl v. Ossietzky erklärte noch am selben Tag vor der Presse: »Noch leben wir aber in der demokratischen Republik, auf deren Grundsätze ich schwöre und die ich vom Tage ihrer Geburt an verteidigt habe. Noch leben wir im Zustand verbürgter Meinungsfreiheit, noch immer in einem Staat, in dem das Militär den zivilen Behörden unterworfen ist. Deshalb werde ich weiter dafür einstehen, daß der Geist der deutschen Republik nicht durch eine mißverstandene Staatsraison verfälscht wird.«

Im Gegensatz zu Kreiser, der sich sogleich ins Ausland absetzte, kehrte Ossietzky nach Berlin zurück. Obwohl ihm von den Behörden nahegelegt wurde, sich ebenfalls aus dem Staube zu machen, blieb er auf seinem Posten. Walter Mehring, damals Mitarbeiter der *Weltbühne*, erinnert sich, daß damals ein hoher Reichswehroffizier in der Redaktion erschien, einen Reisepaß auf Ossietzkys Schreibtisch legte und ihm vorschlug, »eine kleine Erholungsreise, zum Beispiel in die Schweiz«, zu machen. Aber Ossietzky lächelte nur und schob den Paß zurück, woraufhin der Besucher sich sehr förmlich verabschiedete und die Redaktion wieder verließ. Auf Mehrings Frage, wer dieser Offizier in Zivil gewesen sei, erfuhr er von Ossietzky: »Das war Herr v. Schleicher.« General Kurt v. Schleicher, Preuße wie Ossietzky und ebenfalls aus ursprünglich nichtadliger, seit Jahrhunderten im Militärdienst der Preußenkönige stehender Familie, war damals die »Graue Eminenz« des Reichswehrministeriums. In den Monaten, die noch vergingen, ehe Carl v. Ossietzky am 10. Mai 1932 seine Gefängnisstrafe antreten mußte, war General v. Schleicher hauptsächlich damit beschäftigt, Intrigen zu spinnen mit dem Ziel, der Weimarer Republik endlich den Todesstoß versetzen zu können. Daß dabei zunächst das »rote Bollwerk« Preußen beseitigt werden mußte, störte den General wenig – so wenig wie es die preußischen Großagrarier kümmerte, daß ihre Habgier zugleich die letzten Schamschwellen beseitigte, die am 30. Januar 1933 für Hindenburg noch zu überwinden waren, ehe er den von ihm als »böhmischen Gefreiten« verachteten Naziführer Adolf Hitler widerwillig zum Reichskanzler ernannte.

Schleichers Verrat an seinen engsten Freunden, Förderern und Vorgesetzten leitete den Untergang, erst Preußens, dann der deutschen Republik ein, zu dem die Junker auf ihre Weise beitrugen. Die Kulisse zu beidem lieferte die Reichspräsidentenwahl. Der fast fünfundachtzigjährige Hindenburg, der 1925 von den vereinigten Rechtsparteien zum Staatsoberhaupt gewählt worden war, kandidierte erneut, doch diesmal, sehr zu seinem Leidwesen, gegen die Rechte, deren aussichtsreichster Bewerber der Führer der Nazis, Adolf Hitler, war. Der preußische Ministerpräsident Otto Braun, Kandidat der Sozialdemokraten bei den Wahlen von 1925, hatte auf Geheiß der SPD-Führung zugunsten Hindenburgs auf eine Bewerbung verzichtet. Ebenfalls für Hindenburg setzte sich, neben den

Demokraten und den gemäßigten Rechten, die katholische Zentrumspartei ein, die damals mit Heinrich Brüning den Kanzler stellte.

Schon am Vorabend des ersten Wahlgangs, am 12. März 1932, war bekanntgeworden, daß Hitlers Kampfverbände einen Putsch planten; mehr als 30000 SS- und SA-Leute hatten bereits einen Ring um Berlin gebildet. Die preußische Staatsregierung forderte deshalb von Brüning energische Sofortmaßnahmen, und auch Groener informierte den Kanzler von den besorgniserregenden Vorgängen. Aber Brüning wollte die Wiederwahl Hindenburgs nicht durch eine Kraftprobe gefährden und beschloß, den zweiten Wahlgang abzuwarten. Dieser erbrachte am 10. April 1932 einen triumphalen Sieg Hindenburgs, der 19,4 Millionen oder 53 Prozent der Stimmen erhielt, also die gar nicht mehr erforderliche absolute Mehrheit. Hitler hatte 36,8 Prozent, der kommunistische Kandidat Ernst Thälmann 10,2 Prozent der Stimmen errungen. Fast zwei Drittel aller Wähler hatten sich gegen Hitler, mehr als die Hälfte für die parlamentarische Demokratie entschieden!

Nun fühlte sich Brüning stark genug, einen Schlag gegen die Nazis zu führen. Noch am Wahlsonntag beschloß das Kabinett die Auflösung der Privatarmee Hitlers und ein generelles Uniformverbot für politische Organisationen. Hindenburg gab am 13. April seufzend seine Zustimmung, und nun konnte die preußische Polizei endlich energische Maßnahmen gegen die Nazis ergreifen. Deren Führung wollte sich zunächst dem Verbot widersetzen, doch dann erhielt sie über den Berliner »Gauleiter« Dr. Joseph Goebbels einen Wink aus dem Reichswehrministerium, der sie zum ruhigen Abwarten aufforderte; die Generale würden die Angelegenheit zufriedenstellend regeln.

Tatsächlich hatte Schleicher bereits – ohne Wissen Groeners und Brünings – kurz vor dem SA-Verbot mit zwei alten Kameraden vereinbart, alle Reichswehrkommandeure »streng vertraulich« davon zu verständigen, daß das Ministerium gegen die Auflösung der rechten Kampfverbände sei und sich um eine baldige Aufhebung des Verbots bemühe. Diese beiden Kameraden Schleichers vom einstigen Potsdamer 3. Garderegiment zu Fuß waren der Chef der Heeresleitung, General Kurt Freiherr v. Hammerstein-Equord, der andere der – wie man damals spöttelte – »in der Verfassung nicht vorgesehene«, aber starken Einfluß auf seinen Vater ausübende Reichspräsidenten-Sohn Oskar v. Beneckendorff und v. Hindenburg. Mit beider Hilfe startete Schleicher nun eine Intrige gegen General Groener, verleumdete diesen, ganz unter den Einfluß seiner erheblich jüngeren zweiten Frau geraten zu sein, die sozialistischen und pazifistischen Ideen huldige, und bereitete so den Sturz seines Förderers vor. Daneben konspirierten Schleicher und Oskar v. Hindenburg aber auch mit den Führern der Nazipartei. Sie kamen überein, erst Groener, dann Brüning zu stürzen, Neuwahlen zum Reichstag durchzusetzen, den Sommer über ein – wie Goebbels sich notierte – »farbloses Übergangskabinett« regieren zu lassen, das das SA-Verbot wiederaufheben sollte, und dann selbst die Macht zu übernehmen. Was allerdings dieses letzte Ziel betraf, so dachte Schleicher damit mehr an sich selbst als an die Nazis; er wollte eine Militärdiktatur errichten, durch ein Bündnis mit den Gewerkschaften und der rechten Sozialdemokratie ein starkes Gegengewicht gegen die Nazis schaffen, die einen gegen die anderen ausspielen und vielleicht – mit dem greisen Hindenburg als Reichsverweser – die Monarchie wiederherstellen, um eines Tages selbst der starke Kanzler eines schwachen Hohenzollernprinzen zu werden.

Für die erste Stufe seines Plans, den Sturz Groeners, dann Brünings, bekam Schleicher Schützenhilfe von allen Seiten, sogar vom ahnungslosen Kanzler Brüning selbst. Der fühlte sich nach der Wiederwahl Hindenburgs sicherer denn je und wollte den Sommer dazu benutzen, die Wirtschaft wieder anzukurbeln. Außenpolitische Erfolge lagen in greifbarer Nähe; in Kürze würde eine begrenzte Wiederaufrüstung beginnen können und zahlreichen Arbeitslosen wieder Beschäftigung geben. Davon und von einem Sofortprogramm seines Reichskommissars für die Ostsiedlung, Hans Schlange-Schöningen, versprach sich Brüning eine innenpolitische Konsolidierung.

Doch gerade das neue Ostsiedlungsprogramm, das sogleich nach der Wiederwahl Hindenburgs anlief und das mehreren hunderttausend von Arbeitslosigkeit betroffenen Familien staatlich geförderte Bauernhöfe in den preußischen Ostprovinzen verschaffen sollte, bewirkte Brünings Sturz. Denn mit der Landvergabe zu Lasten der großen Güter und der geplanten Ansiedlung erwerbsloser Großstädter in bislang stockkonservativen Reservaten des Junkertums machte sich der Kanzler die ostelbischen Agrarier, die auf Hindenburg einen viel größeren Einfluß hatten als er selbst, zu unerbittlichen Feinden. Überhaupt verkannte Brüning die Entschlossenheit der alten Geld- und Machtelite, der Republik schnellstens den Garaus zu machen. Sie sah in der großen Krise ihre letzte Chance, die ihnen verhaßte Demokratie zu beseitigen und – wie der politische Führer der Junker, Elard v. Oldenburg-Januschau, es drastisch ausdrückte – »dem deutschen Volk eine Verfassung ein(zu)brennen, daß ihm Hören und Sehen vergehe!«

Am 13. Mai 1932 trat General Groener zurück, zermürbt durch Schleichers Intrigen und ein propagandistisches Trommelfeuer. Der ahnungslose Brüning erhielt noch eine kurze Gnadenfrist, die seine Feinde ihm einräumten, weil sie Hindenburg erst noch »einstimmen« mußten. Der greise Reichspräsident machte Pfingsturlaub auf seinem Schloß Neudeck, und diese zeitlich und örtlich überaus günstige Gelegenheit nutzten die Verschwörer, Hindenburg von seinen Gutsnachbarn einflüstern zu lassen, Brünings Ostsiedlungsprogramm sei reiner »Agrarbolschewismus«, sollte doch der »angestammte Gutsbesitz« zugunsten »hergelaufenen Gesindels« rücksichtslos »enteignet« werden. Die großen Güter sollten zwar keineswegs »konfisziert«, sondern nur, gegen großzügige Entschädigung und weitere »Osthilfe«-Subventionen, verkleinert und rentabel gemacht werden, aber just an dieser Stelle setzte – wie sich Hindenburgs Staatssekretär Otto Meißner später erinnerte – »der Vorstoß der konservativen Großgrundbesitzer ein«, die weder Land abgeben noch die »Osthilfe« vorrangig an angesiedelte Kleinbauern fließen sehen wollten. »Dieser gut organisierte Vorstoß machte«, so Otto Meißner, »auf den Reichspräsidenten einen starken Eindruck«, zumal dieselben Herren, die ihn jetzt vor Brünings »verheerenden, agrarbolschewistischen Plänen« warnten, ihm ja zu dem schönen Besitztum Neudeck verholfen hatten. Als dann am Morgen des 25. Mai 1932 dem schon sehr gegen Brüning eingenommenen Hindenburg von seinem Staatssekretär ein Brief aus Berlin überbracht wurde, worin der ostpreußische Junker Wilhelm Freiherr v. Gayl weitere Gründe nannte, die gegen Brünings Ostsiedlungspläne geltend zu machen seien, entschloß sich Hindenburg, seinen Kanzler fallenzulassen.

»Alles noch in Pfingststimmung«, hatte sich Goebbels schon einige Tage zuvor, von Schleicher genau informiert, für sein Tagebuch notiert, »nur bei Brüning scheint der Winter eingekehrt zu sein. Und das Komische ist dabei, daß er es selbst gar nicht merkt.«

Der Kanzler, dem der Reichstag gerade erst das Vertrauen ausgesprochen hatte und der sich dicht am Ziel, der Überwindung der Krise, der Arbeitslosigkeit und der politischen Unruhe, glaubte, erfuhr erst am 30. Mai, was die Junker, die Militärs und deren Freunde von der Schwerindustrie zusammen mit den Naziführern ausgeheckt hatten. Hindenburg, gerade aus Neudeck zurückgekehrt, forderte seinen Kanzler am Morgen dieses vorletzten Maitages 1932 »ganz kühl und brüsk« auf, den Reichskommissar Schlange-Schöningen sofort aus dem Kabinett zu entlassen und die Ostsiedlungspläne fallenzulassen. Als Brüning daraufhin den Rücktritt seines ganzen Kabinetts anbot, nahm der Reichspräsident ihn ohne Zögern an, verabschiedete Brüning frostig und ernannte zur allgemeinen Überraschung der Bevölkerung und der Politiker der bisherigen Regierungsparteien einen neuen Kanzler, einen Mann, von dem die Öffentlichkeit bis dahin noch nie etwas gehört hatte: Franz v. Papen.

Das war das Ende der Weimarer Demokratie – ohne Putsch, ohne Umsturz, ohne äußeren Zwang, gegen den erklärten Willen der großen Mehrheit des Volks und seines Parlaments hatte der fünfundachtzigjährige Reichspräsident und ehemalige kaiserliche Generalfeldmarschall dieses Ende herbeigeführt. Er, den wenige Wochen zuvor die Liberalen, das katholische Zentrum und die Sozialdemokraten gemeinsam auf den Schild gehoben und erneut zum Hüter der Verfassung bestellt hatten, war plötzlich offen ins Lager der Feinde der Republik übergegangen. Was bei Hindenburg den Ausschlag gegeben hatte, seine letzten Skrupel zu überwinden, liegt heute klar auf der Hand, obwohl sich die Hauptakteure der Intrige noch jahrzehntelang bemüht haben, die Wahrheit zu verschleiern:

In seinem Brief an Hindenburg, datiert auf den 24. Mai 1932, hatte v. Gayl dem Reichspräsidenten noch einmal eindringlich geschildert, wie entsetzlich das ostelbische Junkertum unter Brünings Siedlungsplänen leiden würde; sie bedeuteten ein »Abgleiten in den Staatssozialismus«, schrieb er und fügte hinzu: »Die Zermürbung der Seelen macht im Osten furchtbare Fortschritte. Sie wirkt allmählich auf die Widerstandskraft der Kreise, welche bisher Träger des nationalen Wehrwillens gegenüber Polen sind . . .«* Solchen Argumenten, vorgetragen von einem Standesgenossen aus dem Kreis derer, die ihm das Gut Neudeck geschenkt hatten, konnte und wollte sich Hindenburg nicht verschließen. Es ging ja augenscheinlich um die Erhaltung Preußens, dessen nach Meinung Hindenburgs tragende Schicht das in seiner Existenz bedrohte Junkertum war. Und so jagte er Brüning samt seinen »Agrarbolschewisten« davon und ernannte ein neues Kabinett, das zwar keine Reichstagsmehrheit hatte und auch nie finden würde, dafür aber ganz den Wünschen derer entsprach, denen Hindenburg vertraute.

Der neue Kanzler, Franz v. Papen, ehemaliger Husarenmajor, Herrenreiter, Mitglied des feudalen »Herrenclubs« und Schwiegersohn des saarländischen Keramikindustriellen v. Boch – Firma Villeroy & Boch –, verfügte über gute Beziehungen zur Reichswehrführung, zur Industrie und zum adligen Großgrundbesitz; zwar war er katholisch, aber die Zentrumspartei, deren rechter Flügelmann er gewesen war, hatte ihn sofort ausgeschlossen, als seine Ernennung zum Nachfolger Brünings bekannt wurde.

Neuer Innenminister wurde der Deutschnationale Wilhelm Freiherr v. Gayl, der beim Sturz Brünings so wacker mitgeholfen hatte. General v. Schleicher übernahm das seit dem Sturz seines langjährigen Förderers Groener verwaiste Reichswehrministerium; der Deutschnationale Magnus Freiherr v. Braun, Rittergutsbesitzer auf Neucken, Rappeln und Palpasch im Kreis Preußisch Eylau, wurde neuer Reichsminister für Ernährung und Landwirtschaft, zugleich Schlange-Schöningens Nachfolger als Reichskommissar für die Ostsiedlung, so daß das Junkertum nun aufatmen konnte, denn von diesem Standesgenossen waren keine »agrarbolschewistischen« Maßnahmen, hingegen neue Osthilfe-Subventionen zu erwarten.

Die weiteren Ressorts im Kabinett v. Papen übernahmen der reaktionärste Berufsdiplomat des Auswärtigen Amts, Konstantin Freiherr v. Neurath, als neuer Reichsaußenminister, Lutz Graf v. Schwerin-Krosigk als neuer Reichsfinanzminister, Paul Freiherr Eltz v. Rübenach als neuer Reichsminister für Post und Verkehr sowie zwei Bürgerliche: Dr. Hermann Warmbold, Vorstandsmitglied von IG-Farben, des größten deutschen Chemiekonzerns, wurde Wirtschafts-, der Deutschnationale Franz Gürtner Justizminister.

* Der volle Wortlaut des Briefs findet sich im Anhang. Die detaillierte Darstellung der von den Beteiligten unternommenen Versuche der Vertuschung oder Verschleierung des wahren Sachverhalts ist nachzulesen bei Bernt Engelmann, *Einig gegen Recht und Freiheit*, München, 1975, Seiten 208–220.

Die erste Maßnahme dieses »Kabinetts der Barone« war eine drastische Kürzung aller Sozialleistungen. Sodann hob sie das SA-Verbot wieder auf. Als nächstes folgte die Einführung von Steuern, die – wie die geplante Salzsteuer – vornehmlich die sozial Schwachen belastete. Aber da die Regierung v. Papen die überwältigende Mehrheit des Parlaments gegen sich hatte, veranlaßte sie Hindenburg, den Reichstag aufzulösen und am 31. Juli 1932 Neuwahlen abzuhalten. Doch zuvor führte Papen noch rasch einen Schlag gegen die verhaßte letzte »rote Bastion« im Reich und bewirkte damit ganz nebenbei, aber zwangsläufig etwas, das die Errichtung des »Dritten Reichs« erst ermöglichte: den Untergang des preußischen Staats und seiner Souveränität.

Den Anlaß dazu lieferte der Wahlkampf, der von der Nazi-Partei so provozierend geführt wurde, daß es immer häufiger zu Zusammenstößen und blutigen Straßenkämpfen kam. Allein in Preußen wurden in den ersten drei Juniwochen bei 461 Straßenschlachten 82 Menschen getötet und etwa 400 gefährlich verletzt. Bis Mitte Juli gab es nochmals 76 Tote und 350 Schwerverletzte. Und am 17. Juli 1932 trieb die SA von Hamburg und Schleswig-Holstein die Provokation auf die Spitze: Unter Polizeischutz veranstaltete sie einen »Demonstrationsmarsch« von 11 000 uniformierten SA- und SS-Leuten durch das damals noch preußische Altona, eine Hochburg der Sozialdemokraten und Kommunisten, die ihrerseits erwartungsgemäß die Herausforderung annahmen und den Braunhemden eine Straßenschlacht lieferten, bei der es insgesamt 19 Tote und 285 Schwerverletzte gab. Zwar gelang es den Altonaern, die Nazis aus ihrem Viertel zu vertreiben, und verstärkte Polizeikräfte verhinderten weitere Zusammenstöße solchen Ausmaßes, aber die Arrangeure des »Altonaer Blutsonntags« hatten ihr Ziel dennoch erreicht, weil die politischen Auswirkungen der Rechten, vor allem den Nazis, zugute kamen. Denn jede blutige Auseinandersetzung, gleich, wer der Angreifer war, vermehrte das Sicherheitsbedürfnis der Bürger und ihre Sehnsucht nach einem »starken Mann«, der für »Ruhe und Ordnung« sorgte. Deshalb konzentrierten die Nazis – im stillschweigenden Einvernehmen mit dem Reichswehrministerium – ihre Provokationen auf die »roten Hochburgen« des Freistaats Preußen. Neben dem Ziel, durch Terror die verängstigten Kleinbürger für Hitler zu gewinnen, diente diese Strategie der Demontage des Ansehens und der Autorität der letzten sozialdemokratisch geführten Landesregierung im Reich, des Kabinetts des preußischen Ministerpräsidenten Otto Braun und seines Innenministers Carl Severing.

Am 20. Juli 1932, elf Tage vor der Reichstagswahl, vollstreckte Papen den Willen der Nazis. An diesem Tage ließ er Severing und den – mit der Vertretung des erkrankten Ministerpräsidenten Braun beauftragten – katholischen Gewerkschafter und Minister für Volkswohlfahrt, Heinrich Hirtsiefer, in die Reichskanzlei kommen. Die beiden Vertreter der preußischen Regierung nahmen an, es handele sich um ihren Protest gegen die sozialen Härten der Papenschen Notverordnungen, doch zu ihrer Verblüffung war von etwas ganz anderem die Rede: Papen teilte ihnen mit, daß er von Hindenburg soeben eine weitere Notverordnung erwirkt habe. »Auf Grund des Artikels 48 Absätze 1 und 2 der Reichsverfassung« und »zur Wiederherstellung der öffentlichen Sicherheit und Ordnung im Gebiet des Landes Preußen« war Franz v. Papen vom Reichspräsidenten zum »Reichskommissar für das Land Preußen« bestellt und ermächtigt worden, »die Mitglieder des Preußischen Staatsministeriums ihres Amtes zu entheben«, »selbst die Dienstgeschäfte des Preußischen Ministerpräsidenten zu übernehmen und andere Personen als Kommissare des Reichs mit der Führung der Preußischen Ministerien zu betrauen«.

Als Papen seinen Besuchern dann erklärte, Innenminister Severing sei abgesetzt, der Essener Oberbürgermeister Bracht werde sogleich die Leitung der Geschäfte übernehmen, antwortete Carl Severing, dies sei ein illegaler Akt, und er werde nur der Gewalt weichen. Doch Papen ließ sich weder davon noch von Minister Hirtsiefers Protesten beeindrucken, denn er hatte für diesen Fall auf Anraten seines Freundes, des Generals v. Schleicher, eine zweite Notverordnung Hindenburgs zur Hand: Damit wurde in Groß-Berlin und in der Provinz Brandenburg die vollziehende Gewalt auf den Militärbefehlshaber General Gerd v. Rundstedt, den späteren Feldmarschall Hitlers, übertragen. Diesem war damit auch die gesamte Schutzpolizei unterstellt. Zudem sah die Notverordnung »bis auf weiteres« die Außerkraftsetzung einer Vielzahl von Verfassungsgarantien vor; »es sind daher Beschränkungen der persönlichen Freiheit, des Rechts der freien Meinungsäußerung einschließlich der Pressefreiheit, des Vereins- und Versammlungsrechts, Eingriffe in das Brief-, Post-, Telegraphen- und Fernsprechgeheimnis, Anordnungen von Haussuchungen und von Beschlagnahmungen sowie Beschränkungen des Eigentums auch außerhalb der sonst hierfür bestimmten gesetzlichen Grenzen zulässig«.

Ohne von dieser Verhängung des Ausnahmezustands über Berlin und die Provinz Brandenburg unterrichtet zu sein, begab sich Severing nach der kurzen Unterredung mit Papen zurück in sein Ministerium. Doch kurze Zeit später erschien dort der neue »Reichskommissar« Franz Bracht, ein Mann des rechten Zentrums, der, als Severing sich weigerte, sein Arbeitszimmer freiwillig zu verlassen, zwei aus Essen mitgebrachte Polizeioffiziere hereinrief, woraufhin sich der verfassungsmäßige preußische Minister des Innern »der Gewalt beugte« und in seine Privatwohnung zurückzog.

Inzwischen hatte General v. Rundstedt den Berliner Polizeipräsidenten Albert Grzesinki seines Amtes enthoben und samt seinen wichtigsten Mitarbeitern in Haft nehmen lassen. Albert Grzesinski, nur am Rande sei es vermerkt, war der Sicherheitsexperte der Sozialdemokraten. Der 1879 in Treptow an der Tollense geborene Metallarbeiter, seit 1906 Gewerkschaftssekretär, war 1919 als Unterstaatssekretär ins Kriegsministerium berufen und mit der Leitung der Abteilung »Innere Sicherheit« betraut worden. Von 1921 bis 1924 stand er an der Spitze des preußischen Landespolizeiamts, 1925 wurde er Polizeipräsident von Groß-Berlin, dann bis 1930, weil Carl Severing Reichsinnenminister geworden war, preußischer Innenminister. Anschließend kehrte Grzesinski, der 1933 den Nazis gerade noch entrinnen, ins Ausland flüchten konnte und 1947 im amerikanischen Exil verstarb, nochmals auf den exponierten Posten des Berliner Polizeipräsidenten zurück. Er gehörte zu den von den Nazis am heftigsten angegriffenen Sozialdemokraten und war in den Jahren seiner Amtszeit redlich bemüht um eine Demokratisierung der preußischen Polizei.

Die von ihm aufgebauten Berliner Schutz- und preußischen Landespolizeiverbände standen am 20. Juli 1932, dem Tag des endgültigen Untergangs der preußischen Souveränität, in ihrer großen Mehrheit noch treu zur legalen, sozialdemokratisch geführten Staatsregierung. Doch weder war diese preußische Polizei auf eine bewaffnete Auseinandersetzung mit der Reichswehr vorbereitet noch hätte sie sich, angesichts der ihr fehlenden schweren Waffen, auf einen solchen Kampf einlassen können. Die Regierung hatte stets nur mit Volksaufständen gerechnet, allenfalls mit Putschversuchen der ultrarechten Kampfverbände. Auch für eine Aufstellung von Arbeiterwehren und deren militärische Ausrüstung fehlte es an Waffen und Gerät, denn alle geheimen Bestände hütete die Reichswehr, auf deren Loyalität die sozialdemokratischen Führer sich fest verlassen zu können glaubten.

So wäre der preußischen Staatsregierung als wirksames Mittel zur Erhaltung ihrer verfassungsmäßigen Rechte nur ein Aufruf zum Generalstreik übriggeblieben. Doch sie fürchtete das Chaos, das daraus hätte entstehen können, mehr als den endgültigen Verlust der Macht, und darin wurde sie unterstützt vom Vorstand der Sozialdemokratischen Partei, der sogleich zu »Besonnenheit« sowie zur Verstärkung der Wahlkampfanstrengungen aufrief. »Strengste Disziplin ist mehr denn je geboten. Wilden Parolen von unbefugter Seite ist Widerstand zu leisten!« hieß es darin.

Der »Aufruf der gewerkschaftlichen Spitzenkörperschaften« vom selben Tag war ganz ähnlich gehalten: »Die neuesten politischen Vorgänge haben die deutschen Arbeiter, Angestellten und Beamten in große Erregung versetzt. Sie müssen trotzdem ihre Besonnenheit bewahren. Noch ist die Lage in Preußen nicht endgültig entschieden. Der Staatsgerichtshof ist angerufen ... Die vorbildliche Disziplin der deutschen Arbeiter, Angestellten und Beamten ist auch in diesen schweren Tagen unter allen Umständen aufrechtzuerhalten.«

Es war nicht zuletzt diese »vorbildliche Disziplin«, diese höchste preußische Tugend, die dafür sorgte, daß sich die Lage in Preußen und bald auch im ganzen Deutschen Reich eben doch »endgültig entschieden« hatte. Doch die sozialdemokratische Führung merkte es nicht. Bezeichnend für ihre Sicht der Dinge ist ein Brief des abgesetzten preußischen Ministerpräsidenten Otto Braun vom 29. August 1932 an den Bevollmächtigten Preußens beim Reichsrat, Arnold Brecht, worin nicht etwa der Staatsstreich als solcher, sondern nur die Art und Weise der Absetzung der legalen Regierung Preußens gerügt wird. »Ich komme hier erst langsam über die Bitterkeit hinweg, die mich über die Art der Amtsenthebung und ihrer Begründung erfüllt«, teilte der Ex-Ministerpräsident aus seinem Krankheitsurlaub mit. »Über zehn Jahre habe ich ... die Reichspolitik ohne Rücksicht auf die Zusammensetzung der Reichsregierung gestützt, oft auch unter Schädigung der Werbekraft meiner Partei ...«, beispielsweise als seine Regierung mit dem Hause Hohenzollern dem Reichspräsidenten v. Hindenburg zuliebe 1926 einen Vergleich mit dem Hause Hohenzollern schloß, durch den das ehemalige preußische Königshaus eine Barabfindung von 15 Millionen Reichsmark sowie Grundbesitz im – sehr niedrig geschätzten – Wert von 500 Millionen Reichsmark erhielt. »Und nun wegen Nichterfüllung der Pflichten gegen das Reich«, heißt es weiter in diesem Brief Otto Brauns, »wie ein Dienstbote, der gestohlen hat, ... aus dem Amte gejagt zu werden, ist reichlich bitter. Um so mehr, als es auf Anordnung eines Mannes geschieht, ... der (mir) nicht zuletzt seine Wiederwahl zum Reichspräsidenten verdankt!«

Auch Otto Braun klammerte sich an die Hoffnung, daß der von ihm angerufene Staatsgerichtshof zugunsten seiner legalen preußischen Regierung entscheiden würde, doch diese Hoffnung trog. Zwar entschieden die Richter am 25. Oktober 1932, daß der Regierung Braun weiterhin gewisse staatliche Hoheitsrechte zuständen, im wesentlichen die Vertretung des Freistaats im – politisch fast bedeutungslosen – Reichsrat; aber gleichzeitig erklärten sie die Einsetzung des Reichskommissars in die Befugnisse des preußischen Ministerpräsidenten sowie alle von diesem getroffenen Maßnahmen für rechtens, so die Ersetzung nahezu aller hohen preußischen Beamten sozialdemokratischer Parteizugehörigkeit durch stramme Konservative und Reaktionäre.

Schon wenige Wochen nach diesem Staatsgerichtsurteil, am 17. November 1932, mußte v. Papen, nun ebenfalls von seinem Intimus, dem General v. Schleicher, im Stich gelassen, als Reichskanzler und damit auch als Reichskommissar für Preußen zurücktreten. Beide Ämter übernahm – unter Beibehaltung der Leitung des Reichswehrministeriums und Belassung fast aller Minister des »Kabinetts der Barone« auf ihren Posten – am 3. Dezember der ehrgeizige General selbst. Zwar hatten die führenden Vertreter der deutschen Industrie und Bankwelt sowie Eberhard Graf v. Kalckreuth als Repräsentant des Junkertums in einer gemeinsamen Eingabe an den Reichspräsidenten gefordert, nun endlich Adolf Hitler zum Reichskanzler zu ernennen, aber Hindenburg gab dem General v. Schleicher den Vorzug, was auf die Einflüsterungen dreier Gruppen zurückzuführen war, die aus sehr unterschiedlichen Gründen lieber den General als den demagogischen Emporkömmling Hitler als neuen Regierungschef sehen wollten.

Die eine Gruppe waren Unternehmer aus dem Bereich der Chemie-, Elektro- und Exportindustrie sowie einige stockkonservative Industrielle unter Führung von Gustav Krupp v. Bohlen und Halbach; sie befürchteten von einer Nazi-Diktatur Exportausfälle und die Kündigung der Auslandskredite. Die zweite Gruppe umfaßte einen Teil der Generalität, der große Hoffnungen auf den geheimen Plan v. Schleichers setzte, die Nazipartei zu spalten, ihren »honorigen« Flügel unter Führung des NSDAP-Reichsorganisationsleiters Gregor Strasser an der Regierung zu beteiligen, dem hitlertreuen Rest durch Verbot, Auflösung und notfalls Reichswehr-Einsatz den Garaus zu machen und nach demselben Rezept auch die Linke zu spalten. Von dieser sollten die – schon weitgehend dazu bereiten – Gewerkschaftsführer samt der rechten Sozialdemokratie zur Unterstützung einer »sozialen Militärdiktatur« gewonnen, der nicht integrationswillige Rest der SPD ebenso »ausgeschaltet« werden wie die Kommunisten.

Die dritte Kraft, die die Ernennung Schleichers zum Reichskanzler bewirkte, waren Franz v. Papen und ein paar seiner Freunde in der Umgebung Hindenburgs. Papen wollte allerdings seinen »Freund und Nachfolger«, wie er ihn nannte, nur deshalb Kanzler werden lassen, weil er an Schleicher Rache zu nehmen und ihn sogleich wieder zu stürzen gedachte, und dazu war ihm jedes Mittel recht.

Die Verwirklichung von Schleichers kühnem Plan ließ sich zunächst besser an, als seine heimlichen Gegner, vor allem v. Papen, für möglich gehalten hatten. Hitlers NSDAP war durch erhebliche Stimmenverluste bei den Novemberwahlen zum Reichstag sowie bei den Landtagswahlen in Thüringen am 3. Dezember 1932 überraschend geschwächt worden, hatte drückende Geldsorgen und drohte durch innere Streitigkeiten auseinanderzubrechen. Gregor Strassers Abfall von Hitler, der Anfang Dezember gemeldet wurde, war ein weiterer schwerer Schlag für die Nazis.

Auch auf dem linken Flügel des politischen Spektrums ließen sich Schleichers Pläne gut an; es gab bereits deutliche Anzeichen dafür, daß sich die Führung des Allgemeinen Deutschen Gewerkschaftsbundes von der SPD zu lösen begann in der – wie sich dann zeigte begründeten – Hoffnung, daß der neue Reichskanzler die Tarifgebundenheit der Löhne und Gehälter, die sein Vorgänger v. Papen abgeschafft hatte, zum Dank für die Trennung von der Sozialdemokratie wiederherstellen würde.

Aber dann beging General v. Schleicher einen für ihn verhängnisvollen Fehler nach dem anderen: Mitte Dezember 1932 ließ er ankündigen, daß er eine Million Morgen Land im ostelbischen Preußen zu parzellieren und an siedlungswillige Arbeitslose verteilen lassen wolle. Dadurch machte er die Junker zu seinen erbittertsten Gegnern, und v. Papen sorgte dafür, daß Hindenburg von diesem geplanten »neuerlichen Angriff« auf die »zermürbten Seelen« der preußischen Rittergutsbesitzer unverzüglich unterrichtet wurde.

Zu Weihnachten erfuhr v. Papen, daß General v. Schleicher noch einen viel schlimmeren, weil irreparablen Fehler begangen hatte: Ein peinlicher Skandal, der den ganzen ostelbischen Großgrundbesitz betraf, war von der Reichsregierung nicht rechtzeitig vertuscht worden!

Es handelte sich um unrechtmäßige Bereicherung in Höhe von -zig Millionen Reichsmark. Einige wenige adlige Großgrundbesitzer hatten etwa ebensoviel an Osthilfe erhalten wie Zehntausende von Kleinbetrieben. Steinreiche Großagrarier, darunter Angehörige des ehemaligen Kaiserhauses und andere Hindenburg nahestehende Persönlichkeiten, hatten sich, ohne die gesetzlichen Voraussetzungen auch nur im entferntesten zu erfüllen, um einen fetten Anteil an den Osthilfe-Millionen bemüht und, wie es schien, nicht vergebens. Auch Elard v. Oldenburg-Januschau, Hindenburgs Freund und Nachbar, gehörte zu den Nutznießern; ihm, einem der reichsten Junker, waren 620000 Reichsmark »Sanierungsmittel« zuteil geworden, die er »zweckentfremdet«, nämlich zum Ankauf weiterer Güter, benutzt hatte. Schließlich, so munkelte man im Haushaltsausschuß des Reichstags, schien auch bei den Hindenburgs nicht alles mit rechten Dingen zugegangen zu sein, denn auch ihrem Gut Neudeck war Osthilfe gewährt worden.

Papen beobachtete mit heimlicher Freude, wie sich nun auch das ostelbische Junkertum wutschnaubend in die Anti-Schleicher-Front einreihte, und sogleich begann er, Fühler zu Hitler auszustrecken. Es kam zu dem geheimen Treffen am 4. Januar 1933 in der Kölner Villa des Bankiers Kurt Freiherr v. Schröder, wo Papen mit Hitler unter vier Augen eine gemeinsame Regierung verabredete; der Nazi-Partei floß kurz darauf wieder viel Geld zu, und die Vorbereitungen zum Sturz Schleichers näherten sich ihrem Abschluß.

Am 12. Januar eröffnete Graf Eberhard v. Kalckreuth, Gutsherr auf Ober- und Niedersiegersdorf und Oberzyrus, als Anführer der Junker den Angriff auf das »bolschewistische Agrarprogramm« der Regierung Schleicher. Hindenburg reagierte sofort und wies Schleicher scharf zurecht, aber der General, in Intrigen erfahrener als Brüning, drohte prompt mit der Veröffentlichung der geheimen Osthilfe-Akten, und sofort verstummte die Kritik aus dem Hause Hindenburg. Noch am 15. Januar 1933 meinte der listenreiche Schleicher in einem Gespräch mit dem österreichischen Politiker Kurt v. Schuschnigg, »Herr Hitler sei kein Problem mehr«; er werde in Kürze die »salonfähigen« Nazis in seine Regierung aufnehmen, ebenso einige rechte Gewerkschafter und Sozialdemokraten, zum Beispiel Gustav Noske, den einzigen noch amtierenden preußischen Oberpräsidenten aus den Reihen der SPD.

Doch am 22. Januar 1933 holte die Anti-Schleicher-Front zu einem neuen Schlag aus. Bei einem geheimen Treffen, diesmal in Berlin-Dahlem, im Hause des späteren Außenministers Joachim v. Ribbentrop, nahm Hitler den von Hindenburgs Staatssekretär Otto Meißner mitgebrachten Präsidentensohn Oskar beiseite und führte mit ihm ein etwa einstündiges

Gespräch unter vier Augen. »Was Hitler dem Präsidentensohn sagte, der nicht gerade als heller Kopf oder starker Charakter galt, ist niemals herausgekommen«, heißt es hierzu bei William L. Shirer, dem Chronisten des Dritten Reiches. »In NS-Kreisen nahm man allgemein an, daß Hitler sowohl mit Angeboten wie mit Drohungen arbeitete, im Falle der letzteren mit der Andeutung, Oskars Rolle im Osthilfe-Skandal sowie die Steuerhinterziehung von Gut Neudeck zu enthüllen. Über die Angebote lassen sich nur Vermutungen anstellen aufgrund der Tatsache, daß dem Hindenburgschen Besitz einige Monate später fünftausend Morgen steuerfreies Land zugeschlagen wurden und daß Oskar im August 1934 vom Oberst zum Generalmajor befördert wurde.«

Jedenfalls war Oskar v. Hindenburg nach dem Treffen außergewöhnlich still. Zu Meißner sagte er nur, nun helfe alles nichts mehr – die Hitlerleute müßten in die Regierung aufgenommen werden. Acht Tage später war es dann soweit; am 30. Januar 1933 ernannte Hindenburg ohne rechte Freude und nachdem er zuvor noch einmal mit seinem Sohn Oskar gesprochen hatte, Adolf Hitler zum Reichskanzler. Der letzte Riegel, der ihm und seinen Anhängern den Weg an die Macht noch versperrt hatte, nämlich die Abneigung Hindenburgs gegen den Emporkömmling aus Braunau, war zerbrochen am skrupellosen Gruppenegoismus preußischer Junker, die um ihr Renommee, ihre Pfründe und ihren Einfluß bangten.

Neuer Reichskommissar für Preußen wurde am 30. Januar 1933 der nunmehrige Vizekanzler im Kabinett Hitler, Franz v. Papen; mit Notverordnung vom 6. Februar wurden ihm auch noch die letzten, vom Staatsgerichtshof der legalen Regierung Braun zugesprochenen Hoheitsrechte übertragen. Damit schien gewährleistet, daß mindestens in Preußen kein Parvenü, sondern ein monarchistisch gesinnter Herr von Adel die Macht ausüben würde. Doch die einmal in Gang gesetzte Entwicklung war nun nicht mehr aufzuhalten; schon wenige Wochen später, am 7. April 1933, machte das Zweite Gleichschaltungsgesetz dem Papenschen Reichskommissariat ebenso ein Ende wie der preußischen Selbständigkeit. Hitler selbst übernahm die Reichsstatthalterschaft für Preußen und bestellte seinerseits den ehemaligen Fliegerhauptmann Hermann Göring aus Rosenheim in Oberbayern zum preußischen Ministerpräsidenten; doch das war nur noch ein leerer Titel. Die preußischen Beamten übten ihre Hoheitsrechte nur noch im Namen des Reichs und auf Weisung der zuständigen Reichsminister aus; die preußischen Ministerien wurden eines nach dem anderen aufgelöst und den entsprechenden Reichsministerien eingegliedert, mit der einzigen Ausnahme des Finanzministeriums. Auch der preußische Landtag verschwand von der Bildfläche.

Der tiefere Grund dieser und vieler anderer Maßnahmen war, daß Hitler und seine Satrapen dem Preußentum instinktiv mißtrauten; es war ihnen gänzlich fremd, unheimlich und daher äußerst suspekt. Einiges davon, insbesondere der Militarismus, schien gut verwendbar, anderes, beispielsweise die Toleranz, war den Nazis ein Greuel wie überhaupt alles, was mit der inneren Dialektik dieses Gemeinwesens zusammenhing.

Zwar beschwor die Naziführung noch ein letztes Mal, am 21. März 1933, sieben Wochen nach der Machtübernahme und aus Anlaß der Eröffnung des unter Mißachtung aller Grundsätze der Demokratie neugewählten Reichstags, den »Geist von Potsdam« – mit feierlichem Gottesdienst in der Garnisonkirche, mit dem zu »Treu' und Redlichkeit« mahnenden Glokkenspiel, mit tiefer Verbeugung am Grab Friedrichs II., glanzvoller Parade und allen alten Fahnen traditionsreicher Regimenter. Aber dieses Schauspiel diente nur dazu, die historische Blöße und Wurzellosigkeit der neuen Herrscher zu verhüllen. Sie liehen sich für einen Tag, was nur die *eine* Seite preußischer Tradition ausmachte. Was die andere Seite betraf, so hatte man schon damit begonnen, deren Vertreter, soweit sie nicht bereits ins Ausland geflohen waren, in die Folterkeller der SA und in die neuen Konzentrationslager der SS zu verschleppen.

Nein, der »Tag von Potsdam« war kein Neubeginn, keine Auferstehung des alten Preußen; es war die letzte Verhöhnung eines längst untergegangenen Staates. Es war – um ein abwechselnd Karl Kraus und Ernst Niekisch zugeschriebenes, auf Hitler gemünztes Bonmot zu verwenden, das nur auf den ersten Blick als oberflächliche Geistreichelei gelten kann – »Österreichs Rache für Königgrätz«. Über diesen Witz lohnt es sich nachzudenken.

Nicht nur Adolf Hitler selbst entstammte dem Kleinbürgertum der habsburgischen Monarchie. Auch sein wüster, mörderischer, alle Grenzen der Vernunft weit hinter sich lassender Judenhaß, diese *idée fixe* seiner Heilslehre, der alles andere untergeordnet wurde, hatte keine deutschen, schon gar keine preußischen Wurzeln. Es war der dumpfe, pogromlüsterne Antisemitismus der k.u.k. österreichisch-ungarischen Provinz. Und von dorther, aus den Amtsstuben deutschsprachiger Subalternbeamter, stammt auch die hirnrissige Theorie von der Überlegenheit des nordisch-germanischen Edelherrenmenschen über das slawische und alles übrige Untermenschentum.

Wolfgang Venohr hat über Hitler geschrieben: »Wenn jemand von der tiefsten Wurzel her antipreußisch war, dann war er es. Man lese daraufhin noch einmal Hitlers ›Tischgespräche‹ nach, und man wird finden, daß seine Vorstellungs- und Ideenwelt, die ein unbegreifliches Gemisch von nordisch-mittelalterlichem Mystizismus und plattem Darwinismus plus Technik und Motorisierung enthält, um Äonen von Preußen und preußisch-hugenottischer Ratio entfernt war. Nichts verband ihn in Wahrheit mit der preußischen Tradition . . .« Er hat vergessen, hinzuzufügen: Auch alle anderen Naziführer, mit verschwindend geringen Ausnahmen, hatten keinerlei Bindungen an die preußische Tradition. Von den fünfhundert ranghöchsten Parteifunktionären, SS-Führern und in hohe Staatsämter aufgerückten »Alten Kämpfern« stammten, wie eine Untersuchung ergeben hat, allenfalls 17, also nur 3,4 Prozent, aus Preußen, während es nach dem Bevölkerungsanteil Preußens am Deutschen Reich 328, also fast zwei Drittel, hätten sein können. Hingegen war Bayern als Herkunftsland führender Nazis weit überrepräsentiert; nicht nur Hermann Göring, Heinrich Himmler und Wilhelm Frick stammten aus dem ehemaligen Königreich, sondern auch der SA-Stabschef Ernst Röhm, der Freikorpsführer und spätere Reichsstatthalter Franz Ritter v. Epp, Gregor Strasser, der Gestapo-Chef Heinrich Müller, der Reichsschatzmeister Franz Xaver Schwarz, der »Frankenführer« und *Stürmer*-Herausgeber Julius Streicher, der NSKK-Chef Adolf Hühnlein, der Reichspressekammerpräsident Max Amann oder der »Führerkanzlei«-Chef Philipp Bouhler sowie rund zwei Dutzend der ranghöchsten SS-Führer. Eine relativ noch größere Anzahl prominenter Nazis stammte aus dem ehemaligen Kaiserreich Österreich-Ungarn, so der SD-Chef Ernst Kaltenbrunner, der Reichsminister Artur Seiß-Inquart, der SS-Kommandoführer Otto Skorzeny, der Staatsminister in Böhmen und Mähren Karl Hermann Frank, der SS-Obergruppenführer Konrad Henlein sowie die wichtigsten Mitarbeiter Adolf Eichmanns bei der sogenannten »Endlösung«, dem millionenfachen Mord an den Juden Europas.

Sodann waren eine ganze Reihe führender Nazis Auslandsdeutsche, so Rudolf Hess aus Alexandria, Walter Darré aus Argentinien, Alfred Rosenberg aus Reval oder die beiden aus Polen stammenden Professoren-Brüder Ernst und Heinrich Seraphim. Nicht wenige waren Elsässer, so der geisteskranke Kommandeur der Konzentrationslager Theodor Eicke. Aber richtige Preußen, zumal solche, die sich zu ihrem Preußentum bekannten, waren verblüffend wenige darunter. Von der obersten Führung hatte nur einer, der rheinische Jesuitenzögling Dr. Josef Goebbels aus Rheydt, gelegentlich das Bedürfnis, die Tugenden des Preußentums herauszustellen, wenn es ihm gerade in sein propagandistisches Konzept paßte.

Ansonsten war die preußische Tradition vergessen. Es ist gewiß kein Zufall, daß die zahlreichen Divisionen der Waffen-SS entweder Namen aus der Partei- oder aus der mittelalterlichen Reichsgeschichte trugen, daß sie »Horst Wessel«, »30. Januar« oder auch »Hohenstaufen« oder »Florian Geyer« hießen, mitunter auch »Thule«, »Wiking« oder gar »Prinz Eugen«. Aber keine trug einen Namen aus der preußischen Geschichte. Denn vergessen war, was selbst ein Junker wie Yorck 1813 beim Ausmarsch aus Berlin seinen Soldaten eingeschärft hatte, nämlich daß »ein edles, menschliches Betragen selbst gegen den Feind« etwas Höheres als Tapferkeit, Ausdauer und Manneszucht sei; was Marschall Blücher beim Einzug in Paris am 7. Juli 1815 befohlen hatte: »Ich erwarte, daß sich die Armee nicht durch Übermut entehren, sondern auch als Sieger menschlich und bescheiden betragen werde!«

Freilich – wie Wolfgang Venohr es formuliert hat – »das Offizierkorps hat es Hitler sehr leicht gemacht, die Traditionen Preußens zu mißbrauchen. Seit 1918 ohne Monarchen, der ihm häufig einen Dienst am Staate abverlangt hatte, der keineswegs automatisch mit den feudalen Klasseninteressen konform ging, ließ es sich vom bourgeoisen Schreckgespenst des Sozialismus düpieren und degradierte sich selbst zu einem Werkzeug einer antipreußischen Bewegung«.

Der 20. Juli 1944 hat wenigstens einiges von der Blutschuld getilgt, die das deutsche Offizierskorps auf sich geladen hat, als es auch den viehischsten Massenmord duldete, ohne aufzubegehren. Es war der sehr verspätete, aus letzter Verzweiflung über die verlorene Ehre und den sich schon abzeichnenden Ruin des Vaterlands unternommene Aufstandsversuch von Offizieren, die gelernt hatten, jeden Befehl widerspruchslos auszuführen, die nicht mehr wußten, um wieviel besser es war, »Ungnade zu wählen, wo Gehorsam keine Ehre einbrachte«.

Ein letztes Mal tauchten nach dem gescheiterten Versuch, Hitler und sein verbrecherisches Regime zu beseitigen, in der Öffentlichkeit allerlei Namen aus der preußischen Geschichte auf: Moltke, Kleist, Yorck, Schulenburg, Witzleben, Tresckow, um nur einige zu nennen. Auch der Name Stauffenbergs, der ein Urenkel Gneisenaus war, gehörte dazu. Aber diesmal standen diese preußischen Geschlechternamen auf Exekutionslisten oder auf Papptafeln, die man den an Fleischerhaken Erhängten angeheftet hatte, damit Hitler, der die Hinrichtungen hatte filmen lassen und sich die Aufnahmen dann begierig ansah, seine Opfer identifizieren konnte. Und das Organ der SS, *Das schwarze Korps*, nannte nun ohne Scheu den wahren inneren Feind des Naziregimes: Preußen.

Doch lange bevor es eine Offiziersverschwörung gegen Hitler gab, ja, lange bevor auch nur einer der Militärs des 20. Juli 1944 daran dachte, dem braunen Schreckensregiment den Gehorsam zu verweigern, gab es einen heroischen Widerstand, und viele dessen bester Vertreter waren ebenfalls Preußen. Hier sei an Carl v. Ossietzky erinnert, der am 10. Mai 1932, nachdem Hindenburg seine Begnadigung abgelehnt hatte, seine Gefängnisstrafe antrat, obwohl er ins Ausland hätte fliehen können. »Ich gehe nicht aus Gründen der Loyalität ins Gefängnis«, schrieb er in einem am selben Tag in der *Weltbühne* veröffentlichten Leitartikel, »sondern weil ich als Eingesperrter am unbequemsten bin. Ich beuge mich nicht der in roten Sammet gehüllten Majestät des Reichsgerichts, sondern bleibe als Insasse einer preußischen Strafanstalt eine lebendige Demonstration gegen ein höchstinstanzliches Urteil, das in der Sache politisch tendenziös erscheint und als juristische Arbeit reichlich windschief.«

Kurz vor Weihnachten 1932 kam Ossietzky aufgrund einer allgemeinen Amnestie für politische Straftaten wieder frei. Doch auch nach dem 30. Januar 1933 ließ er alle Chancen zur Flucht ins Ausland ungenutzt. Am 26. Februar erhielt er noch einmal den dringenden Rat, schleunigst abzureisen; er winkte ab. Am 28. Februar früh morgens wurde er verhaftet, einer von Zehntausenden, die nun die Hölle der Konzentrationslager erlebten. Als Carl v. Ossietzky Ende 1936, nach vierjährigen entsetzlichen Leiden in Zuchthäusern und Moorlagern, der Friedensnobelpreis zugesprochen wurde, ließ Göring den Häftling zu sich kommen; er wollte ihn dazu bewegen, auf die die Nazis empörende Auszeichnung zu verzichten. Doch Ossietzky, obwohl körperlich schon fast am Ende, weigerte sich standhaft. Als todkranker Mann kam er 1936 – es war das Jahr der Olympischen Spiele in Berlin, und man wollte vor dem Ausland einen guten Eindruck machen – aus dem KZ Esterwegen ins Staatskrankenhaus der Polizei in Berlin; dort starb er, da er sich von den Leiden seiner Haft nicht mehr erholen konnte, am 4. Mai 1938; bis zum letzten Atemzug blieb er seiner Überzeugung treu.

Fünfeinhalb Jahre nach Ossietzkys Tod ereignete sich in Berlin der einzige Fall massenhaften Widerstands gegen die Verbrechen der Nazis, den es während der zwölfjährigen Hitlerherrschaft in Deutschland gegeben hat. Wie beinahe alles, was mit dieser finstersten Periode der deutschen Geschichte zu tun hat, ist auch dieses Ereignis aus dem Gedächtnis der Nation ausgelöscht, so wie sich schon damals die meisten Deutschen bemüht haben, sofort wieder zu vergessen, was sie an Schrecklichem gesehen hatten, sofern sie überhaupt so mutig gewesen waren, die Augen nicht zu verschließen vor dem, was vor sich ging und was insbesondere ihren jüdischen Nachbarn angetan wurde.

»Aber einmal«, so berichtet Georg Zivier im Jahre 1945, »hätte der Blick des gesamten Volkes sich auf das Schicksal der Geächteten lenken müssen. Das war an einem grauen Tage des Jahres 1943. Die Gestapo hatte sich zu einer Großaktion entschlossen. An den Portalen der Industriebetriebe hielten die Kolonnen der zeltplanverdeckten Lastwagen. Sie hielten auch vor vielen Privathäusern. Einen ganzen Tag lang sah man sie in den Straßen fahren, von SS mit Karabinern dicht eskortiert . . . An diesem Tag wurden sämtliche (noch) in Deutschland lebende Juden verhaftet und zunächst in Massenlager gebracht«, auch die sogenannten »Privilegierten«, weil »arisch Versippten«, das hieß: mit einem »Arier« oder einer »Arierin« Verheiratete. »Die Geheime Staatspolizei hatte aus den riesigen Sammellagern«, heißt es weiter in Ziviers Bericht, ». . . die ›arisch Versippten‹ aussortiert und in einen Sondergewahrsam in der Rosenstraße bringen lassen. Es lag völlig im unklaren, was mit ihnen geschehen würde. Da griffen die Frauen ein. Bereits in den Morgenstunden des nächsten Tages hatten sie den Aufenthalt ihrer Männer aufgespürt, und wie auf Verabredung, wie auf einen Ruf hin erschienen sie in Massen vor dem improvisierten Gefängnis. Vergeblich bemühten sich die Beamten der Schutzpolizei, die Demonstrantinnen, etwa sechstausend, abzudrängen und auseinanderzubringen. Immer wieder sammelten sie sich, drängten vor, riefen nach ihren Männern, die sich, strengen Verboten zum Trotz, an den Fenstern zeigten, und forderten Freilassung. Die Pflichten des Arbeitstages« – es war ja mitten im Krieg, und die meisten Frauen arbeiteten in den Rüstungsbetrieben – »unterbrachen die Kundgebungen für Stunden. Aber am Nachmittag war der Platz wieder dicht übersät, und die anklägerischen, fordernden Rufe der Frauen wuchsen mächtig über den Lärm der Straße empor . . . Das Hauptquartier der Gestapo lag in der Burgstraße, unweit des Platzes der Demonstrationen. Ein paar Maschinengewehre hätten die Frauen davonfegen können, aber die SS schoß nicht, diesmal nicht. Erschreckt über einen Vorfall, der in der Epoche des Dritten Reiches nicht seinesgleichen hatte, ließ die Burgstraße sich auf Verhandlungen ein. Man beschwichtigte, machte Zusicherungen und gab die Männer schließlich frei.« Die Berlinerinnen, die in den bitteren zwölf Jahren der Nazidiktatur zu ihren jüdischen Männern hielten, hatten die Gestapo besiegt. »Indem sie jede Furcht vergaßen, sich durch Demütigungen und Terror nicht beugen ließen, wurden sie zu Lebensrettern ihrer Männer und ihrer Kinder.« Einer der damals aus dem Gefängnis befreiten, vor dem Abtransport in die Gaskammern geretteten Berliner Juden war Heinz Ullstein. Er fügte dem Bericht Georg Ziviers eine Nachbemerkung an: »Unter den Frauen, die dort auf- und abmarschierten und Sprechchöre bildeten, war auch die meine. Es konnte gar nicht anders sein.«

Ein Nachbar von Heinz Ullstein im Villenvorort Dahlem sagte später über die Jahre der Nazidiktatur: »Als sie die Kommunisten holten, habe ich geschwiegen, denn ich war kein Kommunist. Als sie die Sozialdemokraten holten, habe ich geschwiegen, denn ich war kein Sozialdemokrat. Als sie die Juden holten, habe ich geschwiegen, denn ich saß bereits im Konzentrationslager. Und als sie meine Freunde und mich geholt hatten, war niemand mehr da, der hätte protestieren wollen und können.«

Martin Niemöller, von dem diese schlichte Feststellung stammt, war ebenfalls Preuße. Er wurde 1892 in Lippstadt, das seit 1614 zu Brandenburg gehörte, als Sohn eines monarchistisch gesinnten preußischen Pfarrers geboren, ging nach der Schulzeit zur Kriegsmarine und wurde im Ersten Weltkrieg Kapitänleutnant und Kommandant eines Unterseeboots. Nach dem Kriege studierte er Theologie, nahm als Freikorpsführer an den Kämpfen im Ruhrgebiet teil und erhielt 1931 eine Pfarrstelle in Berlin-Dahlem. Schon bald nach der Machtübernahme durch die Nazis schloß er sich der oppositionellen »Bekennenden Kirche« an, und am 1. Juli 1937 predigte er erstmals öffentlich gegen das antichristliche Hitlerregime.

Es gehörte schon der Mut eines Johann Jacoby oder eines Carl v. Ossietzky dazu, im Berlin des Jahres 1937 öffentlich Widerstand zu leisten. Pfarrer Niemöller wurde schon bald verhaftet und blieb Gefangener der Nazis, zuletzt im Konzentrationslager Dachau, bis zum 30. April 1945, als ihn deutsche Soldaten vor der Ermordung durch die SS bewahrten.

Wie ihn hat es viele, weniger prominente Preußen gegeben, die den Nazis von Anfang an mutig Widerstand leisteten, im vollen Bewußtsein der Gefahr für Leib und Leben, die sie dabei auf sich nahmen. Stellvertretend für sie alle sei noch einer genannt: Ernst Niekisch.

Dieser Preuße *par excellence*, von dem bereits kurz die Rede war im Zusammenhang mit dem preußischen Anteil an der Verteidigung Münchens gegen die Übermacht konterrevolutionärer Truppen, ist von der Geschichtsschreibung kaum beachtet worden und der überwältigenden Mehrheit der Deutschen ein Unbekannter. Von den bundesdeutschen Publizisten hat sich allein Sebastian Haffner seiner erinnert und Niekisch als »den letzten großen Preußen«, ja als den eigentlichen, »den wirklichen Gegenspieler Hitlers« bezeichnet. »Gegen Hitler«, so Haffner, »hat es bekanntlich zwei ernsthafte deutsche Auflehnungsakte gegeben, beide zu spät und beide zum Mißerfolg verurteilt durch das Fehlen einer durchdachten, überzeugenden politischen Gegenkonzeption: den kommunistischen der Roten Kapelle und den preußisch-aristokratischen des 20. Juli. Es gab aber eine Gegenkonzeption, die beide genau umspannte, eine Synthese revolutionären Sozialismus und preußischen Staatsdenkens, und der Mann, der sie entwickelt und in Schriften von großartiger Wucht und Prägnanz niedergelegt hatte, war eben Ernst Niekisch. Auch hat Niekisch nicht nur gedacht und geschrieben: Er hat seine Gesundheit und acht Jahre seines Lebens in Hitlers Zuchthäusern für seine Idee und seine Überzeugung geopfert. Umsonst? Das kann erst die Zukunft erweisen.«

Auch wenn man Haffner in einzelnen Punkten widersprechen sollte und seinen Thesen nicht immer zu folgen vermag, so muß man ihm zumindest insoweit recht geben, als Ernst Niekisch tatsächlich eine höchst ungewöhnliche, in ihrer Bedeutung weit unterschätzte Persönlichkeit von hohem Rang, ein glänzender Schriftsteller und ein preußischer Sozialist war, wobei anzumerken ist, daß Preußentum und Sozialismus für ihn keinen Widerspruch bedeutete.

Damit stand er nicht allein. 1920 erschien Oswald Spenglers Schrift mit dem Titel *Preußentum und Sozialismus*, die großes Aufsehen erregte. Darin hieß es, ein »richtig verstandener«, nach Spengler vom Marxismus deutlich unterschiedener Sozialismus sei schon im klassischen Preußentum verwirklicht gewesen als Sinn für die Realitäten, als Disziplin, als Korpsgeist, als unparteiische staatliche Würdigung jeder Art von Leistung sowie als Verachtung der Ausschweifung und der Bequemlichkeit. So gesehen, seien Preußentum und Sozialismus schon immer dasselbe gewesen.

Ernst Niekisch, der bei Erscheinen von Spenglers Schrift noch eine zweijährige Festungsstrafe wegen seiner führenden Beteiligung an der Münchner Räterepublik verbüßte, war entschieden anderer Ansicht. Für ihn war das klassische Preußen eine vorbürgerliche, erst recht vorsozialistische Gründung. Nein, ein und dasselbe waren Preußentum und Sozialismus nie und nimmer. Aber, so fragte er sich, konnten sie vielleicht dasselbe werden? Schließlich hatten sie wichtige Gemeinsamkeiten: den unversöhnlichen Gegensatz zum individualistischen Bürgertum westeuropäischer Prägung, den freidenkenden Idealismus, die hohe Disziplin der Selbstlosigkeit.

»Die Schicksalslinie Preußens«, so stellte Niekisch fest, »steht in einem umgekehrten Verhältnis zur Schicksalslinie des deutschen bürgerlichen Weltgefühls; Preußen ist in dem Maße lebendig und ausgreifend, in dem das bürgerliche Weltgefühl versickert und verkümmert.«

Das, so fand Niekisch, entsprach genau der sozialistischen Schicksalslinie, und so gelangte er zu der Überzeugung, daß sich der Sozialismus mit jener Staatsidee zu verbinden hätte, die im alten Preußen einst verkörpert gewesen war, denn nur so konnte die Revolution siegen.

In der Praxis der zwanziger und frühen dreißiger Jahre hieß das, daß nur ein sozialistisches Deutschland im Bund mit dem neuen, sozialistischen Rußland die Fesseln des Versailler Friedens abschütteln, sich aus der Abhängigkeit vom kapitalistischen Westen befreien und zu neuer Größe emporsteigen könnte.

Doch wie, so grübelte Niekisch, ließe sich die verratene, vollständig gescheiterte Revolution von 1918 in Deutschland neu entfachen und zu triumphalem Sieg führen? Er kam zu dem Ergebnis, daß sie sich mit einem nationalen Befreiungskampf zu verbinden hätte. Nur aus der nationalen Sehnsucht nach Befreiung vom Joch fremder Knechtschaft und Bevormundung könnte sich die Kraft zur sozialen Revolution schöpfen lassen.

Dieser Grundgedanke Niekischs ist in Deutschland reine, zudem fast unbekannte Theorie geblieben, doch in anderen Teilen der Welt hat sich die Idee, daß nationale Befreiung und sozialistische Revolution zusammengehören und nur gemeinsam die Kraft zum Sieg aufbringen können, erfolgreich durchgesetzt.

Der Volksschullehrer Ernst Niekisch aus Trebnitz in Schlesien, nach seiner Haftentlassung noch für kurze Zeit Fraktionsvorsitzender der bayerischen USPD im Münchner Landtag, dann parteilos, denn der SPD mochte er sich nicht wieder anschließen, gründete 1926 die Zeitschrift *Widerstand*, hielt landauf, landab Vorträge und bemühte sich, eine nationale und zugleich sozialistische Bewegung zu entfachen.

»In gewissem Sinne konkurrierte er in diesen Jahren mit Hitler«, hat Sebastian Haffner dazu bemerkt. »Taktisch waren beide auf dasselbe aus: die Schaffung einer neuen politischen Bewegung, die die existierenden politischen Parteien überspülen und wegschwemmen sollte . . . Wer nicht genau hinhörte, mochte manchmal kaum viel Unterschied bemerken zwischen Hitlers ›Nationalsozialismus‹ und Niekischs ›Nationalbolschewismus‹ . . . In Wirklichkeit waren Hitler und Niekisch schon damals die schärfsten Antipoden, die es in Deutschland gab, . . . wollten sie in jeder Einzelheit das genaue Gegenteil: Hitler die nachträgliche Rache an den ›Novemberverbrechern‹, Niekisch den nachträglichen Sieg der Novemberrevolution, . . . Hitler den antibolschewistischen Kreuzzug und die Kolonisierung Rußlands mit stiller Beihilfe des Westens, Niekisch das Bündnis mit dem bolschewistischen Rußland gegen den Westen. Hitler dachte in Begriffen von Rasse und Raum, Niekisch in Begriffen von Klasse und Staat . . . Hitler hatte sich, bei aller ›sozialistischen‹ Phrasendrescherei, längst mit dem kapitalistischen Großbürgertum arrangiert; für Niekisch war und blieb das kapitalistische Großbürgertum der eigentliche innere Feind. Was nebenbei erklärt, warum sich Hitlers Parteikassen füllten, während Niekischs ›Widerstandsbewegung‹ immer arm und ein wenig sektenhaft blieb.«

Niekisch scheiterte, wo Hitler triumphierte, doch er blieb unbeugsam. Er machte auch weiter, nachdem Hitler Reichskanzler geworden war, ganz so, als sei nichts geschehen. Er wurde ein paarmal verwarnt, wiederholt für kurze Zeit verhaftet, aber er fuhr fort, zu reden und zu schreiben. Während alle anderen oppositionellen Zeitschriften von der Bildfläche verschwanden, wurde Niekischs im Format der *Weltbühne* Woche für Woche erscheinendes Organ *Widerstand* erst Ende 1934 endgültig verboten, was an ein Wunder grenzte, hatte der Titel des Blatts nach dem 30. Januar 1933 doch urplötzlich eine neue, die Nazis unerhört provozierende Bedeutung, und die Graphiken A. Paul Webers, die in keinem Heft fehlten, gaben dieser Herausforderung eine besondere Note.

Auch nach dem Verbot der Zeitschrift schrieb Niekisch weiter, nun statt Artikeln Bücher, die in Schreibmaschinen-Durchschlägen bei der schweigenden Opposition die Runde machten und die schärfsten, kompromißlosesten Verdammungen Hitlers enthielten, die damals zu Papier gebracht wurden. Niekisch besuchte auch weiter seine »Widerstandszirkel« im Reich, machte Auslandsreisen, nahm Kontakt mit politischen Emigranten auf und trug seine Gegnerschaft zum Naziregime so offen zur Schau, daß sie der Gestapo unmöglich verborgen geblieben sein konnte. Vier Jahre lang blieb er trotzdem, gegen jede Wahrscheinlichkeit, ungeschoren der einzige erklärte, öffentliche Feind Hitlers im Deutschen Reich, doch dann riß auch denen, die heimlich eine schützende Hand über ihn gehalten hatten, die Geduld. Im März 1937 wurde er verhaftet, im Januar 1939 wegen Vorbereitung zum Hochverrat zu lebenslänglichem Zuchthaus verurteilt. Erst nach achtjährigem Gefängnisaufenthalt befreite ihn die Rote Armee aus dem Zuchthaus Brandenburg, als einen gelähmten, fast erblindeten halbverhungerten Greis von 54 Jahren. Wenige Monate später war sein bedeutendstes und umfangreichstes Werk, *Europäische Bilanz*, niedergeschrieben. Das Vorwort erläutert, wie dies möglich war: »Die ›Europäische Bilanz‹ ist in den Tagen und mehr noch in den Nächten langer Gefangenschaft entstanden. Kein Buch war zur Hand, um darin nachzuschlagen. Für die Niederschrift fehlten Papier und Feder. Verfügbar war nur der Stoff, den das Gedächtnis aus vergangener Zeit behalten und aufbewahrt hatte; er war zu mobilisieren, und nirgends sonst konnte er, wenn er durchleuchtet und als Material des denkerischen und formenden Prozesses verwertet war, hinterlegt werden als in den Kammern der Erinnerung. Der Russe öffnete am 27. April 1945 das Tor zu neuer Freiheit. In kurzen vier Monaten war aufgezeichnet, was in acht Jahren langsam ausgereift war.«

Europäische Bilanz, dieses Produkt einsamer Selbstdisziplin, hat kaum Beachtung gefunden. Auch Niekisch selbst, der erst 1967 im Alter von 78 Jahren in West-Berlin starb, ist heute nahezu vergessen; weil er Mitglied der Sozialistischen Einheitspartei und Professor an der Ostberliner Humboldt-Universität geworden war, versagte ihm die Bundesrepublik, schäbig wie kein zweiter Staat, was die Behandlung der Opfer der Nazi-Diktatur angeht, viele Jahre lang jede Wiedergutmachung. Erst kurz vor seinem Tode erhielt er auf dem Wege des Vergleichs eine geringfügige Haftentschädigung. Der »letzte große Preuße« schied aus einer Welt, in der für wirkliche Preußen schon längst kein Platz mehr war; wo ihre Ideen, meist das Produkt jüdisch-hugenottischer Ratio und slawisch-germanischer Phantasie, wie seit eh und je zunächst so gut wie keine Beachtung fanden, jedenfalls nicht im eigenen Land.

Zudem war dieses eigene Land bereits untergegangen; der Kontrollratsbeschluß der Siegermächte des Zweiten Weltkriegs über die Auflösung Preußens konnte nur noch amtlich für tot erklären, was schon lange zuvor zu Staub zerfallen war.

Ob man sich darüber freuen soll oder ob dies zu betrauern ist, läßt sich nur schwer entscheiden. Für Lessing war Preußen »das sklavischste Land Europas«, aber fast zur selben Zeit gab der Preuße Immanuel Kant zu Königsberg auf die alles bewegende Frage »Was ist Aufklärung?« eine Antwort, allein um derentwillen man Preußen nicht missen möchte. Sie lautet: »Aufklärung ist der Ausgang des Menschen aus seiner selbstverschuldeten Unmündigkeit. Unmündigkeit ist das Unvermögen, sich seines Verstandes ohne Leitung eines anderen zu bedienen. Selbstverschuldet ist diese Unmündigkeit, wenn die Ursache derselben nicht am Mangel des Verstandes, sondern der Entschließung und des Mutes liegt ... ›Habe Mut, dich deines eigenen Verstandes zu bedienen!‹ ist also der Wahlspruch der Aufklärung.«

In einer Passage des Buchs von Leopold Schwarzschild über den »roten Preußen« Karl Marx, worin ansonsten von Preußen wenig, von »rotem Preußentum« gar nicht die Rede ist, findet sich eine Beschreibung der preußischen Hauptstadt des Jahres 1836, die weit über den Zusammenhang und die Zeit hinaus dem Preußen, das wir lieben oder hassen, am ehesten gerecht wird.

»Die Menschen«, heißt es da zunächst von den Bewohnern Berlins, »waren nüchtern, steif und ohne Grazie. Aber zum Ausgleich verfügten sie über einen besonders entwickelten, gesunden, praktischen Verstand. In ihrem harten Dialekt entfalteten sie Witz, und jeder schien immer genau zu wissen, was er tat und warum er es tat.

So war das ganze Preußen. Es war ein Ding, das immer nach einem Aber verlangte – keine Anerkennung ohne ein Aber, keine Verurteilung ohne ein Aber.«

Nachbemerkung des Verfassers

Preußen und preußisch – das sind hierzulande, mindestens seit 1945, vielerorts auch schon seit 1849, Begriffe, mit denen selten etwas Positives in Verbindung gebracht wird, häufig nur Negatives; und außerhalb Deutschlands gilt Preußen als der – gottlob vernichtete – Ursprung allen Übels, das in sogenannten »Knobelbechern« und meist im Stechschritt die europäische Zivilisation immer wieder zu zertrampeln versucht hat.

Wer sich, wie ich es mitunter tat, in unseren Nachbarländern, etwa in Frankreich, in England oder auch in Polen, selbst kühn als Preuße zu bezeichnen wagte, löste damit zunächst ungläubiges Staunen aus, Verwunderung vor allem darüber, daß sich da einer selbst so schlecht zu machen versuchte. Meist hielten die ausländischen Freunde ein solches Bekenntnis zum Preußentum auch nur für einen – nicht eben guten – Witz. Aber ich bin tatsächlich ein Preuße. Ich bin 1921 in Berlin geboren, genauer: in Wilmersdorf, dem damals gerade erst zu Großberlin eingemeindeten Vorort, und auch mein Vater war gebürtiger Berliner, wogegen meine Mutter in Charlottenburg zur Welt gekommen ist. Von meinen Großvätern stammt der eine aus dem schlesischen Riesengebirge; seine Vorfahren waren – mit Ausnahme des einen oder anderen Flüchtlings vor der Protestantenverfolgung in Österreich, zuletzt 1837 aus dem Zillertal – seit Jahrhunderten dort ansässig als gutsuntertänige Kleinbauern, Handwerker und Weber.

Der andere Großvater kam aus Bromberg nach Berlin, und von seinen Vorfahren ist wenig mehr bekannt, als daß sie, wie er dann ebenfalls in Berlin, Verlagsbuchhändler waren und aus Westpreußen stammten.

Von meinen beiden Großmüttern war die eine aus Pommern, aus Wangerin, Kreis Regenwalde, und sie hatte als Gutsbesitzerstochter nach Berlin geheiratet, nach Meinung ihrer Familie sicherlich »unter Stand«. Unter ihren nur bis in die Zeit des Dreißigjährigen Kriegs, teils in Pommern, teils im Brandenburgischen zurückzuverfolgenden Vorfahren finden sich neben Alteingesessenen auch eine Reihe von Neubürgern, darunter drei, die besondere Erwähnung verdienen.

Da war eine, Maria Sophia Jablonska, angeblich aus einer Familie polnischer Grafen, die ihren traditionellen Beinamen »Pruß« von den alten pruzzischen Herzögen, ihren Familiennamen Jablonsky dagegen von dem Flecken Jablonowo, deutsch: Gabelnau, in Westpreußen ableiteten; ein Vorfahre Jablonsky, reformierter Hofprediger in Berlin, war – der amtlichen »Geschichte der Stadt Berlin« zufolge – »im Alter von 33 Jahren 1696 nach Berlin gekommen und hat hier 46 Jahre hindurch drei preußischen

Königen gedient und ihr Vertrauen genossen«, war also, falls das wirklich stimmt, beim »schiefen Fritz«, beim »Soldatenkönig« und beim jungen Friedrich II. gleichermaßen gut angeschrieben. Dieser Daniel Ernst Jablonsky hatte in Oxford studiert, war Mitstifter und viele Jahre lang auch – als Nachfolger von Leibniz – Präsident der preußischen »Sozietät der Wissenschaften«, der späteren Akademie. Aber – so fand jedenfalls die zur Nazizeit erschienene *Geschichte der Stadt Berlin* – »daß hier im preußischen Geiste etwas Verborgenes nach Freiheit rang, ahnte er als Slawe nicht«.

Eine zweite Ahnin großmütterlicherseits, Cathérine Dorothée Eggert, war um 1688 als hugenottisches Waisenkind nach Brandenburg an der Havel gekommen und von der Kossäthen-Witwe Eggert aufgezogen worden; ihr ursprünglicher Familienname war »de Marçonnay«, und sie soll von normannischem Adel gewesen sein. Aber das nützte ihr in Brandenburg wenig, weil fast jeder zweite halbverhungerte und zerlumpte Hugenottenflüchtling ein mit einem Krönchen besticktes Taschentuch vorzuweisen hatte, daheim ein Schloß zurückgelassen haben wollte und in Preußen eine seinem hohen Rang entsprechende Position verlangte.

Der dritte erwähnenswerte Ahne von dieser Großmuttersseite her war ein Veteran aus dem Siebenjährigen Krieg, Johann David Witt, »von des Majors v. Bobre Compagnie im v. Brünningschen, nachmals v. Raumerschen Infanterie-Regiment«, dessen Vater, ebenfalls preußischer Füsilier, am 12. August 1759 in der mörderischen Schlacht bei Kunersdorf den Tod gefunden hatte; er war übrigens ein Holländer mit Namen Klaas de Witt und hatte das Unglück, preußischen Werbern in die Hände zu fallen.

Bleiben noch die Vorfahren meiner anderen Großmutter, einer gebürtigen Berlinerin; sie waren schon 1671 nach Brandenburg-Preußen eingewandert. Der Älteste unter diesen Réfugié-Ahnen war berühmt wegen seiner großen »Gelahrsamkeit«, mehr noch wegen seines schlagfertigen Witzes. Es war dies »unser Lehrer und Meister« Model Rieß, »von den Vertriebenen Wiens«, wie es auf seinem Grabstein auf dem Friedhof an der Großen Hamburger Straße hieß. Auf dieser ältesten jüdischen Grabstätte Berlins, für die der bereits 1675 verstorbene, vom Großen Kurfürsten wegen seiner klugen Voraussicht oft bewunderte Model Rieß selbst, gleich nach seiner Ankunft in Berlin, das Grundstück erworben hatte, wurde 1677 auch Models Schwiegertochter Lea geborene Chalfan beerdigt. Sie war eine Nachfahrin jener Kalonymiden, die schon vor tausend Jahren zu den geistlichen und weltlichen Führern der jüdischen Gemeinden am Rhein gehört hatten. Leas Ehemann, Hirsch Rieß, gestorben 1715, war noch dabeigewesen, als die erste öffentliche Synagoge der preußischen Hauptstadt in Anwesenheit des Königs Friedrich Wilhelm I. und aller Prinzen eingeweiht wurde, jedoch erlebte er nicht mehr wie 1721 der Hofprediger Jablonsky dort die Juden wegen ihrer »Verstocktheit« mit dem »Großen Bann« bedrohte, ganz vergeblich übrigens.

Kurz, als Nachkomme dieser und vieler anderer Preußen unterschiedlichster Herkunft, Religion und Standeszugehörigkeit – neben Akademiepräsidenten, Rabbinern, Gutsbesitzern und obskuren normannischen oder pruzzischen Grafen gab es da auch simple Schuster, Bäcker, Böttcher, Schreiner, Gebirgsbauern aus dem Zillertal und bettelarme, früh an »Auszehrung« gestorbene Weber sowie von »Werbern« eingefangene »Mousquetiers« – kann und will ich mich nicht anders fühlen denn als Preuße. In Humboldtscher (und Bebelscher) Tradition erzogen, war es mir kein Ärgernis, sondern eine Selbstverständlichkeit, daß unter den 52 Kindern meiner überfüllten Klasse in der Volksschule an der Babelsberger Straße fast die Hälfte russische, polnische, armenische und andere fremdländische Namen trugen. Es waren die schon in Berlin geborenen Söhne von Flüchtlingen, die kurz nach dem Ende des Ersten Weltkriegs zu Zigtausenden in Berlin eine neue Heimat gefunden hatten, genauso wie die zahlreichen Réfugiés aus aller Herren Länder in früheren Jahrhunderten. Damit waren sie für mich Berliner wie ich, gleich, ob sie nun Karel oder Boris, Markus oder Wladimir, Fritz oder Louis Ferdinand mit Vornamen hießen.

Als vor ein paar Jahren meine jüngste Tochter Kati, die in Oberbayern geboren und aufgewachsen ist und die ein »g'schertes Boarisch« wie ihre Muttersprache beherrscht, von ihren Klassen- und Spielkameraden einmal als »Saupreiß« beschimpft worden war und, da sie kräftig ist, dafür den Wortführer »zur Abwehr eines gegenwärtigen rechtswidrigen Angriffs«, und möglicherweise sogar in Überschreitung der Notwehr, jedenfalls einprägsam bestraft hatte, mußte ich zu dem Vorfall Stellung nehmen. Die schwierige Materie zwang mich zu einigem Nachdenken, auch über mich selbst und meine ambivalente Einstellung zum Preußentum, dem ich mich anderseits voll und ganz zugehörig fühlte.

Das schließliche Ergebnis dieser Überlegungen und umfangreicher Forschungen, bei denen auch manche verschüttete Quelle neu erschlossen werden konnte – wobei mir Professor Dr. Walter Grab mit freundschaftlichem Rat und wissenschaftlicher Kritik dankenswerterweise sehr behilflich war –, ist dieses Buch, *Preußen – Land der unbegrenzten Möglichkeiten*, geschrieben zur Ehrenrettung jener »anderen« Preußen – von Kant und E. T. A. Hoffmann über die »roten Preußen« Marx, Engels, Lassalle und Bebel bis zu Carl v. Ossietzky, Kurt Tucholsky und Ernst Niekisch. Denn Schwarz und Weiß, die Farben Preußens, symbolisieren das Nebeneinander der Gegensätze in diesem untergegangenen Staat; wer nur das eine, nicht auch das andere sieht, wird Preußen nicht gerecht.

Quellen und Anmerkungen

Im folgenden sind die wesentlichen für den Text benutzten Quellen, zitierten Werke, Briefe und Urkunden angegeben, soweit sie nicht im Textzusammenhang bereits erwähnt wurden, dazu einige Anmerkungen und Erläuterungen. Auf Hinweiszahlen im Text wurde um der besseren Lesbarkeit willen verzichtet. Bei den folgenden Quellenangaben und Anmerkungen entsprechen die Überschriften denen der einzelnen Kapitel und die *kursiv* gesetzten Stichwörter jeweils der zu belegenden oder zu erläuternden Passage auf der betreffenden Seite.

Die im Text angeführten Zitate, zumal die älteren, sind mitunter hinsichtlich der Rechtschreibung und Zeichensetzung sowie einzelner Wortbildungen geringfügig dem heute Üblichen angepaßt, ohne daß der Sinn verändert wurde. Die Quellenangabe (BdA) bedeutet, daß sich die betreffende Handschrift, Urkunde oder Erstausgabe in der Bibliothek des Autors befindet, wo nicht anders angegeben, im Original.

Zu: Was ist preußisch?

Seite 7: Gesetz Nr. 46 des Alliierten Kontrollrats

Aufgrund der Viermächte-Erklärung vom 5. Juni 1945 wurde von den USA, der Sowjetunion, Großbritannien und Frankreich zur Ausübung der »obersten Gewalt« im besetzten Deutschland ein Kontrollrat eingesetzt, der aus den Oberbefehlshabern der vier Besatzungsarmeen bestand. Dieser Kontrollrat hatte einstimmig zu entscheiden; er erließ Proklamationen, Gesetze, Direktiven, Befehle und Instruktionen für ganz Deutschland.

In der Präambel zum Kontrollratsgesetz Nr. 46 über die Auflösung des Staates Preußen heißt es: »Geleitet von dem Interesse an der Aufrechterhaltung des Friedens und der Sicherheit der Völker und erfüllt von dem Wunsch, die weitere Wiederherstellung des politischen Lebens in Deutschland auf demokratischer Grundlage zu sichern, erläßt der Kontrollrat das folgende Gesetz.«

Seite 7: Pleitegeier

Der Ausdruck stammt aus dem jüdischen Jargon und bedeutet: Bankrott-Geher. »Geier« (Geher) wurde als Bezeichnung für den gleichnamigen Vogel mißverstanden und dann von den Berlinern auf den preußischen Adler, das Wappentier des 1806 vor dem Untergang stehenden Königreichs der Hohenzollern, übertragen.

Seite 9: »einen universellen Haß gegen . . .«

Der Ausspruch von Georg Lukács (1885–1971) wird zitiert von Wolfgang Venohr, der 1968 mit dem ungarischen Philosophen und Literaturhistoriker ein Gespräch führte. Vgl. Wolfgang Venohr, »Über Preußen«, in: *Preußische Porträts*, hrsg. von W. Venohr, Hamburg 1969.

Seite 10: Ungnade wählte, »wo Gehorsam nicht Ehre einbrachte«

Auf dem Grabstein des Oberstleutnants Johann Friedrich Adolph von der Marwitz zu Friedersdorf stehen die Worte: »Er sah Friedrichs Heldenzeit und kämpfte mit ihm in allen seinen Kriegen, wählte Ungnade, wo Gehorsam nicht Ehre einbrachte«.

Vgl. Kurt v. Priesdorff (Hrsg.), *Soldatisches Führertum*, Bd. II, Hamburg o. J., S. 121.

Seite 11: ... zumindest keine gebürtigen Preußen ...

Hans Joachim v. Zieten, geboren 1699 in Wustrau bei Ruppin, ist gebürtiger Märker, also Preuße;

Hans Karl v. Winterfeldt, geboren 1707 in Vanselow, im damals noch schwedischen Vorpommern;

Friedrich Wilhelm v. Seydlitz, geboren 1721 in Kalkar bei Kleve, stammt aus einer Familie böhmischen Adels, die im damals noch österreichischen Schlesien ansässig war;

James (Jakob) Keith, geboren 1696 auf Schloß Inverugie, entstammt einer alten schottischen Adelsfamilie, in der das Amt des Marschalls von Schottland erblich war, und trat 1747 in preußische Dienste;

Leopold I. von Anhalt-Dessau kam 1676 in Dessau zur Welt; seine Mutter war eine niederländische Prinzessin aus dem Hause Oranien.

Seite 12: Müller von Sanssouci

Die frei erfundene Geschichte des »Müllers von Sanssouci« hat Andrieux 1797 in Verse gesetzt; vgl. Hertslet, *Der Treppenwitz der Weltgeschichte*, S. 294; L. Schneider, »Die historische Windmühle bei Sanssouci, in: *Märkische Forschungen*, Bd. 6, Berlin, 1858.

zu: Des Heiligen Römischen Reiches Erzstreusandbüchse

Seite 23: »Wenn es aber der Stadt Berlin ...«

Vgl. *Reden des Kaisers*, hrsg. v. Ernst Johann, dtv-Taschenbuch 354, S. 96f.

zu: Das Familienunternehmen

Seite 41: Noch im 20. Jahrhundert ...

Vgl. Rangliste der Königlich Preußischen Armee, Berlin, 1907 (BdA).

Seite 43: »Es ist nicht zu beschreiben ...«

Eine genaue Beschreibung des Tatareneinfalls in Ostpreußen findet sich in Baczko, *Geschichte Preußens*, Band V, S. 206f., Berlin, 1864.

Seite 46: »Es ist nicht der König von Frankreich ...«

Zit. nach William Pierson, *Preußische Geschichte*, Berlin, 1864, Bd. 1, S. 176 (BdA).

Seite 50: Indessen blieb die Einwanderung zunächst ...

Vgl. David Kaufmann, *Die letzte Vertreibung der Juden aus Wien und Niederösterreich, ihre Vorgeschichte und ihre Opfer*, Wien, 1889, S. 209ff. (BdA).

Seite 50: »der Arctenai Doctorn«

Elia ben Abba Mari Chalfan, geboren 1561 in Prag, erhielt am 5. Juli 1598 von Kaiser Rudolf II. einen Freibrief, in dem es u.a. hieß: »Wir Rudolf ... tun kund ..., daß wir aus etlichen uns bewegenden Ursachen unseren Juden Eliam Halfanum, der Arctenai Doctorn, sambt Weib und Kind in unseren kaiserlichen Schutz und Schirm aufgenommen ... und unsere kaiserliche Sicherheit gegeben ..., daß gedachter Jud Halfanus ... sich ... seiner gelernten Künst der Arcnei genießen, frei, sicher passiren und da es ihme beliebt, in unserer Stadt Wien wohnen soll und mag ...«

(Staatsarchiv Hannover, Cal. Br. Arch. Des. 32 I, Nr. 16)

Seite 54: Steueraufkommen dank der Wiener ...

Die Berliner Juden zahlten 1696 zwar erst 8614 Taler an Akzise (Verbrauchssteuer), im Jahre 1705 aber bereits 117437 Taler. Während die übrigen Berliner, die zur »Kaufmannschaft« gehörten, im selben Jahr 1705 nur insgesamt 43865 Taler an Akzise zahlten. Selbst wenn man berücksichtigt, daß die Juden den doppelten Akzisesatz zu entrichten hatten, war ihr Handel 1705 schon bedeutender als der ihrer christlichen Konkurrenten.

Vgl. Selma Stern, *Der preußische Staat und die Juden*, 1. Teil, 1. Abteilung, Tübingen, 1962, S. 126f.

Seite 61: ... die neuen Gewerbe, moderne Produktionsmethoden ...

Nr. II. Alphabetische Tabelle der hauptsächlichsten durch die Réfugiés vertretenen Industrien vom Jahre 1703*).

A.

	Berlin	Magdeburg	Mannh. Colonie	Halle	Frankfurt	Königsberg	Prenzlau	Strasburg	Stendal	Brandenburg	Spandau	Summa der Familien
Apotheker	8	1	3	–	–	–	–	–	–	–	–	12
Advocat resp. Anwalt	7	4	–	–	–	–	–	–	–	–	–	11
Buchhändler	3	2	–	1	–	2	–	–	–	–	–	8
Bäcker	27	9	5	2	–	2	1	1	1	–	–	48
Böttcher	–	–	3	1	–	–	1	1	–	–	–	6
Brauer	16	–	5	–	–	–	9	1	–	–	–	31
Chirurgen und Mediciner	20	7	3	1	1	3	3	1	1	1	1	42

	Berlin	Magdeburg	Mannh. Colonie	Halle	Frankfurt	Königsberg	Prenzlau	Strasburg	Stendal	Brandenburg	Spandau	Summa der Familien
Fleischer	14	–	–	–	–	–	1	–	–	–	–	15
Friseur	26	1	–	1	–	1	–	–	–	–	–	29
Gastwirth und Hotelier	14	–	1	3	1	–	1	–	–	–	–	20
Gärtner	20	4	6	2	–	–	–	–	–	–	1	33
Goldarbeiter	18	2	3	2	–	–	1	–	1	–	–	27
Hutmacher	9	11	–	5	1	2	1	–	–	–	–	29
Handwerks- und Arbeitsleute	136	149	24	55	3	5	28	33	10	6	–	449
Krämer	10	1	7	1	–	–	–	–	–	–	–	19
Kaufleute	35	16	7	13	1	34	6	1	1	–	–	114
Lohgerber	13	1	1	–	1	–	3	1	–	–	1	21
Leinwanddrucker	2	–	–	–	1	–	–	–	1	–	–	4
Latus	378	208	68	87	9	49	55	39	15	7	3	918

*) Zusammengestellt nach den Acten des Geh. Staats-Archivs in Berlin.

Nr. II. Alphab. Verz. d. hauptsächl. d. d. Réfugiés vertr. Industr. v. J. 1703.

	Berlin	Magdeburg	Mannh. Colonie	Halle	Frankfurt	Königsberg	Prenzlau	Strasburg	Stendal	Brandenburg	Spandau	Summa der Familien
Transport	378	208	68	87	9	49	55	39	15	7	3	918
Lehrer (u. Sprachlehrer)	30	4	3	1	3	1	–	–	1	–	–	43
Maurer	6	3	5	–	–	1	2	1	–	–	–	18
Musikus	2	–	6	–	–	–	–	–	–	–	–	8
Nähterinnen	11	–	2	1	–	–	1	–	–	–	–	15
Nähnadelfabrik	4	2	–	1	–	–	–	–	–	–	–	7
Perrückenmacher	22	4	2	5	8	11	2	–	2	2	–	58
Posamentier	19	–	–	–	–	2	–	–	–	–	–	21
Schuhmacher	59	14	24	6	2	–	2	1	4	1	–	113
Strumpffabrik	82	2	13	2	–	–	1	–	–	–	–	100
Schneider	35	7	13	5	1	3	2	1	1	–	–	68
Sänftenträger	16	–	–	–	–	–	–	–	–	–	–	16
Schlosser	17	8	4	2	–	–	–	–	–	–	–	31
Steinschneider	15	–	2	–	–	–	–	–	–	–	–	17
Sergefabrik	7	13	1	2	–	–	2	–	–	2	11	38

	Berlin	Magdeburg	Mannh. Colonie	Halle	Frankfurt	Königsberg	Prenzlau	Strasburg	Stendal	Brandenburg	Spandau	Summa der Familien
Seidearbeiter	11	–	–	–	–	3	–	–	–	–	–	14
Tapezirer	16	3	1	–	–	1	–	–	–	–	–	21
Tapetenhändler	7	4	3	1	–	–	–	–	–	–	–	15
Tischler	20	6	7	11	–	–	1	–	–	–	–	45
Tuchmacher	–	–	–	19	–	–	–	–	–	5	–	24
Tabakpflanzer	11	1	93	1	15	1	2	–	13	–	–	137
Uhrmacher	8	2	–	2	–	2	–	–	–	–	–	14
Woll-Spinner und Kämmer	91	71	13	27	–	2	1	–	6	4	33	248
Weber	8	2	8	1	–	–	3	1	1	–	–	24
Waffenschmied	3	2	3	–	–	–	–	–	–	–	–	8
Zimmermann	9	3	4	–	–	–	–	1	–	–	–	17
Zuckerbäcker	3	–	1	1	–	–	–	–	–	–	–	5
Summa	900	359	276	175	38	76	74	44	43	21	47	2043

B.

Außerdem haben sich in den Städten etablirt:

Bierverkäufer – Berlin 7, Mannheimer Colonie 1; Bademeister – Mannh. Col. 2; Branntweinbrenner – Berlin 1, Prenzlau 6; Brokatarbeiter – Berlin 2; Banquier – Berlin 4; Bildhauer – Berlin 3, Magdeburg 1.

Corduanmacher – Mannheimer Colonie 2.

Destilleur – Berlin 1.

Eisenwaarenhändler – Berlin 1.

Fuhrmann – Berlin 1; Fischer – Mannheimer Colonie 1.

Goldbortenfabrik – Berlin 7; Goldspinner – Berlin 2; Gazeweber – Berlin 5; Glaser – Berlin 1; Glasmaler – Berlin 1; Graveur – Berlin 1.

Handschuhmacher – Berlin 7, Magdeburg 2, Königsberg 1; Holzschuhmacher – Prenzlau 1, Straßburg 1; Hausirer – Berlin 3, Halle 1; Hufschmied – Berlin 2, Prenzlau 3; Höker – Berlin 2; Haspler – Berlin 2.

Knopfmacher – Berlin 2; Kurzwaarenhändler – Berlin 2; Kupferschmied – Berlin 3; Korbmacher – Berlin 1, Prenzlau 1; Kartenfabrikant – Berlin 1; Koch – Berlin 1, Magdeburg 1, Halle 1, Kunsttischler – Berlin 2; Kaffeeverkäufer – Berlin 2.

Lichtzieher – Berlin 9; Limonadenverkäufer – Berlin 1.

Messerschmied – Berlin 5, Mannheimer Colonie 1; Mocquettenfabrikanten – Berlin 3, Halle 4; Maler – Berlin 1.

Nagelschmied – Berlin 1, Halle 1.

Orgelbauer – Mannheimer Colonie 1.

Pastetenbäcker – Berlin 6; Polsterhändler – Berlin 1; Pfeifenfabrikant – Mannheimer Colonie 1; Polirer – Stendal 1; Papierfabrik – Prenzlau 1.

Strickerin – Berlin 8; Schenkwirth – Berlin 7, Mannheimer Colonie 1; Stahlarbeiter – Berlin 2; Schuhflicker – Berlin 1, Mannheimer Colonie 1; Scheerenschleifer –

Berlin 1; Seifensieder – Magdeburg 2; Schiffer – Mannheimer Colonie 1, Stellmacher – Mannheimer Colonie 2; Schreiber – Berlin 6, Halle 2; Strohschneider – Mannheimer Colonie 2.

Tanzlehrer – Berlin 1, Königsberg 1, Halle 1; Tuchscheerer – Berlin 4, Magdeburg 1; Tagelöhner – Berlin 8, Mannheimer Colonie 14, Frankfurt 1.

Vergolder – Berlin 2.

Weißgerber – Mannheimer Colonie 3; Winzer – Berlin 3, Mannheimer Colonie 2; Weinverkäufer – Berlin 7, Mannheimer Colonie 1; Wäscherin – Berlin 3, Magdeburg 1.

Zinngießer – Berlin 5, Magdeburg 6.

Ferner haben sich noch etablirt:

a) 511 Familien resp. 2550 Personen, bestehend aus: Tabaksbauern – in Angermünde, Schwedt, Vierraden; Glashüttenarbeitern – in Neustadt a. D. etc., Rentiers, Rentièren, Wittwen in fast allen Colonien etc.

b) Ackersleute, Tabaksbauern in den obenerwähnten Dorfcolonien unter den Aemtern, im Ganzen: 1863 Personen.

Zusammenstellung:

Liste II A	weist auf:	2043 Familien oder ca.	10,215 Personen	
Liste II B	weist auf:	229 Familien oder ca.	1,150 Personen	
Liste II B a)	weist auf:	511 Familien oder ca.	2,550 Personen	
Liste II B b)	weist auf:	(372) Familien oder ca.	1,863 Personen	
	S. S.	3,155 Familien,	15,778 Personen.	

zu: Nischt wie weg, der König kommt!

Seite 82: ... im Austausch gegen zwölf baumlange Afrikaner ...

Pierson (*Preußische Geschichte*, Bd. I, S. 248) beziffert den Kaufpreis mit »7000 Taler, 200 Dukaten und 12 Neger«, was einem Aufgeld von etwa 7720 Talern entspricht.

Seite 84/85: Christen wie Juden

Über die freundliche Aufnahme der Salzburger Protestanten und die große Hilfsbereitschaft der Bevölkerung, besonders der ja gleichfalls wegen ihrer Religion aus Österreich vertriebenen preußischen Juden berichtet ausführlich: Max Beheim-Schwarzbach, *Hohenzollernsche Colonisationen. Ein Beitrag zur Geschichte des preußischen Staates und der Colonisation des östlichen Deutschlands*, Leipzig, 1874, S. 170–220.

Seite 88: Protokoll einer dörflichen Kandidatenprüfung aus dem Jahre 1729

Zit. nach: F. R. Paulig, *Friedrich I., König von Preußen*, Frankfurt a. d. Oder, 1970 (BdA).

Seite 94/95: »zur Arbeitsamkeit und Subordination ...«

aus: K. D. Küster, *Charakterzüge des preußischen General-Lieutenants v. Sal-*

dern, Berlin, 1793, S. 106f., zit. nach: Stefi Jersch-Wenzel, *Juden und ›Franzosen‹ in der Wirtschaft des Raumes Berlin/Brandenburg zur Zeit des Merkantilismus*, Habilitationsschrift, Berlin, 1975.

zu: Das sklavischste Land Europas

Seite 120: »Mit wahrhaft königlicher Verblendung ...«
Zit. nach: Werner Hegemann, *Entlarvte Geschichte*, Leipzig, 1933, S. 109. Der Berliner Architekt Werner Hegemann gehört zu den am genauesten informierten Kritikern Friedrichs II.; besonders empfehlenswert ist neben dem oben genannten Werk Hegemanns sein 1924 in Hellerau erschienenes Buch *Fridericus oder das Königsopfer*.

Seite 124:
Umschrift der handschriftlichen Anweisungen Chodowieckis an seinen Stecher Penzel zur Korrektur der Probedrucke:
Liebster Herr Penzel! 1. Nehmen Sie es nicht vor ungut daß ich in Ihre Arbeit geschmiert habe. 2. Ziehen Sie ... wo ich mit dem Bleystift gewischt habe leichte Striche mit der Kalten Nadel und planieren. 3. Was ich mit Kreide übergangen habe, so werden einige Dinge mehr Haltung und das ganze mehr Harmonie bekommen. D. Chodowiecki.«
(Nach dem Original in der Handschriftensammlung BdA)

zu: Das traurige Erbe des bösen Fritz

Seite 129: »Der kommandierende Generalleutnant der Provinz ...«
Zit. nach: W. Hegemann, *Entlarvte Geschichte*, Leipzig, 1933, S. 139.

Seite 130: Aus Berlin kam ein königlicher Befehl ...
Brief Friedrich Wilhelms II. vom 10. Juli 1794 an seinen Minister Freiherr v. Danckelmann (Stargardt, Kat. 606).

Seite 137: »Aufforderung an die Einwohner von Berlin.«
Zit. nach: Walter Grab, »Die Revolutionspropaganda der deutschen Jakobiner«, in: *Jakobiner in Mitteleuropa*, Innsbruck, o. J. (Archiv f. Sozialgeschichte 9 [1969], S. 113ff.)

zu: Ruhe ist die erste Bürgerpflicht

Seite 148: Die langen Degen in wagrechter Lage ...
Zit. nach Pierson, Preußische Geschichte, Berlin, 1864, Bd. 1, S. 494.

Seite 152: Wenn man sagt, daß der eigentliche Goethe-Kult ...
Zit. nach Arthur Eloesser, »Berlin um 1800 und das Biedermeier«, in: *Juden im deutschen Kulturbereich*, hrsg. v. Siegmund Kaznelson, Berlin, 1962, S. 6ff.

Seite 155: versäumte es aber in seiner kopflosen Hast ...
Vgl. Pierson, *Preußische Geschichte*, Berlin, 1864, Bd. 1, S. 501 f.

zu: Preußens Bürger erwachen

Seite 167: Meine Veit
Brief der Henriette Herz (1764–1847) an den Schriftsteller Christian Friedrich Blankenburg, Berlin, 17. Mai 1791: »... meine Veit bittet Sie, sie nicht zu vergessen. Empfehlen Sie uns beide den lieben Leuten ...« (Original in der Handschriftensammlung BdA).

zu: Rief der König? Kamen wirklich alle?

Seite 190: ... annähernd 700, davon 444 namentlich bekannte Juden
Bei der Einsegnung der ausrückenden Freiwilligen ...
Vgl. hierzu Horst Fischer, *Judentum, Staat und Heer in Preußen im frühen 19. Jahrhundert*, Tübingen, 1968, S. 47ff.

Seite 192: Der Berliner jüdische Mathematiklehrer Meno Burg
Vgl. hierzu Meno Burg, *Geschichte meines Dienstlebens*, Leipzig, 1916.

Das Gedränge der Freiwilligen ...
nach: Geschichte der Stadt Berlin, Berlin, 1937, S. 243.

Seite 193: Auch beim 2. Königsberger Ulanen-Regiment
Vgl. hierzu: *Philo-Lexikon. Handbuch des jüdischen Wissens*, Berlin, 1935, S. 246f.

Seite 194: ... der eigentliche Vater des preußischen Landsturms
Vgl. hierzu Franz Mehring, »Von Kalisch nach Karlsbad«, in: *Gesammelte Schriften*, Bd. 6, S. 323f.

»Die Professoren der Universität Berlin ...«
Zit. nach Franz Mehring, »Von Kalisch nach Karlsbad«, in: *Gesammelte Schriften*, Bd. 6, S. 324.

zu: Der preußische Geist macht mobil

Seite 214: Brief E. T. A. Hoffmanns (Umschrift)

Berlin, den 7. 1. 1821

Ew. Wohlgeboren gütiges Schreiben vom 28. Dezbr. v. J. hat mir ein Herr Wagner (ein sehr artiger Mann, dessen Bekanntschaft mich erfreut hat) eingehändigt und ich beeile mich folgendes in ganz ergebenster Antwort zu erwidern: Andere litterarische Arbeiten, vorzüglich die Beendigung des Romans: Lebensansichten des Katers Murr gebieten mir Arbeiten für Taschenbücher bis Ende May spätestens zu vollenden. Sie würden daher, sollte ich eine Erzählung für Ihr Taschenbuch liefern, dieselbe bis um diese Zeit, wahrscheinlich aber schon Ende März erhalten. Rücksichts des Honorars bitte ich aber Ew. Wohlgeboren, mich nicht für eigennützig zu halten, sondern überzeugt zu sein, daß ich mir sonst selbst Schaden zufügen würde, wenn ich auf die geforderten 8 Friedrichsd'or p(ro) Druckbogen à 16 S. bestehen muß. Keiner der übrigen Verleger verweigert mir dieses Honorar und es ist nur das Bestreben, Ew. Wohlgeboren gefällig zu sein, wenn ich *dieses Jahr* Ihnen den Vorzug gebe und die geforderten Beiträge anderen, die solche voriges Jahr erhalten, bis künftiges Jahr aufspare, wie ich es diesmal mit dem Taschenbuch für Liebe und Freundschaft thun mußte. Einer gütigen und *baldigen* Erklärung sehe ich um so mehr entgegen, als ich in diesem Augenblick meine Arbeiten für die T.B. beginne und so Ew. Wohlgeboren vielleicht Nr. 2 zusenden könnte. Mit ausgezeichneter Hochachtung

Ew. Wohlgeboren

ganz ergebenster Hoffmann

Seite 223: . . . wobei die alte Madame v. Varnhagen . . . die Spanische Fliege empfahl . . .

Brief der Madame v. Varnhagen an Bettina v. Arnim, oOuD. (Berlin, Herbst 1831), Original in der Handschriftensammlung (BdA).

Seite 228: . . . hat dazu Max Pinn bemerkt . . .

Zit. nach Max Pinn, »Rechtswissenschaft«, in: *Juden im deutschen Kulturbereich*, Berlin, 1962, S. 592f.

zu: Der Romantiker und die Revolution

Seite 231: In Königsberg war das Siegelsche Kaffeehaus . . .

Vgl. hierzu Alexander Jung, *Königsberg und die Königsberger*, Leipzig, 1846; Rudolf v. Gottschall, *Aus meiner Jugend. Erinnerungen*, Berlin, 1898.

Seite 233: »Wenn man an gewissen Tagen . . .«

Zit. nach Alexander Jung, *Königsberg u. die Königsberger*, Leipzig, 1846, S. 372f.

Seite 235: Damals hat sich sogar . . . Alexander v. Humboldt . . .

Daß sich Humboldt vergeblich für eine Berufung des Dr. Johann Jacoby nach Berlin eingesetzt hat, ergibt sich aus dem Brief Humboldts an Frau Henriette Herz, Berlin, 1. September 1837. Original in der Handschriftensammlung (BdA).

»Wie ich selbst Jude und Deutscher zugleich bin . . .«

Brief Jacobys an Alexander Küntzel, Königsberg, 12. Mai 1837. Zit. nach Edmund Silberner, *Johann Jacoby. Briefwechsel*, Bd. 1 (1816–1849), Hannover, 1974.

Seite 237: »die Wendung in den Göttinger Vorfällen«

Eine solche Umschreibung findet sich z. B. in dem Brief des Berliner Juristen H. E. Dirksen an den Breslauer Kriminalisten J. H. Abegg vom 15. Dezember 1837; zit. nach dem Original in der Handschriftensammlung (BdA).

Seite 240: »Woher und Wohin?«
Zit. nach dem Original der Denkschrift vom Dezember 1840 (BdA).

Vier Fragen beantwortet von einem Ostpreußen
(anonym; Verfasser: Johann Jacoby), Februar 1841 »bei Heinrich Hoff in Mannheim« (in Wahrheit bei Georg Wigand in Leipzig) erschienen, Original der Erstausgabe (BdA).

Seite 242: »nicht nur niemals die seinem Landesherrn schuldige Ehrfurcht ...«
Vgl. E. Silberner, *Johann Jacoby, Politiker und Mensch*, Bonn, 1976, S. 102.

Höhepunkt seiner (Herweghs) Deutschlandfahrt
Vgl. E. Silberner, *Johann Jacoby, Politiker und Mensch*, Bonn, 1976, S. 111ff.

Seite 246: Seine von wandernden Handwerksgesellen im ganzen deutschen Sprachgebiet verbreiteten Schriften
Vgl. hierzu die von Johann Caspar Bluntschli, der die gerichtliche Untersuchung geleitet hatte, herausgegebene Schrift: *Die Kommunisten in der Schweiz nach den bei Weitling aufgefundenen Papieren*, Zürich, 1834 (BdA).
»Man entdeckte noch 1851/52 bei ›Mitgliedern des Kommunistenbundes Exemplare dieses Berichts ..., was ohne Zweifel darin seinen Grund hatte, daß die Kommunisten in dieser Druckschrift die Weitlingschen Prinzipien ... zusammengestellt fanden, man ihnen aber, wenn diese amtliche Druckschrift bei ihnen gefunden wurde, nicht eins Vorwürfe machen oder Schlüsse auf Teilnahme daraus ziehen konnte‹.« (Schäfer, *Zum Verständnis der Weitlingschen Texte* in der Neuausgabe, Reinbek, 1971).

Seite 247: Im preußischen Eisenbahnbau ...

Seite 248: Spätestens vom zehnten Lebensjahr an ...
Die Angaben, Preußens Industrialisierung, die Entwicklung der Eisenbahnen und Auswüchse des Frühkapitalismus, wie die Beschäftigung von Kindern in Fabriken betreffend, stützen sich im wesentlichen auf Jürgen Kuczynski, *Die Geschichte der Lage der Arbeiter unter dem Kapitalismus*, Teil 1, Band 1 (»Darstellung der Lage der Arbeiter in Deutschland von 1789 bis 1849«), Berlin (DDR), 1961.

Seite 250: Bettina v. Arnim setzte sich sofort ... für Schloeffel ein
Vgl. hierzu Ingeborg Drewitz, *Bettine v. Arnim*, Düsseldorf/Köln, 1969, S. 220–227.

Seite 254: aus einem am 18. August 1844 »in großer Eile« geschriebenen Brief Alexander v. Humboldts
Zit. nach dem Original in der Handschriftensammlung (BdA).

zu: Wie der Haß entstand, den »die Preußen« nicht verdienten

Seite 271: Professor (Eduard) Simson ... im März bewaffnet
Die Darstellung folgt der des Königsberger Juristen Alexander August v. Buchholtz an seinen Breslauer Kollegen Julius Heinrich Abegg vom 22. April 1848.

Es heißt darin: »Von den Professoren der theolog. Fakultät hat sich keiner, von unserer Meier – einmal auch Simson ... bewaffnet ...« Original dieses Briefs in der Handschriftensammlung (BdA).

Seite 279: eine vehement antipolnische Rede
Zit. nach dem *Stenographischen Bericht über die Verhandlungen der deutschen constituirenden Nationalversammlung zu Frankfurt am Main*, hrsg. von Prof. Franz Wigard, Frankfurt a. M., 1848 (BdA), Band 4.

Seite 284: Umschrift des Autographs von Simson
An's Vaterland, an's theure schließe Dich an
Das halte fest mit Deinem treuen Herzen!
Leipzig, 16. Sept. 1885, Reichsgerichtspräsident Dr. Simson
Original in der Handschriftensammlung (BdA).

Seite 287: trotz seiner Vorstrafe
Die Darstellung, Heinrich Simons Werdegang betreffend, folgt der von Ernest Hamburger, *Juden im öffentlichen Leben Deutschlands* (Schriftenreihe wiss. Abhandlungen des Leo Baeck Instituts), Tübingen, 1968, S. 183ff.

Seite 288: Wahl zu einem der fünf Reichsregenten
Das »Rumpfparlament«, also die nach Stuttgart ausgewichenen Reste der Frankfurter Nationalversammlung in der Paulskirche, löste die bisherige Zentralgewalt auf und setzte an deren Stelle eine provisorische Reichsregentschaft, die aus fünf Reichsregenten bestand: Franz Raveaux, Karl Vogt, Friedrich Schüler, Heinrich Simon und August Becher. »Die Reichsregentschaft rief am 7. Juni 1849 mit einer Proklamation das deutsche Volk auf, sich für die Reichsverfassung einzusetzen und den unvermeidlichen Kampf zwischen Absolutismus und Freiheit kraftvoll durchzufechten. Ferner verlangte sie Gehorsam vom Heer ..., begann auch sofort, verschiedenen Generalen und der württembergischen Regierung Befehle zu erteilen, was aber weder diese noch jene ernstnahmen.« (E. Silberner, *Johann Jacoby. Politiker und Mensch*, Bonn, 1976, S. 242f.)

Ludwig Pfau:
Lyriker und Kunsthistoriker, geb. 1821 in Heilbronn, gestorben 1894 in Stuttgart, nahm als Agitator und Journalist lebhaften Anteil am badischen Aufstand von 1849, wurde nach dessen Niederwerfung in Abwesenheit zu 22 Jahren Zuchthaus verurteilt und lebte danach im Exil bis 1865. Er blieb bis an sein Lebensende ein leidenschaftlicher Gegner Preußens und Bismarcks, was ihm noch 1876 eine dreimonatige Haftstrafe eintrug.

Seite 291: Gustav Adolf Schloeffel:
Die Darstellung folgt im wesentlichen der von Karl Obermann, »Gustav Adolph Schloeffel«, in: *Männer der Revolution 1848*, Berlin (DDR), 1970, S. 191–215.

Seite 294: »So ist denn die erste Periode der deutschen Revolution beendet ...«
Zit. nach einem Brief Johann Jacobys an Simon Meyerowitz vom 19. Juni 1849 aus Cannstadt, abgedruckt in: E. Silberner, *Johann Jacoby, Briefwechsel 1816–1849*, Hannover, 1974, S. 585f.

Seite 345: »Von meinem geliebten Adel...«

Seite 346: »Preußen... krankt an unseren Ostelbiern«
Zit. nach Helmuth Nürnberger, *Theodor Fontane in Selbstzeugnissen und Bilddokumenten*, Reinbek, 1968, sowie nach *Theodor Fontane, Romane und Erzählungen*, hrsg. v. P. Goldammer, Gotthard Erler, Anita Golz und Jürgen Jahn, Berlin (DDR), 1973, Bd. 8, S. 426f.

Seite 347: Brief Theodor Fontanes (Umschrift)

Berlin, 23.Nov. (18)89
Potsd(amer) Str. 134c

Hochverehrter Herr,
Ergebensten Dank für das Bändchen »Lyrische Dichtungen«, das Ihre Güte mir zugehen ließ. Darüber schreiben kann ich nicht, weil die Bücherbesprechungen anderen Personen obliegen. Ich bitte Sie deshalb freundlich, das Bändchen *direkt* an der Zeitung einsenden zu wollen. Ihren Dichtungen den besten Erfolg wünschend, in vorzügl(icher) Ergebenheit Theodor Fontane.
Original in der Handschriftensammlung (BdA).

Seite 348: »In Kadinen muß noch manches anders werden...«
Nach einem Bericht der *Elbinger Zeitung* hat sich der Kaiser (Wilhelm II.) Anfang Juni 1899 über die Arbeiterwohnungen auf seiner in der Nähe von Elbing gelegenen Besitzung Kadinen so geäußert. Zit. nach *Die Reden des Kaisers*, hrsg. von Ernst Johann, dtv-Dokumente Nr. 354, S. 82.

Seite 349: »Richtig ist, ... daß die Mieter von 10 Wohnungen...«
Brief des Dr. med. Stryck aus dem Jahre 1887, zit. nach einem Bericht von Rainer Joedecke in: *Geo*, Nr. 4/1978, S. 125f.

Seite 352: Der Amtsgerichtsrat Ludwig Herz...
Ludwig Herz, geb. 1863 in Berlin, ein Nachkomme der ersten Wiener Juden, die sich 1671 in der preußischen Hauptstadt niederließen, gab 1933 unter dem Titel *Spaziergänge im Damals* seine Erinnerungen als Privatdruck (BdA) heraus. Sie sind eine hervorragende Quelle, die Lebensumstände der Berliner jüdischen Oberschicht im 19. und frühen 20. Jahrhundert betreffend.

Seite 353: »Lieber General! Der Erlaß des sächsischen Prinzen...«
Zit. nach Helmut Hirsch, *Bebel. Sein Leben in Dokumenten, Reden und Schriften*, Köln/Berlin, 1968, S. 79ff.

Seite 358: »Dynastie, Regierung, Adel...«
Zit. nach *Theodor Fontane. Romane und Erzählungen*, hrsg. von Peter Goldammer, G. Erler, Anita Golz und Jürgen Jahn, Berlin (DDR), 1973, Bd. 8, S. 426.

Seite 361: »Der Sabbat ist um des Menschen willen gemacht...«
Zit. nach Johann Jacoby, »Die drei Zauberformeln«, in: *Gesammelte Reden u. Schriften*, Hamburg, 1872, Bd. 1; S. 1 (BdA).

Seite 367: »Eine Rotte von Menschen ...«
»Der Ozean ist unentbehrlich ...«
»Ihr habt Mir Treue geschworen!«
Zit. nach Ernst Johann (Hrsg.), *Reden des Kaisers*, dtv-Dokumente 354, S. 67, S. 89, S. 55f.

Seite 368: »Das Theater ist auch eine Meiner Waffen ...«
Zit. nach Ernst Johann (Hrsg.), *Reden des Kaisers*, dtv-Dokumente 354, S. 78.

Seite 370: »Ich bin fast 74 Jahre alt ...«
Zit. nach Hans Ostwald (Hrsg.), *Das Liebermann-Buch*, Berlin, 1930, S. 164.

Seite 372: »Wie bei Kaisers«
»70 Prozent der Kinder hatten keine Vorstellung ...«
Zit. nach Rainer Joedecke, *Geo*, 4/78, S. 124.

»Jahrbücher des Vermögens und Einkommens der Millionäre ...«
In den Jahren 1912/14 gab der frühere Regierungsrat im Reichsamt des Innern Rudolf Martin – zum Entsetzen der Betroffenen – genaue Verzeichnisse aller derjenigen Steuerzahler heraus, die mehr als 1 Million Mark Vermögen versteuerten. Diese Verzeichnisse erschienen in gebundener Form, nach Ländern und Provinzen aufgeteilt, im Selbstverlag des Verfassers, Berlin 1912/14, in insgesamt 21 Bänden (BdA).

Seite 376: »Herbert Bismarck ... der sich sehr gern und genau ...«
Umschrift der handschriftlichen Briefkarte Maximilian Hardens an Professor Max Liebermann:
Sehr verehrter Herr, Sie denken gewiß, dazu habe ich mir Lauferei gemacht, nun schreibt der Kerl doch nicht gegen L.P.! – Aber ich erlahme immer wieder, bin nicht wohl und – der Mümmelgreis – c'est plus fort que moi. Übrigens kommts noch während der Ausstellung. Herbert Bismarck, der sich sehr gern und genau der gemeinsamen Schulzeit erinnert, bat mich ausdrücklich Sie von ihm herzlich zu grüßen, wenn ich Sie sehe. Aber wie darf ich hoffen, Sie zu sehen? Sie haben besseres zu thun. So geschieht es schriftlich und ich füge hinzu den verbindlichen Gruß Ihres ergebenen

Harden

Original des Briefs vom 28. 5. 1896 in der Handschriftensammlung (BdA).

Seite 378: Gegen Bebels Willen wurde er (Ebert) in den Parteivorstand gewählt
»Bebel verhinderte 1904 Eberts Wahl in den Parteivorstand, 1905 setzte (der Gewerkschaftsführer Carl) Legien sie durch«, heißt es dazu bei Hedwig Wachenheim, *Die deutsche Arbeiterbewegung 1844–1914*, Opladen, 1967, S. 450.

Seite 383: Was ihre Vertreter im preußischen Landtag zur Verteidigung des Dreiklassenwahlrechts vorbrachten ...
Am 12. Juli 1917 gab die konservative Fraktion des preußischen Landtages folgende Presse-Erklärung heraus:

»Das gleiche Wahlrecht entspricht nicht den Eigenarten und der historischen Vergangenheit des preußischen Staates. Es ist vielmehr geeignet, das feste Gefüge Preußens zu erschüttern und auch diesen Staat der völligen Demokratisierung auszuliefern.«

Bereits am 28. März 1917 hatten die Konservativen im preußischen Herrenhaus erregt gegen die Gefahr der Demokratie protestiert: »Es ist empörend, daß die Frage des Wahlrechts in der Zeit des Burgfriedens immer wieder angeschnitten wird. Der preußische Staat darf nicht durch ein demokratisches Wahlrecht ruiniert werden!« So rief Graf Roon aus, und General von Kleist erklärte in derselben Debatte:

»Das Bürgertum hat durch das allgemeine und gleiche Wahlrecht für den Reichstag schon den Höhepunkt politischer Glückseligkeit erreicht. Es würde ein Übermaß von Glückseligkeit bedeuten, das den Neid der Götter herausfordern müßte, wenn man dem Volke in die linke Hand auch noch das allgemeine und gleiche Wahlrecht für den Landtag drücken wollte. Auf diesem Wege würden wir bald zur Republik kommen. Wer da in unserem Staatsgefüge bauliche Veränderungen vornehmen will, dem rufe ich zu: ›Lasse dir Zeit, immer langsam!‹«

Schultheß, *Geschichtskalender 1917*, Bd. I, zitiert nach Fritz Fischer, *Griff nach der Weltmacht*, Droste-Verlag, Düsseldorf, 1964.

Seite 384: ... amtliche Ziele der deutschen Kriegführung ...

Vgl. hierzu Fritz Fischer, *Griff nach der Weltmacht*, Düsseldorf, 1964.

zu: Die letzten Preußen

Seite 402: »böhmischen Gefreiten« (Hitler)

Hindenburg bezeichnete Hitler verächtlich als »böhmischen Gefreiten«, weil er dessen Geburtsort – Braunau am Inn – mit der Stadt Braunau an der Steine (tschechisch: Broumov) verwechselte; an dieses böhmische Braunau erinnerte er sich vom Feldzug des Jahres 1866 her, wo er als Premierleutnant dort gewesen war. Die Verachtung des kaiserlichen Generalfeldmarschalls für den Österreicher Hitler, der den 1. Weltkrieg als Gefreiter bei einem deutschen Regiment mitgemacht hatte, war jedoch, unabhängig vom Geburtsort, bestimmt vom Mannschaftsdienstgrad. Denn nach der Überzeugung der ostelbischen Junker fing der Mensch erst beim Reserveoffizier an.

Seite 406: »Die Zermürbung der Seelen ...«

Der Brief des Freiherrn von Gayl an den Reichspräsidenten Paul von Hindenburg vom 24. Mai 1932 im vollen Wortlaut:

»Hochzuverehrender, hochgebietender Herr Generalfeldmarschall!

Herrn Generalfeldmarschall bitte ich gehorsamst eine schwere Sorge vortragen zu dürfen, die heute weite Kreise des Ostens und der deutschen Wirtschaft bewegt.

Das Reichskabinett berät zur Zeit den Entwurf einer Verordnung des Reichspräsidenten über die Förderung der landwirtschaftlichen Siedlungen auf Grund des Artikels 48, Absatz 2, deren § 2 eine Bestimmung enthält, welche der Oststelle das Recht gibt, in die nicht mehr umschuldungsfähigen Grundstücke, ohne Antrag der Gläubiger, von sich aus die Zwangsversteigerung zu betreiben. Selbst wenn Gläubiger und Schuldner einig sind, kann künftig eine Behörde, ohne selbst

Gläubigerin zu sein, wider Willen aller Beteiligten die Zwangsversteigerung betreiben und nicht nur den Besitzer von Haus und Hof vertreiben, sondern auch die Gläubigerforderungen unter den Tisch fallen lassen.
In weiteren Paragraphen sind gewisse Entschädigungsmöglichkeiten für die Gläubiger eingebaut. Praktisch ist der Nutzen der Neuordnung gering. Nach vielen, schweren Eingriffen der früheren Notverordnungen in das Privateigentum bedeutet das neue Zwangsversteigerungsrecht der Behörde einen weiteren Eingriff und neues Abgleiten in den Staatssozialismus.
Durch das Bekanntwerden des Entwurfs sind weite Kreise des Ostens in Landwirtschaft und städtischem Mittelstand schwer beunruhigt. Die Zermürbung der Seelen macht im Osten furchtbare Fortschritte. Sie wirkt allmählich auf die Widerstandskraft der Kreise, welche bisher Träger des Nationalen Wehrwillens gegenüber Polen sind. Diese Beobachtung ist auch den militärischen Stellen nicht entgangen. In dieser kritischen Zeit müßte alles vermieden werden, was irgendwie den Widerstandswillen schwächt.
Bei dieser Sachlage wage ich, den Herrn Generalfeldmarschall gehorsamst und dringend zu bitten, die Verordnung einer besonderen Prüfung zu unterziehen, ob nicht die Zwangsversteigerungsbefugnis auszuschalten ist, um der Verordnung den Charakter einer verschleierten Enteignungsbefugnis zu nehmen. Herr Generalfeldmarschall wissen, daß ich nur selten und nur in Notfällen um Gehör gebeten habe. Ich darf daher bitten, dieses Schreiben gütigst als Ausfluß besonderer Sorge betrachten zu wollen.
In der Hoffnung, daß Herr Generalfeldmarschall auf der Heimaterde gute und nachhaltige Erholung finden, verbleibe ich in alter, aufrichtiger Verehrung des Herrn Generalfeldmarschall gehorsamster (gez.) Frhr. v. Gayl«

Seite 408: zwei aus Essen mitgebrachte Polizeioffiziere

Nach anderer Version beugte sich Severing der Gewalt nicht schon angesichts der beiden Polizeioffiziere, sondern – so Franz v. Papen in seinen Memoiren, *Der Wahrheit eine Gasse*, München, 1952, S. 218 – erst »als ihm gemeldet wurde, ein Leutnant und zwölf Mann (Reichswehr) verlangten seine Entfernung«.

Seite 411: es gab bereits deutliche Anzeichen dafür ...

Bereits am 28. November 1932 konferierten der Vorsitzende des Allgemeinen Deutschen Gewerkschaftsbundes (ADGB), Theodor Leipart, und dessen Stellvertreter, Wilhelm Eggert, mit General Kurt v. Schleicher über die Tolerierung eines Kabinetts Schleicher durch den ADGB. Kurz zuvor hatte Leipart in einer Rede an der ADGB-Bundesschule in Bernau eine mögliche Lösung der traditionellen Bindung des ADGB an die SPD angedeutet: »... Wir sind zu sehr auf das Ganze gerichtet, um Parteifesseln zu tragen ... Als Gewerkschaften gehen wir auch über die Parteibindung hinaus ...«
Diese Loslösungsbestrebungen wurden von den Führern der Rechtsparteien sorgsam registriert. Am 2. Dezember 1932 veröffentlichten die *Deutschen Führerbriefe* darüber einen Artikel, worin es hieß: »Es ist in der Tat kein Zweifel, daß Leipart und sein noch immer stattlicher Anhang, zu dem man auch Tarnow zu rechnen hat, zur Loslösung von der Sozialdemokratie bereit ist, sobald es die Regierung für richtig hält ...«

Seite 417: »Aber einmal ...«

Zit. nach Heinz Ullstein, *Spielplatz meines Lebens. Erinnerungen*, München, 1961, S. 338ff.

Register

Anmerkung zum Register: kursiv gesetzte Namen beziehen sich auf Bildlegenden und Fußnoten

Preußen 1806

KSRR. RUSSLAND
Memel
Schalauen
Kurisches Haff
Niemen
Memel
Tilsit
Kowno
Wilna
Labiau
Samland
Königsbg.
Pregel
Wehlau
Frisches Haff
Braunsbg.
Heilsberg
Ost-Preußen
Neu-Ost-Preußen
Lyck
Bialystock
Narew
Ostrolenka
Tannenberg
Lauenburg
Stolpe
Danzig
Marienburg
Marienwerder
Graudenz
Kulm
Köslin
Kolberg
Bütow
West-Preußen
Persante
Brahe
Draheim
Weichsel
Arnswalde
Bromberg
Thorn
Netze
Warthe
PREUSSEN
Plock
Bug
Praga
Warschau
Gnesen
Posen
Groß-Polen
(Süd-Preußen)
Schwiebus
Rawa
Kalisch
Lodz
Frst.
Oder
Frst. Sagan
Glogau
Frst. Wohlau
Militsch
Frst. Liegnitz
Frst. Öls
Frst.
Breslau
Warthe
Frst. Jauer
Schlesien
Frst. Schweidnitz
Frst. Brieg
Frst. Oppeln
Frst. Münsterberg
Frst. Neiße
Neu-Schlesien
Grf. Glatz
Hs. Beuthen
Kosel
Frst. Ratibor
Hs. Pleß
Jägerndorf
Katscher
Oderberg
Weichsel
Troppau
Elbe
Oder
KAISERTUM ÖSTERREICH
0 50 100 150 200 km

Preußen 1871

Memel
Tauroggen
Poscherun
Kurisches Haff
Russ
Memel
Gilge
Tilsit
Kowno
Königsberg
Pregel
Gumbinnen
Pissa
Pillau
Pr. Eylau
Friedland
Angerapp
Rominte
Alle
Danzig
Frisches Haff
Elbing
Passarge
Ostpreußen
Lötzen
Kolberg
Dirschau
Nogat
Westpreußen
Allenstein
Marienwerder
Ortelsburg
Graudenz
Bialystok
Kulm
Kulmerland
Netze-
Bromberg
Distrikt
Netze
Thorn
Drewenz
Plock
Weichsel
Gnesen
Meseritz
Posen
Posen
Warthe
Polen
KSRR. RUSSLAND
Lissa
Fraustadt
Oder
Glogau
Schlesien
Bober
Breslau
Schweidnitz
Silberberg
Glatz
Neiße
Neiße
Kosel
Weichsel
Auschwitz
Oder
STERREICHISCH-UNGARISCHE MONARCHIE
March
0 50 100 150 200 km

Bildquellenverzeichnis

Bibliothek des Autors (BdA): Seite 33, 117, 234, 284, 347, 377
Bildarchiv Preußischer Kulturbesitz: Seite 10, 11, 21, 29, 31, 53, 57, 75, 84, 86, 109, 151, 170, 174, 176, 177, 207, 236, 261, 270, 301, 319, 373, 391, 393, 394, 397, 399, 400
Österreichische Nationalbibliothek: Seite 168
Ullstein Bilderdienst: Seite 375
Autographen-Katalog von J. A. Stargardt, Marburg 1976: Seite 214
P. Dehnert »Daniel Chodowiecki«, Rembrandt Verlag, Berlin 1977: Seite 93
G. Dischner »Bettina, Bettina von Arnim: Eine weibliche Sozialbiographie aus dem 19. Jahrhundert«, Wagenbach Taschenbücherei 30, Berlin 1977, Seite 223
L. Sievers »Juden in Deutschland«, Hamburg 1977, Seite: 107, 191, 255
»Denkwürdigkeiten der Glückel von Hameln«, Jüdischer Verlag, Berlin 1923: Seite 51, 77
»Geschichte der Stadt Berlin«, mit Genehmigung des S. Toeche-Mittler Verlag, Darmstadt: Seite 71, 123, 126, 172
»Preußen von den Anfängen bis zur Reichsgründung«, VEB Deutscher Verlag der Wissenschaften, Berlin (DDR) 1977: Seite 19, 294
Propyläen Weltgeschichte Bd. VII, Propyläen Verlag, Berlin 1929: Seite 135, 186, 195, 225, 369

Leseprobe

Vorwort aus

Sebastian Haffner, Preußen ohne Legende

Band 11511

Die meisten Länder Europas rühmen sich einer tausendjährigen Geschichte; mit Recht, wenn man es nicht zu genau nimmt.

Nicht so Preußen. Preußen ist spät am europäischen Staatenhimmel auf- und untergegangen wie ein Meteor.

Nach dem Ende der Völkerwanderung, als die Umrisse der heutigen europäischen Staaten bereits fast alle deutlich hervorzutreten beginnen, fehlt von einem künftigen Preußen noch jede Andeutung. Es bedarf erst noch einer zweiten kleinen Völkerwanderung, der deutschen Ostkolonisation im 12. und 13. Jahrhundert, damit auch nur die Vorgeschichte Preußens beginnen kann.

Die Vorgeschichte, nicht etwa schon die Geschichte. Denn die respektable Askanierkolonie an Spree und Havel und die noch respektablere geistliche Republik der Deutschordensritter an der Weichsel verfallen ja zunächst einmal wieder. In der Reformationszeit ist aus dem ehemaligen Ordensstaat ein unbedeutendes polnisches Nebenland geworden; und die Mark Brandenburg ist immer noch – oder wieder – das ärmste und rückständigste der deutschen Kurfürstentümer, ein verrufenes Raubritterparadies. Noch immer kann niemand ahnen, daß aus diesen beiden weit auseinanderliegenden heruntergekommenen Kolonien eines Tages eine funkelnagelneue europäische Großmacht werden wird. Das dauert denn auch noch gut zwei Jahrhunderte, und es ist viel Zufall dabei im Spiel, wie wir sehen werden. Noch 1701 ist es beinahe ein Witz, daß der Kurfürst von Brandenburg sich jetzt König »in« Preußen nennt.

Nun allerdings geht es schnell: Ein halbes Jahrhundert später gibt es bereits einen König »von« Preußen, den seine Zeitgenossen »den Großen« nennen. Er fordert drei europäische Großmächte zum Kampf heraus und besteht ihn. Der preußische Meteor

steht auf einmal hoch am Himmel, funkelnd und blitzend.
Noch ein knappes Halbjahrhundert weiter, und er ist bereits wieder am Erlöschen. Aber nein, seht doch, da ist er noch, da ist er wieder! 1815 scheint dieser so kürzlich erst aus dem Nichts aufgetauchte und fast schon wieder ins Nichts versunkene Staat endgültig etabliert, aufgenommen, neben England, Frankreich, Österreich und Rußland, in den exklusiven Klub der fünf europäischen Großmächte; freilich als die kleinste von ihnen. Wieder ein halbes Jahrhundert später ist dieser Staat plötzlich die größte Macht geworden. Der König von Preußen ist jetzt Deutscher Kaiser.
Und in diesem Augenblick seines größten Triumphs – damals sieht es keiner, heute kann es jeder sehen – beginnt Preußen abzusterben. Es hat Deutschland erobert; nun wird es von Deutschland erobert. Die Reichsgründung erweist sich, von Preußen aus gesehen, trotz aller Bismarckschen Vorsichtsmaßregeln als eine gloriose Form der Abdankung.
Man kann darüber streiten, wann Preußens Todesdatum anzusetzen ist: 1871, als es die Verfügung über seine Außenpolitik an das neue Deutsche Reich abtrat; 1890, als ein badischer Staatsanwalt das deutsche Außenamt übernahm; 1894, als ein bayerischer Fürst preußischer Ministerpräsident wurde; 1918, als das preußische Königtum erlosch; 1920, als die preußische Armee in der Reichswehr aufging; 1932, als ein Reichskommissar die preußische Regierung absetzte; oder doch erst 1945, als Flucht und Vertreibung die preußischen Kernprovinzen bis auf eine entvölkerten. Spätestens damit aber war Preußen gestorben. Die Verfügung der Siegermächte, die zu allem Überfluß 1947 den preußischen Staat für aufgelöst erklärte, war nur noch Leichenschändung.
Es wäre übertrieben zu sagen,

Leseprobe

daß niemand dem toten Preußen nachtrauert. Die Trauer der Vertriebenen um verlorene Heimat darf man freilich nicht mit Trauer um den preußischen Staat verwechseln – im Gegenteil, es ist bemerkenswert (und bewundernswert), wie leicht und klaglos sie sich in ihre neuen staatsbürgerlichen Verhältnisse gefunden haben. Es gibt aber gewiß in den heutigen deutschen Staaten noch viele Ex-Preußen – nicht nur Heimatvertriebene –, die manches für ihren einstigen Staat Charakteristische schmerzlich vermissen: in der Bundesrepublik die strenge preußische Ordnung und Redlichkeit, in der DDR die trockene preußische Liberalität und Gedankenfreiheit. Nur: Niemand kann sich auch mit dem größten Aufgebot an Phantasie eine Lage vorstellen, in der Preußen wieder zum Leben erstehen könnte, und niemand kann daher eine Wiedergeburt Preußens so ernstlich wünschen, wie viele sich eine Wiedervereinigung Deutschlands nach wie vor wünschen. Die Wiedervereinigung ist vorstellbar, wenn auch im Augenblick unerreichbar, die Wiedergeburt Preußens nicht. Preußen ist tot, und Totes kann nicht ins Leben zurückgerufen werden.

Dafür können wir heute etwas anderes. Wir können, aus der Distanz, die Eigentümlichkeit, ja Einzigartigkeit dieses untergegangenen Staates (der ein Kunstgebilde – man kann auch sagen: ein Kunstwerk war) klarer erkennen, als es zu seinen Lebzeiten möglich war; und wir können seine Geschichte, die nun abgeschlossen vor uns liegt, von den Legenden befreien, die sie entstellten, als sie noch im Gange war: von der goldenen Preußenlegende, derzufolge Deutschlands Einigung immer schon Preußens Sendung war, der die preußischen Könige und wohl gar schon die brandenburgischen Kurfürsten jederzeit bewußt dienten; und ebenso von der schwarzen Preußenlegende, die in Preußen nichts als räuberischen Militarismus sehen wollte und in Friedrich und Bismarck heute noch Vorläufer Hitlers sehen will. Beide sind Propaganda von einst. Die eine war die Propaganda der Nationalisten des 19. Jahrhunderts, die Preußen für ihre Sache einspannen wollten; die andere, schon im 18. Jahrhundert, die Propaganda der Nachbarn Preußens, die sich von diesem unheimlichen Neuling in ihrer Ruhe gestört oder gar in ihrer Existenz bedroht fanden.

Heute, da niemand mehr von Preußen etwas zu erhoffen oder zu befürchten hat, wird es Zeit, sich von diesen überlebten Überlieferungen freizumachen. Preußen hatte keine deutsche Sendung; im Gegenteil, der Verfall des Reichs war Preußens Aufstieg; und zur unmittelbaren Todesursache Preußens wurde, daß es sich eine deutsche Sendung aufreden ließ. Was es seinen Nachbarn lange Zeit unheimlich und manchmal gefährlich machte, war viel weniger sein Militarismus als die Qualität seiner Staatlichkeit: seine unbestechliche Verwaltung und unabhängige Justiz, seine religiöse Toleranz und aufgeklärte Bildung. Preußen war in seiner klassischen Epoche, dem 18. Jahrhundert, ganz einfach nicht nur der neueste, sondern auch der modernste Staat Europas. Seine Krise begann, als die Französische Revolution es in der Modernität überholte. Von da an zeigen sich die Schwächen der preußischen Staatskonstruktion, und es beginnt die Suche nach einer neuen Legitimation, die schließlich mit einem triumphalen Selbstmord endet.

Die preußische Geschichte ist eine interessante Geschichte, auch heute noch und gerade heute, da wir ihr Ende kennen. Sie läuft langsam an, mit einem langen Werden, und sie hört langsam auf, mit einem langen Sterben. Dazwischen aber liegt ein großes Drama; wenn man will, eine große Tragödie – die Tragödie der reinen Staatsvernunft.

Susanne Haverkamp

DAS KLEINE BUCH VOM GOTTVERTRAUEN